KB234212

변경

辨经

중국인의 지혜 시리즈 2

변경

5천 년 중국 역사 최고의 인재 활용 경전

렁청진 편저 | 김태성 역

더난출판

5천 년 중국 역사 최고의 인재 활용 경전

변경

초판 1쇄 인쇄 2008년 10월 9일
초판 1쇄 발행 2008년 10월 16일

지은이 렁청진 | **옮긴이** 김태성 | **펴낸이** 신경렬 | **펴낸곳** 더난출판

편집장 이선나 | **기획편집부** 김은영 · 윤현주 · 이해미 · 권오준 | **외서기획** 문혜정 | **디자인** 서은영 · 봉은진

마케팅 김대두 · 홍영기 · 서영호 · 나경미 | **E-Biz** 견진수 | **교육기획** 함승현 · 김종식 · 김소희 | **관리** 김태희 | **제작** 유수경

출판등록 1990년 6월 21일 제1-1074호 | **주소** 121-840 서울시 마포구 서교동 395-137

전화 (02)325-2525 | **팩스** (02)325-9007

이메일 book@thenanbiz.com | **홈페이지** http://www.thenanbiz.com

ISBN 978-89-8405-455-4 13320

사람을 알아보는 것이 가장 큰 지혜이다

세상을 경영하는 근본은 무엇보다도 사람을 알아보는 데 있다. 이것이 예부터 지금까지 성공한 사람들의 비결이다.

중국 전통 정치의 핵심은 '인치人治'이고, 중국 전통문화의 근본은 '치인治人'이다. 즉, 중국 정신문화의 핵심은 '인간'이었다고 할 수 있다. 그렇다면 무뢰한이나 건달들은 도대체 어떻게 천하를 얻었던 것일까? 영웅호걸들은 왜 천하를 잃었을까? 결국 고대 중국인들은 인재를 얻느냐 잃느냐의 여부에 따라 천하를 얻기도 하고 잃기도 했던 것이다.

중국 역사에서 인물들의 성패와 득실을 따지고 논하는 책들은 무수히 많지만 전문적으로 인재 식별과 인재 관리 기술을 다룬 책은 극히 드물다. 그런 의미에서 『변경辨經』은 소중한 경전이라 할 수 있다. 『변경』은 중국 삼국시대 위魏나라 사람인 유소劉邵가 쓴 『인물지人物志』를 바탕으로 쓰여진 것이다. 유소는 위 문제文帝 때 상서랑尙書郞이라는 관직을 역임한 바 있고, 나중엔 경학經學 강의에 힘쓴 공로로 관내후關內侯의 봉작을 얻었으며, 광록대부光祿大

夫에 추서되기도 했다. 유소는 박학다식한 데다가 생각이 깊고 넓었으며, 특히 위진남북조魏晉南北朝 때에 유행하던 인물 품평에 능해 동시대 사람들에게 칭송과 찬탄을 한 몸에 받았다.

당시 산기시랑散騎侍郞이었던 하후혜夏侯惠는 그를 칭송하여 "생각이 깊고 충성스러우며 체통을 중시하는 사람으로, 학문이 깊고 널리 생각할 줄 아는 인물이다. 특히 인재들을 변별하는 데 능하다."라고 했고, 진수陳壽도『삼국지三國志』에서 "박학다식하고 글 재주까지 고루 갖춘 사람"이라고 평했다. 그의 저작들 중에서도『인물지』가 가장 대표적인 작품이라 할 수 있다.

『변경』은 역사 사건들을 토대로 수많은 인물들의 성패 득실을 따져 인재 변별의 기술을 설명하고 있다. 또한 역대 성공한 인물들이 베개 머리에 두고 읽던 비서秘書로도 알려져 있고, '식인보감識人寶鑑'이란 별칭도 갖고 있는『인물지』의 이론을 충실히 따르고 있다.

『인물지』를 통해 "제왕은 천하를 얻고, 장수와 재상들은 관직과 작위를 오래 누리며, 상인은 부귀를 얻고, 보통 사람들은 친구를 얻는다."는 말이 전해진다. 이는 『변경』에도 그대로 적용되리라 생각된다.

『변경』은 유가와 도가, 법가와 명가, 음양가의 풍부한 사상과 문화적 바탕을 지니고 있고, 전통적인 인재 변별 기술에 객관적인 분석을 가미하여 체계적인 총론을 시도하고 있다. 이 책은 총 10장으로 구성되어 여러 각도에서 인재 변별의 중요한 문제들을 언급하고 있다.

첫째, 사람의 체격과 외모, 도덕과 직업, 관직 등에 따라 인재를 겸덕兼德과 겸재兼材, 편재偏材의 세 가지로 구분하고 각 유형의 특징과 상황에 따른 구체적 표현들에 대해 상세히 분석하고 있다.

둘째, 인재 관찰과 선발의 각도에서 인재 선발 과정의 어려움과 다양한 방법의 득실을 고찰하고 있다.

셋째, 인재론의 기준을 설정하면서 인물 품평의 원리에 있어 중용中庸을 최고의 경지로 제시함으로써 중국의 전통적 인격 이상을 체현하고 있다. 따라서 『변경』은 중국 전통 인재학의 전문 저작인 동시에 전통 인재학 저술 가운데 지존의 지위를 갖고 있다고 할 수 있다. 또한 중국의 전통 인재 관리학 사상을 충분히 체현하는 동시에 현대 인재 관리학의 다양한 관념과 이론들을 심도 있게 결합하고 있다.

인재를 구별하는 것은 일종의 지혜이다. 인재 관리가 성공의 관건이라면 인재 식별은 인재 관리술의 기초이다. 인재를 식별하는 능력 없이는 인재가 아닌 사람들을 쓸 수밖에 없고 그로 인해 육체적, 정신적 고통을 함께 겪게 된다. 인재 식별의 중요성은 누구나 다 인식하는 문제이지만 세인들은 인仁과 지智를 세분하여 볼 줄 모른다. 때문에 인재를 구체적으로 세분하여 인식하기 위해서는 인물 품평을 하는 사람의 천부적인 자질도 필요하겠지만 학식과 수양이 무엇보다도 중요하다. 진정으로 인재를 변별할 줄 아는 사람에게는 강한 의지 지향과 폭넓고 해박한 학식, 예민한 감각과 깊이 있는 안목, 그리고 풍부한 사회 경험이 필요하다. 물론 이러한 자질을 갖췄다고 해서 인재 식별의 문제가 완전히 해결되는 것은 아니다. 영재를 알아보는 지혜를 갖추기 위해선 인재 변별의 전문 지식을 갖춰야 하고, 이 분야의 전문적인 훈련도 받아야 한다.

역대 통치자들이 매우 중시했던 책 중에 『자치통감』이라는 역사서가 있다. 그러나 이 책의 내용은 너무 복잡하여 구체적이고 실용적인 도움을 받기 어렵고, 때로는 너무 요원한 느낌을 준다는 한계가 있었다.

『변경』은 다르다. 이 책은 인재 변별의 방법과 원칙을 직접 알려주기 때문에 매우 실용적이고 간명하며, 세심하게 읽어나가기만 하면 핵심 파악은 물론 실천으로 연결시킬 수 있고, 그 효과와 이점도 무궁무진하다. 『인물지』는 변체문騈體文으로 쓰여졌기 때문에 그대로 읽기가 쉽지 않았고, 그래서 세상에 잘 알려지지 못했다.

이를 세상에 다시 알려 현실 정치와 경영에 응용하고, 보통 사람들의 사교에도 도움을 주고자 『변경』을 출판하게 되었다.

독자들이 읽고 이해하는 데 무리가 없도록 하기 위해 두 가지 노력을 기울였다. 첫째는 현대어로 바꾸어 누구나 쉽게 읽을 수 있도록 한 것이고, 둘째는 각 장의 내용에 근거하여 사례와 해석을 추가한 것이다. 추가된 사례들은 역사적으로 잘 알려진 사건들로, 『변경』에 대한 깊이 있는 이해와 읽는 재미를 더하도록 했다.

『변경』을 통해 자기 자신에 대한 올바른 인식을 확립하고 상급자나 부하, 친구나 가족과의 관계가 보다 원만해지고 행복해지기를 바란다.

링청진冷成金

새 시대에는 새로운 인재를

"모든 역사는 현대사現代史이다."라는 크로체Croce의 말이 사실이라면, 중국의 인물사는 총체적으로 다시 쓰여져야 한다. 모든 역사 시기마다 그 시대를 지배하는 시대정신과 가치관이 있기 때문이다. 우리가 익히 들어서 알고 있는 중국 역사인물들의 행적에 대한 평가와 설명은 일정한 이데올로기에 기초하고 있고, 우리는 시대의 변화에도 불구하고 기존의 평가와 이해를 그대로 답습하고 있는 실정이다.

예컨대 조조가 '난세의 간웅'이고 제갈량이 '지혜의 화신'이라는 고정된 인식은 시대와 역사의 발전에 따른 새로운 해석과 검증 없이 우리의 머릿속에서 여전히 불변의 이데올로기로 작용하고 있는 것이다. 왜 우리는 조조가 난세의 간웅이 아니라 부득이한 상황에서 '대를 위해 소를 희생했던 뛰어난 전략가'였다는 생각을 하지 못했을까? 왜 제갈량의 지혜만 보고 그의 지나친 고집과 의심은 발견하지 못한 것일까? 그리고 왜 초의 패왕 항우의 패전은 안타깝게 여기면서도 그의 가슴 아픈 사랑과 아랫사람들에 대한 넉넉한 아량을 발견하지 못한 것일까? 이 모든 원인은 우리가 이제껏 읽은 역사서들이 담고 있는 고정된 이데올로기 때문일 것이다.

하지만 한 인물의 성품과 행적, 철학과 논리는 항상 상대적인 모습을 보이기 마련이다. 마치 공을 제외한 모든 사물의 모습이 바라보는 각도에 따라 달라지듯, 무수한 역사인물들의 존재가치는 상대적일 수밖에 없는 것이다. 따라서 '개혁'이 사회 전체의 화두가 된 이 시점에서 우리 정신세계의 큰 부분을 차지하고 있는 중국 역사인물들에 대한 재평가 시도는 나름대로 중요한 의미가 있다고 할 수 있다. 시각의 변화, 고착화된 구조의 변화 없이는 진정한 개혁이 불가능하기 때문이다.

이 책은 혼란과 분열의 시대였던 위진남북조 시기에 유행하던 인물 품평에 대한 교과서인 유소의 『인물지』를 현대의 문턱인 청조 말기까지 확장하여 역대 중국 인물들을 전면적으로 재평가하면서, 인재의 변별과 활용을 위한 새로운 시각과 원리를 제공하고 있다. 『자치통감』을 읽을 경우 평생 다 열람할 수 없는 무수한 중국 역사인물 군상의 새로운 조감을 이 책이 보여주고 있는 것이다.

　　모든 역사는 현대사이면서 또한 인물의 역사이기도 하다. 결국 한 사회의 모든 사건과 사조는 인간 심성과 사고의 발현이기 때문이다. 검증할 기회는 물론, 선택의 자유도 없이 잘못된 지도자들의 너무나 무책임하고 자의적인 통치에 오랫동안 신음해야 했던 우리에게 『변경』은 위에서 아래에 이르기까지 이 시대 역사의 주인들이 가져야 할 식인識人의 안목과 용인用人의 지략, 그리고 진정한 민주시민으로서의 생활과 처세의 지혜를 가져다줄 것이다.

김태성

CONTENTS

辨经

일러두기

1. 지명과 이름 표기는 한자음을 따랐다. 발음에 따라 차음借音한 경우에는 발음을 우선으로 하고 차음
   한자를 뒤에 표기했다.
2. 지명은 한자를 병기하지 않았고, 관직명과 인명은 독자의 이해를 돕기 위해 한자를 병기하였다.
3. 이 책의 구성은 인재의 유형과 변별, 그 쓰임 등을 기준으로 하였으므로 역사적 사건의 전개 순서와
   는 관계가 없다.
4. 이해를 돕기 위해 본문 아래쪽에 붙인 해설과 부록은 인명사전 및 백과사전의 내용을 참고하였다.

1

사람을 알아보면 길이 보인다
인재의 특성

중용이란 유가에서 말하는 성인에 대한 최고의 평가로,
지나치지도 않고 모자라지도 않는 처세의 최고 원칙이다.
그러나 경중과 완급을 알맞게 조절하고
유지한다는 것은 말처럼 쉬운 일이 아니다.
장기간의 수련을 거친 인재들만이 이러한 경지에 오를 수 있다.

이세민

유가의 심오함과 도가의 민첩함 법가의 냉혹함 병가의 모험
심 종횡가의 실리 그리고 음양가의 신비는 모두 철학의 기
본 요체인 자慈와 인忍 변變의 범주를 벗어나지 못한다
당나라의 태종 이세민은 자애와 인내 변화의 요소를 두루
활용하여 이른바 정관의 치세를 이룩한 뛰어난 인재요 군주
였다

중정中正 어느 쪽에도 치우침이 없이 곧고 바름, 또는 지나치거나 모자람이 없이 알맞음

이연李淵 당나라 초대 황제인 고조高祖로서, 태종 이세민의 부친

'자애' 는 부모가 자식을 대할 때처럼 사사로운 이해관계나 원칙이 없는 애정으로, 유가에서 말하는 '덕' 보다 한 단계 더 높고 고귀한 가치이다. 따라서 개인적 수양에서의 자애는 일종의 정신과 지혜의 최고 경지인 동시에 처세를 위한 기지이기도 하다. 자애로써 사람들을 감복시킨다는 것은 사람들에게 자애를 충분히 느끼게 하는 것이다. 이는 중정과 평화의 미덕을 갖춘 사람들만의 독특한 인격적 매력이다.

당 태종 이세민(598~649, 재위 626~649)이 신하 장손무덕張孫武德에게 보여준 것이 자애의 좋은 본보기이다. 장손무덕은 장손황후의 친척으로, 일찍이 수隋나라에서 우훈위右勳衛의 관직을 역임했으나 나중에 태원으로 가서 이연에게 귀순하여 그와 그의 아들 이세민으로부터 깊은 총애와 신임을 받았다. 후에 그는 이세민의 명을 받들어 유홍기劉弘基 등과 함께 역적을 토벌한다는 명목으로 군사를 일으켰고, 이세민을 따라 성을 공격하면서 혁혁한 무공을 세우기도 했다.

고조가 즉위하자 그는 좌요위대장군左驍衛大將軍에 임명되는 동시에 설국공薛國公이라는 봉호를 얻었다. 무덕 9년(626)에 장손무덕은 진숙보秦叔寶 등과 함께 현무문 정변에 참가하여 이세민이 권력을 잡는 데 큰 공을 세웠다. 이세민은 황위에 오르자마자 그에게 궁녀들을 하사하고 항상 궁궐 내에 거처할 수 있도록 특별하게 대했다. 후에 장손무덕이 관직을 이용해 뇌물을 받아 고발당하는 일이 발생했다. 당시의 법률

이세민 당나라 제2대 황제 태종. 모범적 치세로 꼽히는 정관의 치세를 이룩했다

대로라면 중벌에 처해야 했지만 태종은 그를 내칠 수 없었다. 태종이 신하들에게 말했다.

"장손무덕은 외척의 신분으로 나라를 세우는 데 크게 기여한 개국공신이오. 관직도 높고 봉록도 후해 부유하고 존귀하기 그지없지만 한 가지 흠이라면 학문이 깊지 못한 것이오. 그가 고금의 사적을 읽고 자신을 살피는 거울로 삼을 줄 안다면 지금과 전혀 다른 면모를 보였을 것이오. 그가 지금 명예를 몰라 도를 무시하고, 지조를 지키지 못해 탐욕으로 뇌물을 받은 사실에 대해서는 짐도 몹시 당혹스럽게 여기고 있소!"

이렇게 말하면서도 태종은 그를 벌하지 않았을 뿐 아니라 조

정 신하들이 보는 앞에서 비단 열 필을 하사함으로써 장손무덕 스스로 부끄러움을 깨닫게 했다. 그러자 대리시소경大理寺少卿 호연胡演이 간언했다.

"장손무덕이 법을 어기고 뇌물을 받은 죄는 처벌받아 마땅한데 처벌은커녕 어째서 비단까지 하사하십니까?"

태종이 대답했다.

"사람에겐 기본 성품이 있는 만큼 처벌을 받는 것보다 이유 없는 상을 받는 것이 더 괴로운 법이오. 그래도 부끄러움을 모른다면 금수에 불과할 것이고, 정말로 그가 금수에 지나지 않는다면 끌고 가서 목을 벤들 무슨 소용이 있겠소?"

그러나 얼마 지나지 않아 장손무덕이 이효상李孝常과 사사로이 결당하는 죄를 범하자, 이번에는 태종도 그를 보호할 수 없어 결국 관직에서 물러나게 했다. 1년 후 공신들의 화상을 둘러보다가 장손무덕의 초상을 발견하고 그에 대한 연민의 정을 느낀 태종은 우문사급宇文士及을 시켜 그의 생활 형편을 알아보게 했다. 얼마 후 장손무덕이 매일 자책하며 술에 취해 산다는 보고가 올라왔다. 조정의 신하들도 그가 진심으로 후회하고 있음을 알게 되었다. 태종은 그를 다시 불러 택주자사澤州刺使의 관직을 주고 봉작과 식읍을 부활시켜 주었다.

이번엔 '인忍'이란 어떤 것인지 살펴보자. 인은 자애와 밀접한 관계를 갖고 있다. 하지만 여기서 말하는 인은 일반적인 인내가 아니라 열세에 처했거나 부득이한 상황에 부닥쳤을 때 장래의 발전을 위해 취하는 일종의 전략을 가리킨다. 또한 이는 일반적 의미의 전략이 아니라 세상사 모든 변화의 법칙을 통찰한 후에 마음 깊은 곳에서 우러나오는 일종의 의지를 말한다. 이러한 인내에는 역경과 고난, 치욕을 이기는 의지력뿐 아니라 쾌락과 부귀, 권력 등을 억제하고 이기는 의지력도 포함된다. 한마디로 말해서 흉한 일들을 피해 길한 방향으로 가는 일종의 지혜인 동시에 손해와 장애가 없는 원만한 상황을 유지해 나가는 처세의 지략이다.

고조 이연의 태자 이건성李建成은 부친의 지지하에 제왕 이원길李元吉과 연합하여 이세민에게 압박을 가하기 시작했다. 한번은 이건성이 동생 이세민을 연회에 초대하여 독을 탄 술을 먹인 적이 있었다. 이 술을 마신 이세민은 복통을 일으켜 집에 돌아와 피를 한 대야나 쏟은 다음에야 간신히 목숨을 건질 수 있었다. 또 한번은 이건성이 부친 이연과 함께 사냥을 떠나면서 이세민에게도 특별히 말 한 필을 준비해주었다. 이세민이 말을 타고 사슴떼를 쫓기 시작한 순간 광분한 말이 발작을 일으켜 이세민을 허공으로 내동댕이치는 바람에 하마터면 목숨을 잃을 뻔했다. 뒤에도 이건성의 음모는 계속되어 이원길의 출정을 위로하는 연회에서 이세민을 죽이려 한 일도 있었다. 이세민은 이 모든 박해와 압박을 참고 견디며 때가 무르익기를 기다렸다가 마침내 '현무문 정변'을 일으켜 일거에 태자 이건성과 그 잔당들을 죽여버렸다. 그리고 부황 이연을 제압하여 황위에서 끌어내고 자신이 그 자리에 앉았다. 인내의 도가 나라를 세우는 데 이르렀으니, 이는 인내의 가장 큰 용도라 할 수 있을 것이다.

마지막으로 '변變'에 대해 얘기해보자. '변'은 아주 간단한 도리이다. 사실 '자'와 '인'은 둘 다 수단에 속하지만 '변'은 목적에 해당한다고 할 수 있다. '변'을 거쳐야만 이전의 '자'와 '인'이

지불한 대가가 보다 큰 보상으로 돌아올 수 있고, 이를 통해 자신의 공적인 목적을 달성할 수 있는 것이다.

이세민은 세태의 변화에 따라 정책 변경을 많이 했다. 형 건성을 죽이고 황제가 된 후, 대신 위징魏徵은 잔당에 대한 진압에 반대하면서 회유와 포용 정책을 펼 것을 주장했다. 당시 태자 이건성의 부하들은 전국에 포진해 있었고 현무문 정변이 일어나자 반격을 준비하는 사람들도 적지 않았다. 위징이 이세민에게 간언을 올렸다.

"사사로운 원한을 거두시고 이들을 공정하게 대하셔야 합니다. 그렇지 않고 피의 보복을 계속하다가는 끝없는 재난에 휘말리게 될 것입니다."

위징의 조언을 받아들인 태종 이세민은 그를 특사로 보내 태자의 세력이 집중되어 있던 하북 일대의 민심을 안정시키기로 마음먹었다. 위징이 하북에 도착해보니 두 대의 수레에 현무문 정변 때 도망치다 잡힌 태자의 부하들이 가득 갇혀 있었다. 위징이 말했다.

"내가 장안을 떠나기 전에 조정에서는 이미 이건성과 이원길의 부하들을 사면하라는 명령이 내려졌소. 지금 이들을 잡아들이는 것은 조정의 위신을 해치는 일이오. 내가 이곳에 온 이유는 아직 그런 명령을 믿지 못하는 사람들을 깨우치기 위한 것이니, 이들을 지금 장안으로 압송하는 것은 헛수고일 뿐이오. 게다가 황상께선 이치안李治安과 이사행李思行을 석방하여 나를 수행하게 하면 업무에 큰 효과가 있을 것이라고 하셨소."

사람들이 위징의 말을 듣고 당장 두 사람을 석방한 다음 태종에게 보고를 올리게 했다. 적확하고 합리적인 정책으로 하북 일대의 민심은 수습되었고 이세민은 자신의 정권을 더욱 공고히 할 수 있었다. 이처럼 전통적인 봉건 정치에서 보인 이세민의 통치는 자애로 인심을 얻고 인내로 때를 기다리며 변통으로 적극적인 행동을 취한 것이라고 요약할 수 있다. 그리고 이러한 사실은 그가 중용의 인재였음을 보여준다. 그는 조용하고 소박한 성격에 날카로운 지혜를 갖추었고 겉모습 또한 맑고 경쾌하여 인재의 특성을 고루 갖추었다. 때문에 그는 자애로울 때는 어머니 같으면서도 잔인할 때는 부모 형제도 가리지 않았던 것이다.

중국인의 지략은 문화적 연원에 따라 몇 가지로 나눌 수 있지만 이러한 문화적 요소들은 독립적으로 드러나는 것이 아니라 여러 가지 유형이 융합된 모습으로 발휘되었다. 이세민의 자애와 인내, 변통은 지모 중에서도 최상급에 속하지만 중급의 지모는 종종 순조롭게 운행되지 못하고 권모술수의 흔적이 역력해서 사람들에게 불쾌감을 준다. 하급의 지모는 더 말할 것도 없다. 바로 여기서 인재의 상중하가 갈리는 것이다.

방현령

방현령房玄齡은 당 태종 이세민의 개국공신이었으나 중국 역대 재상의 계보 중에서는 그다지 유명한 인물이 아니었고 희곡이나 소설 등의 문학작품에서 다뤄진 예도 거의 없다.

그러나 실제로 그는 진정한 재상의 재목이었고 역대 재상의 모범이었다. 방현령과 이세민의 관계는 물과 물고기의 관계와 같았다. 이세민이 없었다면 그는 자신의 능력을 제대로 발휘하지 못했을 것이고, 이세민도 그가 없었다면 사서史書에 기록된 이세민이 되지 못했을 것이며, 당 왕조의 역사는 완전히 달라졌을 것이다. 이세민과 방현령이 서로를 이해하고 선택하는 과정에는 심오한 의미가 숨어 있다.

방현령은 20년 가까이 태평성대의 재상을 지내다가 70세에 병으로 죽을 때까지 충실하고 유능한 재상으로 처음과 끝을 아름답게 장식했다. 방현령은 북주北周 무제 건덕建德 8년(579)에 제주 임치에서 태어났다. 증조부와 조부가 모두 북제北齊에서 벼슬을 지냈고, 부친 방언겸房彦謙은 당대의 유명한 학자로서 조정과 민간을 아우르는 수많은 지식인들과 교류하고 있었다. 그는 오랫동안 수 왕조에서 벼슬을 하고 있었지만 수 왕조가 오래지 않아 망할 것을 예감하고 서둘러 관직을 사임했다. 관직에 있는 동안 백성들의 복리를 위해 적극적으로 헌신했던 그는 백성들의 존경과 사랑을 한 몸에 받았다.

이런 가정에서 태어난 방현령은 어려서부터 철저한 가정교육을 받으면서 점차 치국안민에 힘써 백성들을 편안하게 해주겠다는 원대한 뜻을 세우게 되었고, 아울러 정치적 통찰력을 키워가게 되었다. 때문에 수 문제文帝 시절, 사람들이 이구동성으로 수 왕조의 공덕을 칭송하고 있을 때, 방현령은 화려한 공덕 뒤에 숨은 위기를 간파하고 이렇게 말했다.

"수나라는 원래 남의 나라를 찬탈한 정권으로서 백성들에게는 아무런 공덕도 베푼 바가 없이 백성들을 기만하고 있을 뿐이다. 지금은 또 형제지간에 황위를 놓고 다투고 있고 귀족들은 귀족들대로 향락에 젖어 파벌싸움만 일삼고 있으니 이런 왕조가 망하는 것은 시간문제일 뿐이다."

방현령의 이러한 선견지명은 얼마 후에 사실로 입증되었다. 방현령은 개인적 품성도 뛰어나서 사람들의 칭송을 받았다. 그는 세상이 다 알아주는 효자였다. 비록 계모였지만, 효성이 지극하여 그녀가 병들었을 때는 의원을 불러다 약을 달여올렸고, 의원이 찾아올 때마다 울면서 시중을 들었다. 그런데도 계모가 사망하자 너무나 상심한 나머지 식음을 전폐하여 몸이 장작개비처럼 비쩍 말랐던 적도 있다. 부친에 대한 효성 또한 말할 것도 없었다. 오랜 병에는 효자가 없다는 속담도 있지만 부친이 병으로 누워 있는 백 일

동안 방현령은 시종 한결같은 정성으로 부친을 모셨고 침식을 함께하며 극진히 보살폈다. 그의 이러한 품성은 나중에 관료로 성공하는 데도 큰 작용을 하게 된다.

당시 수 왕조에서 관리 선발과 인사를 맡았던 이부시랑吏部侍郎 고효기高孝基는 그를 이렇게 평하고 있다.

"내가 만나본 젊은이들이 수없이 많았지만 방현령처럼 착실한 인물은 본 적이 없다. 난 그가 큰 인물이 될 것이라고 일찌감치 예견했다."

태원에서 군사를 일으켜 수 왕조에 대해 반란을 꾀한 이연이 아들 이세민을 보내 위수 이북 지역을 평정하자 습성의 현위로 있던 방현령은 반란의 경과를 분석하고는 수 왕조가 곧 멸망할 것이라는 결론을 내렸다. 그리고 각 지역에서 일어난 반군 가운데 이연의 군대가 가장 대의가 분명하고 민의에 부합하며 선비를 예우할 줄 안다고 판단하고는 의연히 수 왕조의 관직을 버리고 이세민에게 투항했다. 당시 이세민은 약 8백 리나 떨어진 곳에 군막을 치고 있었지만 방현령은 지팡이를 짚고 찾아가 이세민을 만났다. 처음 만난 두 사람은 그 자리에서 의기투합했고 이세민은 그에게 위북도행대기실渭北道行臺記室이라는 중직을 맡기면서 참모로 삼았다.

이때부터 이세민과 방현령은 떨어질 수 없는 인연으로 맺어졌다. 30여 년 동안 긴밀한 군신관계를 유지하면서 이세민은 역사의 명군이 되었고 방현령은 명재상이 되었다.

방현령은 이세민을 따라 수많은 전투에 참가하면서 수나라의 대장 왕세충王世充을 토벌하는 작전을 비롯하여 중요한 전투마다 적극적인 전략을 제시하여 큰 공을 세웠다. 작전이 끝나고 틈이 날

이세민에게 가세하는 소림사의 중들 수당 교체기에 소림사 13인의 중들이 낙양성을 본거지로 한 왕세충에게 저항하고 이세민에게 가세한 고사를 그린 벽화로 소림사 백의전에 있다

때마다 그는 이세민과 함께 왕원지王遠知라는 도사를 찾아갔다. 왕원지는 도를 깨우쳐 과거 천 년, 미래 5백 년까지의 모든 일을 꿰뚫고 있다고 알려진 인물이었다. 평민으로 가장하고 찾아갔지만 왕원지는 이들을 한눈에 알아보고 이세민에게 말했다.

"곧 태평성대의 군주가 될 터이니 스스로 잘 준비하십시오."

이 말을 들은 방현령은 더욱 전심전력하여 이세민을 보좌했고 그가 천하의 주인이 되도록 도왔다.

이세민은 혁혁한 전공을 세운 덕에 진왕秦王에 봉해졌고, 당대에 처음 설치된 천책상장天策上將이라는 관직에 오르면서 막강한 권력을 지니게 되었다. 또한 그는 인재를 끌어모으고 활용하는 데 뛰어났다. 진왕 이세민의 막부에는 이른바 '18학사'라 불리는 인재 집단이 있었다. 이 가운데 방현령과 두여회杜如晦는 지모와 지략이 뛰어났고, 육덕명陸德明과 공영달孔穎達은 경학에 정통했으며, 요사렴姚思廉은 문학과 시문에, 우세남虞世南은 서예에 뛰어났다. 그밖의 인물들도 하나같이 뛰어난 준걸들이었으나 18학사 가운데 방현령이 단연 으뜸이었다.

진왕부가 유지됐던 10년 동안 이세민을 도와 인재들을 끌어모으는 것이 방현령의 가장 중요한 임무 가운데 하나였다. 『구당서舊唐書』「두여회전杜如晦傳」의 기록에 따르면 맨처음 두여회는 이세민의 수하에서 병조참군을 지냈다. 그의 임무는 병사들의 훈련을 돕는 것이라 그리 중요한 편은 아니었다. 나중에 진왕부의 인맥이 두터워지자 인재들이 전국 각지로 흩어지게 되면서 두여회도 외지로 이동하게 되었다.

이 소식을 들은 방현령은 즉시 이세민에게 달려가 말했다.

"진왕부의 인재들 가운데 외지로 나가는 사람들이 갈수록 많아지고 있습니다. 다른 사람들은 괜찮지만 두여회만은 절대로 내보내선 안 됩니다. 그는 대세를 읽을 줄 아는 인물로서 천하를 안정시키려면 반드시 필요한 인재입니다."

이세민은 이 말을 듣고 감격하여 말했다.

"그대가 이런 사실을 일깨워주지 않았더라면 큰 인재를 하나 잃을 뻔했구려!"

이세민은 즉시 조령을 취소하고 두여회를 중용했다. 그 후 여러 해에 걸친 검증을 통해 방현령의 판단이 정확했음이 판명되었다. 두여회는 중요한 일을 결정할 때마다 정확한 판단과 결단력을 보여주었고, 방현령과 더불어 당나라의 안정과 번영에 크게 기여하면서 '방모두단' 이라는 말을 만들어내기도 했다.

또한 방현령은 이세민의 동정서벌東征西伐을 수행하면서 가는 곳마다 민심을 파악하고 민간 풍속이나 전대의 문헌자료를 수집하여 정책 결정을 할 때 중요한 자료로 삼았다. 각 지방에서 봉기한 군사가 전부 평정되자 방현령은 이세민에 의해 임치후에 봉해졌고 관직도 진왕부기실로 승급되어 모든 군정 문서를 관장하게 되었다. 이때부터 민첩한 사고와 뛰어난 문장력을 지닌 그의 손에 의해 수많은 문서들이 기안되기 시작했다.

이세민과 그의 형 이건성이 황위를 놓고 각축을 벌이면서 형제간의 싸움이 더 이상 물러설 수 없는 지경에 이르자 방현령은 결단력 있는 행동을 주장하여 이세민으로 하여금 먼저 손을 써서 이건성과 이원길을 제압하게 했다. 방현령을 비롯한 여러 대신들의 적극적인 간언에 따라 이세민은 진왕부에서 긴급 군사회의를 소집했다. 그리고 현무문에 병력을 매복시켜 입조하는 이건성을 살해하는 이른바 '현무문 정변'을 일으켰다. 태자가 된 이세민은 곧이어 부친 이연마저 제압하고 스스로 황제가 되었다.

서기 630년, 당 태종 이세민이 등극한 지 4년째 되던 해에 방현령은 상서좌복야尙書左僕射로 승급하여 재상의 직책을 맡게 되었고, 그 후 20여 년 동안 그 자리를 유지하다가 70세를 일기로 세상을 떠났다.

재상으로 있는 동안 방현령은 근면함과 충성을 다하면서 탁월한 공적을 이루었다. 사서에서도 그를 이렇게 칭송하고 있다.

"그는 총백사를 지내면서 공경함과 근면함을 잃지 않았고 사소한 일에도 최선을 다해 놓치는 일이 없었다."

인재 선발에 있어서도 방현령은 남다른 신중함을 보였다. 당 태종도 이렇게 말한 적이 있다.

"관리를 등용할 때는 절대로 경솔함에 빠져선 안 된다. 군자를 쓰게 되면 수많은 군자들이 이를 따라 몰려오지만 소인배를 쓰게 되면 수많은 소인배들이 달라붙기 때문이다."

방현령은 인재를 변별할 줄 알았고 이들을 적재적소에 활용할 줄 알았다. 태종의 태자 이치의 부하 중에 이대량李大亮이라는 인물이 있었는데, 방현령은 그가 전한의 충신 왕릉王陵이나 주발周勃처럼 강직하고 굳은 절개를 가졌다고 판단해 중용했고 얼마 후엔 자신의 조수로 발탁했다.

방현령의 인재 관리술은 한쪽에 편중되지도 않고 전인적인 자질을 요구하지도 않는 것이 특징이다. 사람을 쓰되 최대한 단점을 억제하고 장점을 발휘하도록 노력했다. 적당한 인재를 찾지 못할 경우에는 일시적으로 비워둘지언정 아무나 데려다 쓰진 않았다. 예컨대 조정의 재정과 지출을 관장하는 관직이 오랫동안 공석이었지만 이 자리가 천하의 이해관계와 민심에 직결되는 중직인 만큼 함부로 등용하지 않았던 것이다. 권력을 부여하는 일에서만큼은 절대로 경솔할 수 없다는 것이 그의 방침이었다.

그의 이러한 행동은 다른 사람들에게 권력을 주는 데 몹시 인색하게 비쳐서 비난의 대상이 되기도 했다. 하지만 그는 국가의 이익을 위해서라면 자신의 명성은 그리 중하게 여기지 않았다.

이세민에게 직언하는 데 있어서도 그는 대담했다. 위징처럼 사사건건 직언하지는 않았지만 항상 자신의 소신을 용감하고 분명하게 밝힐 줄 알았다. 사실 이 점에서는 위징도 그를 매우 존경하여 언사의 극진함과 처사의 치밀함은 자신도 방현령을 따를 수 없다고 말한 바 있다.

한번은 태종이 갑자기 주위의 신하들에게 처음 나라를 세운 황제가 황위를 물려줄 때마다 큰 혼란이 발생하는 원인이 무엇인가 하고 묻자 방현령이 나서서 거침없이 자신의 생각을 말했다.

"황제는 자식을 몹시 총애하지만 자식은 깊은 궁궐에서 태어나 어려서부터 부귀영화를 누리며 자라다 보니 세상물정을 모르고 국가의 안위를 생각하지 않습니다. 이는 스스로 수련을 통해 자신의 능력을 키우지 못하기 때문이지요."

실제로 정관의 치세를 자랑하는 당 태종도 과실을 많이 범했다. 예컨대 고구려 정벌을 감행하여 고구려의 백성들에게 엄청난 고통을 가져다주었을 뿐만 아니라 자국 백성들에게도 치명적인 상처를 주었다. 여러 차례에 걸친 고구려 정벌에서 싸움에 동원됐던 병력과 물자의 8할을 잃었던 것이다. 정관 22년, 태종이 또다시 고구려를 침략하려 했을 때였다.

중병으로 누워 있던 방현령은 이 소식을 듣고 당장 태종에게 정벌을 반대하는 상소를 올리고 자신의 아들들을 불러모아 말했다.

"지금 천하가 안정되어 모든 백성이 제자리를 잘 지키고 있는데 또다시 동으로 고구려를 정벌하려 하시니 이는 나라에 큰 우환이 될 것이 분명하다. 비록 나는 곧 세상을 떠나 땅속에 묻힐 몸이지만, 이런 일을 알고서도 말을 안 할 수 없구나. 죽어서도 편히 눈을 감을 수 없으니 어찌하면 좋겠느냐!"

한편 태종은 그의 상소를 읽고 나서 눈물을 흘리며 말했다.

"죽음을 눈앞에 두고도 이처럼 나라를 걱정하고 있으니 정말 얻기 힘든 충정이로다!"

방현령은 어려서부터 전대 여러 왕조의 흥망성쇠에서 교훈을 찾았고 이를 바탕으로 여러 권의 책을 저술했다. 이 가운데『진서』를 비롯하여 수 왕조까지 여섯 왕조의 역사를 편찬한 것을 주요 저술로 꼽을 수 있다.

정관 22년(서기 648년), 방현령의 병세가 위급해지자 태종은 쉴 새 없이 사람을 보내 문안했고, 직접 병상을 찾아가 방현령의 손을 잡고 임종을 지키기도 했다. 그가 눈을 감았을 때 태종이 보였던 눈물은 군신지간의 깊은 우애를 대변하고도 남는다.

방현령이 이처럼 정치 역정의 처음과 끝을 아름답게 장식할 수 있었던 요인은 크게 세 가지로 요약할 수 있다. 첫째, 역사의 흐름을 정확하게 꿰뚫어보고 일찌감치 자발적으로 이세민에게 투항했고 둘째, 지극한 충성과 근면함 때문에 이세민이 그를 신임할 수밖에 없었으며 셋째, 대권을 손에 쥐고도 절대로 이세민이 위협을 느낄 만한 행동을 보이지 않았다는 것이다. 모든 일을 잘 처리하면서도 이세민에게 충분한 자문역할만 했을 뿐, 혼자서 어느 한 분야의 권력을 독점하지 않았던 것이다.

이러한 자질을 갖추기만 한다면 폭군을 만나도 자신을 보전할 수 있을 것이고, 다행히 명군을 만나면 탁월한 공적을 이루어낼 수 있을 것이다. 태평성대에 군주가 되는 것은 쉽지만 재상이 되는 것은 여간 어려운 것이 아니다. 군주를 보필하는 것은 호랑이와 함께 사는 것과 마찬가지이기 때문이다.

하지만 방현령은 20년간이나 안정적으로 재상의 직분을 수행했고 죽어서는 무한한 명예를 누렸다. 이는 중국 관료사상 찾아보기 어려운 사례이다.

군신이 서로를 잘 알아 힘이 되어주는 것이 가장 이상적인 통치계급의 모습일 터인데, 하물며 명군과 현신이 만났으니 그 모습이 얼마나 아름다웠겠는가! 이세민과 방현령의 이야기는 후세의 통치자들에게 영원한 귀감이 되고 있다.

제갈량

대국을 인식하여 사소한 일을 과감히 버리고 대장을 잘 통솔하는 것은 천하의 재능을 자신의 재능으로 삼는 것과 마찬가지이다

모든 일을 직접 처리하고 나라를 위해 진력한다면 명성을 얻을 수는 있지만 모든 일에서 성공을 거두기는 어렵다

진정한 지도자는 일꾼을 제대로 활용할 줄 아는 사람이다

"사람을 알아보는 것은 군주의 도리이고, 일을 알아보는 것은 신하의 도리이다. 형태가 없는 것이야말로 유형의 만물을 주재하는 존재이고, 근원이 보이지 않는 것이야말로 세상사 인정의 근원이다."

당나라 때 조유趙蕤가 쓴 『장단경長短經』이란 책에 나오는 말이다. 이 책의 원전 『인물지』의 저자 유소도 이렇게 말하고 있다.

"관리의 책임은 한 가지 일로 여러 가지 일을 잘 조합하여 처리하는 것이지만 군주는 아무 일도 없는 상태에서 모든 일을 처리해야 한다. 대신들에게는 어떤 일에 뛰어난 능력을 발휘하는 사람이 인재이겠지만 군주에게 있어 인재란 인재들을 잘 활용하는 것이다. 대신들은 탁월한 지모지략을 제시하고 언변에 능한 것이 재주이지만, 제왕은 여러 대신과 백성들의 간언을 제대로 경청하는 것이 바로 재능이다. 대신들은 몸으로써 실천하는 것이 능력이고, 제왕들은 상벌을 잘 운용하는 것이 능력이다. 최고 통치자는 모든 일에 정통할 필요가 없고 모든 일을 손수

할 필요도 없기 때문에 수많은 사람들을 잘 통솔하는 것이 최고의 능력이다.”

『장단경』에서는 또 이렇게 말하고 있다.

“북은 다른 악기의 소리에 간섭하지 않으면서도 잘 융화해낸다. 진정한 군주의 도를 체득한 황제는 문무백관들이 책임지고 있는 일들에 일일이 관여하지 않기 때문에 국가의 최고 통치자가 될 수 있는 것이다. 자고로 훌륭한 제왕들은 이러한 원칙을 엄격히 지켜왔고 정부 관리들도 각자가 할 일들을 잘 알아서 해왔다.”

요堯 시대에는 순舜이 사도司徒의 자리를 맡았고, 계契가 사마司馬를, 우禹가 사공司空을 맡았으며, 후직后稷이 농업을 관장했고, 기夔가 예악禮樂을 관장했다. 또한 백이伯夷가 제사를 관장했고, 고요皋陶가 사법司法을 맡았으며, 익益이 전쟁에 쓰일 짐승들을 전문적으로 훈련시키는 일을 맡았다. 요는 이 모든 일에 직접 관여하지 않고 편안한 자세로 제왕으로서 할 일에 충실했다. 그렇다면 이 아홉 명의 신하들은 어째서 아무런 불만 없이 신하의 직분에 충실할 수 있었을까? 요가 이 아홉 신하들의 재능과 장점을 잘 이해하고 신임함으로써 각자의 성취를 이루도록 유도했기 때문이다.

전한의 유안이 쓴 『회남자淮南子』란 책에는 이런 비유가 나온다.

“손재주가 뛰어난 장인이 궁궐을 지으면서 원을 그리고자 할 때는 둥근 자를 이용하고, 직선을 긋고자 할 때는 줄을 이용한다. 그리고 한 가지 물건이 완성된 후에는 누구도 어떤 공구를 이용했는지 따지지 않고 장인의 솜씨만 칭찬한다. 또한 궁궐이 완성된 후에는 어느 장인이 지었는지를 따지는 사람 없이 그것이 어느 제왕의 궁궐인지만 말한다.”

이는 황제에서 말단 관리에 이르기까지 마땅히 따라야 할 위정爲政의 이치를 상징적으로 제시한 것이다.

여기서 현명한 재상의 상징인 제갈량諸葛亮의 경우를 살펴보자. 그는 모든 일을 혼자 독점하여 처리했다. 촉나라에는 제갈량만이 재상이요 충신이었다. 다른 사람들은 훌륭한 일을 할 줄도 몰랐고 애당초 일하기를 원하지도 않았다. 그 결과는 어떠했을까? 제갈량은 생전에 별다른 성취 없이 죽어서 명성을 얻었을 뿐이다. 제갈량은 모든 일에 세심한 관심을 기울이면서 최선을 다했지만 일의 성패는 따지지 않았다.

그의 단점을 상징적으로 보여주는 일화가 있다. 한번은 사마의가 담이 작고 겁이 많아 감히 출전하지 못하고 있다는 사실을 안 제갈량이 사자를 보냈다.

촉병을 이끌고 오장원에 진주한 제갈량이 사자를 시켜 선물과 함께 편지 한 통을 보내왔다는 보고를 들은 사마의는 서둘러 사자를 자신의 군막으로 불러들였다. 사마의가 선물 상자를 열어보니 부인용 머리장식과 의복이 들어 있었다. 편지를 읽어본 사마의는 제갈량의 저의를 알고 몹시 분개했다. 규방에 들어앉은 부인네들처럼 겁을 내고 출전하지 못하는 것은 대장부로서의 기개가 부족한 소치라는 충고를 선물로 대신한 것이었다.

"제갈량이 날 여인네로 취급한다 이거로군!"

사마의는 애써 분을 삭이면서 선물 상자를 받아놓고 사자에게 두둑한 상을 내렸다. 그리고 한마디 물었다.

"그대의 승상께선 평소에 식사는 어떻게 하시는가? 일은 여전히 바쁘신가?"

사마의司馬懿 삼국시대 위나라 장수. 조조의 청으로 그의 부하가 되어, 조조의 아들 조비曹丕가 위나라를 세운 뒤에는 명제明帝·제왕齊王 등 3대 황제를 섬겼다

오장원五丈原 삼국시대의 유명한 싸움터. 234년 제갈량이 대군을 이끌고 이곳에서 사마의와 장기전을 펼치던 중 병사했다

"승상께선 매일 밤늦게까지 일을 하십니다. 곤장 스무 대가 넘는 형벌에 관한 일은 무조건 손수 처리하시지요. 하지만 식사는 아주 적게 하시는 편입니다."

사마의는 고개를 돌려 웃으면서 자신의 부하장수에게 말했다.

"제갈량이 충신이요 뛰어난 전략가인 것은 사실이오. 단지 남을 믿지 못하는 것이 커다란 흠이지. 그는 지나치게 세심해서 모든 일을 자신이 직접 관장하려 드는 것이 문제요. 이처럼 남을 믿지 못하는 태도는 윗사람이 가져야 할 자질이 아니오. 게다가 식사를 조금밖에 하지 않는다니, 어떻게 장수할 수 있겠소?"

사자는 촉으로 돌아가 사마의와 주고받은 대화를 소상히 보고했다. 보고를 다 들은 제갈량은 자신도 모르게 탄식을 내뱉었다.

"어허! 사마의가 내 처지를 다 알아버렸군!"

사실 이때 제갈량은 이미 계속되는 과로로 신경이 날카로워져 있었고 가끔씩 각혈을 하기도 했다. 그리고 얼마 지나지 않아 과로를 이기지 못하고 병사하고 말았다. 제갈량의 품성은 비난의 여지가 전혀 없었다. 하지만 나라를 다스리는 사람에게는 고상한 인덕보다 통치하는 기술이 더 중요하다. 제갈량이 위정에서 드러낸 결점은 대국을 인식하지 못하고 세부적인 일에 지나치게 몰두했다는 것이다. 두보杜甫는 「촉상蜀相」이란 제목의 시에서 제갈량의 죽음을 이렇게 노래하고 있다.

出師未捷身先死 長使英雄淚滿襟

중원의 대업을 이루기 전에 몸이 먼저 죽어

고금의 영웅들로 하여금 눈물로 옷깃을 적시게 하네

　　제갈량은 역사적인 인물로서 누구보다 문학적 이미지를 강하게 형성하고 있다. 현명하고 명철함은 고금을 통해 다시 찾아보기 어렵고, 그 도덕적 인격에도 폄하의 여지가 없는 인물이다. 그러나 정치가로서의 자질에 있어선 얼마든지 부정적인 평가가 있을 수 있다.

　　제갈량의 가장 큰 비극은 그를 계승할 사람이 없었다는 것이다. 당시 민간에 유행했던 "촉나라에는 장수가 없어 요화가 선봉이 되었네蜀中無大將 廖化做先鋒."라는 속언이 제갈량 사후의 처량한 상황을 잘 말해주고 있다.

　　당시에 제갈량은 기산을 여섯 번 드나들면서 마음속에 웅대한 뜻을 품고 있었고 수하에 맹장들이 구름처럼 많았다. 비록 예기한 목표는 달성하지 못했지만 당시 그의 기세는 하늘을 찌를 듯했다. 그러나 바로 이 시기에도 제갈량에게는 인재 부족의 문제가 드러나고 있었고, 촉이 망할 수밖에 없는 전조들이 나타나기 시작했다.

　　삼국시대 말기에 이른바 '오호대장五虎大將'이 차례로 원수의 자리를 이어갔으나 요화가 선봉에 나서면서부터 제갈량 치하의 서촉은 유능한 장수를 배출하지 못했다. 그는 유비를 추종하여 모든 일에 든든한 기둥이 되어주었으면서도 서기 207년부터 세상을 떠난 해인 234년까지 무려 27년 동안 자신을 대신할 인재를 찾지도 않았고 후계자를 키우지도 않았다. 이것이 제갈량의 가장 큰 실수였다. 죽음을 눈앞에 두고서야 자신이 평생 학습했던 병서들을 여러 사람에게 공개했으나 마땅한 전수자가 없었다. 그러다가 간신히 구한 인물이 바로 강유姜維였다.

　　강유는 훌륭한 품성을 지니고 있었지만, 재능은 제갈량에 훨씬 못 미쳤다. 승상의 마음 자세는 있으나 승상의 재능이 없었던 그는 여러 차례의 북벌에서 공을 세우지 못했다. 그러다가 마지막으로 전개한 전술은 거짓 투항으로 서촉을 보전한 것이었다.

사실 요화는 전혀 쓸모없는 평범한 장수는 아니었다. 그는 강유에 비해 훨씬 투철한 무실역행務實力行의 정신을 갖고 있었고, 여러 차례 반복되는 강유의 무모한 진격을 두고 "병사들이 싸우지 않는 한 자멸할 수밖에 없다."고 정확하게 지적했다. 실제로 강유의 지략은 적을 압도하지 못했고 적에게 밀리는 병력으로도 빈번히 출전했으니 패할 수밖에 없었으리라. 사실 요화의 비판은 강유의 약점을 지적하는 동시에 제갈량의 한계를 암시한 것이었다.

제갈량의 한계는 여러 분야에서 드러났다. 유비는 임종 직전 제갈량에게 마속이 충실하긴 하지만 크게 쓸 인물이 못 된다고 일러주었다. "마속은 말이 사실보다 지나치니 중용하지 말라."고 제갈량에게 경고했던 것이다. 그런데도 제갈량은 마속을 마음에 들어했고, 가정 전투에서 장수들의 반대를 무릅쓰고 마속을 선봉의 총대장으로 임명했다. 결과는 참패로 끝났다. 제갈량은 군율에 따라 눈물을 머금고 마속의 목을 베었으며, 유족에 대해서는 종전처럼 대우하였다. 제갈량은 뒤늦게 자신의 인재 관리가 잘못됐다는 사실을 뉘우치며 눈물을 흘렸지만 정작 자신의 성격에 대한 반성은 하지 않았다.

부드러움과 겸양으로 강경함을 제압하다

인상여

중국에 '한 보 양보하면 하늘과 바다가 열린다'는 말이 있다. 실제로 우리의 일과 생활 속에는 양보가 승리의 중요한 계기가 되는 경우가 많다. 진심으로 양보한 것이건 아니면 작전상 후퇴이건 간에 어차피 한 번 양보한 사람은 직장이나 관직에서 훨씬 운신의 폭이 커지기 때문이다. 중국 역사에서 이처럼 한 보 양보하여 하늘과 바다를 열었던 전형적인 예가 바로 염파廉頗와 인상여藺相如이다.

조趙나라 말기, 초나라는 진秦나라의 장군 백기白起에게 패하여 영도를 잃고 천도해야 하는 처지가 되었고, 제齊나라는 연燕의 장군 낙의樂毅에게 패하여 세력을 회복하기 어려운 지경에 빠져 있었다. 진은 갈수록 강대해져 나머지 여섯 나라에 비해 월등한 우세를 보이고 있었고, 조를 제외한 나머지 다섯 나라는 결코 진의 적수가 되지 못했다.

당시 조나라는 무령왕武靈王의 개혁을 통해 국가의 기반을 견고히 다지는 한편, 대장군 염파와 재상 인상여가 힘을 합쳐 부국강

여섯 나라 전국시대 한韓, 위, 조, 연, 제, 초 나라를 말함

병에 혼신의 힘을 쏟고 있었다. 염파와 인상여의 협력이 없었다면 조나라도 오래전에 사라졌을 것이다. 이 때문에 사마천은 『사기史記』에서 이 두 인재의 이야기를 「염파인상여열전廉頗藺相如列傳」이란 제목으로 서술하여 높이 평가했다.

염파가 대장군이 된 것은 야전에서 세운 전공이 뛰어났기 때문이고, 인상여가 재상이 된 것은 두 차례의 중대한 외교 업무를 무사히 완수했기 때문이었다. 진은 여러 차례 조를 공격했으나 한 번도 정벌의 목적을 달성하지 못했고, 특히 대장군 염파는 도저히 공략할 수 없었다. 이에 진왕은 다른 방법으로 조를 치기로 마음먹었다. 진왕이 택한 방법은 조와 거짓으로 화친을 맺은 다음 외교적 수단을 이용하여 조나라를 수세로 몰아간다는 것이었다. 그리하여 기원전 283년, 진은 조가 초나라의 희귀한 보물인 화씨벽을 손에 넣었다는 소문을 듣고 사신을 보내 진의 성지城池 열다섯 채와 조의 화씨벽을 바꾸고 싶다는 의사를 전했다. 이는 사실상 선전포고에 가까운 위협이었다.

조나라로서는 화씨벽이 아깝기보다는 진나라가 약속을 지키지 않고 공연히 속임수를 부리면 국가 위신을 손상하지나 않을까 두려웠던 것이다. 그렇다고 화씨벽을 넘겨주지 않을 경우 진이 이를 구실로 군사 공격을 해올 수 있기 때문에 조는 진퇴양난에 처하게 되었다. 바로 이때 환관의 우두머리인 무현繆賢이 자기 집에 인상여라고 하는 문객이 있는데 지모와 용기를 겸비하고 있으니 그에게 대책을 구해보는 것이 어떠냐고 제안했다. 뾰족한 대책이 없던 조왕은 그의 의견을 들어보기로 했다. 조왕이 물었다.

"진왕이 성 열다섯 채와 우리의 화씨벽을 바꾸자고 하는데,

이를 받아들이는 것이 좋겠소?"

인상여가 대답했다.

"진은 강하고 조는 약하기 때문에 거절하기 어려울 것입니다."

"그럼 진이 화씨벽을 차지한 다음에 약속대로 성지를 내주지 않을 경우엔 어떻게 해야 하오?"

"진이 제시한 요구를 받아들이지 않는다면 조가 사리에 어긋나는 것이지만, 만일 진이 화씨벽을 받고도 성지를 내주지 않는다면 이는 진이 도리를 그르치는 것입니다. 두 가지 경우를 비교해볼 때 후자가 더 나을 것 같습니다. 만약 사신으로 보낼 만한 사람이 없다면 제가 나서보겠습니다. 진왕이 성을 우리에게 내어준다면 화씨벽을 진나라에 넘겨줄 것이고, 성지를 내주려 하지 않는다면 다시 가지고 돌아오겠습니다."

인상여가 언변이 좋을 뿐만 아니라 일처리도 주도면밀하다는 무현의 말에 조왕은 그를 사신으로 보내기로 결정했다.

진의 소양왕昭襄王은 궁중에서 인상여를 접견했다. 진왕은 기분이 좋아 편한 자세로 앉아 있었고 인상여는 두 손을 모아 화씨벽을 바쳤다. 진왕은 너무나 기뻐하며 이리저리 뜯어보다가 이를 황비와 궁녀들에게 보라고 건네주었다. 모두들 감탄을 금치 못하며 진왕에게 축하의 인사를 올렸다. 아무도 아래쪽에 서 있는 인상여를 거들떠보지 않았다. 한참이 지났지만 진왕은 열다섯 채의 성지를 조나라에 넘겨주는 문제에 대해서는 한 마디도 꺼내지 않았다. 인상여는 진왕이 속임수를 쓰려 한다는 사실을 알아차리고 먼저 계책을 준비하여 입을 열었다.

"화씨벽에는 한 가지 문제가 있습니다. 그 진면목을 아무렇게

나 볼 수 있는 것이 아니지요. 제가 여러분께 시범을 보여드리겠습니다."

　진왕은 아무 생각 없이 화씨벽을 다시 인상여에게 건네주었다. 화씨벽을 받아든 인상여는 곧장 대전 한가운데 있는 기둥으로 달려가 고래고래 악을 쓰면서 진왕을 비난하기 시작했다.

　"대왕께서는 이 화씨벽을 얻기 위해 조왕에게 사자를 보냈습니다. 하지만 조나라 대신들은 진이 국가의 예를 무시하고 신의를 잘 지키지 않으면서 자국의 강대함을 믿고 몇 마디 거짓말로 화씨벽을 차지하려 한다면서 하나같이 이를 대왕께 보내주려 하지 않았지요. 그러나 전 일개 백성도 신의를 지키는데 하물며 일국의 군주이신 대왕께서 신의를 저버릴 리 없다고 말했습니다. 게다가 하찮은 화씨벽 하나로 진과 조의 우의를 해치는 건 있을 수 없는 일이라고 주장했지요. 제 말을 들은 조왕은 닷새 동안 목욕재계하신 후에 친히 조당에 가서 국서와 화씨벽을 가져다가 제게 건네시면서 진나라에 갖다 주라고 했습니다. 이 얼마나 공경과 예의를 갖춘 태도입니까! 그러나 제가 진나라에 와서 벽옥을 대왕께 바쳤으나 대왕은 여전히 예를 갖추지 않고 벽옥을 함부로 궁녀들에게 보여주고 있으니, 이는 조나라를 욕되게 하는 일이 아니고 무엇이겠습니까! 또한 성지를 넘겨주는 문제에 관해서는 언급조차 안 하시는 걸 보니 그럴 뜻이 없으신 걸로 간주됩니다. 그래서 전 화씨벽을 도로 조나라로 가져갈까 합니다. 지금 화씨벽이 제 손 안에 있으나 강제로 빼앗으려 한다면 저는 이 화씨벽과 함께 머리를 기둥에 부딪쳐 자결하고 말 겁니다."

　말을 마친 인상여는 당장이라도 부딪칠 기세로 노기등등하여 거대한 기둥을 노려보았다.

그의 돌발적인 행동에 놀란 진왕은 혹시라도 화씨벽이 깨질까 두려워 당장 사과하면서 사람을 시켜 지도를 가져오게 한 다음 성지 열다섯 채를 골라 조에 넘겨주도록 지시했다. 그러나 인상여는 이런 조치가 진심에서 우러나온 것이 아님을 알아채고는 또 다른 계략을 준비했다. 인상여가 말했다.

"대왕께서 화씨벽을 그렇게 좋아하시니 조나라로서는 이를 헌상하지 않을 수 없습니다. 그러나 조왕은 벽옥을 바치기 전에 닷새 동안 목욕재계하여 극진한 공경함을 표했습니다. 마땅히 대왕께서도 닷새 동안 목욕재계하셔야만 화씨벽을 받으실 수 있습니다."

진왕은 달리 대응할 방법이 없어 순순히 그렇게 하겠다고 대답했다. 숙소로 돌아온 인상여는 치밀한 준비를 하기 시작했다. 부하에게 평민복을 입혀 백성으로 변장하게 한 다음 샛길을 통해 몰래 화씨벽을 도로 조나라로 돌려보낸 것이다.

닷새 후에 진왕은 조정에서 성대한 의식을 거행하고 화씨벽을 건네받을 준비를 서둘렀다. 진나라 조정에 들어간 인상여는 두 손을 펼쳐 보이며 말했다.

"진은 목공穆公 이후로 이미 수많은 제왕들이 나라를 이어왔으나 단 한 분도 신의를 지키는 분이 없었습니다. 그래서 저도 속임수에 당하지나 않을까 하는 두려운 마음에 화씨벽을 이미 조로 돌려보냈습니다. 조는 약하고 진은 강한 나라인 만큼 대왕께서 진심과 성의를 중시하여 열다섯 채의 성지를 조에 넘겨주셔야만 화씨벽을 얻으실 수 있습니다. 지난날 맹명시孟明視는 진晉을 속였고 상앙商鞅은 위魏를 속였으며 장의張儀는 초楚를 속임으로써 오명을 얻었지요. 저는 대왕께서도 조를 기만했다는 오명의 주인공이 되지 않기를 바라는 마음에서 화씨벽을 다시 조로 돌려보낸 것입니다. 대왕을 속인 것에 대해선 제게 죄를 물으셔도 좋습니다!"

진왕과 대신들은 인상여의 말에 몹시 분개했지만 구구절절 맞는 말이라 반박할 도리가 없었다. 게다가 인상여는 조금도 두려워하지 않는 기색이라 그를 죽인다 해도 별다른 효과는 없고 자신의 악명만 높아질 것이었다. 그럴 바에는 차라리 인상여를 놓아주고 진의 관용을 과시하는 동시에, 결코 조의 화씨벽을 빼앗으려는 의도가 아니었음을 보여주는 것이 현명한 방법일 것 같았다. 결국 인상여는 진에게 아무런 구실도 주지 않은 채 화씨벽을 갖고 조나라로 돌아왔고 조의 명성과 발전에 큰 공을 세우게 되었다. 이때부터 인상여의 명성은 전국에 알려졌다.

그러나 인상여를 놓아주었다고 해서 진이 여섯 나라의 합병을 포기한 것은 아니었다. 지난 2년 동안 진은 조의 성지 두 곳을 강탈했고, 바로 1년 전에는 조를 침공했다가 별 성과 없이 돌아간 적도 있었다. 진왕은 이처럼 장기적인 소모전을 펼치느니 우선 일시적으로 조와 화친을 맺고 다른 나라들을 전부 합병한 후에 다시 조를 멸하는 것이 좋겠다는 생각을 했다.

기원전 279년, 진 소양왕은 조 혜문왕惠文王에게 사신을 보내 민지에서 회맹을 갖자고 제안했다. 조왕은 초 회왕懷王이 진과의 화친에 나섰다가 희생물이 되었던 전례 때문에 두려워서 나가지 않으려 했으나, 그랬다가는 진왕에게 무시당할 소지가 있다며 설득하는 염파와 인상여의 말을 듣기로 하였다. 결국 혜문왕은 인상여를 대동하여 민지로 나가면서 염파에게는 국내에 남아 태자를 보좌하게 했다. 그러자 평원군平原君 조승이 말했다.

"진의 제의에 응하시려면 반드시 5천의 정예 병력을 대동하는 동시에 대량의 군마를 3천 리 밖에 대기시키셔야 합니다."

이에 조왕은 대장군 이목李牧에게 정예 병력 5천 명을 골라 자신을 따르게 하고 평원군에게는 수십만의 대군을 이끌고 그 뒤를 따르라고 지시했다.

염파도 마음을 놓지 못하고 조왕에게 간청했다.

"이번 회맹은 길흉을 단정하기 어렵습니다. 민지까지는 왕복 스무 날이 걸릴 것이고 사흘 동안 회의를 한다 해도 한 달이면 충분할 것입니다. 그때까지 대왕께서 돌아오시지 않는다면 지난날 초나라가 당했던 것과 똑같은 상황이 벌어진 것으로 간주하고, 태자를 군주로 세워 진이 함부로 조를 넘보지 못하도록 조처하겠습니다."

혜문왕도 그의 생각에 동의했다. 곧이어 염파는 혜문왕의 출정에 대비하여 치밀한 준비를 서둘렀다.

조왕과 진왕은 민지에서 만나 술잔을 나누면서 천하대사를 논하기 시작했다. 처음에는 의기가 투합하는 것처럼 보였으나 술이 얼큰해지자 진왕은 술을 핑계로 농담하듯 입을 열었다.

"듣자 하니 조왕께서는 음악에 정통하시다 하던데, 저를 위해 비파를 한 곡 연주해주실 수 있겠소이까?"

조왕은 거절할 수가 없어서 굴욕감을 삼키면서 말없이 비파를 연주했다. 진왕은 그 자리에서 사관에게 이 일을 기록하게 했다.

"모년 모월 모일에 진왕이 조왕과 주연을 함께하는 자리에서 조왕에게 비파를 연주하게 했다.”

조왕은 화가 나서 얼굴이 달아올랐다. 조나라가 망한 것도 아닌데 진은 조를 속국으로 대하고 있는 것이었다. 게다가 비파를 연주하게 한 일을 역사에 기록한다는 것이 조로서는 이만저만한 치욕이 아닐 수 없었다. 하지만 조왕은 분을 삭이면서 보복할 생각은 하지 못했다. 이때 인상여가 기와를 한 장 들고 진왕에게 다가가 말했다.

“듣자 하니 대왕께서는 격파술이 뛰어나시다고 하던데 조왕을 위해 이 기와를 한 번 깨뜨려주실 수 있겠습니까?”

진왕은 대로하여 그를 거들떠보지도 않았다. 진왕의 호위병이 나서서 인상여를 죽이려 했으나 그의 호통에 놀라 뒤로 물러서고 말았다. 인상여가 얘기를 계속했다.

“대왕의 군대가 아무리 강대하다 해도 이 자리에선 아무 소용이 없습니다. 저는 이 자리에서 대왕을 죽일 수도 있습니다.”

진왕이 못하겠다고 버티자 인상여가 다시 다가가 죽이겠다고 위협했다. 진왕은 하는 수 없이 손으로 기와를 격파했고, 인상여는 그 자리에서 조의 사관에게 이 사실을 기록하라고 명했다.

“모년 모월 모일에 진왕이 조왕을 위해 손으로 기와를 격파했다.”

진나라의 대신들은 진왕의 체면이 땅에 떨어지는 것을 보면서 곧장 도발할 생각으로 말했다.

“조왕께서는 성지 열다섯 채를 진왕께 바쳐 장수를 축원하는 것이 어떻소이까?”

인상여가 즉시 말을 받았다.

"그럴 것이 아니라 진왕께서 함양성을 조왕께 할양하셔서 장수를 축원하는 것이 어떻겠습니까?"

이처럼 쌍방은 연회가 끝날 때까지 치열한 외교 전쟁을 펼쳤다. 진이 줄기차게 공격을 해댔지만 인상여는 끝까지 맞받아치면서 한치도 물러서지 않았다. 진은 아무런 우세도 보이지 못했고 게다가 변경에 조의 대군이 집결하여 만반의 전투준비를 하고 있다는 첩보를 접하게 되자 함부로 경거망동할 수도 없었다.

두 차례의 중대한 외교전에서 인상여는 생명의 위험을 무릅쓰고 조나라의 존엄을 지키면서 진과의 각축에서 수세로 몰리는 것을 막았다. 조왕은 인상여의 공로를 치하하기 위해 염파보다 높은 상경上卿의 자리를 주었다. 이에 불만을 품은 염파는 가는 곳마다 불평을 늘어놓았다.

"나는 조의 장수로서 전투에서 목숨을 걸고 큰 공을 세웠는데 혀만 가지고 공을 세운 인상여가 나보다 높은 자리에 앉는다는 것은 용납하기 어려운 일이오. 이는 도저히 참을 수 없는 수치란 말이오."

그러면서 인상여와 마주칠 때마다 모욕적인 언사를 뱉어냈다. 염파에게는 무장들이 창과 칼로 이룬 것만이 공로였지, 문신들이 지모를 이용하여 나라의 존엄을 보전하는 것은 하찮은 일에 불과했던 것이다. 게다가 인상여는 미천한 출신이라 그에게 폭언을 한다 해도 크게 문제될 것이 없었다. 하지만 인상여에게는 참기 어려운 일이었다.

그러나 인상여는 이에 대해 아무런 반응도 보이지 않았고 길을 가다가 멀리서 염파의 모습이 보이기라도 하면 얼른 가던 길을 돌려 그와 마주치는 것을 피했다. 이런 상황이 오래 지속되자 인상여의 문객들이 더 이상 못 참겠다며 불평을 늘어놓기 시작했다.

"저희가 고향을 등지고 대인의 수하에 모인 것은 대인을 우러러 사모했기 때문입니다. 그런데 지금 대인의 지위가 염파보다 높은데도 그를 두려워하시니 저희로선 정말 그 이유를 모르겠습니다. 이처럼 나약한 모습을 보이시면서 저희들마저 수치심을 느끼게 하신다면 저희들은 고향으로 돌아가는 수밖에 없습니다."

인상여는 조금도 당황하지 않고 차분한 태도로 물었다.

"그대들은 염장군과 진왕 둘 중에서 누가 더 두려운 존재라고 생각하시오?"

문객들이 고개를 갸우뚱거리며 대답했다.

"물론 진왕이 더 두려운 존재이지요."

"맞소! 진이 강대하기 때문에 각국의 제후들이 호랑이처럼 두려워하고 있는 것이오. 하지만 나 인상여는 그런 진왕을 조금도 두려워하지 않고 그의 조정을 찾아가 마음대로 질책했던 사람이오. 비록 내게 대단한 능력이 있는 것은 아니지만 적어도 염장군을 두려워할 정도는 아니란 말이오. 내가 염장군의 무례함을 받아주는 이유는 따로 있소. 강대한 진나라가 우리 조를 감히 침략하지 못하는 이유가 바로 염장군과 내가 한 마음으로 힘을 합쳐 진의 위협을 견제하고 있다고 믿기 때문이오. 우리 두 사람이 서로 다투기 시작하면 이는 진에게 침략의 기회를 주는 것이나 다름없소. 내가 염장군을 용납하는 것은 나라의 안위가 사사로운 원한보다 중요하기 때문이란 말이오."

이 이야기는 금세 염파의 귀에도 전해졌고 인상여의 깊은 뜻을 알게 된 염파는 깊이 감동하고 부끄러움을 금치 못했다. 사실 염파 역시 정직하고 성실한 성격이라 한번 깨달은 바가 있으면 즉시 잘못을 고치는 인물이었다. 그는 잘못을 뉘우치는 자신의 진심을 알리기 위해 고대 의식에 따라 웃옷을 벗고 커다란 형구를 등에 지고서 인상여의 집을 찾아가 속이 풀릴 때까지 마음대로 때려달라며 대문 앞에 무릎을 꿇었다.

"형장을 맞는 것으로 죄를 씻고 싶습니다. 소인은 식견이 부족하고 마음이 옹졸한 인물이라 대인의 넓은 마음을 헤아리지 못했습니다. 매로 저를 다스려주십시오."

염파의 이런 모습에 인상여도 크게 감동하여 문 밖에 나와 직접 그를 일으켜세웠고, 이때부터 두 사람은 생사지교를 맺고 더욱 일심동체가 되었다. 진은 그 후로도 10년 동안 이 두 사람이 버티고 있는 조를 감히 넘보지 못했다.

부드러움과 겸양으로 강경함을 제압하는 것은 하나의 술책에 불과한 것이 아니라 개인의 사상적 깊이와 도덕적 수양에 의해 결정되는 고귀한 품성이다. 그러나 여기에는 한 가지 중요한 조건이 수반된다. 겸양을 베풀려면 넉넉한 지혜와 인품, 그리고 권위가 방패로 작용하고 있어야 한다는 점이다. 그렇지 못할 경우 외부의 힘에 의해 밀려나기 십상이다. 또 한 가지 중요한 조건은 겸양의 대상이다. 상대방이 어리석고 이치를 모르는 사람이라면 절대로 겸양하지 않는 것이 바람직하다. 상대방이 우매하고 완고한 인물일 경우에는 겸양은 곧 도피가 되기 때문이다.

초나라 화씨가 산속에서 돌로밖에 보이지 않는 옥돌 원석을 주워와 초나라 여왕에게 바쳤다. 여왕이 옥공에게 감정을 시켰더니 옥이 아닌 돌이라고 했다. 여왕은 왕을 속인 죄를 물어 화씨의 왼쪽 다리를 자르게 했다. 여왕이 죽고 무왕이 즉위하자 화씨는 다시 그 원석을 바쳤으나, 옥이 아닌 돌이라는 판정이 내려졌다. 이번에는 그의 오른발을 자르게 했다. 무왕이 죽고 문왕이 즉위했다. 그러자 화씨는 그 원석을 품에 안고 사흘 밤낮을 소리내어 울었다. 눈물이 마르자 피가 잇달아 흘렀다. 문왕이 이 소문을 듣고 사람을 시켜 그 까닭을 물었다. "세상에 발을 잘린 죄인이 많은데 그대만 유독 슬프게 우는 까닭이 무엇인가?" 그러자 화씨는 "다리가 잘린 것이 슬퍼 우는 것이 아닙니다. 보배 구슬이 돌로 불리고 곧은 선비가 거짓말쟁이가 된 것이 슬퍼 우는 것입니다." 하고 대답했다. 이리하여 문왕은 그 원석을 다듬고 갈게 하여 천하에 다시없는 보물을 얻게 되었다. 그리고 그 구슬을 '화씨벽' 이라 이름을 붙였다.

유방

현대의 학자들뿐 아니라 당대의 역사가였던 사마천도 한고조 유방劉邦(BC 247 ?~195, 재위 BC 206~195)을 깡패였다고 평가한다.

일설에 의하면 유방은 그의 모친과 신룡神龍이 교합하여 난 자식으로, 태어나면서부터 범상치 않아 그의 부친이 '방'이라는 이름을 지어주었다고 한다. 그러나 신룡의 자손을 자처하는 유방은 성장하면서 품행이 방정하지 못했고 힘든 농사일을 싫어하여 날마다 놀면서 허송세월했다. 그의 부친조차도 그가 정신을 못 차리고 나돌아다니는 것을 나무랐다.

초한 전쟁 중에 유방은 팽성에서 적군에 크게 패해 급히 도망치는 상황에서 두 아이의 행방을 잃어버렸다. 피난민 행렬 속에서 간신히 자신의 아들과 딸을 발견하고 수레에 태웠지만 초나라 병사가 바싹 쫓아오는데 수레가 너무 무거워 빨리 움직일 수 없게 되자, 두 아이를 수레 밖으로 밀어냈다. 이 모습을 본 부장 하후영夏侯嬰이 재빨리 아이들을 다시 수레 위로 끌어올렸다. 이런 상황이 세 번이나 반복되자 유방이 말했다.

"이렇게 위급한 상황에 아
이들까지 수레에 태워야 한단
말이냐? 그러다가 놈들에게 잡
히기라도 하면 어쩔 셈이냐?"

하후영이 반박했다.

"친자식들인데 어찌 아이
들을 버리고 갈 수 있단 말입니
까!"

한 고조 유방 항우를 멸하여 중국을 통일하고
한나라의 초대 황제가 되었다

남을 희생시켜서라도 자
기 목숨을 지키는 태도를 고집한 유방은 결국 검을 뽑아 하후영을
찌르려 했고, 하후영은 더 이상 아이들을 수레 위로 끌어올리지 못
한 채 두 아이를 팔에 안고 줄행랑을 쳐버렸다. '호랑이가 아무리
독해도 새끼를 잡아먹진 않는다' 라는 속담이 있지만 유방은 호랑
이가 아니라 용이라서 자신을 위해 자식들을 희생시킬 생각을 했
던 모양이다.

초, 한 양군이 대치하고 있는 상황에서 항우는 유방의 부친을
붙잡아다가 유방을 위협하려 했다. 항우의 이러한 행동이 정당한
것은 아니었지만 인지상정을 이용한 하나의 전술이라 할 수 있을
것이다. 항우는 유방의 부친을 앞세워 유방에게 말했다.

"하루 빨리 군대를 철수시키지 않으면 지금 당장 네 부친을
삶아먹고 말겠다."

양군의 병사들은 몹시 난처한 상황에 빠진 유방이 군대를 철
수할 것이라고 생각했지만 이는 군자의 마음으로 소인의 뱃속을

추측한 것에 불과했다. 유방은 눈 하나 깜짝하지 않고 주저없이 대답했다.

"우리가 한때 형제의 의를 맺은 이상 내 부친은 곧 너의 부친이기도 하다. 네놈의 부친을 잡아 국을 끓이거든 내게도 한 그릇 나눠주기 바란다."

무례하고 잔인한 유방의 태도에 기가 질린 항우는 하는 수 없이 그의 부친을 풀어주고 말았다.

마침내 유방은 천하를 통일하고 한漢 왕조를 세웠다. 군신이 전부 한 자리에 모여 대업의 성취를 경축하는 자리에서였다. 유방은 젊었을 때 부친이 자신을 형만 못하다고 질책했던 일을 기억하고는 몹시 격분하며 신하들 앞에서 부친에게 따져물었다.

"자, 보세요! 저랑 형, 두 사람 중에 누가 더 성공했습니까?"

유방의 부친은 소인배가 뜻을 이뤄 기고만장한 모습이 역겹다며 코방귀를 뀌면서 안으로 들어가버렸다.

유방은 항상 유생들을 무시하고 모욕하면서 자신의 깡패 기질을 드러냈다. 유생 여식기麗食其의 이웃에 유방의 위사가 살았다. 여식기가 유방을 만나고 싶다고 하자 위사가 말했다.

"유방은 유생들을 싫어합니다. 사람들이 머리에 유생 모자를 쓰고 그를 만나러 올 때마다 그는 모자를 벗겨 그 안에다 오줌을 누었지요. 유생들이 찾아오면 그는 욕부터 해댄다니까요."

그런데 이처럼 형편없는 인덕으로 어떻게 한 왕조를 세울 수 있었을까?

항우와 비교해보면 그 해답을 얻을 수 있다. 진시황이 동유東遊를 나갔을 때 유방과 항우는 그의 위풍당당한 모습과 화려한 행렬을 바라보면서 크게 자극을 받고 부러움을 금치 못했다. 항우는 그 자리에서 "언젠가는 내가 저 자리를 대신하리라!" 하면서 호기를 부렸다. 반면 유방은 "대장부라면 저 정도는 돼야지!" 하면서 질투심을 보였다. 이후 항우는 전쟁을 수행하면서 용맹하게 선전을 거듭했고, 호방하면서도 시원한 성격을 드러내 '서초패왕'의 면모를 과시했다. 어질고 후덕함도 갖추었던 그는 병사의 상처를 입으로 빨아 독을 빼주는 인간미를 보이기도 했지만 장수를 임명하고 관작을 내리는 데에는 인색했고, 대장을 신임하여 권한을 이양하는 데도 서툴렀다. 어진 선비들을 인정하긴 했지만 제대로 중용하지는 못했다. 그러니 패할 수밖에 없었던 것이다.

유방은 정반대였다. 그는 전술과 전략에는 서툴렀지만 상황의 흐름을 파악할 줄 알았다. 함양을 공격하여 점령하고 진나라 궁궐로 들어간 유방은 궁궐의 화려함과 호화로움, 그리고 무수한 미녀들을 본 후 넋을 잃고 말았다. 바로 이때 번쾌가 들어와 호통을 쳤다.

"장군은 부자가 되기를 원하시오, 아니면 천하의 주인이 되기를 원하시오?"

유방은 아무 대꾸도 하지 못하고 그 자리에 멍청히 서 있었다. 번쾌의 질책이 계속되었다.

"진궁의 이러한 사치가 바로 패망의 근원이었소. 어서 장군의 위치로 돌아오시오!"

이 말에 유방은 금세 깡패의 본색을 드러냈다.

"난 지금 심신이 몹시 피곤한 상태요. 여기서 하루만 쉬었다 가게 해주시구려."

번쾌는 자신의 말로는 유방을 움직일 수 없다고 판단하고 나가서 장량을 데려왔다. 유방은 대의大義를 중시한 장량의 설득에 굴복하여 간신히 진궁에서 나올 수 있었다.

조조는 "난세에는 재간을 사용하고 치세에는 인덕을 활용해야 한다."라고 말한 적이 있는데, 유방에게도 남다른 인재 관리의 능력이 있었다. 개국 초기에 유방은 한신을 비롯한 여러 장수들의 능력에 관해 논했다. 유방이 한신에게 말했다.

"한장군은 내가 백만 대군을 거느릴 수 있다고 생각하시오?"

한신이 망설임 없이 불가능하다고 대답하자, 유방이 다시 물었다.

"그럼 십만 대군은 어떨 것 같소?"

"그것도 어렵습니다."

유방이 버럭 화를 내며 따졌다.

"그대 말대로라면 내가 어느 정도의 병력을 통솔할 수 있다는 것이오?"

"장군께서는 일만의 병사면 족합니다."

"그럼 한장군은 어느 정도의 병력을 거느릴 수 있소?"

한신은 전혀 미안한 기색 없이 대답했다.

"제게는 병력이 얼마나 되든지 문제될 게 없습니다. 많을수록 좋지요."

유방은 노기를 풀지 않은 채 재차 따져물었다.

"그렇다면 병력을 다스릴 줄 모르는 나는 황제인데, 병력을 잘 통솔하는 그대는 왜 겨우 장군에 머무른 것이오?"

"그야 당연하지요. 저는 병사들을 잘 통솔하지만 폐하께서는 장군들을 잘 통솔하시니까요."

그제야 유방의 화가 풀렸다. 유방도 언젠가 군막을 치고 천 리 밖에 나가 승리할 수 있는 모책을 내는 데는 장량만 한 사람이 없고, 양초와 물자의 공급을 보장하여 치국안민하는 데는 소하만 한 사람이 없으며, 전선에 나가 적을 무찌르는 데는 한신만 한 인물이 없다고 말한 적이 있다. 한신은 병력을 통솔하는 데 뛰어난 장수였다.

치국의 방법과 재략도 마찬가지이다. 서생 육가가 유방의 면전에서 『시경』과 『상서』를 포함한 유가의 경전에 관해 논하자 유방은 몹시 불쾌한 표정으로 욕설을 퍼부었다.

"나라는 말 위에서 얻는 것인데 어찌 한가로이 『시경』이나 『서경書經』을 논할 수 있단 말인가!"

그러나 육가는 이에 기죽지 않고 직언을 서슴지 않았다.

"말 위에서 나라를 얻었다고 해서 계속 말 위에서 다스리실 생각이십니까?"

이 말에 유방은 크게 뉘우치면서 육가에게 당부했다.

"그럼 공께서 진이 멸망한 교훈과 내가 천하를 얻게 된 요인을 글로써 정리해주시구려."

이에 유방의 뜻에 따라 육가가 쓴 책이 바로 『신어新語』였다.

누가 인심을 얻어야만 천하를 얻을 수 있다고 했던가! 천하를 얻으려면 모름지기 인재를 얻어야 하는 것이다.

소하蕭何　한나라 고조 유방의 재상

육가陸賈　중국 전한의 유학자. 변설이 능한 학자로서 고조의 중국통일에 크게 공헌했다

『상서尚書』　중국 전통 산문의 근원으로, 『서경書經』이라고도 한다. 우虞, 하夏, 상商, 주周 시대의 역사적 내용들이 기록되어 있다

왕망

고대 중국 역사에 남방에서는 문인이 많이 나고 북방에서는 황제가 많이 난다는 말이 있다 이는 지역과 문화가 다르기 때문이 아니라 중국의 제왕과 서생 관리와 학자가 구분된 나라이기 때문이다 분명한 것은 서생이나 학자는 절대로 개국 황제가 될 수 없다는 사실이다

초나라 시인 굴원屈原 이후로 중국의 시인이나 문인, 화가들은 대부분 강남에서 배출되어 강남재자江南才子라는 이름이 천하에 알려지게 되었다. 사실 이는 고대에만 국한된 현상이 아니다. 중국 현대문학사를 장식하고 있는 노신魯迅이나 곽말약郭沫若, 모순茅盾, 파금巴金, 노사老舍 등 유명 작가들의 절대다수가 남방 출신이다.

또 재미있는 것은 봉건 황제들이 거의 북방에서 났다는 사실이다. 시황제나 한 고조 유방은 패현 풍읍 사람이었고, 동한의 개국 황제 유수劉秀는 남양 채양 사람이었으며, 송 태조 조광윤趙匡胤은 하남 낙양의 군인 집안 출신이었다. 원의 칭기스칸과 세조 쿠빌라이는 몽골족이니 두말 할 것도 없고, 명 태조 주원장朱元璋도 호주 종리현 사람으로 북방 출신이었다. 중국의 마지막 왕조인 청淸의 통치자들도 멀리 북방에서 온 사람들이었다. 이처럼 무력으로 정권을 잡은 중국 역대의 개국 황제들은 거의 전부 북방 출신인 데다가 그 출신지도 대부분 운하 양안에 집

시황제始皇帝 중국 최초의 중앙집권적 통일국가인 진나라를 건설한 전제군주

중적으로 분포되어 있다.

그 이유는 무엇일까? 오랫동안 북방 지역은 중국 정치와 문화의 중심인 동시에 경제의 중심지가 되었다. 게다가 북방 사람들은 용감하고 호전적이라 전쟁을 통한 왕조의 교체가 대부분 북방 사람에 의해 이루어졌기 때문에 북방에서 황제가 많이 배출되었던 것이다. 이에 비해 남방 지역에서는 사회 통치와 종법 통치, 사상 통치가 상대적으로 허술했고, 이에 따라 사상이나 관념이 자유롭고 활발해질 수 있었다. 현대적인 표현을 빌리자면 비교적 관대하고 자유로운 정치 환경이 예술의 대가들과 작품을 생산했다고 할 수 있다.

또 한 가지 무시할 수 없는 요인은 공자가 말한 이른바 '인자요산 지자요수仁者樂山 智者樂水'의 관념으로서 이 여덟 자에 내포된 함의는 만고불변의 진리로 간주되고 있다. 표면적으로 보자면 이 말은 인자하고 후덕한 사람들은 고산준령을 즐겨 찾고, 지혜가 뛰어난 사람들은 강이나 시내를 즐겨 찾는다는 뜻으로 보일지 모르지만, 실제로는 인자仁者와 지자智者라는 지혜의 두 가지 유형을 제시하고 있다. 인자의 지혜는 산을 숭상하는 것처럼 중후하고 쉽게 변하지 않는 데 비해, 지자의 지혜는 강이나 시내처럼 쉽게 변하고 이동한다는 것이다. 이를 역으로 유추해보면 하천과 호수가 많은 지역에서는 지자들을 배출하는 지리 환경이 되고, 고산이나 평원, 황무지 등이 많은 지역은 인자들을 배출하는 지리 환경이 된다고 말할 수 있다. 이러한 개인의 성격과 지능에 대한 환경의 영향은 현대 과학으로도 반박하지 못한다.

따라서 인자들이 정치에 치중하는 데 비해 지자들은 문학과 예술에 경도하는 경향이 있고, 남방에서 문인들이 많이 배출되는

데 비해 북방에서 황제들이 많이 배출되는 것은 사회의 필연성인 동시에 지리 환경의 필연성이라 할 수 있다.

인자와 지자는 지혜의 두 가지 유형일 뿐이며 둘 사이에 높고 낮음을 따질 수는 없다. 문인과 제왕도 서로 다른 사회적 역할일 뿐 실제 기능에는 고하의 구분이 없다. 그저 사람들은 제왕의 모습에서 부귀영화와 생사여탈의 권력을 보는 반면, 문인과 학자들은 면류관 없는 왕이자 사회의 정신적 지주로 간주하는 것뿐이다. 하지만 반드시 기억해야 할 것은 학자 서생이나 문인 아객들은 절대로 개국 황제가 될 수 없다는 사실이다. 그 이유는 다음과 같다.

1_ 학자나 문인들이 배우는 성현의 도는 치국을 위한 것이지 결코 개국을 위한 것이 아니다. 성현의 도는 수신과 양육의 이치를 가르치지 반역의 원리를 가르치지 않기 때문이다.

2_ 학자나 문인들이 대표하는 이상적 도덕은 항상 사회 현실에 집착하여 개탄하고 호소하고 애원할 뿐 절대로 반란을 제창하거나 백골 더미 위에 새로운 궁전을 세우지 못한다.

3_ 학자나 문인들은 독서에 능하고 두 귀가 항상 성현의 교훈을 향해 열려 있어 사회적인 수련이 부족하기 때문에 개국 황제들에게 필요한 야심과 임기응변의 능력, 무례함과 몰염치, 잔인함 등의 성격과 자질이 결핍되어 있다.

4_ 중국은 전통적으로 학자와 제왕, 문인과 관리가 서로 엄격히 분리된 사회 유형을 유지하고 있다. 때문에 문인이 황제나 관리가 되면 문인으로서의 품격을 상실하여 관리로서의 품격만 남게 되고 문인이 대표하는 이상적 도덕도 사라져 관직과 작위가 모든

것을 압도하게 된다.

　5_ 문인이나 학자들의 생활수준은 예부터 그다지 낮은 편이 아니었기 때문에 반역과 권력의 필요성을 느끼지 못했다. 그래서 고대 중국 사회에서는 진정한 인덕을 갖춘 이가 개국 황제가 되지 못하고 무뢰한이나 깡패가 황제가 되는 기현상이 나타나게 된 것이다. 깡패들은 목적을 달성하기 위해 수단과 방법을 가리지 않고 항상 권력을 추구하기 때문이다.

　하지만 이러한 중국 역사의 숙명 가운데 유일하게 서생 황제가 나타났다. 물과 기름처럼 서로 섞이지 않는 두 가지 기질이 하나의 인격에 체현되어 기인을 만들어낸 것이다. 우리는 이 서생 황제의 성패를 고찰하면서 재미있는 경험을 할 수 있을 것이다.

　전한에서 후한으로 넘어가는 과도기에 18년 동안 왕망王莽(BC 45~AD 23, 재위 AD 8~23)의 치세가 있었다. 대부분의 역사 물들은 이 왕조에 관해 자세한 언급을 하지 않고 있다. 이 시기에는 한漢 왕조가 중단된 것으로 보기 때문이다. 하지만 이 시기를 하나의 왕조로 보는 것이 타당하다. 왕망이 황제를 정식으로 칭하고 연호를 사용했기 때문만이 아니라 실질적으로 정권을 장악하여 수많은 법령과 정책들을 반포하고 시행했기 때문이다. 새로운 왕조를 일으킨 왕망은 중국 역사상 유일무이하게 서생에서 임관이라는 평화적인 방법으로 황제가 된 서생 황제였다.

　서기 16년, 황태후의 조카로서 신도후新都侯에 봉해진 왕망은 적당한 시기를 기다려 폐후 허許 씨의 심복인 왕장王長, 왕융王融 등과 함께 황후를 다시 세우려는 일련의 음모를 진행했고, 그 결과 대사마大司馬가 되었다. 이때부터 극도로 명예를 추구하는 그의 권력 인생이 시작되었다. 그는 하층 선비들까지 깍듯이 예로써 대우하면서 수많은 인재들을 모았고, 조정에서 상급이라도 받게 되면 이를 전부 자신의 빈객과 막료들에게 나눠주고 자신은 한 푼도 챙기지 않았다. 일상생활도 매우 검소하여 먹고 입는 것이 일반 백성들과 전혀 다르지 않았다.

한번은 왕망의 모친이 병이 들어 조정의 고관대작들이 제각기 부인들을 보내 문안을 했는데, 이들은 하나같이 온갖 보석으로 화려하게 장식한 비단옷 차림이었다. 왕망의 아내가 황급히 문 밖에 나가 부인들을 맞았는데, 입고 있는 옷은 남루하기 그지없었고 옷감이 모자라 치마가 간신히 무릎을 가릴 정도였다. 이를 본 부인들은 왕망의 노복인 줄 알고 주인이 나오기를 기다리다가 그녀가 바로 왕망의 아내인 것을 알고는 놀라움을 금치 못했다. 왕망의 부인은 예를 다하여 손님들을 맞았지만 대접할 것이라고는 차 한 잔뿐이었다. 이때부터 그는 청렴하고 소박한 인물로 명성이 알려지기 시작했다. 또한 왕망은 예의를 지키면서도 당시의 세력가였던 부傅태후의 부당함에 반박하다가 관직을 박탈당한 일로 강직한 신하로서의 미명을 얻기도 했다. 얼마 후에 애제가 방탕한 생활 끝에 사망하자 태후 왕씨는 왕망을 불러들여 상례의 거행을 돕도록 했다. 입조한 왕망은 우선 인심에 순응하다가 적절한 시기를 잡아 백성의 원성을 사고 있는 애제의 동성애 상대였던 동현董賢을 내쫓아 자살하게 했다.

이 일로 왕망은 태황태후의 신임을 얻게 되었고 아홉 살의 평

제平帝를 도와 조정의 실권을 장악하게 되었다. 하지만 그는 정벌 전쟁을 벌일 줄도 몰랐고 치국안민의 이치는 더더욱 몰랐다. 결국 민심을 얻기 위해선 미신을 동원하는 수밖에 없었다. 그리하여 그는 여러 관원들을 매수하여 흰 꿩과 코뿔소 등 길상의 동물들을 바치게 한 다음 이로써 자신의 인품이 하늘의 뜻과 부합함을 입증하려 했다. 왕망의 이러한 행위가 효력을 발휘하면서 그는 무사히 안한공安漢公에 봉해졌고 자신의 딸을 평제의 황후로 만드는 데 성공했다. 이때부터 그는 이른바 '구석'을 미끼로 정권을 찬탈하기에 이르렀다.

왕망의 이러한 행실을 종합해보면 세 가지 중요한 특징을 발견할 수 있다. 첫째는 신비주의이고, 둘째는 과거의 제도를 준수한다는 것, 그리고 셋째는 자신의 운명을 믿는다는 것이다.

왕망은 줄곧 황제黃帝와 순舜임금의 후예를 자처하면서 요姚, 규嬀, 진陳, 전田, 왕王 등의 성씨가 전부 동족이라고 주장했다. 그는 주 왕조의 선례에 따라 명당영대明堂靈臺를 설치하고 만 개나 되는 학사를 건립하여 유명한 유학자들을 한데 불러모은 다음 관학官學을 설치하고 교사와 학생들을 모았다. 황당한 것은 갖가지 이해할 수 없는 조령을 공포하고 웃음거리밖에 안 될 법령들을 제정했다는 점이다. 왕망은 『주례』와 『악어樂語』의 기록에 근거하여 빈부의 격차를 줄이기 위해 토지를 국유화하는 왕전제王田制와 전국의 물가를 일원화하는 5균6관五均六管을 시행했다. 그는 정전제 시기의 이상적 사회상을 그대로 현실에 옮기려 했으나 격렬한 반대에 부딪혔다. 평제를 죽이고 신新 왕조를 세운 처음 10년 동안 그는 각지에 흩어져 있는 유씨 왕족의 기의군으로부터 끊임없는 반격을 당해야 했고, 천재天災가 닥친 데다가 녹림과 적미 등 봉기군의 세력이 강대해짐에 따라 서기 23년 곤양 전역에서 패함으로써 마침내 정권을 잃고 말았다. 유수의 군사가 장안을 공격하는 위기의 순간에도 천명을 믿었던 그는 군신들을 이끌고 장안 남쪽 교외로 나가 울면서 하늘에 제사를 지냈다. 이때 그를 따라 함께 슬퍼하며 울어준 사람들에게 관직을 내리다 보니 그 자리에서 관직에 봉해진 사람이 수천 명에 이르렀다. 그러나 그는 곧 기의군의 칼에 목이 잘리고 말았다.

왕망은 중국 역사에서 전례를 찾아볼 수 없는 서생 황제로, 오랜 숙고와 치밀한 계략 끝에 전한 정권을 탈취했다. 이처럼 일개 서생이 천하를 바꾸려 했던 사례는 중국 역사를 통틀어 전무후무한 사건일 것이다.

하지만 지금 우리가 알고자 하는 것은 그의 정권탈취가 정당했는가, 왕망의 신 왕조가 정통인가, 또는 왕망의 개인적 품성이 어떠했는가 하는 것들이 아니다. 여기서 우리가 탐구해야 할 중요한 문제는 그가 순수한 사기꾼이었는지 아니면 순수한 야심가였는지, 또는 그의 정치 행태가 혹시 문인 학사 기질의 영향을 받았던 것은 아닌가 하는 것이다.

공정하게 평가하자면 왕망의 정치 행태는 서생 기질의 영향을 강하게 받았다고 할 수 있다. 그가 고대의 정치제도를 전용한 것은 인심을 얻기 위한 방편이기도 했지만, 실제로도 주대의 전장제도典章制度를 지향했던 것이 주된 이유였다. 그는 자신이 지향하는 고대의 제례가 백성들에게도 그대로 먹혀 들어갈 거라 판단하고 주나라 때의 제도를 모방하여 이상적인 도덕사회를 세우려 했던 것이다. 천명을 믿는 문제도 그가 이를 이용하여 등극한 것은 사실이지만 그 자신이 천명을 강하게 믿었다고 볼 수 있다. 그렇지 않았더라면 매번 위기를 당할 때마다 저항할 준비나 대책을 강구하지도 않으면서 신령에게 도움만 청하고 있지는 않았을 것이다.

요컨대 그는 허위의식과 간사하고 잔인한 성격을 지닌 음모가이면서 동시에 다분히 교조적이고 성실한 만큼 융통성 없는 전형적인 서생이었던 것이다. 어떤 의미에서는 유가적 이상주의자라고도 할 수 있다. 하지만 그는 유가의 문화와 이상을 합리적인 정치적 수단을 통해 발현시키지 못했고 경서의 내용을 맹목적으로 추종하면서 사서에 기록된 정책과 법령들을 교조적으로 차용하는 우를 범했다. 실제로 그가 제시한 왕전제나 5균6관 등의 정책은 하나같이 고서에서 차용한 것으로 '종이 위의 개혁'이 되고 말았고, 그 결과는 귀족들의 반대와 백성들의 원성이었다. 그의 비현실적이고 이상주의적인 서생 기질은 천하를 대란으로 몰아갔고 폭군이라는 오명을 가져다주었다. 농민 봉기에 대처하는 태도에 있어서도 그는 부패한 유생으로서 유치한 서생의 한계를 넘지 못했다.

중국 역사에 있어서 서생의 위치는 항상 이러했다. 황제를 만들 수는 있어도 스스로 황제가 될 수는 없었던 것이다. 완전한 품격과 지고한 도덕성으로 황제를 보필할 수는 있어도 직접 나서거나 호령할 수 없는 것이 서생의 본색이고, 일단 이러한 본색을 버리면 관료나 정객이 되어버리는 것이다.

결국 왕망이라는 인물은 지식인으로 규정될 수밖에 없고 지식인으로서의 본분을 일탈한 그에 대한 세인의 평가는 폄하와 질타 일색일 수밖에 없었다.

마주와 풍당

사람을 얻기도 어렵지만 인재를 얻는 것은 더더욱 어렵다. 하지만 등잔 밑이 어둡다는 속담처럼 생각을 조금만 바꾸면 주위에서 얼마든지 인재를 찾을 수 있다. 문제는 어떻게 인재를 찾아 잘 지도하고 활용하느냐 하는 데 있다. 잘 쓰면 모두가 인재요 내치면 모두가 쌀지게미이다.

성당盛唐 중국 역사의 시기 구분에 있어서, 당나라를 초당初唐, 성당盛唐, 중당中唐, 만당晩唐으로 구분하는데, 이 시기에 시문학이 가장 융성했다

성당 시기에는 최대로 확장된 영토와 무수한 인재라는 두 가지 시대적 특성이 있었다. 확장된 영토가 없었다면 무수한 인재가 확보되지 못했을 것이고, 뛰어난 인재들이 없었다면 영토의 확장도 불가능했을 것이다.

유명한 재상이었던 마주馬周의 경력에서 우리는 당 태종이 인재들을 어떻게 예우했는지 극명하게 확인할 수 있다.

당 태종 정관 5년, 전국에 대기근이 닥치자 이세민은 초조한 마음으로 좌불안석이었다. 전통적으로 이러한 천재지변은 조정의 정치에 문제가 있어 하늘이 경고를 내리는 것으로 간주됐기 때문에 황제 스스로 자신에게 어떤 문제가 있는지를 검증해야 했다. 태종은 즉시 조서를 내려 문무백관들에게 황제를 비롯하여 조정 전체의 잘못을 지적하고 질책하는 상소를 올리게 했다.

관료들에게는 자신의 능력을 보여줄 수 있는 절호의 기회였기

때문에 제각기 자기 식견과 주장을 담은 상소를 올렸다. 이때 한 사람만이 머리를 쥐어싼 채 난처한 모습을 보이고 있었는데, 다름 아닌 중랑장中郎將 상하常何 였다. 상하는 무관으로서 꽤 높은 관직에 있었으나 학식이 깊지 못해 조정에 대해 어떤 의견을 내놓아야 할지 막막하기만 했던 것이다.

그러나 뜻밖에도 얼마 지나지 않아 태종이 상하의 상소를 접하게 되었다. 상하의 처지를 잘 알고 있던 태종은 기대는 하지 않았지만 그의 성의를 생각하여 상소문을 읽어 내려가다가 금세 의미심장한 의견에 빨려들어갔다. 거기에는 대단히 조리 있는 문체로 스무 가지가 넘는 지적과 건의가 담겨 있었다. 게다가 하나같이 유용하고 절실하게 필요한 것들이었다.

태종은 기쁜 마음에 흥분이 되면서도 상하가 이렇게 변했다는 사실이 믿어지지 않아 그를 불러들여 어찌된 일인지 물었다. 상하는 좋은 일인지 나쁜 일인지 몰라 몹시 긴장된 마음으로 태종 앞으로 나아갔다.

"그대가 올린 주장은 아주 훌륭하더군. 한데 그대가 직접 쓴 글이오?"

상하는 그제야 안도의 한숨을 내쉬며 솔직하게 대답했다.

"제게 그런 글재주가 어디 있겠습니까? 제 문객인 마주가 대신 써준 것입니다."

마주는 산동 사람으로 어려서부터 혼자 자랐다. 가난을 이길 수 없었던 그는 이리저리 유랑하다가 신풍으로 흘러들어와 시장을 전전하며 근근이 연명했다. 물론 그의 재능을 알아주는 사람은 아무도 없었다. 유랑을 계속하던 그는 마침내 장안으로 가서 상하의 문객이 되었다.

어느 날 상하가 수심에 빠져 있는 모습을 본 마주는 자신이 도와줄 일이 없느냐고 물었다. 상하가 사정을 설명하자 마주는 그 자리에서 상소문을 대신 써주겠다고 흔쾌히 제안했던 것이다.

신하들의 능력을 귀히 여기는 태종은 상하의 설명을 듣고는 즉시 마주를 황궁으로 불러들이도록 했다. 시간이 꽤 지났는데도 마주가 입궁하지 않자 태종은 또다시 사자를 보내 재촉했다. 마침내 마주가 도착하여 태종과의 대담이 시작된 지 얼마 지나지 않아 태종은 노기를 완전히 풀고 당장 그를 문하성의 관리로 발탁했다. 그 뒤로 승승장구한 마주는 재상의 자리에까지 오르게 되었다.

덕분에 상하도 실사구시의 정신을 인정받아 마주같이 훌륭한 인재를 구해준 공로로 비단 3백 필을 상으로 받았다.

마주의 운명은 이만하면 괜찮은 편이었다. 당대에는 큰 뜻을 품고 있어도 때를 만나지 못한 인재들이 너무나 많았기 때문이다. 중당의 시인 이하李賀는 마주를 몹시 부러워하면서 "마주는 한때 신풍의 떠돌이였고 천하에 그를 알아주는 이 하나도 없었네馬周昔作新豊客 天荒地老無人識."라고 읊었고, 자신도 마주처럼 하루아침에 황제에게 중용되기를 소원했다. 그러나 그는 결국 평생의 한을 풀지 못하고 쓸쓸하게 초라한 생을 마감하고 말았다.

중국 역사에는 무수한 황제들이 있었지만 그럴듯한 족적을 남긴 황제들은 그리 많지 않다. 그 가운데 전한 시대의 문제文帝는 제법 훌륭한 황제라 할 수 있다. 그는 자신을 엄격하게 단속하면서 검소하게 생활했고 수많은 봉건 군주들 가운데 군계일학의 풍모로 다른 사람들의 의견에 겸허하게 귀기울이는 아량을 보였다. 이처

럼 남다른 품성이 그를 훌륭한 군주로 만든 주요 원인 가운데 하나
였을 것이다.

　한나라는 북방 소수민족들과의 관계가 그다지 원만하지 못했
다. 때문에 화친의 시기도 있었지만 항상 전쟁이 벌어지곤 했다. 한
고조 유방은 직접 흉노 정벌에 나섰다가 일 주일 동안이나 포위되
어 하마터면 목숨을 잃을 뻔한 적도 있었다. 이때부터 한나라는 흉
노에 대해 매우 신중한 태도를 보이게 되었다. 문제에 이르러서도
흉노는 빈번히 국경을 침범해 노략질을 일삼곤 해서 여전히 북방
의 큰 골치거리가 되었다. 이에 대비하기 위해 문제는 용기와 지모
를 겸비한 훌륭한 장수를 선발하여 변방에 주둔시켜야 했다.

　하루는 조정에 아무 일도 없어 수레를 몰고 순시에 나섰는데
낭서 앞을 지나다가 한 노인이 서 있는 것을 발견했다. 문제는 수레
를 세워 노인에게 물었다.

　"노인장께서 이곳에 서 계신 걸 보니 낭서의 관원이신 것 같
은데 고향은 어디시오?"

　"소신은 성이 풍馮이요, 이름은 당唐이라 합니다. 조상은 원
래 조趙나라 사람인데 부친 때부터 대 지방으로 이주했지요."

　문제는 즉위하기 전에 대의 분봉왕으로 여러 해 동안 그곳을
다스린 바 있던 터라 노인이 대 사람이라는 말을 듣자 지난 일들을
회상하며 되물었다.

　"내가 대에 있을 때 상식감尙食監 고거상高祛常이 전국시대
조나라 장수 이제李齊와 진나라 장군 왕리王離가 거록에서 싸우던
얘기를 해주었는데 둘 다 대단히 용맹한 장수들이었다고 하오. 지
금 우리에게 이런 장수들이 있다면 흉노를 두려워할 일이 어디 있

겠소? 혹시 노인장께선 이런 장수들을 알고 계시오?"

풍당이 말했다.

"이제가 용맹하긴 하지만 조나라의 명장 염파와 이목에겐 비할 바 아니지요."

"맞소! 내게 염파와 이목 같은 장수들이 있다면 흉노를 두려워할 이유가 없을 것 같소."

풍당은 이렇게 말하는 문제의 모습을 바라보면서 고개를 가로저었다.

"폐하께서는 염파나 이목을 얻는다 해도 이들을 중용하지 못하실 것 같습니다."

문제 곁에 있던 신하가 이 말을 듣고는 버럭 화를 냈다. 풍당이 이처럼 여러 사람들 앞에서 황제를 질책한 것은 멸문의 화를 면하기 어려운 대죄였다. 그러나 도량이 크고 생각이 트인 문제는 다소 불쾌하긴 했으나 끝까지 내색하지 않고 서둘러 수레를 돌려 황궁으로 돌아왔다.

황궁으로 돌아와 깊이 생각에 잠긴 문제는 풍당이 그렇게 말하는 이유를 도무지 알 수가 없었다. 결국 문제는 내시를 시켜 풍당을 불러다가 직접 물어보기로 마음먹었다.

부름을 받고 즉시 달려온 풍당은 노기를 띤 문제의 표정을 보면서도 조금도 두려워하는 기색이 없었다. 우선 예를 갖추어 절을 올린 그는 한쪽에 서서 입을 다문 채 아무 말도 하지 않았다. 문제가 그를 질책하며 말했다.

"공은 어째서 짐을 능욕했는지 솔직하게 말해보시오!"

풍당은 문제의 태도가 변한 것을 보고는 황급히 대답했다.

"소신은 충정만 알았지 삼가는 것을 몰랐을 뿐입니다. 부디 폐하께서 넓은 마음으로 헤아려주시기 바랍니다."

"그럼 공은 무슨 근거로 짐이 염파나 이목 같은 장수를 중용하지 못할 것이라고 단정했는지 말해보시오."

문제의 입에서 이런 질문이 나오도록 할 의도였던 풍당은 주저없이 대답했다.

"신이 듣건대 고대의 현명한 군주들은 장수를 출정 보낼 때 매우 정중하게 예우했고, 직접 성문 앞에 나와 고개를 숙이면서 '조정에서는 과인의 명을 듣지만 조문 밖에선 모두들 장군의 명을 따르게 하고 군공과 상록도 모두 장군의 처리에 맡기겠다' 라고 공언했다 합니다. 그러나 이목이 처음 조나라 장군이 되었을 때는 변방의 조세를 거둬들여 임의로 사용했고 병사들을 먹이고 입히는 문제를 마음대로 처리하면서 조정에 보고하지 않아 통제가 불가능했다고 합니다. 그러다 보니 이목은 자신의 재능을 마음껏 발휘하면서 군사를 이끌고 북으로는 흉노를 몰아내고 서로는 강대한 진에 맞섰으며 남으로는 한韓과 위魏에 대항하고 동으로는 담림澹林을 멸할 수 있었던 것이지요. 여쭙건대 폐하께서도 이처럼 장수들을 신임하실 수 있는지요?"

풍당은 문제의 답을 기다리지 않고 계속 말을 이었다.

"최근에 위상魏尙이 운중을 지키면서 거둬들인 조세로 병사들을 배불리 먹이고 제 주머니를 털어서 군리와 사인舍人들에게 술과 고기를 대접하자 병사들은 죽음을 각오하고 힘을 모아 변방을 지켰고, 흉노가 침범했을 때에도 무수한 오랑캐 병사들이 위상의 군대에 격퇴당해 다시는 쳐들어오지 못하게 되었습니다. 그런데도 폐하께서는 보고가 충실하지 않고 적의 사상자 수가 여섯 명이나 차이가 난다는 이유로 위상을 잡아들여 투옥하지 않으셨습니까? 이는 상은 가볍고 벌은 과중한 처사가 아니고 무엇이겠습니까?"

조목조목 짚어내는 풍당의 말은 한 군데도 반박의 여지가 없었다. 문제는 그의 말을 다 듣고 나서 부끄러운 마음에 말없이 고개를 끄덕였다. 그는 결국 풍당의 솔직함을 질책하는 대신 그에게 운중군으로 가서 위상을 사면하고 그를 다시 운중수로 임명하라는 특명을 내렸다. 아울러 명장을 천거한 공을 인정하여 군기도위軍騎都尉라는 관직을 하사했다.

흉노는 위상이 다시 복권되어 변방을 지킨다는 소식을 듣고는 그의 용맹과 지략을 두려워하여 더 이상 국경을 침범하지 못했고, 한나라 변방은 한동안 평안을 유지할 수 있었다.

이러한 역사는 수많은 인재들로 하여금 언젠가는 자신들도 풍당 같은 지기와 문제 같은 명군을 만나 자신의 능력을 발휘하고 나라에 공헌하게 될 날이 오리라는 희망을 갖게 했다.

송대의 대시인이었던 소동파蘇東坡도 「강성자江城子」란 제목의 시문에서 호방한 필치로 풍당의 이야기를 노래한 바 있다. 어쩌면 그의 시는 풍당의 이야기를 빌려 자신의 처지를 한탄한 것이었는지도 모른다. 수천 년 중국 역사에 있어서 얼마나 많은 인재들이 뜻을 이루지 못하고 사라져갔는지는 알 수 없다. 다만 그들은 시운이 따르지 않았던 것이 아니라 봉건제도라는 체제에 의해 운명이 결정됐던 것이다.

고대 중국의 전통적인 관념에 따르면 어진 사람에게는 적이 없는 법이고 천하는 덕 있는 자가 통치하는 것이 마땅했다. 그러나 실제로는 꼭 그런 것만도 아니었다. 어떤 시기에는 간웅奸雄이 천하를 손에 넣기도 했던 것이다. 이럴 경우 중요한 것은 인재 관리의 이치였다.

조조曹操(154~220)가 전형적인 간웅이었다는 사실에는 역사가들 사이에 이론의 여지가 없지만 그의 장점이 어디에 있었는지를 이해하는 사람은 그리 많지 않다. 조조는 음흉하다 하여 세칭 '귀역鬼蜮'이라고 불렸다. 대부분의 평자들이 그를 심술 궂고 간사한 인물로 여겼으며, 정인군자들은 하나같이 그를 폄하하고 배척했다. 하지만 그가 충신이었는지 간신이었는지, 그리고 그의 행위가 옳았는지 그른 것이었는지는 논외로 하고, 인재를 알아보고 활용하는 그의 인재 관리의 지혜와 방법만큼은 타의 추종을 불허했다.

순욱荀彧, 허유許攸, 곽가郭嘉 등은 조조의 중요한 모사들로서 매번 중대한 일을 만날 때마다 조조는 이들과 상의하여 함께 일을 도모했다. 이들의 도움이 없었다면 조조는 절대로 성공하지 못했을 것이다. 조조의 수하에 있던 다른 사람들도 대부분 자신의 능력을 최대한 발휘했고 임무에 충실했다. 조조는 자기가 거느리고 있는 모든 사람들의 장점을 극대화할 수 있었기 때문에 모두들 능력의 대소에 관계없이 탁월한 성과를 낼 수 있었던 것이다.

당시 관중은 막 수복되어 형세가 매우 불안정했고, 마등馬騰과 한수韓遂는 아직 마음을 조조에게 돌리지 않고 있었다. 이런 상황에서 조조는 사예위司隸尉 종요를 보내 관중을 지키게 했다. 그리고 마등과 한수의 아들들을 수하에 두고 인질로 삼음으로써 관중 일대는 안정을 찾게 되었다.

또한 조조는 마음 씀씀이가 대단히 진지하고 일처리가 주도면밀한 조풍棗楓과 임준任峻 두 사람을 둔전교위屯田校尉로 임명함으로써 짧은 기간에 부국강병을 이룩했고, 위기衛覬를 중용하여 관중을 보살핌으로써 국가의 이재를 돕게 했다. 병주가 막 평정되었을 때는 양습梁習을 자사로 파견하여 다스리게 함으로써 변방의 안정을 이루었고, 틈익에 도적떼가 창궐하여 소요가 그치지 않자 정혼鄭渾을 보내 이들을 소탕하고 민생을 안정시켰다. 이 모든 치세의 방법과 계략들이 조조의 전국 통일과 정치적 안정에 커다란 기반을 마련해주었다.

조조에게는 명장들이 유난히 많았다. 이는 위, 촉, 오 삼국 중 다른 촉이나 오나라에서는 찾아보기 어려운 일이었다. 장요張遼는 합비에서 손권을 대패한 바 있고, 곽회郭淮는 양평에서 촉군을 무찔렀으며, 서황徐晃은 양번에서 관우의 발목을 잡은 적이 있다. 이들 명장들은 조조의 확실한 신임과 지원이 있었기 때문에 각자의 능력을 최대한 발휘하여 커다란 성공을 거두면서 조조의 성공에 일정한 몫을 했다.

조조가 군웅群雄을 제압하고 천하를 좌우할 수 있었던 것은 순전히 그의 수하에 있던 인재들의 문치와 무공 덕분이었다. 조조의 사상에 유가적 요소들은 크게 드러나지 않고 있지만 그의 뇌리 깊숙한 곳에는 전국시대 백가百家의 다양한 사상적 요소들이 유기적으로 상통하고 있다. 결국 인재 관리에 있어서만큼은 조조가 유생들의 지혜를 앞서고 있었던 것이다.

사람을 얻는 것도 어렵지만 인재를 얻는 것은 더더욱 어렵다. 하지만 생각을 조금만 바꿔보면 주위에 널린 것이 인재들이다. 천리마는 어디에도 있지만 이를 알아볼 수 있는 백낙이 항상 있는 것이 아니라는 데 인재 활용의 어려움이 있다. 잘 찾아 쓰기만 하면 주위의 모든 사람이 인재이지만 방기해두면 모두가 쌀 지게미인 것이다.

백낙伯樂 '인물을 알아보는 안목이 있는 사람'을 비유하여 이르는 말. 주周나라 때 말 감정을 잘하였던 '백낙'의 이름에서 유래함

현명한 아내가 남편을 출세시킨다

마태후

전통적인 관념에 따르면 황제는 당연히 남자여야 한다. 하지만 중국의 봉건왕조 역사에서 여자가 정치를 했던 왕조도 적지 않았다. 측천무후나 여후, 자희태후 등은 말할 것도 없고, 황제가 어리다는 이유로 수렴청정한 태후나 황태후가 수십 명에 달한다. 편견을 배제하고 이들을 객관적인 시각으로 평가한다면, 이들 가운데 몇 명은 남편이나 자식, 손자를 도와 출세시킨 인재로 인정할 수 있을 것이다.

중국 역사에서 황제를 가장 잘 도왔던 여성을 들자면 당연히 명나라 태조 주원장朱元璋(1328~1398, 재위 1368~1398)의 부인 마馬태후를 꼽을 수 있을 것이다.

마태후는 평생 행실이 고상하고 아름다워 수많은 미담을 남기고 있고, 뛰어난 지혜를 발휘하여 주원장에게 실질적인 도움을 주었다. 마태후가 없었다면 주원장은 명의 개국 황제가 되지 못했을 것이다.

시중侍中이었던 주원장은 한때 중이 되었다가 생활이 곤궁해

측천무후則天武后 당나라 고종의 황후

여후呂后 한 고조 유방의 황후

지자 원에 반기를 들고 기의한 곽자흥의 군대로 들어갔다. 이 때 곽자흥은 주원장의 기백이 범상치 않고 외모가 출중한 것을 보고는 그를 중용했다. 지모와 용기를 겸비한 주원장이 작전마다 승리로 이끌자, 곽자흥은 더욱 그를 신임하여 부인 장씨에게도 그의 무공을 자랑했다. 장씨가 말했다.

주원장 중국 명나라의 태조. 평민에서 황제의 자리에 올랐다

"장차 큰일을 이룰 인물이 틀림없으니 잘 후대해서 언젠가는 장군의 은혜에 보답할 수 있게 하세요."

곽자흥이 이미 그를 대장으로 임명했다고 말하자 장씨가 한마디 덧붙였다.

"제 생각엔 그것으로는 부족한 것 같습니다. 그의 나이가 이미 스물여섯인데 아직 가정을 꾸리지 못했으니 수양딸 마씨를 배필로 맺어주는 게 어떨까요? 주원장으로 하여금 충성을 다하게 하는 동시에 사위로 삼을 수 있으니 일거양득이 아니겠어요?"

마씨는 곽자흥의 양녀였다. 곽자흥이 아주 미천하던 시절 숙주 신풍의 부호인 마공馬公과 친교를 맺은 일이 있었다. 그는 인정이 많고 정의감이 투철하여 가난한 사람들을 많이 도와왔다. 이런 생활이 오래되다 보니 가업이 쇠락했고 부인은 딸 하나를 남겨두고 일찌감치 세상을 뜨고 말았다. 그러던 중 마공이 원수를 갚기 위해 사람을 죽이고 도망하면서 딸을 곽자흥의 집에 맡겼던 것이다.

얼마 후 마공이 타향에서 객사했다는 소식을 들은 곽자흥은 마씨를 수양딸로 삼았다.

마공의 딸은 예쁘고 총명하여 양부가 글을 가르치고 양모가 침선을 가르쳐 못하는 일이 없는 훌륭한 규수로 성장했다. 열여섯의 어린 나이임에도 현명하고 성실한 데다가 외모 또한 아름다웠다. 마씨도 일찍이 주원장의 이름을 자주 들어 그 사람 됨됨이를 잘 알고 있었고, 두 사람이 서로 존경하고 사모하고 있었기 때문에 혼인은 순조롭게 성사되었다.

주원장이 곽자흥의 사위가 된 직후에 진무鎭撫로 승급하고 혁혁한 무공을 세우면서 모두들 그를 주공자로 존칭하기 시작했다. 그런데 주원장의 위세가 나날이 커가자 곽자흥의 두 아들이 그를 시기하기 시작했다. 게다가 주원장이 자신들에게 호형호제하자 불만은 더욱 커졌다. 두 형제는 부친 곽자흥에게 주원장을 비방하기를 서슴지 않았다. 곽자흥은 처음에는 귀를 기울이지 않았으나 비방이 계속되자 점차 마음이 흔들렸다. 곽자흥은 사리분별이 흐리고 귀가 얇은 위인이었다. 결국 곽자흥은 주원장이 자신의 권력을 가로챌지도 모른다고 의심하게 되었다. 때마침 군사회의에서 주원장과 의견이 대립하자 그럴듯한 구실로 그를 잡아 가두었다. 이 소식을 들은 두 아들은 주원장을 제거할 기회가 왔다고 내심 좋아하고는 간수에게 밥을 들이지 못하게 지시하여 그를 아사시키려 했다.

주원장이 집에 돌아오지 않자 부인 마씨는 은밀히 사정을 알아보았다. 남편이 갇힌 채 밥도 못 먹고 있다는 사실을 안 마씨는 몰래 부엌에 들어가 갓 쪄낸 떡을 주원장에게 갖다주려 했다. 그런데 막 문을 나서는 순간 양모인 장씨와 맞닥뜨리자 떡을 얼른 품속에 감추었다. 살을 데는 고통을 참고 짐짓 자연스러운 표정을 지어 보였으나 이상한 낌새를 챈 장씨가 꼬치꼬치 캐어묻는 바람에 마씨는 울음을 터뜨리고 말았다. 그녀는 품속의 떡을 꺼내놓고 자초지종을 설명했다. 그녀의 가슴은 이미 발갛게 화상을 입은 뒤였다. 사정을 알게 된 부인 장씨가 곽자홍에게 달려가 항의하자, 곽자홍도 주원장을 가둔 것이 지나친 행동이었음을 깨닫고, 그를 풀어주었다. 주원장은 아내 마씨의 행동을 알고는 크게 감동했고 더욱더 아내를 아끼고 사랑하게 되었다.

　　서기1353년, 곽자홍은 팽대彭大와 조균趙均 등 두 장군으로부터 배척당해 저주로 밀려나게 되었다. 특히 조균은 계속 곽자홍을 공격하면서 주원장을 매수하여 자신의 오른팔로 삼으려 했다. 그러나 주원장 등은 곽자홍을 저주왕으로 추대하고 현지의 모든 군마를 주원장의 수하로 집결시켰다. 하지만 한 달이 못 돼 곽자홍이 주원장에 대해 냉담한 태도를 보이자, 주위에 있던 장수들이 전부 곽자홍의 수하로 돌아갔다. 주원장의 기실記室이었던 이선장李善長마저 곽자홍에게 발탁되어 가자 주원장만 외톨이로 남게 되었다. 이처럼 이해할 수 없는 현상에 대해 주원장은 그저 놀랍고 두려울 뿐이었다.

　　주원장의 부대가 간신히 저양을 사수하고 있을 때, 그를 시기하는 사람들은 그가 병력을 유지하고 있을 뿐 전투에 나가도 전혀 싸우지 않는다는 헛소문을 퍼뜨렸다. 곽자홍은 주원장의 수하에

있는 유능한 장수들을 전부 자신의 부대로 이동시킴으로써 주원장
의 병권을 약화시키는 동시에 주원장을 몹시 냉대했다. 전투가 벌
어져도 주원장과 작전을 상의하지 않았다.

한번은 주원장이 저양 외곽에 진을 친 적의 군사를 완전히 몰
아내고 곽자흥에게 돌아가 승전을 보고했으나 그는 냉담한 표정으
로 고개를 끄덕였다. 몹시 기분이 상한 주원장은 집으로 돌아와 길
게 탄식을 내뱉었다. 이 모습을 본 부인 마씨가 상냥한 얼굴로 물
었다.

"장군께서는 대승을 거두고 돌아오셨는데 어째서 수심 가득한
얼굴을 하고 계십니까? 무슨 마음 불편한 일이라도 있으신지요?"

"당신이 내 속사정을 어떻게 알겠소?"

"양부께서 또 장군을 냉대하신 모양이군요!"

아내의 말에 주원장의 마음이 더욱 무거워졌다.

"당신이 사정을 알아봤자 무슨 소용이 있겠소!"

"양부께서 장군을 왜 그렇게 대하시는지 아세요?"

"전에는 내 전권이 두려워서 그러셨지만, 지금은 이미 내 병
권이 축소된 상태요. 지금은 내가 최선을 다하지 않는다고 의심하
고 있는 것 같소. 하지만 싸움에서 이기고 돌아왔는데도 여전히 날
냉대하고 있소. 이젠 왜 그러시는지도 모르겠고 어떻게 처신해야
하는지 방법도 모르겠소."

마씨는 잠시 생각에 잠기더니 다시 입을 열었다.

"출정 나갔다 돌아올 때마다 양부께 선물을 갖다드렸나요?"

"선물은 한 번도 갖다드린 적이 없소."

"다른 장수들은 출정 나갔다 올 때마다 선물을 바치고 있다는

걸 모르세요? 왜 장군께선 다른 사람들처럼 하시지 않습니까?"

"그들은 싸움에 나설 때마다 노략질을 하지만 나는 한 번도 그런 짓을 한 적이 없는데, 어떻게 선물을 준비한단 말이오! 적에게서 빼앗은 물건들은 전부 부하들에게 나눠주는데, 주군께 뭘 바친단 말이오?"

"민생을 보살피고 장병들을 위로하는 것은 당연한 일입니다. 그건 양부께서도 잘 알고 계시지요. 하지만 다른 장수들은 전부 선물을 가져오는데 장군만 빈손으로 돌아오시니, 혹시 장군께서 사사로이 재물을 챙기는 것이 아닌가 하고 의심하시는 겁니다. 제게 양부의 의심을 풀어드릴 좋은 방법이 있어요."

"방법이 있다면 어서 말해보구려."

"제가 모아놓은 재물이 좀 있으니 이걸 양모께 드리면서 속사정을 양부께 말씀드려달라고 부탁할게요. 틀림없이 양부께서 좋아하시고 더 이상 당신을 다른 눈으로 보지 않으실 거예요."

주원장은 억울한 생각이 들어 별로 마음이 내키지 않았지만 아내의 말을 따르기로 했다.

다음날 부인 마씨는 그동안 모아놓은 귀중한 장식품들을 장씨에게 갖다바치면서 주원장이 양부와 양모에게 효성의 마음으로 마련한 작은 선물이라고 말했다. 장씨가 몹시 기뻐하면서 이 사실을 곽자흥에게 알리자 곽자흥도 금세 흐뭇한 표정을 지었다.

"주원장에게 이런 효심이 있는 줄 모르고 공연히 그를 의심했었구만!"

이때부터 곽자흥은 주원장에 대한 의심을 풀고 싸움에 나갈 때마다 항상 주원장과 상의하기 시작했다. 장인과 사위의 관계도 좋아져 저양의 성은 더욱 공고해질 수 있었다.

하지만 곽자흥의 두 아들은 여전히 그를 제거할 틈만 노리고 있었다. 어느 날 곽자흥의 두 아들이 주원장을 술자리에 초대하자 부인 마씨가 당부했다.

"그들은 여러 번 장군을 해치려고 시도했던 사람들입니다. 이번에도 방심하지 마시고 그들이 주는 술은 절대 드시지 마세요."

부인 마씨의 조언에 따라 주원장은 계책을 마련했다. 곽씨 형제들을 따라 길을 가던 주원장은 갑자기 말에서 뛰어내려 하늘을 향해 뭔가를 중얼거리더니 잠시 후에 무슨 계시라도 받은 것처럼 다시 말에 오른 다음 말머리를 돌려 왔던 길을 쏜살같이 달렸다. 곽씨 형제가 뒤따라오면서 그를 불러대자 주원장은 고개를 돌려 소리쳤다.

"난 그대들과 어울릴 수 없소. 그대들이 대체 무슨 이유로 날 해치려 드는지 모르겠지만 방금 천신께서 그대들이 술에 독을 풀어 날 죽이려 한다고 알려주셨소. 나는 천신의 명령에 따라 돌아가는 것이오."

이 말에 놀란 곽씨 형제는 서로 얼굴을 쳐다보며 중얼거렸다.

"술에 독을 탄 사실은 누구에게도 발설하지 않았는데 그가 어떻게 알았을까? 정말 천신께서 그를 돕고 있다는 말인가?"

이때부터 두 사람은 감히 주원장을 해칠 마음을 먹지 못했고 곽자흥의 앞에서도 더 이상 주원장을 헐뜯지 못했다.

얼마 후 곽자흥이 죽자 자연스럽게 주원장이 그의 자리를 이어받았고 부인 마씨는 그의 중요한 참모가 되었다. 주원장은 전장에 나갈 때마다 중요한 문서들을 전부 마씨에게 맡겨 처리하게 했다. 인자한 성품과 뛰어난 지모를 갖춘 마씨는 문사文史를 좋아하여 주원장이 맡기는 문서들을 빈틈없이 처리하고 보관했다.

서기 1355년, 주원장은 병력을 이끌고 화양에서 강을 건너 태평을 공격했다. 마씨는 화양이 비게 될 경우 원나라 군사가 쳐들어올 것이라 예측하고 기의군 가족들을 전부 대피시켰다. 과연 마씨의 예측대로 대피하자마자 원군이 화양을 공격했다.

1360년, 주원장은 남경에서 진우량과 일대 전투를 치렀다. 진우량의 병력이 크게 우세했기 때문에 대부분의 사람들이 이기기 힘든 싸움이라고 생각했다. 성안 사람들도 불안을 감추지 못해 땅을 파고 금과 은을 묻어두기도 했다. 그러나 마씨는 자신의 금붙이를 병사들에게 나눠주며 사기를 북돋았다. 그 결과 주원장은 진우량을 대파하는 대승을 거두고 '대한大漢' 정권을 세웠다. 1367년, 주원장은 소주를 장악하고 장사성을 포로로 잡았다. 이로써 군웅을 평정한 주원장은 1368년에 마침내 중원을 통일하고 명의 개국 황제가 되었고, 부인 마씨를 황후로 봉했다.

마태후는 주원장이 남북 정벌전을 수행하는 동안 온갖 어려움을 함께했고 수시로 군무에 참여했다. 틈날 때마다 부녀자들과 함께 군복을 제작하고 부상병을 돌보는 등 적지 않은 공로를 세웠다. 아녀자로서 이처럼 훌륭한 모범을 보인 그녀가 개국 후에 보여준 모습은 더욱 놀라웠다.

주원장은 마씨를 황후로 봉하고 아내에 대해 깊이 감사하는 마음을 밝혔다.

"짐이 평민에서 황제의 자리에 오르게 된 데는 밖으로는 공신들의 노고가 있었고 안으로는 현명한 부인의 조력이 있었기 때문이오. 부인은 짐을 위해 문서를 처리했고 친히 종군하면서 온갖 어려움을 함께해주었소. 옛말에 집안엔 좋은 아내가 있고 나라엔 훌륭한 재상이 있어야 한다고 했는데 짐의 처지를 보니 헛된 말이 아니구려."

마씨가 겸손하게 말을 받았다.

"부부관계는 지키기 어렵지 않지만 군신관계는 지키기가 매우 어렵다고 합니다. 바라건대 폐하께서는 처와 함께했던 가난한 시절과 여러 신하들과 함께했던 어려운 시절을 잊지 마십시오."

주원장은 마태후를 당대의 장손황후에 비유하기도 했지만 그녀는 이를 과찬이라고 일축했다. 또 주원장이 그녀의 친척들에게 관직과 봉록을 주려고 하자 사사로운 인사와 행상으로 황제의 위정에 오명을 남겨선 안 된다며 단호하게 거절했다. 주원장은 아내에 대한 고마움의 표시로 그녀의 부모를 위한 묘당을 건립하고 일년 사시 제사를 올렸다. 이는 중국 역사에서 보기 드문 미담이다.

마태후는 자녀들에게도 매우 엄격하여 자식들이 화화공자가 되는 것을 막기 위해 옛날의 고난을 잊지 않도록 철저히 교육했다. 부모의 사랑을 독차지하던 막내아들 주시朱橚가 주왕周王으로 책봉되었을 때, 그녀는 부모 곁을 떠난 아들이 방종할 것을 걱정하여 특별히 강귀비江貴妃를 동행시켜 감시하게 했다.

마태후는 가난했던 시절을 잊지 않고 검소하고 소박한 생활을 유지하면서도 꼭 필요한 일에는 인색함이 없었다. 주원장의 태학太學 시찰에 동행한 그녀는 태학생 가족들의 생계를 걱정하고는 홍판창紅板倉을 설립하여 가난한 학생 가족들을 돕게 함으로써 태학생들이 마음 놓고 학문에 전념하도록 했다.

명 나라 초기 때 일어난 재상 호유용의 모반 사건은 명 왕조 최대의 사건 가운데 하나로, 연루 범위도 중국 역사에서 찾아보기 어려울 정도로 큰 규모였다. 유명한 문학가이자 홍무조 대학사이며 태자 주표朱標의 스승이었던 송렴宋濂은 이미 은퇴하여 경사에서 천 리나 떨어진 곳에 살고 있었는데도 손자 송신宋愼이 호유용의 모반에 연루되자 도성으로 압송되어 처형을 기다리고 있었다. 이 소식을 들은 마태후는 황급히 주원장에게 달려가 말했다.

"들자 하니 폐하께서 송학사를 처형하려 하신다는데, 대체 그 이유가 무엇입니까?"

"장손인 송신의 모반 사실을 알고도 알리지 않았으니 이는 대역죄에 해당하오. 법률에 따르자면 구족을 멸해야 마땅하오."

마태후는 송렴이 이미 은퇴한 몸으로 정치에 전혀 관심을 갖고 있지 않다는 점을 강조하며 사면해줄 것을 간청했지만 주원장의 태도는 단호했다. 며칠 후 주원장은 식사를 하다가 말없이 눈물을 떨구는 황후의 모습을 보고는 놀라서 그 이유를 물었다.

"송학사는 40년 동안이나 황상을 보필했던 분으로 덕망이 높아 사해가 다 그를 우러러보고 있습니다. 지금 고희가 넘은 그분의 몸에 무고하게 형구를 댄다는 것은 생각만 해도 너무나 잔인하고 슬픈 일이지요."

이 말에 마음이 움직인 주원장은 그의 사형을 면하고 무주로 유배 보내는 것으로 형벌을 대신했다.

'토끼를 잡은 후에는 개를 삶아 먹고, 새가 떨어지면 양궁을 감추며 적국을 멸한 다음에는 모신을 죽인다' 라는 말이 있다. 마태후가 나서서 이런 비극을 막고 공신들을 보호하지 않았더라면 주원장도 옛사람들의 전철을 반복했을 것이다.

황후가 된 지 15년째 되던 홍무 15년(1382), 마태후가 중병에 걸려 백방이 무효한 채 의관들이 대거 문책을 당하는 사태가 발생했다. 그러자 마태후가 평온한 얼굴로 주원장에게 말했다.

"생사는 천명으로 정해진 것입니다. 세상에 아무리 뛰어난 의원이 있다 하더라도 죽을 목숨을 살리진 못하는 법이지요. 약이 효과를 보지 못한다고 해서 의원들을 문책하시는 것은 곧 저를 괴롭히시는 일입니다."

이처럼 온화하고 자애로운 태도에 주원장은 물론 모든 신하들이 크게 감복했다. 주원장이 마지막 유언을 묻자 마태후가 말했다.

"평민에서 국모가 되었는데 무얼 더 바라겠습니까? 다만 제가 죽더라도 현신들의 간언 듣기를 게을리하지 마십시오."

이런 마태후가 숨을 거두었다는 소식이 전해지자 민간에서 조정에 이르기까지 온 나라가 오열했다. 홍무 15년 9월, 효릉장례를 진행할 때 갑자기 비바람이 몰아치면서 한동안 뇌성벽력이 쳤다. 주원장은 이를 몹시 불길한 징조로 여기며 두려움에 떨었다. 이때 장례를 주관하던 승려가 큰 소리로 노래했다.

雨落天垂淚 雷鳴地擧哀
西方諸佛子 同送馬如來
쏟아지는 비는 하늘의 눈물이요 뇌성은 온 땅의 울음소리로다.
서방의 모든 부처들이 함께 마여래를 떠나보내는구나.

주원장은 이 노랫소리를 듣고서 비로소 얼굴에 웃음을 띠었다. 마태후가 세상을 떠난 후 궁중에는 그녀를 기리는 노래들이 그치지 않았다.

흔히 역사에는 황제는 대부분 잔인하고 포악하며 후궁은 하나같이 분란을 일으키곤 했다. 특히 후궁이나 황후들은 현명한 품성으로 통치자를 보필하기보다는 정사를 어지럽히고 나라를 망하게 하는 경우가 훨씬 많았다. 때문에 마태후의 현덕은 더욱 눈부신 빛을 발하는 것이다.

마태후가 주원장의 천하통일과 국가 통치를 보필하면서 시종일관 보여준 아름다움은 정말 고귀한 국모의 형상이 아닐 수 없다. 그녀는 아무리 가난해도 품위를 잃지 않고 아무리 부귀해도 교만하지 않는 중국인의 전통적인 이상을 구현한 인물이었다. 장례를 진행하던 승려가 그녀를 고난에서 사람들을 구하는 '여래'로 칭한 것도 결코 지나친 과장은 아닐 것이다.

증국번

중국 청나라 말기 때 정치가이자 학자였던 증국번曾國藩(1811~1872)은 대단히 신기한 인물이었다. 사람들은 그를 일컬어 성상聖相이라 일컫기도 하고 원흉이라 하기도 하는데, 이는 그의 인격이 갖는 양면성을 잘 대변해주는 말이라 할 수 있다. 그를 칭찬하자면 성인에 가까운 재상이라 할 수 있고, 비난하자면 태평천국의 난을 진압했기 때문에 원흉이라고 할 수 있다. 어찌됐건 간에 그는 근대 이후로 많은 사람들의 추앙을 받아왔다. 물론 이러한 추앙은 정치적인 면이 아니라 일을 처리하는 능력과 처세의 책략에 집중되어 있다.

모택동은 "중국 역사에 있어서 커다란 공을 세운 사람도 무수히 많고 훌륭한 사상과 성품으로 사람들에게 영향을 미친 사람들도 적지 않지만 이 두 가지를 모두 겸비한 사람은 송나라의 범중엄과 청나라의 증국번 두 사람뿐"이라고 말한 바 있다.

장개석도 "천지의 정기를 배양하고, 고금의 완벽한 인물을 본

범중엄范仲淹 북송北宋 때의 정치가이며 학자

받아야 한다.”라고 말했는데, 여기서 ‘완벽한 인물’이란 바로 중국번을 가리킨다. 장개석은 중국번을 자신의 스승으로 삼고 싶다고 말하면서 그가 가장 성공한 부분은 자신이 성공함으로써 남도 성공하게 하고 자신이 발전함으로써 남도 발전시킨 것이라고 지적했다. 양계초도 세상사에 무관심했지만

┃증국번 청말의 정치가, 학자. 중국인의 전통적 도덕과 가치를 대변하는 인물로 꼽힌다

중국번이 살아 있었다면 어지러운 세상을 구하고도 남았을 인물이라며 그를 높이 칭송했다. 이밖에도 중국번을 숭배했던 인물들로 그의 제자였던 이홍장과 양무운동의 주요 인물이었던 장지동張之洞, 군벌 원세개袁世凱, 신문학운동의 기수 진독수陳獨秀 등을 들 수 있다.

　중국번이 이처럼 많은 사람들로부터 추앙받는 이유는 무엇일까? 이를 ‘허虛’와 ‘실實’이라는 측면에서 살펴볼 수 있다.

　1_중국번은 경독耕讀을 함께했던 인물로 학자와 재상의 자질을 겸비한 전형적인 예이다. 경독을 겸비한다는 것은 중국인의 이상적인 치가 사상으로 ‘경’이 곧 근본이므로 ‘경’이 없다는 것은 근본을 잃은 것이나 마찬가지이다. 또한 ‘경’만 있고 자신의 도덕적 수양을 높일 방법이 없다면 발전의 길이 없는 것이다. 때문에 ‘독’이 중국인의 자아 향상과 자기 발전의 필수 불가결한 수단이

자 방식이었다.

중국번은 농민 출신으로 평생 동안 '경'을 근본으로 가족들을 다스렸고 농사를 떠난 관료의 길을 거부했다.

중국 지식인의 이상은 제왕의 스승이 되는 것이지만 여기서 한 발 물러선 차선책은 '문무를 익혀 제왕처럼 사는 것'이었다. 또한 중국 지식인들이 진정으로 추구하는 것은 "세상사를 널리 통찰하는 것이 모두 학문이고, 인정에 통달하는 것이 바로 문학世事通明皆學問 人情練達卽文章"이라는 경지에 이르는 것이지, 독서를 위한 독서나 학문을 위한 학문에 그치는 것이 아니었다. 중국번이 바로 이런 사람이었다.

그는 한편으론 이른바 '성상'으로서 천하를 경영하고 중국 동남방을 평정한 바 있지만, 또 한편으로는 경학의 대가로서 동성파 고문古文의 마지막 대표자이기도 했다. 결국 그는 학자와 성상, 제왕의 스승이라는 중국의 전통적인 지식인의 이상을 완벽하게 실현한 셈이었다.

2_ 근대 이래로 계속되는 중국번에 대한 추앙을 '실'의 관점에서 분석해보자면 "세상사를 널리 통찰하는 것이 모두 학문이고, 인정에 통달하는 것이 바로 문학"이라는 취지에 기인하고 있고, 한편으로는 모택동이 말한 것처럼 학문과 교양 그리고 일처리 능력을 겸비했다는 데 있다고 할 수 있다. 이것이 바로 중국 지식인의 마음속에 전통적으로 내재해 있던 명리名利의 관념이다.

3_ 중국번은 일생 동안 엄청난 '일처리'의 경험을 사람들에게 제공했고, 그 대부분이 기록으로 남아 있다. 이 가운데 학술적인 내용은 그리 많지 않고, 대부분 집안과 마을에서 흔히 찾아볼 수 있

동성파桐城派 청나라 중기 이후 주류를 이루었던 산문파. 안휘성 동성현桐城縣 출신의 방포方苞가 당송팔대가唐宋八大家의 고문古文을 본받을 것을 제창한 뒤, 같은 동성현에서 유대괴와 요내 등 2가가 나왔기 때문에 생긴 명칭이다

는 일들이다. 특히 『논어論語』를 통속적으로 해석한 『증씨논어』 는 중국인들에게 잘 알려져 있는 책이다. 그가 실사구시적으로 서술한, 다양한 일처리 경험은 중국 전통 사회에서는 대단히 유용한 것이었고, 일반인들도 쉽게 배우고 실행할 수 있는 내용이었다. 게다가 그의 서술 방식은 보통 사람들에게 거리감을 주지 않는 매우 평이한 것이었다.

4_ 중국번의 '일처리' 경험은 구체적으로 다음 몇 가지로 요약할 수 있다.

첫째는 근면성이다. 중인 신분에 불과한 그가 경학의 대가이자 산문가로 대성할 수 있었던 것도 바로 근면성 덕분이었다. 그는 공부도 근면하게 했고 일도 근면하게 했으며, 신체 단련에도 남달리 근면했다. 그의 일기에는 이런 대목이 나온다.

"요 며칠 잠이 그리운 걸 보니 수양이 퇴보하고 있는 것 같다. 어린애처럼 잠을 좋아하는 습성을 떨쳐버리고 각오와 결심을 새롭게 해야겠다. 잠이 덜 깼어도 자리에서 일어날 수 있으려면 항상 어느 정도의 긴장이 필요하다."

그는 이처럼 자기에 대한 요구가 남달랐던 인물이다.

둘째는 끈기와 적응력이다. 그는 아무리 어렵고 험한 곤경에 처한다 하더라도 끈기 있게 버티고 적응해야 한다고 생각했다. 거칠고 힘든 환경이 범인을 영웅으로 만들고 돌을 옥으로 변화시킨다는 것이 그의 평소 지론이었다. 버티기만 하면 언젠가는 이긴다는 것이다. 실제로 그가 황제의 허락만 믿고 스스로 단련이라는 민병 조직을 만들어 태평천국의 난을 진압한 것을 보면 고통과 어려움을 이겨내는 그의 끈기와 의지를 충분히 알 수 있다.

▍청나라 때의 주요 지도 만주족 누르하치가 세운 중국 최후의 통일왕조 청나라는 중국 역사상 영토를 가장 넓게 확장했지만, 그 광활한 영토에는 끊임없는 봉기와 열강들의 침입이 이어졌다

셋째는 인내이다. 중국번의 참을성은 아무도 당해내지 못했다. 사실 인내와 끈기는 불가분의 관계에 있다. 끈기 없는 사람에게는 인내를 기대하기 어렵다. 중국번에게 있어서 인내는 무조건 참고 양보하는 것이 아니라 적절한 시기를 기다리는 일종의 책략이었다. 평범한 민간인 출신인 그가 큰일을 이루기 위해선 수많은 곤경과 위기 상황을 겪어야 했는데 이러한 어려움은 대부분 밑에서 생겨난 것이 아니라 위에서 내려온 것이었다. 이런 상황에서 인내할 줄 모른다면 어떻게 발전을 기대할 수 있겠는가?

다음의 이야기는 그의 인내의 책략을 보여준다.

1858년 4월, 중국번의 병력은 남경 바로 위에 있는 안경을 공격할 준비를 하고 있었다. 당시 남경은 태평천국의 수도였고, 안경이 중요한 군사 요충지였기 때문에 청군의 강남대영江南大營은 안경을 빼앗지 못하면 실패할 수밖에 없었다. 그러나 청나라 조정에서는 그를 오히려 남경 아래에 있는 강소와 절강으로 배치하라는 명령을 내렸다. 그곳이 대대로 부유한 지역이라 여러 성을 먹여살릴 수 있기 때문이었다. 증국번은 조정의 전략이 크게 잘못돼 있으며, 명령대로 실행할 경우 강남대영의 전철을 되풀이하게 될 것이라는 걸 알았다. 그리고 실패의 책임이 자신에게 돌아오리라는 것 역시 알고 있었다. 그렇다고 해서 조정의 명령을 거부할 수도 없는 노릇이었다. 자신의 능력만 믿고 거역하는 듯한 인상을 줄 수 있었던 것이다. 그래서 그는 조정을 거슬리게 하지 않으면서 조정의 전략을 따르지 않는 방법을 취했다. 1859년 6월, 증국번은 진영을 안휘성 남부의 기문으로 옮기고 새로운 군대를 조직하여 몇 개월 후에 동부를 지원하겠다는 계획을 세운 후 이를 조정에 보고했다. 하지만 실제적인 군사력의 중심은 여전히 안경을 포위 공격하는 데 두고 있었다.

넷째는 분배의 미덕이다. 장개석은 증국번의 가장 훌륭한 점이 바로 자신의 성공을 다른 사람들과 나눌 줄 아는 것이라고 평가했다. 자신이 발전하면서 동시에 다른 사람도 발전시키는 것은 범상한 안목으로는 불가능한 것이다.

증국번의 부하들은 대부분 하층 평민 출신이었지만 그의 계발과 격려를 받고 이홍장이나 좌종당左宗業처럼 도원이나 순무 등 일급 관원으로 출세한 사람이 수십 명이나 된다. 그는 형식적인 권력 분배가 아니라 진심으로 다른 사람들의 발전과 성장을 지원했던

도원道員 명나라 때 설치되고 청나라 때에 확립된 지방 관제

순무巡撫 명나라와 청나라 때의 지방장관

것이다. 다른 사람들의 세력이 확장되고 발전하는 것이 결국은 자기 역량의 발전이었기 때문이다. 그는 자신은 염군에게 패하면서도 이들을 공격하는 데 선봉에 설 인물로 제자인 이홍장을 추천하여 결국 큰 승리를 이끌어냈고, 모든 공을 이홍장에게 돌렸다.

다섯째는 물러설 줄 아는 지혜이다. 증국번은 "공덕을 이룬 다음에는 조용히 물러서는 것이 천하의 도리이다功成身退 天下之道."라는 말을 몸소 실천한 인물이었다. 그는 남경을 공격하여 혁혁한 무공을 쌓았지만 동시에 조정으로부터 시기를 샀다. 당시의 명사였던 왕개운王闓運은 여러 차례 증국번을 찾아가 제왕학을 설파하면서 자립할 것을 권했지만 증국번은 완곡하게 이를 거부했다. 그는 오히려 경사로 올라가 자신이 거느리고 있는 상군을 해산하고 이홍장의 회군으로 이를 대체하겠다는 청을 올려 조정의 허락을 받아냈다. 그에겐 일찍이 상군의 해산에 대비한 재정적 준비가 되어 있었던 것이다.

이처럼 증국번은 중요한 자리에 있으면서도 부적절한 욕심으로 인한 근심을 피했다. 후대 사람들이 그를 그토록 추앙하는 가장 큰 원인은 어쩌면 충분히 쿠데타를 일으킬 수 있는 상황과 능력이 갖춰져 있었음에도 불구하고 그렇게 하지 않았던 것일지도 모른다.

결국 긴 세월 동안 이어졌던 갖가지 비판과 역사의 모진 비바람, 그리고 현대 중국의 온갖 정치적 동란을 겪고 났을 때, 중국인들은 증국번이란 인물을 다시 발견하게 되었다. 증국번은 결코 '지주계급의 앞잡이'가 아니었다. 그는 중국인의 전통적인 도덕과 가치관을 그대로 간직했고 이를 행동으로 실현했던 인물이다. 서양

염군捻軍 청나라 말기 안휘성·산동성·강소성을 중심으로 일어난 무장폭력집단

상군湘軍 청나라 말기 증국번이 편성한 반혁명 군대

회군淮軍 청나라 말기 지방 자위를 위한 의용군

의 저작물들이 그럴듯한 이론으로 가득 찼지만 실제와 동떨어진 공허한 면모를 보이고 있을 때, 중국번의 학문은 실용과 실천으로 충만했다. 중국인들이 중국번의 모습을 새롭게 조명하는 이유도 바로 여기에 있다. 중국번은 당시 이미 중국 문화의 코드가 되어 있었다. 그의 모든 사고와 행위가 중국 문화의 체현이었던 것이다. 한마디로 말해서 그는 중국인의 전통적 이상을 실현한 기인이라 할 수 있다.

인재만이 인재를 알아본다

인물의 본질은 타고난 본성에서 비롯된다. 타고난 본성을 논한다는 것은 대단히 어렵고 심오하기 때문에 웬만한 통찰력이 없이는 탐구가 불가능하다. 모든 생명은 천지의 기를 본질로 하고 음양의 조화를 바탕으로 하는 금金, 목木, 수水, 화火, 토土를 기본 내용으로 구성하고 있다.

무릇 인간의 기질은 치우침 없이 바르고 평화로운 것을 가장 고귀한 가치로 삼는다. 바르고 평화로운 기질을 가지고 있다는 것은 몸 안에 금, 목, 수, 화, 토의 다섯 가지가 잘 조화되어 있어 순응하기 좋은 객관적 조건을 가지고 있다는 의미이다.

한 개인의 기질을 따질 때에는 먼저 마음이 고요하고 편안하며 욕심이 없는 사람인지, 따스함을 간직한 사람인지를 살피고, 그 다음에 총명하고 지혜로운지를 살펴야 한다. 이른바 지혜롭고 총명함은 천지 음양 조화의 결정체이다. 음양의 기운이 서로 잘 조화되어 맑고 따스한 상태를 유지해야 안으로는 날카로운 지혜가 쌓이고 밖으로는 밝게 살필 수 있는 능력을 갖게 되는 것이다.

모든 것을 골고루 살필 수 있는 사람은 진퇴와 응변의 시기를 훤히 알고 있지만 깊은 생각과 장기적인 안목이 부족하고, 항상 생각하고 계산하는 사람은 조용한 사색과 마음 편한 생활의 현묘한 맛과 기운은 알지만 사태의 변화에 신속하게 대처하는 이치는 알지 못한다.

강경함과 부드러움, 명석함과 유순함 등의 특징은 사람의 외모와 자태에 뚜렷하게 드러난다. 외부적으로 표현되는 언어와 태도는 인간의 내면에서 우러나오는 것이라 일정한 기질의 조합을 이룬다. 때문에 심성이 강직하고 충성스러운 사람은 그 태도도 강인하고 힘이 있고, 심성이 명료하고 결단성이 있는 사람은 박력 있고 용맹하다. 심성이 조용하고 평화로운 사람은 그 외모 또한 평온하고 안정되어 있다. 태도와 외모의 변화는 개인의 행동거지와 상응한다. 자태가 단정하고 강직하면 용감하고 믿음직하고, 자태가 아름답고 선량하면 언행이 조심스럽고 신중하며, 자태가 숙연하고 점잖으면 공경스럽고 위엄을 갖추고 있고 집안에 기품이 흐르게 된다.

태도와 행동은 사람의 내면 기질의 발로이자 상징으로서 목소리의 변화로 표현되기도 한다. 기질이 서로 합쳐 목소리를 이루는데 그 차이에 따라 음의 고저가 달라진다. 따스하고 평화로운 음도 있고, 맑게 울려퍼지는 음도 있으며, 끊어질 듯 이어지며 메아리치는 음도 있다. 목소리는 기가 소통하면서 퍼져나가고, 용모와 얼굴빛은 소리에 상응하여 표현된다. 따라서 어진 사람은 겸손하고 부드러운 얼굴빛을 가지고, 용감한 사람은 위엄과 격정이 넘치는 얼굴빛을 갖게 된다. 지혜가 풍부한 사람은 지혜에 통달한 얼굴빛을 가진다. 또한 얼굴빛은 형상과 외모로 변화되어 나타나는데, 이것이 정신의 외적 징표이다.

정감이 눈동자를 통해 밖으로 흘러나오는 것 역시 정신이 형상과 외모로 나타나는 예이다. '인仁'은 눈의 정기로 응집되어 나타나 눈빛이 성실하고 단정하며 소박해진다. '용勇'은 담膽의 정기로 응집되기 때문에 눈빛에 힘과 신기가 넘친다. 그러나 이런 사람들은 모두 한쪽으로 기질이 편향되어 있어, 그 겉모습의 특징이 정신적 기질을 압도한다. 때문에 기질이 지나치면 성공을 거두기 어렵다. 바르고 강직하면서 부드럽고 온화하지 못하면 정체하게 되고, 강경하면서 세밀하지 못하면 미련하고 거칠어진다. 고집스럽고 단정치 못하면 우매해지고, 기세가 충만하면서도 맑고 평화롭지 못하면 안하무인이 된다. 통달하더라도 바르고 평평하지 못하면 방종하여 도를 잃게 된다.

그러나 중용의 품덕과 자질을 갖춘 사람은 다르다. 이런 사람은 오상五常을 두루 갖추고 이를 잘 조화하고 화해시킴으로써 항상 평안한 상태에 머무른다. 인, 의, 예, 지, 신 다섯 가지가 내면에 충만해 있기 때문에 심心, 폐肺, 간肝, 비脾, 신腎 등 오장의 정기가 고루 외부로 표출되어 눈빛에는 항상 오색 광채가 어려 있다.

결론적으로 사람의 기질은 변화하면서 아홉 가지 특성을 보인다. 바르고 평정한 기질과 한쪽으로 치우친 기질은 신명神明에 의해 결정되고, 총명함과 우둔함은 정기精氣에 의해 결정되며, 용감함과 비겁함은 근골筋骨에 의해 결정된다. 강인함과 유약함, 섬세함은 골격으로 드러나고, 조급함과 침착함은 기혈로 나타나며, 슬픔과 기쁨의 정서는 얼굴색으로 표현된다. 쇠락함과 안정됨의 형상은 풍채를 통해 드러나고, 인위적인 조작과 자연스러운 행동거지는 용모에 체현되며, 느긋하고 부드러운 상태와 급박함은 언어에 나타난다. 아홉 가지 특성을 모두 갖추고 있다면 재주와 덕성을 갖춘 아름다운 인재이지만, 골고루 갖추지 못했다면 한쪽으로 치우친 잡다한 인재라 할 수 있다.

이러한 특성이 한쪽으로 치우친 사람은 이름을 날리는 데 급급하고, 몇 가지 미덕을 갖추었으나 고르지 못한 사람은 한 가지 품성을 드러내는 데 치중한다. 하지만 갖가지 품성을 고루 갖춘 인재는 굳이 애쓰지 않아도 아름다운 이름을 날리게 된다. 이런 경지에 이르는 것을 중용이라 한다. 한편 인재의 아홉 가지 특성을 고루 조금씩 갖췄으나 완전한 경지에 이르지 못한 것을 덕행이라 하는데, 재덕이 고상한 사람들을 일컬을 때도 쓰이는 말이다. 또 아홉 가지 특성 중 일부를 효과적으로 체현하는 것을 의사依似라 한다. 단편적인 재능에 의지하여 그럴듯하게 보이지만 철저하지 못하여 덕행을 어지럽히는 것을 말한다. 이에 비해 일부가 두드러지지만 동시에 일부가 서로 어긋나는 것을 간잡間雜이라 한다. 아홉 가지 특성이 고르지 못하고 서로 간잡한다는 것은 항상성이 없다는 것을 말한다. 항상성이 없다는 것은 교화의 능력이 없는 사이비를 의미한다.

辨
经

2

잘 찾아쓰면 모두가 인재다
성격에 따른 인재의 특성과 차이

진취적인 사람은 쉽게 물러설 줄 모르고,
온화하고 공손한 사람은 결단력이 부족하며,
섬세하고 얌전한 사람은 위축되는 것을 두려워하고,
강경하고 곧은 사람은 고집이 세고 제멋대로다.
또한 고루 은혜를 베푸는 사람은 인간관계가 너무 복잡하고,
청렴하고 강직한 사람은 고지식하고 소심하며,
행동이 과감한 사람은 세상 물정에 어둡다.
소박하고 솔직한 사람은 천박함이 드러나기 쉽고,
지혜가 풍부하고 계략이 많은 사람은 우유부단하다.

순유

예부터 충정과 간사스러움에는 뚜렷한 구별이 있었다. 일반적으로 『삼국지연의』에 등장하는 인물들 가운데 제갈량은 충신이고 조조는 간신이었다는 견해에 대해 누구도 이견을 제시하지 않는다.

조조는 간신 동탁을 토벌하면서 군사를 일으켰지만, 이는 사실 '간사함으로 간사함을 대신하는' 일이었다. 동탁을 제거한 후 조조는 정권을 농락하면서 황제를 무시하고 군신들을 억압했다. 그의 간사함은 동탁보다 더하면 더했지 결코 모자라지 않았다. 게다가 그의 아들 조비가 스스로 황제가 됨으로써 위魏로 한漢 왕조를 대체하고 조조를 위 무제로 내몰았던 일은 아비의 간사함을 대물림한 행태였다.

한편 제갈량은 대단한 충신이었고 그의 주군인 유비는 한漢 황실의 종친으로서 인덕 있고 너그럽고 후한 인물이라 천하의 민심이 그에게 돌아갔다. 조비가 칭제한 후에 유비도 촉한의 황제가 되어 엄연한 한 황실의 계승자임을 자처했다. 유비에게 충성하는 것이 곧 한 왕조에 충성하는 것이었던 만

큼 어느 모로 보나 제갈량이 충신이었다는 사실에는 논쟁의 여지
가 없다.

하지만 인간의 사유는 때로 아주 이상하게 전개되기도 한다.
조조가 한나라 황실에 충성하지 않았다고 해서 그를 간신으로 규
정한다면 상商의 탕왕이 하夏에 반역했던 것도 간신의 소치였단
말인가? 주周 무왕이 은을 멸한 것과 당 고조 이연이 수에 반기를
들고 새로운 왕조를 세운 것, 그리고 송 태조 조광윤이 병변을 일
으켜 후주後周의 '과부 정권'을 탈취한 것도 간신의 소치란 말인
가?

구 정권이 부패하면 왕조가 교체되는 것은 지극히 정상적이
고 당연한 일로서 군주의 주살과 신하들의 모반은 당시의 구체적
인 상황에 따라 차별적으로 해석해야 하는 것이다. 맹자는 주 무왕
이 은의 주왕紂王을 죽인 것에 대해 "주라는 사내를 죽였다는 얘
기는 들었어도 군주를 시해했다는 얘기는 듣지 못했다."라고 말했
다. 맹자는 은의 주왕을 정상적인 군주가 아닌 잔인하고 포악한 백
성의 적으로 간주하여 신하들이 그를 죽인 것은 사람을 죽인 죄일
뿐 반역이 아니라고 해석한 것이다. 맹자의 이러한 관점은 오늘날
의 시각에서도 상당히 진보적인 것으로 평가되고 있다.

천하는 원래 주인이 없다. 덕이 있는 사람이 이를 차지하는
것이다. 조조는 역대의 사서나 문학작품에서 항상 간사한 술수로
사람들을 다스리는 부덕한 인물로 묘사되어 왔다. 하지만 한 가지
이해할 수 없는 것은 조조가 그토록 덕이 없는 인물이었다면 어떻
게 그의 수하에 무수한 모사와 맹장들이 모여들 수 있었는가 하는
것이다. 인덕과 의기가 부족한 사람이 천하의 영웅들을 자신의 주

변에 끌어모을 수 있었다면 이들을 어찌 영웅이라 할 수 있겠는가? 보다 객관적이고 정확한 평가를 내리자면 조조가 덕이 없는 인물이 아니라 우리가 그의 술수를 싫어하는 것이라고 말해야 할 것이다.

인재 활용에 있어서 조조와 제갈량을 비교해볼 필요가 있다. 제갈량이 문치와 무공에 있어서 조조를 월등히 능가한 것으로 알려져 있지만 조조의 수하에는 뛰어난 인재들이 많았던 반면 제갈량에게는 쓸 만한 인재가 없었다. 제갈량은 모든 일을 자신이 직접 처리했고 모든 전투에 직접 나갔으며 스스로 전략을 마련하지 않으면 패전하고 말 것이라는 두려움을 갖고 있었다. 제갈량의 수하를 지킨 것은 이른바 오호대장들뿐이었다. 반면에 조조의 수하에는 독자적으로 작전을 펼칠 수 있는 장수들이 수십 명에 달했다. 제갈량의 후계자로 강유가 있었지만 그는 위에서 투항한 장수였기 때문에 그의 수하에는 더더욱 인재가 없었다. 때문에 제갈량은 홀로 고군분투했지만 고장난명孤掌難鳴의 상황에서 손발이 묶였고, 그 결과 패전을 거듭할 수밖에 없었다.

조조의 인재 관리는 매우 대조적이었다. 그의 후계자였던 사마의는 지략에 있어서도 조조나 제갈량에 뒤지지 않아 마침내 촉을 멸하고 오를 합병하여 중원을 통일하는 대업을 이룰 수 있었다. 인재 관리에 있어선 제갈량이 조조에 훨씬 못 미쳤던 것이다.

순유荀攸는 삼국시대 때 조조의 뛰어난 모사이자 전략가로, 조조가 중원을 장악하는 데 중요한 역할을 했던 인물이다.

순유는 자가 공달公達이며 후한 말기 영천 영음 사람이다. 선비 가문 출신으로 인품이 선량하고 단정했던 그는 지모와 지략이 풍부했다. 어려서 부모를 여의고 조부와 숙부 밑에서 성장한 그는 외모가 다소 우둔하고 나약해 보이긴 했으나 속마음은 갖가지 지략과 용기로 가득 차 있었다. 13세 때, 조부 순담荀曇이 사망하자 전에 순담의 수하에 있던 장숙張叔이라는 관원이 찾아와 그의 묘를 지키겠다고 자원했다. 순유가 숙부 순구荀衢에게 말했다.

"그 사람은 얼굴빛이 심상치 않습니다. 제가 보기엔 뭔가 간사한 계략이 있는 것 같습니다!"

순구는 그의 생각을 받아들여 장숙의 제의를 거절했다. 과연 순유의 말대로 장숙은 사람을 죽인 후 도망쳐온 사람으로 묘를 지키면서 몸을 숨기려 했던 것이다. 이 사실이 알려지면서 모두들 순유를 다른 눈으로 보기 시작했고, 얼마 후 조정에 들어가 황문시랑의 관직을 맡게 되었다. 동탁이 반란을 일으켰을 때, 순유는 그를 제거하려는 계획에 가담했다가 감옥에 갇히는 신세가 되었지만 동탁이 제거되자 출옥했다.

그가 황문시랑으로 있던 후한 말년은 천하가 혼란스러웠던 시기였다. 그는 천하를 안정시킬 수 있는 명군을 찾았다. 그때 헌제를 앞세워 허창에 도읍을 정한 조조는 순유가 능력이 뛰어난 인재라는 소문을 듣고 그를 불러들여 여남 태수로 임명하고 군대를 통솔하게 했다. 순유도 조조를 함께 천하를 도모할 만한 인물이라 여기고 순순히 그의 뜻을 받아들였다. 순유를 얻은 조조는 자주 사람들을 모아놓고 순유의 능력을 과장하여 칭찬하면서 그에 대한 기대와 신뢰를 공언했다.

"이 사람은 정말 대단한 인물이오. 함께 전략을 마련하면 천

하를 얻는 것은 식은 죽 먹기일 것이오!"

순유는 조조를 보좌하는 과정에서 열두 번이나 중대한 지략을 제공했고, 조조는 군대가 곤경에 처하거나 적에 대한 기습공격을 감행할 때마다 순유의 지모에 의지하곤 했다.

건안 3년(198), 조조를 따라 장수를 정벌하러 나선 순유는 당시의 형세가 조조에게 매우 불리하다는 사실을 간파하고 조조에게 공격을 보류하도록 권했다.

"장수는 유표와 연합하여 우리의 공격에 대비하면서 앞뒤에서 압박해오고 있지만 병사와 말의 대부분을 유표에게 의존하고 있기 때문에 시간이 길어지면 유표가 장수를 오래 지원하지 못하게 되고, 두 사람은 반드시 분열하게 될 것입니다. 따라서 우리는 공격을 늦추면서 적의 동태 변화에 따라 움직이는 것이 바람직합니다. 서둘러 공격했다간 유표가 필사적으로 장수를 지원할 것이 분명해, 오히려 아군이 진퇴양난의 위기에 몰릴 수 있습니다."

하지만 조조는 순유의 권고를 무시하고 공격을 감행했고, 결국 패전하여 조조 자신도 목숨을 잃을 뻔한 위기를 겪어야 했다. 나중에 조조는 순유의 권고를 무시했던 것을 뼈저리게 후회하며 자신을 나무랐다. 얼마 후 조조는 또다시 순유와 함께 치밀한 전략을 세워 마침내 장수를 토벌했다. 이때부터 조조는 순유의 의견과 계략을 무조건 따르게 되었다.

건안 5년, 원소가 10만 대군을 이끌고 조조를 공격할 준비를 갖추고 있었다. 원소의 군대는 조조에 비해 매우 우세했지만 원소는 성격이 우유부단하고 군사의 지휘가 치밀하지 못했다. 결국 관도전투에서 상대적으로 열세인 조조의 군대와 대적하여 일시에 승부를 가리지 못했다. 얼마 후 조조는 군량軍糧과 마초馬草가 바닥나 대단히 위급한 상황에 처했다. 이때 원소의 수하에 있던 모사 허유가 원소의 급한 성질을 견디지 못해 조조에게 투항하다가 조조군의 영내에서 병사들에게 붙잡혔다. 허유가 말했다.

"난 조 승상의 옛 친구요. 어서 가서 남양의 허유가 찾아왔다고 전해주시오!"

병사가 조조의 군막을 찾아가 이 사실을 알렸을 때 조조는 마침 휴식을 취하고 있었다. 그는 허유가 왔다는 소식에 자신에게 큰 도움이 될 것이라 확신하고 맨발로 뛰어나가 허유를 반갑게 맞아들였다.

"그대가 날 찾아온 것은 원소를 공격할 비책을 알려주기 위한 것이 아니오?"

허유가 되물었다.

"지금 승상의 진영에 남아 있는 군량과 마초로 얼마나 더 버틸 수 있을 것 같습니까?"

조조는 허유의 귀에 대고 낮은 소리로 대답했다.

"앞으로 한 달 정도면 완전히 바닥날 것 같소!"

"절 속이려 하지 마십시오! 이미 바닥나지 않았습니까?"

조조는 화들짝 놀라며 얼른 허유의 손을 잡아끌며 말했다.

"내가 위기에 처한 것을 알았거든 어서 날 위해 계책을 말해주구려!"

"한 가지 계책이 있습니다. 이 계책을 쓰면 굳이 공격을 하지 않아도 원소의 10만 대군은 사흘이 못 가서 스스로 자멸하고 말 겁니다."

조조는 몹시 기뻐하며 허유의 설명을 재촉했다.

"원소의 군량과 다른 군수품들은 전부 오소에 보관되어 있고, 지금 순우경淳于瓊이 그곳을 지키고 있습니다. 승상께선 정예 병력을 이끌고 가서 군량을 지키러 온 원소의 장수라고 말하고 기회를 노려 양초와 기타 물품들을 전부 불태워버리십시오. 그러면 원소의 군대는 사흘이 못 되어 큰 혼란에 빠지게 될 것입니다."

여러 해에 걸친 전투에서 군량의 보급로를 끊는 것은 조조가 흔히 사용해온 전술이었다. 조조는 이 말에 모든 의심을 버리고 허유를 정중히 예우하면서 다음날 당장 기병과 보병을 합쳐 2천 명의 정예 군사를 이끌고 오소로 쳐들어가기로 결정했다. 조조의 측근인 장료 등이 허유를 의심하면서 원소가 군량을 보관하면서 방비를 소홀히 할 리가 없다며 허유의 말을 경솔히 믿지 말 것을 당부하

장료張遼 위의 맹장으로 원래는 여포의 부장이었으나, 여포가 사로잡히자 조조에게 투항해 많은 전공을 세웠다

자, 조조가 말했다.

"의심할 필요 없소. 지금 우리 군대는 군량 공급이 불가능한 상황이라 허유의 말이 사실이든 거짓이든 그의 계책에 따르는 것 외엔 달리 방법이 없소. 이대로 굶어죽을 순 없지 않소!"

당시 순유도 이미 이런 계책을 생각하고 있었으나 원소의 허실을 확인할 방법이 없었을 뿐이었다. 조조는 치밀한 계획 끝에 친히 병력을 이끌고 가서 한밤중에 오소를 성공적으로 습격할 수 있었다. 중국 역사상 보기 드물게 소수의 병력으로 대군을 제압했던 관도 전투는 조조의 승리로 끝났다.

원소는 오소의 군량을 잃어 막대한 손실을 입은 데다가 허유와 고람高覽 같은 동량지재를 잃어 군사의 사기가 크게 떨어지고 민심마저 동요하게 되었다. 허유는 또다시 조조를 위해 계책을 제시했다.

"지금 원소의 군대가 패하여 돌아가고 있긴 하지만 인심이 몹시 불안한 상태입니다. 이때 재빨리 승기를 잡아 원소의 본영을 공격하면 그의 잔여 병력을 완전히 소탕할 수 있을 것입니다."

조조는 허유의 계략에 따라 군사를 움직여 커다란 승리를 거두었다.

이때 순유가 조조에게 계략을 바쳐 말했다.

"지금 승기를 잡아 원소를 추격해야 합니다. 아군의 병력을 이동시켜 산조와 업군을 공격하고, 다른 한편으로는 여양을 공격해 원소의 퇴로를 차단하는 것처럼 거짓 소문을 퍼뜨리십시오. 그러면 의심이 많은 원소는 이를 사실로 믿고 병력을 나누어 아군을 공격하려 할 것입니다. 원소의 군대가 막 출병하려 할 때 기습공격을 하면 그들은 전의를 상실하여 쉽게 전멸하게 될 것입니다."

조조는 순유의 생각이 일리가 있다고 판단하고 그 자리에서 그의 계책을 받아들여 병력을 출동시키는 동시에 사방으로 원소를 미혹시킬 만한 소문을 퍼뜨리기 시작했다. 소문을 들은 원소의 병사들은 조조의 군대가 두 갈래로 나뉘어 업군과 여양을 동시에 공격하고 있다고 보고했다. 원소는 이를 그대로 믿고 10만의 병력을 보내 밤새 행군하여 업군과 여양을 지원하게 했다. 그러자 조조는 즉시 대규모 병력을 동원하여 원소의 진영을 기습했다. 이미 전의를 상실해 있던 원소의 군대는 저항할 생각도 하지 않고 사방으로 흩어져버렸고 원소는 갑옷도 제대로 챙겨 입지 못한 채 어린 아들 원상袁尙만 데리고 서둘러 도망쳤다. 조조가 이를 놓치지 않고 추격에 나서자 원소는 강을 건너기 위해 온갖 보물과 서적을 가득 실은 수레를 포기한 채 기병 8백 명과 함께 황급히 여양으로 도주했다. 이로써 조조는 대승을 거두고 막대한 재물도 얻게 되었다.

조조가 여포를 공격할 때에도 순유가 곁에 있었다. 여포는 조조와 유비 등 여러 세력의 협공으로 패퇴하여 간신히 하비를 지키고 있었다. 여러 차례 공격을 시도했지만 조조의 군대는 여전히 성을 함락시키지 못했다. 이때 조조의 군대는 이미 지친 상태라 조조는 병력을 완성으로 철수하기로 마음먹었다. 그러자 순유가 결사적으로 반대하고 나섰다.

"여포는 용감하긴 하지만 지략이 부족합니다. 지금까지 그는 세 번을 싸워 전부 패했기 때문에 기세가 크게 꺾여 있는 상태입니다. 완강하게 버티고 있긴 하지만 군사들에겐 이미 싸울 의지가 없습니다. 따라서 조금만 더 시간을 끌면서 공격을 계속하면 적은 스스로 무너질 것입니다. 여포의 수하에 진궁陳宮 같은 모사가 있긴 하지만 전략의 제시가 너무 늦기 때문에 형세의 변화에 쉽게 적응하지 못합니다. 따라서 여포가 원기를 회복하고 진궁이 적절한 지략을 내놓기 전에 공격의 고삐를 바짝 당겨야 합니다. 그래야만 여포의 성을 빼앗을 수 있습니다.”

조조는 순유의 분석이 정확하다고 판단했지만 구체적인 공격 방법이 떠오르지 않았다.

“그럼 효과적으로 적을 공격할 좋은 방법이 없겠소?”

“먼저 성벽을 무너뜨린 다음 병력을 집중하여 일시에 공격하는 것이 바람직할 것 같습니다.”

그리하여 조조가 기수와 사수를 이용한 수공으로 하비성을 무너뜨리자 여포의 군대는 스스로 괴멸했고 여포는 산 채로 잡혀 죽임을 당하고 말았다.

조조는 이러한 전과가 순전히 순유의 지략 덕분이라 생각하고, 안자顔子나 영무寧武 같은 고대 성인들도 순유에 비할 바가 못된다며 칭송을 아끼지 않았다.

건안 7년, 순유는 조조를 도와 원소의 아들들인 원담과 원상 등을 차례로 격파하고 여양에 도착했다. 그 이듬해에 조조는 유표를 정벌하러 나섰고, 이때 원담과 원상 형제는 기주 땅을 놓고 내분의 양상을 보이고 있었다. 원담은 동생을 공격하기 위해 조조의 진영으로 사자를 보내 투항을 조건으로 지원병을 보내줄 것을 요청했다. 조조가 모사와 대신들을 모아놓고 의논한 결과 대부분이 먼저 유표를 제압하는 것이 바람직하다는 의견이었다. 유표는 세력이 강대하지만 원담과 원상은 서로 단결하기는커녕 오히려 분열하고 있는 상황인 데다가 지략이 뛰어나지 못하고 뛰어난 장수나 모사가 없기 때문에 염려할 대상이 아니라는 것이었다. 그러나 이러한 다수의 견해에 순유가 혼자 반대하고 나섰다.

"유표 부자는 개돼지나 마찬가지로 문 앞에서 집을 지킬 줄만 알았지, 애당초 천하를 정복할 만한 기개가 부족한 인물들입니다. 그렇지 않다면 천하가 대란에 휘말려 있을 때 한가롭게 강江과 한漢 사이에서 꼼짝도 안 하고 있진 않았을 겁니다. 이에 비해 원소는 일찍이 사주의 땅을 차지하고 10만의 정병을 거느려 기초가 튼튼했고 여러 해의 경영을 통해 인심을 얻은 상태였지만 지금 원씨 형제들은 서로 다투고 있어 그들을 제거하기에 더없이 좋은 기회입니다. 우리가 그의 투항을 받아들이지 않는다면 그는 하는 수 없이 다시 동생과 강화하게 될 것이고, 그 결과 형제가 다시 화목하여 힘을 합치게 되면 천하의 고난을 잠재우기 어려울 것입니다. 지금은 형제가 서로 다투고 있어 큰 힘이 못 되지만 두 사람이 힘을 합치면 막강한 세력이 되기 때문에 그들을 대적하기가 쉽지 않을 것입니다. 저들이 내분에 처해 있을 때 공격해야만 천하를 평정할 수 있는 만큼 이런 기회를 놓쳐선 안 될 것입니다."

결국 조조는 순유의 견해를 받아들이고 원담의 요구대로 병력을 지원하여 원상을 공격했다. 원상의 군대가 괴멸되자 과연 순유의 추측대로 원담은 즉시 조조를 향해 모반을 일으켰고, 조조는 이미 세력이 약해진 원담을 어렵지 않게 제압하여 남피에서 그의 목을 벨 수 있었다.

순유에 대한 조조의 평가는 절대적이었다. 그는 순유를 지모가 뛰어날 뿐 아니라 충성심도 대단한 인물로 평가했다. 기주를 수복한 후에 조조는 자신이 이룩한 모든 전과가 순유의 지모에 따른 것이라 치사하면서 그를 능수정후陵樹亭侯에 봉하고 아울러 아들 조비에게도 그에게 최고의 예를 다할 것을 명했다. 조비도 조조의 당부를 마음에 새겨 순유가 병들어 눕게 되자 병상을 찾아 문안하는 등 모든 예를 다했다.

건안 12년(207), 중군사中軍師로 있던 순유는 위魏 건국 초기에 상서령이 되었다. 건안 19년, 조조를 따라 손권孫權을 정벌하러 나선 순유는 도중에 향년 68세로 병사했다.

순유의 지모를 개괄해볼 때, 기이한 지략이나 간사한 지모, 또는 인내의 지모는 찾아볼 수 없다. 그가 평생 발휘한 지모는 전부 올바른 지략이었고 이는 그의 인품과 그대로 일치한다. 성품이 온화했던 것처럼 그의 지모 역시 온화했다. 지모란 음모를 의미하는 것이 아니다. 인품과 지략이 일치하는 순유야말로 진정한 모사라 할 수 있을 것이다.

사마소

사람을 다스리는 기술은 사람들 사이의 관계를 잘 이용하는 데 묘미가 있고 사람들 사이의 관계를 이용하는 핵심은 서로 상이한 성격을 잘 견제하는 데 있다. 상당한 관직에 있는 사람들끼리 서로 성격이 다르면 상호간의 견제가 있기 마련인데 이를 잘 이용하여 어부지리를 얻는 것이 성격제형술이다

중국 역사에서는 모든 황제와 장상들이 하나같이 아랫사람을 다스리는 문제로 고심했다. 신하를 다스리고 부하장수들을 다스리는 문제가 최고 통치자들의 가장 큰 고민거리로 자주 부상했다. 이를 제대로 처리하지 못할 경우 가볍게는 명예롭지 못한 꼬리표를 달아야 했고 심하게는 망국의 길로 들어서기도 했다.

이를 해결하는 가장 일반적이고 효과적인 방법이 성격제형술性格制衡術이었다. 성격제형술이란 일종의 분치分治 개념으로, 사람들의 서로 다른 성격을 이용하여 견제하는 것을 말한다. 직급이 서로 엇비슷하면서 성격이 상치될 때는 반드시 견제가 필요한데 이럴 경우 성격제형술을 이용하면 쉽게 어부지리를 얻을 수 있다는 것이다.

사마의의 아들 사마소司馬昭는 사람을 알아볼 줄 아는 능력이 있었고 정치가로서도 뛰어난 재능을 갖추고 있었다. 그는 촉을 정벌하기 위해 대장 종회鍾會와 등애鄧艾를 파견하면서 사전에 두

사람에 대해 치밀하게 분석하고 두 사람이 서로 반목하건 안 하건 간에 둘 다 자신의 통제를 벗어나지 못하도록 조치했다.

처음에 사마소가 촉 정벌에 종회를 파견하려 하자 소제邵悌가 찾아와 말했다.

"종회에게 10만 대군을 주고 촉을 정벌하게 하시려면 그를 너무 믿지 않으시는 게 좋을 것 같습니다. 예상치 못한 변고가 발생할 수도 있으니까요. 그를 혼자 보내시려면 차라리 다른 사람을 보내시는 것이 좋을 듯합니다."

사마소가 웃으면서 말했다.

"설마 내가 그런 이치도 모르겠소? 촉나라는 천하에 재앙을 가져왔고 백성의 안녕을 해쳤소. 나는 지금 촉과 싸워 반드시 이길 거라고 생각하는데 수많은 사람들이 절대로 이기지 못할 것이라는 비관적인 생각을 갖고 있소. 사람들이 미리 겁을 먹게 되면 모든 지혜와 용기가 사라지고 말 것이고, 그런 사람을 억지로 전장에 보낸다 해도 적의 포로가 되고 말 것이오. 종회가 나와 생각이 같다면 그는 반드시 승리하고 돌아올 것이오. 일단 촉이 멸망한 후에는 그대가 걱정하는 일이 벌어진다 해도 별 문제가 없을 것이오. 무릇 패배한 장수와는 용기를 논할 수 없고 나라를 망하게 한 군주와는 국가의 보존을 따질 수 없는 법이오. 그들은 이미 마음이 피폐해져 있기 때문이오. 그대는 이 일에 대해 너무 염려하지 말고 혹시라도 이런 얘기가 그의 귀에 들어가지 않도록 조심하시오."

나중에 등애가 모반을 준비하는 움직임이 보인다는 종회의 보고를 받은 사마소가 장병들을 이끌고 서쪽으로 쳐들어가려 하자 소제가 말했다.

"종회가 이끄는 군대는 등애의 군대보다 여섯 배나 많습니다. 그러니 종회에게 등애를 제압하라고 명령하시면 될 텐데 어째서 친히 출병하시려 합니까?"

사마소가 대답했다.

"그댄 자신이 전에 했던 말을 잊었소? 어째서 내가 친히 출병할 필요가 없다는 게요? 나는 항상 신의로 사람들을 대해왔고 사람들도 나를 속이거나 이용한 적이 없었소. 내가 먼저 사람들을 의심하는 일은 절대로 없을 것이오. 최근에 중호군中護軍 가충이 내게 혹시 종회를 의심하느냐고 물었을 때 나는 '내가 지금 그대를 파견하면서 그대를 의심할 수 있다고 생각하오?' 하고 반문한 바 있소. 내가 일단 장안으로 가면 모든 일이 저절로 정리될 것이오."

사마소의 군대가 장안에 도착해보니 종회는 이미 죽은 뒤였다. 모든 것이 사마소가 예상한 그대로였던 것이다.

사마소가 두 사람이 서로 반목하게 될 것이라는 점을 잘 알면서도 두 사람을 동시에 전장에 보낸 것은 그들의 용기를 이용한 것이었다. 등애가 기병을 이끌고 양평에서 샛길을 이용하여 성도를 습격하지 않았다면 촉을 멸망시키는 것은 요원한 일이었기 때문이다. 등애와 종회가 양쪽에서 협공했기 때문에 촉을 함락시킬 수 있었지만 두 사람이 서로 반목하고 있는 만큼 상호 견제도 필수적인 일이었다. 결국 종회가 먼저 등애를 제압하여 모반을 선포했다가 나중에 부하장수에게 피살되었고 등애도 반란군에게 살해되고 말았다. 두 사람은 목숨을 바쳐 성도를 빼앗아 고스란히 사마소에게 바친 셈이었다. 종회가 촉지에서의 반란에 성공했다 하더라도 사마소는 전혀 두려워하지 않았을 것이다. 그는 종회가 촉지의 인심

가충賈充 진晉나라 무제武帝 때의 권신

을 얻지 못하면 뜻을 이루지 못할 것임을 일찌감치 예견하고 있었기 때문이다. 또한 종회가 등애의 모반 소식을 보고했을 때 사마소가 즉시 대규모 병력을 이끌고 서쪽으로 출병했던 까닭을 여러 장수들은 이해하지 못했다. 사실 사마소의 출병은 등애의 모반에 대항하기 위한 것이 아니라 종회의 병력에 대처하기 위한 것이었다. 이처럼 사마소의 책략은 한치의 빈틈도 없었다.

성격이 바로 운명이라는 말이 있는데 이는 상당히 일리가 있어 보인다. 각기 다른 상황에 대해 여러 사람이 공통된 인식을 갖고 있다 하더라도 이에 대처하는 방법에는 여러 가지 선택의 여지가 있기 마련이다. 춘추시대 초나라 평왕平王이 오사伍奢 부자를 두려워했던 일이 전형적인 예라 할 수 있다.

비무기費無忌가 평왕에게 말했다.

"오사에겐 아들이 둘 있는데 모두 능력이 뛰어납니다. 이들을 죽이지 않으면 장차 큰 화근이 될 것입니다. 오사를 인질로 잡아 그들을 불러들이십시오. 그러지 않았다가는 장차 초나라의 우환이 될 것이 분명합니다."

평왕은 비무기의 말대로 사자를 보내 오사에게 명했다.

"어서 그대의 두 아들을 불러들이시오. 그러지 않으면 그대의 목숨을 보전하기 어려울 것이오."

오사가 말했다.

"제 큰아들 오상伍尙은 성품이 인자하고 능욕을 잘 견디는 편이라 아비가 부르면 순순히 명령에 따르겠지만, 둘째 아들 오자서伍子胥는 눈치가 빠르고 여러 가지 능력을 고루 갖춘 녀석이라 자신이 잡힐 것임을 알고서는 절대로 오지 않을 것입니다."

평왕은 오사의 말을 듣지 않고 당장 두 아들을 불러들였다.

"네놈들이 오면 아비의 목숨을 살려주겠지만 오지 않으면 목숨을 보전하기 힘들 것이다."

오상이 평왕에게 가려고 하자 오자서가 말렸다.

"초 평왕이 우리 형제를 부르는 것은 우리가 세력을 키워 장차 초나라를 위협하게 될 것이 두려워하기 때문입니다. 아버님을 인질로 잡아 우리를 속이려 하는 것입니다. 초왕에게 갔다가는 우리 세 부자가 전부 죽임을 당하고 말 것입니다. 그러면 아버님에게도 아무런 도움이 되지 못하는 것입니다. 우리 둘 다 도망치지 않으면 나중에 다른 나라의 군사를 빌려 아버님의 원한을 갚는 것마저 불가능해집니다."

오상이 말을 받았다.

"초왕에게 갔다가 목숨을 보전하지 못하리라는 점은 나도 잘 알고 있지만 그래도 아버님께서 부르신 게 아니냐? 둘 다 죽기 싫어 도망쳤다가는 그 치욕을 씻을 수 없을 것이고 두고두고 사람들의 조롱거리가 될 것이다. 그러니 너는 어서 도망치거라. 나는 아버님과 함께 의로움 죽음을 택할 터이니 네가 살아남아서 원한을 씻어다오."

초의 사자가 오상을 포박한 후 오자서를 잡으려고 다가가자 그는 활시위를 당기며 사자를 위협하여 무사히 도망칠 수 있었다. 그런 다음 그는 초의 태자 건建이 송나라에 있다는 사실을 알아내고는 그를 집요하게 추적했다. 오자서가 도망쳤다는 소식을 전해들은 오사가 말했다.

"이제 초나라 군신들은 거센 전쟁의 소용돌이에 휘말리게 될 것이다!"

오상이 초에 도착하자마자 평왕은 오사 부자를 죽였다.

온갖 어려움을 뚫고 마침내 오吳나라에 도착한 오자서는 나중에 오나라 군사를 이끌고 초의 성도를 공격했고, 묘에서 평왕의 부친인 성왕의 머리를 꺼내 3백 번이나 채찍질을 가해 부친과 형의 원한을 달랬다.

이 사건에 관련된 사람들은 성격에 따라 대응방법이 제각각이었고 그 결과도 전혀 달랐다. 이러한 일례를 성격제형술의 범주에 포함시키는 것은 다소 무리일지도 모르겠지만 이를 통해 성격과 운명의 관계를 분명하게 파악할 수 있을 것이다. 문제는 누구나 사람과 사물을 파악하는 능력을 지니고 있음에도 불구하고 그에 대처하는 방법에 있어서는 현격한 차이를 보이고 있다는 점이다. 예컨대 오상이 부친에 대한 효심 때문에 죽음을 택한 것은 충분히 이해할 수 있지만, 언젠가는 오자서가 돌아와 복수하리라는 사실을 모르지 않았던 초 평왕이 그의 부친과 형을 죽인 것은 정말 어리석기 짝이 없는 짓이었다. 이는 결국 성격 차이로 해석하는 수밖에 없을 것이다.

장소

장소張昭는 삼국시대 동오東吳의 중요한 인물 가운데 하나였다. 그는 대신들 중 가장 연로했지만 누구보다도 큰 영향력을 행사하고 있었다. 손책孫策이 동생 손권孫權(182~252, 재위 222~252)에게 "바깥 일은 주유에게 맡기고 안의 일은 장소에게 맡겨라."라고 주문했던 것만 봐도 그의 영향력을 짐작할 수 있다. 하지만 동오의 외부적인 문제들은 주유에 의해 착실히 해결되어갔지만 내부의 문제들은 완전히 장소에게 위임되지 못했고 도처에서 장소와 손권 사이에 갈등이 발생했다. 게다가 신하들의 마음속에서도 장소는 애매모호한 인물이었다.

장소는 왕조 초기에 손책으로부터 절대적인 존경과 신임을 받았다. 장소 역시 마음을 다하여 여러 신하들을 이끌고 그를 극진히 보좌했다. 손권이 왕위에 오른 후에도 장소는 여전히 손권을 보좌하며 그의 과실과 결점에 대해 솔직한 간언을 서슴지 않았고 심지어 그를 질책하기도 했다. 손책이 막 세상을 떠났을 때 손권이 몹시 비통한 심정에 젖어 정사를 잘 돌보지 않자 장소는 그의 지위와 책무가 보통 사람들과 다른 만큼 형의 대업을 완성하기 위해서라도 정신 차리고 정무에 힘써야 한다고 엄하게 다그쳤다.

손권은 성격이 호방하고 용맹한 편이라 사냥을 좋아했고 자주 말을 타고 달리면서 자신이 기르던 호랑이를 향해 활을 쏘며 놀곤 했다. 한번은 말안장에 엎드린 채 돌진하여 호랑이에게 상처를 입히기도 했다. 이런 모습을 본 장소가 그를 엄하게 나무랐다.

▌손권　삼국시대 오나라의 초대 황제, 유비, 조조와 함께 천하를 놓고 다퉜다

"장군은 일국의 군주로서 뭇 영웅들과 신하들을 잘 이끌어가야 하실 분이 어째서 들판을 내달리며 헛되이 야수와 힘을 겨루십니까? 이것이야말로 필부의 용맹이 아니고 무엇이겠습니까? 만에 하나 불행한 일이라도 생기면 천하의 조롱거리가 되지 않겠습니까?"

엄한 질책에 정신을 차린 손권은 그 자리에서 장소에게 사과했다. 손권은 또 술을 매우 좋아했다. 하루는 손권이 무창武昌에서 승전을 경축하는 연회에서 술에 대취한 채 여러 신하들에게 억지로 술을 먹이고 옷에 뿌리며 장난을 치고 있었다. 이런 모습을 보고 있던 장소는 아무 말도 하지 않고 술도 한 잔 마시지 않은 채 무거운 얼굴을 하고 밖으로 나와버렸다. 난감해진 손권이 얼른 사람을 시켜 장소를 붙잡으며 말했다.

"난 그저 사람들과 함께 즐거운 시간을 갖고 싶었을 뿐이오."

"듣건대 은의 주왕은 술로 연못을 만들어놓고 아침 해가 떠오를 때까지 밤새 폭음을 즐겼다고 합니다. 그 다음에 주왕이 어떻게 됐는지는 제가 말씀드리지 않아도 잘 아시겠지요?"

이 말에 손권은 부끄러운 마음을 감추지 못하고 당장 연회를 중지했다.

이런 장소를 손권은 끝내 승상으로 중임하지 않았다. 손권이 막 왕위를 계승했을 때 여러 신하들이 장소를 승상으로 천거했지만 손권은 이에 동의하지 않고 대신 고옹顧雍을 승상으로 임명했다. 그 이유에 대해 손권은 첫 번째, 정무가 너무 많고 책임이 막중하기 때문에 장소를 중용하지 않는 것이라 말했고, 두 번째는 장소의 성격이 너무 완고해 다른 신하들이 쉽게 복종하지 않을 것이 분명하기 때문이라고 변명했다. 사실 전자는 구실에 불과했고 후자가 진심에서 우러나온 말이었다.

사실 장소라는 인물을 전체적으로 따져보자면 성격이 지나치게 완고하여 그의 말을 따를 신하가 적고 원성이 자자할 것이라는 손권의 지적에도 충분히 일리가 있다. 이를 장소의 성품 및 행동 특성과 연결시켜 고찰해보면 다음 몇 가지 면에서 장소의 결점을 찾아볼 수 있다.

첫째, 장소는 도량이 크지 못했다. 한번은 손권이 연회를 베풀면서 제갈각에게 여러 신하들에게 술을 따라주라고 권하자 제갈각은 두말 없이 그의 지시에 따랐다. 술병이 장소의 면전에 이르렀을 때 장소는 이미 취해 있었고 더 이상 술잔을 받으려 하지 않았다.

그런데도 제갈각이 술을 따르려 하자 장소는 버럭 화를 냈다.

"노인을 이렇게 대하는 무례가 어디 있소!"

옆에서 이 말을 들은 손권은 장소를 난처한 입장으로 몰아갈 심산으로 제갈각에게 다그쳤다.

"그대가 장소에게 술을 마시게 할 수 있는지 없는지 보겠소. 만약 장소가 그 술을 안 마시면 그대가 대신 마셔야 하오."

제갈각이 장소에게 말했다.

"이전에 사상부師尙父께서는 아흔의 노령으로 군기를 높이 세우고 병사를 이끌어 작전을 벌이면서도 나이는 들먹이지 않았습니다. 이제 전선에 나가 싸우는 일은 다른 장수들을 앞세우고, 뒤에서 밥 먹고 술 마시는 일에서 장군께 먼저 기회를 드리는 것인데, 어찌 노인을 공경할 줄 모르는 처사라 하십니까?"

이는 은연 중에 장소의 체면을 깎아내리는 말이었다. 대꾸할 말을 찾지 못한 장소는 하는 수 없이 술잔을 비워야 했다.

하루는 손권이 장소와 제갈근 등 여러 신하들과 더불어 정무를 의논하는데 제갈각도 자리를 함께하게 되었다. 이때 갑자기 대전 앞으로 머리가 흰 새떼가 날아들었다. 손권이 새떼를 가리키며 제갈각에게 물었다.

"저 새의 이름이 뭔지 아시오?"

제갈각은 아무 생각 없이 백두옹이라고 대답했다. 동석한 사람들 가운데 나이가 가장 많고 머리가 흰 장소는 제갈각의 대답이 자신을 놀리는 것이라 오해하고는 손권에게 말했다.

"폐하! 제갈각이 폐하를 속였습니다. 백두옹이란 새는 들어본 적이 없습니다. 정말로 백두옹이란 새가 있다면 백두모白頭母도 있어야 하지 않겠습니까?”

제갈각이 반박했다.

“앵모鸚母란 이름은 누구나 다 들어보았을 겁니다. 장소의 말이 맞다면 당연히 ‘앵부鸚父’도 있어야 하겠지요. 그런 새가 있는지 다른 대신들에게 물어보시지요.”

이 말에 장소는 아무런 대꾸도 하지 못했다.

둘째, 장소는 대인관계가 원만하지 못해 사람들과 쉽게 사이가 틀어지곤 했다. 감녕은 손권에게 투항한 후, 빨리 공을 세우고 싶어 황조黃祖를 쳐서 유표를 끌어들이자고 제안하면서 자신이 선봉에 나설 것을 자청했다. 손권이 이를 허락하고 서둘러 준비하라고 지시하자 장소가 나라에 할 일도 많은데 함부로 군사를 일으켰다간 큰 혼란을 초래하게 될 것이라며 반대했다. 그러자 감녕은 장소의 주장에 불복하고 손권에게 다시 간청했고 손권은 감녕의 손을 들어주었다. 이런 사례에서 볼 수 있는 것처럼 적지 않은 신하들이 장소에게 불복했다. 결국 손권은 감녕을 선봉으로 삼아 황조를 공격했고 감녕은 대승을 거두고 돌아왔다.

셋째, 장소는 자신을 지나치게 과대평가했다. 사실 장소가 남달리 탁월한 능력을 갖춘 것은 아니었다. 그럼에도 불구하고 그는 주위 사람들을 너무 무시했다. 진수의 『삼국지』에서도 “장소는 노숙의 능력이 부족하다고 비난하면서 아직 나이가 어려 쓸모가 없다고 말했다.”라고 묘사하고 있다. 사람을 이런 식으로 평가한다면 쓸 만한 인재는 하나도 없을 것이고 유능한 인재를 발견한다는 것은 애당초 불가능한 일일 것이다.

넷째, 장소는 담력이 약하고 겁이 많았다. 건안 13년(208), 조조가 수십만 대군을 이끌고 남하하여 강동을 삼키려 하자 수많은 장수들이 나서서 조조와 일전을 벌이려 했지만 장소는 문관들을 대표하여 투항을 주장했다. 다행히 노숙과 주유 등이 완강히 버텨 유비와 연합함으로써 적벽대전에서 조조의 군대를 크게 이겼고, 이 일로 인해 손권은 장소에 대해 크게 반감을 갖게 되었다. 전쟁에 승리한 후 손권은 황제의 연호를 세우고 백관들을 위로하는 자리에서 주유에게 공을 돌렸다. 장소가 이 기회를 이용하여 승리를 경축하며 손권을 칭송하려 하자 손권이 말을 가로챘다.

"공의 책략대로 했다면 동오는 지금쯤 조조에게 완전히 먹히고 말았을 것이오."

장소는 참담함에 고개를 들지 못했다.

이런 네 가지 성격상의 원인 때문에 장소는 고옹에 크게 미치지 못했다. 사서는 "고옹은 술을 좋아하지 않았고, 입이 무거웠으며, 행동거지가 항상 시의 적절했고, 말을 하지 않아도 얼굴 표정에 생각이 다 나타났기 때문에 모든 사람들이 실수하지 않으려고 그의 얼굴을 살피곤 했다."라고 기록하고 있다. 이처럼 고옹에 대한 사람들의 존경은 마음에서 우러나온 것이었고 그만큼 그는 승상의 자리에 적합한 인물이었다.

장소의 장점은 충직한 직언에 있었지만 그외 다른 장점이나 능력을 찾아보기 어려웠다. 만일 그를 승상의 자리에 임명했더라면 동오는 군신의 마음이 서로 이반되어 나라 전체가 사분오열하고 말았을 것이다.

유기와 이필

소 잡는 칼로 닭을 죽일 수는 있지만 닭 잡는 칼로 소를 잡으려 한다면 소를 죽일 수 없을 뿐 아니라 그 칼에 사람이 다치고 심지어 죽을 수도 있다 한 나라의 재상을 바꾸는 일은 궁중의 기둥을 바꾸는 것과 같아서 반드시 큰 재목을 사용해야 한다 작은 목재를 썼다간 부러지고 말 것이기 때문이다

유기劉基 원나라 말기의 정치가. 주원장의 모사가 되어 명의 개국에 기여했다

관료에게는 인덕과 지위가 잘 어울려야 한다는 것이 유가의 정치적 이상이다. 이런 이상이 역사적으로 완벽하게 실현된 적은 단 한 번도 없었지만 중국 역사를 관통하며 현실 비판의 무기이자 정치 현실을 바꾸는 힘으로 작용해온 것은 사실이다. 일단 현묘한 원리는 덮어두더라도 여기서 우리는 관도官道의 이치를 찾아볼 수는 있다.

사실 관도의 이치는 아주 간단하다. 소 잡는 칼로 닭을 죽일 수는 있지만 닭 잡는 칼로 소를 잡으려 하다간 소를 죽일 수 없을 뿐 아니라 그 칼에 사람이 다치고 심지어 목숨을 잃을 수도 있다는 것이다.

명 태조 주원장이 유기에게 말했다.

"그대에게 우승상의 자리를 맡기고 싶은데 그대 생각은 어떻소?"

유기가 고개를 숙이며 대답했다.

"나라의 대사 가운데 재상을 잘 쓰는 것보다 중요한 것은 없습니다. 재상을 바꾸는 것은 궁중의 기둥을 바꾸는 것과 같아 반드시

큰 재목을 사용해야 합니다. 작은 목재를 썼다간 부러지고 말 테니까요. 저는 작은 목재에 불과한데 어찌 재상의 자리를 감당할 수 있겠습니까?"

"그럼 양헌楊憲은 어떻소?"

"양헌은 승상이 될 만한 재능은 갖추고 있지만 승상의 도량은 갖고 있지 못합니다. 승상이라면 모름지기 물 같은 마음을 갖고 있어 한쪽으로 치우치거나 고여서는 안 되지요. 양헌은 절대로 승상 그릇이 아닙니다."

주원장이 또 물었다.

"그럼 왕광양汪廣洋은 어떻소?"

"그는 도량이 작고 속이 아주 좁아 양헌만도 못합니다."

"호유용은 어떻소?"

유기가 황급히 머리를 가로저으며 대답했다.

"절대로 안 됩니다. 그는 사사건건 분란을 일으키는 인물이므로 수레의 굴대에 금이 가고 바퀴가 부서지는 형국이 되고 말 겁니다."

얼마 지나지 않아 양헌은 남을 모함하다가 죽임을 당했고, 이선장이 재상직에서 쫓겨나자 호유용이 승상으로 중용되었다. 그리고 또 얼마 후에는 이선장이 죽임을 당했고 호유용도 모반죄로 멸문의 화를 당하고 말았다.

과연 유기는 기인이었다. 재상을 교체하는 것이 기둥을 바꾸는 것 같아 작은 재목을 쓰게 되면 부러지고 만다는 그의 말과 인물에 대한 평가가 그대로 적중했던 것이다.

상나라의 현상 이윤伊尹은 저잣거리에서 소 잡는 광경을 보고서 "능력이 없는 사람은 소를 잡는 데 그치지만 능력이 뛰어난 사람은 나라를 주무른다下屠屠牛 上屠屠國."라고 노래한 바 있다. 물론 이윤은 두 가지를 모두 주무를 수 있는 인재였다.

하지만 재상들이 모두 도국지재인 것은 아니다. 모두가 도국지재였다면 중국 역사에 나라가 망하고 패가망신하는 사건들이 그토록 많이 발생하지는 않았을 것이다.

여기서 한평원과 이필, 두 명의 재상을 비교하여 재주와 식견, 도량의 차이를 살펴보자.

남송 영종寧宗 때의 재상이었던 한평원韓平原은 북벌에 실패했으면서도 크게 명성을 날렸다. 닭 잡는 칼에 불과했던 그가 소 잡는 데 사용된 것이다.

한평원이 현위縣尉라는 낮은 관직에 있을 때 친한 친구가 한 명 있었다. 다름 아닌 그의 관객으로 식견이 높은 데다 성품이 너그러워 그가 특별히 존경했던 인물이다. 그러나 나중에 두 사람은 멀리 떨어져 있어 오랫동안 편지 한 통 주고받지 않았다. 그러다가 한평원이 승상이 되어 나라의 대권을 장악하게 되면서 그를 몹시 그리워하게 되었다.

그러던 어느 날 그 친구가 청하지도 않았는데 제 발로 한평원을 찾아왔다. 알고 보니 그는 이미 성과 이름을 바꾸고 오래전에 진사가 되어 있었다. 한평원은 몹시 반가워하며 그를 후하게 예우했고 자신의 관내에 머물게 하면서 여전히 관객으로 모셨다. 하루는 한평원이 그와 술을 마시다가 밤이 깊어 주위가 조용해지자 좌우의 시종들을 물러가게 한 다음 단 둘이 무릎을 맞대고 마음속 고충을 털어놓기 시작했다. 한평원이 물었다.

"나는 얕은 학식과 일천한 재주로 국가의 대권을 맡고 있는데 사람들이 날 어떻게 보는지 궁금합니다."

그러자 관객이 탄식하며 말했다.

"대인은 물론 가족 전체가 위험한 지경에 처해 있는데 무슨 말을 더 할 수 있겠소이까!"

자신의 입지가 그 정도까지라고는 생각지 못했던 한평원이 몹시 놀라고 긴장된 표정으로 그 이유를 묻자 관객은 망설임 없이 솔직하게 대답했다.

"궁중에서 황후를 세우는 데 대인이 동의하지 않아 황후가 원한을 품게 되었고, 태자를 책봉하고자 할 때도 대인이 동의하지 않아 태자로부터 원망을 사게 되었습니다. 대인께서 정사를 맡게 된 이후로 현인군자였던 주희朱熹와 팽구년彭龜年, 조여사趙汝思 등 벼슬아치들이 강등되거나 추방당한 사람이 부지기수라 적지 않은 사대부들이 불만을 갖고 있을 것입니다. 또 금金나라와 전쟁하느라 치른 희생이 적지 않아 들판에 나뒹구는 병사들의 시신이 산과 같고, 고아와 과부의 울음소리가 그치질 않으니 군사들의 원성이 상당할 것입니다. 또한 변방의 백성들은 여전히 외적에게 노략질을 당하고 있으니 온 백성이 대인을 원망하고 있지요. 이처럼 엄청난 원한을 한 몸에 받고 있는데 장차 이를 어떻게 감당하시겠습니까?"

한평원은 한동안 말이 없다가 한참 만에야 간신히 입을 열었다.

"그럼 앞으로 내가 어떻게 하면 좋겠소?"

관객은 대답하길 꺼렸으나 한평원이 재삼 재촉하는 바람에 마지못해 말했다.

　"방법은 한 가지뿐인데 이를 받아들이실 수 있을지 모르겠습니다. 지금 황제께서는 중병에 걸려 있어 제대로 정사를 돌보실 수 없습니다. 이런 기회에 대인께서 고대 요, 순, 우의 경우를 본받아 태자 책봉을 황제께 건의하십시오. 그러면 태자는 대인에 대한 원한을 풀고 감사하는 마음을 갖게 될 것입니다. 그리고 태후는 황태후로 물러나게 되지만 이미 권력을 잃은 상태가 되기 때문에 문제될 것이 없습니다. 이때부터 대인께서는 새로운 황제를 보좌하며 모든 것을 처음부터 다시 시작하시는 겁니다. 이전에 억울하게 요직에서 밀려난 관료들을 다시 복권시키고 이미 죽은 사람의 가족들에겐 위로와 동정을 베풀어 그동안 쌓인 원한을 풀고 화해해야 합니다. 아울러 공로를 세운 병사들에게 후한 상을 내리고 유명무실한 조세 항목을 전면 폐지하여 백성들이 살아갈 방도를 마련해 주어야 합니다. 그런 다음 지략과 인덕을 겸비한 유생을 골라 승상의 자리를 물려주시고 대인께서는 은거하시면서 산수를 즐기십시오. 그래야만 지금의 위험을 안녕으로 바꾸고 전화위복할 수 있을 것입니다. 제 생각을 받아들이실 수 있겠습니까?"

　한평원은 관객의 말을 인정하면서도 결단을 내리지 못하고 재상의 자리를 고집하면서 그를 자신의 고문으로 삼으려 했다. 그러자 관객은 자신의 권고를 받아들이지 않는 한평원의 곁을 떠나버리고 말았다.

　얼마 있지 않아 한평원은 관객이 예견했던 것처럼 죄명을 얻어 죽임을 당했다. 당사자였던 한평원이 끝내 받아들이지 않았지만 당시의 상황에 대한 관객의 판단과 분석은 대단히 정확했고 탁월한 선견지명을 지닌 식견이었다. 애석하게도 이 관객은 은둔 기

질이 있어 끝내 밖으로 나서지
않았고 자신의 이름조차 밝히
지 않았다.

'은둔자' 하면 떠오르는
또 한 명의 재상이 있다. 바로
당나라 숙종과 덕종 시기에 여
러 차례에 걸쳐 재상을 지냈던
이필李泌이다.

이필은 학식과 인덕을 겸
비한 훌륭한 인물로 천하에 명

당 덕종　당나라 9대 황제로 안사의 난을 평정
했으며 문벌에 구애받지 않고 인재를 등용했다

성이 자자했지만 관직을 거부하여 여러 차례 황제의 부름을 받고
도 응하지 않는 강직함을 보였다.

그러다가 안사의 난이 일어나자 눈앞에 닥친 국가의 위기를
목격한 그는 더 이상 은둔하고만 있을 수 없어 자발적으로 숙종을
찾아가 나라를 위기에서 구할 수 있는 비책을 내놓았다. 그런 다음
위기를 넘기자 또다시 관직을 버리고 산으로 들어가 은거했다.

당 덕종德宗(742~805, 재위 779~805) 정원貞元 연간에 사천의
장연상張延賞이 동천 절도사 이숙명李叔明과 갈등을 빚고 있었다.
한번은 덕종이 낙곡으로 행차했는데 마침 우기가 계속되자 관리
가 소홀해진 틈을 타서 집으로 도망친 호위병들이 적지 않았다.
이숙명의 아들 이승李升 등 여섯 명은 이런 상황에서 폭도들이 어
가를 공격하여 황제의 신변을 위협할 것을 두려워하여 서로 돌아
가면서 어가를 호위했다. 그렇게 하여 무사히 양주에 도착하게 되
었다.

안사安史의 난　당나라 중
기에 안녹산安祿山과 사사
명史思明 등이 일으킨 반란

행차를 마치고 장안으로 돌아온 덕종은 이들의 공로를 치하하면서 여섯 명을 모두 금위장군으로 봉하고 후한 상을 내렸다.

장연상은 이승이 고국敵國 대장공주의 거처를 자주 드나든다는 것을 알고는 그 사실을 덕종에게 고자질했다. 덕종이 이필에게 물었다.

"고국의 대장공주는 이미 나이가 들었고 이승은 아직 젊은데 그들이 자주 왕래하는 이유가 무엇이겠소?"

이필이 대답했다.

"이는 누군가 동궁 태자의 지위를 위태롭게 하기 위해 꾸미는 일입니다. 폐하께 이 사실을 알린 사람이 누구입니까?"

"그런 건 알 필요없소. 짐이 알아서 살펴보도록 하겠소."

"틀림없이 장연상일 겁니다."

그러나 덕종은 짐짓 모른 체하면서 다시 물었다.

"어째서 그가 고자질을 했다고 생각하는 게요?"

이필은 먼저 장연상과 이숙명 사이의 갈등을 설명했다.

"이승이 황은皇恩을 입어 금위장군이 되었으니 장연상이 이를 시기하는 건 당연한 일이지요. 게다가 고국의 대장공주는 태자비의 모친이라 이런 방법으로 태자를 모함하려는 것입니다."

그제야 덕종은 웃으면서 사실을 털어놓았다.

"정확히 맞혔소. 바로 그 자가 보고했소."

또 한번은 누군가가 대장공주의 행동거지가 음란한 데다가 빈번히 이상한 기도 의식을 행한다고 보고했다. 덕종은 대로하여 그녀를 궁중에 가두고 태자를 호되게 질책했다. 이 일로 태자도 덕종의 신임을 잃게 되었다. 덕종이 이필을 불러 이런 사실을 설명하면서 말했다.

"최근 서왕舒王이 아주 건실하게 행동하고 있소. 효성과 우애가 지극하고 인의와 온후함에 있어 나날이 발전하는 모습이 매우 보기 좋구료."

이필이 물었다.

"폐하의 아드님은 태자 한 분뿐인데 어째서 아드님을 폐하고 조카 서왕을 태자로 세우시려 하십니까?"

덕종은 이 말에 발끈 화를 냈다.

"서왕도 내 아들이오. 어째서 우리 부자를 이간질하는 게요? 그런데 서왕이 내 조카라는 사실은 어떻게 알았소?"

"예전에 폐하께서는 '오늘 난 아들 여럿을 얻었다' 라고 하시기에 제가 어찌된 연고인지 여쭤자 '주상께서 소정昭靖의 아들들도 내 아들로 대하라고 하셨소' 라고 말씀하시지 않았습니까! 자기 아들은 의심하시면서 어떻게 조카를 아들로 여길 수 있겠습니까? 서왕이 폐하께 효성을 다한다 하더라도 폐하께서 직접 치국에 힘쓰셔야지 조카가 효성과 순종을 다할 것이라 기대하시는 것은 절대로 바람직한 일이 아닙니다."

이 말에 덕종은 몹시 기분이 상했다.

"그대가 감히 과인의 뜻을 어기다니 정말 대단한 담력이오. 그대는 자신의 가족이 귀하지 않소? 멸문의 화가 두렵지 않냐, 이 말이오?"

이필은 전혀 두려워하지 않는 기색으로 차분하게 말했다.

"저는 가족을 사랑하기 때문에 할 말을 다하는 것입니다. 제가 폐하께서 대로하시는 것이 두려워 거짓으로 참언을 올렸다가 나중에 일이 잘못되면 절 재상으로 중용했는데도 직언을 소홀히 하여 일을 그르친 죄로 제 가족을 몰살하실 게 아니겠습니까? 전 이미 남은 세월이 아깝지 않은 사람입니다. 만일 제 아들이 죽어 조카가 대신 제 가문을 잇게 된다면 후손이 올리는 제사를 기쁘게 받진 못할 것 같습니다.”

말을 마친 이필은 통곡하며 눈물을 쏟았고 그의 이러한 태도에 감동한 덕종도 덩달아 눈물을 흘렸다.

“일이 그런 지경이라면 앞으로 어떻게 처리하면 좋겠소?”

“이는 대단히 중대한 사안이라 폐하께서도 신중하게 행동하셔야 합니다. 저는 시종 폐하께서 먼저 성덕을 바로 세워 나라 밖의 오랑캐들로 하여금 폐하를 아버지처럼 존경하고 따르게 해야 한다고 주장해왔습니다. 한데 폐하께서는 어째서 아무런 이유도 없이 태자를 의심하시는 겁니까? 자고로 부자가 서로 의심하면 나라와 집안이 온전한 적이 없었습니다. 이런 전례는 멀리서 찾을 필요도 없습니다. 폐하께서 팽원에 계실 때, 건녕왕建寧王이 어떻게 살해됐는지 기억하시겠지요?”

덕종이 비통한 목소리로 말했다.

“건녕왕은 억울하게 죽었소. 숙종肅宗의 성격이 너무 급해 앞뒤 가리지 못하고 참언을 받아들였기 때문에 그런 슬픈 일이 있었던 것이오.”

“건녕왕이 죽임을 당했을 때 저는 관직을 버리면서 속으로 다시는 벼슬을 하지 않겠다고 맹세했었습니다. 그런데 불행하게도 폐하의 재상이 되어 또다시 이런 일을 보게 될지도 모르는군요. 저도 팽원에 있을 때에는 건녕왕의 죽음이 억울한 일이라고 감히 말하지 못하다가 관직을 떠나면서 이 일에 대한 생각을 밝혔습니다. 당시에 숙종께서도 제 말을 듣고 크게 후회하셨지요. 폐하의 선제이신 대종代宗께서는 그 일 이후로 항상 매사에 신중하셨고 저도 무고한 참언을 막으려고 노력했습니다."

덕종은 얼굴빛이 풀리는 듯하더니 잠시 후에 다시 입을 열었다.

"그렇다면 태종이나 현종 때 역시 태자를 교체했는데 어째서 망국의 화를 입지 않았던 것이오?"

"당시에 태종의 태자 승건承乾이 여러 차례 국사를 감독하는 동안 그를 의지하고 결탁하는 사람들이 적지 않았습니다. 결국 그는 엄청난 병기를 몰래 빼돌려 후군侯君과 함께 모반을 획책했지요. 사태가 발생하자 태종은 장손무기 등의 대신들을 동원하여 수십 차례 조사를 벌였고, 진상이 밝혀지자 대신들을 불러 모아 처리 방법을 의논했습니다. 이때 한 대신이 간언하기를 태자의 목숨을 살려줌으로써 인자한 부친으로서의 평판을 잃지 않는 것이 바람직하다고 했습니다. 태종이 그 간언을 받아들여 태자를 폐위하는 대신 죽이지는 않았지요. 지금 폐하께서 숙종의 성질이 급했고 건녕왕이 억울하게 죽었다는 사실을 아는 것만도 훌륭한 일입니다. 신하된 저로서는 감복해 마지않습니다. 원컨대 폐하께서는 이 일을 귀감으로 삼아 신중하게 살피고 숙고하셔서 태자 주변에 어떤 음모의 징후가 있는지를 확인하셔야 합니다. 그 결과 옳지 못한 행위가 있다면 평소 대의에 투철한 대신 두세 명을 부르셔서 의논하신 다음 선례에 따라 서왕을 폐하고 다른 황손을 세우십시오. 그렇게 하시면 앞으로 백 대가 지나도 폐하의 자손들이 천하를 지켜나갈 수 있을 것입니다. 태자는 대장공주의 일 이후로 줄곧 소양원에 거처하면서 외부인과의 왕래가 없었고 바깥 일에 관여한 적이 없는데 어떻게 다른 생각을 품을 수 있겠습니까? 참언을 올린 사람들은 지극히 간교하기 때문에 설사 태자가 무장한 병력을 갖춘 증거가 있다 하더라도 크게 믿을 바가 못 됩니다. 저는 가족의 목숨을 걸고 태자에게 어떠한 음모도 없음을 보장합니다. 제가 저 자신과 가족의 목숨을 부지하기 위해 폐하의 뜻에 순종하면서 서왕을 태자로 세우는 일에 동의한다면 이는 장래의 황제를 위해 큰 공을 세우는 것이며, 저뿐 아니라 이전에 양소楊素나 허경종許敬宗, 이임보李林甫 등이 폐하의 뜻을 따른 것도 공이 될 것입니다. 그러나 그 공은 서왕이 천하를 얻도록 모략을 제공한 공입니다."

덕종은 이필의 말에 고개를 끄덕이긴 했지만 선뜻 그의 말에 따를 것을 약속하진 않았다.

"그렇다면 짐에게 하루만 더 생각할 시간을 주구려."

끝으로 이필은 자신의 홀을 거두고 바닥에 머리를 조아리며 눈물로 호소했다.

"정 그러시다면 궁으로 돌아가셔서 홀로 심사숙고하시되 절대로 주위 사람들에게 폐하의 의중을 흘리지 마십시오. 주위 사람들에게 발설하시면 그들은 앞다투어 서왕을 위해 공을 세우려 들 것입니다. 그렇게 되면 폐하께서 위험에 처하시게 될 것입니다."

"그대의 뜻은 충분히 알겠소."

다음날 덕종은 이필을 불러 독대하여 눈물을 흘리며 그의 등을 다독거려주었다.

"그대의 진실한 충언이 없었다면 짐은 지금쯤 후회막급한 지

경에 처했을 것이오. 과연 태자에겐 아무런 음모나 기도가 없었
소.”

　이필은 머리를 조아리며 덕종의 결단을 경하하고 나서 노령을
구실삼아 관직을 버리고 고향으로 돌아갔다.

부드러움 속에 강경함이 숨어 있고, 강경함 속에 부드러움이 병존하여 양자가 서로 잘 조화되면서 한쪽으로 치우치지 않는 것이 중국인들이 지켜온 처세의 기본이다.

그러나 주목할 만한 사실은 역사적으로나 현실적으로 강경한 사람이 많았던 데 비해 부드러운 사람이 적었다는 것이다. 만일 부드러움을 위주로 하고 강경함을 보조 수단으로 할 수 있었다면 이러한 처세 및 통치의 방식은 이른바 '유도柔道', 즉 유연한 도로 나타났을 것이다. 하지만 '유도'가 치국치민과 인간의 처세에 가장 바람직한 방법이었을지는 몰라도 대부분의 통치자들이 지나치게 탐욕스럽고 거칠며 눈앞의 성공과 이익에만 급급하여 '유도'를 행하지 않거나 행한다 해도 올바른 방식으로 실천하지 못했다.

하지만 중국 역사에는 '유도'를 처세의 원칙으로 삼아 나라를 다스리는 데 성공함으로써 '유도'가 '강도'보다 훨씬 효과적임을 입증한 사례도 적지 않다.

후한의 시조인 광무제 유수劉秀(BC 6~57, 재위 25~27)는 '유도'로 나라를 세워 부드러움으로 나라를 다스린 황제였다. 또한 그는 '부드러움'을 치세의 원칙으로 삼아 정치와 군사 등 모든 분야에서 이 정신을 실천했고, 중국의 '유도'를 최고의 경지로 발전시켰다.

유수는 한 고조 유방의 9대손으로 그의 부친 유흠劉欽은 남돈의 현령으로 그가 아홉 살 되던 해에 병으로 사망했다. 이때부터 그는 형 유연劉縯과 함께 숙부 밑에서 자라게 되었다. 일설에 의하면 유수는 키가 7척 3촌인 데다가 입이 크고 아주 잘생겨 누가 봐도 제왕의 상이었다고 한다. 유수는 농사짓기를 좋아했고 그의 형은 이런 그를 보고 항상 비웃었다.

한번은 친척집을 찾아갔을 때였다. 손님과 친구들이 모인 가운데 도참의 학문에 정통한 주인 채소공蔡少公이 예언하듯 말했다.

"유수는 장차 천자가 될 것이오."

사람들은 당시 왕망의 대신이었던 유흠이 이름을 유수로 바꿨기 때문에 대신 유수를 가리키는 것으로 생각했다. 이때 갑자기 어디선가 웃음소리가 들리며 유수가 나타났다.

"제가 황제가 되리라는 것을 어떻게 아셨습니까?"

모두들 고개를 돌려 바라보니 유연의 동생 유수인지라 장내는 한바탕 웃음바다가 되었다.

유수가 스물여덟 살 되던 해에 왕망의 통치는 인심을 얻지 못한 데다가 천재지변까지 그치질 않아 각 지역에서 농민 봉기가 거세게 일어났다. 특히 녹림과 적미의 기의군은 기세가 대단하여 왕망의 군대를 위협하기에 충분했다. 폭풍처럼 번지는 농민 봉기의 혼란 속에서 유수는 남양 일대의 곡물을 싼 값에 사들여 형 유연과 더불어 군사를 모을 계획을 세우고 7, 8천에 이르는 군중을 모았다.

병사 모집에 성공한 유수는 점차 그 지역의 다른 군사들을 규합하여 단번에 녹림군을 합병했다. 서기 23년 2월, 녹림군은 따로 나라를 세우기 위해 유수의 친척인 유현劉玄을 황제로 세우고 연호를 경시更始라 했다. 이때부터 녹림군의 기세는 맹렬한 속도로 발전했고 왕망은 '하루에도 세 번씩 놀랄' 지경에 이르렀다. 왕망은 새로 42만 명의 군사를 모집하여 왕읍王邑과 왕심王尋에게 이들을 이끌고 녹림군을 진압하게 했다.

이에 유수 등은 양관을 포기하고 부대를 인솔하여 곤양으로 퇴각했다. 곤양의 수비군은 8, 9천 명에 불과한 데 비해 적의 진영은 백 리에 이를 정도로 세력이 커서 현격한 차이를 나타냈다. 이런 상황에서 일부 장수들은 분산하여 철수할 것을 주장했으나 유수는 이에 완강하게 반대했다. 끝까지 힘을 다해 버티면 진영을 보전할 희망이 있지만 분산하여 포위망을 뚫으려 했다간 전멸하고 말 것이라는 생각에서였다. 결국 그는 열세 명의 기병을 거느리고 야밤을 틈타 직접 남문으로 가서 구원을 요청하기로 마음먹고 정릉과 언성 등지의 병사들을 설득했다. 그리고 직접 수천 명을 이끌고 곤수를 건너 적을 기습했다. 결국 적은 극도의 혼란에 빠져 손도 써보지 못하고 유수의 군대에 대패했다.

곤양 전투는 중국 전투사에 있어서 적은 인원으로 큰 승리를 거둔 훌륭한 전례가 되었고, 또한 기의군이 왕망 정권을 전복시키는 기초가 되었다. 왕읍과 왕심의 군대를 격파한 후부터 유수 형제의 명성은 날로 높아져 다른 기의군 장수들의 질시를 받게 되었다. 게다가 유연은 애초부터 유현을 황제로 세우는 것에 반대해왔던 터라 이런 기회를 빌려 유연을 제거하지 않으면 후환이 될 것이라는 모함이 들어왔다. 유현은 패기가 없고 유약하여 자기 주장이 없는 사람이라 다른 사람들의 말만 듣고 기회를 틈타 반란을 일으킬 준비를 했다. 그러나 얼마 후 기의군 내부에 분열이 생기면서 유연이 피살당하는 사건이 발생했다.

당시 유수는 마침 부친의 성에 있다가 형의 피살 소식을 듣고는 비통함을 이기지 못해 한참 동안 통곡했다. 그리곤 곧장 완성으로 가서 유현을 만나 다른 얘기들은 접어두고 오로지 자신의 과실만을 토로했다. 유현이 완성의 수비 상황을 물었을 때도 유수는 모든 공을 장수들에게 돌리면서 조금도 자만하지 않았다. 다시 처소로 돌아온 그에게 만나는 사람마다 애도의 뜻을 표했지만 그는 입을 굳게 다문 채 형이 피살된 사실에 대해 말을 꺼내지 않았다. 상복도 입지 않고 평소와 똑같이 식사를 했다. 유현은 그런 유수의 태도에 오히려 부끄러움을 느끼고 그를 더욱 신임하게 되었고 마침내 그를 파려대장군破虜大將軍으로 임명하고 무신후武信侯에 봉했다. 사실 유수는 형의 유고에 대해 몹시 비통해하며 그 후로도 수년 동안 눈물을 흘리며 탄식했다. 그러나 그는 자신이 평림과 신시의 기의군에 대항할 힘이 부족하다는 사실을 잘 알고 있었기 때문에 말없이 인내하며 견딘 것이었다. 유수의 말없는 인내는 자신을 지켜주었을 뿐 아니라 기의군 병사들로부터 동정과 신뢰를 얻어내는 데도 큰 역할을 했고 나중에 독자적인 노선과 조건을 확보하는 데 큰 도움이 되었다.

왕망이 피살되자 유수는 기의군을 이끌고 낙양으로 가서 유현을 맞아들였다. 유현의 관속들은 모두 베로 만든 모자를 썼는데 그 모양이 하도 우스워 낙양으로 가는 연도의 사람들마다 웃음을 감추지 못했다. 유수만이 한조의 복장을 하고 있었다. 사람들은 뜻밖에 한조 관원의 엄숙한 용모와 늠름한 태도를 다시 보게 되자 저마다 감탄했다. 이리하여 사람들의 마음속에 유수라는 존재가 깊이 각인되었다.

유현은 낙양에 도읍을 정한 후 자신과 친근하면서도 유능한 대신을 하북 일대에 보내고자 했다. 이때 유수는 자신의 능력을 발휘할 수 있는 좋은 기회라고 생각하고 유현에게 자신을 보내달라고 부탁했고 유현은 그의 부탁을 받아들였다. 결국 유수는 대사마의 신분으로 하북으로 가서 자신의 세력을 확장하면서 후한 정권을 수립하기 위한 활동을 시작했다.

당시 하북에는 세 개의 세력이 각축을 벌이고 있었다. 가장 큰 세력은 왕랑王郎으로, 그는 유방의 후예임을 자처하며 대단한 호소력을 발휘하고 있었다. 그 다음은 왕망의 잔여 세력이고, 세 번째가 동마, 청독 등의 농민 기의군이었다. 유수는 하북의 각 지역을 방문할 때마다 현지 관리를 만나 억울하게 옥살이를 하는 사람들을 풀어주고 왕망의 학정을 폐지했으며 한조의 제도를 부활시켜 죄인들을 석방하고 굶주린 백성들을 위로했다. 이처럼 그는 하는 일마다 민심에 순응하여 관민이 모두 기뻐했다.

이때 유림劉林이라는 사람이 그에게 한 가지 계책을 올렸다.

"현재 적미군이 황하 동쪽에 진을 치고 있으니 재빨리 수공 작전을 쓰면 이들을 전부 물고기 밥으로 만들 수 있을 것입니다."

하지만 유수는 잔인한 방법을 쓰다가는 민심을 잃기 십상이라고 판단하고 이에 따르지 않았다. 유수가 처음 하북에 갔을 때 병사들의 수는 적은 데 비해 장수들이 너무 많아 아무도 그의 지휘에 따르려 하지 않았다. 영웅들을 끌어들이고 민심을 얻었으며 고조의 위업을 세우긴 했지만 대규모 군대를 갖추지는 못한 것이었다. 때문에 그는 왕랑의 추격을 받으면서 점차 위기에 몰렸지만 점차적으로 등우鄧禹와 풍이馮異, 구순寇恂, 요기姚期, 경순耿純 등의 인재를 끌어들이고 해당 지역 기의군의 이름으로 군사를 모집함으로써 거대한 세력을 형성하고 신도와 상곡, 어양 등지의 관료집단과 연합하여 입지를 튼튼히 했다. 그는 '유도' 정책을 펼침으로써 권위가 아닌 인덕으로 사람들을 복종시켰고 이에 따라 민심이 귀속되면서 사회의 안정을 확보할 수 있었다.

유수는 부드러움이 강경함을 제압할 수 있고 약한 것이 강한 것을 이길 수 있다고 판단하여 넉넉하고 부드러운 '덕정'으로 군심軍心을 사로잡았고, 형벌로써 권위를 세우는 일을 최대한 피했다. 이 점은 기의군 장수들을 받아들이는 과정에서 두드러지게 나타났다. 동마 기의군이 투항했을 때 유수는 그 우두머리를 제후로 봉했으나 유수의 한군 장수들은 그들에 대해 마음을 놓지 못했다. 현지의 민중인 이들이 살육이나 약탈을 당할 경우 다시 일어날지도 모른다고 생각했기 때문이다. 동마 기의군의 병사들 또한 불안하기는 마찬가지였다. 한나라 군대의 신임을 얻지 못할 경우 목숨을 부지하지 못할 것이 분명하다는 생각에서였다. 이런 상황에서 유수는 한조 장수들을 각자의 군영으로 돌려보낸 다음 혼자서 말을 타고 동마 군영으로 가서 그들과 함께 군사 훈련을 도왔다. 자신들을 진심으로 대하는 초왕의 태도에 감동한 동마의 군사들은 유수를 위해 목숨을 바칠 것을 다짐했다. 유수는 군사 훈련을 마친 다음 이들을 필요한 군영에 배치했고, 이들은 자신들에 대한 신임에 만족하여 유수를 '동마제銅馬帝'라 칭했다.

왕랑이 멸망한 후, 병사들은 왕랑의 처소에서 유수를 비난하는 수많은 서찰들을 발견했다. 이를 철저하게 조사할 경우 수많은 사람들의 도주와 모반이 일어날 가능성이 매우 컸다. 유수는 이 서찰들을 거들떠보지도 않고 당장 태워버리라고 지시함으로써 자신에게 반대하는 세력을 안심시킨 다음, 이들의 마음을 돌려 충성을 다하는 지지 세력으로 변화시켰다.

서기 25년, 유수의 세력은 매우 강해졌고, 때마침 관중으로부터 자신을 황제로 인정하는 적복부赤伏符를 전달받았다. 그리하여 유수는 모든 장수들의 추대와 축하를 받으며 황제의 자리에 올랐고 연호를 건무建武라 했다. 황제가 되자마자 기존의 농민 기의군과 천하를 다투게 된 그는 유연함으로 천하를 다스리겠다는 사상을 철저하게 관철시켰고, 그 결과 빠른 속도로 승리의 행진을 계속할 수 있었다.

그가 낙양을 가볍게 손에 넣을 수 있었던 것이 바로 유도 사상의 전형적인 성공 사례이다. 당시 낙양 성지는 이철李鐵과 주유朱鮪가 군사 30만을 보유하여 견고하게 지키고 있었다. 유수는 먼저 이간질을 하여 주유로 하여금 이철을 살해하게 한 다음 사신를 보내 주유의 투항을 권유했다. 그러나 유수의 형을 살해하는 음모에 가담했던 주유는 보복을 두려워하여 쉽게 결정을 내리지 못했다. 이런 사실을 알게 된 유수는 큰일을 이루려면 작은 원한은 잊어야 한다는 자신의 견해를 밝히면서 순순히 투항할 경우 과거의 죄를 따지지 않고 현재의 작위도 그대로 보전해주겠다고 약속했다. 주유가 투항하자 그는 약속을 지켜 주유를 후하게 예우했다.

서기 27년, 적미군의 번숭樊崇과 유분자劉盆子가 투항했을 때 유수는 그들에게 이렇게 말했다.

"그대들은 과거에 무도한 행위를 서슴지 않았고 가는 곳마다 노인과 부녀자들을 살육했으며 민가와 마을을 초토로 만들었소. 하지만 그대들에게도 세 가지 훌륭한 일이 있었소. 첫째, 마을을 파괴하며 각지를 휩쓸고 다니면서도 자신의 처자식들을 저버리지 않았고 둘째, 유씨 종실을 군주로 모셨으며 셋째, 다른 세력들은 스스로 군주를 세웠다가 위급한 상황에 처하면 제 목숨을 보전하기 위해 군주의 목을 베고 투항해왔지만 그대들은 유분자의 목을 베지 않고 그대로 내게 넘겨주었소."

유수는 이들에게 처자식들과 함께 낙양에 거주하도록 배려하고 집과 땅까지 하사했다. 이처럼 유수는 항상 사람들의 긍정적인 면을 찾아내고 이를 격려하는 태도를 유지했다.

유수는 법제를 가볍게 하고 형벌을 완화시키는 대신 상록을 후하게 하여 민심의 결속을 도모했다. 그는 공신들에게 주는 토지를 백 리로 제한하던 제도를 폐지하면서 나라의 멸망이 토지에 의한 것이 아님을 지적했다. 그 결과 그가 나누어준 식읍은 최고 6현에 이르기도 했다. 형벌에 있어서도 불가피한 경우에만 처벌하되 형량도 최대한 가볍게 했으며 장수를 사형에 처하는 일은 단 한 번도 없었다. 등우는 이러한 유수의 덕치에 대해 "군정은 엄숙하면서도 질서정연했고, 상벌은 엄격하면서도 공정했다."라고 찬사를 아끼지 않았다.

중국 역사에는 '새가 떨어지면 양궁을 감추고, 토끼를 잡은 다음에는 사냥개를 삶아 먹듯이 적국이 사라지면 모사를 죽이는 飛鳥滅 良弓藏 狡兔死 走狗烹 敵國滅 謀臣亡' 사례가 비일비재했지만 유독 후한의 개국공신들은 하나같이 천수를 다하면서 유종의 미를 거두었던 사실을 보면 유수의 유도치세柔道治世는 후대의 제왕들이 본받아야 할 모범임에 틀림없다.

유수는 유연함의 도를 극대화하여 활용한 인물이었다. 유연함의 효용에 대해서는 일찍이 『노자』에 기술된 바 있으며, 한나라의 유향이 『설원』에 기록한 한평자韓平子와 숙향叔向의 대화 또한 깊은 의미를 갖는다. 한평자가 숙향에게 강경함과 부드러움 중에 어느 것이 더 견고한지를 묻자 숙향이 대답했다.

"내 나이 이미 여든이라 이는 다 빠졌지만 혀는 아직도 멀쩡하오. 노자는 일찍이 세상에서 가장 부드럽고 약한 것으로 가장 견고한 것을 뚫을 수 있다고 했지요. 사람이 살아 있을 때는 매우 부드럽고 유약하지만 죽은 후에는 아주 단단하게 변하는 법이오. 만물초목도 살아 있을 때는 부드럽고 연약하지만 죽은 후에는 시들기 마련이지요. 부드럽고 약한 것은 살아 있지만 강하고 단단한 것은 이미 죽은 것이오. 살아 있을 때는 망가져도 회복이 가능하지만 죽은 후에는 한번 망가지면 계속 망가지게 되지요. 때문에 부드럽고 유약한 것이 강경한 것보다 훨씬 더 견고한 것이오."

한평자는 고개를 끄덕이면서 다시 물었다.

"그럼 선생께서는 유도와 강도 가운데 어떤 것을 따르십니까?"

"살아 있는 내가 왜 강한 것을 따르겠소? 부드럽고 약한 것은 쉽게 부러지지도 않고 모서리에 부딪혀도 깨지지 않으니 실은 약한 것이 아니지요. 하늘의 뜻은 연약함에서 강함을 얻어내는 데 있소. 때문에 군대가 서로 겨루게 되면 유약한 쪽이 이기기 마련이고 두 사람이 이익을 다툴 때도 유약한 사람이 더 많은 것을 얻게 되지요. 『역경』에서도 '천상天象의 법칙은 자만을 줄여 겸허함을 더해주고 지상地象의 법칙은 자만을 겸허함으로 변화시킨다. 귀신이 자만에 재앙을 내리고 겸허함에 복을 내리는 것처럼 인간세상의 법칙도 오만을 싫어하고 겸손을 좋아한다.' 라고 지적한 바 있소. 겸손하여 자만하지 않는다면 비록 부드럽고 유약하다 하더라도 천지 귀신의 도움을 얻을 수 있으니 뜻을 이루지 못할 리가 없지요."

한평자는 또다시 고개를 끄덕였다.

유수는 '유도'로 후한을 세워 흥성한 국가로 발전시키면서 잔인한 살육을 피하고 덕이 있는 정치를 펴 군사와 정치, 외교 등 모든 분야에서 원만한 치세를 이룩했다. 조조가 간사하고 잔인함으로 성공한 데 비해 유수는 부드러움의 도로써 천하를 얻었다. 이 점으로 미루어볼 때 유가와 도가의 학문은 결코 진부한 공론이 아니다. 적절하게 활용하기만 한다면 다른 어떤 지략보다도 효과적인 치세와 처세의 원리가 될 수 있는 것이다.

부소

부소傅昭는 자가 무원茂遠으로 북지 영주 출신이다. 그는 분란이 끊이지 않고 무질서한 관직의 세계에서 나름대로의 입신의 도를 세웠던 인물로 평가되고 있다. 주마등처럼 왕조가 바뀌는 위진남북조 시기에 그가 불패의 입지를 구축할 수 있었던 것은 항상 매사에 조심하고 널리 살피는 지혜 덕분이었다.

그는 일생 동안 송宋, 제齊, 양梁의 세 왕조를 겪으면서 주군의 관료와 지방장관, 조정관 등 다양한 관직을 편력했다. 왕조가 바뀔 때마다 갖가지 위기가 닥쳤지만 그는 조금도 좌절하지 않았고 자신의 지위와 명성을 그대로 보전하는 입신의 도를 과시했다.

부소의 부친 부담傅淡은 남송에서 『삼례三禮』로 이름을 날리면서 경릉왕竟陵王 유탄劉誕의 관료를 지낸 바 있으나 유탄의 모반에 연루되어 함께 죽음을 맞아야 했다. 당시 부소는 겨우 여섯 살에 불과했지만 부친의 죽음으로 커다란 충격을 받았다. 성년이 되어서 매사에 조심하는 신중한 성격과 화복을 미리 예측하는 뛰어난 통찰력은 이러한 충격의

관리가 되려면 뛰어난 식견이 있어야 한다 시사의 변화를 통찰하지도 못하고 길흉화복을 예지하지도 못하면서 오로지 일시적인 득실만을 따진다면 관리의 자리를 오래 유지할 수 없다 부소가 불패의 입지를 구축할 수 있었던 것도 매사에 조심하고 신중하게 살피는 지혜 덕분이었다

영향이라 할 수 있다. 나중에 건안왕建安王 유휴인劉休仁이 그를 기용하려 했으나 그는 송의 정국이 안정되지 못한 것을 보고 부름에 응하지 않았다. 남조 소제蕭齊 영명永明 초년에 부소는 오랫동안 남군왕南郡王 소소업蕭昭業의 시독侍讀을 지냈다. 나중에 소소업이 왕위를 계승하자 원로 대신들이 제각기 총애를 다투기 시작했지만 유독 부소만은 세상사의 무상함을 깨달아 영달을 구하지 않고 아무런 동요 없이 냉정하게 자신의 몸을 보전했다. 소소업이 왕위를 계승한 지 불과 여섯 달 만에 폐위되었을 때 총애를 다투던 수많은 대신들이 박해를 받았지만 정쟁에 휘말리지 않았던 부소는 화를 면할 수 있었다.

남조 소양蕭梁 시대에는 농업 생산을 발전시키기 위해 허가 없이 소를 도살하지 못하게 하는 법령이 제정되었다. 하루는 부소의 며느리가 시아버지께 효도하려는 생각에 친정에서 쇠고기를 가져왔다. 이를 본 부소가 아들에게 말했다.

"쇠고기를 먹는 것은 법에 위배되는 일이라 고발당하면 즉시 친가에 피해를 주게 될 터이니 차라리 고기를 땅에 묻도록 해라."

부소의 이러한 처신은 자신뿐 아니라 가족 전체를 안전하게 지켜주었다.

양 무제 천감天監 11년(512), 부소는 신무장군信武將軍을 거쳐 안성安成 내사內史로 임명되었다. 안성군에는 계무어溪无魚라는 물고기가 많이 났는데 어느 해 무더운 여름날, 어떤 사람이 그에게 이 물고기를 바쳤다. 하지만 부소는 이를 받으려 하지 않았고 선물을 보낸 사람을 처벌하려 하지도 않았다. 아무도 다치지 않게 하려는 생각에 그가 택한 방법은 계무어를 방류하는 것이었다.

천감 17년(518), 부소는 임해 태수로 임명되었다. 임해군에는 밀암이란 곳이 있었는데 이전의 태수들은 하나같이 이곳을 관지로 지정하여 임대해주고 세를 받았다. 부소는 부임하자마자 이곳을 관지에서 해제하여 땅을 사용한 이익이 고스란히 민간에 돌아가게 했다. 그는 관직에 있으면서 청정무위淸淨無爲의 태도를 유지했고 조정에서도 다른 욕심을 품지 않았으며 집안에서도 문하생들을 모으거나 사당을 결성하여 사사로운 이익을 도모하지 않았다. 이런 그가 생애의 마지막을 아름답게 정리할 수 있었던 것은 결코 이상한 일이 아니었다. 사후에 정자貞子라는 시호를 받게 된 것도 그의 청렴하고 깨끗했던 입신 때문이었을 것이다.

당나라의 여황제 측천무후가 중병이 들었을 때 재상 장간지張柬之 등은 측천무후의 측근인 장역지張易之와 장종창張宗昌 등을 죽이고 병변을 일으켜 중종中宗을 복위시키려는 음모를 꾸몄다. 당시 영무도대총관으로 있던 요숭도 자신의 주둔지에서 병력을 철수시키고 경성으로 회군하여 이 모반에 참여했다. 그 결과 그는 공적을 인정받아 양현후梁縣侯에 봉해졌다.

측천무후가 강제로 왕권을 넘겨주고 상양궁에 격리되자 중종은 백관을 거느리고 찾아가 측천무후의 음식과 기거를 살폈다. 이른바 오공이 모두 이런 상황을 경축하고 있을 때, 요숭 한 사람만 눈물을 흘리며 통곡하고 있었다. 장간지 등이 그를 나무랐다.

"지금은 그렇게 통곡할 시기가 아니오! 공연히 화를 부르지 말고 자제하시오!"

"모반에 참여한 것은 공이라 할 수 없소. 오랫동안 무측천을 모시던 내가 지금 이런 짓을 하고 있는 것은 지조 없이 옛 주인을 저버리는 일이오. 신하로서 응당 시작과 끝을 함께했어야 하는데 난 그렇게 하지 못했소. 이 일로 인해 벌을 받게 된다 해도 난 할 말이 없을 것이오."

나중에 무삼사와 위후가 전권을 쥐게 되자 오공이 모두 수난을 당하게 됐지만 요숭만은 화를 면할 수 있었다. 명대의 소설가 풍몽룡馮夢龍은 다음과 같이 평가했다.

"무후가 강제로 왕위를 넘겨주고 오공이 모두 기뻐하며 자신들의 거사를 경축할 때 요숭은 혼자 눈물을 흘렸고, 동탁이 죽임을 당해 만백성이 노래를 부를 때 채옹은 혼자 통곡했다. 이 두 가지 사건은 매우 유사한 것 같지만 그 화복의 향방은 같지 않았다. 무측천은 군주였고 동탁은 신하였다. 요숭의 눈물은 공도를 위한 눈물이었지만 채옹의 눈물은 사적인 눈물이었다. 채옹의 눈물은 평소에 동탁이 베풀어준 은혜를 생각하며 가슴속에서 우러나온 눈물이었지만 요숭의 눈물은 혹시 닥칠지도 모르는 화를 면하기 위한 권술의 눈물이었다. 요숭은 무측천의 핏줄인 무삼사가 건재하는 한 상황은 끝나지 않았다는 사실을 간파하고 짐짓 사람들 앞에서 후회의 눈물을 보인 것이다."

관직에 있는 사람이라면 반드시 시사의 변화를 두루 살필 줄 아는 지혜를 갖춰야 한다. 화복의 향방을 예측하지 못하고 순간적인 득실만 따진다면 관료의 생명을 오래 보전하기 어려울 것이다.

유가와 도가

유가는 겉으로 드러나는 지모를 추구하지 않는다. 그 자체가 겉으로 드러나지 않으면서 모든 지혜를 압도하는 큰 지혜이기 때문이다.

유가의 큰 지혜는 왕도의 이상과 연관되어 있기 때문에 매우 오묘하고 복잡한 문제이지만 여기서 얘기하고자 하는 것은 지모의 부분에 국한된다. 왕도의 이상이 어떻게 큰 지혜로 변환되어 치국의 인술로 작용할 수 있는가 하는 문제를 풀어보고자 하는 것이다.

일찍이 공자孔子는 "소송 사건을 처리할 때 나 역시 다른 사람들과 마찬가지로 반드시 법률에 근거하지만 남들과 다른 점은 먼저 예악의 교화에 힘씀으로써 소송 사건의 발생을 애초에 단절한다는 것이다 聽訟 吾猶人 但使無訟."라고 말한 바 있다.

이는 예악으로 나라를 다스려야 한다는 공자의 기본적인 사상을 그대로 드러내는 말이다. 치국과 치민에 있어서 예악을 통한 교화가 가장 중요하고 그것으로 안 될 경우에 법률의 적용이 필요하다 禮禁未然之前 法施已然之後 는 사마천의 말에서 공

유가는 모든 사람이 먼저 자신의 마음을 다스리고 적극적으로 도덕적 품성을 수양하여 일종의 심미적 태도로 왕도의 이상을 따를 것을 주창했다 또 다스리지 않아도 천하가 잘 다스려지고 싸우지 않아도 천하를 평정할 수 있다는 것이 도가의 처세 방법이요 나라를 다스리는 지혜이다

유가儒家 인仁을 모든 도덕을 일관하는 최고 이념으로 삼고, 수신제가치국평천하의 실천을 목표로 하는 일종의 윤리학이자 정치학

자의 사상을 계승한 흔적을 찾아볼 수 있다.

유가 자체는 치국과 치민에 지략을 사용하는 것을 반대했고, 이를 공개적으로 제창한 적도 없지만 실제로 중국 문화와 그 지모 유형의 특성을 살펴보면 유가 사상이 불가피하게 지모로 전환되는 양상을 쉽게 찾아볼 수 있다.

유가의 왕도 이상이 추구하는 것은 사회 전체의 이익인데, 사회적 이익은 필연적으로

공자 춘추시대 노魯나라의 정치가이며 학자로 유가 사상의 창시자

개인의 이익을 희생해야만 얻어질 수 있는 것이다. 따라서 왕도 이상의 실제적인 운행 과정에 있어서 개체로서의 인간과 사회와의 관계가 일종의 이해관계로 변화될 수밖에 없었다.

가치 관념의 각도에서 생각해도 마찬가지이다. 중국인에게는 초월적이고 외재적인 가치 관념이 없었고 왕도 이상의 가치 관념 역시 출발점을 현실사회에 두고 있었다. 좀더 통속적으로 말하자면 유가에서 볼 때 개인이 얼마나 많은 현실적 공적을 쌓느냐가 개인의 인생 가치를 결정하는 기준이었다. 결국 유가의 개인적 가치는 세속적인 공리성에 있기 때문에 유가가 아무리 도덕적 이상과 초월성을 제창하고 강조했다 하더라도 도덕적 이상은 현실적인 세속의 공리로 환원될 수밖에 없었다. 그 결과 도덕적 이상과 세속적 공리

예악禮樂 예절은 언행을 삼가게 하고, 음악은 인심을 감화시키는 것이라 하여 중국에서는 예부터 사회의 질서 유지를 위하여 예악을 매우 중요시했다

사이에 근본적인 구별이 존재하지 않게 된 것이다.

유가의 지모는 그 운용 방법에 있어서 법가나 병가처럼 강경하고 직접적인 양상으로 인간을 강제하고 복종시키는 것이 아니라 사람의 마음을 감복시키는 것에서 출발하여 자발적으로 자신의 도덕적 수양을 발휘하게 하고 일종의 심미적 태도로 왕도의 이상을 위해 헌신하게 하는 것이다.

유가의 왕도 이상은 인간미가 넘치고 부드럽기 때문에 어떤 학설보다도 감화력이 있다. 때문에 사람들은 자신이 다른 사람의 지모 또는 관념에 감염되고 있다는 사실을 분명히 알면서도 기꺼이 이를 받아들인다.

유가의 지혜가 구체적으로 발휘되는 형식은 인술仁術이며, 이는 우리가 흔히 말하는 '수신제가치국평천하修身齊家治國平天下'로 표현된다. 인술의 핵심은 인으로써 나라와 백성들을 다스리는 데 있지만 이를 실현하는 방법은 무엇일까? 유가는 개인의 인격 수양으로 다른 사람들에게 영향을 미치고 나아가 사회 전체에 영향을 미치고자 한다. 즉, 사회에 속한 각 개인의 변화를 통해 사회 전체를 변화시킬 것을 주장한다. 이처럼 유가는 개인의 수양을 왕도의 이상을 실현하기 위한 기본적인 출발점으로 간주하고 있고, 이 때문에 수신, 제가, 치국, 평천하의 네 단계 과정에 있어서 수양이 가장 먼저 선행되는 것이다. 수신을 중심으로 점차 큰 단위의 범위로 확대되는데 이때 확대의 폭은 바로 개인이 획득하는 현실적 공적의 크기로서, 이는 순전히 개인적 수양의 수준에 의해 결정된다고 할 수 있다. 여기서 유가는 사람들에게 계급의 차별도 없고 가문의 제한도 없으며 권력의 간섭도 없는, 한마디로 말해서 인간의 내면세계만이 진실이며 자기 수양만 강화하면 이 세상에 이루지 못할 일이 없다는 대단히 매력적인 그림을 제시한다.

구체적인 치국과 치민의 책략에 있어서 유가가 가장 중시하는 것은 사람들을 마음으로 감복시키는 것이다. 유가 성현들의 말을 들어보면 이를 극명하게 알 수 있다. 『논어』의「위정爲政」편에서는 "덕으로 정치를 펴는 것은 북극성이 하늘 한가운데 있어 뭇 별들이 그를 둘러싸고 그에게 가려 하는 것과 같다."라고 했고 『맹자孟子』「공손축상公孫丑上」편에서는 "힘으로 사람을 복종시키려는 사람은 사람을 복종시키는 데 뜻이 있어 사람이 감히 복종하지 않을 수 없고, 덕으로써 사람을 복종케 하려는 사람은 사람을 복종케 하는 데 뜻이 없어도 사람들이 복종하지 않을 수 없다."라고 했다. 또한 같은 책「이루상離婁上」편에서는 "걸과 주가 천하를 잃은 것은 그 백성을 잃은 것이니, 그 백성을 잃은 것은 그 마음을 잃은 것과 같다. 천하를 얻는 데는 도가 있으니 그 백성을 얻으면 천하를 얻는 것이다. 그 백성을 얻는 데도 도가 있으니 그 마음을 얻으면 백성을 얻을 것이다."라고 하였다.

한마디로 말해서 유가는 관리들에게 백성들의 이익과 나라의 안녕, 그리고 도의를 생각할 것을 요구하고 있고, 필요할 경우 남을 위해 자신의 목숨도 희생할 수 있는 품격을 기대하고 있다.

공자와 맹자 이후로 유가의 대가들이 제왕들을 위해 책략을 제시하면서 유가 사상의 치국, 목민, 순신, 평천하의 중대한 이해관계를 간언했지만 세월이 흐르고 역사가 변하면서 유가의 학설은 일반적인 지략의 하나로 간주되었다. 하지만 아직도 이를 관통하는 합리적 요소들은 퇴색하지 않고 다른 학설들과 확연히 구별되는 큰 지혜로 남아 중국인들의 사유를 장악하고 있다.

한편 도가는 중국의 전통적인 치국의 방법과 계략에 있어서 일정한 작용을 하지 못하고 항상 잠재적인 상태를 유지했던 것으로 평가되고 있다. 그러나 실제로 중국 역사의 내면으로 깊이 들어가보면 도가 사상이 어느 정도 근본적인 작용을 했음을 알 수 있다. 그렇다면 도가적 지혜의 핵심은 무엇일까.

일반적으로 노자老子와 장자莊子는 '노장'으로 병칭되어 도가의 시조로 간주되고 있지만 실제 이 둘은 커다란 차이점을 보인다. 『노자』에서는 천도天道가 아닌 인도를 논하고 있는데 담론의 핵심은 인간세계의 화와 복을 파악하고 이에 대응하는 일이다. 다시 말해서 인간의 총명한 지혜를 최대한 발휘하여 화를 최소화하고 최대의 이익을 얻는 방법을 찾는 것이다. 반면에 『장자』는 현실의 속박에서 벗어난 철저한 정신적 해탈과 자유를 추구하고 있다. 『노자』에서 발원한 황로의 도술은 점차 세속에 집착하는 '군인남면지술君人南面之術'로 발전했고, 『장자』에서 발원한 유파는 현학으로 발전했다. 여기서 우리가 논하고자 하는 것은 황로의 도술이다.

황로 도술의 가장 두드러진 특징은 심지心智로 천하를 지배하는 것이다. 스스로 지혜라고 자만하고 있는 황로 도술의 내용은 크게 세 가지 분야로 분류할 수 있다.

첫째, 천지만물은 겉으로 드러나지 않는 도에 의해 지배된다

■ 노자　도道의 개념을 철학사상 처음으로 제기한 중국 고대의 철학자. 도가의 창시자

도가道家　내적 도덕성에 대한 철저한 분석과 비판을 통해 궁극적으로 자아 해탈과 자연무위의 경지에 도달할 수 있을 것인가 하는 문제를 다루는 중국 철학의 한 유파

『노자老子』　중국의 사상가 노자가 지은 것으로 전하는 책으로, 도덕경道德經이라고도 한다

황로黃老의 도술　'황'은 황제를, '노'는 노자를 가리키는 말로, 노자의 지혜를 활용하는 한 방편이 되었다

현학玄學　본래 노장의 학문이라는 뜻으로 중국 도가의 학문을 일컫는 말

는 것이다. 도는 절대적이고 영원 불변한 것으로서 감각으로는 지각할 수 없기 때문에 몸 전체로 느끼면서 이를 존중하고 순응해야 한다. 도를 체득하지 못하면 불변의 본질을 인식할 수 없기 때문에 화를 초래하기 쉽다. 실제로 황로의 도는 대단히 추상적이고 일정한 기준이 없다. 이른바 "성인에겐 마음이 없어 천지의 마음으로 마음을 대신한다 聖人無心 以天地之心爲心."라는 말이 이런 특징을 잘 대변해준다. 따라서 황로의 도술이 현실생활 전반에 적용되는 과정에도 구체적인 가치기준이 없다. 황로의 유일한 가치기준은 어떠한 가치기준도 준수하지 않으면서 최대의 세속적 이익을 얻는 것이다. 그러다 보니 황로 도술이 현실에 적용될 때는 자주 정의감을 상실하게 되고, 현실적인 이익의 추구는 필연적으로 암흑과 냉담함만을 남겼다. 사실 중국 역사상 가장 어두운 기록을 남겼던 법가의 지략은 황로 도술의 영향하에서 발전한 것이었다.

둘째는 '득도'이다. 즉, 천지만물 길흉화복의 변화에 대해 철저하고 명쾌한 인식이 있어야 한다. 득도의 경지는 곧 자연에 순응하는 것이다. 그렇다면 어떻게 해야 이런 경지에 도달할 수 있는 것인가?

황로의 도술이 제시하는 일련의 방법은 주로 허虛, 정靜, 일一, 수守의 네 가지 요소에 집중되어 있다. 『노자』에서는 먼저 자신을 '허'하게 하면 '허'로부터 '정'이 발생하고 '정'을 통해 천지간을 순환하는 하나의 법칙인 '일'을 체득하게 되며, 마지막으로 이러한 규율에 순응해야 하는데 이것이 바로 '수'이다. '허'는 개체의 갖가지 욕망을 제거하는 것이다. 천하만물이 혼돈의 모습을 하고 있긴 하지만 '허'의 극치에 이르러 마음이 맑아지면 만물이 변화하는 규칙을 체득하게 된다는 것이다. '정'은 조급하고 들뜬 마음과 상대되는 개념이다. 따라서 깊이 침잠하지 못하면 '정'도 불가능하다. '허'는 '정'의 기초이고 '정'은 또 '관觀'의 기초이다. 정관靜觀이란 자신의 감성적 심지로써 길흉화복의 법칙을 명확하게 인식하는 것이다. 이때 만물은 개체의 득도를 통해 원래의 자리로 회귀하게 되고 개체의 정신은 뜻을 이루는 경지에 이르게 된다. 이 역시 일종의 수신에 해당하지만 유가와 다른 점이 있다면 유가의 수신이 보다 높은 정의의 인격 단계에 이르는 것을 목적으로 하는 데 비해 황로의 수신은 내면을 정화하고 천지를 두루 살핌으로써 자신을 천지 현실 속으로 사라지게 하는 것을 목적으로 한다는 점이다.

셋째, 득도한 후에 이를 잘 운용하여 행동해야 하는데 이는 도의 구체적 실천 내지 적용으로서 응용의 범주에 속하는 도술이라 할 수 있다. 『노자』는 일찍이 백성들을 잘 다스리려면 먼저 백성들에게 봉사해야 한다고 했는데 그 취지는 백성들의 요구에 순응함으로써 백성들 스스로 자신에게 순종하도록 하는 데 있다. 이것이 바로 노자의 '취여지도取予之道' 즉, 주고받는 도리이다. 『노자』에서는 "성인은 자신을 뒤로 하지만 남보다 앞에 있게 되고 자기 몸을 밖에 두려 하지만 오히려 안에 있게 되는데, 이는 자신의 이익을 추구하지 않기 때문에 저절로 이익이 생기는 것이다聖人後其身而身先 外其身而身存 非以其無私邪."라고 했고, "사사로운 이익을 추구하지 않기 때문에 하늘이 이익을 가져다주는 것이고 뭔가를 차지하려 애쓰지 않기 때문에 저절로 천하를 차지하게 되는 것이다無私故能以天而私之 不爭 故能得天下之大爭."라고 했다. 사실 성인에게도 욕망이 없거나 사적인 이익을 추구하는 바가 없는 것이 아니라 보다 큰 이익을 추구하고 있는 것이다.

백성들에 대한 사상통치에 있어서 황로의 도술이 택한 방법은 철저한 우민정책이었다. 구체적인 방법은 부드러움으로 강인함을 이기고以柔克剛 지혜로움을 우둔함以智爲愚으로 여김으로써, 다스리지 않아도 저절로 다스려지게 하는 것無爲之治이었다.

이에 기초하여 도가에서는 '자慈'와 '인忍'을 강조했다. '자'는 다름 아닌 자애로 자식에 대한 부모의 사랑과 마찬가지로 아무런 이해관계나 원칙이 없는 사랑의 형태인데, 이러한 태도는 사람들의 마음을 사로잡는 데 있어서 정의의 원칙을 중시하고 덕을 본위로 하는 유가에 비해 훨씬 효과적이라고 할 수 있다. 이는 이치로써 사람을 굴복시키는 외재적인 전략과는 달리 굴복당하는 사람의 마음속에 감정적인 박탈감이나 소외감을 유발하지 않으면서 자발적인 보답과 충성을 이끌어내는 보이지 않는 힘이다.

이러한 '자애'를 뒷받침하는 것이 바로 '인내'이다. 도가에서 말하는 인내는 일반적 의미의 인내와 달리 먼저 세상사의 변화와 그 법칙을 통찰한 후에 마음속 깊은 곳에서 솟아나오는 일종의 지혜이자 의지이다. 이러한 인내에는 역경과 고난, 굴욕 등 부정적인 심리요소들을 극복하는 힘이 포함될 뿐만 아니라 쾌락과 부귀, 권력과 안락 등 긍정적인 심리요소의 극복도 포함된다. 요컨대 도가의 인내는 일종의 수양의 인내로서 인간의 길흉을 마음대로 조절하는 처세의 지혜라 할 수 있다. 유가의 인내가 보다 큰 정의를 위한 행동이라면 도가의 인내는 일정한 원칙이 없는 융화의 지략이라고 할 수 있다.

병가와 법가

병가의 인재에는 상술의 인재도 포함되고, 정치의 인재도 포함된다. 또한 병가의 인재는 천성적인 능력뿐 아니라 탄탄한 이론의 지도를 필요로 한다. 이 이론을 자신의 체질과 정감으로 전환시켜 궁극적으로 행동에 옮길 수 있어야 강자가 되는 것이다.

병가의 지략은 한 가지 두드러진 특징이 있는데 다름 아닌 평등의 원칙을 중시한다는 것이다. 평등의 원칙이란 무원칙의 원칙으로 어떠한 원칙도 지킬 필요 없이 상대방을 이기기만 하면 된다는 것이다. 즉, 승리와 성공 이외에는 아무런 원칙도 없다는 것이 병가 지략의 원칙이다. 따라서 병가에서는 승패로만 영웅을 논하기 때문에 승자는 왕이 되고 패자는 도적이 된다.

물론 전쟁은 정의로운 전쟁도 있고 불의한 전쟁도 있지만 이는 전쟁 전후에 내려지는 평가와 가치판단이지 전쟁 자체의 성격을 규정하는 것은 아니다. 전쟁은 본질적으로 인도적인 원칙에 대한 유린과 협력의 원칙에 대한 파괴, 인의와 도덕에 대

중국에는 장사는 전쟁과 같고 장사꾼은 전술가와 같다는 말이 있다. 또한 중국인들은 항상 법과 인정 사이에서 배회한다. 가혹한 형벌과 법률로 부패를 척결하고 청렴한 정치를 보장해주길 바라면서도 한편으론 도덕이 법률을 대신함으로써 따스한 인정이 넘치는 사회가 되기를 꿈꾸기도 한다.

병가兵家 춘추전국시대에 출현한 병법가兵法家·병학자兵學者의 일종으로 용병술을 다룬다. 유가 사상의 영향을 받아 단순한 전략·전술을 넘어 정치·경제·외교 등 처세 전반을 가르쳤다

한 부정을 의미하기 때문에 애당초 정의나 원칙을 거론할 필요가 없다. 전쟁 중에는 '정의'라 불리는 원칙도 최대의 성공을 얻기 위해 취해지는 무원칙의 원칙에 불과하다.

우선 병가 지략의 평등성은 적대 관계에 있는 상대방에 대해 쌍방 모두 어떠한 원칙도 지킬 필요가 없음을 공개적으로 천명하는 데 있다. 병가 지략의 도덕성은 절대적으로 평등하고 자유로운 조건하에서 공개적으로 경쟁한다는 데 있다. 따라서 병가의 싸움에서 사용하는 계략은 정치나 대인관계, 상업 등 다른 영역에서의 경쟁보다 훨씬 더 도덕적이라 할 수 있다.

둘째, 병가에서는 '덕'과 '정'을 완전히 무시하는 것이 아니라 무정無情을 대정大情으로 여기고 부덕을 대덕大德으로 여긴다. 1960년대 문화혁명 시기에 유행했던 "적에게 관용을 베푸는 것은 인민에게 잔인한 것이다."라는 말은 병가 지략의 특징을 상징적으로 보여주는 말이다. 병가에서 싸움의 승부는 자국 백성들의 이해와 화복, 심지어 생사에 직접적인 영향을 미치기 때문에 대리대해大利大害의 차원에서 고려해야 한다. 노자도 일찍이 "성인이 어질지 못하면 백성들이 개로 전락하게 된다聖人不仁 以百姓爲芻狗."라고 말한 바 있다. 이는 성인은 큰 이익을 위해 백성들의 일시적인 이익을 돌보지 않아도 된다는 의미이다. 즉, '군주의 덕은 부덕이요, 백성의 인은 불인不仁'이라는 것이다.

셋째, 앞에서 말한 것이 병가 지략의 문화적 특징이라고 한다면 병가 지략 자체의 가장 큰 특징은 모든 감정적 요소를 배제한 냉정함과 냉정한 상태에서 가능한 모든 수단을 운용하여 최대의 승리를 쟁취하는 것이라 할 수 있다. 여기서 가장 중요한 문제는 '병

모내지兵謀內智' 즉, 병가 자신의 수양을 강화하여 굳세고 강인한
이성으로 자신의 감정을 억제함으로써 아무리 곤란한 상황에 처하
더라도 감정에 지배당하지 않도록 하는 것이다. 『노자』는 철학적
인 관점에서 전쟁과 정치의 경험을 총괄한 경전으로서 병가에 커
다란 영향을 미친 바 있는데, 노자가 병가의 선조라 불리는 이유도
바로 여기에 있다. 노자는 "뛰어난 병사는 무력 행사를 좋아하지
않고 전쟁에 능한 사람은 화내지 않는다善爲士者不武 善戰者不怒."
라고 했는데 이는 이성으로써 분노를 억제해야 함을 강조한 것이
다. 이후 병가의 이론가들은 이를 보다 풍부한 이론으로 정리하고
발전시켜 철혈 이성을 제창하는 동시에 병가의 최우선 조건이자
원칙으로 삼았다.

넷째, 병가는 원칙뿐 아니라 완전한 기술체계도 가지고 있었
다. 이 부분에서 병가가 가진 특징은 다른 사람들을 책략의 대상으
로 삼는 것을 인정하지 않았고, 지략과 기술체계를 공개적으로 발
전시키지 않았다는 것이다. 그 결과 다른 학파들의 지략이 대부분
감춰진 모략의 색채가 강했던 반면 병가의 지략은 있는 그대로 드
러났고, 덕분에 병가의 기술체계가 큰 발전을 이룰 수 있었다. 예컨
대 『손자병법』의 경우 여러 왕조를 거치는 동안 서른 명이 넘는 대
학자들이 주석을 가함으로써 풍부하고 깊이 있는 완성도 높은 기
술체계를 갖추게 되었다.

또 한 가지 간과할 수 없는 사실은 병가의 지략이 단지 병가에
서만 활용된 것이 아니라 중국 민족 전체에 지대한 영향을 미쳤다
는 것이다. 깊게는 중국의 정신문화와 얕게는 백성들의 행동거지
에, 위로는 제왕장상들의 천하 쟁탈과 아래로는 일반 백성들의 일

상생활에서 병가 지략의 흔적을 찾아볼 수 있는 것이다. 병가의 지략은 도덕과 평등을 숭상하는 중국인의 전통 관념에 부합했기 때문에 중국의 역사와 문화에 필연적인 영향을 미쳤다.

법가의 지략은 지략 가운데 가장 악독하고 어두운 일면을 갖고 있다. 불행하게도 법가의 지혜는 역대 제왕들이 가장 자주 사용해왔던 처세이다. 법가의 법은 현대적 의미의 법률과는 근본적으로 차이가 있다. 법가의 법은 군주가 천하를 다스리는 수단으로서, 그 요체인 법法, 술術, 세勢가 모두 불의와 불공정, 부도덕의 기초 위에 세워져 있었다. 법가에는 이렇다 할 평등과 정의의 원칙이 없었다. '법'의 실체는 강력한 통제였고, '세'의 실체는 강권에 의한 위협이었으며, '술'의 실체는 권모술수와 음모였다. 이러한 법률은 봉건적인 왕권을 지키고 유지하는 데 직접적으로 기여했다. 모든 것을 법으로 다스리고 해결하다 보니 도의나 민중의 이익에는 부합하지 못했다.

법가의 법은 그 근원이 봉건체제에 있기 때문에 특별히 '세'를 강조하게 된다. '세'란 절대적 권위로서 어떠한 자문이나 논증도 필요치 않고 무조건 인정하고 복종해야 하는 권위이다. 중요한 것은 이러한 권위가 이론이나 관념상으로 견고하게 확립되어 있었을 뿐만 아니라 실제로 군주들의 손에 대권이 쥐어져 있었다는 점이다. 대권을 장악하지 못하면 정권은 전복될 수밖에 없다. 따라서 '세'는 '법'을 보장하는 장치가 된다. 물론 양자는 상호보완의 관계에 있기 때문에 '법'만 있고 '세'가 없으면 '법'을 집행하기 어렵고, '세'만 있고 '법'이 없으면 군주의 자리가 불안해진다. '법'

법가法家 법치주의를 제창한 중국의 정치사상. 전국시대 제자백가의 한 유파로 그 계통을 이은 일군의 정치 사상가에 대한 총칭

은 제정할 수 있지만 '세'의 절대성을 보장하고 유지하려면 어떻게 해야 하는가? 이 대목에서 '술'이 필요해진다. 술을 가장 강조했던 사람이 바로 법가의 대표적 인물 가운데 하나인 신불해申不害였다. 그에게 있어서 '술'이라는 수단은 실제로 '세'라는 목적보다도 중요했다. '술'이 바로 통치이자 방책으로서, 신하와 백성들을 감독하고 자극할 수 있는 비결이자 구체적인 권술 및 방법이었던 것이다. '술'의 일부는 공개되어 제도화되기도 하는데, 그런 의미에서 '술'은 '법'의 일부이기도 하다. '술'의 의의는 분명하다. '술'이 없이는 '법'이 있을 수 없고 '법'이 없으면 '술'을 보장하기 어렵다. 따라서 근본을 따지면 '술'이 가장 중요하다고 할 수 있다. 중국의 법제에서 가장 발달한 부분이 바로 이 '법'과 '술'이 결합되어 창조된 신하와 백성을 다스리는 법술체제였다.

한비와 관중, 상앙, 이사李斯 등 법가를 대표하는 인물들의 저작을 자세히 읽어보면 간담이 서늘해지는 것을 느낄 수 있다. 그들은 사람을 야수로 취급하면서 법술체제를 이용하여 엄격하고 악랄한 방법으로 사람들을 조종하고 훈련시키면서 자신들의 명령에 순순히 복종하도록 만들었다.

또한 군주로 하여금 자신들의 건의를 받아들이게 하기 위해선 이러한 전제조건을 해결해주어야 했고 자신들 역시 스스로 군주의 통제 아래 두어야 했다. 그렇지 않을 경우 권력을 찬탈하여 나라를 어지럽히려 한다는 혐의를 벗기 힘들기 때문이다. 따라서 법가는 군신관계를 대립적인 것으로 규정했고, 군주는 절대로 신하들을 인의와 충신으로 대해선 안 된다면서 "신하를 너무 사랑하면 반드시 위험에 처하게 되고, 신하를 너무 귀히 여기면 반드시 왕위가 바

꿰게 된다愛臣太親 必危其身 人臣太貴 必易主位."라고 역설했다. 군주와 신하 사이의 이해관계에 있어서도 도덕과 감정은 믿을 바가 못 되며 군주의 혈육과 처자도 믿어선 안 된다고 주장했다. 결국 군주는 자신의 처자식을 포함하여 모든 사람을 이해관계에 따라 대해야 한다는 것이다.

이러한 논지에 따라 『관자』에서는 이른바 '8책八策'이라 불리는 신하를 기용하는 원칙을 제시했고, 『한비자』에서는 '독단독람獨斷獨攬', '심장불로深藏不露', '참험고찰參驗考察' 등 신하들을 다루는 세 가지 책략을 제시하고 있다.

'독단독람'이란 군주가 모든 권력을 독점하고 신하에게는 간언만을 허용할 뿐 어떠한 권한도 주지 않는 것을 말한다. 군주가 일단 결정을 내리면 신하는 이에 무조건 복종해야 하는데 이는 법가에서 강조하는 '세'의 핵심으로, 법률 제정의 독점, 상벌 결정의 독점, 법령 공포의 독점, 계획과 책략 결정의 독점 등이 포함된다.

'심장불로'는 대단히 중요한 사항으로, 군주의 권세와 간신의 제거, 의견의 수렴 등 여러 가지 문제와 관련되어 있다. 군주는 자신의 견해와 희로애락의 감정을 감춰 신하들로 하여금 자신의 마음과 의도를 전혀 모르게 해야 한다. 그래야만 군주의 심리와 취향을 모르는 신하들이 간사한 행동을 하지 못하고 충성과 지략을 다 바치게 된다는 것이다.

'참험고찰'도 아주 유용한 전략이다. 갖가지 방법을 동원하여 신하들의 과거와 현재의 동태, 성격과 심리 특성 등을 면밀히 조사하고 관찰하여 미래를 예측하는 것을 말한다. 이러한 전략들은 대부분 비밀리에 진행되기 때문에 신하들로서는 무조건적으로 군주의 비위를 맞춰야 한다.

간사함을 막고 내적인 대비를 하는 것도 법가의 책략에서 중요한 부분이다. 전한 말기의 학자 유향劉向은 『설원說苑』에서 신하들의 간사한 행동을 막는 방법 여섯 가지를 제시하고 있는데, 이는 간신의 출현을 효과적으로 방지하는 훌륭한 방책으로 평가되고 있다. 신하의 간사한 행동을 방지하는 것을 외적인 대비책이라 한다면, 후궁과 친척들의 국정 간섭이나 병권 분산을 막는 것은 내적인 방비책이라 할 수 있을 것이다.

『한비자』에서는 국가의 통치가 형刑과 덕德에 의해 이루어진다고 역설했지만 법가의 책략을 아무리 살펴봐도 덕의 그림자는 찾아볼 수 없다. 각국의 군주들이 법가의 운용에 있어서 법가의 직접적인 효용만 중시했던 것이다. 특히 전국을 통일한 진은 더욱 그랬다. 진왕 영정은 『한비자』를 읽고서 감탄해 마지않았고 법가의 책략에 경도했다. 결국 진은 법제에 의지하여 점차 나라를 강대하게 키웠고 마침내 전국을 통일할 수 있었다. 그러나 진은 너무나 빨리 흥성했던 것처럼 망하는 것도 아주 빨라서 법만으로는 나라를 오래 유지할 수 없음을 보여준다.

중국의 문화와 정치에 법가가 미친 부정적인 영향은 대단히 컸다. 법가는 완강하게 봉건집권제를 주장했고 심지어 폭군정치를 옹호하기도 했는데, 이는 정치와 문화에 있어서 자유롭고 신선한 활력으로 가득 차 있어야 할 사상과 행동을 잔인하게 억압하는 결과를 초래했다. 수천 년간 지속된 중국의 봉건사회에서 수많은 제왕들이 요순 같은 군주가 될 것을 표방하고 나섰지만, 실제로는 그렇지 못하고 패도로 일관하거나 겉으로는 유가를 숭상하면서 속으

영정嬴政 진시황제. 장양왕의 아들로 13세에 즉위했다

로는 법가를 추종하는 경향을 보였다.

아이러니컬하게도 가혹한 법률을 제정하고 악독하고 음흉한 지략을 펼쳤던 법가의 대표적 인물들은 하나같이 비참한 최후를 맞았다. 한비는 제 뜻을 펼쳐보기도 전에 이사의 모함으로 독살당했으며, 상앙은 사지가 찢기는 차열車裂의 형벌을 받아 죽었고, 이사는 허리를 잘리고 구족을 멸하는 형벌을 당했다. 특히 권세를 누리며 권력을 남용했던 상앙과 이사의 경우는 잔인 포악하고 강경했던 모든 언행에 대한 인과응보라고 할 것이다.

능력을 발휘할 수 있는 곳에
인재를 배치하라

중용이란 마치 소박한 비단에 은은한 무늬가 보일 듯 말 듯 있는 것 같고 색깔이 있으면서도 요란하게 드러나지 않는 것과 같다. 중용의 품성을 지닌 사람은 외모가 의연하여 만나는 사람마다 따스함을 느끼게 하고 거침없는 웅변을 쏟아놓다가도 어눌한 모습을 보일 때가 있다. 한마디로 말해서 변화무쌍하여 필요할 때마다 그 변화의 목적과 핵심에 도달할 수 있는 사람이다.

따라서 지나치게 강경하고 진취적이면 중용의 덕을 넘게 되고, 지나치게 조심스럽고 보수적이면 중용의 덕에 미치지 못하게 된다. 방종과 구속은 모두 중용의 덕에 어긋나 필연적으로 교태와 수식을 만들어내기 때문에 의리를 상실하게 된다. 따라서 엄숙하고 강직한 사람은 사악하고 왜곡된 것을 바로잡는 재능을 갖고 있는 반면 상대방을 격렬하게 공격하는 단점이 있고, 온화하고 차분한 사람은 너그럽게 참고 용서할 줄 아는 미덕이 갖춰져 있는 반면 결단력이 부족하다는 단점을 드러낸다. 용감하고 강인한 사람은 담력이 있고 굴복할 줄 모르는 장점이 있지만 삼가고 신중할 줄 모른다는 단점이 있고, 세심하고 심약한 사람은 겸양과 신중함에 장점이 있지만 지나치게 근심과 걱정이 많다는 게 단점이다. 너그럽게 베풀 줄 아는 사람은 마음이 넓다는 장점이 있는 반면 교우 관계가 지나치게 복잡하다는 단점이 있고, 고고하고 청렴하며 공평무사한 사람은 지조에 있어선 흠잡을 데가 없지만 지나치게 조심스럽고 신중하여 구속이 많다는 단점이 있다.

따라서 끊임없이 도덕적 수양을 높이고 자신을 발전시키려면 중용을 원칙으로 삼아 갖가지 폐단을 없애고 그 발생을 막아야 한다.

강인하고 굳센 사람은 때로 부드러움을 잃어 자신의 과분함을 깨닫지 못하는 반면, 유순하고 부드러운 사람은 모든 일에 두루뭉수리하여 법제를 세우면 이에 순응할 줄만 알았지 그 내용에 깊이 파고들 줄 모른다.

유순하고 화목한 사람은 너그럽게 관용할 줄은 알지만 결단력이 없다. 때문에 자신에게 통치 능력이 없다는 것을 알고 주의하기는 하지만 강직하게 분투하는 사람들의 노고를 과분한 것으로 여겨 홀로 무위에 안주하게 된다. 이런 사람들은 도리를 잘 지키지만 변화의 원칙에 따라 대처하면서 의혹과 문제를 해결할 줄 모른다.

용감하고 의협심이 많은 사람은 적극적이고 결단력이 있긴 하지만 용맹으로 인한 상처와 실수에 대해선 마음을 쓰지 못하고 화해와 인내를 나약한 것으로 오인하면서 진취적인 자세만을 고집한다. 따라서 이런 사람은 다른 사람들과 잘 어울리지 못하고 신의나 법규를 지킬 줄 모른다.

지나치게 조심스럽고 겁이 많은 사람은 매사에 의심이 많고 신중하여 자신의 정의를 마음껏 펴지 못하고 용감함을 경솔함으로 간주하여 더욱더 안으로 수그러든다. 따라서 이런 사람은 자신과 가족의 생명을 보전할 수는 있지만 절개를 세우지는 못한다.

솔직하고 소박한 사람은 심지가 굳기 때문에 자신의 거칠고 솔직함을 일종의 결점으로 생각하지 못하고, 기교를 불필요하고 거짓된 것으로만 여겨 매사에 가리는 것이 없고 때로는 천박해지기도 한다. 이런 사람은 남의 신뢰를 얻기는 쉽지만 사소한 문제조차도 평화롭게 처리할 줄 모른다.

음흉하고 속임수가 많은 사람은 상황의 변화에 순조롭게 적응하지만 자신의 술수와 떳떳치 못한 행태에 대해 부끄러워하거나 반성할 줄 모르고 오히려 참되고 성실한 것을 우매함으로 여겨 허위의식과 허위행위를 더욱 일삼게 된다. 따라서 이런 사람은 훌륭한 지략과 계획을 제시하는 모사로 쓸 수는 있지만 부정과 부패를 바로잡는 일을 맡기진 못한다.

배움과 훈련을 통해서 훌륭한 재목이 되고 자신과 다른 사람을 동시에 이해할 수 있지만 본성이 한쪽으로 치우친 것은 고치기 어렵다. 지식과 기능은 전수가 가능하지만 이미 기울어진 기질과 굳어진 성질은 갈수록 발전하여 결점으로 작용하기 때문이다. 성실한 사람은 다른 사람들도 다 성실할 것이라 믿기 마련이고, 간사한 사람은 자기뿐 아니라 모든 사람들이 다 간사하다고 믿는 법이다. 때문에 배우고 익히는 것으로는 이미 형성된 성격과 기질을 완전히 장악하기가 어렵다. 역지사지의 반성으로 모든 사물의 변화를 살피고 통찰하는 것이 불가능하기 때문에 이미 형성된 기질과 경향은 바로잡거나 전환시킬 수 없다. 갈수록 더 뚜렷이 드러날 뿐이다.

군주의 재주와 덕은 총명하고 담백하여 갖가지 유형의 인재들을 한손에 장악함으로써 적절한 위치와 직무에 이들을 배치하고 각자의 능력을 발휘할 수 있도록 하는 데 있는 것이지 모든 일을 직접 수행하는 데 있는 것이 아니다.

군주의 도가 서면 이처럼 다양한 인재들이 구성하는 관료의 도가 제자리를 잡게 되고 각급 관료들이 자신의 직책에 충실하면서 태평성대가 실현된다. 그러나 군주의 도가 바로 서지 못하면 어느 한 분야로 인재들이 편중되고 그쪽으로 권력이 기울어 다른 수많은 인재들이 올바른 소임을 다하지 못하게 된다.

3

균형이 중요하다

인재의 장단점을
바로 보는 법

인간사에는 당연한 이치가 있기 때문에
이를 잘 따르기만 하면 길을 잃는 일이 없다.
또한 인정에는 편향과 배반이 있어
이를 슬기롭게 피하기만 하면 성공은 어렵지 않다.
대화를 나눌 때는 심지의 깊고 얕음을 알 수 있기 때문에
마음의 원칙을 잘 지키기만 하면 상대방을 설득할 수 있다.

동중서와 준불의

법으로 나라를 세우고 다스리는 것은 동서고금을 막론하고 인류 전체가 추구해온 가장 기본적인 통치 형태이다. 그런데 이상하게도 고대 중국은 법가사상이 극도로 발달했음에도 불구하고 법제가 완비된 국가를 실현하지 못했다. 그 근본적인 원인은 입이 바로 법이었기 때문이다. 이런 문화 속에서 법가의 법이 양성한 것은 인치人治의 인재들이었고, 유가가 배양한 것은 치인治人의 인재들이었다.

진秦 양왕襄王이 중병으로 눕게 되자 이 소식을 들은 백성들은 신령을 찾아가 양왕이 빨리 건강을 회복할 수 있게 해달라고 기도했다. 나중에 양왕의 병세가 호전됐다는 사실을 알게 된 백성들은 소와 양을 잡아 제사를 올리며 신령께 감사했다. 진의 낭중郎中이었던 염알閻遏과 공손연公孫衍은 백성들이 기도를 올리는 모습을 보고서 몹시 놀라면서도 너무나 기쁜 나머지 서둘러 양왕에게 달려가 알렸다.

"폐하, 백성들이 이토록 폐하를 사랑하고 있는 것을 보니 폐하의 덕행이 요순을 능가하는 것 같습니다."

자초지종을 전해들은 양왕은 기뻐하는 모습을 보이기는커녕 오히려 그 지역의 지방관을 불러 백성들에게 벌을 내리라고 명했다. 염알과 공손연은 양왕의 태도에 당혹감을 감추지 못하면서도 감히 그 이유를 따져묻지 못했다. 나중에 양왕의 심기가 좋아졌을 때 백성들에게 벌을 내린 이유를 물었다.

"백성들이 그런 행동을 하는 것은 나를 사랑하기 때문이 아니라 내 권력을 두려워하기 때문이오. 내가 중병이 들었다고 백성들이 소를 잡아 기도를 올리는 것은 내가 이미 권력을 풀어놓고 백성들에게 인애仁愛를 펼치고 있음을 설명하는 것이니, 이는 여간 위험한 일이 아니오. 따라서 짐은 그들을 처벌함으로써 애민의 도를 멀리하고 법과 권력의 위엄을 공고히 하려는 것이오."

원래 고대 중국의 법치사상은 합리적이고 훌륭한 사회질서를 수립하여 백성들의 권익을 보호하고 사회의 안정과 발전을 꾀하기 위한 것이 아니라 군주의 절대권력을 확립하여 백성들을 마음대로 부리기 위한 것이었다. 따라서 법가사상이 발달할수록 군주의 전제정치도 발달하게 되고, 결국 현대적 의미의 민주와 법제를 세우기가 어려워진다.

진秦나라는 전적으로 법령에 의지하여 나라를 다스리면서 백성들로 하여금 관원들을 스승으로 여기게 했으며, 분서갱유를 통해 지식과 문화를 말살하고 애민의 도리보다는 법과 권력의 위엄으로 통치한 결과, 왕조를 오래 지키지 못하고 멸망하고 말았다. 극단적인 권력 집중은 합리적인 규약을 상실하게 되고 백성들의 침묵은 건전한 여론의 흐름을 고사시키며 여론이 없는 사회는 방향을 잃게 된다. 때문에 지식과 자유가 나라를 멸망시킨 것이 아니라 오히려 사상과 자유를 억압하는 이른바 '법제'가 진을 멸망시킨 것이었다.

유가의 법은 법가의 법처럼 노골적이진 않지만 실질적으로는 큰 차이가 없었다. 한대에 성행했던 '경의결옥經義決獄'은 그런 면에서 매우 중요한 의미를 갖는다. 이는 사건의 판결을 법률에 의거하지 않고 경전의 기록과 상부의 지시에 의거하는 것으로서 매우 의미심장한 방법이라고 할 수 있다.

이른바 '경의결옥'이란 예의를 법률에 대입시키는 방법으로서 『춘추』를 비롯한 여러 경전의 기록과 논설을 기초로 각종 소송 사건을 판결하는 것을 말한다. 일설에 의하면 이러한 방법은 동중서로부터 비롯되었다고 한다.

어느 날 한 소송 사건이 동중서의 손에 넘어오게 되었다. 갑이란 사람에겐 아들이 없었는데 우연히 길을 가다가 버려진 아이 을을 데려다 기르게 되었다. 을은 장성한 후에 살인을 저지르고 이를 갑에게 알렸다. 그러나 갑은 이 사실을 관원에게 알리지 않았을 뿐만 아니라 을을 숨겨주기까지 했다. 당시의 법률에 따르면 이는 연좌법에 해당되어 부자를 모두 사형에 처해야 했지만 동중서는 사건의 진상을 면밀히 분석하고 나서 이들을 옹호했다.

"갑에게는 아들이 없지만 을을 데려다가 양자로 키웠습니다. 비록 친아들은 아니지만 누가 그 아들을 빼앗아갈 수 있겠습니까? 『시경』에도, 배추벌레에게 자식이 있었으나 양육하지 않으려 하자 과영蜾蠃이란 곤충이 이를 대신 키워 자기 자식으로 삼은 일이 있었고, 『춘추』의 대의를 살펴보아도 아비가 자식의 과실을 감춰주는 것은 당연한 일이었습니다."

황제는 동중서의 말을 듣고 즉시 갑에게 연좌법을 적용하지 말라는 명령을 내렸다. 동중서는 남편이 죽은 후에 재가한 여인의 사건도 이런 식으로 처리했다.

갑이란 여인의 남편이 배를 타고 바다에 나갔다가 풍랑을 만나 배가 뒤집히는 바람에 물에 빠져죽었으나 시신을 찾지 못해 넉 달이 지난 후에야 간신히 장례를 치렀다. 나중에 갑의 모친이 그녀를 다른 남자에게 재가시키자 갑의 전남편 집에서 그녀를 고소했다. 당시의 법률에 따르면 남편이 죽은 후 장례가 끝나기 전에는 재가할 수 없었고, 이를 어길 경우 기시의 형벌을 받도록 되어 있었다. 이번에도 동중서는 『춘추』의 해석에 따랐다.

"춘추에서는 제나라로 출가한 여인의 이야기를 기록하고 있습니다. 그녀는 남편이 죽고 아들도 없어 다른 사람에게 재가했습니다. 부인은 스스로 행동을 결정할 권리가 없었고 그저 주위 어른들의 말에 따랐을 뿐이었지요. 모친이 그녀를 재가시킨 것은 음탕한 마음의 소치가 아니었고 스스로 남의 아내가 된 것이 아닌 만큼, 법률로 이를 처벌하는 것은 부당한 처사입니다."

결국 이 사건도 동중서의 뜻대로 처리되었다. 이처럼 형사 사건이건 민사 사건이건 간에 한대에는 『춘추』라는 경전에 근거하여 사건을 처리하는 사례가 적지 않았다.

한 소제昭帝 시원始元 5년에 한 남자가 미앙궁 북쪽 궁궐에 찾아와 자신이 위나라 태자 유거劉據라고 주장하는 해괴한 일이 있었다. 유거는 정화征和 2년에 모반죄에 연루되었다는 모함에 빠져 도망쳤다가 살해된 것으로 알려져 있었다. 보정대장군輔政大將軍 곽광霍光은 이 소식을 듣고 크게 놀라며 여러 대신들을 북궐에 모아 놓고 위 태자의 용모와 언행을 되새기며 진위를 가리기 위해 골몰했다. 모두들 증명할 방법이 없어 고심하고 있을 때 경조윤 준불의 雋不疑가 소식을 듣고 달려와서는 진위를 따지기도 전에 곧장 관원들에게 그를 잡아가두라고 명령했다. 혹시 그가 진짜 위 태자일 경우 후환이 생기지 않을까 걱정한 사람들은 진위가 밝혀지지도 않았는데 잡아가두면 어떻게 하느냐고 묻자 준불의가 말했다.

"그가 진짜 위 태자라 해도 두려워할 것이 없소. 춘추전국시대에 위 공자 괴외는 위 영공靈公에게 죄를 짓고 진나라로 도망쳤소. 영공이 죽은 후에 괴외의 아들 추가 왕위를 계승하자 괴외는 다시 위나라로 돌아가려 했으나 추가 돌아오지 못하게 했고, 『춘추』에서는 이 일을 잘못이라 하지 않았소. 당시에도 아들이 군주가 되어 부친을 돌아오지 못하게 했는데, 하물며 지금이야 더 말할 것이 있겠소?"

이 말에 사람들이 모두 고개를 끄덕였고 곽광은 감탄을 금치 못하며 말했다.

"공경대부들이라면 경전에 통달해야 할 것 같소!"

법률을 공부하는 것이 실제로 경전이나 정책에 통달하는 것만큼 중요하지 않았다. 정政과 법法이 하나로 일치해야만 인사에 통달할 수 있는 것이다. 우스운 것은 경전이 형벌의 가부를 결정했을 뿐만 아니라 해몽에도 활용되었다는 사실이다.

옛날에 한 서생이 과거를 준비하고 있었다. 어느 날 서생은 자신이 제일 먼저 시험장에 들어서는 꿈을 꾸고는 흥분을 금치 못하며 아내에게 꿈 얘기를 했다.

"이는 틀림없이 내가 일등으로 급제할 것을 예시하는 꿈이
오!"

그러자 아내가 말했다.

"아니에요! 논어에 '선진제십일先進第十一'이라고 기록된
것도 잊으셨나요?"

나중에 서생이 과거에 합격하여 자신의 성적을 확인해보니 과
연 11등이었다. 이처럼 경서는 법률을 대신했을 뿐 아니라 사람들
의 잠재의식에도 파고들어 경전에 대한 중국인들의 의존은 웃지도
울지도 못할 지경에까지 이르게 되었다.

그러나 법률이 인정에 얽매인다면 어떻게 진정한 법률 집행이
가능하겠는가?

형가, 전제, 섭정

정의를 위해 홀로 분투하는 자는 협객이며 자기의 이익을 위해 홀로 위험을 무릅쓰는 자는 자객이다

협객은 풍부한 이상과 생명에 대한 진지한 안목을 가진 사람이다

이들이 행했던 격렬한 싸움과 살기등등한 기개에서 우리는 청춘과 이상 수수와 열정을 발견할 수 있다

춘추전국시대의 협객은 대단히 낭만적인 기질을 지닌 인간군상이었다. 도덕과 윤리가 땅에 떨어져 인심이 흉흉한 세태 속에서도 그들은 전통적 이상을 가슴속에 간직하고 손에 든 검으로 현실을 구제하려 했고, 현실 속에서 살면서도 현실을 초월하려 했다.

형가荊軻는 위나라 사람이었으나 나중에 연燕나라로 이주했다. 그는 독서와 검술을 좋아하여 제후국들을 돌아다니며 검술에 관해 유세했지만 지기를 만나지 못하다가 연나라로 가서야 비로소 고점리高漸離라는 사람을 만나 지기가 되었다. 고점리는 축築이라는 악기를 잘 다루었다. 두 사람은 저잣거리에서 만나 함께 술잔을 기울였고 술이 얼큰해지면 고점리가 축을 두드리고 형가가 큰 소리로 노래를 부르다가 노래가 끝나면 둘이 부둥켜안고 울기도 했다. 아무도 형가를 이해하지 못했지만 연나라의 전광田光이란 처사가 그를 알아보고 극진히 대우했다. 전광은 형가가 원대한 포부를 가슴에 품은 인물임을 알아본 것이었다.

당시 연나라 태자 단丹은 진왕과 몹시 사이가 좋지 않았다. 진에 인질로 있던 단이 연으로 도망쳐오자 진은 이를 구실로 연의 서쪽을 공격하여 수많은 성지를 빼앗고 연을 직접적으로 위협하기 시작했다.

태자 단은 보복하고 싶었지만 국력이 약해 어쩔 도리가 없었다. 이때 진의 대장 번어기樊於期가 범죄를 저지르고 연으로 도망쳤다. 진왕 영정은 즉시 번어기의 일가족을 몰살하고 그를 잡기 위해 현상금을 내걸었다. 태자 단이 번어기를 받아들여 후하게 대우하자 태부인 국무鞠武는 이를 위험하게 여겼다. 진이 이를 구실로 즉시 공격해올 것이라는 판단에서였다. 이에 국무는 번어기를 흉노에게 보낼 것을 제안했다. 그러나 단은 궁지에 몰려 찾아온 사람을 위태롭게 할 수 없다면서 계속 그를 보호해주었고, 번어기는 크게 감동했다. 태자의 이런 태도를 본 국무가 말했다.

"전광이라는 장사가 있는데 학문이 넓고 생각도 아주 깊은 인물입니다. 그에게 묘책을 부탁해보는 것이 어떻겠습니까?"

태자 단은 연장자인 전광에게 예를 갖춰 깍듯이 대했고, 전광은 태자의 상황 설명을 다 듣고 나서 말했다.

"태자께서는 제가 젊었을 때의 명성만 들으셨지 제가 이미 늙어서 아무 짝에도 쓸모없게 됐다는 얘긴 못 들으신 모양이군요! 이 일을 형가에게 맡기시는 것이 어떨까 합니다."

태자 단은 전광을 배웅하면서 작은 소리로 말했다.

"오늘 우리가 나눈 이야기는 국가의 기밀이니 절대 다른 사람에게 누설하지 마십시오."

전광은 빙긋이 웃으며 고개를 끄떡였다. 전광은 형가를 만나

저간의 사정을 말하고 나서 한마디 덧붙였다.

"듣건대 뛰어난 사람은 일을 시킬 때 사람을 의심하지 않는다고 하던데 태자 단은 제게 '절대 다른 사람에게 누설하지 마라' 고 합니다. 이는 저를 의심하고 있다는 증거가 아니겠습니까? 누군가에게 일을 시키면서 그를 의심하는 것은 절개와 의협심이 부족하다는 것을 의미합니다. 태자 단을 만나시거든 제가 이미 죽었기 때문에 말이 샐 염려는 하지 않아도 된다고 전해주십시오."

이렇게 말하고 나서 그는 스스로 목을 베어 자살했다. 이렇게 함으로써 형가에게 자극을 주기 위한 것이었다.

형가는 즉시 태자 단을 찾아가 전광의 죽음을 알렸고 단은 통곡하며 슬퍼했다. 두 사람은 상의에 상의를 거듭한 끝에 연이 진의 공격을 막아내는 일은 불가능하다고 판단했다. 유일한 계략은 진왕을 죽여 연을 보전하는 것뿐이었다. 그리하여 형가는 태자 단에게 진왕을 죽이겠다고 말했다.

태자 단은 형가를 후하게 대우하면서 매일 그를 찾아가 재물과 미녀를 제공했다. 그러나 어느 정도 시간이 지났는데도 형가가 아무런 행동을 취하지 않자 단이 물었다.

"지금 진의 장군 왕전이 이수를 건너려고 하는데, 그렇게 되면 저도 형경을 오래 받들지 못할 것 같소."

형가가 말을 받았다.

"그렇지 않아도 제가 말하려고 했습니다. 제가 빈손으로 돌아가면 진왕이 믿지 않을 것입니다. 그러나 번어기의 목과 연에서 가장 비옥한 독항의 지도를 가지고 가서 진왕에게 헌상한다면 틀림없이 절 믿을 것입니다. 그러면 저는 적절한 기회를 잡아 진왕을 죽이겠습니다."

태자 단은 번어기를 죽이는 것이 의롭지 못한 일이라 생각하여 그의 말을 따르기를 거부했다. 그러자 형가는 직접 번어기를 찾아가 말했다.

"진왕이 당신 가족을 몰살하고 황금 천 냥과 만 호의 식읍을 현상금으로 내걸고 당신을 찾고 있소. 내게 당신의 원수를 갚을 방법이 하나 있는데, 다름 아니라 당신의 목을 이용하여 진왕의 신임을 산 다음 그를 죽이는 것이오."

번어기는 형가의 말에 동의하고 그 자리에서 스스로 목을 베어 자결했다.

태자 단은 이 소식을 듣고 급히 달려와 그의 시신을 안고 통곡했다. 하는 수 없이 태자 단은 그의 목을 함에 담고 독항의 지도를 준비하여 형가에게 건넸다. 그리하여 형가는 태자 단에게 금 백 냥으로 조나라 사람 서부인徐夫人이 만든 천하에서 가장 날카로운 비수를 사들이게 하고 장인匠人을 시켜 비수에 독약을 묻힌 다음 이를 직접 사람에게 시험해보았다. 또한 그는 진무양秦舞陽을 조수로 고용했다. 진무양은 연나라의 용사로 열세 살 때 이미 사람을 죽인 경험이 있어 사람들은 그를 똑바로 쳐다보지도 못할 정도였다. 이제 모든 준비가 갖추어진 셈이었다.

형가는 진으로 들어가는데 필요한 동행인이 먼 곳에 거주하고 있어 잠시 출발을 미루고 있었다. 태자 단은 형가의 마음이 변한 것으로 판단하고 그에게 물었다.

"시간이 많지 않습니다. 형경께서는 진으로 가실 의향이 없으십니까? 그렇다면 진무양을 먼저 보내도록 하겠습니다."

이 말에 형가는 버럭 화를 내며 말했다.

"뭘 그리 재촉하시오! 나는 한번 가면 다시 돌아오지 않을 것이오. 게다가 내가 비수를 꽂아야 할 사람은 예측하기 어려운 강적인 진왕이라 필요한 사람을 한 명 더 데리고 가기 위해 잠시 시일을 미루고 있는 것뿐이오. 태자께서 너무 늦었다고 생각하신다면 지금 당장이라도 떠나도록 하겠소이다."

태자와 빈객賓客들, 그리고 이 일에 관해 알고 있는 사람들이 모두 흰옷을 입고 이수 강가로 나가 그를 전송했다. 제사와 전송이 끝나고 형가가 발길을 떼기 시작하자 고점리는 축을 두드렸고 형가는 이에 맞춰 노래를 불렀다. 고결하고 비장한 음악소리에 전송하러 나온 사람들이 모두 눈물을 뿌렸다. 형가의 노래소리는 점점 높아져갔고 마침내 노래가 끝나자 고점리의 축소리도 잦아들었다.

진으로 간 형가는 비수를 지도에 말아 궁중으로 들어갔다. 번어기의 목을 바치고 진왕의 신임을 얻은 그는 진왕이 지도를 살펴보는 틈을 이용하여 진왕의 옷소매를 움켜쥐고 비수를 들이댔다. 그러나 진왕은 재빨리 몸을 일으켜 기둥 뒤로 도망친 다음 검을 뽑아 형가의 허벅지를 내리쳤다. 진왕을 붙잡을 수 없게 된 형가는 진왕의 등을 향해 비수를 던졌지만 그마저도 구리 기둥에 부딪혀 떨어지고 말았다. 몸에 여덟 군데나 상처를 입은 형가는 일이 성사되기 어렵다고 판단하고 기둥에 몸을 기댄 채 웃으면서 말했다.

"내가 진왕을 죽이지 못한 것은 진왕을 기습하여 죽이는 데 전념하지 못하고 태자 단에게 보답하려는 마음만 앞섰기 때문이다!"

진왕을 죽이려던 형가의 계획은 실패로 끝나고 말았다. 그러나 이는 배신과 술수가 난무하는 당시로서는 대단히 정의로운 행동이었고, 특히 형가가 약속을 중시하고 죽음으로써 지기에게 보답하려 한 정신은 후세인들의 칭송을 받기에 부족함이 없었다.

한편 전제專諸도 춘추전국시대의 유명한 자객 가운데 하나였다. 당시 오나라 공자 광光은 오왕 요僚를 죽이려 했는데 그 이유는 무엇이었을까? 광은 오왕 제번諸樊의 친아들이었으나 태자로 책봉되지 못했다. 제번에게는 여제余祭와 이미夷眜, 계자찰季子札 등 세 명의 동생이 있었는데, 그 중 계자찰이 가장 뛰어나다는 것을 알고 그에게 왕위를 넘겨주려는 생각에서였다. 제번이 죽은 후에 왕위는 여제에게 이어졌고 여제가 죽자 이미가 왕위를 이어받았다. 또한 이미가 죽은 후에는 왕위가 계자찰에게로 이어졌지만 계자찰은 왕이 되기 싫어 외지로 도망쳤다. 결국 오나라 사람들은 이미의 아들인 요를 오왕으로 세웠다.

당시의 상황으로 볼 때 이는 정리正理가 통하지 않았기 때문에 발생한 일이었다. 계자찰에게 왕위를 물려준 것이 제번의 소망이었다면 요에게 왕위를 물려준 것은 합리적이지 못한 일이라 마땅히 제번의 아들인 광에게 왕위를 돌려주었어야 했다. 이 때문에 광은 원한을 품고 오왕 요를 살해하려 한 것이다.

광은 오자서를 통해 전제를 알게 되었는데, 그가 대단히 용감하고 도의를 중시하는 사람이라는 것을 알고 그에게 예를 다했고 특히 그의 모친을 극진히 모셨다. 상당한 시간 동안 광의 행동을 지켜본 전제는 그의 극진한 대우에 감격했다. 자기처럼 평범한 사람이 그토록 극진한 예우와 존경을 받고 있다는 사실이 그저 감격스럽고 행복할 따름이었다.

어느 날 전제는 광에게 자신을 후대하는 이유가 무엇인지 물게 되었고, 광은 전제를 진심으로 존경한다는 말과 함께 자신이 왕위를 잃게 된 사연을 설명하면서 자신이 왕위를 빼앗는다면 이는 지극히 정의로운 일이 될 것이라고 말했다. 얘기를 다 듣고 난 전제는 자신이 오왕 요를 죽이겠다고 약속했다. 광은 깊은 감사의 뜻을 표하면서 전제의 자녀들을 자신의 자녀로 삼아 최선을 다해 양육할 것이며, 전제가 죽게 되면 제사를 지내주겠다고 약속했다.

몇 년 후 오왕 요는 초나라를 공격했고 광은 조정이 소란스러워진 틈을 이용해서 오왕 요를 죽이기로 마음먹었다. 그는 요를 술에 취하게 할 요량으로 자신의 집으로 유인했고 사전에 군사를 매복시켰다. 오왕 요도 광에 대해 경계를 늦추지 않고 있던 터라 왕궁에서 광의 집 대문까지 호위병들을 세워놓고 만일의 사태에 대비했다. 게다가 문 앞에 대기한 사람들은 전부 오왕 요의 친척들이었다.

술이 거나해졌을 때쯤 광은 발이 아파 신발을 갈아 신어야겠다는 핑계를 댄 후 전제에게 비수를 생선 배에 감추고 들어가 음식을 내놓는 척하면서 오왕 요를 죽이라고 지시했다. 전제는 광의 지시대로 오왕에게 생선요리를 바치는 척하다가 갑자기 비수를 꺼내 오왕을 찌르려 했다. 오왕이 피하며 쓰러지는 순간 호위병들이 한꺼번에 달려들어 전제를 죽였다. 이때 광이 매복하고 있던 군사를 지휘하여 오왕과 호위병, 그리고 그의 친척들까지 모조리 죽이고 마침내 왕위에 올랐다. 왕권을 찬탈하자마자 그는 전제의 아들을 고관에 임명했다.

또한 『전국책』에는 섭정聶政이란 인물에 관해 자세히 기록하고 있는데, 이를 통해 우리는 그를 존경하고 중용했던 엄중자嚴仲

子의 행적을 살펴볼 수 있다.

섭정은 지읍 심정리 사람으로 사람을 죽인 뒤 보복을 피해 모친과 누이를 데리고 멀리 제나라로 도망하여 가축 도살을 업으로 삼아 살아가고 있었다. 한편 한양의 엄중자는 한韓 애후를 섬기면서 재상 협루俠累와 원한 관계에 있다가 협루의 협박에 못 이겨 도망치는 신세가 되었다. 그는 여러 나라를 떠돌아다니면서 자신의 원한을 갚아줄 사람을 물색하고 있던 차에 섭정이 용감한 무사인데 성과 이름을 감추고 제나라 백정으로 살고 있다는 소문을 들었다. 엄중자는 수소문 끝에 섭정의 집을 찾고 여러 차례 방문을 거듭했다. 때로는 술과 음식을 준비하여 섭정의 모친에게 보내주기도 했다. 하루는 황금 백 일鎰(24냥)을 섭정의 모친에게 바치면서 장수를 기원했다. 섭정은 엄중자의 후한 관심과 배려를 이상하게 여기면서 황금 받기를 사양했다. 그러나 엄중자가 집요하게 고집하자 섭정은 완곡하게 거절하면서 말했다.

"비록 타향을 떠돌며 백정질로 먹고사는 형편이지만 조만간 노모를 잘 모실 수 있을 것 같습니다. 엄 선생의 호의는 더 이상 받아들이기 어렵습니다."

엄중자는 다른 사람들의 눈길을 피해 섭정에게 말했다.

"제겐 갚아야 할 원한이 있어서 여러 나라를 유랑하다가 이번에 제나라로 오게 되었습니다. 그런데 마침 선생께서 의협심이 대단하시다는 소문을 듣고 황금 백 일을 준비해서 선생의 노모를 봉양하여 선생과 친구가 되고자 했던 것이지 별 다른 뜻은 없습니다."

섭정이 말을 받았다.

"제가 뜻을 죽이고 온갖 치욕을 견디면서 백정으로 사는 것은 오로지 노모를 봉양하기 위한 것입니다. 노모가 살아 계시기만 한다면 이 한 목숨 희생하는 것도 아깝지 않습니다."

엄중자가 거듭 받아주기를 청했지만 섭정은 끝내 호의를 받아들이지 않았다. 엄중자는 손님의 예를 다한 후에 섭정의 집을 나왔다. 엄중자는 사람의 됨됨이를 알아보는 데 능한 인물이라 섭정 본인보다 모친 모시기를 열 배의 정성을 다했다. 이로써 섭정의 자존심과 허영심을 모두 만족시킬 수 있었다. 그러니 의협심 강한 섭정이 어찌 이에 보답하지 않을 수 있었겠는가?

어느덧 세월은 흘러 섭정의 모친이 세상을 떠났다. 장례가 끝나고 상복을 벗은 후에 섭정은 혼잣말로 말했다.

"에이! 나 섭정은 한낱 시정잡배로서 개나 잡아먹고 사는 처지지만 엄중자는 제후국의 경상卿相이라는 신분으로 천 리 길을 마다하지 않고 찾아와 자존심을 내던지고 나와 교우를 맺었는데, 나의 태도는 정말 가당치 못했다. 엄중자가 황금 백 일을 모친에게 보내왔을 때 사양하면서 받지는 않았지만 그가 이렇게 할 수 있었다는 것만으로도 내 지기가 되기에 충분하다. 그처럼 좋은 사람이 원한 때문에 분노를 안고 살면서 외지에서 온 하찮은 사람에게 의지한다는데 어떻게 묵묵부답으로 모른 척할 수 있겠는가? 그때는 노모가 살아 계셔서 그의 청을 승낙하지 않았지만 이제 노모께서 세상을 떠난 마당에 지기를 위해 내 미천한 힘을 쏟지 않을 이유가 없다."

섭정이 그때까지 엄중자의 요청을 받아들이지 않았던 이유는 엄중자를 대신해서 원수를 갚느라고 노모를 부양하지 못하는 불효를 저지를까 걱정해서였다. 이익보다는 명분을 중시했던 것이다.

섭정은 지기의 은혜에 보답하기로 마음먹고 엄중자를 찾아갔다.

"이전에 여러 차례 경의 요청을 받아들이지 않았던 것은 노모께서 살아 계셨기 때문입니다. 이제 노모께서 세상을 떠나셨으니 경의 원한이 어떤 것인지 말씀해주시지요."

엄중자는 자신의 처지를 상세하게 설명했다.

"내가 갚아야 할 원수는 협루라는 자요. 그는 한왕의 숙부로서 가문의 세력이 막강하고 처소의 경비가 삼엄하여 여러 차례 자객을 보내 그를 죽이려 했으나 아직까지 성공하지 못했소. 만일 선생께서 나서주신다면 수레는 물론 사병을 충분히 배치해서 선생의 거사를 돕도록 하겠소."

"한나라는 멀리 떨어져 있는 데다가 한 황실의 인척인 재상을 죽이는 일에 여러 사람이 가는 것은 바람직하지 못합니다. 사람이 많으면 다른 생각이 생기기 쉽고 그럴 경우 말이 새어나가 한나라 백성들이 모두 경을 원수로 생각하게 될 것입니다. 이는 이만저만 하게 위험한 일이 아니지요!"

그리하여 섭정은 병력의 지원을 사양하고 엄중자의 처소를 나와 단신으로 한나라로 향했다. 섭정의 이러한 태도는 엄중자의 입장을 주도면밀하게 고려한 처사로서, 지기의 은혜에 보답하려는 그의 정성과 치밀한 방법은 감동적이기까지 하다.

섭정은 예리한 칼 한 자루만 손에 들고서 한나라로 갔다. 한나라 재상 협루는 집안에 틀어박혀 있고 주위는 완전 무장한 호위병들이 지키고 있었다. 섭정은 이에 겁내지 않고 곧장 안으로 달려들어가 협루를 찔러 죽인 다음 큰 소동을 벌였다. 섭정은 크게 소리치면서 10여 명을 죽인 후에 스스로 자신의 얼굴을 난자하고 눈알을 파낸 다음 내장을 쏟으며 자살했다.

한나라에서는 그의 시신을 길거리에 내놓고 현상금까지 걸어가며 그의 신분을 확인하려 했으나 아무도 그를 알아보지 못했다. 협루를 죽인 일에 엄중자는 물론 자신의 가족들이 연루되지 않도록 하기 위해 스스로 얼굴을 난자하여 알아보지 못하게 했던 섭정의 행동은 의와 효를 동시에 갖춘 것이라 할 수 있을 것이다.

섭정뿐 아니라 그의 누이 역시 섭정 못지않게 비범한 여인이었다. 섭정의 누이 섭영聶嫈은 누군가 한나라 재상을 살해했는데 자객의 신분이 밝혀지지 않아 시신을 길거리에 내놓고 현상금을 걸었다는 소문을 듣고서 목을 놓아 울면서 말했다.

"어쩌면 그 자객은 내 동생 섭정일지도 몰라! 아, 엄중자가 내 동생의 사람됨을 알고 있었구나!"

그리고는 즉시 한나라로 달려가 길거리에 버려진 시신이 자신의 동생 섭정임을 확인하고는 시신을 끌어안고 비통함을 가누지 못하며 말했다.

"이 사람은 지읍 심정리에 사는 섭정이란 사람입니다!"

저잣거리의 행인들이 말했다.

"이 사람이 바로 우리 재상을 죽인 자객으로 대왕께선 천금의 현상금을 걸고 신분을 확인하려 하고 있소. 부인은 그런 소문도 듣지 못했소? 어서 가서 이 자의 신분을 확인시키고 현상금을 타지 그러시오?"

섭영이 행인들의 말에 대답했다.

"알고 있습니다. 이 자객은 제 동생 섭정입니다. 동생이 치욕을 삼켜가면서 저잣거리를 떠돌며 살았던 것은 노모께서 살아 계시고 누이인 제가 출가하지 않고 있었기 때문입니다. 이제 노모께서 돌아가시고 저마저 출가하자 엄중자가 지기를 삼아 태산 같은 은혜를 베풀어준 것에 보답하기 위해 이런 일을 저지른 것입니다. 선비는 지기를 위해 죽는 법이니 다른 방법이 없었겠지요. 게다가 누이인 제가 아직 살아 있기 때문에 이 일에 연루되는 것이 두려워 남들이 알아보지 못하도록 스스로 얼굴을 난자했던 것입니다. 그러니 제가 어떻게 살신의 화가 두려워 동생의 명예를 매장할 수 있겠습니까?"

이 말에 한나라 사람들은 크게 감동했다. 섭영은 슬픔을 이기지 못해 끝내 동생 섭정의 시신을 껴안고 그 자리에서 숨을 거두고 말았다. 진과 초, 제와 위 등 여러 제후국 사람들도 이런 소문을 듣고는 감동하여 이구동성으로 말했다.

"섭정도 대단한 사람이지만 죽음을 두려워하지 않고 천 리 길을 달려와 동생의 이름을 빛낸 섭영도 정말 절개와 기개가 대단한 여인이다. 하지만 누이가 이럴 줄 알았다면 섭정은 엄중자의 요청에 따르지 않았을 것이다."

섭정의 이름이 빛나는 것은 그가 일개 제후국의 재상을 죽였기 때문이 아니라 지기의 은혜에 보답하면서 누구에게도 피해를 끼치지 않으려 애썼던 의협심 때문이다.

춘추전국시대에는 자객들의 거사가 적지 않았지만 형가와 전제, 섭정 세 사람만이 역사에 이름을 빛내고 있는 이유도 바로 이러한 의협 정신에 있다.

측천무후

무측천은 치밀한 준비와 노력으로 황제의 자리까지 올라 전횡을 일삼았지만 그녀가 이룬 정치적 업적은 높이 평가할 만하다 최고의 대우를 받던 문벌 귀족 세력에게 치명적인 일격을 가하고 한문 출신의 신진 관료를 기용하고 혁신을 꾀하며 채찍이 안 통하면 비수를 들이대어 한 시대를 제압했다

측천무후는 어떤 인물인가? 그녀는 중국 역사에서 여러 가지 '유일' 한 기록을 남긴 진정한 여황제였다. 그녀는 사후에 유일하게 건릉乾陵에 세워진 무자비無字碑의 주인공이었고 유일하게 황제와 합장되는 등 갖가지 역사의 '유일' 한 기록들을 만들어냈다.

그만큼 무측천(624~705)의 출현은 중국 역사의 거대한 한 페이지를 장식하고도 남는다. 그녀에 대한 후세인들의 비판적 평가가 분분하긴 하지만 그 누구도 그녀가 남긴 역사의 자취를 지우지는 못할 것이다.

무측천(624~705)은 산서 문수 출신으로 당 무덕武德 7년(624)에 태어났다. 부친은 목재상인으로 정3품인 공부상서도독工部尙書都督 등의 관직을 지낸 바 있다. 부친의 이러한 경력과 지위로는 간신히 사족의 대열에 들어갈 수 있었지만 그 혈통은 여전히 미천한 것으로 여겨졌다. 당 태종 정관 12년, 황실에서 편찬한 『씨족지氏族志』에는 무씨 성이 포함되지 못했고 사회적으로도 무씨는 하급 계층의 성씨로 분류되었다. 이는 가문과 출신성분을 매우 중시했

던 당시의 사회 분위기에서 무씨 집안사람들이 높은 권력과 지위를 얻기가 거의 불가능하다는 것을 의미했다.

무측천은 당대 상류사회의 부귀영화를 누렸으면서도 여전히 한문寒門 출신이라는 한계를 벗어나지 못하고 있었다. 그러나 출신의 한계는 쟁취가 불가능한 권력에 대한 그녀의 욕망을 더욱 자극했다.

무측천은 명문귀족들을 원수처럼 여기면서 한편으로는 수단과 방법을 가리지 않고 권력에 열중하는 모순된 심리상태에서 성장했다.

실제로 그녀에게서 귀족의 기질은 찾아볼 수 없었다. 정관 16년(636) 1월, 장손황후가 서거하자 그 이듬해에 태종은 무측천이 용모가 단아하고 행실이 방정하다는 소문을 듣고 그녀를 궁중으로 불러들여 재인才人으로 봉하고 '무미武媚'라는 이름을 하사했다. 입궁 당시 그녀의 나이는 불과 열네 살로, 부모 곁을 떠나기 어려운 나이였다. 게다가 입궁이라는 것은 생이별과 다를 바 없었다. 그러나 아직 어린 나이의 무측천은 이를 입신의 기회로 생각했다. 그녀의 모친은 어린 딸과의 이별을 슬퍼하며 눈물을 보였지만 무측천은 오히려 모친을 위로했다.

"천자를 모시러 들어가는데 이런 복이 또 어디 있겠어요? 이렇게 우시면 저까지 슬퍼지잖아요!"

무측천은 어려서부터 총명하고 지혜로운 데다가 사서를 즐겨 읽어 정사와 인정에도 밝았다. 송대 나대경羅大經이 쓴 『학림옥로鶴林玉露』라는 책에 기록된 일화는 거의 잔인함에 가까울 정도의 결단력 있는 성격을 잘 보여준다.

중국 서북 변방의 이민족인 토번吐蕃이 태종에게 '사자총獅子驄'이라 불리는 명마 한 필을 공물로 보내왔다. 매우 거칠고 야성이 강한 말이라 다루기가 여간 어렵지 않았다. 사냥을 좋아하는 태종은 직접 이 말을 길들이려 했지만 제압할 방법을 찾지 못하고 있었다. 이런 모습을 보고 있던 무측천이 큰 소리로 말했다.

"그 말을 다룰 수 있는 사람은 저밖에 없는 것 같군요!"

태종이 무측천에게 명마를 길들일 방법을 묻자 그녀는 웃으면서 대답했다.

"제겐 말을 길들일 수 있는 세 가지 도구가 있습니다. 먼저 쇠채찍으로 후려쳐서 말을 듣지 않으면 쇠몽둥이로 호되게 두들겨패는 것입니다. 그래도 말을 듣지 않으면 비수로 목을 찌르는 것입니다."

어린 궁녀가 이처럼 대담한 기백을 보이자 태종은 놀라움과 함께 두려운 마음을 금치 못했다.

스물여섯 살까지 무측천은 궁중에서 화려한 생활을 하며 세월을 보냈다. 정4품인 재인의 신분으로는 황제의 생활을 보살피는 것 외에는 달리 총애를 살 방법이 없었다. 얼마 후 태종이 중병에 걸리자 무측천은 태자 이치를 만나기 위해 수시로 궁중을 드나들게 되었고, 이를 계기로 그녀는 일생을 자신보다 네 살 어린 태자에게 의탁하기로 마음먹었다. 그리고 태자에게 접근하여 그의 호감을 살 방법을 강구하게 되었다.

성품이 유약하고 매사에 자기 주장이 없었던 태자 이치는 무측천처럼 단아하고 아름다운 데다가 일처리에도 능한 젊은 여인을 만나자 금세 마음이 기울었다.

태종은 병세가 중해지면서 전한 시대에 여후가 전권을 휘둘렀던 일이 재연될 것이 두려워 무측천에게 사약을 내리기로 결정했다. 어느 날 태종이 무측천에게 말했다.

"짐은 병에 걸린 이후로 백약이 무효한 채 증세만 더 가중될 뿐이다. 여러 해 동안 날 보살펴온 널 이대로 두고 떠날 수가 없을 것 같구나. 네 생각은 어떠하냐?"

영리한 무측천은 태종의 의도를 알았다. 천성이 침착하고 결단력이 강한 그녀는 조금도 흐트러지지 않은 표정으로 태종에게 말했다.

"소녀가 폐하의 은총을 입었으니 죽음으로 폐하의 은혜에 보답해야 할 줄 압니다. 하지만 폐하의 옥체가 아직 치유되지 않았기 때문에 지금은 죽을 수 없습니다. 청컨대 머리를 삭발하고 검은 옷을 입은 승려가 되어 폐하를 위해 기도를 올림으로써 폐하의 은덕에 보답할 수 있게 해주십시오."

무측천의 이러한 대답은 그녀의 기지를 단적으로 보여준 사례였다. 출가를 해야만 목숨을 보전할 수 있다는 점을 그녀는 알고 있었던 것이다. 너무나 진지한 무측천의 대답에 태종은 잠시 생각에 잠겼다가 천천히 입을 열었다.

"좋다! 네 생각이 정 그렇다면 당장 궁을 떠나거라!"

태종의 승낙은 대사면령이나 마찬가지였다. 그녀는 황급히 짐을 꾸려 출가를 준비했다. 태자는 그녀를 보내고 싶지 않았지만 막을 방법이 없었다. 그저 태종의 말에 고개를 끄덕였다.

"저애를 죽일 생각이었지만 마음이 개운치 않던 차에 삭발을 하고 출가하겠다는 말에 그렇게 하도록 허락했다. 비구니가 정권을 농락했던 전례는 없었으니까 말이다."

얼마 후 태종은 세상을 떠났고 무측천은 감업사로 보내져 승려가 되었다. 태자 이치는 황위에 올랐지만 그녀를 다시 데려올 명분이 없었다. 1년 뒤, 고종은 태종의 기일을 맞아 감업사로 향을 올리러 갔다가 우연히 무측천을 보았다. 사실 고종은 그동안에도 무측천이 몹시 그리웠지만 태종을 모셨던 여자이기 때문에 감히 궁중으로 데려오지 못했다.

그런데 당시 고종이 소숙비蕭淑妃를 총애하자 이를 질투하고 있던 황후가 고종의 총애를 분산시키려는 목적으로 무측천을 다시 궁중으로 데려오도록 종용하기에 이르렀다. 이에 고종은 못이기는 척하며 마침내 무측천을 다시 궁중으로 맞아들였다.

궁중으로 돌아와 자신의 위치를 정확히 파악한 무측천은 비굴할 정도로 공손한 태도로 황후를 모시기 시작했다. 황후도 그녀를 좋아하여 고종의 면전에서 여러 차례 그녀를 칭찬했다. 그러나 오래지 않아 고종의 총애가 무측천에게 집중되자 소숙비와 황후는 연합하여 무측천에 대항하게 되었다. 이때 무측천은 소의昭儀에 봉해져 이전과 다른 신분이었다. 그녀는 권력의 자리를 향해 빠른 걸음으로 올라가고 있었던 것이다.

하지만 황후는 문벌귀족 세력의 지지를 받고 있었다. 무측천이 임신했다는 소식이 전해지자 황후는 자신에게 아이가 없다는 사실에 크게 두려움을 느꼈다. 그녀는 외삼촌인 중서령 유상柳奭 등과 연합하여 후궁 유씨의 아들이자 고종의 장자인 이충李忠을 태자로 세우고 장손무기, 저수량褚遂良, 한원韓瑗, 우지녕于志寧, 장행성張行成, 고계보高季輔 등의 중신들을 태자를 보필하게 함으로써 철통 같은 보신 전략을 펼쳤다.

이같은 궁정 내외의 연합에 무측천은 큰 자극을 받았다. 이때 그녀는 자신의 지지 세력이 없는 것이 변변치 않은 가문 출신의 한계임을 뼈저리게 느끼고, 정상적인 수단으로 목적을 달성하는 것은 불가능하다는 것을 알았다.

강한 장애나 공격에 부딪히면 더욱 분발하는 강인한 성격의 소유자였던 무측천은 황후나 소숙비의 눈밖에 난 사람들을 대거 받아들이고 인심을 얻는 데 주력했다. 고종으로부터 받는 상급은 전부 측근들에게 나눠주면서 황후와 소숙비의 일거일동을 보고하게 하여 이를 고종에게 일러바쳤다. 하지만 이처럼 소극적인 행동으로는 질투심에 불타는 두 여인을 제압하기에 부족했다.

때가 오기만을 기다리고 있던 무측천에게 결정적인 기회가 찾아왔다. 서기 654년, 무측천이 딸을 낳자 황후는 무측천의 처소를 찾아 아이를 보고 갔다. 황후가 다녀간 후 고종이 올 것이라는 소식을 들은 무측천은 천재일우의 기회라고 판단하고 강보에 싸인 아기의 목을 졸랐다. 그런 다음 아기의 몸에 이불을 덮어놓고 밖으로 나가 고종을 맞이했다.

고종은 이불을 들치고 아기를 품에 안는 순간, 아기가 죽어 있는 것을 발견했다. 무측천은 몹시 놀라는 척하면서 통곡하기 시작했다. 고종이 다급해진 표정으로 좌우의 시종들에게 물으니 방금 황후가 다녀갔다고 했다. 황후의 소행이라고 생각한 고종은 분노를 금치 못했고, 무측천은 이를 기회로 삼아 황후의 갖가지 과실을 고종에게 일러바쳤다. 마침내 고종은 황후를 폐하고 무측천을 황후로 세웠다.

당시의 상황에서 무측천에게는 딸의 시신을 발판으로 삼는 것만이 황후를 제압할 수 있는 유일한 방법이었다. 하지만 이것으로 모든 일이 끝난 것은 아니었다. 무측천은 이전에 먼저 황후를 적극 지지하던 유상을 사직시킨 데 이어 차례로 주요 대신들을 제압하려 했지만 여의치 않자 중서사인 이의부李義府와 왕덕검王德儉, 어사대부 최의현崔義玄, 어사중승 원공유袁公瑜, 허경종許敬宗 등 한문서족寒門庶族 출신으로 뜻을 펴지 못한 관료들에게서 자신의 지지세력을 찾기로 마음먹었다. 조정 내에서 일부 대신들의 지지를 받기 시작한 무측천은 강경 노선을 달리기 시작했다.

가장 먼저 이의부가 상소를 올려 황후를 폐하고 무측천을 새 황후로 세울 것을 요구했다. 고종 영휘永徽 6년(655) 8월, 고종이 정식으로 황후를 폐하는 문제를 제기하자 장손무기 일파는 결사적으로 반대하고 나섰고 저수량 등도 간언을 올려 기어이 황후를 폐한다면 새 황후는 명문가 출신을 맞아들여야지 무측천같이 미천한 가문의 여인을 맞아선 안 된다고 주장하면서 달기나 포사 같은 나라를 망친 요녀들을 전례로 들었다.

재상들 가운데 유일하게 이의李義만이 이충을 태자로 세우는 일에 참여하지 않고 미지근한 태도로 말했다.

"이는 폐하의 집안일에 불과한데 외부 사람들이 나서서 왈가왈부할 까닭이 어디 있단 말이오?"

달기妲己 은나라 마지막 왕인 주왕紂王의 비로, 주왕과 함께 학정을 일삼았다

포사褒姒 주나라 마지막 왕인 유왕幽王이 총애하던 비로 중국의 대표적인 음란하고 잔인한 악녀

결국 9월에 저수량이 조정에서 물러나면서 10월에는 황후를 서인으로 폐하고 무측천을 황후로 책봉했다. 11월에는 이의가 나서서 황후 책봉 전례를 거행했고 이듬해에는 태자 이충이 양왕梁王으로 폄하되고 무측천의 아들 이홍李弘이 태자가 되었다.

황후가 되는 데 성공한 무측천의 다음 목표는 권력 장악이었다. 가장 시급한 일은 폐위된 황후를 보위하던 일당을 철저히 제거하는 것이었다. 황후와 소숙비를 냉궁에 가둬 죽인 무측천은 저수량을 애주에서 죽게 했고, 장손무기를 자살하게 했으며, 유상을 상주에서 죽게 했다. 이들의 친족들도 대부분 주살되거나 관직에서 배척되었다. 서기 659년, 마침내 장손무기의 권력집단은 완전히 와해되어 정권은 중궁에 귀속되었다.

고종은 성격이 유약했을 뿐 아니라 몸도 건강하지 못해 항상 잔병치레에 시달렸기 때문에 정사는 대부분 무측천의 손에 의해 이루어졌다. 현경顯慶 연간에는 고종과 더불어 '이성二聖'이라 칭해지며, 황제와 동등한 권력을 행사했다. 하지만 그녀가 막강한 권력을 휘두르면서 많은 문제들이 발생하기 시작했다. 무측천이 전횡을 부리는 바람에 고종의 수권이 제한을 받게 되었고 그녀의 태도 역시 눈에 띄게 오만 방자해졌던 것이다.

그러자 고종은 재상 상관의上官儀에게 무측천을 서인으로 폐위시키라는 조서를 내렸다. 하지만 일찌감치 상관의의 신변에 심복을 배치해두었던 무측천은 이런 소식을 전해듣고는 황급히 고종을 찾아가 자신의 모든 행동이 고종에 대한 애정에서 비롯된 것이라며 달콤한 말로 설득했다. 심약한 고종은 자신은 원래 그럴 생각이 없었으나 상관의가 주장한 일이라고 둘러댔다. 이에 무측천은 사람을 시켜 상관의가 이전에 태자 이충과 더불어 모반을 계획했었다고 무고하도록 사주하여 상관의와 상관정지上官庭芝 부자를 처형하고 그의 아내와 딸을 궁중의 노예로 귀속시켰다. 이충도 검주에서 살해되었다.

그 후 고종은 더욱더 무측천에게 의지하게 되었고 궁중회의를 그녀가 주재하도록 했다. 이제 관료의 임용은 물론, 생사여탈의 권한까지 중궁전에 귀속되어 황제인 고종은 무측천의 꼭두각시에 지나지 않게 되었다.

서기 674년 8월부터는 황제를 '천황天皇'이라 부르고 황후를 '천후天后'라고 부르기 시작했다. 무측천이 황후가 된 지 17년, 무측천의 완전한 승리였다. 이는 그녀 인생의 승리였을 뿐 아니라 역사의 전환을 의미했다. 한문서족 출신의 신흥세력이 권력을 잡고 마침내 역사의 무대에 우뚝 서게 된 것이다.

황후와 장손무기 등이 백여 년 동안 유지되어온 문벌귀족 지주계급의 부곡전객제部曲佃客制 경제를 대표했다면 무측천과 이의 등은 신진 한문서족 지주계급을 중심으로 하는 계약전농제契約佃農制 경제를 대표한다고 할 수 있다. 따라서 무측천의 승리는 서족 지주계급의 급격한 부상을 예고하는 것이었다. 이는 위진 이후 4백여 년 동안 지속되었던 문벌귀족 정권의 종말인 동시에 신흥 지주계급의 점진적인 권력 장악을 의미했다. 또한 이는 사상해방과 생산력 발전, 그리고 중국 역사의 발전에도 매우 긍정적인 변화를 가져다주었다.

무측천은 정치적 기백을 십분 발휘하면서 '천후'라 불리기 시작한 지 4개월 만에 고종에게 열두 가지 정책을 건의했다. 그 정책의 내용은 그녀가 당대 사회에 대한 장기적이고 세밀한 관찰과 연구 결과를 기초로 하고 있는데, 여기에는 상농의 권장과 부역의 경감 등 중요한 조치들이 포함되어 있었다.

문벌귀족들을 철저히 제거하는 동시에 과거의 울분을 풀기 위해 『성씨록姓氏錄』을 편찬하여 태종이 만들었던 『씨족지』를 대신하기도 했다. 이때 무측천은 『성씨록』에 황후의 성씨를 맨 위에 기록하게 하고 당시의 관품에 따라 5품 이상의 관원들을 아홉 등급으로 나누어 열거하면서 이를 사류士流로 구분했다. 이리하여 한문 서족 지주계급 출신이 대거 상류계급으로 대두하면서 정치, 경제, 문화에 활기를 불어넣었고, 이는 사회 발전에도 긍정적인 기능을 했다.

기득권을 빼앗긴 문벌귀족들은 무측천의 처사에 크게 불만을 갖고 『성씨록』은 귀족의 족지族誌가 아니라 군공을 가리기 위한 '훈격勛格'에 불과하다고 비아냥거렸다.

그러나 무측천은 이에 아랑곳하지 않고 모든 행정력을 동원하여 과거에 배포됐던 『씨족지』를 전부 회수하고 『성씨록』을 보급함으로써 사회의 기풍을 완전히 바꿔놓았다.

고종의 병세는 더욱 나빠졌다. 그는 일찌감치 황위를 태자 이홍에게 물려주려 했다. 이홍은 성품이 인자하고 신중한 데다가 정치적 재능도 뛰어나 고종의 총애를 받았다. 하지만 무측천은 이홍을 좋아하지 않았다.

한번은 이홍이 궁중에서 소숙비의 소생인 두 누이가 서른이 넘도록 유폐된 생활을 하고 있는 것을 발견하고는 이들을 출가시키자는 주청을 올렸다가 무측천의 눈밖에 나고 말았다. 사실 이홍이 무측천의 미움을 사게 된 근본적인 원인은 그가 친아들이었음에도 불구하고 권력 쟁탈의 경쟁자였기 때문이다. 결국 무측천은 독이 든 약을 먹여 이홍을 죽이기에 이르렀다. 이홍은 몸에 난 구멍마다 피를 쏟으며 비참하게 죽어갔다.

이홍이 죽자 무측천의 둘째 아들 이현李賢이 태자의 자리에 올랐다. 이홍의 죽음에 큰 충격을 받은 고종은 병세가 더욱 악화되어 도저히 정무를 살필 수 없게 되자 황위를 태자에게 넘기려 했다. 이에 무측천이 결사적으로 반대하고 나섰다. 그 후 무측천은 이현이 자신의 말을 들으려 하지 않자 이현을 서인으로 폐하고 경사에 유폐시킨 다음, 셋째 아들 이현李顯에게 태자의 자리를 잇게 했다.

서기 683년, 마침내 고종이 죽자 태자 이현李顯이 중종中宗으로 즉위했고 무측천은 황태후의 신분으로 모든 제도를 관장했다.

한번은 중종이 장인인 위현정韋玄貞을 재상으로 앉히고 유모의 아들에게 5품의 관직을 하사하려 하자 재상 배염裴炎이 이를 부당하게 여겨 저지하려 했다. 그러자 나이 어린 중종은 화를 내면서 "천하를 위현정에게 준다 한들 겁날 게 무엇이란 말인가!"라며 호통을 쳤다.

이에 두려움을 느낀 배염이 무측천에게 이 사실을 고하자 무측천은 중종을 노릉왕盧陵王으로 폐하고 넷째 아들 예왕豫王 이단李旦을 예종으로 세웠다. 그러나 예종은 경사에 있지 않았기 때문에 정사에 참여할 수 없었다. 이와 동시에 무측천은 사람을 보내 폐위된 태자 이현李賢을 죽게 함으로써 신변의 모든 장애 세력을 제거하고 칭제稱帝를 서둘렀다. 당의 종실들은 무측천이 이씨 종실의 씨를 말릴 것이라며 두려움에 떨면서 전국에서 기병하기 시작했다.

무측천이 조정을 장악한 지 7개월로 접어들었을 때 양주에서 서경업徐敬業이 난을 일으켜 재상 배염과 내통하려 했지만 무측천은 추호의 동요도 없이 배염과 정무정程務挺 등을 참수하여 화근을 제거하고 30만 대군을 조성하여 50일 만에 서경업의 난을 진압했다. 자신에 대한 첫 번째 모반을 확실하게 평정한 무측천은 대신들을 모아놓고 황은을 저버리고 모반을 기도하는 자는 누구를 막론하고 비참한 최후를 맞게 될 터이니 함부로 날뛰다가 천하의 웃음거리가 되지 말고 충성을 다하라고 으름장을 놓았다.

서기 688년, 무측천의 조카 무승사武承嗣는 칭제의 시기가 무르익었다고 판단하고 몰래 사람을 시켜 흰 바위 위에 '성모가 인간의 모습으로 내려와 영원히 제업을 떠맡게 된다聖母臨人 永聖帝業.'는 글귀를 새기게 한 다음, 옹주 사람 당동태唐同泰를 시켜 이 바위

여황제 측천무후의 외출 풍경 한미한 가문에서 태어나 악랄하고 잔인한 책략으로 중국 유일의 여성 황제가 되었지만 인재를 모으고 국위를 선양하는 등 다른 왕조에서 이루지 못한 업적을 남기기도 했다

를 황실에 바치면서 낙수에서 얻었다고 거짓말을 하게 했다. 무측천은 몹시 기뻐하며 바위를 '보석도寶石圖'라 명명하고, 그 해 5월에 직접 낙수로 가서 천제에 이어 어명당御明堂에 예를 올린 다음 존호를 '성모신황聖母神皇'이라 하여 정식으로 칭제했다. 이때부터 무측천은 '폐하'라 불리게 되었다.

무측천이 칭제하자 자신들에게 엄청난 재앙이 닥칠 것이라 판단한 이씨 종실들은 가만히 앉아 있을 수 없었다. 그들은 자신들을 보전하기 위해 '중종을 복위시키고, 예종을 구한다'는 명목으로 여러 제후들에게 기병을 호소했다. 그러나 범양왕范陽王 이갈李噶이 비밀을 누설하는 바람에 얼떨결에 한왕韓王 이원가李元嘉가 먼저 기병했고, 이어서 낭야왕琅琊王 이충李冲이 박주에서 기병했으며, 월왕越王 이원李貞이 예주에서, 곽왕霍王 이원궤李元軌가 청주에서, 노왕魯王 이영기李靈夔가 형주에서 각각 기병했다.

그러나 이미 안정을 누리고 있던 백성들은 일개 종실을 위해 내란이 일어나는 것을 원하지 않았고, 이씨 제왕들의 군대도 전의를 상실한 상태였다. 결국 이들은 무측천의 군대가 당도하자 대부분 투항하거나 도망쳐버려 이씨 제왕들의 반란은 힘도 제대로 써보지 못하고 진압되고 말았다.

이씨 제왕들의 실패는 관농의 문벌귀족들이 이미 인심을 잃었음을 의미했다. 한때 백성들로부터 절대적인 신망을 얻었던 이씨 종실은 점차 세력이 커지기 시작한 서족 지주들에 밀려 영향력을 잃어갔고 사회가 장기간의 안정 국면을 유지하면서 백성들도 더 이상 족벌 싸움에 휘말려 자신을 희생시키려 하지 않았던 것이다. 이처럼 백성들이 사회적 평등과 정의를 생각하기 시작한 것은 역사의 중대한 발전이라 할 수 있을 것이다.

　이씨 종실들의 반란을 진압한 후, 무측천은 적대세력을 완전히 소탕하기로 결심했다. 이를 위해 그녀는 세 가지 조치를 단행했다. 우선 사람들에게 밀고를 장려하고 둘째, 형벌을 엄하게 하며 셋째, 혹리酷吏를 임용하는 것이었다. 무측천은 주흥周興, 내준신來俊臣, 색원례索元禮 등 혹리들을 발탁하여 대규모 숙청을 단행했다. 이들은 이씨 종실들 가운데 왕공대신王公大臣들의 행적을 일일이 밀고하여 기회가 있을 때마다 모반죄를 뒤집어씌워 혹형을 가했다.

　또한 무측천은 조정 내에 구리로 만든 밀고함을 만들어 적극적으로 밀고문서를 받아들였다. 밀고로 공을 세운 사람은 파격적으로 관직에 임용하고 밀고 내용이 사실과 다른 것으로 판명된다 해도 이에 대한 책임을 묻지 않기로 했다. 그 결과 세 명의 혹리에 의해 수천 명이 잔혹하게 처형당했고 특히 내준신에 의해 단죄된 사람만 해도 천여 명에 달했다. 이러한 대규모 숙청의 회오리 속에서 이씨 종실 수백 명이 목숨을 잃었고 파면과 동시에 처형된 관리만도 그 수를 헤아릴 수 없을 정도였다. 무측천의 공포정치는 무수한 사람들을 죽음으로 몰고 갔고 모든 사람이 두려움에 떨면서 감히 모반을 꿈꾸지 못했다. 이로써 무측천의 세 번째 목표가 완전히 실현되었고 황제를 칭하는 것은 시간 문제였다.

　서기 690년 9월 9일, 마침내 무측천은 국호를 '주'로 바꾸고 스스로 '신성황제神聖皇帝'라 칭하면서 휘황찬란한 황제의 복식을 하고 낙양에서 대주大周 황제의 보좌에 앉았다. 이로써 중국 역사상 유일한 여황제인 측천무후가 탄생했다.

무측천이 황제가 된 이후로 모든 일이 순탄하기만 했던 것은 아니다. 우선 이씨 종실과의 갈등을 해결해야 했고, 둘째로 대규모 학살로 야기된 대신들과의 불화를 해결해야 했다. 다행히 시간이 지나면서 무측천과 이씨 종실과의 갈등은 점차 완화되었지만 대신들과의 불편한 관계가 큰 문제였다. 이를 해결하기 위해 무측천은 속죄양을 쓰기로 하고 내준신을 비롯하여 밀고와 주살을 남용했던 27명의 혹리를 처형했다. 그 후 무측천이 만년에 접어들면서 정치 분위기는 비교적 부드럽고 자유로워졌으며 통치도 안정세를 유지했다.

그러나 뜻밖의 위기가 찾아왔다. 무측천은 겉으로는 양호한 군신 관계를 유지했으나 칭제 직후 무리한 주살로 인해 조정의 분위기는 어두웠고, 때문에 그녀의 만년은 고독할 수밖에 없었다.

이러한 상황에서 그녀는 정부情夫들에게서 즐거움을 찾기 시작했다. 먼저 설회의薛懷義와 어의御醫가 무측천의 정부가 되었지만 그녀를 만족시키지 못하자 딸 태평공주가 젊고 잘생긴 데다가 음율에 정통한 장종창을 추천했다. 무측천은 그를 보자마자 한눈에 반해 즐기더니 얼마 후엔 그의 형 장역지까지 끌어들였다. 그리하여 두 형제가 동시에 무측천의 정부가 되었고 그녀는 사생활뿐 아니라 정치적인 문제에 있어서도 이들에게 의지하려 했다. 그러다 보니 두 사람의 권력은 갈수록 막강해져 무삼사나 무승사 같은 권문 귀족들조차 그들을 떠받들며 장역지를 '오랑五郎', 장종창을 '육랑六郎'이라 불렀다.

두 형제는 득세하자 온갖 불법과 부정을 저지르며 자신들에게 순종하지 않는 관리들을 마음대로 처단했다. 두 사람의 권세가 과도하다는 의견을 제시한 이현의 장자와 여동생 영태永泰 공주, 그리고 매부 무승사의 아들 무연기武延基 등을 살해함으로써 조정 대신들의 분노를 사기도 했다. 일부 대신들은 여러 차례 장씨 형제들의 범죄 증거를 수집하여 이들을 법대로 처벌하려 했으나 매번 무측천에 의해 사면되었다. 대신들은 법률로도 장씨 형제를 단죄할 수 없음을 깨닫고 무력으로 이들을 처단하기로 결정했다.

하지만 정변의 목적은 이들을 제거하는 것일 뿐, 무측천을 전복하려는 의도는 없었다. 재상 장간지 등 조정의 중요 인물들은 우림군 장수들과 이현, 이단, 태평공주 등의 세력을 대거 규합하여 현무문을 점령하고 궁중으로 밀고 들어가 영선궁에서 장씨 형제를 색출하여 주살하는 동시에 무측천을 완전히 제압했다.

장씨 형제를 주살한 대신들은 내친김에 무측천을 하야시키고 중종을 황제로 옹립했다. 무측천이 태자에게 황위를 넘기겠다고 선언한 다음날 중종의 복위가 선포되었고, 이로써 무주武周 정권은 종말을 맞았다.

서기 705년 11월, 82세의 무측천은 낙양 상양궁에서 한을 품은 채 사망했다. 이듬해에 그녀의 아들 중종은 신하들의 강력한 반대에도 불구하고 모친을 위해 성대한 장례를 치러주고 영구를 장안까지 호송하여 건릉궁에 고종과 합장했다.

무측천은 칭제했던 15년을 포함하여 무려 50년 동안 정권을 유지했고, 이 기간 동안 그녀는 중국 역사의 발전에 적지 않은 공헌을 했다. 우선 그녀는 농업의 발전을 중시하여 균전제를 시행함으로써 토지 겸병을 억제하고 황무지 개간을 장려하여 커다란 효과를 거뒀다. 그녀가 통치하는 동안 380만이던 인구는 615만으로 크게 증가했다.

또한 그녀는 과거제도를 발달시켜 직접 고시를 주재하기도 했고 서족 출신의 인재를 대거 선발했으며 '무거과武擧科'를 신설하여 군사적 재능을 갖춘 인물들을 발탁하기도 했다. 당 태종이 재위하는 동안 진사에 합격한 사람은 205명에 불과했지만 고종과 무측천이 통치했던 55년 동안에는 진사 합격자가 천 명을 넘어섰다.

또한 그녀는 문화사업을 매우 중시하여 수많은 문화 서적들을 편찬하기도 했다. 변경의 방비를 중시하여 소수민족들과의 주변 관계를 개선하고 국가의 통일과 변방의 안정을 유지했으며 상업의 발전에도 적지 않은 공헌을 했다.

물론 만년의 생활이 극도로 사치스러웠고 조카 무삼사와 정부 장씨 형제들이 극심한 정치적 혼란을 초래했으며, 특히 딸 태평공주의 전횡을 유발하는 등 부정적인 사례도 적지 않았다. 또한 그녀는 혹리들을 기용하여 종실의 대신들을 대거 죽이고 자신의 친아들 이현과 이단은 물론, 당 고조와 태종, 고종의 자손들을 전부 죽였다. 14년 동안 쉰여덟 명의 재상 가운데 스물한 명이 주살되는 기록을 남기기도 했다.

어쨌든 무측천은 길고 긴 중국 봉건사회의 역사에 혜성처럼 나타나 무한한 논쟁의 단초를 남겼다. 무측천이라는 존재의 의미는 무엇보다도 중국 역사상 유일무이한 여성 황제였다는 데 있을 것이다. 이씨 당 왕조를 무씨 주 왕조로 바꾸려는 기도는 실패로 끝났고 여러 가지 새로운 시도들도 성공하지 못했지만, 그럼에도 불구하고 그녀는 황제이자 남편이었던 고종과 합장되는 최고의 영광을 누렸다.

그녀는 참신한 모습으로 황제의 보좌에 나타나 문벌 귀족세력
에게 치명적인 일격을 가하면서 중국 봉건사회의 딱딱하게 굳은
흙을 푸석푸석하게 갈아놓았다. 또한 남성들의 권력 세계를 뒤흔
들고 스스로 황제가 되어 군림함으로써 여성들을 새로운 눈으로
바라보게 했으며 중국의 종법관념을 과감히 깨뜨려 다시는 여성을
함부로 대하지 못하게 만들었다.

　고대사회의 남성 황제제도를 여성 황제제도로 바꿨어야 한다
는 무리한 발상을 제시할 수는 없겠지만 무측천의 성패 득실을 통
해 중국 역사에 발휘된 여성의 힘을 재조명함으로써 왜곡된 사상
과 관념을 바로잡는 시도는 얼마든지 가능할 것이다.

조괄

기원전 270년, 진나라 소양왕昭襄王은 위나라 사람 범저范雎를 스승으로 모시고 그가 제시한 원교근공의 대외정책을 받아들였다. 이는 진의 대외정책이 크게 성숙되어 닥치는 대로 공격하고 싸우는 소모적이고 무리한 외교 전략에서 탈피했음을 의미했다.

이 정책에 따라 진은 멀리 떨어져 있는 제나라 등과는 우호관계를 맺고 가까운 한韓나라 등은 공격하기 시작했다. 그 결과 매년 조금씩 영토를 확장했고 국력은 갈수록 강해졌다. 이 '원교근공'의 정책은 진이 16국을 통일하는 데 외교적 기초를 마련해주었다.

소양왕은 제를 공격하는 과정에서 한 차례 좌절을 겪고 난 후 완전히 범저의 모략에 따르기 시작했다. 대내적으로는 태후를 폐하고 양후를 축출했으며, 대외적으로는 제나라와 일시적으로 우호관계를 유지하면서 한나라에 대해선 공격을 감행했다. 기원전 262년, 진왕은 대장 왕흘王齕을 파견하여 한을 공격하고 양왕성을 점령했다. 이로써 한나라

서생이란 아무 짝에도 쓸모없는 존재라는 말도 있지만 이는 그다지 큰 의미를 갖지 않는다 여기서 말하는 서생이란 호언장담만 하고 실천과 경험이 없는 사람을 가리키는 것이지 학문이 깊고 넓은 인사들을 의미하는 것이 아니다 서생을 기용할 때는 신중을 기해야 한다

원교근공遠交近攻 먼 나라와 친교를 맺고 가까운 나라를 공격한다. 즉, 이해가 긴밀하지 않더라도 거리가 멀리 떨어져 있는 국가와 친교를 맺는 외교정책

는 두 토막이 나서 상당과 본토가 완전히 격리되었다. 이로 인해 한은 상당 지역을 진에 바치고 그 대가로 철군을 요청하기로 했다. 그러나 이때 상당군의 장수인 풍정馮亭이 투항을 반대하면서 다른 의견을 내놓았다.

"상당 지역을 진에 헌납하느니 차라리 조나라에 헌납하는 게 낫습니다. 조가 상당을 손에 넣게 되면 진은 이를 빼앗으려 할 것이고, 그렇게 되면 조와 연합하여 진을 공격할 수 있을 것입니다."

대부분의 대신들이 이에 동의함에 따라 한나라는 조에 사자를 보내 상당 지역을 헌납했다.

조나라 효성왕孝成王은 사리에 밝지 못한 인물이라 거대한 땅을 거저 얻었다는 생각에 몹시 기뻐하면서 평원군平原君에게 5만 대군을 이끌고 가서 이를 접수하라고 명령했다. 상당에 도착한 평원군은 풍정을 화릉군華陵君으로 봉하고, 상당 태수로 임명하려 했으나 풍정은 고사하며 받아들이지 않았다. 국토를 헌납함으로써 부귀를 얻은 만큼, 봉작은 가당치 않다는 것이었다. 평원군이 재차 간청하고서야 풍정은 비로소 승낙하면서 막대한 군사 지원을 요청했다.

진왕은 조가 땅을 가로챈 것에 몹시 분개하며 왕흘에게 당장 상당을 공격하라고 명령했다. 풍정은 세력이 미약하여 저항하기 힘들었고 40일을 사수한 끝에 백성들과 함께 조나라로 피난하다가 장평관에서 조의 지원군과 마주치게 되었다.

시간이 꽤 지나서야 지원 병력을 보내기로 한 조왕은 염파를 대장으로 임명하고 20만의 병력을 파견했다. 염파는 진군과의 일전에서 크게 패한 후, 승리가 여의치 않음을 깨닫고 보루를 단단하

양후穰侯 진나라 소양왕의 모후인 선태후宣太后의 동생으로, 당시 진나라의 실권을 잡고 있었다

게 쌓아 진을 치고 싸움을 피했다. 염파는 장수들에게 이기든 지든 간에 진영 밖으로 나가 싸우는 자는 무조건 목을 베겠다는 엄명을 내렸다. 염파의 작전은 장기전으로 진군의 힘을 빼면서 군량을 고갈시킨 후에 진군이 퇴각할 때 뒤쫓아가 섬멸하겠다는 것이었다. 경험이 풍부한 노장 왕흘은 장기전의 위험을 잘 알고 있었기 때문에 이에 속지 않고 여러 차례 맹공을 시도했으나 힘만 뺐을 뿐, 조군을 보루 밖으로 끌어내지는 못했다. 결국 왕흘은 진왕에게 보고를 올리기에 이르렀다.

"조군의 통수 염파는 전쟁 경험이 풍부하고 공수攻守의 이치를 잘 알고 있습니다. 그가 계속 보루를 지키면서 밖으로 나오지 않기 때문에 아군은 그와 결전을 벌일 기회조차 갖지 못하고 있습니다. 이미 3년이 지나 군량과 마초의 공급에도 문제가 생기기 시작했습니다. 대왕께서 달리 방법을 강구하지 않으시면 진군은 전부 불귀의 객이 되고 말 것입니다."

이때 승상이 되어 있던 범저가 말했다.

"진군이 염파 같은 노장을 만난 이상 대적하기가 쉽지 않을 것입니다. 제가 보기에 염파의 유일한 전략은 장기전으로 끌고 가는 것입니다. 조군을 이기려면 전략을 바꾸게 해야 하는데, 그러려면 조군의 주수主帥를 성격이 급하고 무지한 인물로 교체되도록 해야 할 것입니다. 그런 인물로는 조사趙奢의 아들 조괄趙刮이 가장 적격이지요."

범저는 조나라의 관원을 매수하여 유언비어를 퍼뜨리기 시작했다. 며칠 후 조나라의 조정에는 염파가 나이가 많아 젊은 시절의 예기를 상실하고 진군과의 결전을 피하고 있는데, 젊고 힘이 넘치는 조괄로 대체하면 머지않아 진군을 무너뜨릴 수 있을 것이라는 의견이 분분했다. 조왕은 염파가 결단력이 없어 싸움에 나서지 못하고 있다고 생각하던 차에 이러한 논의가 일자 당장 사람을 보내 전쟁을 재촉하기에 이르렀다.

그러나 염파는 조왕의 재촉에도 아랑곳하지 않고 계속 공격을 미룬 채 수비에만 전념했다. 이에 대로한 조왕은 당장 조괄을 불러들여 장평의 진군을 무찌를 수 있는지 물었다. 조괄은 허세를 부리며 백기白起 같은 장군도 자기 앞에서는 순식간에 무너질 것이라고 호언장담했다. 이 말에 힘을 얻은 조왕은 즉시 조괄을 보내 염파를 대신하여 조군을 통솔하게 했다.

조괄은 조의 명장 조사의 아들이었다. 기원전 270년, 진 소양왕이 왕흘을 시켜 조의 연여 지구를 공격하자 조왕은 조사를 보내 조군을 지원하게 했다. 조사는 경솔하게 싸움에 뛰어들지 않고 한단에서 30리 떨어진 지점에 군사를 주둔시킨 다음, 몰래 진군에 첩자를 보내 조군의 장수가 겁이 많아 감히 쳐들어오지 못하고 있다는 소문을 퍼뜨리게 했다. 이에 진군의 방비가 소홀해진 틈을 타 진군을 기습 공격하여 유리한 고지를 점령한 다음 대대적인 공격에 나서 속수무책인 진군을 대파하고 돌아왔다.

조사는 대단히 신중한 성격에 학식과 경험이 풍부한 명장이었으나 그의 아들 조괄은 일개 허풍쟁이에 불과했다. 그는 어려서부터 총명하고 학문을 좋아했으며 열정적인 성격에 토론을 좋아하여 부친과 적지 않은 병서를 함께 학습하면서 자주 토론을 벌이기도 했다. 그럴 때마다 말재주가 뛰어난 조괄이 경전의 내용을 인용하며 부친의 견해를 공박하곤 했다. 하지만 이는 어디까지나 지상담

병에 지나지 않았다. 조괄은 실전 경험이 전무하면서도 이론적 지식만 믿고 자신을 천하무적의 명장으로 과대평가했다.

이때 조괄의 부친 조사는 이미 사망한 뒤였다. 조괄의 모친은 조왕이 자신의 아들을 주수로 임명했다는 소식을 듣고는 당혹감을 감추지 못하며 즉시 조왕을 찾아가 울면서 호소했다.

"남편이 임종 직전에 제게 당부하기를 절대로 대왕께서 조괄을 기용하는 일이 없도록 하라고 했습니다. 전쟁이란 것은 대단히 위험하고 어려운 일로 신중에 신중을 기하지 않으면 안 되는데, 제 아들은 경험이 부족할 뿐 아니라 성격이 매우 경솔하여 실패할 가능성이 높습니다. 게다가 병사들의 지지도 못 받고 있습니다. 제 남편 조사는 왕이 후한 상을 내리실 때마다 이를 전부 병사들에게 골고루 나눠주었고 일단 명령을 받으면 집안을 돌보지 않고 전심전력 나라를 위해 병무에 임했습니다. 하지만 제 아들 조괄은 장군이 되자마자 사람들을 업신여기기 시작했고 대왕께서 베풀어주신 은전을 고스란히 집으로 가져와 전답을 사들이면서 병사들에겐 한푼도 나눠주지 않았습니다. 이런 인물이 어떻게 대장이 되어 병사들을 거느리고 싸움에 나갈 수 있겠습니까? 대왕께선 당장 명령을 거두어주십시오."

승상 인상여도 나서서 적극 반대했지만 조왕은 자신의 결정을 철회하지 않았다. 조괄의 모친은 간청이 받아들여지지 않자 다시 조왕을 찾아가 말했다.

"기어이 조괄을 주수로 보내시겠다면 나중에 그가 일을 그르치더라도 남은 가족에게 죄를 묻지 않겠다고 약속하시고, 이를 문서로 남겨 가족이 죽임을 당하지 않도록 해주십시오."

조왕은 그 요구를 받아들여 조괄의 성공 여부에 관계없이 가족에게 죄를 묻는 일이 없도록 하겠다고 약속했다. 집으로 돌아온 조괄의 모친은 아들이 패전할 것이 분명하다고 판단하고 가산을 정리하여 이웃 사람들에게 나누어주었다.

주수가 된 조괄은 장평으로 가서 염파의 자리를 인수한 다음 일부 장수들을 교체한 후 조군을 지휘했다. 그는 염파가 진행하던 방어 진지의 구축을 중단하고 진군에 대한 대대적인 공격을 준비했다. 진은 조가 자신들의 계략에 말려들어 염파 대신 조괄을 내보냈다는 사실을 확인하고는 몹시 기뻐하며 백기를 대장으로, 왕흘을 부대장으로 파견하면서 병력을 크게 증강시켰다.

풍정 등 경험이 많고 신중한 일부 장수들은 조괄이 너무나 성급하게 싸움에 임하는 것을 보고 강력하게 저지하면서 염파의 전략을 설명해주었으나 조괄은 막무가내였다.

"염파 따위가 뭘 안다고 그러시오? 내겐 40만 대군이 있어 세력이 막강하고 사기가 하늘을 찌를 듯하단 말이오. 나가서 진군을 섬멸하지 못하면 절대로 퇴군하지 않을 테니 두고 보시오!"

진군의 백기는 백전노장으로 용병의 이치에 통달한 인물이었다. 그는 조괄에게 약간의 미끼를 던져 병력을 유인하기로 마음먹고 최소한의 병력을 내보내 먼저 싸움을 걸고 몇 차례 지는 척했다.

이에 기고만장해진 조괄은 직접 대군을 이끌고 성밖으로 밀고 나왔다. 오히려 왕흘이 방비에 전념하며 싸움에 응하지 않자 조군은 왕흘을 포위하고 며칠 동안 공격을 계속했다. 조괄이 이처럼 자만에 찬 공세에 여념이 없을 때, 퇴로가 이미 진군에 의해 완전 차단되었다는 비보가 날아들었다. 이어서 또 다른 장군의 소식이 도착했다. 서쪽에 진군이 잔뜩 진을 치고 있어 통행이 불가능하고 동쪽에서만 진군의 모습이 보이지 않는다는 것이었다. 조괄은 이미 삼면으로 포위당해 동쪽 길로만 철군이 가능했다. 간신히 5리 길을 달렸을 때 조군은 또다시 진군과 마주쳤다. 진군의 대장 몽오蒙驁가 고함쳤다.

"조괄! 넌 이미 무안군의 계략에 걸려들었다!"

조괄은 무안군 백기의 이름을 듣고는 놀라움을 금치 못하며 앞뒤 생각 없이 서둘러 진을 치려 했다. 풍정을 비롯한 노장들이 나서서 아직은 전력이 우위에 있으니 지금이라도 서둘러 포위선을 뚫으면 무사히 돌아갈 수 있다고 권고했으나 조괄은 이마저 무시했다.

백기는 조괄이 물러서지 않고 진을 치는 것을 보고는 동쪽마저 차단하여 완전히 포위해버렸다. 조괄은 이런 상태로 46일을 버텼지만 밖에선 구원병이 도착하지 않고 안에선 군량과 마초가 떨어져 병사들이 서로 잡아먹는 일까지 벌어졌다. 더 이상 버틸 수 없게 된 조괄은 전투에 능한 병사들을 선발하여 포위망을 뚫어보려 했으나 매번 진군의 공격에 막혀 희생만 가중되었다. 조괄은 마지막 수단으로 5천 명의 군사를 이끌고 말에 올라 진군의 왕전王翦과 몽오에 맞서 결전을 벌였지만 제대로 싸워보지도 못하고 화살에 맞아 죽고 말았다. 조군은 조괄이 죽자 전의를 상실하여 한 차례의 혼전 끝에 전부 투항했고, 백기는 투항한 40만 대군을 열 개의 대오로 나누어 감시했다. 그날 저녁 백기는 조군 병사들에게 술과 고기를 나누어주고 일부 장수들에게는 상까지 내리면서 말했다.

"노약자나 집으로 돌아가길 원하는 사람들은 내일 즉시 진영

을 떠나도록 조치하고 진군에 남기를 원하는 사람은 진군의 대오
로 편입시켜 무기를 지급해주겠다."

　그날 밤 조군의 포로들은 모두 안심하고 잠자리에 들었다. 그
러나 백기는 투항한 조군에게 의심과 분노를 품고 있었고, 이들이
진심으로 투항한 것이 아니므로 이들을 제거해야만 뒷날이 안전할
것이라고 생각했다. 그리고 진군 병사들에게 흰 머리띠를 두르게
하여 조군 병사들과 구분한 후 한밤중에 조군의 병영을 급습하여
모두 포박했다. 그리고 미리 파놓은 수십 개의 거대한 구덩이에 이
들을 전부 산 채로 매장해버렸다. 하룻밤 사이에 조군의 40만 병사
들이 무참히 살해되었던 것이다.

　백기는 조의 병사 240명만 살려서 돌려보냄으로써 진의 위풍
을 과시했다. 이 소식을 들은 조나라는 슬픔과 비통에 휩싸였고, 그
후로 더 이상 기세를 회복하지 못하고 진에 의해 멸망당하는 비운
을 맞았다.

　이는 진이 '원교근공' 의 외교정책을 실행한 이후에 거둔 가
장 큰 승리였고, 이로써 진은 외교와 군사 분야에 있어서 16국을 통
일할 수 있는 실질적인 기초를 마련하게 되었다.

　조나라의 패망은 어떤 의미에서는 조괄이라는 서생 한 명이
초래한 비극이라 할 수 있다. 결국 지상담병의 교훈은 '어설픈 지
식은 한 번의 경험보다 못할 수도 있음' 을 가르쳐준다. 또 '인사에
있어서 적재적소에 맞는 인물을 배치하는 것이 그만큼 중요하다'
는 의미이기도 하다. 특히 서생이라는 특수한 유형의 인재를 기용
할 때는 신중을 기해야 하는 것이다.

왕수인

다양한 장군의 품격 가운데 최고의 경지는 역시 유장이라 하겠다. 그 이유는 무엇일까? 문무를 겸비한 유장에게는 두 가지 장점이 상호보완적 기능을 수행하여 그만큼 인격적 매력을 발하기 때문이다.

하지만 진정한 유장이 되는 일은 그리 쉽지 않다. 중국 역사에는 스스로 유장임을 표방한 인물이 무수히 많았지만 진정한 유장이라 할 만한 인물은 극히 드물다. 그 이유는 장수로서의 자질이 부족했기 때문이 아니라 학자로서의 인격이 불충분했기 때문이다.

하지만 진정한 의미의 유장이 전혀 없었던 것은 아니다. 명대의 대학자였던 왕수인王守仁(1472~1528)이 이를 증명한다. 그는 학자로서의 자질과 능력이 충분했고 중국 역사상 가장 큰 업적을 남긴 유학자 가운데 한 명으로서 문화의 거인으로 자리잡고 있다. 또한 그는 수많은 작전에서 혁혁한 공을 세워 무장으로서의 능력을 보였고 황실에 대한 반란을 평정하기도 했다.

조정에 들어오면 재상이요 전장에 나가면 명장이라는 말은 중국 전통 지식인의 이상형이다. 왕수인이 바로 이런 본보기이다. 제갈량은 많은 글을 썼으나 마음속에 단 한 가지 계책도 없다는 말로 서생들의 무능함을 풍자했지만 모든 서생이 그런 것은 아니었다.

유장儒將 선비 출신의 장수

명 무종武宗 정덕正德 14
년(1519), 강서에서 기병하여
반란을 일으킨 영왕寧王 주신
호朱宸濠가 각지의 중진을 함
락시키고, 불과 사흘 만에 파죽
지세로 구강 등지를 장악했다.
이런 소식이 전해지자 조정과
민간이 큰 혼란에 빠졌지만 군
신들은 속수무책이었다.

명조에는 이전에도 이런
사건이 발생한 적이 있었다. 연
왕燕王 주체朱棣가 자신의 봉지인 북경에서 모반을 일으켜 수년간
에 걸친 정전 끝에 혜제의 황위를 빼앗았던 것이다. 때문에 조정은
큰 불안에 휩싸여 불운한 역사가 반복될까봐 걱정하고 있었다.

조정이 이처럼 비통한 분위기에 젖어 있을 때 병부상서 왕경
王琼은 침착하게 반란을 진압하고 큰 공을 세울 만한 유장을 물색
했다. 이때 그의 눈에 든 사람이 바로 당시의 유명한 학자이자 철학
자였던 왕수인이다.

왕수인은 일찍부터 주신호의 모반을 예견하고 이를 미리 방비
해둔 바가 있었다. 한번은 그가 복주에서 주신호를 배알하여 연회
에 동석했을 때였다. 한때 시랑을 지냈던 이사실李士實도 주신호의
문객으로 자리를 함께하게 되었다. 시정에 관한 담론이 오가면서
이사실이 탄식을 내뱉었다.

"세상이 이처럼 어지러운데 안타깝게도 탕무湯武 같은 인물

혜제惠帝   명나라의 2대 황
제인 건문제建文帝

이 없구려!"

당시의 상황에서 이 말은 두 가지 중요한 의미를 내포하고 있었다. 첫째는 황제에 대한 모반의 뜻을 드러내는 것이고, 둘째는 왕수인이 심학을 창시하여 누구나 성인이 될 수 있다고 주장하는 것이 암암리에 다른 사람이 성인이 되도록 돕는 것임을 암시하는 것이었다. 총명하고 눈치 빠른 왕수인은 그의 의도를 알아차리고 말을 받았다.

"탕무가 살아 있다 하더라도 이려伊呂가 보좌해주지 않는다면 아무 소용도 없을 것이오."

주신호가 자신있게 말했다.

"탕무가 있다면 자연히 이려도 있게 마련인데 걱정할 일이 무엇이란 말이오?"

이사실을 이려에 비유한 주신호의 말에 왕수인이 응수했다.

"이려가 있다면 틀림없이 이제夷齊도 있을 것이오."

이제는 옛날 은나라의 백이와 숙제를 지칭했다. 주 무왕이 은의 주왕을 멸해 주나라 천하가 되자 두 형제는 주나라의 양식을 먹지 않겠다며 수양산에 들어가 고사리를 캐어 먹다가 결국 굶어죽고 말았다. 역사에서는 백이 숙제 형제를 절개 있는 현인으로 칭송하고 있다.

이때 이후로 왕수인의 심지를 알게 된 주신호는 항상 그를 경계하면서 기회 있을 때마다 그를 해치려 했고, 왕수인도 경계심을 늦추지 않고 주신호의 일거일동을 철저하게 감시했다.

6월 9일, 감주를 출발한 왕수인이 15일에 풍성에 도착하자 풍성 지현은 주신호가 모반을 일으키는 동시에 왕수인의 목에 현상

심학心學 중국의 정주학程朱學과 대립되는 '심즉이설心卽理說'의 학문 체계. 넓은 뜻으로는 마음을 수양하는 학문으로 유교 전체를 말하기도 하나, 일반적으로 송나라 때의 육상산陸象山, 명나라 때의 왕수인이 제창한 학문을 일컫는다

금을 걸었다는 사실을 알려주었다. 임기응변에 능한 왕수인은 즉시 복장을 바꿔 임강으로 잠입했다. 임강 지부는 왕수인이 도착했다는 소식에 신발도 신지 않은 채 황급히 달려나와 영접하고 뒤를 졸졸 따라다니며 성지를 지킬 모략을 제시해달라고 간청했다. 왕수인이 대덕유戴德儒에게 말했다.

"임강은 장강 유역에 있어 남창과 인접한 데다가 교통의 요충지인 만큼 길안으로 가는 것이 좋겠소."

대덕유는 이에 찬성하면서 반군을 막아낼 계책을 물었다. 왕수인은 적의 위치와 형세에 대해 세밀하고 체계적인 분석을 마친 후에 천천히 입을 열었다.

"주신호의 용병에는 상중하 세 가지 책략이 있소. 그가 곧장 경사로 쳐들어간다면 나라가 위급한 지경에 처해 예상치 못한 후환을 조성하게 될 텐데 이것이 상책일 것이오. 아니면 먼저 남경을 점령하여 장기전 태세를 갖출 수도 있는데, 이것도 큰 피해가 우려되는 상황이오. 이는 상책이 될 수는 없지만 중책이라 할 만하오. 하지만 그가 남경을 사수하면서 한 발짝도 움직이지 않는다면 이는 하책이 될 것이오. 그때 가서 관군을 한데 집결시켜 사방에서 한꺼번에 공격한다면 그는 항아리 속의 자라가 되어 손쉽게 사로잡을 수 있을 것이오. 대인은 이런 구체적인 상황에 맞춰 다양하게 조치를 취하도록 하시오."

그리고 나서 왕수인은 비밀리에 고깃배를 한 척 구해 직접 길안으로 향했다. 얼마 후 반군의 추격을 받게 되자 그는 평민 복장으로 갈아입고 부하에게 자신의 관복을 입고 타고 있던 배에 남아 있게 했다. 주신호의 부하들은 이 배를 뒤쫓아 붙잡았으나 왕수인이 이미 멀리 도망쳤다는 사실을 확인하고는 되돌아갔다. 도중에 주신호가 공격하여 성지를 함락시킬 것을 우려한 왕수인은 밀정을 보내 조정의 밀지를 가장하여 양광과 호양의 어사와 남경과 북경의 병부는 즉시 장수들을 출동시켜 비밀리에 요충지에 매복하고 있다가 주신호의 대군이 밀려오면 이들을 기습 공격하라는 명령을 전달했다.

그는 이런 조치로도 충분치 못하다고 판단하고 우령優伶 몇 명을 고용하여 이런 명령이 담긴 서한을 옷섶에 지니고 다니게 했다. 우령들이 출발할 때쯤 그는 또 영왕 태사의 가족들을 사로잡아 그들을 배에 태워 일부러 이런 명령을 알게 했다. 그리고는 크게 화를 내며 이들을 배에서 끌어내려 목을 베라고 호통쳤다. 그러나 실제로는 이들이 몰래 도망쳐 주신호에게 거짓 정보를 전달하게 하려는 술책이었다.

이런 소식을 들은 주신호는 우령들을 붙잡아 그들의 옷 속에서 서찰을 발견하고는 정말로 조정에서 병력을 움직이기 시작한 것으로 오판하고 출병을 망설였다. 한편 무사히 길안에 도착한 왕수인은 길안 지부 오문정伍文定 등과 함께 주신호에 대한 방어 전략을 상의했다.

"적병이 장강을 타고 동쪽으로 이동한다면 남경을 지켜내기 어려울 것이오. 하지만 내가 이미 그들의 동행을 저지할 수 있는 조치를 해놓았소. 열흘 후에 여러 지역의 군마가 집결하면 주신호와 결전을 벌여도 문제가 없을 것이오. 옛 성현들께서도 일이 닥쳤을 때는 두려움을 갖고 진지하게 책략을 준비하라 하셨소. 이제 곧 군사를 움직여야 할 터이니 먼저 군량과 마초를 충분히 확보하고 병기와 배를 넉넉하게 갖춰 결전에 대비하도록 하시오."

그리하여 왕수인은 군마와 군량, 마초를 준비하는 동시에 사방에 방을 붙여 16만 대군이 남창 부근에 집결할 예정이라 대량의 군량이 필요하니 제때에 군량을 납부하되 이를 어기는 사람은 참수하겠다는 포고를 내렸다.

주신호가 포고문을 보고는 진위를 가리지 못해 밀정을 보내 알아보게 했으나 너무나 치밀한 계략에 밀정도 이를 사실로 알고 그대로 보고했다. 결국 주신호는 목을 감춘 자라처럼 남창 성안에 틀어박혀 감히 남경으로 진군하지 못했다. 왕수인도 여전히 성을 지키면서 출병하지 않자 오문정은 이를 이상하게 여겨 그 이유를 물었다.

"용병의 도리에 따르자면 적을 기습 공격하는 것은 부득이한 경우에 하는 일이오. 지금 반군이 성안에서 꼼짝하지 않은 채 방비에 전념하고 있으니 공격하는 것이 쉽지 않을 것이오. 내가 공격을 미루면서 일부러 수비가 허술한 척하면 주신호가 먼저 참지 못하고 공격해올 터이니 그때 가서 그가 차지했던 성을 수복하고 그의 본거지를 제거하는 것이 바람직할 것이오. 그가 다시 성을 공격하기 위해 병력을 돌릴 때 진로를 차단하고 공격하는 것이 거점을 포위하여 공격하는 것보다 훨씬 수월할 것이오."

오문정은 왕수인의 전략에 감탄하여 칭찬을 아끼지 않았다.

주신호는 남창을 사수한 지 열흘쯤 지나도 관군의 공세가 시작되지 않자 정찰병을 보내 상황을 면밀하게 파악한 결과 자신이 왕수인의 계략에 말려들었음을 깨달았다. 후회막급이었지만 이미 때는 늦어버렸다. 그는 서둘러 6만의 병사와 군마를 모아 10만 대군을 자칭하면서 파양호를 출발하여 남경을 공격하기 시작했고, 남창에는 최소한의 병력만 남아 지키게 했다. 그러나 주신호는 안경에서 관군의 저항에 부딪혀 며칠 동안 성을 포위하여 적극적인 공격을 펼쳤지만 병력의 손실만 가중될 뿐 전세가 나아지지 않고 진퇴양난의 함정에 빠져버렸다.

그 사이에 왕수인은 어렵지 않게 군대를 이동시킬 수 있었다. 이제 시기가 무르익었다고 판단한 왕수인은 오문정 등 길안에서 온 병력과 포고에 따라 각 지역에서 집결한 8만의 병력을 이끌고 7월 중순에 팽성에 도착했다. 이때 장수 하나가 그럴듯한 계책을 제시했다.

"주신호는 열흘 동안의 치밀한 모략 끝에 출병한 만큼 남창성의 방비 또한 철저하여 일시에 함락시키기는 어려울 것입니다. 지금 안경을 공격하고 있지만 뜻대로 되지 않아 병사들의 사기가 크게 떨어져 있을 터이니 대군을 파견하여 안경의 병력과 합세하여 양면에서 협공하면 대승을 거둘 수 있을 것입니다. 그렇게 되면 남창의 병력은 공격하지 않아도 저절로 무너지게 될 것입니다."

이는 대단히 일리 있는 허허실실 책략으로 병가의 도리에 합치하는 것이었다. 그러나 왕수인의 생각은 달랐다.

"아니오! 아군이 남창을 가로질러 내려가 장강에서 적군과 대치한다면 안경의 병력은 자신을 지켜낼 수 있을지 몰라도 장강으로 와서 우리를 지원하지는 못할 것이오. 게다가 남창의 병력이 우리의 뒤를 공격하게 되면 보급로가 끊어지고 남창과 구강의 적병이 합세한다면 우리는 앞뒤로 적을 상대해야 하기 때문에 훨씬 불리한 상황으로 몰릴 수 있소. 차라리 남창을 먼저 공격하는 것이 좋을 것 같소. 주신호의 정예 병력은 전부 안경에 있기 때문에 남창의 수비는 허술할 수밖에 없소. 아군의 사기가 한참 올라 있는 이때에 남창을 치면 반드시 승리할 것이오. 주신호가 아군의 남창 공격 사실을 알게 되면 틀림없이 병력을 돌려 지원하러 오겠지만 그때는 이미 세력이 크게 약해져 있을 것이고, 일단 남창을 함락시키면 적군의 기세는 크게 꺾여 제대로 싸워보지도 못하고 무너질 것이오."

이는 아군에 대한 지원과 적에 대한 공격을 동시에 달성할 수 있는 최고의 전략으로서 병법의 극치라 할 만했다. 그리하여 왕수인은 부대 전체를 몇 개의 지대로 나누어 남창의 각 성문을 공격했다. 19일에 출병한 그는 다음날 날이 밝기 전에 지정된 장소에 도착하기로 약정하고 명령을 내렸다.

"북을 한 번 울리면 성문에 접근하고 두 번 울리면 성에 오르기 시작한다. 북을 세 번 울릴 때까지 성에 오르지 못한 자는 무조건 참수하고 네 번 울렸을 때 성안에 들어가지 못한 자가 있으면 그 부대장까지 참수한다."

아울러 성안의 백성들에게도 전부 문을 닫아걸고 절대로 반군에 협조하지 말며 두려워서 숨거나 도망치지 말라는 내용의 포고문을 만들어 배포했다.

마침내 사다리와 밧줄 등 성을 오르기 위한 도구가 갖춰지고 대대적인 공격이 시작되었다. 수비하는 적군들의 저항이 있었으나 얼마 지나지 않아 도망치거나 숨기에 급급했고, 미처 성문을 닫아걸기도 전에 왕수인의 군대가 밀고들어가 손쉽게 남창성을 점령할 수 있었다. 이는 번개처럼 빠르고 신속한 작전으로 적의 기선을 제압한 결과였다.

　이어서 왕수인은 성안의 백성들을 위무하고 군기를 엄격히 세워 함부로 불을 지르거나 노략질을 하는 사람은 군법에 따라 다스렸다. 동시에 반군의 주요 장수 10여 명을 생포하는 대신 본의 아니게 반군에 협조했던 사람들은 대부분 풀어줌으로써 빠른 시간에 성안의 안정을 되찾아주었다.

　이때 주신호는 전력을 다해 안경성을 공격하고 있었다. 하루 이틀 사이에 성을 점령할 생각이었던 그는 남창이 함락되었다는 보고를 받고는 눈앞이 캄캄해졌다. 이사실 등은 주신호에게 곧장 병력을 돌려 남창의 군사를 지원해서는 안 된다고 주장하고 나섰다. 안창을 포기하고 곧장 남경으로 가서 황위를 찬탈하여 천하를 호령하기만 하면 강서는 저절로 굴복할 것이라는 생각에서였다. 이는 당시로서는 대단히 정확하고 결단력 있는 전략이었고, 일단 성공하기만 하면 정국의 미래는 예측하기 어려운 상황으로 접어들 수도 있었다. 그러나 생각이 모자란 주신호는 이를 거부하고 고집을 부리면서 안창을 포기하고 남창으로 달려갔다. 왕수인의 계략에 정확하게 걸려든 것이었다.

　22일, 반군이 남창을 지원하러 온다는 소식이 전해지자 왕수인은 여러 사람들을 모아놓고 대책을 상의했다. 장수 하나가 나서서 자신의 계략을 밝혔다.

　"반군의 세력이 강대한 데다가 우리 지원군은 아직 도착하지 않고 있으니 이들을 막아내기 어려울 것 같습니다. 사방의 보루를 견고히 하여 성을 사수하면서 지원군을 기다리는 것이 좋을 것 같습니다."

보통 군사전문가라면 이렇게 하는 것이 가장 일반적인 전략이었겠지만 왕수인의 생각은 달랐다.

"주신호의 병력이 강하긴 하지만 가는 곳마다 살인과 약탈을 일삼았기 때문에 병사들도 억지로 복종하고 있는 형편이오. 게다가 지금 그들은 진퇴가 자유롭지 못하고 한낱 안경성조차도 함락시키지 못한 데다가 근거지마저 잃은 터라 병사들의 마음이 이미 상갓집 개처럼 흩어지기 시작했을 것이오. 아군은 병력이 많진 않지만 전부 정예병이라 할 수 있고 사기도 왕성하니 일당백으로 싸움에 임해 승기를 잡기만 한다면 어렵지 않게 적을 무너뜨릴 수 있을 것이오."

바로 이때 무주 지부 진괴陳槐가 병력을 이끌고 도착했다. 다음날 주신호의 선봉대가 초사에 당도하자 왕수인은 오문정이 정면에서 공격하고 여은긴余恩緊이 후면에서 공격하며 서연徐璉과 대덕유가 좌우 양쪽에서 협공하도록 진영을 배치했다. 배치를 마친 왕수인은 남창성 안에 차분히 앉아서 좋은 소식을 기다렸다.

24일, 반군은 대단한 기세로 황가도를 향해 밀려왔다. 오문정은 몇 번 싸우다가 지는 척하면서 갑자기 후퇴하기 시작했다. 이에 적병은 전력을 다해 진군하면서 점차 대오가 흐트러져 상호 대응이 어려워졌다. 이때 왕수인의 군대가 적진을 가르며 달려들어 반군의 대오를 완전히 흐트러뜨리자 반군은 방향을 잃고 흩어지기 시작했다. 오문정이 퇴각하는 적병을 추격하자 서연과 대덕유의 협공이 시작됐다. 오문정 등은 승기를 놓치지 않고 10여 리까지 적을 쫓아가 2천여 명을 생포하거나 사살했고 물에 빠져죽은 적병도 수만에 달했다. 반군은 사기가 크게 떨어진 채 퇴각하여 팔자뇌를 사수하는 수밖에 없었다.

왕수인은 다시 장수들을 불러모아 당시의 형세를 치밀하게 분석하고 나서 말했다.

"구강과 남강을 수복하지 않으면 도로가 막히게 되고 호광湖廣의 지원군이 도착하기도 어려울 것이오."

그리하여 그는 병력을 나눠 구강과 남강으로 급파했다. 주신호도 이러한 형세를 간파하고 구강과 남강에 병력을 보내 왕수인의 관군과 일전을 벌이기로 작정했다. 이틀 동안의 격전을 경험으로 왕수인은 반군을 완전히 섬멸할 수 있는 치밀한 계획을 마련했다. 주신호가 배를 연결시켜 진을 치는 것을 보고는 화공火攻용 병기를 총동원하여 좌우 양쪽에서 협공하는 동시에 병사들을 사방에 매복시켜 불로 공격하면서 진격해 들어간다는 전략을 짠 것이다.

다음날 아침 주신호는 반군의 여러 대장들을 접견하면서 작전에 최선을 다하지 않는 자들은 무조건 참수하겠다고 위협함으로써 장수들의 불만을 샀고 군심도 이반되기 시작했다. 이때 관군의 전면적인 공세가 시작되면서 사방에서 불길이 솟아오르고 도처에서 비명소리가 천지를 울렸다. 주신호가 타고 있던 배도 불길에 휩싸였다. 반군은 삽시간에 무너져내렸고 무수한 반군 병사들이 사방으로 흩어져 도망쳤다. 주신호는 이미 대세가 기울어 자신의 실패를 되돌릴 수 없음을 깨닫고 울면서 여러 빈비들에게 작별을 고했다. 빈비들은 대부분 물에 몸을 던졌고 주신호의 수하에 있던 장수들은 생포되었으며 사상자가 수만 명에 달했다. 이때 구강과 남강이 수복되었다는 또 다른 첩보가 날아왔다.

중국 군사사에서는 왕수인을 뛰어난 장수로 평가하지는 않지만 그가 훌륭한 군사전략가였음에는 이견이 없다. 그가 지휘한 반군 진압 작전을 자세히 살펴보면 그가 가진 군사전문가로서의 자질과 정치가로서의 넉넉한 도량을 알 수 있다.

반란이 일어나기 전부터 그는 이미 주신호의 불순한 기도를 매우 날카롭게 관찰하고 있었고, 줄곧 조정과 일정한 연계를 유지하면서 조직적으로나 심리적으로 사태의 발생에 대비하고 있었다. 그리고 이것이 그가 반란을 진압하는 데 현실적 조건을 제공해주었다. 이와 반대로 주신호는 처세술에 능하지 못했고 너무 일찍 자신의 의도를 드러냈으며 인재와 물자에 대한 준비가 부족했다.

또한 구체적인 전술 운용에 있어서도 왕수인은 뛰어난 군사전문가로서의 풍모를 과시했다. 그는 매사에 실제 상황을 출발점으로 삼음으로써 이론만 중시하고 실제를 무시하는 유생들의 일반적인 단점을 극복했고 병법의 운용에 있어서도 적이 완전히 자신의 의도대로 움직이도록 유도하는 지략을 발휘했다.

이는 전체 중국 군사사에서도 찾아보기 어려운 사례이다. 이처럼 왕수인이 사람들을 감복케 하는 것은 그가 문화의 위인이기 때문만이 아니라 군사전문가로서의 경험과 지략을 겸비하고 있었기 때문일 것이다.

숭정황제와 원숭환

명나라 숭정崇禎 3년(1630) 어느 날, 북경의 채소 시장은 인산인해를 이루었다. '민족의 반역자'가 어떤 모습을 하고 있으며 그의 최후가 어떤 것인지를 보기 위해 모여든 인파였다. 그 중에는 '배신자'의 살한 조각을 얻어 자신이 진정한 염황 자손이며 군자임을 증명하고 겁이 많은 소심증을 치료하려는 개인적인 희망을 안고 찾아온 사람도 있었다. 마침내 '반역자'는 죄수를 가두는 수레에 실려 나왔고 능지처참형을 선고받았다.

'능지陵遲'라는 형벌은 칼로 천 번을 베고 마지막 한 번의 칼침으로 죽음에 이르게 하는 형벌로, 칼을 더 대도 안 되고 덜 대도 안 되며 이를 어길 경우 회자수가 처벌을 받게 되는 매우 잔인한 형벌이었다. 따라서 회자수는 먼저 죄수의 겉살을 도려내는 것으로 칼질을 시작하되 혈관은 건드리지 말아야 했다. 혈관을 건드릴 경우 쉽게 죽음에 이르기 때문이다. 죄수의 몸에서 잘라낸 살은 군중들이 값을 부르며 서로 사겠다고 다퉈 은 한 전에 살 한 점씩 거

군주가 현명하지 못하면 간신이 득세하고 충신을 잃게 된다

의심 많고 완고한 숭정은 결국 적의 이간질에 속아 원숭환을 죽게 만들었다

한편 원숭환이 억울한 죽음을 당한 것은 자신을 보호하는데 무능했기 때문이다

자신을 지킬 줄 아는 것이 나라의 운명을 좌우할 때도 있다

염황炎黃 중국 고대의 불의 신인 염제炎帝와 전설상의 제왕인 황제黃帝를 칭함

회자수劊子手 사형을 집행하던 천역賤役

래되기도 하고, 죄수의 살을 산 사람은 이를 입에 넣고 씹으면서 '반역자' 를 욕하곤 한다. 사흘째 되는 날 회자수의 마지막 칼질에 마침내 '반역자' 가 숨을 거두면 그의 시신은 내장까지 말끔하게 군중의 손으로 넘어간다.

이 잔인한 능지처참의 형벌을 받는 비운의 주인공은 한때 용맹한 장수로 이름을 날렸던 원숭환袁崇煥이었다.

만력萬曆 초년, 만청滿淸 정권은 중국 동북 지역에서 떨치고 일어나기 시작했다. 1583년, 누르하치努爾哈赤는 조부가 물려준 대규모 군사를 기반으로 20여 년에 걸친 정벌 끝에 마침내 여진족을 완전히 정복하고 후금後金 정권을 세웠다. 1618년, 누르하치는 만주족에 대한 명 왕조의 모욕과 기만행위를 '일곱 가지 큰 원한' 으로 요약하고, 이를 구실로 명나라를 침략했다. 이듬해에는 요동의 주요 거점인 무순을 점령했다.

정사를 돌보지 않고 매일 주색에 빠져 있던 명나라 신종神宗은 정세가 다급해지자 서둘러 요동 경략 양호楊鎬에게 10만 대군을 네 개의 지대로 나누어 만청을 격퇴하라고 명령했지만 결과는 참패였다. 다급해진 조정은 다시 웅정필熊廷弼을 요동으로 파견하여 군무를 관장하게 했다. 이런 상황에서 신종이 죽고 그의 아들 광종光宗이 왕위를 이었으나 한 달 만에 약물 오용으로 비명에 갔고, 황위는 다시 광종의 아들인 주유교朱由校에게 이어졌다. 그가 바로 희종熹宗으로, 연호는 천계天啓였다.

희종은 황제가 되긴 했지만 아직 열다섯 살의 소년에 불과했다. 성격이 매우 유약하고 노는 것을 좋아했으며, 목공예에 심취하여 정무를 돌보지 않았다. 그는 자신이 태자였을 때 시중을 들었던 태감 위충현魏忠賢에게 정사를 전담시키고 자신은 목공예에만 몰두했다.

전권을 쥐게 된 위충현은 온갖 악행을 자행하면서 정직한 대신들을 대규모로 주살하고 중국 역사상 최대 규모의 사당私黨인 엄당을 결성하여 국가의 환란을 조장하였다.

이런 상황에서도 웅정필은 요동에서 천신만고 끝에 가까스로 정세의 안정을 이룩해놓았다. 그러나 일부 대신들이 그에 대한 비난과 질책을 계속하자 조정에서는 그의 관직을 박탈하고 원응태袁應泰를 통수統帥로 임명하여 파견했다. 원응태는 뛰어난 수리 전문가로 전투에는 문외한이었는데도 경솔하게 병력을 이끌고 원정에 나섰다가 참패했다. 조정에서는 하는 수 없이 웅정필을 다시 기용했지만 이번에는 병부상서兵部尙書 장학명張鶴鳴과 손발이 맞지 않았다. 장학명은 웅정필의 부하인 왕화정王化貞에게 웅정필의 명령에 불복하도록 사주했고, 결국 전공戰功만을 추구하던 왕화정의 실책으로 명군은 또다시 청군에 참패하는 수모를 겪었다. 조정에서는 진상을 제대로 파악하지도 않고 왕화정과 웅정필을 한꺼번에 구금하는 동시에 장학명을 물러나게 했다. 이러한 때에 원숭환이 변경을 침범한 만청 군대를 막아내야 하는 중대한 임무를 맡게 된 것이다.

원숭환은 광동 동완 출신으로 선조의 원적은 광서 오주 등현이었다. 그는 성품이 강직하고 담력과 지략이 뛰어난 데다가 군무를 매우 좋아하여 어려서부터 변방을 경영하는 데 뜻을 두고 있었다. 1619년, 원숭환은 진사에 합격하여 복건 소무의 지현으로 부임했다. 1622년에는 다시 북경으로 가서 술직하면서 친구들과 더불

어 요동의 군사업무에 관한 긍정적인 견해를 발표하여 어사 후순
侯恂의 주목을 받기도 했다. 후순은 조정에 그를 적극 천거했고 조
정에서는 그를 병부직방사兵部職方司 주사主事로 승진시켜 변방의
군무를 담당하게 했다.

원숭환이 병부주사로 임명되고 얼마 지나지 않아 왕화정이 싸
움에 대패하고 돌아온 일이 발생했다. 조정에서는 그의 패배에 크
게 경악했다. 사방에서 갖가지 소문이 무성했고 민심도 흉흉했다.
이런 상황에서 원숭환은 혼자 몰래 말을 타고 산해관 밖으로 나가
군정을 살폈다. 얼마 후 북경으로 돌아온 그는 상관에게 산해관의
형세를 자세하게 보고하면서 군마와 군량만 충분히 있다면 혼자서
도 산해관을 지켜낼 수 있다고 장담했다. 이에 조정에서는 그를 병
부검사로 승급시켰다.

산해관으로 부임한 원숭환은 맨 처음 요동 경략 왕재진王在晉
의 부하로 들어가 관내의 업무를 담당했다. 당시 왕재진은 산해관
의 방비에만 전념하고 있었다. 그러나 산해관과 장성이 너무 가깝
기 때문에 산해관을 경계로 할 경우 북경의 장성이 곧 국경이 되
어 이를 잃게 되면 그 결과는 치명적일 수밖에 없다는 사실을 깨닫
지 못했다. 원숭환은 만일 영원에 성을 축조하면 또 하나의 전장
이 생겨 확고한 근거지를 확보할 수 있고, 광활한 전장에서 만청
군대를 저지하거나 궤멸시킬 수도 있기 때문에 만리장성보다 훨
씬 안전하고 든든한 방어수단이 될 수 있다는 의견을 제시했다.

대학사 손승종孫承宗은 직접 산해관 밖으로 나가 형세를 관찰
하고 나서 원숭환의 의견을 적극적으로 지지했다. 얼마 후 조정에
서는 손승종을 보내 왕재진을 대신하여 요동 주수의 지위를 맡게

했고, 원숭환과 부하장수인 만계滿桂에게 영원에 주둔하면서 변방을 수비하도록 했다. 1622년, 원숭환은 영원으로 가서 곧장 성을 쌓는 일에 착수했다. 영원은 산해관으로부터 약 2백 리 정도 떨어진 곳이었다. 원숭환은 병사들과 힘을 합쳐 성벽의 높이를 3장 2척으로 하고 두께도 특별히 넓게 잡아 이듬해에 성벽을 완성했다. 원숭환은 이 성벽의 축조를 시작으로 20년 동안이나 요동의 방비를 관장했다. 그가 죽기 전까지 만청 군대는 여러 차례 북경성을 비롯한 명의 관내 지역을 공격했지만 단 한 번도 영원 지역을 넘지 못했다.

원숭환과 손승종이 여러 해 동안 고심하면서 변방을 지킨 결과 명나라의 국방력은 크게 증강되었다. 이후 명군은 출격을 시작하여 그동안 빼앗겼던 영토를 하나하나 회복했으며, 방어선을 수백 리나 전방으로 이동시켰다. 계속되는 전공으로 승진을 거듭한 원숭환은 병비부사兵備副使를 거쳐 우참정右參政이 되었고 주수였던 손승종도 승진을 거듭했다.

이처럼 전선은 안정되었으나 조정은 갈수록 부패하여 위충현의 전횡은 멈출 줄 몰랐다. 이에 정직한 신하들, 특히 동림당 사람들은 연이어 위충현을 탄핵하는 상소를 올렸다. 이에 대해 위충현은 극단적인 수단을 동원하여 양련楊漣 등 이른바 '6군자'라 불리는 대신 여섯 명을 살해하고 웅정필을 주살했다. 반대파를 제압한 위충현은 더욱 기고만장하여 '구천세'를 자칭하면서 온갖 수단을 동원하여 재물을 축적했다. 위충현은 손승종이 자기 말을 잘 듣지 않자 손승종의 지위를 박탈하고 측근인 고제高第를 대신 파견했다.

고제는 허풍만 떨 줄 알았지 무능한 위인이었다. 그는 요동으로 부임한 후에도 겁이 많아 영원성을 지키는 것은 불가능하다고 주장하면서 즉시 군사를 철수시킬 것을 명령했다. 원숭환은 군무에는 전진은 있어도 후퇴는 있을 수 없으며 영원에서 철군할 경우 전선 전체가 붕괴할 것이라고 주장하면서 고제의 명령에 불복했다. 고제는 원숭환보다 상급자였지만 문관 출신인 데다가 소심해서 불복하는 원숭환에 대해 아무런 조치도 취하지 못하고, 금주를 비롯한 몇몇 수비 거점의 병력을 산해관 안쪽으로 이동시키라는 명령만 내렸다. 결국 영원성은 폭풍과 설한에 완전히 노출되었다.

누르하치는 이런 기회가 오기만을 기다리고 있었다. 1626년, 누르하치는 직접 13만의 대군을 이끌고 영원성을 공격했다. 병력이 1만에 불과했던 원숭환은 조금도 두려워하지 않고 용감하게 맞섰다. 그 유명한 영원대첩의 시작이었다.

같은 해 2월, 누르하치의 팔기 정병은 곧장 산해관을 향해 진격하여 금주와 대능하, 소능하, 행산, 연산, 탑산 등의 방어 보루를 차례로 격파하고 파죽지세로 밀고 들어와 마침내 19일에는 영원성에 도착했다. 그는 먼저 명군에 사자를 보내 30만 대군이 일거에 성을 무너뜨리겠다고 위협하면서 투항을 권고했다. 그러나 원숭환은 30만 청군도 자신에겐 소군으로밖에 보이지 않는다면서 의롭게 죽음으로써 성을 사수하겠다는 굳은 의지를 밝혔다.

누르하치는 먼저 일부 병력을 보내 성을 포위함으로써 명군의 지원을 차단했다. 사실 누르하치가 병력을 파견하지 않았다 해도 고제가 지원 병력을 보낼 가능성은 거의 없었다. 그러나 원숭환은 의연하게 만계와 저대수祖大壽에게 성의 네 문을 맡기고 성밖의 주민들을 성안으로 이주시키는 동시에 주민과 상인들을 조직하여 식량을 조달하게 하고 혈서를 써서 병사들을 격려했다. 한편 멀리 산서에 있는 처자식을 불러들여 영원성과 생사를 같이하겠다는 굳은 의지를 보였다. 영원성 내의 군민이 일치단결하여 철저하게 진영을 정비한 상태에서 만청 군대를 맞았다.

원래 용맹하고 전투 경험이 많기로 유명했던 만청 군대는 영원성을 공격하면서 더욱더 흉악해져 있었다. 만청 군대는 철갑병을 앞세워 성을 공격했는데, 이들은 모두 두 겹의 철갑으로 무장하고 있어서 화살이나 돌을 두려워하지 않았고 사다리를 대고 용감하게 성벽으로 올라왔다. 또한 철판 장갑차로 뚫고 들어오는 바람에 성벽 여러 군데가 크게 파손되었다.

원숭환의 군대도 매우 용감하게 배수의 진을 치고 싸움에 임했다. 이들은 성 위에 서양에서 사들인 열한 문의 홍이紅夷 대포를 장착하여 적에게 큰 타격을 입혔고, 가까이 접근한 청군 병사에 대해서는 돌이나 화살을 퍼붓고 주먹으로 가격했으며, 기름과 유황을 묻힌 솜방망이를 던져 적의 병기를 불태웠다. 이렇게 만청 군대의 거듭된 공격은 매번 원숭환이 이끄는 명군의 저항에 격퇴당했다.

문인 출신인 원숭환은 선비의 풍모를 보이면서도 직접 전투를 지휘하곤 했다. 그의 장점은 침착하고 냉정하다는 것이었다. 적병이 성벽을 부수고 쳐들어와도 조금도 당황하지 않고 병사들과 함께 돌을 날라 부서진 부분을 보수했다. 청군과의 전투에서 여러 군데 부상을 당했지만 적군이 퇴각하자 다시 사수대를 조직하여 성밖으로 내려가 퇴각하는 적을 뒤쫓아 공격하고 화살 10여 만 개를 회수하여 돌아오기도 했다. 한 차례의 전투에서 그가 이끄는 명군은 만청 병사 3백여 명과 장수 10여 명을 사살하는 전과를 올렸다.

21일, 만청 군대는 재차 공격해왔지만 이번에도 성공하지 못하고 닷새 만인 26일에 포위를 풀고 돌아갔다. 적군이 퇴각하자 원숭환은 돌연 학자의 풍모를 보이며 사자를 통해 누르하치에게 편지를 보내 말했다.

"노장께서는 10년 동안 북방을 종횡하면서 승리하지 않은 싸움이 없었지만 이번에 제게 패하셨으니 이는 아마도 하늘의 뜻인 것 같습니다!"

누르하치도 원숭환에게 정중한 답신과 함께 군마를 몇 필 보내면서 조만간 다시 겨룰 것을 약속했다. 성을 공격하다 부상을 입고 수레에 실려 진영으로 돌아간 누르하치는 여러 종실 귀족들을 모아놓고 말했다.

"짐은 스물다섯에 기병한 이후 43년 동안 진 싸움이 없었고 성공하지 못한 공격이 없었으나 영원성만은 빼앗지 못했구나!"

그는 자존심이 매우 상한 데다가 온몸에 독창을 입어 병세가 가중되면서 몇 달 후에 원계보에서 사망하고 말았다.

영원대첩 소식이 도성에 전해지자 조정과 민간이 모두 크게 기뻐하면서 환호했다. 고제는 영원성을 지원하지 못한 책임을 물어 물러났고 병부상서 왕지신王之臣이 그의 자리를 대신하게 되었으며, 원숭환은 4품인 우검도어사右檢都御史로 승급했다. 그 후로도 원숭환은 출격을 계속하여 고제가 포기한 영토를 하나하나 회복해갔다.

누르하치가 사망하자 그의 아들 황태극皇太極이 황위를 이어 청 왕조를 세웠다. 황태극은 중국 역사상 보기 드물게 뛰어난 재능과 모략을 겸비한 황제였다. 그는 잠시 영원성을 방치하는 대신 조선을 공격하기 시작했다. 당시로서는 명, 청 두 왕조 모두 휴전하고 각자 전열을 가담을 시간이 필요했다. 명군은 성을 축조하고 병사들을 훈련시켜야 했고, 청군은 조선을 공격하여 재물을 약탈함으로써 자신들의 통치를 공고히 해야 했던 것이다. 이러한 정세하에서 원숭환은 황태극에게 화친을 제의했고 황태극도 이에 동의했다. 그러나 명의 황제와 조정의 대신들은 하나같이 만청이 줄곧 중원의 속국이었으니 황태극은 절대로 화친의 대상이 될 수 없다고 주장하면서 강력하게 반대하고 나섰다.

협상이 진행되는 동안 황태극은 이 기회를 이용하여 조선을 침략했고 원숭환은 성을 축조하고 금주 중좌와 대능하, 소능하 등지에 방어선 구축 공사를 진행하는 동시에 조선에 지원군을 파병했다. 조선이 너무 빨리 투항해버리면 명군도 요동으로 돌아가 청군에 대응해야 하기 때문이었다.

황태극은 조선을 침공해 커다란 승리를 거두면서 막대한 재물을 손에 넣었고 안정된 정세를 회복할 수 있었다. 그러나 원숭환이 성을 보수하고 군마를 훈련시키면서 세력이 갈수록 강대해지는 것을 보고는 감히 공격하지 못하고 휴전을 유지했다.

그러다가 1627년, 마침내 황태극은 대군을 이끌고 요서 지방의 명군 진영들을 공격하여 대능하와 소능하를 함락시키고 이어서 금주를 공격했다. 5월 11일에서 6월 4일 사이에 장군 조솔교趙率敎가 병력을 지휘하여 황태극의 군대에 맞서 결전 끝에 참패를 당했지만 금주를 빼앗기진 않았다. 황태극은 금주 공략이 여의치 않자 영원성을 공격하기 시작했다. 원숭환은 철저한 방비로 대응했고 양군이 대치한 가운데 벌어진 이틀 동안의 격전으로 쌍방이 모두

심한 타격을 입었다. 그러나 영원성을 함락시키진 못했다. 황태극은 다시 금주를 공격했지만 성의 수비가 견고하여 청군은 무수한 사상자를 내고도 금주를 손에 넣지 못했다. 마침 폭염까지 겹쳐 병사들이 지독한 열사병에 시달리고 사기가 크게 떨어지자 황태극은 어쩔 수 없이 심양으로 철군했다.

금주 전투에서 명군은 큰 승리를 거두었지만 원숭환은 한 단계 승진했을 뿐이다. 근본적인 원인은 원숭환이 위충현과 같은 당이 아니었기 때문이다. 원숭환이 진사에 합격했을 때 주고였던 스승과 그를 요동 수비에 추천했던 사람은 모두 동림당의 지도자들이었기 때문에 영원대첩과 금주대첩에서 큰 공을 세웠어도 위충현의 호감을 사지 못했다. 오히려 위충현은 원숭환의 기세가 갈수록 커지는 것을 보고 사당을 동원하여 금주를 구하지 못한 것이 원숭환의 실책이라고 비난했다. 결국 원숭환은 사직하고 고향인 광동으로 돌아가야 했다.

그 해 8월, 목공예에 심취해 살던 희종황제가 사망하자 후사가 없어 친동생 주유검朱由檢이 황위를 이어받고 연호를 숭정이라 했다. 당시 숭정황제의 나이 겨우 열일곱 살이었지만 매우 총명하고 능력이 뛰어나 형과는 크게 다른 풍모를 보였다. 그는 겉으로 아무런 내색도 하지 않은 채 조용하게 엄당을 제거한 후 위충현을 자살로 몰아갔고 조정의 모든 독소를 교묘한 방법으로 해소해 나갔다. 위충현이 죽자 그에게 아첨하며 몸을 보전하던 신하들은 모두 주살되거나 군대로 충원되었고, 위충현으로부터 배척당했던 원숭환이 다시 기용되었다.

1628년 7월, 숭정은 낙향했던 원숭환을 불러 요동의 수비에 관

해 물었다. 이 대화를 통해 숭정은 원숭환을 신뢰하고 따르게 되었
다. 원숭환은 숭정에게 군량과 마초를 충분히 보급해주고 일체의
간섭을 배제할 것을 요구하면서 구체적인 요동 수비의 책략과 원
칙을 제시했고 숭정은 그의 제안과 요구를 모두 받아들였다. 숭정
은 원숭환에게 보검 한 자루를 하사함으로써 그에 대한 신뢰와 지
지를 표하고 요동을 잘 지켜줄 것을 신신당부했다.

그런데 원숭환이 도착하기 전에 요동에서 병란이 일어났다.
원인은 간단했다. 군대에 군량이 부족했던 것이다. 당시 중앙이 잠
시 무력해진 틈을 타 각급 관원들과 지주들이 재물을 훔쳐가버려
서 국고가 텅텅 비고 군량을 지급할 재원이 없었다. 원숭환은 즉시
황실의 재산을 이용하여 군량을 지급할 것을 건의했지만 재물을
목숨처럼 여기는 숭정황제는 몹시 화를 내면서 원숭환에 대한 태
도를 바꿔 더 이상 그를 신임하지 않았다.

얼마 후 원숭환은 피도 대장 모문용毛文龍을 주살함으로써 또
다시 숭정의 의심을 불러일으켰다. 피도는 요동 동남 해안의 작은
섬으로, 북으로는 청과 통하고 동으로는 조선으로 이어져 있으며
서남쪽으로는 교동반도의 봉래와 등주를 방어할 수 있는 지리적
요충지였다. 모문용은 일찍이 청에 대한 항전에서 공을 세운 바 있
으나 위충현의 양아들이 되어 온갖 부정부패를 저질렀고, 청의 황
태극에게 산해관을 양보하는 대신 자기에게 산동을 떼어달라는 제
안을 한 적도 있었다.

원숭환은 요동의 정세를 안정시키기 위해 드러나지 않는 화근
을 제거한다는 생각으로 숭정 2년(1623) 7월, 병사들을 매복시켜 모
문용을 체포한 다음, 그의 죄상 열두 가지를 공개하고 보검을 뽑아

주살했다. 원숭환이 모문용을 죽인 원인과 경과를 자세히 보고하자 숭정은 몹시 놀라며 다른 속셈이 있을 거라고 의심했지만 당시로서는 원숭환의 능력에 의지하여 청군을 막아내고 있던 터라 별다른 문책을 하지 못했다.

청의 황태극은 명과 정면 대결을 하는 것이 역부족임을 깨닫고 줄곧 화친을 요구했지만 오만한 숭정황제는 이를 받아들이지 않았다. 원숭환이 중간에서 조정에 나섰지만 매번 실패했다. 그러다가 1629년 11월, 황태극은 10만 군사를 이끌고 명을 공격하여 원숭환이 주둔하고 있던 영원을 격파하고, 곧장 북경으로 향했다. 청군의 공격으로 장성과 준화가 함락당하자, 명군은 퇴각하기에 급급했다. 순무 왕원옹王元雍은 자살하고 산해관 총병 조솔교도 준화성에서 전사했다. 준화를 손에 넣은 청군은 곧장 북경을 공격했다. 그러자 원숭환은 급히 군사를 이끌고 달려와 지원했고 연도에 흩어져 있던 군사를 규합하여 청군의 퇴로를 막는 데 주력했다.

11월 10일, 원숭환이 계주에 도착했을 때 청군은 이미 계주를 포위하여 서진 중이었고, 이어서 삼하와 향하 등의 성지를 공격하고 있었다. 원숭환은 급히 북경으로 달려가 수도를 지키기 위해 북경 광거문 밖에 진을 쳤다.

청군의 맹렬한 공격에 숭정황제는 혼비백산했고, 수도는 한순간에 혼란에 빠졌다. 원숭환이 도착하자 그제야 마음을 가라앉힌 숭정은 그를 크게 치하했지만 전투에 지친 군사들을 성안에 들이지 않았다. 여전히 원숭환을 의심하고 있었기 때문이다. 숭정은 병력을 외성에 주둔시키겠다는 요구마저 받아들이지 않고 청군과의 결전만을 강요했다.

원숭환은 군사들이 몹시 지쳐 있음을 알고도 숭정황제의 재촉 때문에 교전에 나설 수밖에 없었다. 부상을 무릅쓰고 적진으로 달려가 격전을 벌인 원숭환은 청군을 남해자 근처까지 내모는 데 성공했다. 하지만 청군이 아직 멀리 퇴각하지 않은 것을 본 숭정황제는 이들을 추격하여 섬멸할 것을 명령했다.

이때 명군에는 여러 지대의 부대가 남아 있었고 원숭환의 지휘권하에 있었지만 아직 힘을 모을 수 없는 상태였다. 이런 상황에서 성밖으로 나가 결전을 벌일 경우 청군은 배수진을 치고 달려들 것이 분명하기 때문에 북경성 전체가 위기에 처할 수도 있었다.

그러나 숭정은 원숭환을 의심하여 그의 병권이 막강해질 경우 자신을 제압하고 정권을 빼앗으려 들지도 모른다고 생각했다.

만청 군대는 성밖에서 대대적인 약탈과 폭행을 일삼으며 백성들에게 엄청난 피해를 입히고 있었다. 태감들은 대부분 수도에 땅과 가산을 갖고 있어 자신들의 재산이 파괴되지 않을까 노심초사했다. 이들은 이러한 불안을 원숭환에게 풀어버리기로 마음먹고 원숭환이 청군을 끌어들여 황제에게 화친을 강요하고 있다고 억지 주장을 했다. 이러한 여론은 불안에 휩싸인 사람들의 마음을 한순간에 사로잡았고 모두들 원숭환을 '민족의 반역자'로 규정하기에 이르렀다. 그러던 차에 누군가 북경성 문에 올라가 원숭환을 매도하는 고함을 지르며 아래쪽에 있던 원숭환의 병사들에게 돌을 던져 부상을 입히는 일이 발생했다. 이 소식을 들은 숭정황제의 의심과 불안은 더욱 깊어졌다. 이때를 놓치지 않고 청의 황태극은 음모를 꾸몄다.

얼마 전 청군은 명의 황궁에서 파견된 말 사육을 전담하던 태감 두 명을 사로잡았다. 한 명은 양춘楊春이고 다른 한 명은 왕성덕王成德이었는데, 황태극은 철수하면서 부장 고명중高鳴中과 참장 포승선鮑承先, 영완성寧完成 등을 시켜 이들을 지키게 했다. 이들은 청군에 귀순한 한족 장수들이었다. 저녁이 되자 포승선과 영완성은 황태극이 지시한 밀계에 따라 포로들에게 들으라는 듯이 큰 소리로 대화를 나누었다.

"자네 아나? 이번에 철군한 것은 다 작전이 있어서야. 황태극께서 혼자 말을 몰고 적진에 들어가 밀약을 맺고 왔거든. 황태극과 원숭환 사이에 밀약이 맺어졌으니 조만간 대사가 이루어질 걸세."

두 명의 태감은 자는 척하면서 모두 듣고 있었다. 다음날 양춘은 적군이 혼란해진 틈을 타서 도망쳤고 자신이 들은 얘기를 곧장 숭정황제에게 보고했다. 숭정은 양춘의 보고를 그대로 믿고 즉시 원숭환을 궁으로 불러들여 자초지종을 묻지도 않고 옥에 가둬버렸다. 원숭환의 부하장수들은 사태의 추이를 몰라 성밖에서 기다려야 했다.

사흘 후에 황제의 뜻이 전해졌다. 원숭환이 적과 내통하여 모반을 계획했기 때문에 그에게 죄를 묻되 다른 사람들은 문책하지 않겠다는 것이었다. 이 소식에 병사들은 몹시 분통해하며 울음을 터뜨렸고 심지어 황제를 욕하는 사람도 있었지만 이미 돌이킬 수 없는 형국이었다. 저대수도 비분에 젖어 병력을 인솔하여 금주로 돌아가버렸다.

저대수가 가버리자 숭정황제는 청군이 다시 공격해올 것을 두려워했다. 그래서 저대수를 다시 오도록 원숭환에게 편지를 쓰게 하는 한편, 관리들을 보내 설득하기 시작했다. 원숭환은 여러 대신들의 거듭되는 권고에 못 이겨 국가가 몹시 위중한 상태라는 내용의 편지를 써보냈다.

저대수는 숭정이 보낸 사자를 적으로 생각하고 죽이려 했으나 그가 내민 원숭환의 친필 서한을 보고는 검을 내려놓았다. 그가 군대를 움직이지 않고 머뭇거리고 있을 때 저대수의 모친이 말했다.

"네가 회군한다면 원장군의 죄만 가중시킬 뿐이다. 차라리 병력을 이끌고 가서 일부 지방을 탈환하고 승리를 거둔다면 원장군을 감옥에서 구해낼 수 있을지도 모르겠다."

저대수는 모친의 말에 따라 병력을 이끌고 나가 청군이 점령하고 있는 두 개의 성지를 탈환하고 청군의 퇴로를 차단했다.

한편 황태극은 원숭환이 투옥되었다는 소식을 듣고 쾌재를 불렀다. 그는 이미 북경 이남 20리 지점에 있는 양향을 점령했고 곧장 노구교를 공격하여 거군車軍을 격파했으며 4만의 명군을 대파하고 우두머리급 장수들을 생포하거나 사살함으로써 북경을 불안에 떨게 했다. 그러나 저대수가 회군한다는 소식에 퇴로가 차단될 것이 두려워 화친을 제안하는 한편, 산해관을 통해 서서히 병력을 철수했다.

청군이 물러가자 숭정은 또다시 자신의 생각을 고집하기 시작했다. 이때 수많은 신하들과 장수들이 원숭환의 구명을 위한 상소를 올렸고, 손승종도 원숭환을 위한 시문을 바쳤다. 자기가 대신 처벌을 받겠다고 나서는 사람들도 있었다. 원숭환은 옥중에서 편지를 써서 부하들이 안심하고 청군에 대항할 수 있도록 독려했고, 반 년 후에 명군은 무사히 청군을 장성 밖으로 쫓아낼 수 있었다.

반 년 동안 원숭환에 대한 조사가 이루어져 형벌은 이미 결정되어 있었다. 당분간 그를 살려두었다가 청군이 완전히 물러간 다음에 능지처참한다는 것이었다. 적군의 이간질에 속아 무고한 원숭환을 처형하고 그를 '민족의 반역자'로 증오하도록 민심을 호도한 것은 숭정황제의 소심하면서도 완고한 성격의 소치였다.

한편 원숭환이 억울한 죽음을 당하게 된 것도 자신을 보호하는 데 무능했기 때문이라 할 수 있다. 여기서 우리는 자신을 지킬 줄 아는 것이 개인의 신상과 이익을 지키는 일일 뿐만 아니라 국가와 민족의 운명을 좌우하는 일이라는 사실을 기억해야 할 것이다.

강희대제

청 왕조는 결코 중국 역사에 있어서 존재하지 말았어야 할 불운의 시대가 아니었다. 어떤 의미에서는 청 왕조가 명 왕조보다 훨씬 훌륭하고 빛나는 왕조였는지도 모른다. 청조의 여러 황제들 가운데는 유능하고 훌륭한 황제들이 적지 않았고, 특히 강희대제康熙大帝(1654~1722, 재위 1661~1722)는 중국 역사상 가장 위대한 군주들 중 한 명으로 기록되고 있다.

청조에 이처럼 훌륭한 군주가 탄생하게 된 배경은 무엇일까? 이는 아마도 만청의 통치자들이 중원을 장악한 이후 자신들의 통치능력에 대한 긴장과 우려를 가졌고, 이로 인해 다른 왕조에 비해 훨씬 신중하고 깊이 있는 성찰이 뒤따랐기 때문일 것이다.

또한 새로 떨치고 일어난 민족이 갖는 시대적 활력도 중요한 원인으로 작용했다고 할 수 있다. 그리고 강희가 자유로운 유년시절을 보낼 수 있었던 것이 엄격한 교육을 받았던 전대의 여러 황제들보다 뛰어난 능력과 업적을 창출할 수 있는 원동력이 되었는지도 모른다. 중국 역사에서 가장 성공한 황

강희대제는 겨우 일곱 살의 어린 나이에 즉위한 소년 황제였다

그가 천성적으로 정치가의 재능을 타고난 것도 부인할 수 없는 사실이지만 유년 시절에 자유와 건강한 생활을 맘껏 누렸던 체험이 그의 제왕 생애에 훌륭한 양분을 제공했다고 할 수 있다

제 중 한 명인 강희는 만주족이 중국 황실의 주인공이 된 이후 두 번째로 보좌를 차지한 인물로, 불과 일곱 살의 어린 나이에 소년 황제로 즉위했다. 그가 천성적으로 정치가의 자질을 갖추고 있었음을 부인할 수는 없겠지만 어릴 적 경험했던 자유롭고 건강한 생활이 그의 황제 생애에 더 큰 작용을 했다고 보는 것이 정확할 것이다.

　순치順治 18년(1661) 2월 5일, 순치제가 병사하자마자 셋째 아들 현엽玄燁이 즉위했는데, 이가 바로 강희대제이다. 순치는 죽기 전에 어린 아들을 위해 색니索尼와 소극살합蘇克薩哈, 알필륭遏必隆, 오배鰲拜 등 네 사람을 고명대신顧命大臣으로 임명했다. 네 사람은 목숨을 바쳐 충성하며 함께 정무를 보좌할 것을 맹세했고 사사로운 원한에 사로잡히지 않고 불의한 부귀를 추구하거나 형제나 친척들의 간계에 귀를 기울이지 않을 것을 다짐했다. 그러나 오래지 않아 네 명의 고명대신은 자신들의 맹세를 잊고 강희의 면전에서 매우 준엄한 얼굴을 보이기 시작했다.

　만청이 입관한 지 20여 년의 세월이 흘렀지만 민심은 조정에 귀속되지 못했고 백성들의 마음속엔 명 왕조의 부활에 대한 막연한 기대가 여전히 남아 있었다. 특히 운남에 주둔하고 있는 평서왕

平西王 오삼계吳三桂와 복건의 정남왕靖南王 경정충耿精忠, 광동의 평남왕平南王 상가희尚可喜 등 삼번三藩 세력이 매우 강대하여 여러 해 동안 줄곧 모반을 준비하고 있었다. 대만섬에서는 정성공의 후예가 호시탐탐 청조의 동남 해안 일대를 노리면서 기회를 엿보고 있었고, 동북 지역에서는 러시아 군대가 끊임없이 국경을 넘나들며 침범과 약탈을 일삼고 있었다. 서쪽의 티베트도 몹시 혼란한 상태였고, 서북부의 준가르부는 더욱더 거세게 동쪽을 어지럽혔으며, 북방에서는 몽골족이 기회가 있을 때마다 남하를 시도했다.

조정의 상황도 혼란과 걱정투성이였다. 네 명의 고명대신들 가운데 색니는 나이가 많아 곧 병사했고, 알필륭은 오배와 결탁하여 무조건 오배의 결정에 따랐으며, 소극살합은 오배와 앙숙으로 지내다가 결국 그의 모함으로 살해되고 말았다. 조정은 오배 일당의 천하가 되었다.

오배는 파도로 출신으로 '만주 제일의 용사'라는 칭호를 갖고 있을 만큼 성격이 강포하고 용감하여 제압하기가 여간 어렵지 않았다. 그는 조정의 실권을 장악한 이후로 산동과 하남의 순무와 총독을 살해하는 등 횡포를 일삼았고 황제 앞에서도 신하의 예를 갖추지 않았다. 심지어 강희를 완전히 무시하면서 여러 신하들 앞에서 큰 소리로 훈계하기도 했다. 소극살합을 처형할 때도 그는 능지의 형을 주장했지만 강희가 그의 무죄를 주장하여 처형을 허락하지 않자 주먹을 불끈 쥐고 강희를 때릴 듯이 위협하여 간신히 교사에 처하게 되었다. 이러한 내우외환의 상황에 직면하여 태평성대를 실현하려면 황제의 비범한 지략과 기개가 필요했다.

다행히 소년 강희는 보통 사람과 다른 지모와 대담한 책략을 갖추고 있었다. 그는 우선 오배를 제거하여 실권을 장악함으로써 자신의 천하를 되찾아야 했다. 뒤에 강희가 오배를 제거한 방법에는 소년다운 심성과 기지가 잘 나타난다. 당시엔 오배가 병권을 장악하고 있었기 때문에 직접 명령을 내려 그를 제압하는 일은 불가능했다. 한번은 오배가 병을 핑계로 조정에 나오지 않자 강희가 직접 그의 처소를 찾아간 적이 있었다. 오배가 침상에 그대로 누워 있는 것을 이상히 여긴 위병들이 황급히 다가가 조사해보니 등 밑에 비수가 한 자루 감춰져 있었다. 오배는 몹시 긴장했고 위병들도 어떻게 해야 좋을지 몰라 안절부절 못하고 있을 때 강희가 태연한 어조로 끼어들었다.

"몸에 칼을 지니고 다니는 것은 우리 만주인의 오랜 풍속이니 그렇게들 놀랄 것 없소."

강희는 오배를 안심시키기 위해 그의 과실을 덮어준 것이었다.

서기 1667년, 강희는 열네 살이 되었고 충분히 친정을 펼 수 있는 나이였다. 하지만 오배가 전권을 장악하고 있어 그를 제거하는 일이 무엇보다 시급했다. 이를 위해 강희는 묘책을 마련했다. 만주족이 전통적으로 씨름을 좋아한다는 점에 착안한 강희는 건장한 귀족 자제들을 모아 궁궐에서 씨름 훈련을 시키기 시작한 것이다. 1년쯤 지났을 때 이들의 힘과 기예는 놀랍게 발전했고 강희 자신도 수시로 이들과 함께 훈련에 참가하기도 했다. 궁중의 왕공대신들이나 후비와 태감들도 모두 이 사실을 알고 있었지만 누구 하나 강희의 행동을 의심하지 않았다. 하지만 어느새 이들 귀족 자제들은 훌륭한 '소년병'이 되어 있었다. 한편 강희는 '빼앗기 위해선 먼저 주어야 한다將欲奪之 必先與之'는 중국인의 전통적 처세에 따라

오배 부자를 계속 승급시켜 각각 1등공과 2등공을 거쳐 태사太師
와 소사小師의 봉호를 내렸다. 이는 오배를 안심시켜 경계심을 없
애려는 치밀한 계획에 따른 조치였다.

강희가 열여섯 살 되던 해, 드디어 모든 준비가 끝나자 강희는
먼저 '소년병' 들을 서방書房 안에 매복시키고 오배가 상주하러 오
기를 기다렸다. 그가 들어서자 강희의 한 마디에 소년병들이 일제
히 오배에게 달려들어 손쉽게 그를 제압했고 마침내 오배는 감옥
에 갇히는 신세가 되고 말았다. 강희가 이런 거사를 준비하고 있으
리라고는 그 누구도 생각지 못했다.

오배를 제압한 강희는 즉시 그의 열세 가지 죄상을 선포하여
죄를 묻는 동시에 오배 일당을 일망타진했다. 오배가 옥사하자 강
희는 그에게 동조하지 않아 박해를 받았던 사람들의 관직을 회복
시키고 오배가 강점하고 있던 사유지를 백성들에게 나눠주었으며
노비제도를 제한하고 정부기구를 대대적으로 개혁했다. 아울러 왕
권을 강화하면서 영명한 군주로서의 위신을 바로 세웠다.

일곱 살의 어린 황제에서 열여섯 살의 소년으로 자라 빼앗겼
던 황제의 권력을 되찾을 때까지 강희는 오배의 전권에 맥없이 당
하고 있었지만 대단히 자유롭고 평범한 생활을 누렸다. 만주족이
막 중원을 차지했던 시기라 한인 황족들과 같은 엄격한 궁중 예절
과 형식으로부터 비교적 자유로울 수 있었던 것이 건강한 심신을
가진 청년으로 키웠는지도 모른다. 이전의 황제들이 대부분 빡빡
한 일정과 엄격한 궁중 생활의 규정에 얽매어 유년시절부터 기형
적인 성향을 갖게 됐던 것에 비하면 강희의 유년시절은 훨씬 행복
했던 셈이다.

누르하치의 여러 아들들이 대부분 목불식정이었고 여덟째 황태극만 약간의 글을 익혔던 것을 보면 만주족의 무를 중시하고 문을 경시하는 경향을 확실히 알 수 있는데, 이러한 경향은 강희 시대까지도 그대로 이어져왔다.

그러나 강희는 어려서부터 한족 지역에서 생활하면서 자연스럽게 한족의 문화를 몸에 익혔고, 그 즈음에는 만주 귀족들의 생활과 관념에도 한족의 문화가 침투하기 시작했다.

무엇보다도 중요한 사실은 강희 자신이 독서와 사색을 매우 좋아하여 자발적으로 중국의 전통문화를 배우고 익혔다는 것이다. 그리고 이러한 노력이 그의 건전한 성격에 긍정적 영향을 미치면서 폭넓은 인식과 시야를 제공했다. 그가 영명한 군주로 발전할 수 있었던 것도 풍부한 학문을 기초로 중국의 전통문화를 널리 활용했기 때문이라고 할 수 있다.

오배를 제거한 후 강희는 역법의 논쟁에 직면해야 했다. 순치시기에는 서양의 선교사들이 대거 중국에 들어오기 시작했고 일부 선교사들은 조정으로부터 특별한 대우를 받았다. 독일인 선교사인 탕약망湯若望은 서양의 선진 계산법을 이용하여 새로운 천문역법을 제시했다. 순치황제는 그를 '통현법사通玄法師'로 봉하고 국립 천문대 책임자에 해당하는 흠천감欽天監 감정의 직위를 맡게 했다. 그런데 오배를 믿고 조정에 상주하고 있던 양광선楊光先이란 자가 탕약망의 역법을 청조가 서양에 굴복할 것을 강요하는 '음행사교陰行邪教'이며 황제 이후로 전해져온 중국의 천문역법을 폐지하는 것은 요순 이래의 예교제도를 폐하는 것과 같다고 주장했다. 조정의 여러 대신들도 양법을 폐지하고 중국의 구역법을 부활

할 것을 주장했다. 이때부터 조정에는 두 가지 역법을 놓고 파벌이 형성되었다.

오배를 제거한 후부터 강희는 실사구시적으로 이러한 문제들을 해결하기 시작했다. 그는 벨기에에서 온 선교사 남회인南懷仁을 시켜 두 가지 역법을 비교하게 하는 한편, 독학을 통해 역법의 대강을 깨우쳤다. 여러 해에 걸친 연구와 시범 운용 결과, 양광선의 역법에서 갖가지 오류가 발견되자 강희는 구역법을 폐지하고 신역법을 추진하는 동시에 대신들에게 신역법의 이치를 구체적으로 설명했다. 이로써 강희는 대신들에게 새로운 위신을 세울 수 있게 되었고 대신들은 더 이상 그를 소년 황제로 대하지 못했다.

또한 당시에 가장 어려운 난제는 '삼번'을 평정하는 일이었다. 특히 오삼계는 조정에 자신의 심복들을 배치하여 조정의 예산으로 자신의 근거지인 운남에 대규모 병력을 갖추는 등 모반 준비에 박차를 가하고 있었다. 이에 대한 강희의 태도는 분명했다. 더 이상 방치하지 않고 과감하게 삼번을 척결한다는 것이었다.

강희는 오삼계가 언젠가 반란을 일으킬 경우 자신이 훨씬 더 유리하다고 판단했다. 자신은 나이가 어리기 때문에 갈수록 장대해질 것이지만 오삼계는 늙어갈수록 기력이 떨어지고 있고, 자신은 갈수록 민심을 얻어가는 데 반해 오삼계는 갈수록 인심을 잃고 있었기 때문이다.

서기 1673년, 상가희가 늙고 병들게 되자 삼번의 업무를 그 아들 상지신尙之信이 대리하게 되었다. 상지신은 전권을 장악하자 주살과 불의를 일삼았고 상가희는 아들의 위협에 견디다 못해 상소를 올려 삼번 폐지를 요청하고 관직과 작위를 모두 아들에게 이양한 뒤 고향으로 돌아갔다. 이때 강희의 나이 19세였다. 수많은 대신들이 삼번 폐지에 반대했지만 강희는 기회를 놓치지 않고 삼번을 폐지하기로 결심했다.

당시 오삼계의 아들 오응웅吳應熊은 북경에 있다가 이 소식을 전해듣고는 즉시 운남에 있는 오삼계에게 알렸고, 오삼계는 또 이를 복건의 경정충에게 알렸다. 두 사람은 삼번 철폐에 대한 두려움과 당혹감을 감추지 못했다. 막료들의 권고에 따라 오삼계와 경정충은 10월에 상소를 올려 조정의 결정에 순순히 따르겠다고 보고했다. 하지만 이는 조정의 태도를 떠보려는 술책에 불과했고 조정 대신들도 이를 눈치챘다.

삼번 철폐를 둘러싸고 조정에서도 격렬한 논쟁이 펼쳐졌다. 절대다수의 대신들이 갖가지 이유를 들어 삼번 철폐를 반대했지만 사실 이유는 단 한 가지, 오삼계의 모반을 두려워했기 때문이다. 병부상서 명주明珠와 형부상서 막락莫洛 등 몇몇 대신들만이 삼번 철폐를 강력하게 주장하고 나섰다. 여러 차례의 격론에도 불구하고 결론이 나지 않자 강희가 나서서 단호하게 결정했다.

"삼번이 막강한 군사력을 보유하고 있은 지 아주 오래요. 어차피 철폐할 거라면 지금 당장 철폐하는 것이 나을 것이오. 삼번을 철폐하되 만일의 사태에 대비해 응전태세를 갖추도록 하시오."

삼번을 철폐하라는 조서를 받은 오삼계 등은 자신들의 거짓 상소가 오히려 반대의 효과를 가져온 데 대해 실망감을 감추지 못하고 서둘러 모반을 준비했다. 조정의 사자는 오삼계가 철수 시기를 늦추면서 운남을 떠나지 않자 이를 조정에 보고했다. 오삼계는 더 이상 다른 방법이 없다고 결론을 내리고 조정의 사자와 운남 순무 주국치朱國治를 죽이고 1673년 11월에 마침내 모반을 일으켰다.

　　오삼계가 '천하도초토병마대원수天下都招討兵馬大元帥'를 자칭하며 기병하자 상지신과 경정충도 합세하여 모반을 일으켰다. 반란의 형세는 애당초 강희가 예상했던 바와 다르지 않았다. 기병과 동시에 호남과 사천, 광서 일대의 문무 관원들이 일제히 이들에게 합세했고 중국 전체의 절반에 해당하는 지역이 반란의 전화에 휩싸였다.

　　이에 놀란 조정의 대신들은 하나같이 오삼계의 반군에 항복할 것을 주장했다. 심지어 장강 이남을 반군에게 떼어주자고 하는 사람도 있었으며 애당초 삼번의 철폐를 제기한 사람을 주살해야 한다는 사람도 있었다. 이런 상황에서 강희는 또다시 놀라운 결단력을 보이면서 인질로 북경에 남아 있던 오삼계의 아들 오응웅과 손자 오세림吳世霖을 주살하라고 명령했다. 이제 오삼계 등의 반군과 일전을 벌이는 것 외에 달리 퇴로가 없게 되자, 청 조정은 뜻을 하나로 모으고 결전의 신념을 다졌다. 오삼계 등의 반군도 이제 결사항전의 길밖에 없다는 것을 알았지만 이미 대부분의 장수들이 마음을 달리하기 시작했다.

　　강희는 삼번의 난에 대응하면서 조금도 당황하거나 흐트러진 자세를 보이지 않고 침착하게 전략을 세워나갔다. 먼저 반란군의 괴수 오삼계를 격퇴하면 나머지 오합지졸의 병력은 저절로 무너질 것이라는 것이 강희의 생각이었다. 이에 따라 주요 병력을 오삼계에게 집중시키고 사천과 섬서의 반군에 대해서는 설득전에 총력을 기울였다. 강희의 이러한 전략은 그대로 맞아떨어져 짧은 시간에 오삼계의 반군은 완전히 와해되어 호남에 억류되었다.

1678년, 강희는 유양 등지의 수많은 성지를 수복했다. 오삼계는 형세가 불리하다는 것을 깨닫고 재빨리 명明의 부활이라는 기치를 내걸고 3월 23일 형산에서 하늘에 제사를 올리고 스스로 황제를 칭했다. 그리고 연호를 소무昭武라 하고 형주를 천부로 정했다.

같은 해 8월, 오삼계가 병사하자 그의 손자가 즉위하여 운남으로 거점을 옮겼으나 나중에 곤양성이 함락되자 스스로 목숨을 끊었다. 경정충과 상가신 등도 일찌감치 피살되어 사천과 섬서 등지는 평정을 되찾았다. 이로써 1681년까지 약 8년 동안 전국 10여 개 성을 어지럽힌 삼번의 난이 마침내 평정되었다.

삼번의 난을 진압하는 과정에서 강희가 보여준 용기와 지모는 크게 세 가지로 구분할 수 있다. 첫째는 대규모 반란에도 절대 놀라거나 두려워하지 않았고 둘째, 먼저 오삼계를 공격하고 나중에 잔여세력을 공격하는 등 대응전략이 정확하고도 주효했으며 셋째, 병력의 분배와 지휘가 매우 탁월했다는 점이다. 난이 평정되었을 때 이 소년 황제의 나이는 스물여덟이었고 이때는 이미 성숙한 정치가의 면모를 보이고 있었다. 그 후 40년 동안 안정된 정국을 운영하면서 전대의 어느 황제보다도 화려하게 중국 역사를 빛낸 뛰어난 치적을 이루었다.

장점으로 단점을 보완하게 하라

뜻을 이루고 명분을 세우기 위해서는 일정한 도리에 따라야만 논쟁과 비판에 직면해도 그 도리에 따라 두서를 잡을 수 있다. 그러나 사물의 이치는 매우 복잡하고, 인간의 심리나 성품도 제각기 다르기 때문에 갈등과 반목이 생기기 일쑤고, 사물의 이치가 결속력을 상실하여 서로 상반되거나 어긋나는 경우도 많다.

인재는 천지만물의 끊임없는 변화, 법률과 제도, 예의와 교화, 인간의 자연적 욕구와 정서 등에 통달해야 한다. 그러기 위해서는 개인의 성품이 도리에 부합해 현명한 지혜를 얻을 수 있어야 하고, 현명한 지혜가 충분해 도리를 실천할 수 있을 때 비로소 일가를 이룰 수 있다.

인간은 아홉 가지 치우친 성품을 보이는데, 그 성품들은 상호 작용하면서 장단점을 드러낸다.

첫째, 강경하고 거친 사람은 세밀하고 정교한 부분까지 들어가지 못하기 때문에 전체적으로 볼 때 원대한 모습을 보이긴 하지만 세밀하고 구체적인 도리를 따질 경우 조악함에 빠지기 쉽다.

둘째, 자존심이 강하고 쉽게 격분하는 사람은 약속과 책임, 공정함 등을 중시하지만 양보나 굴복을 할 줄 모르기 때문에 변화에 적응하는 능력이 떨어진다.

셋째, 굳세고 강경한 사람은 단정함과 실사구시를 좋아해 세밀하고 구체적인 원칙에 있어선 선명하고 투철하지만 중대한 도리를 대할 때는 깊이 있는 태도를 취하지 못한다.

넷째, 변론을 좋아하고 이에 능한 사람은 반응이 민첩하여 인사를 추구함에 있어 매우 정교하고 치밀한 것 같지만 문제의 본질에 부딪히면 엉성하고 서툰 모습을 보인다.

다섯째, 남을 맹목적으로 따르는 사람은 친밀하고 넉넉한 아량을 보이지만 신중한 사고가 부족하여 사물의 영역을 귀납하는 데 있어선 산만하고 핵심을 장악하지 못한다.

여섯째, 사물에 대한 이해와 학문이 얕은 사람은 문제의 본질을 깊이 있게 파악하지 못해 남의 변론과 주장에 쉽게 동요하고 쉽게 만족하는 경향이 있다. 때문에 심도 있고 세밀한 문제에 있어선 본말이 전도되고 일을 처리할 때도 대충 하기 쉽다.

일곱째, 성품이 인자하고 관대한 사람은 인의를 추구함에 있어선 고상하고 점잖은 자태를 보이면서도 세상사에 부딪혔을 때는 행동력이 떨어져 제때에 대응하지 못한다.

여덟째, 성격이 온순한 사람은 보편적인 도리에 평이하고 순탄하게 적응하지만 문제를 분석하는 데 있어선 결단력 없이 주저하기 쉽다.

아홉째, 남과 다른 것을 좋아하는 사람은 다른 사람들과 어울리기를 꺼리고 항상 홀로서기를 원하기 때문에 청정무위를 추구하면서도 실제 상황에 잘 적응하지 못한다.

성품이 불순하고 원만하지 못하면 떠벌리기 좋아하여 장황하게 설명하고, 변론하는 것이 유창하고 박식한 것처럼 보이고, 논리가 부족하고 두서가 없으면서 넓고도 깊은 논리로 무장한 것처럼 보인다. 진리를 왜곡하여 사리에 영합함에도 의리가 강한 것처럼 보이고, 등뒤에 숨어 남들이 말하는 대로 따르는 것이 남의 의견을 냉철하게 판단하는 것처럼 보인다. 의혹과 난해함을 피해 대답을 꺼리는 것이 박학다식한 것처럼 보이고, 통달한 사람들을 사모하여 그 도리를 따라 배우지만 사실은 아무것도 모른다. 인정을 저버리고 그럴듯한 말로 견강부회하면서도 이치에 투철한 것처럼 보인다.

변론에는 이치를 위주로 하는 것도 있고 문사文事를 위주로 하는 것도 있다. 이치를 위주로 하는 변론에서는 먼저 시비를 정확하게 규명한 후에 논리를 전개하여 세밀하고 깊이 있는 부분을 해석해야 한다. 문사를 위주로 하는 변론에서는 종종 지나치게 새롭고 신기한 것을 추구해 올바른 이치를 파괴하기 쉽다.

변론에 능한 사람은 상대방의 능력을 먼저 평가한 후에 변론에 임하고 논리로 상대방을 제압하지 못할 경우 더 이상 말을 하지 않는다. 변론에 능하지 못한 사람은 오히려 상반되거나 뒤섞인 내용으로 논쟁에 임한다. 내용이 상반되거나 뒤섞여 있을 경우 상대방은 자신의 입장을 받아들이지 않는다. 남을 설득하는 데 능한 사람은 말 한 마디로 여러 가지를 한꺼번에 설명할 수도 있고 백 마디 말로 단 한 가지 의미를 설명할 수도 있다. 아무리 말이 많아도 자신의 생각을 전달할 수 없다면 다른 사람들이 귀기울이지 않을 것이다.

변론에 능한 사람은 반드시 사물의 근본을 분명하게 해석해야 한다. 변론에 능하지 못한 사람은 때때로 근본을 버리고 말단을 추구한다. 그러다 보면 서로 강경하게 대립하게 된다. 강자에게 반박할 줄 아는 사람은 예기를 피하고 상대방의 주요한 논점을 분명하게 파악한 다음 공격한다. 적수를 공박하는 데 서툰 사람은 상대방의 실수를 인용하여 기선을 제압하려 한다. 그러나 그렇다고 해도 상대방이 굴복하는 것은 결코 아니다. 상대방의 과실을 잡는 데 능한 사람은 상대방이 저지른 실수의 근본을 지적한다. 상대방의 과실을 포착하는 데 서툰 사람은 상대방의 논리적 결함만을 가지고 상대방을 제압하려 하기 때문에 상대방의 기를 꺾기 어렵고, 따라서 피차 원한을 사게 된다. 또한 분쟁이 생겼을 때 변론에 능한 사람은 먼저 상대방의 마음을 돌리는 데 주력하지만 변론에 능하지 못한 사람은 상대방과 정면으로 충돌하기 일쑤고, 그 결과 상대방을 더욱 격분하게 만든다. 이런 상황에서는 상대방이 자신의 과오를 인정한다 하더라도 체면을 만회할 기회가 없기 때문에 끝까지 굴복하지 않으려 한다.

갖가지 갈등을 유발한다고 해서 쟁론이 긍정적인 소득이 전혀 없는 것은 아니다. 만일 일방적인 진술만 있고 이를 반박할 상대가 없다면 의견 진작이 어렵고 어떤 주장이 옳은지 밝힐 수 없다. 따라서 일방적인 진술만 하고 쟁론을 거치지 않는다면 정론을 찾기 어렵다. 인재는 다양한 의견에 귀를 기울이고 사고와 창조에 능해야 하며, 사물 변화의 원인을 찾고 말을 통해 자신의 감정과 생각을 분명히 전달할 수 있어야 한다. 또한 상대방의 말에 대한 반응이 민첩해야 하고 상대방의 과실의 소재를 정확히 파악해 공격에 적절히 대처할 수 있어야 한다. 공격에도 능해 상대방의 보루를 하나하나 무너뜨릴 수 있어야 하고 허를 찔러 자신의 생각을 관철시킬 수 있어야 한다.

따라서 총명하고 민첩한 정도가 사물의 발전 법칙과 순서를 파악할 수 있는 수준에 이른 사람을 사물을 식별하는 인재라 하고, 사유에 있어서 새로운 것을 발견할 수 있는 사람을 창조의 인재라 하며, 지혜의 정도가 사물 변화의 관건을 장악할 수 있는 수준에 이른 사람을 식견에 통달한 인재라 하고, 말이 유창한 사람을 변론에 뛰어난 인재라 한다. 반응이 민첩하여 실수를 피할 수 있는 사람을 임기응변의 인재라 하고, 자기 주장을 끝까지 관철시켜 상대방을 굴복시킬 수 있는 사람을 지론에 능한 인재라 하며, 남을 공격하여 승리를 쟁취할 줄 아는 사람을 진취적 인재라 하고, 상대방을 물리쳐 자신을 지킬 줄 아는 사람을 서로의 위치를 바꾸는 데 능한 인재라 한다.

이 모든 재능을 고루 갖춘 인재는 규칙을 따르면서 현실 속에서 모든 일을 추진한다. 박학다식하고 지혜에 통달한 사람들과 교류할 때는 그들과 마음을 같이하려 애쓰고 보통 사람들과 대화할 때는 표정을 잘 살펴 여러 사람들의 비위를 맞출 줄 안다. 자신이 아무리 많은 도리를 깨닫고 있다 해도 이를 억지로 타인에게 강요하지 않는다. 총명하고 지혜로우며 자질이 풍부한 사람은 자신의 재능을 앞세우지 않는다.

좋은 말을 하는 데 능하면서도 도리를 말할 줄 알아야 한다. 남의 관심사를 분별할 줄 알아야 하고 타인의 장점과 재능을 인정하는 데 능해야 한다. 남의 약점이나 꺼리는 바를 건드려서도 안 되고, 자신의 우수함이나 장점을 과시해서도 안 된다. 정직한 의견을 발표하여 궤변을 반박하고 두려움이 없어야 한다. 사람들의 의견을 경청할 줄 알아야 하고, 그들이 어렵게 성취한 바를 칭찬할 줄 알아야 한다.

자신이 우세한 위치에 있을 때도 자만하지 않고 마음을 평정하고 명랑하게 갖되 지나치게 옹졸하거나 넘침이 없이 항상 도리에 부합해야 한다. 이런 사람과는 더불어 사회와 자연을 다스리는 이치를 논할 수 있을 것이다.

군주의 능력과 신하의 재능은 다르다

재능과 능력에 따른 인재 배치

인간사에는 당연한 이치가 있기 때문에
이를 잘 따르기만 하면 길을 잃는 일이 없다.
또한 인정에는 편향과 배반이 있어
이를 슬기롭게 피하기만 하면 성공은 어렵지 않다.
대화를 나눌 때는 심지의 깊고 얕음을 알 수 있기 때문에
마음의 원칙을 잘 지키기만 하면 상대방을 설득할 수 있다.

여불위

중국 역사상 가장 뛰어난 장사꾼은 단연 여불위이다

그가 사고자 한 대상은 재물도 군대도 아닌 바로 국가였다

전국이 거들떠보지도 않는 볼모에게 누가 쉽게 투자할 수 있을까

그러나 여불위는 천하를 안겨줄 보배임을 알아보았다

하지만 크게 한탕하고 목숨을 잃은 것이 잘한 장사인지는

모를 일이다

서향세가書香世家 지식인 집안을 일컬음

패방牌坊 궁궐이나 능, 절이나 도시의 십자로 등에 세우는 기념물로, 위에 망대가 있고 문짝이 없는 대문 모양의 건축물

세계에서 장사를 가장 잘하는 민족은 어느 민족일까? 많은 사람들이 유태인이야말로 셈이 빠르고 철저하여 상업적 수완이 가장 뛰어난 민족이고, 중국은 농업을 중시하고 상업을 경시했던 만큼 경제활동에 가장 둔한 민족이라고 말한다.

사실 고대 중국의 상업은 그다지 발전하지 못했다. 오히려 상인들을 사회의 해충, 즉 노동하지 않고 기생하는 존재로 치부했던 것이 중국의 전통적인 관념이었다. 상인들은 아무리 부유하다 해도 청빈한 서향세가의 제자들을 압도하지 못했고 정인군자正人君子의 범주에 들지 못했다. 사서에 기록되고 공덕을 기리기 위해 세워진 패방의 주인공들은 하나같이 명군이거나 명재상, 또는 열녀공신들이었지, 상인은 단 한 명도 없었다.

그런데 전세계 문명인들을 깜짝 놀라게 한 사람이 있었는데, 그가 사려는 대상은 특정한 재산이 아닌 하나의 국가 즉, 왕조였다. 더욱 놀라운 것은 이러한 장사가 어렵지 않게 성공을 거두었다는

사실이다.

전국시대 양적의 상인이었던 여불위呂不韋, 그가 바로 정치에 대한 상업적 투기로 가장 효과적인 성공을 거둔 사람이다. 그는 최소한의 자본으로 최대한의 이익을 창출하면서 왕조를 송두리째 사들였다. 물론 여기에는 상당히 복잡한 과정이 수반되었다.

전국시대 말기 진秦나라와 조趙나라는 빈번하게 전쟁을 벌였다. 먼저 진이 조를 여러 차례 공격하여 적지 않은 성지를 빼앗긴 했지만 조나라에는 염파 등 우수한 장수들이 있어 매번 큰 성과를 거두지는 못했다. 그러다가 나중엔 별 수 없이 조나라와 화친을 맺어 외교적인 방법으로 점차 조를 정복하기로 하고 다른 나라들을 먼저 공격하는 것으로 전략을 바꾸었다.

그리하여 기원전 279년, 진과 조는 화친을 맺고 당시의 관례에 따라 서로에 대한 신임을 위해 군주의 친척을 볼모로 교환하게 되었다. 진 소양왕은 손자 이인異人을 조나라에 볼모로 보냈다. 하지만 진은 6국을 통일하겠다는 대망을 갖고 있었기 때문에 볼모 하나 때문에 조를 공격하지 않으리라는 보장이 없었다.

화친이 맺어진 지 오래지 않아 과연 진나라는 병력을 파견하여 조나라를 공격했다. 특히 기원전 260년에는 진나라 장수 백기가 투항한 조나라 병사 40만을 산 채로 매장하여 조나라와 인근 제후국들로부터 공분을 산 일이 있었다.

그로부터 2년 후, 진나라는 또다시 왕흘과 정안평鄭安平 등 장수들을 보내 조의 도성인 한단을 공격하여 조나라를 일거에 멸망시키려고 했다. 당시 조나라는 매우 위급한 상황에 처한 가운데 성 안에 식량마저 떨어져 사람을 잡아먹는 일까지 벌어졌다. 다행히 위나라 공자 신릉군信陵君이 10만의 병력을 지원해준 덕분에 간신히 진군을 물리치고 잠시 나라를 보전할 수 있었다.

이런 상황에서 볼모가 된 이인의 처지가 어떠했는지는 상상하기 어렵지 않을 것이다. 여러 번 진나라에게 기만을 당한 조나라 효성왕은 이인을 죽이고 분을 풀려 했지만 평원군이 나서서 말렸다.

"진 소양왕에게는 자손이 아주 많고 태자 안국군安國君도 아들이 스무 명이 넘기 때문에 이인을 죽인다 해도 안국군이나 진왕에게는 아무런 충격도 주지 못할 것입니다. 게다가 이인은 가장 중요하지 않은 자손들 가운데 한 명입니다. 차라리 그를 잠시 살려두면 나중에 요긴하게 쓸 데가 있을 것입니다."

조왕은 평원군의 말에 따라 이인을 살려두긴 했지만 이때부터 그를 제대로 대우하지 않았다. 궁문 밖으로 나갈 때도 수레가 주어지지 않았고 시종도 따르지 않았다. 먹고 입는 것조차 여의치 않아 관원들의 멸시와 천대를 당하면서 보통 백성들보다도 못한 생활을 견뎌야 했다.

이때 여불위라는 상인이 이인의 처지를 전해듣고 흥분을 감추지 못했다. 그는 원래 양적 사람으로, 한단으로 장사하러 왔다가 우연히 이인과 인연을 맺게 된 것이다. 평소 큰 장사 기회를 찾고 있었으나 줄곧 고생만 하고 있던 여불위는 이것이야말로 큰 장사라고 무릎을 쳤다. 그에게는 그야말로 천재일우의 기회였다. 그는 즉시 장기적인 계획을 수립하여 실행에 들어갔다. 이 계획이 성공하기만 하면 나라 전체를 사들이는 것과 마찬가지이고, 설사 실패한다 하더라도 그다지 큰 손해는 없을 것이 분명했다.

집으로 돌아온 그는 먼저 장사 경험이 풍부한 부친을 찾아가

이 문제를 상의했다. 처음에는 부친도 여불위의 황당한 물음에 고개를 갸웃거릴 뿐이었다. 여불위가 물었다.

"농사를 짓는다면 대충 몇 배의 이익을 얻을 수 있습니까?"

"열 배쯤 되지 않겠느냐!"

"진주나 보석을 사다 팔면 이윤이 몇 배쯤 되겠습니까?"

"보석 장사를 한다면 이윤을 백 배는 남겨야 되겠지."

"그럼 돈을 들여 군주를 세움으로써 한 나라를 평정한다면 몇 배의 이익을 얻을 수 있겠습니까?"

"허! 그건 말로 다 할 수 없을 게다."

부친과의 선문답을 마친 여불위는 이인이 자신의 모든 것을 걸 만한 보물이라 판단하고 구체적인 투자 계획을 실천하기 시작했다. 첫 번째 행동은 이인을 자기 사람으로 만드는 것이었다. 이는 손바닥 뒤집기보다 쉬운 일이었다. 이인은 물심양면으로 곤경에 처한 데다가 아무도 거들떠보지 않는 처지였기 때문에 여불위가 조그만 관심을 보이자 금세 그의 미끼에 걸려들었다. 이인을 찾아간 여불위가 말했다.

"진왕은 나이가 많아 머지않아 그대의 부친인 안국군께서 황제의 자리에 앉게 될 것입니다. 그대의 부친이 즉위하면 곧 태자를 세우려 할 텐데, 부친께서 가장 총애하는 화양부인華陽夫人에겐 친아들이 없는 것이 문제지요. 결국 그대의 형제 스무 명이 전부 태자 후보가 되는 셈이지만 그대가 화양부인께 효성을 다하기만 한다면 그 자리를 차지하는 것도 그리 어려운 일은 아닐 것입니다!"

여불위의 말에 이인은 몹시 감격하며 말했다.

"전들 어찌 그러고 싶은 마음이 없겠습니까? 하지만 지금은 이국 타향에서 죽지 않고 무사히 돌아갈 수만 있다면 그것만으로도 감지덕지할 뿐입니다.”

여불위는 기회를 놓치지 않고 말을 이었다.

“내게 한 가지 방법이 있습니다. 내가 금 수천 냥을 마련해드릴 터이니 사람을 시켜 이를 화양부인께 바치십시오. 단 모든 일은 내가 시키는 대로 해야 합니다.”

이인에게는 여불위야말로 하늘에서 내려온 사자 같았다. 이인은 그 자리에서 여불위에게 무릎을 꿇고 절을 올리며 말했다.

“그렇게만 될 수 있다면 어르신의 큰 은덕을 결코 잊지 않겠습니다.”

여불위는 철저한 계획을 세워 함양으로 갔다. 그는 아직 때가 이르기 때문에 섣불리 화양부인을 찾아갔다가는 의심을 사기 쉽다고 판단하고 먼저 화양부인의 언니를 찾아가 후한 선물을 바쳤다. 아울러 따로 벽옥과 황금 등의 예물을 건네면서 조나라에 볼모로 잡혀 있는 이인이 바치는 것이라고 말했다. 화양부인의 언니는 조나라에 잡혀 있는 이인이 죽지 않고 살아 있을 뿐 아니라 선물까지 보내온 데 대해 몹시 신기해하며 물었다.

“제 조카 이인의 근황은 어떻습니까?”

“조왕은 진이 여러 차례 조를 공격하고 지금은 조의 도성인 한단을 포위하고 있어 일찌감치 이인을 죽일 생각이었으나 다행히 조나라의 대신들이 그를 지켜주어 화를 면할 수 있었지요.”

이 말에 화양부인의 언니는 더욱 신기해하며 다시 물었다.

“혹시 조나라가 우리 진을 두려워하는 것은 아닐까요?”

“아닙니다. 만일 조가 진을 두려워했다면 그를 죽이면서까지 진에 거역할 생각은 못했을 겁니다. 단지 이인의 학문이 뛰어나고 대인관계가 원만한 데다가 훌륭한 효자이기 때문에 모두들 그의 목숨을 아깝게 여겼던 것이지요. 두 나라 사이의 전쟁은 이인과는 아무런 관련도 없습니다. 태자와 부인의 생신을 맞을 때마다 이인은 항상 향을 피우고 서쪽을 향해 절을 올리면서 두 분의 장수를 기원했습니다. 또한 이인은 천하의 인재들과 교우하기를 좋아하여 각국의 제후들이 앞다투어 조왕에게 그의 목숨을 보전해줄 것을 권했던 것입니다. 다른 사람이 볼모로 잡혀 있다면 벌써 백 명도 넘게 살해됐을 것입니다.”

여불위의 설명에 화양부인의 언니는 놀라움과 함께 기쁨을 감추지 못했다. 여불위는 그녀의 얼굴에 희색이 가득한 것을 보고는 틈을 주지 않고 얘기를 계속했다.

“화양부인께서는 진왕의 총애를 받고 계시니 다른 소원은 없으실 줄 압니다. 단지 친생자가 없으시니 장차 연로하시면 누구를 의지하시겠습니까? 혹시 무슨 대책이라도 있으신지요?”

화양부인의 언니는 오히려 다급한 표정으로 여불위에게 무슨 좋은 생각이 없겠느냐고 물었다.

“태자의 수많은 아들들 중에 이인보다 적합한 인물이 또 어디 있겠습니까? 재덕이 뛰어날 뿐 아니라 조나라에 볼모로 있으면서 큰 공을 세웠으며 더 중요한 것은 태자와 부인께 효성을 다하고 있다는 것입니다. 부인께서 이인을 아들로 삼으신다면 화양부인께는 아들이 생겨 장차 의탁할 곳이 없는 걱정을 덜어서 좋고, 이인은 모친이 생겨 당장 의지할 수 있으니 좋지 않겠습니까?”

이 말에 화양부인의 언니는 마음이 움직이기 시작했다. 물론 그녀는 이인을 위해서라기보다는 자신의 동생을 위해 이 문제를 심각하게 고려했다. 동생에게 아들이 없는 이상, 장차 태후가 되기도 어려울 것이고, 설사 태후가 된다 해도 안정되지 못할 것이 뻔했다. 게다가 생모가 살아 있는 아들을 태자로 세울 경우엔 더욱 위험할 수밖에 없었다. 이인의 생모는 이미 세상을 떠났으니 그를 아들로 삼아 태자로 세우기만 한다면 이보다 더 좋을 수 없을 것이다. 게다가 이인이 그토록 극진한 효성을 보이고 있지 않은가.

그녀는 화양부인을 만나 여불위가 가져온 선물을 전하고 자초지종을 자세히 설명하면서 동생을 설득했다. 화양부인도 달리 뾰족한 수가 없던 차에 순순히 언니의 말에 동의했다.

화양부인은 온갖 수단을 동원하여 태자 안국군에게 이인의 귀환을 간청했고, 안국군도 이에 동의하여 여불위에게 그를 데려올 방법을 연구하라고 했다. 화양부인은 몰래 여불위에게 안국군이 이미 이인을 데려다 적자로 세우기로 결심했다고 전하면서, 이인의 형제들이나 조나라가 다른 조치를 취하지 못하도록 당분간 발설하지 말 것을 부탁했다. 태자는 여불위에게 황금 3백 근을 주었고, 화양부인도 성의의 표시로 금 백 근을 건넸다. 여불위는 황금을 받아들고 조나라로 돌아왔다.

사실 여불위는 군주를 세우는 데 그치지 않고 직접 군주가 되려는 생각도 있었지만 당시의 상황으로는 절대로 불가능한 일이었다. 하지만 자신의 아들을 군주로 세우면 자신이 군주가 되는 것이나 마찬가지라 생각하고 은밀하게 '이화접목'의 계략을 꾸몄다.

여불위가 조나라로 돌아가 이인에게 곧 적자로 세워질 것이라는 소식을 전하자 이인은 정말로 사지에서 다시 살아난 듯한 기분

이화접목移花接木 '꽃을 이식하거나 나무를 접목한다'는 뜻으로 남몰래 교묘한 수단을 써서 뜻을 이루는 것을 말한다

이 들면서 힘이 솟았다. 화양부인이 초나라 사람이라는 점을 감안해서 이름을 자초子楚라고 바꾸고 모든 여건이 구비되자 결혼을 서둘렀다. 물론 이것도 여불위가 계획한 일이었다. 여불위는 자초를 자신의 집으로 불러 함께 조희趙姬라는 여인을 합석시켰다. 절세미인인 데다가 가무에 능한 이 여인의 자태에 자초는 마음이 기울었고 집으로 돌아온 그는 곧장 사람을 보내 청혼 의사를 밝혔다. 여불위는 처음에는 화를 내는 척하다가 얼마 안 가서 그의 청혼을 승낙했다.

이리하여 자초는 조희를 아내로 맞아들였고, 1년도 채 안 돼서 아들을 보았다. 아이는 조나라에서 태어난 것을 기념하여 이름을 조정趙政이라 지었다. 그가 바로 나중에 중국을 통일한 진시황이다. 사실 조희는 자초와 혼인하기 전에 이미 여불위의 아이를 갖고 있었기 때문에 조정은 여불위의 아들인 셈이다.

진나라가 한단을 포위한 상태가 지속되자 여불위는 조왕이 자초를 죽일 것이 두려워 비밀 모략에 박차를 가했다. 그는 황금 3백 근으로 한단의 남문을 지키는 장군을 매수하며 말했다.

"저는 양적 사람으로 한단에는 장사를 하기 위해 왔습니다. 가족이 모두 성안에 갇혀 있는데 계속 성문 밖으로 나오지 못하면 본전을 다 날릴 뿐 아니라 목숨마저 보전하기 어려워집니다."

이리하여 여불위는 자초와 조희, 그리고 갓 두 살 된 조정을 데리고 한단을 탈출했다.

당시 소양왕은 조나라에서 전쟁을 독려하고 있었다. 이들이 진왕을 찾아가자 진왕은 몹시 반가워하며 이들을 함양으로 돌려보냈다. 여불위는 이들에게 초나라의 복식을 입혀 화양부인을 만나게 했다. 화양부인은 이들의 모습을 보고 의아해하며 물었다.

"그대들은 원래 조나라에 살다가 지금은 진나라로 돌아왔는데, 어째서 초나라의 복식을 입고 있는 것이오?"

자초는 즉시 여불위가 사전에 가르쳐준 대로 대답했다.

"소자가 불효하여 두 어른을 제대로 섬기지 못했습니다. 하지만 전 날마다 모친을 생각했고 모친께서 초나라 분이신 것을 알고서 자주 초나라 복식을 입곤 했습니다."

이 말에 화양부인은 크게 감동했다. 안국군은 여불위에게 상을 내렸고 자초는 화양부인의 궁에서 살게 되었다. 이제 다음 단계는 태자로 책봉되기를 기다리는 것이었다. 자초가 귀국한 지 얼마 지나지 않아 소양왕이 병사하고 안국군이 효문왕孝文王으로 즉위하여 자초를 태자로 세웠다. 그러나 효문왕도 오래지 않아 병사했고, 자초가 장양왕莊襄王에 봉해졌지만 그도 곧 병사했다. 그리하여 열세 살의 어린 나이에 조정이 진왕으로 즉위하게 되었다.

여불위의 아들이 군주가 되자 여불위에게도 나라를 쥐고 흔들 만한 권력이 주어졌고 자신이 애당초 가졌던 구상을 실현하게 되었다. 하지만 그의 지위는 갈수록 위태로워졌다. 조정은 나이가 들면서 사리事理를 알아갔고, 여불위가 조정의 모친과 정을 통했다는 사실이 진나라에서는 더 이상 비밀이 아니었기 때문에 언젠가 이 사실이 조정에게 알려질 때를 대비해야 했다. 보아하니 여불위의 장사도 철저하진 못한 것 같다. 자신의 아들이 군주가 되었는데도 이를 인정받을 방법이 없었고 생부로서의 신분이 감춰질 때만이 절대 권력이 유효했다.

게다가 조정을 속이는 것보다 태후가 문제였다. 태후의 요구를 만족시키기 위해 여불위는 자신을 대신할 사람을 찾아야만 했다. 그렇게 해서 찾아낸 사람이 노애嫪毐란 인물이었다.

그 역시 여불위처럼 야심과 지략을 지닌 데다가 약간의 모험도 불사하는 인물이었다. 여불위는 그를 태감으로 변장시켜 궁 안으로 데리고 들어왔다. 의례에 따르면 남자가 궁에 들어오려면 반드시 생식기를 독약으로 부식시켜 잘라내야 했다. 그래야만 비빈이나 궁녀들과의 사통을 막고 황실의 종족을 지킬 수 있기 때문이다. 그러나 여불위는 노애를 태후에게 선물할 속셈이라 절대로 거세해선 안 되는 상황이었다. 그리하여 그는 엄청난 뇌물로 궁형을 담당하는 관리를 매수하여 가짜 증명서를 발급받고 노애의 수염과 눈썹을 뽑은 다음 지분을 발라 태감으로 분장시켜 태후에게 선물했다.

노애는 태후의 비위를 잘 맞추면서 크게 만족시켰고 오래지 않아 태후와 정을 통하는 사이가 되었다. 태후가 집정하자 대권은 점차 노애의 손으로 넘어오게 되었다. 시간이 지나고 정분이 두터워지면서 태후와 노애는 마침내 부부처럼 행세하기 시작했고, 조정이 태후의 친아들이라는 사실조차 망각하게 되었다. 두 사람은 자신들이 낳은 두 아들을 바라보면서 이들의 운명과 장래를 걱정하기 시작했다. 노애와 태후는 자신들의 아들을 황제로 세울 생각이었다.

그러나 노애가 잠시 방심하는 사이에 이런 계획은 탄로나고 말았다. 술에 취해 사람들과 다투고 격분한 노애가 큰 소리로 떠들어댔던 것이다.

"장차 황상의 대부가 될 사람에게 누가 감히 덤비느냐?"

이 한마디는 궁 안에 떠돌던 소문이 사실임을 입증하는 것이었다. 노애와 싸움을 벌였던 사람은 즉시 조정에게 달려가 이런 사실을 알렸다. 당시 조정은 이미 스무 살의 청년이 되어 있었기 때문에 친히 정사를 펼 수 있는 자격이 충분했다. 이에 조정은 사건을 철저히 조사하라는 엄명을 내렸고, 그 결과 노애가 황후와 빈번하게 사통했을 뿐 아니라 두 아들을 낳아 기르고 있다는 사실이 밝혀졌다. 하지만 당시엔 태후가 전권을 쥐고 있었기 때문에 조정으로서는 당장 처리할 수 없는 일이었다.

얼마 후 조정은 진나라의 관습에 따라 성대하게 가관加冠 의식을 거행했다. 그것은 이제 황후가 대신했던 권력을 조정에게 되돌려주는 것을 의미했다.

이를 본 노애는 조정이 함양으로 돌아오는 날에는 자신의 목숨을 보전하기 어렵다고 판단하고 조정이 없는 사이에 진왕과 태후의 옥새를 훔쳐 반란을 일으켰다. 하지만 이미 대비해두었던 조정은 노애의 반란을 어렵지 않게 평정했다. 노애는 관군과의 싸움에 패해 살해되었고 그에게 동조했던 스무 명의 반군 우두머리들은 전부 차열의 참형을 당했다. 조정은 모친인 태후를 자신이 소유한 땅으로 쫓아내 함양을 떠나게 했다.

이 사건에서 가장 큰 손해를 본 사람은 여불위였다. 그는 반란이 평정되고 나면 자신의 소행이 만천하에 드러나 죽음을 면치 못할 거라는 생각에 스스로 목숨을 끊었다.

중국 역사에서 궁정에서 지저분하고 어지러운 사건들이 일어나지 않았던 때가 없었는데, 그 추악하고 몰염치함은 상상하기조차 어려웠다.

하지만 여불위가 정치를 장사로 여겨 경영하려 했던 것은 실
제로는 중국의 '관상일체官商一體' 체제를 처음 연 것이라 할 수
있다. 그러나 여불위의 경영 활동만 놓고 따져볼 때 한 나라의 황실
을 쥐락펴락했던 그가 엄청난 이윤을 거둔 것인지 아니면 본전을
다 날리고 목숨마저 잃었던 것인지 판단하기는 어려운 일이다.

이사

중국 봉건사회에서는 공을 이루고 은퇴하는 것이 천지의 길이라고 믿었고 전쟁터에서는 궁지에 몰린 적을 쫓지 말며 장터에서는 적당한 시기에 물러나라는 말을 좋아했다 공을 세우는 것만큼 물러날 줄 아는 것도 능력이자 처세이다 역사에는 권력의 달콤한 맛에 빠져 아름답지 못한 종말을 맞았던 인물이 많은데 이사도 그 중 한 명이다

『역경』에서는 "음양이 고르지 못해 일이 잘 안 풀리는 비괘否卦가 극에 이르면 음양이 잘 조화되어 모든 일이 형통한 태괘泰卦가 찾아오고, 소인이 극성하여 군자를 잃게 되는 박괘剝卦가 극에 달하면 기운이 순환하는 복괘復卦가 찾아온다."라고 만물 순환의 원리를 밝히고 있다.

이것이 중국 봉건 관료사회의 운행 법칙이요 처세의 도리이기는 하지만 인간은 자신의 행위를 완전히 통제할 수 있는 존재가 못 되기 때문에 부귀영화를 포기하지 못해 이름과 몸을 망치고 비참한 최후를 맞는 경우가 비일비재했다.

중국 역사에 있어서 대학자와 지략가, 그리고 정치가의 자질을 한 몸에 고루 갖췄던 인물인 이사가 바로 이런 불완전성의 실례라 할 수 있다.

그는 진나라 승상으로 막강한 권세를 누리고 있을 때, '재물이 너무 많아서는 안 된다'는 순자荀子의 훈계를 생각하며 여러 차례 고향으로 돌아가 개를 키우며 유유자적하는 소박한 삶을 살

까 하는 생각도 했다. 그러나 공리와 권세에 대한 욕망이 지나쳐 이를 떨치지 못했고, 끝내 부자가 함께 요참을 당하는 비참한 최후를 맞았다.

그는 전국시대 말기 초나라 상채 출신으로 부유한 가정에서 성장했고, 젊은 시절에는 문서를 관장하는 벼슬을 지냈다. 사마천은 『사기』 「이사열전」에서 이사의 성격과 관련된 이야기를 기록하고 있다. 이사가 미관말직에 있던 어느 날, 뒷간에 가서 용변을 보다가 분뇨를 훔쳐먹고 있는 쥐들을 발견했다. 쥐들은 분뇨를 먹다가 사람이나 개가 오면 황급히 도망치곤 했다.

얼마 후 그는 국가의 창고에서 편안하게 양곡을 훔쳐먹는 또 다른 쥐들을 발견했다. 이 쥐들은 뒷간의 쥐들과는 달리 놀라거나 두려워하는 일 없이 배불리 먹으면서 통통하게 살이 쪄 있었다. 이사는 이 쥐들을 비교하면서 감개 어린 한마디를 내뱉었다.

"유능함과 무능함의 차이는 이 쥐들과 마찬가지로 전적으로 자신의 방법에 달려 있다. 능력이 있는 사람은 양식 창고 안의 쥐이고 무능한 사람은 뒷간의 쥐이다."

이 이야기는 이사의 성격을 설명해주는 동시에 미래의 결말을 예고하고 있다.

양식 창고의 쥐가 되어 마음껏 부귀영화를 누리기 위해 그는 미관말직을 사퇴하고 제나라로 가서 유학의 대가인 순자를 스승으로 삼았다. 순자는 공자의 유학을 계승하여 공자의 이름을 걸고 강학에 힘쓰는 한편 이를 개선하여 유학의 전통적인 '인정仁政' 관념을 줄이고 법치사상을 도입했는데, 이것이 이사의 구미에 딱 들어맞았다. 이사는 성실한 태도로 순자와 함께 부지런히 치국과 관

료의 자세 등 제왕 기술을 깊이 연구했다. 어느 정도 학문이 이루어
지자 그는 순자에게 작별을 고하고 진나라로 갔다.

왜 진나라로 가느냐고 순자가 묻자, 이사는 이렇게 대답했다.

"사람이 이 세상에 살면서 미천한 것이 가장 큰 치욕이고 가
난한 것이 가장 큰 슬픔입니다. 남보다 잘되기 위해서는 뭔가 큰일
을 하지 않으면 안 되지요. 제나라 왕에게는 진취적인 기상과 의지
가 없고 초나라도 딱히 추진하는 일이 없습니다. 오로지 진왕만이
큰 뜻을 품고 제와 초를 합병하여 중원을 통일할 준비를 갖추고 있
지요. 따라서 진나라야말로 기회를 찾아 큰일을 이룰 만한 국가라
고 생각합니다. 계속 제나라나 초나라에 남아 있다가는 망국의 백
성이 될 것이 뻔한데 어떻게 저의 미래를 걸 수 있겠습니까? 그래
서 전 진나라로 가서 기회를 찾고자 합니다."

순자는 그가 떠나기에 앞서 항상 절제를 염두에 두라는 충고
를 잊지 않았다. 잘 나갈 때 지나치게 나아가지 말고 절제함으로써
퇴로를 마련하라는 것이었다. 진나라로 간 이사는 태후의 신임과
총애를 독차지하고 있던 여불위의 문하로 들어가 능력을 인정받고
작은 관직을 맡게 되었다.

그러나 그의 위치에서는 군공을 세울 수도 없었고 뛰어난 정
견을 제시할 수도 없었다. 생각에 생각을 거듭한 그는 진왕의 관심
을 끌 수 있는 방법은 상소를 올리는 것뿐이라는 결론을 내린 후,
당시의 형세를 면밀히 조사하여 진왕에게 주청을 올렸다.

"능력이 뛰어나 대업을 이룬 사람들은 대부분 기회를 잡을 줄
알았습니다. 과거 진 목공 시기에 국력이 강성했으면서도 중원을
통일하지 못했던 데는 두 가지 원인이 있습니다. 첫째, 주의 세력이

강대하고 위왕이 살아 있었기 때문에 이를 전복시키기가 쉽지 않았습니다. 둘째, 당시엔 제후국들의 역량이 비교적 강대하여 진나라와 비교해볼 때 상당한 거리가 있었습니다. 그러나 진 효공孝公 이후로는 주왕의 세력이 급속도로 쇠락했고 각 제후국간의 전쟁이 그치질 않아 진나라는 이미 강대해질 수 있는 기회를 잡은 셈입니다. 이제 국력도 막강해졌고 대왕께서 현덕하시니 6국을 멸하시는 것은 옷에 묻은 먼지를 터는 것에 불과할 것입니다. 지금이 바로 제업帝業을 세우고 천하를 통일할 수 있는 절호의 기회이니 대왕께선 부디 이 기회를 놓치지 마시기 바랍니다."

이러한 주장은 진나라와 제후국들이 처했던 실제 상황과 크게 다르지 않았고 진왕의 야심과도 정확히 부합하는 것이었다. 그 결과 이사는 진왕의 인정을 받아 장사長史의 자리에 발탁되었다. 이사는 이어서 진왕에게 대정大政 방침의 지략을 제공하는 한편, 구체적인 사안에 있어서도 자신의 의견을 제시했다. 특히 6국의 군신들에게 뇌물을 주어 이들을 서로 이간하고 도덕적으로 부패시켜 이들이 연합하여 진에 대항하는 일이 없도록 해야 한다고 주장했는데, 이러한 모략은 큰 효과를 거두었다. 덕분에 이사는 객경客卿에 봉해졌고 이때부터 승승장구하게 되었다.

그러나 조정에서 외국인의 등용을 배척하는 운동이 벌어지고 급기야 진왕이 '축객령'을 발표하는 일이 일어났다. 한나라에서 온 정국鄭國이라는 수리전문가가 진왕을 찾아와 수로 건설을 종용하고 진왕의 동의를 얻어 공사를 시작했는데, 얼마 후 정국의 정체가 첩자라는 게 탄로나고 말았다. 정국이 수로를 건설하는 진짜 목적은 진나라의 인력과 재력을 소모시키고 국력을 약화시켜 동진東

進을 저지하기 위한 것이었다. 당시 진나라에는 동쪽의 여러 제후국들에서 온 첩자들이 갖가지 방식으로 활동을 벌였고, 특히 빈객으로 활동하는 사람들이 많았다. 한韓나라는 진나라의 인접국으로 진이 6국을 통일할 경우 가장 먼저 충격을 받을 수밖에 없었다.

일부 첩자들의 신분이 노출되자 진나라 출신 신하들은 이를 반격의 기회로 삼고 국가의 장래와 관직에서 경쟁해야 하는 자신들의 입지를 내세워 외국인의 축출을 주장하고 나섰다. 이런 상황에서 진왕은 마침내 '축객령'을 내렸고, 이에 따라 초나라 출신인 이사도 객경의 자리에서 축출되고 말았다.

커다란 실망과 슬픔을 안고 진나라를 떠나던 이사는 국경 가까이 이르러 마지막 방법을 시도해봐야겠다는 생각을 했다. 일단 진나라를 떠나면 다시는 돌아올 수 없을 것이고, 일생의 공명이 물거품이 돼버리기 때문이다. 그리하여 그는 진왕에게 마지막으로 상소를 올렸다. 이것이 바로 그 유명한 「간축객서諫逐客書」이다.

"과거 진 목공은 현사들을 폭넓게 받아들이면서 서쪽의 융 지역에서 유여由余를 초빙했고 동쪽의 초 지역에서 백리해百里奚를 맞아들였으며 송나라에서 건숙蹇叔을, 진나라에서 비표丕豹와 공손우公孫友를 중용했습니다. 이 다섯 사람을 중용했기 때문에 진 목공은 24국을 합병하여 서쪽 지역의 패자로 군림할 수 있었습니다. 또한 진 효공은 상앙을 임용하여 변법을 시행하고 풍속을 변화시켰으며 국가를 더욱 부강하게 발전시켜 초와 위를 점령하고 국토를 천 리나 확장했습니다. 이로써 진의 국력은 더욱 강대해졌지요. 진 혜문왕惠文王은 장의張儀의 계략을 받아들여 6국의 맹약을 깸으로써 각국을 진에 복종하게 했고, 진 소왕은 범저의 지모 덕분

에 권문귀족들의 세력을 약화시키고 왕권을 강화해 제후들을 압박
할 수 있었습니다. 그 결과 진나라는 마침내 제업을 완수할 수 있었
지요. 이 4대 군왕들은 객경들을 중용해 나라의 발전을 이루었던
것입니다. 만일 이 네 명의 군주가 축객령을 내렸다면 국가의 위신
과 실리를 동시에 잃고 말았을 것입니다.”

「간축객서」의 논지는 확실한 근거에 입각하고 있어 상당한 설
득력이 있었고 당시 진나라의 실질적인 요구에 크게 부합되었다.
게다가 언사가 매우 간절하고 진지하여 이를 읽은 진왕은 크게 감
동하여 즉시 축객령을 철회하고 이사를 다시 불러 정위로 봉했다.

옥에 갇혀 있던 한나라 첩자 정국도 이를 기회로 주상을 올려
자신이 수로를 건설하도록 부추긴 목적은 진나라의 인력과 재력을
소모시키기 위한 것이었지만 진나라에 수로 건설이 필요했던 것도
사실이라고 전제하고, 그렇지 않았더라면 진왕도 시공을 허락하지
않았을 것이라고 말했다. 게다가 공사가 반쯤 진척된 상황인 만큼
공사를 계속하여 완공하면 만대에까지 혜택을 누릴 수 있음을 강조
했다. 진왕은 정국의 말에도 일리가 있다고 생각하여 즉시 그를 석
방하고 계속 수로 공사를 주관하게 했다. 이렇게 건설된 것이 바로
그 유명한 전국시대 최초의 수리공사인 정국거鄭國渠이다.

이로써 이사는 진나라에서 자신의 입지를 든든히 굳힐 수 있
었고 진왕으로부터 확실한 신임을 받게 되었다. 그 후로 그는 더욱
승승장구했다. 바로 이때 이사의 동료인 한비가 진나라로 왔는데,
이는 이사에게 엄청난 도전이었다.

한비는 한나라 출신으로 한왕과 동족이었다. 그는 전국시대
말기의 대사상가로 학문이 깊고 생각이 민첩했다. 그는 순자의 사

상 가운데 법가적인 요소를 발전시켜 신도愼到의 '세'와 상앙의 '법', 신불해의 '술'을 하나로 결합함으로써 완전한 군주전제 이론을 확립했다. 또한 그는 『세난說難』과 『고분孤憤』, 『오두五蠹』 등 다수의 저작을 남기기도 했다. 특이한 것은 그의 저작들이 원래는 한나라가 너무 허약한 것을 보고 상소를 올려 책략을 제시했다가 받아들여지지 않자 실망과 울분을 품고 쓴 것들로, 한나라 군주에게는 전혀 중요하게 여겨지지 않았는데 진나라로 전해지면서 진왕을 크게 놀라게 했다는 사실이다. 진왕은 한비의 저작들을 읽고 경탄을 금치 못하며 말했다.

"이 사람이야말로 내가 찾던 인물이다. 이런 인물과 교류할 수만 있다면 죽어도 여한이 없으리!"

인재를 경시하는 한나라와 인재를 중시하는 진나라의 기풍은 이 대목에서 커다란 대조를 이룬다. 나중에 진이 한을 침공하여 형세가 다급해지자 한왕은 한비를 기용하여 진에 사신으로 보냈다.

이사는 학문이나 정치적 외교 능력에서 모두 자신이 한비에 크게 미치지 못한다는 사실을 잘 알고 있었다. 만일 진왕이 한비를 눌러앉혀 중용한다면 자신의 기회는 영영 사라질 것이 분명했다. 개인의 공명을 위해 먼저 한비를 제거해야 했던 그가 진왕에게 말했다.

"한비는 한왕의 친족이라 대왕께서 한을 공격하시는 데 동의하지 않을 것입니다. 한을 사랑하면 진을 사랑하지 않는 것이 인지상정이지요."

진왕이 대답했다.

"중용할 수 없다면 다른 곳으로 가도록 보내줘야 할 것이오!"

한비를 죽이는 것이 목적이었던 이사가 말을 받았다.

"그를 한나라로 돌려보낸다면 한나라를 위해 모략을 낼 것이고 이는 우리 진나라에 불리한 일이 될 것입니다. 차라리 그가 능력을 발휘하기 전에 죽여버리는 것이 좋을 것 같습니다."

진왕은 이사의 말을 곧이곧대로 믿었고, 이사는 옥에 갇혀 있는 한비에게 사약을 보내 자결을 강요했다. 한비는 뜻을 제대로 펴보지도 못하고 무고한 죽임을 당하는 것을 한탄하면서 사약을 마시고 자결했다. 이때부터 적수가 없어진 이사는 훨씬 대담하게 일을 진행하기 시작했다.

기원전 221년, 진왕 정은 6국을 완전히 합병하고 장기간 분열 상태에 있던 중원을 통일했다. 통일 후에 부딪힌 가장 큰 문제는 거대한 국가를 어떻게 통치하느냐 하는 것이었다. 승상 왕관王綰은 국토가 너무 넓어 관리가 어려운 만큼 주대처럼 여러 자제들을 분봉하여 다스리게 해야 한다고 주장했다. 신하들이 모여 이 문제를 논의하는 자리에서 박사 순우월淳于越이 진왕에게 말했다.

"은주殷周가 천 년이 넘도록 유지할 수 있었던 것은 천하를 자제들과 공신들에게 분봉했기 때문입니다. 지금 또다시 천하가 거대해졌지만 종실의 자제들은 땅이 없어 일반 백성들과 다를 바가 없습니다. 만일 제나라의 전상田常이나 진晉나라의 육경六卿 같은 사람들이 반란을 일으킨다면 누가 와서 구해주겠습니까? 옛일을 본받지 않고 오래 지속할 수 있었던 왕조는 하나도 없었습니다."

그러나 유일하게 이사만이 군현을 설치하여 나라를 다스려야 한다고 주장했다. 그는 천하에 전란이 빈번했던 이유는 제후들이 각자 정치를 펴면서 서로 적대시했고 주의 천자도 이를 제지하지 못했기 때문이라고 지적했다. 천하를 통일한 후에도 수많은 나라를 세운다면 또다시 분열 국면을 조성하는 것과 마찬가지이기 때문에 중앙집권 관리가 어려워진다는 것이었다.

진왕은 이사의 주장을 채택하여 전국을 36개 군으로 나누고 그 밑에 현을 설치했다. 이로써 중국은 제후 봉건통치에서 강력한 중앙집권적 통치체제를 구축함으로써 중국 최초의 강력한 통일 국가를 이루었다.

순우월은 분봉제를 실행해야 한다는 입장을 견지함으로써 진시황을 격노케 했고, 진시황은 그를 이사에게 넘겨 처리하게 했다. 이는 '분서갱유焚書坑儒'라는 엉뚱한 결과를 낳았다. 이사는 순우월의 옛것을 중시하고 현재를 경시하는 경향이 고서 때문이라고 판단하고 진시황에게 건의하여 분서령을 내리게 했던 것이다.

이사의 결정에 따라 진의 역사를 기록한 책 이외의 모든 사서와 박사들이 소장하고 있던 시, 서, 백가 등의 주요 저작들이 송두리째 불태워지고 의약과 무술, 원예 등에 관한 일부 서적들만 남겨졌다. 시서를 논하는 사람들은 누구를 막론하고 저잣거리에서 처형되었고 옛 사적을 빌려 현재를 비판하는 사람들은 일족이 몰살당하는 화를 입었다. 또한 이런 사실을 알고도 눈감아주는 관리는 죄인과 같은 처벌을 받았다. 분서령이 내려진 후 30일이 지나도록 책을 태우지 않은 사람들은 얼굴에 글자를 새겨넣는 형벌을 받은 후 만리장성 축조에 징용되었다.

분서가 단행된 지 2년 후인 기원전 212년, 진시황제는 유생들에게 더욱 잔혹한 박해를 가했다. 함양의 유생 460여 명을 산 채로 매장하는 이른바 '갱유坑儒'를 단행한 것이다.

'분서갱유' 는 중국 문화사상 가장 큰 사건으로 중국 문화의 극단적인 파괴와 손실을 가져왔을 뿐 아니라 인류 문명에 커다란 치욕을 안겨주고 인간의 존엄을 잔혹하게 박해했던 사건으로 기록되고 있다.

이같은 진시황의 폭정 뒤에는 자신의 권세만을 좇아 이를 부추겼던 이사라는 신하가 있었다. 이사라는 인물은 진시황의 심리에 영합하여 그의 행위를 극단적으로 부추겼고, 한편으론 정신에서 물질에 이르기까지 철저하게 경쟁자를 탄압하고 제거함으로써 천하의 인재들이 진나라를 가까이 하기를 두려워하게 만들었다.

이사의 목적은 달성되었지만 학자 출신인 그가 문화를 배반하

분서갱유　법가사상을 추종했던 진시황은 서책을 불태우고 유생을 생매장하는 분서갱유를 단행했다. 이는 사상초유의 사상, 문화탄압으로서 중국의 문화와 정신을 말살했다

고 파괴했던 것은 분명 자연적 선을 훼손한 것이다. 이런 지식인을 향해 우리는 무슨 말을 할 수 있을 것인가?

기원전 210년, 진시황은 권세를 과시하고 6국의 백성들을 위무하기 위해 다섯 번째 출유를 시작했다. 함양을 출발하여 무관을 거쳐 위수와 한수를 따라 운몽으로 간 다음, 다시 장강을 통해 동쪽으로 내려가 회계에 이르렀다. 회계산에 올라서는 대우大禹에게 제사를 올리고 바위에 그 내용을 새겨 기념했다. 다시 함양으로 돌아오는 길에 진시황은 중병에 걸렸고 얼마 후 사구에서 세상을 떠났다.

당시 진시황을 수행했던 사람 중에는 이사와 진시황의 아들 호해胡亥, 그리고 호해의 스승인 조고趙高가 있었다. 진시황은 임종 직전에 편지를 써서 장자인 부소扶蘇에게 장례를 진행하게 했다. 당시에는 장자가 황위를 계승하는 것이 당연한 일이었다. 게다가 부소는 용감하고 의로운 성품으로 비교적 안정된 인심을 얻고 있었다. 그러나 대권을 장악하기 위해 호해를 황제로 앉히려 했던 조고는 진시황이 부소에게 쓴 편지를 호해에게 맡기고 보내지 않았다.

진시황이 사망하자 이사는 천하대란이 일어날 것이 두려워 사람을 시켜 진시황으로 변장시켜 수레에 오르게 했고 평상시처럼 물과 식사를 봉공하게 했다. 조고는 이를 기회로 이사를 끌어들여 은밀하게 말했다.

"황제께서 서거하시기 전에 부소에게 장례를 부탁한다는 편지를 한 통 썼지만 이를 보내기도 전에 황제께서 서거하셨다는 사실을 알고 계시겠지요. 하지만 이 편지는 지금 호해가 가지고 있습니다. 황제께서 이미 서거하셨지만 아무도 이 사실을 모르고 있고, 누가 황위를 계승할지를 결정하는 일은 전적으로 저와 호해의 손에 달려 있습니다. 공의 생각은 어떻습니까?"

이사가 말을 받았다.

"신하로서 입에 올려선 안 되는 일이지요. 너무 지나치다는 생각은 안 하시는지요?"

"황제의 뜻대로 일을 처리한다 해도 제겐 아무런 손해도 없습니다. 제가 묻고 싶은 것은 공과 몽염을 비교할 때 누가 더 능력이 있느냐 하는 것이지요."

이사가 대답했다.

"난 몽염에 미치지 못하오."

"그럼 좋습니다. 부소는 강직하고 용맹한 인물로 공께서 황제와 함께 추진했던 분서갱유에도 줄곧 반대했습니다. 그가 즉위하게 되면 가장 가까운 인물인 몽염을 승상으로 기용할 것이 분명한데 그때 가선 어떻게 하시겠소?"

이사는 말이 없었다. 조고는 앞일을 멀리 내다볼 뿐 아니라 권세와 부귀를 탐하는 이사의 속마음을 훤히 꿰뚫고 있었다. 결국 두 사람은 진시황의 서찰을 위조하여 부소에게는 '불효', 몽염에게는 '불충'의 죄명을 뒤집어씌워 자결을 강요했다. 부소는 곧바로 자결했지만 몽염은 자결하지 않고 구금되었다가 사약을 받고 죽었다. 그 후 호해가 진의 2대 황제로 즉위했다.

호해는 매우 어리석고 속된 인물로 향락만 추구하면서 국정을 돌보지 않았다. 진 왕조는 불난 데 장작을 집어넣는 것처럼 위험한 형세로 쇠퇴일로로 치닫고 있었다. 이사는 이런 사실을 잘 알고 있으면서도 자신의 명리를 보전하기 위해 호해에게 아무런 권고도 하지 않았다. 한번은 호해가 이사에게 물었다.

"공의 동료인 한비가 말하기를 고대의 제황들은 모두 힘든 세월을 보냈다고 했는데 황제란 자리가 정말 그런 자리요? 황제가 자기 자신도 만족시키지 못한다면 어떻게 천하를 다스릴 수 있겠소? 짐의 생각으로는 신하들이 무능하여 황제가 힘들었던 것 같소. 짐은 마음껏 욕망을 따르면서도 천하를 잘 다스리고자 하니 그대가 좋은 방법을 생각해보도록 하시오."

이 말에 이사는 호해의 비위를 맞추기 위해 일련의 '독책술督責術'을 제시하면서 현명한 군주가 독책술을 시행하기만 하면 신하들과 백성들은 열심히 일하지 않을 수 없게 된다고 했다. '독책'이란 실제로는 독단적인 전횡을 일삼으며 잔혹한 사법과 형벌을 남용하는 것이다. 호해는 어린아이처럼 좋아하며 즉시 이사의 제안을 실행하라고 지시했다. 그 결과 충신들은 전부 주살당했고 사리에 밝은 관리들은 박해를 받아 전국에 원성이 자자했다.

조고와 이사는 원래 서로를 이용하는 관계였으나 점차 경쟁하고 배척하는 사이가 되었다. 호해는 하루 종일 향락에 빠진 채 조정의 대소사를 전부 조고에게 일임한 상태였다. 하루는 조고가 이사를 찾아가 의도적으로 관동 지방의 소요에 대해 언급해 두 사람 사이에 언쟁이 벌어졌다. 조고가 말했다.

"지금 관동 지방에 도적떼가 들끓고 있어 빈번하게 경보가 전달되는데도 황제께서는 환락에 취해 일꾼들을 동원해 아방궁을 축조하고 있소. 이처럼 발등에 불이 떨어진 상황이니 덕망이 높은 승상께서 간언해주시는 것이 좋을 듯합니다."

이사가 말을 받았다.

"간언을 올릴 마음이 없는 것이 아니라 황제께서 아예 조정에 나오지 않으시니 어쩔 수 없었던 것이지요."

조고는 호해에게 간언을 올려달라고 다시 부탁했고 조고를 훌륭한 충신으로 평가하고 있던 이사는 흔쾌히 승낙했다.

며칠 후 호해가 놀고 있을 때, 조고는 환관을 이사에게 급히 보내 서둘러 입궁하라고 전했다. 이사는 서둘러 입궁했으나 한창 여흥에 젖어 있던 호해에게 호된 질책을 받고 그냥 돌아가야 했다. 이런 일이 몇 차례 반복되자 호해는 이사에게 몹시 화가 났고 자신의 흥을 깬다는 이유로 안 좋은 감정을 갖게 되었다. 조고는 이런 기회를 놓치지 않고 이사를 모함하는 참언을 올렸다.

"조서를 위조하여 폐하를 황좌에 앉히는 일에는 이사도 참여했습니다. 그의 공로를 인정하여 황상께서는 크게 봉상하셨지만 그는 지금 불만이 가득합니다. 그가 여러 차례 폐하를 알현하고자 하는 것도 좋은 뜻은 아닌 듯합니다. 게다가 떠도는 소문에 의하면 그가 아들 이유李由와 함께 모반을 꾀하고 있다 합니다. 확실한 소문은 아니지만 관동 지방에 도적떼가 창궐하고 있는데도 이유가 수수방관하는 것은 모반의 증거임에 틀림없습니다. 서둘러 그를 구금하시어 큰 화를 면하시는 것이 좋을 듯합니다."

어리석기 그지없는 호해지만 이런 사안의 중요성을 모를 리 없는 그는 사람을 시켜 즉시 조사하게 했다. 한편 조고는 사신들을 사주하여 이사를 철저하게 모함하도록 조치했다. 자신과 아들 이유를 조사하러 온다는 소식을 들은 이사는 그제야 조고의 술책에 걸려들었음을 깨달았다. 그는 즉시 황제에게 수차례에 걸쳐 조고

의 죄상을 보고하고 패배 국면을 만회하려 했지만 호해는 더욱 분
개할 따름이었다.

  "조고는 성품이 청렴하고 아래로는 민의를 두루 살피고 있고
위로는 짐의 뜻을 잘 헤아리고 있으니 짐이 조고를 중용하지 않으
면 누구를 믿고 천하를 다스린단 말인가? 승상은 헛된 마음으로 조
고를 모함하고 있소!"

  이사는 호해가 자신의 진언을 받아들이지 않자 우승상 풍거질
馮去疾과 장군 풍각馮却을 끌어들여 여러 사람 이름으로 상주上奏
를 올리면서 아방궁 축조를 중지하고 조고의 간언을 내쳐야 한다
고 말했다. 그러자 극도로 화가 난 호해는 나라가 부유하여 황제가
향락을 취하는 것은 당연한 일이지만 도적이 창궐하는 것을 수수
방관하는 것은 신하로서의 직무를 유기하는 것이라 하여 세 사람
을 모두 잡아들여 옥에 가둬버렸다. 결국 '독책'을 주장했던 이사
는 자신의 책략에 희생된 셈이었다.

  풍각과 풍거질은 치욕을 거부하고 자결하였지만 이사는 여전
히 부귀에 대한 미련을 버리지 못했다. 죽음을 거부한 그는 조고에
의해 곤장 천 대를 맞고 혼절하기까지 했다. 그는 여러 차례 억울함
을 호소하는 상주를 올렸지만 매번 조고에 의해 차단됐다. 결국 이
사는 모반죄로 오형을 당하고 삼족을 멸하는 혹형에 처해져 그의
자제와 족당 전원이 저잣거리에서 비참하게 처형당했다. 이사는
울면서 둘째 아들에게 말했다.

  "너와 함께 황구를 끌고 상채 동문을 나서 유유자적하게 노닐
고자 했는데 이제는 그럴 수 없게 되었구나!"

  이사는 먼저 얼굴에 문자를 새기는 형을 받은 데 이어 코를 잘

오형五刑 중국에서 행해졌
던 묵형墨刑, 의형劓刑, 비형
剕刑, 궁형宮刑, 대형大刑의
다섯 가지 형벌

리고 두 발이 잘렸으며 그런 다음 목이 잘리고 나서 요참을 당했다. 이것이 중국 최초로 정치가와 지략가, 학자의 자질을 한 몸에 지녔던 정치인의 최후였다.

이사는 진시황을 도와 중원을 통일하고 군현제를 시행했으며 유생들을 탄압하여 왕권을 강화하는 등 적지 않은 공을 세웠지만 이 모든 공적의 동기가 국가와 백성, 또는 당시의 군주와 왕조를 위한 것이 아니라 자신의 권세와 부귀를 위한 것이었다. 또한 한비를 죽이고 아첨과 영합으로 분서갱유를 단행한 것은 그의 일생에 있어서 결코 씻을 수 없는 오점으로 남게 되었다.

조고 역시 교활하고 간사한 성격에 대담하면서도 세심한 지모로 기회를 놓치지 않고 모략을 일삼았던 인물로 전형적인 간재奸才였다. 중국 역사에는 왜 이처럼 잔인하고 위험한 인물들이 조정을 차지하고 진정한 우국지사들이 밀려났던 예가 많았는지 알 수 없는 일이다. 어쩌면 처음에는 우국의 충정을 가졌지만 관료가 되자 초심을 잃고 이사처럼 개인의 영달만을 추구하는 탐관으로 변질됐을지도 모른다.

조귀

병법의 일곱 가지 전략 중 가장 근본은 지피지기이다

이 중 지기에 있어서 중요한 것은 민심을 아는 것이다

민심을 알지 못하고 명분이 없는 싸움은 지기 쉽다

군주가 평소 덕행을 베풀었다면 병사들은 기꺼이 군주를 위해 목숨을 걸고 싸울 것이다

이것이 전술의 우열을 돕는 전투력이 된다

『손자병법孫子兵法』에서는 병가의 작전 실천을 일곱 가지 분야에서 개괄하고 있는데, 이를 '모병칠법謀兵七法'이라 부른다. '칠법'을 순서대로 서술하면 다음과 같다.

1_ 대군속전大軍速戰 : 대규모 작전의 기본 원칙으로, 군사력을 총동원하여 교전할 때에는 속전속결로 싸움을 끝내야 한다.

2_ 벌모위상伐謀爲上 : 싸움에 있어서 힘보다 지모를 중시하는 전략으로 싸우지 않고도 적을 굴복시키는 것을 최선의 책략으로 평가한다.

3_ 지피지기知彼知己 : 전투에서 승리를 거두기 위한 가장 기본적인 전제조건으로 각종 계략의 근거가 된다.

4_ 선위수세先爲守勢 후위공세後爲攻勢 : 신중한 용병의 원칙으로 먼저 수세를 공고히 하여 승리를 위한 기본적인 조건을 확보한 후에 공세를 취함으로써 전세가 여의치 않을 때는 안전하게 후

퇴할 수 있고 적의 약점을 잡았을 때는 과감하게 공격한다.

　5_ 피실격허避實擊虛 : 지모를 이용한 고도의 기만 전술로 전력이나 전세의 허실을 잘 따지는 것을 말한다.

　6_ 이우위직以迂爲直 이환위리以患爲利 : 전세가 불리한 상황에서 기만 전술을 이용하여 전세를 역전시킨다.

　7_ 실제 상황에 따라 원수가 군주의 명령을 대신하여 신속하고 적절하게 임기응변을 발휘한다.

　이상 일곱 가지 전략 가운데 가장 근본적인 것은 '지피지기'이다. '지피지기'를 제대로 실천할 수만 있다면 전세의 허실과 미래의 흥망을 예견할 수 있기 때문이다.

　춘추전국시대의 조귀曹劌는 장작에서의 전투 외에 다른 전적이 없었지만, 이 한 차례의 전투로 진정한 원수의 자질과 무장으로서의 능력을 유감없이 과시했다.

　재간과 지략을 갖춘 뛰어난 군주였던 제齊나라 환공桓公은 관중이 현명하다는 소문을 듣고 노나라에서 그를 빼내 재상으로 중용했다. 노나라 군주는 이런 소식을 듣고는 자신이 우롱당했다고 생각하고 즉시 병마를 준비하여 제와의 일전을 벼르고 있었다. 제환공도 이에 적극적으로 대비하면서 인선人選을 서둘렀다. 관중은 환공이 즉위한 직후라 아직 인심이 안정되지 않았으므로 전쟁을 벌이는 것은 현명하지 못하다고 생각했지만 환공의 생각은 달랐다. 관중의 생각대로 하자면 국내의 정치와 군사를 안정시킨 다음 차근차근 전쟁 준비를 해가야 하는데, 그러기 위해선 얼마나 긴 세월이 흘러야 할지 알 수 없었고, 환공에게는 애당초 이런 인내심이 없었다. 그는 포숙아를 대장으로 임명하여 곧장 노나라의 장작을 공격하게 했다.

이에 노魯 장공莊公도 몹시 분개하며 제나라와의 결전을 결심했다. 장공의 대신 가운데 생각이 깊고 세심하기로 유명한 시백施伯이란 인물이 나서서 장공에게 문무를 겸비한 장수 하나를 천거했다. 그가 바로 조귀였다. 장공은 시백에게 관직이 없던 조귀를 성대한 예의를 갖춰 중용하도록 지시했다. 시백이 조귀를 찾아가 자신이 온 연유를 설명하자 조귀가 말했다.

"전쟁은 국가 대사인 만큼 매일 고기만 먹는 고관 귀족들이 해결할 일이지, 우리처럼 미천한 사람들이 나설 수 있는 일이 아닙니다."

시백이 말을 받았다.

"고기만 먹는 고관 귀족들은 안목이 너무 좁아 멀리 내다보고 깊이 생각하는 능력이 없소."

조귀는 시백의 설득에 못 이겨 그를 따라 노 장공에게 가서 다시 자세한 상황 설명을 들었다.

장공이 조귀에게 어떻게 하면 제의 군대를 물리칠 수 있겠느냐고 묻자 조귀는 전쟁에는 일정한 법칙이 없기 때문에 상황에 따라 전략을 달리해야 한다고 말했다. 이번에는 조귀가 장공에게 어떤 방법으로 적을 물리칠 생각이냐고 물었다. 장공이 대답했다.

"난 항상 내가 다 먹지 못하는 음식이나 다 쓰지 못하는 물건들을 백성들에게 나눠주었소. 따라서 백성들이 나의 큰 은덕에 감격하여 기꺼이 나를 따라 제나라와의 결전에 나설 것이라고 믿어 마지않소."

조귀가 말을 받았다.

"그것은 하찮은 은덕에 불과합니다. 큰 정책이나 법령도 아니고 국가적인 시정강령施政綱領이나 조치도 아니지요. 때문에 근본적으로 백성들의 신임을 얻고 있다고는 볼 수 없습니다. 게다가 하찮은 은혜를 입은 사람들도 극소수에 불과하지요. 그러니 어떻게 백성들이 공을 위해 목숨을 내놓겠습니까?"

"나는 신령과 조상들에게 바치는 가축과 보석을 항상 규정에 맞게 봉헌했고 누구에게도 속임수를 쓴 적이 없기 때문에 이런 성실성만으로도 충분히 백성들의 신임을 얻을 수 있으리라 믿소."

조귀가 다시 말을 받았다.

"그건 단지 신령과 조상들에 대한 예의로서 개인적인 품행의 일부에 지나지 않습니다. 그런 행위만으로 백성들의 신임을 살 수는 없지요."

장공이 마지막으로 말했다.

"나라의 크고 작은 소송사건을 모두 직접 처리할 수는 없었지만 항상 상황에 맞게 적절한 결단을 내렸소. 이것도 백성들의 신임을 얻는 데 어느 정도 도움이 되었으리라 생각하오."

조귀가 이번에는 고개를 끄덕이며 말했다.

"그것이야말로 진정 근본적인 행위에 해당합니다. 공께서 백성들의 고충에 관심을 갖고 시비를 통찰하여 공정하고 청렴한 정치를 편다는 증거가 되니까요. 이는 틀림없이 백성들의 신임과 지지를 확대할 수 있는 일일 것입니다. 제 소견으로는 이를 기반으로 제나라에 대항하시면 될 것 같습니다."

드디어 제와 노 두 나라는 장작에서 대접전을 벌였다. 제는 병력의 우세를 믿고 우렁찬 고함소리와 함께 선제공격에 나섰고 노 장공도 이에 질세라 조귀를 출격시켰지만 조귀는 군사들에게 진영을 지키되 꼼짝하지 말 것을 명령했다. 제나라 군대는 노나라 진영이 견고하고 기치가 선명한 것을 보고는 승리하기 어렵다고 판단하고 그냥 물러갔다. 얼마 후 제나라 군대는 두 번째 공격에 나섰지만 조귀는 여전히 움직이지 않았고, 제군은 또다시 퇴각해야 했다. 결국 제군의 원수는 빨리 싸움에 이겨야겠다는 생각에 조급함을 참지 못하고 세 번째 공격을 감행했다. 이때 제군의 병사들은 이미 사기가 떨어지고 기강이 풀어져 기세가 꺾인 상태인 데 반해 노군은 아직 지칠 줄 모르는 전투력을 유지하고 있었다.

드디어 조귀는 출격을 명령했고 노군은 단번에 제군의 진영으로 쳐들어갔다. 이미 기력을 잃은 제군은 노군의 거센 기세를 막아내지 못하고 달아나고 말았다.

노 장공은 제군이 달아나는 것을 보고서 계속 추격할 것을 명령했다. 그러자 조귀는 수레에 올라 사방을 둘러본 결과 적군의 깃발이 동서로 흩어져 있고 수레바퀴 자국이 이리저리 어긋나 있는 것을 발견하고는 유인전술이 아니라 도주하는 것이 분명하다는 판단을 내리고는 곧장 추격 명령을 내렸다. 이렇게 하여 장작 전투는 노나라의 대승으로 끝났다.

전투 결과를 평가하는 자리에서 조귀는 군사작전에서는 종종 "첫 번째 공격은 기세가 왕성하고 두 번째 공격에는 사기가 떨어지며 세 번째 공격은 기진맥진하기 일쑤"라고 자신의 경험을 털어놓았다. 제군은 세 번이나 공격을 해왔기 때문에 이미 기력이 다 떨어진 상태였지만 노군은 투지가 불탔기 때문에 승리는 너무나 당연한 결과였다는 것이다. 또한 제는 대국이기 때문에 복병이 매복하고 있을지도 모르고, 그들의 퇴각이 혹시 유인술은 아닌지 확인한 후에 추격 명령을 내렸던 것이라고 술회했다.

간단히 말해서 장작 전투에서의 승리는 두 가지 사실에 의존한 것이었다. 첫째, 조귀는 병사들의 심리와 정서를 정확하게 파악하고 활용했으며 작전의 법칙을 확실하게 지키면서 신중함과 결단력을 동시에 발휘하여 기회를 놓치지 않았고, 구체적인 전략을 세워 확실하게 주도권을 장악했다. 둘째, 조귀는 인심을 활용할 줄 알았다. 장작 전투는 노나라의 방어전으로서 어느 정도 정의를 구현한다는 명분이 있었고, 보다 중요한 것은 노의 통치자가 상당한 위세와 명망을 갖추고 있어 병사들에게 군주를 위해 기꺼이 목숨을 내걸고 싸울 마음이 있었다는 것이다.

이 두 가지 요소가 함께 작용하여 노나라가 대승을 거둘 수 있었던 것이다. 전자를 구체적인 전술의 운용이라 한다면 후자는 근본적인 전투력이라 할 수 있을 것이다. 민심을 움직이지 못한다면 아무리 전술이 뛰어나다 해도 이를 제대로 운용하기 어렵기 때문이다. 조귀가 훌륭한 군사지도자로 평가받는 이유는 바로 이러한 근본적인 전투력을 활용할 줄 알았다는 사실에 있다.

재능 있는 인재를 적재적소에 배치하다
유비

유비劉備(161~223, 재위 221~223)의 삼고초려三顧草廬는 남녀노소가 다 아는 이야기다. 하지만 그가 제갈량 한 사람만을 중용했다면 절대로 대업을 이루지 못했을 것이다. 그는 일생 동안 수많은 인재들을 만났고, 이들을 적재적소에 기용함으로써 정치를 안정시키고 제업을 완성하는 일거양득의 효과를 창출했다. 이 점은 그가 성도로 들어간 이후 더욱 두드러졌다.

건안建安 19년에서 24년까지(214~219) 5년 동안 유비는 유장을 물리치고 성도를 점령했으며 한중을 손에 넣음으로써 눈부신 무공으로 서남 지역의 세력 기반을 확보했다. 하지만 황제가 되기까지는 아직 무수한 난관이 남아 있었다. 이치는 매우 간단했다. 정적 집단이 와해되긴 했으나 유장은 한 왕실의 종실이었고, 여러 해에 걸쳐 촉蜀을 경영하면서 든든한 관계망을 구축해놓은 상태였다. 그는 유비를 촉에 받아들이고, 병력과 함께 군량을 지원하는 등 유비에게 마음을 다했기 때문에 유비로서는 당분간 인심을 수습하기 어려웠다.

인심을 얻기 위해서는 유장의 옛 부하들과 원만한 관계를 유지하는 것이 중요하다는 사실을 잘 아는 유비는 유장의 수하 가운데 재능 있는 사람들을 중용함으로써 이들의 지지를 확보하려 했다.

유장의 주변 인물들은 숫자가 많은 데다가 성분이 매우 복잡했다. 기풍이 문란하고 부패한 데다가 관리

유비　촉의 초대 황제. 조조, 손권과 더불어 천하를 나누고 촉한을 세웠다

들도 대부분 무능했지만 그렇다고 인재가 전혀 없는 것은 아니었다. 하지만 이들에 대한 유비의 이해는 전무한 상태였다. 이런 상황에서 유장의 부하였던 법정法正이 한 가지 의견을 제시했다.

"지금 유공께서 대업을 이루고자 하는데 이를 위해선 무엇보다도 인심을 얻으셔야 합니다. 원로인 허정許靖은 채옹이나 공융孔融과 같은 연배로서 일찍이 유장 밑에서 촉군 태수를 지냈던 인물입니다. 입지가 탄탄하지 못하다는 이유로 그를 무시하여 중용하지 않으시지만 그의 명망은 천하에 두루 알려져 있습니다. 유공께서 그를 예로써 대우하시지 않는다면 천하의 모든 사람들이 유공을 어진 선비를 몰라보는 사람으로 간주할 것입니다."

법정의 시의 적절한 지적 덕분에 유비는 자신의 중요한 잘못

유장劉璋　후한 말 익주의 목. 조조가 원정군을 이끌고 온다는 말을 듣자 유비를 촉에 맞아들였다. 촉에 들어온 유비의 군대가 성도로 향했을 때 유장의 군대는 결사 항전할 태세를 취했으나, 유장은 백성의 고통을 생각하여 성문을 열고 항복했다고 한다

을 깨달을 수 있었다. 곧이어 허정은 유비의 장사長史가 되었고, 오래지 않아 사도司徒로 승급했다. 그는 자질이 뛰어나고 경험이 많은 데다가 명망이 대단했기 때문에 유비에게 기용된 후에 많은 사람들에게 폭넓게 영향력을 행사했다. 덕분에 촉 사람들은 유비에 대해 호감을 갖게 되었을 뿐 아니라 화흠華歆이나 왕랑王朗처럼 조조 정권에 들어간 일부 유명 인사들도 유비 정권을 우습게 보지 못하게 되었다.

유장의 수하에 있던 이엄李嚴은 상당한 능력을 갖춘 인물이었다. 그는 도령都令과 호군護軍 등의 무관직을 역임하면서 위세와 명망을 크게 떨쳤다. 유비가 유장을 공격했을 때 그는 전선으로 나와 유비에게 투항했고 유비는 그를 신장군神將軍으로 모셨다. 곧이어 홍업장군興業將軍으로 임명된 것을 보면 유비가 그를 크게 중용했음을 알 수 있다. 그가 품행이 바르지 못해 물의를 일으킨 것은 나중 일이고, 당시로서는 이엄을 임용한 것이 촉의 인심을 얻는 데 결정적인 역할을 했다.

유비로서는 기존의 통치 집단의 핵심 성원들로부터 지지를 이끌어내는 것이 가장 중요했다. 오의吳懿와 비관費觀은 유장과 사돈을 맺은 사람들이었다. 그 가운데 오의는 유장 집단의 핵심 인물로, 영향력이 매우 컸다. 또한 그의 누이는 유장의 형 유모劉瑁의 아내였다. 이처럼 오의와 유장 사이에는 친인척 관계가 복잡하게 뒤얽혀 있었다. 이들의 지지를 얻기 위해 유비는 대규모 봉상封賞을 시행하고 유장 시기에 갖고 있던 중요 관작들을 환원해주었다. 특히 사돈 관계를 이용하기 위해 유모가 병사하자 과부가 된 오의의 누이를 아내로 맞아들였다. 그 결과 이들의 지지를 확보하게 된 것은 말할 것도 없다.

유파劉巴의 중용은 상당히 극적인 면을 보인다. 유파는 줄곧 격렬하게 유비에 대항해왔고 유비와의 협력을 결사 반대했던 인물이다. 유파는 형주 사람으로 조조의 거대 병력이 남하하여 형주를 점령했을 때 다른 사람들은 전부 유비를 따라 남방으로 도피했으나 그만은 말없이 고개를 떨구고 조조에게 투항했다. 조조가 적벽대전에서 패하자 형주의 6군은 다시 유비의 손으로 넘어갔고 유파는 형주에 구금되었다. 이때 제갈량이 그에게 편지를 써서 유비에게 귀순할 것을 권유했으나 유파는 이를 거절하고 멀리 교지로 갔다가 다시 서쪽으로 가서 유장에게 몸을 의탁했다.

그러나 유파가 막 사천에 도착하자마자 유장이 멸망했고 유비는 유파를 보호하기 위해 성도를 포위하면서 특별히 유파를 해치는 자는 삼족을 멸하라는 명령을 내렸다. 마침내 유파를 찾은 유비는 몹시 기뻐했고 유파는 유비의 세심한 배려에 감동하여 결국 그에게 귀순하게 되었다. 유비는 그를 즉시 장군서조연將軍西曹掾에 봉하고 몇 년 후에는 다시 상서령으로 임명했다. 일설에 의하면 불같은 성격의 장비도 유파를 대단히 존경하여 그가 여러 차례 자신을 경시하는 태도를 보였음에도 불구하고 한 번도 혈기를 부리지 않았다고 한다. 물론 이는 유파의 청렴한 성격과도 관계가 없지 않을 것이다.

법정의 기용 역시 의미심장한 일면을 갖고 있다. 법정은 명령을 받들어 유비를 촉으로 맞아들인 인물로, 유비가 유장을 격파할 수 있었던 데에는 그의 공이 가장 컸다고 할 수 있다. 워낙 지모와 계략이 풍부하여 나중에 유비의 집단에서 제갈량에 버금가는 인물

로 자리매김되기도 했다. 그가 유비에게 미친 영향도 커서 제갈량
이 유비의 오나라 정벌을 저지할 수 없게 되자 탄식하여 말했다.

"법정이 있었다면 반드시 주공을 말릴 수 있었을 텐데……."

유비는 성도를 공격한 후에 법정을 촉군 태수 겸 양무장군으
로 봉하여 밖으로는 도성과 그 외곽 지역을 관장하고 안으로는 모
사로서의 역할을 담당하게 했다. 그러나 법정에게는 보복 공격을
할 때 결과를 생각하지 못하는 치명적인 결점이 있었고, 이 때문에
여러 사람을 무고하게 살해하는 우를 범하기도 했다.

상자고狀子皓가 유비에게로 왔을 때 유비는 입장이 매우 난처
했다. 법정의 직책을 빼앗아 그에게 주었다가는 오른팔을 잃게 될
것이고 그를 징계했다가는 그의 능력을 사장시킬 수밖에 없었기
때문이다. 그럼 어떻게 할 것인가? 이때 제갈량이 말했다.

"지금 북쪽에는 조조가 있고 동쪽에는 손권이 있는데, 손부인
은 또 주공의 신변에 있습니다. 주공께서 고려하실 문제는 바로 이
런 상황에 대응하는 것입니다. 촉군의 수많은 일들을 법정이 잘 처
리하고 있으니 이런 상황에서는 그를 제재할 방법이 없습니다."

유비의 용인술은 바로 이런 상황에서 묘미를 발휘했다. 그는
먼저 전체적인 형세를 접어두고 법정을 자신의 신변으로 끌어들여
상서령이라는 직책을 맡김으로써 그의 능력을 십분 발휘하게 하면
서도 보복 공격을 하지 못하게 했던 것이다.

유비의 용인술은 능력 있는 인사들을 중용하는 데에서 그 성
공적인 면모가 그대로 드러났다. 진복秦宓은 사천 사람으로 어려
서부터 재주와 학문이 뛰어났을 뿐 아니라 청렴하고 고상함을 숭
상하여 여러 군주로부터 관직을 제의받았지만 매번 고사하면서 받

아들이지 않았다. 이런 소문을 들은 유비가 광한태수廣漢太守를 보내 진복의 집에 술과 음식을 선물하면서 가르침을 구하자 그제야 유비의 뜻을 받아들여 종사좨주從事祭酒가 되었다.

한번은 오나라의 재자才子 장온張溫이 촉에 사자로 가서는 몹시 거만한 태도로 촉의 학사들과 학문을 겨루고 싶다고 제안했다. 이에 진복이 나서서 장온의 물음에 『시경』의 전례와 고사를 들면서 일일이 응대하다가 하늘의 성씨를 묻는 데까지 이르렀다.

"하늘에도 성씨가 있습니까?"

"있지요. 바로 유劉씨입니다."

"어째서 그렇습니까?"

"천자의 성이 유씨이니, 하늘도 당연히 유씨겠지요?"

진복의 거침없는 대답에 장온의 예기가 꺾였고 유씨 정권은 체면을 세울 수 있었다. '하늘의 성은 유씨'라는 한마디는 촉나라 전체를 기쁨에 들뜨게 만들었고 장차 유비가 황제의 자리에 등극하는 데에도 합리적인 해석을 제공했다.

관우

중국 속담 중에 "부주의로 형주를 잃었다大意失荊州"라는 말이 있는데, 이는 삼국시대 관우關羽가 형주를 잃고 맥성에서 피살당한 사건에서 유래된 말이다. 관우가 실패한 것은 능력이 부족해서가 아니라 지나치게 마음을 놓았기 때문인 것으로 알려져 있지만 실제로 관우는 부주의 때문에 형주를 잃은 것이 아니었다. 그가 맥성으로 갔던 것은 지나치게 고집이 세고 자신을 과신하는 성격 때문이었다.

그의 이런 성격이 후세 사람들에게 잘 알려지지 않은 것은 의리 있는 장수라는 일반적인 평가가 가로막고 있기 때문일 것이다.

건안 22년(217), 노숙이 세상을 떠나자 손권은 좌호군과 호위장군 여몽呂蒙을 보내 육구를 지키게 했다. 관우가 점령한 남안과 남군 등지는 동오의 국경과 인접해 있었다. 여몽은 관우가 하류를 점거할 것임을 알아챈 데다가 그의 땅을 먹어치울 생각도 갖고 있었기 때문에 겉으로는 의도적으로 좋은 관계를 유지하려 했다.

여몽은 오래전부터 형주를 수복하려 했지만 적절한 기회를 찾지 못하고 있었다. 여몽은 노숙을 대신하여 육구를 접수한 후에도 여전히 우호적인 태도를 보였고, 심지어 손권과 상의하여 손권의 아들로 하여금 관우의 딸에게 청혼하게 함으로써 양국간의 깊은 우의를 과시하기도 했다. 여몽이 손권에게 말했다.

"지금 관우가 감히 동쪽으로 세력을 확장하지 못하고 있는 것은 공께서 영명하시고 우리 같은 장수들이 곁에 있기 때문입니다. 지금처럼 세력이 강대해졌을 때 관우의 땅을 취하지 않는다면 나중에는 아무리 강한 무력으로도 형주를 수복하기 어려울 것입니다."

이에 대해 손권은 서주를 먼저 점령하는 것이 바람직하다고 생각했지만 여몽은 자신의 주장을 굽히지 않았다.

"조조는 지금 멀리 황하 이북에 있으면서 최근에야 원씨袁氏 형제들의 세력을 제거한 상태이기 때문에 강동을 돌볼 틈이 없습니다. 서주 지구의 수비부대는 그리 걱정할 바가 못 됩니다. 지금 우리가 쳐들어가면 틀림없이 승리를 거둘 수 있을 것입니다. 하지만 그 지역이 육로의 요충지란 사실을 반드시 염두에 두셔야 합니다. 공께서 오늘 서주를 취하시면 내일 당장 조조가 빼앗으러 달려올 것입니다. 그렇게 되면 8만의 병력을 다 동원한다 하더라도 지켜내기 어렵지요. 차라리 먼저 관우의 땅을 빼앗으면 장강 지역 전체를 통제할 수 있기 때문에 우리의 세력은 누구도 당해내지 못할 정도로 막강해질 것입니다."

손권은 여몽의 그럴듯한 설명에 형주를 수복하려는 욕심이 더욱 강해졌다. 건안 24년(219), 관우는 조조가 점령하고 있던 번성을 공격하면서 일부 정예 병력을 남겨 공안과 남군을 지키게 했다. 여몽은 이런 사실을 알아내고는 손권에게 주상을 올렸다.

"관우는 번성을 토벌하면서 상당한 정예 병력을 진영에 남겨 두었습니다. 우리의 습격을 두려워한 까닭이지요. 전 항상 병을 달고 사는 몸이니 공께선 제 병을 구실 삼아 관병들로 하여금 절 호위하여 건업으로 돌아가게 하십시오. 관우가 이런 사실을 알게 되면 곧장 방비를 풀고 공안과 남군의 병력을 빼내 번성 공격에 동원할 것입니다. 이때 우리가 쳐들어가는 것이지요. 주야로 행군하여 장강을 거쳐 상류로 가서 관우의 빈 성을 습격하는 겁니다. 이렇게 한다면 관우를 사로잡는 동시에 남군을 손에 넣을 수 있을 것입니다."

손권은 여몽의 책략에 동의했다. 이에 여몽은 자신이 중병에 걸렸다는 소문을 퍼뜨리기 시작했고 손권은 여몽을 건업으로 돌려보내라는 격서檄書를 공개적으로 하달했다. 관우는 여몽이 육구를 떠난다는 것이 계략인 줄 모르고 남군의 병력을 조금씩 빼내 번성 공격을 지원하게 했다. 손권은 때가 무르익었다고 판단하고 즉시 여몽에게 명령을 내려 책략을 실행에 옮기게 했다.

여몽은 명성은 별로 없지만 중임을 떠맡기에 충분한 능력이 있는 육손陸遜을 추천하여 자신의 직무를 대신하게 했다. 육손은 임무를 맡자마자 대단히 우호적이고 겸손한 내용의 편지를 한 통 써서 관우에게 보냈다. 관우는 여몽이 중병으로 한창을 떠난 데다가 육손의 편지를 받게 되자 완전히 경계심을 풀고 남군 등지에 남겨두었던 병력을 전부 번성으로 투입했다.

이 소식을 들은 손권은 여몽에게 즉시 정예 병사를 이끌고 순양으로 가서 병사들을 배 안에 매복시키고 노젓는 사람들을 전부 상인으로 변장시켜 쉬지 않고 밤낮으로 남군을 향해 배를 몰게 했다. 여몽은 손권의 명령에 따라 장강 하류로 내려가면서 강 연안에 관우가 배치한 초소를 전부 제거하고 무사히 남군에 당도했다.

당시 남군태수 미방麋芳은 강릉을 지키고 있었고 장군 부사인 傅士仁은 공안을 지키고 있었지만 두 사람 모두 관우가 자신들을 무시해온 데 대해 줄곧 불만을 갖고 있었다. 더구나 오래전부터 몰래 손권과 내통하고 있던 터라 여몽의 부대가 도착하자마자 두 사람은 모두 병력을 이끌고 여몽에게 투항했다.

여몽은 남군 등의 성지를 점령한 다음 모든 재산을 관우와 그 병사들의 가족들에게 나눠주면서 이들을 위로했다. 뿐만 아니라 여몽의 군대는 군율이 매우 엄격했다. 여몽과 동향인 사병 하나가 군용 갑옷을 가리기 위해 민가의 삿갓을 빼앗는 사소한 약탈 행위가 발생하자 여몽은 눈물을 머금고 이 사병을 참수했고, 이에 모든 병사들이 크게 놀라 백성들에게서 쌀 한 톨조차 빼앗지 않았다. 덕분에 남군의 치안은 완벽했다. 또한 여몽은 사람들을 보내 그 지역의 노인들을 도와주고 그들이 무엇을 필요로 하는지 알아내 지원해주었으며, 환자들에게 약을 나눠주고 추위와 굶주림에 지친 사람들에게 양식과 의복을 공급해주었다. 아울러 관부官府에 보관된 재산에 대해서는 전혀 손을 대지 않고 손권이 와서 처리하기를 기다렸다.

이때 관우는 남군으로 돌아오는 길에 여러 차례 사자를 보내 여몽과의 타협을 시도했다. 여몽은 매번 사자들을 후하게 대접하면서 이들에게 성안을 둘러보게 하고 병사들의 집안을 구경시켜주었다.

　관우는 번성 토벌에서도 승리를 거두지 못한 채 형주를 빼앗겼다는 소식에 황급히 회군했다. 여몽은 사람을 보내 관우의 병사들에게 그들의 가족들이 무사하다는 사실을 알리는 한편, 관우 장병들의 가족들에게 직접 편지를 쓰게 하여 이것이 사실임을 알리게 했다. 이리하여 관우의 병사들은 비록 강릉이 점령당했다고는 하나 두려워하지 않았고 더 이상 관우의 오군吳軍을 위해 목숨을 걸고 싸우려 하지도 않았다.

　관우는 대세가 이미 기울어 자신이 고립무원의 처지에 놓였다는 사실을 깨닫고는 고개를 숙이고 맥성으로 귀순하여 서쪽의 장향으로 갔고, 그의 수하에 있던 병사들은 전부 손권에게 투항했다. 관우가 맥성으로 패퇴하려 하자 손권은 즉시 병력을 보내 이를 저지하고 관우와 그의 아들을 사로잡았다. 이로써 형주는 마침내 손권의 수중에 들어오게 되었다.

　관우의 성격에는 자만심과 고집이라는 치명적 결점이 있었다. 그는 한 번도 누군가에게 굴복한 적이 없었기 때문에 전사를 처리하는 데도 조심성과 경계심이 부족했다. 소설 『삼국지연의』에는 관우의 이러한 성격적 결함을 여러 곳에서 발견할 수 있다.

　유비가 칭제한 후에 오호대장을 봉했을 때, 그는 황충黃忠도 그 안에 포함되었다는 사실을 알고 이를 못마땅하게 여기면서 유비의 결의형제도 아니고 마초馬超 같은 명문세가 출신도 아닌 황충을 자신과 똑같은 오호대장의 대열에 넣는 것은 자신에 대한 모욕이라고 항변했다. 다행히 제갈량이 이런 사태를 예상하고 그를 다독거려줌으로써 황충이 오호대장에서 퇴출되는 일은 발생하지 않왔다. 동오의 손권이 그와 결친하기를 바랐을 때도 이것이 형주를 지킬 수 있는 마지막 기회였음에도 불구하고 그는 어찌 호랑이의 딸을 개의 자식에게 출가시킬 수 있느냐며 오만한 태도로 이를 거절했다.

하지만 관우가 의인이었던 것도 틀림없는 사실이다. 그의 이러한 장점이 모든 성격적 결함을 가려주었던 것이다. 하지만 진정한 군사전문가라면 모든 문제와 상황을 냉철하게 통찰할 수 있어야 한다고 전제할 때 관우를 평가한다면 적지 않은 결점을 발견하게 된다. 결국 관우의 실패는 우발적인 원인에 의한 것이 아니라 이미 예고되었던 셈이다.

이선장

명 왕조의 개국공신이었던 유기는 앞날을 예측하는 데 아주 뛰어난 인물로, 그가 지은 『추배도推背圖』는 지금까지도 사람들의 찬탄을 자아내고 있다.

그가 정말로 뒤로 3천 년, 앞으로 5백 년을 내다볼 수 있었는지는 확인할 길이 없지만 그에게 사람을 알아보는 남다른 지혜가 있었다는 사실은 역사가 증명하고 있다.

한번은 주원장이 유기에게 이선장李善長에 대한 견해를 물었다.

"이선장은 개국공신이자 원로로서 여러 대신들을 잘 조화시킬 수 있는 인물입니다. 단지 뜻은 큰데 능력이 부족해 뒷일을 예측하기 어려울 뿐이지요."

과연 유기는 남다른 선견지명이 있었다. 명 왕조의 개국재상인 이선장은 개국하기 전에 많은 공을 세웠고 개국한 후에도 일인지하 만인지상一人之下 萬人之上의 지위와 권력을 누리긴 했지만 사리와 식견이 분명하지 못해 황제로부터 사약을 받는 최후를 맞고 말았다.

소하나 장량, 방현령, 두여회, 유기 등과 비교해볼 때, 그는 처음은 좋았지만 끝이 좋지 않았던 개국재상으로 기록될 수밖에 없었다.

이선장은 자가 백실百室로 1314년에 봉양의 소지주 가정에서 태어났다. 어려서부터 적당한 교육을 받아 시서화에 통달했다고는 할 수 없지만 어느 정도 난세를 다스리는 이치를 체득하고 있었다. 그는 계산에 뛰어났고 능력도 갖추고 있어 지방에서는 위세와 명망이 대단했다. 기록에 따르면 그는 어려서부터 대업을 이루겠다는 웅대한 뜻을 품고 있었다고 한다.

주원장은 문인들의 역할을 매우 중시했고, 특히 동향 사람들에게 큰 관심을 보였다. 1354년, 주원장은 군사를 이끌고 저주로 진군하는 도중에 이선장의 고향을 지나게 되었다. 이때 주원장의 위세와 명망을 익히 들어왔던 이선장이 자신을 부하로 받아달라고 요청하자 기꺼이 맞아들였다.

이선장이 주원장에게 제시한 첫 번째 지략은 동향 사람들을 대거 등용하여 대업을 추진하는 것이었다. 그는 한 고조 유방의 고향이 주원장의 고향에서 그리 멀지 않고 유방이 보통 서민에서 기병한 것도 주원장의 출신성분과 다르지 않다고 전제했다. 이선장은 유방이 천하의 대세를 정확히 판단하고 넓은 도량과 웅대한 뜻으로 영웅호걸과 현사들을 대거 받아들이고, 온갖 치욕을 견뎠기 때문에 진의 폭정을 전복시키고 항우를 물리쳐 한 왕조를 세울 수 있었음을 상기시키면서, 주원장으로 하여금 유방을 본받아 원나라 정권을 전복시키고 명 왕조를 세울 수 있도록 격려했다.

이때까지만 해도 확실한 목표나 방향이 세워져 있지 않았던 주원장은 이선장의 말에 갑자기 시야가 확 트이는 듯한 깨달음을 얻었다. 이때부터 주원장은 황제가 되어야겠다는 신념과 목표를 확실히 다지게 되었고 아울러 이선장을 크게 신임하게 되었다.

이선장은 주원장의 막부에서 기실장의 직책을 맡게 되었다. 업무가 과중했지만 모든 일을 직접 처리하는 지극한 충성과 성실성을 보였다. 곽자흥이 주원장을 경계하며 이선장마저 다른 곳으로 이동시키려 하자, 이 소식을 들은 이선장은 당장 곽자흥에게 달려가 주원장 외에는 다른 누구도 섬길 수 없다면서 눈물로 간청하여 인사이동을 저지한 적도 있었다. 이에 주원장은 크게 감동했고, 알게 된 지 얼마 되지 않았음에도 불구하고 그를 더욱 신임하게 되었다.

이선장은 대사를 이루기 위해선 먼저 위신을 세워야 하며 그렇지 못할 경우 떠돌이 졸개로 전락하기 쉽다는 사실을 잘 알고 있었다. 때문에 그는 군대의 규율을 매우 중시했고 주원장에게도 여러 차례 자신의 견해를 역설했다.

1356년을 전후하여 주원장의 군대는 수많은 지역을 공격하여 점령했다. 힘든 전투를 계속하다 보니 병사들 사이에 민간에 대한 약탈 행위가 발생하기 시작했다. 태평부太平府에 진주했을 때는 주원장이 약탈 행위를 저지르는 자는 무조건 참수하겠다는 군령을 내리고 정찰대를 파견하여 감독한 결과, 군율을 어긴 병사들이 여럿 처형되기도 했다. 하지만 약탈 행위를 완전히 막는 것은 불가능했다.

진강을 점령했을 때 이선장은 병사들이 또다시 약탈 행위를 저지를 것이라 예상하고 주원장과 서달徐達의 도움을 얻어 연극을

꾸몄다. 주원장은 일부러 서달의 부하가 약탈 행위를 저질렀다는
이유를 내세워 서달을 구금하고 삼군에 그를 처형하라는 명령을 내
렸다. 이에 이선장이 재삼 간청하여 서달을 풀어주되 진강성을 점
령한 뒤에 또다시 그런 일이 발생하면 절대로 그냥 넘어가지 않겠
다고 못박았다. 과연 이선장이 꾸민 연극은 큰 효과를 보았다. 서달
처럼 유명한 장수도 처형당할 뻔했는데 하물며 무명의 병사들이 군
율을 어겼다가는 살아남기 어렵다는 생각이 들자 모두들 욕심을 자
제하여 약탈 행위를 저지르는 사람이 단 한 명도 나오지 않았던 것
이다.

이선장은 문치에 뛰어난 기량을 과시했을 뿐 아니라 무공에
있어서도 적지 않은 지모를 발휘했다. 한번은 주원장이 출병하면서
이선장에게 화주성을 지키도록 당부했다. 이선장은 원군이 기습공
격을 해올 것이라 예상하고 성밖 요충지에 병력을 매복시켰다. 예
상대로 원군은 기습을 시작하기 무섭게 복병의 반격을 받아 대패하
여 돌아갔다.

싸움에서 돌아온 주원장은 이선장의 전과에 찬탄을 금치 못하
고 적은 병력으로 수적으로 우세한 적군을 물리친 그의 전공이 갑
옷에 창을 든 무장에 결코 뒤지지 않는다고 극찬했다.

주원장이 장사성張士誠과 진우량陳友諒, 그리고 원군에 대항
해 싸울 때에도 이선장은 줄곧 응천부에 남아 주원장을 대신해서
근거지를 잘 지켜냈다. 응천부의 지세는 대단히 험준한 데다가 거
대한 바위를 등지고 건축되어 있어 지키기는 쉬워도 공격하기가
여간 어렵지 않았다. 하지만 이선장에게 이곳을 지키게 했다는 사
실만으로도 주원장이 그의 충정과 능력을 얼마나 신임했는지 충분

히 알 수 있다. 이선장은 주원장의 기대를 저버리지 않고 응천부의 정치와 경제를 주도면밀하게 관리했고 초한전쟁 시기에 소하가 한 중을 지켰던 것처럼 주원장을 위해 아낌없는 충성을 다했다.

중요한 것은 이선장이 다른 군대의 전례에서 교훈을 얻은 바도 적지 않았지만 주원장의 충고를 잊지 않고 문관과 무장의 관계를 매우 중시했다는 점이다. 일반적으로 문관들은 나라 안을 다스리는 데 힘쓰고 무장들은 밖에서의 실제 전투에 지모를 발휘하는 것이 관례지만 문관들의 지모가 전투의 승패에 결정적 작용을 한다는 것도 부인할 수 없는 사실이다. 하지만 문관들이 범하기 쉬운 과실 가운데 하나가 바로 무장들의 실수를 지나치게 비판하고 이들의 군공을 시기하며 장수와 병사 사이를 이간시켜 전선을 약화시킨다는 것이다. 이선장은 이 점에 주의하여 장수들의 적극성을 유도하고 이들을 단결시키는 데 주력했으며, 나라 안을 다스리는 데도 이런 방식을 활용하여 큰 성과를 거두었다.

서기 1368년, 주원장은 남경에서 정식으로 황제를 칭하고 국호를 대명大明이라 했다. 이에 필요한 모든 의식은 이선장이 주재했다. 이로써 그는 일개 말단 관원에서 개국공신으로 성장하여 개국보운開國輔運 한국공韓國公에 봉해졌다. 이선장을 봉상하는 조서에서 주원장은 그가 자신이 동정서벌하는 동안 근거지를 지키고 군량과 무기를 조달하는 데 한치의 착오도 없었으며 군민을 잘 통솔하여 온갖 원성을 가라앉혔으니 그의 공은 한대의 소하보다 못하지 않다고 칭찬했다.

이선장이 주원장의 칭제 과정에 세운 공은 대충 세 가지로 요약할 수 있다. 첫째는 군문軍門에 들어가자마자 주원장에게 유방의 사적을 들어 그를 본받도록 종용했고 둘째, 그를 위해 충성을 다하면서 후방을 잘 다스렸으며 셋째, 각 계층을 하나로 조화시켜 민심을 장악했다. 이 세 가지 공적은 설사 지략이 다소 부족했다 하더라도 칭송을 받기에 부족함이 없다.

하지만 이선장은 소하나 장량 같은 인물에 비견할 수 없었고 심지어 유기에도 미치지 못했다. 이는 명 왕조의 개국에 대한 그의 공이 작았기 때문이 아니라 식견이 높지 못하고 저속함을 완전히 탈피하지 못해 결국 살신의 화를 자초했기 때문이다.

『명사明史』「이선장전李善長傳」에서는 그를 헐뜯는 말을 서슴지 않으면서 그의 성격적 결함을 혹독하게 비판하고 있다. 그는 겉모습은 관대하고 넉넉했지만 속이 좁고 고집스러웠으며 자신만을 사랑하고 남을 미워했다는 것이다. 이런 기록을 완전히 믿을 수는 없겠지만 이를 통해 개국 이후에 드러난 수많은 허점들을 확인할 수 있다.

개국 이후 이선장은 승상이 되었고 권세 또한 막강했다. 그의 측근 중 하나인 중서성 도사都事 이빈李彬이 뇌물수수죄를 저질러 당시 어사중승이었던 유기로부터 조사를 받게 되었다. 이선장이 여러 차례 압력을 행사하여 처벌을 저지했으나 유기는 주원장에게 상소를 올려 이빈을 처형하게 했다. 이선장은 이에 앙심을 품고 음모를 꾸미며 사람을 시켜 유기를 무고하게 한 다음, 자신이 직접 유기를 탄핵하여 관직에서 몰아냈다. 그러나 유기는 관직에서 물러나 집으로 돌아가는 것으로 큰 화를 면했다.

또한 이선장은 참의參議 이음빙李飮冰과 양희성楊希聖이 자신에게 무례했다는 이유로 코를 베고 가슴살을 도려내는 혹형을 가하기도 했다. 결국 두 사람은 그 후유증으로 죽고 말았다.

그의 치졸한 행위는 이에 그치지 않았다. 그는 회하 출신의 세력을 키우면서 일개 지현 출신인 호유용을 승상으로 발탁했다. 그러나 호유용은 권력을 이용하여 뇌물을 챙기는 등 갖가지 부정부패를 저질러 조정과 민간에 원성이 자자했고 정직한 대신들의 비난을 샀다.

이에 주원장이 법에 따라 엄하게 다스리려 한다는 소문이 돌자 비밀리에 모반을 준비하여 주원장을 궁궐 밖에서 시해하려 했다. 그러나 모반 사실이 사전에 탄로나 호유용은 참수되었고, 3만여 명이나 되는 사람들이 이에 연루되어 몰살당했다. 이선장은 호유용의 오랜 친구이자 그를 추천한 장본인이었고 친척관계로 맺어져 있었던 만큼 함께 처형하는 것이 마땅했지만 주원장은 그가 개국공신인 점을 고려하여 관직을 박탈하는 것으로 죽음을 면하게 했다. 그러나 후에 별자리에 이상이 생기고 민심이 흉흉해지자, 이를 구실로 사약을 내리고 말았다. 당시 나이 77세였던 이선장뿐 아니라 70여 명의 가족들이 함께 사약을 받았다.

이선장은 공으로 시작하여 죄로 끝을 맺었다. 중국 역사에는 시작이 좋았던 인물은 많았지만 끝이 좋았던 인물은 극히 드물다. 그 결정적인 원인은 본인이 자초한 것도 있지만 외부적인 요인에 의한 경우도 없지 않았다.

당나라의 개국재상이었던 방현령과 비교해볼 때 이선장은 재능과 식견, 그리고 의지의 지향에 있어서 크게 떨어지는 편이었지만 똑같이 재상의 관직과 권력을 누렸다. 하지만 자신을 지킬 능력이 없이 운만 따르는 것도 실제로는 화를 초래하는 함정이 된다.

따라서 진정으로 지모와 능력을 갖추고 나서 운을 기대해야 할 것이다.

하지만 이러한 이치를 알았던 인물이 과연 얼마나 될까? 단지 일시적인 기회와 운세로 인해 성공을 거두고 나서 자신을 **진명천자**로 자만한 사람이 얼마나 많았던가? 사리를 망각하고 자신을 실사구시적으로 평가하지 못한 결과는 항상 파멸의 함정뿐이었다.

강태공과 유기

중국 역사에는 기억할 만한 기인奇人들이 있었다. 기인들은 대부분 구 왕조가 쇠하고 새로운 왕조가 왕성하게 일어나는 시기에 나타나 자신들의 역량을 마음껏 발휘하곤 했다. 이른바 '난세에 영웅이 나온다' 는 말은 기인들에게도 그대로 적용되는 말이다.

황량한 벌판을 누비면서 병력을 지휘하고 적을 소탕하는 장수는 영웅이라 할 수는 있겠지만 기인이라고는 할 수 없다. 뛰어난 지모로 치국과 안정의 지략을 제공하는 사람들도 현사이지 기인은 아니다.

그럼 기인이란 무엇인가? 기인이란 과거에 통달하고 미래를 예측하며 세사를 통찰할 수 있고 하늘과 인간을 조화시킬 수 있는 사람들을 말한다. 한마디로 말해서 기인이란 속세를 종횡무진하면서도 속세 밖에 존재하는 사람들이다.

중국 역사에 기록된 최초의 기인은 주 무왕이 주왕을 토벌했을 당시의 강자아일 것이다. 강자아는 자신에게 남다른 능력이 있지만 시대의 운이 따르지 않아 묵묵히 때를 기다렸다. 모든 일이 그

기인이란 과거에 통달하고 미래를 예측하며 세사를 통달하고 하늘과 인간을 조화시킬 수 있는 사람을 말한다 중국 역사에 있어서 영웅이나 의인들은 많지만 기인을 찾기는 쉽지 않다 긴 세월이 흐른 뒤에야 자연스럽게 사모하게 되는 신비한 품격을 지니고 있기에 당대에는 이를 알아보기 어렵다

강자아姜子牙 주나라 초기의 정치가·공신으로, 본명은 강상姜尙이다. 속칭 강태공姜太公

의 뜻대로 되지 않았다.

한번은 국수를 팔려고 길거리에 나섰는데 갑자기 강풍이 불어 물건을 다 날려버리는 바람에 본전도 못 찾고 빈털터리로 돌아왔다.

그러나 그는 좌절하지 않고 말없이 운이 호전되기만을 기다리면서 위수 강가에 나가 낚시를 했다. 그가 사용한 바늘은 끝이 곧은 바늘이라 물고기가 한 마리도 잡히지 않았다. 그의 아내가 밥을 갖다주러 왔다가 그 모습을 보고는 버럭 화를 내며 낚시 바늘을 구부려 강자아가 식사하는 동안 여러 마리의 물고기를 잡아놓았다. 강자아는 물고기를 전부 놓아주면서 아내에게 말했다.

■ 강태공 위수 강가에서 낚시를 하며 때를 기다리다 주나라 문왕에게 등용되었다

"모든 일은 자연의 순리에 따라야지 억지로 한다고 해서 되는 것이 아니라오."

이 일이 있고 난 후 아내마저 그를 떠나버렸다. 그래도 그는 아무런 불평 없이 때를 기다렸다. 여든 살이 되었을 때 주공이 위수를 지나다가 강자아를 보고는 산에서 내려갈 것을 권했다. 주공은 직접 마차를 끌고 와 반나절을 기다렸고, 마침내 마음이 움직인 강자아는 산에서 내려와 주 무왕을 도와 주왕을 토벌했다.

강자아는 지모가 뛰어났을 뿐 아니라 도술에 정통하여 주공에게 갖가지 지략을 제공하는 동시에 기상과 농사의 작황 등 미래의 자연현상을 예측하기도 했다. 강자아는 무왕이 주왕을 토벌하는 과정에서 큰 공을 세워 제齊에 봉해졌고 장수와 부귀를 누렸다.

한편 진말한초秦末漢初의 장량도 기인이라 할 수 있다. 그의 기행은 네 가지 사건에서 찾아볼 수 있다. 첫째, 한韓나라의 원한을 갚기 위해 가산을 털어 자객을 구한 후 박랑사에서 진시황제를 칼로 찌르게 했다. 비록 성공하진 못했지만 그의 용기와 의기에는 기인의 기질이 농후했다. 둘째, 그는 우연하게 병법을 배웠다. 전해지는 얘기에 의하면 장량은 우연히 한 노인을 만났는데 노인은 그에게 길에 버려진 신발을 주워서 신게 했고, 장량이 노인의 지시에 순순히 따르자 날이 밝을 무렵에 다시 만나 병법을 전수해주겠다고 약속했다. 장량이 노인을 두 번 만나러 갔으나 매번 노인이 먼저 도착해 있었다.

노인은 그에게 마지막 기회를 주었는데, 장량은 비장한 각오로 초저녁부터 약속 장소로 가서 날이 밝을 때까지 기다려 노인을 감동시켰다. 노인은 그의 품성이 훌륭하고 자질이 범상치 않다고 판단하고 병법을 전수해주었다.

셋째, 그는 여러 차례 지략을 제공하여 유방을 곤경에서 구하고 항우를 격퇴함으로써 후한의 개국공신이 되었다. 넷째, 그는 공을 세우고도 명리名利를 탐하지 않고 멀리 물러나 병법 연마에 전념함으로써 유방과 그의 아내 여후呂后가 공신들을 주살할 때 화를 면했고 소하처럼 굴욕을 당하지도 않았다.

유기도 이런 유형의 기인이었다.

유기는 자가 백온伯溫으로 절강 청전 출신이며, 1311년에 지주 가정에서 태어났다. 절강은 송대 이후 문화교육의 중심지로서

뛰어난 인재들을 다수 배출하면서 '산과 물, 인재의 고장 千山千水
千秀才'으로 유명했다.

유기의 선조들은 송대에 관직을 지내다가 남송이 남쪽으로 천
도하자 절강 청전으로 이주했다. 남송의 태학상사太學上舍를 지냈
던 유기의 조부는 박학다식하고 천문지리에 통달한 데다가 정직하
고 의기가 투철하여 일찍이 반원反元의 기치를 내걸고 봉기를 조직
하기도 했다. 유기는 어려서부터 공을 세울 큰 뜻을 품고 있었고 아
첨하거나 시기하지 않는 강직하고 올곧은 성격을 갖고 있었다. 또
갖가지 재능을 나타냈는데 특히 뛰어난 기억력으로 주위 사람들을
놀라게 했다.

유기의 집 근처에는 책방이 하나 있었는데, 서당을 오가는 길
에 항상 그 앞을 지나쳤다. 하루는 천문 분야의 책을 집어 대충 읽
었는데, 다음날 다시 들러 그 책을 펼쳤을 때는 내용을 완벽하게 외
울 정도였다. 책방 주인이 몹시 놀라며 그 책을 유기에게 주자 유기
가 말했다.

"이 책의 내용은 이미 제 머릿속에 다 들어 있기 때문에 가져
가봤자 별 소용이 없습니다."

그는 사람들이 알지 못하는 바를 알고 말하지 못하는 바를 말
하기도 했다. 그의 스승은 그가 장차 큰 재목이 될 것이라고 단언했
다. 열일곱 살이 되자 유기는 괄창산의 석문동으로 가서 당시의 명
사였던 정복초鄭復初에게서 '이정'의 이학理學을 배웠다. 이 기간
동안 그는 수많은 서적을 두루 통독했고, 특히 정통 경자사집 외에
잡가의 저술에도 관심을 보여 의학과 농업, 천문, 지리 분야의 학문
을 익혔다.

하지만 유기의 청소년 시절은 고난과 시련으로 점철됐고, 1333년에야 간신히 진사에 급제하여 강서 고안현의 현승이 되었다. 당시 원 왕조의 정국은 혼란과 불안이 그치지 않았는데, 통치자의 취생몽사와 폭정이 지속됐고 도처에서 농민 봉기가 끊이지 않았다. 이런 상황에서 뜻있는 인사들은 거사의 기회를 엿보거나 과감하게 기의군의 대오에 뛰어들었다. 극소수의 지식인만이 원의 통치자에게 목숨을 팔았다.

유기는 현령을 보좌하는 말단직에 있으면서 적당히 부서의 요구에 응하긴 했지만 언젠가는 지식인의 양심과 정의를 지키는 데 전념하겠다고 결심했다. 결국 그는 아첨과 영합에 염증을 느껴 관직을 버리고 고향 집으로 돌아왔다. 1340년, 청전의 고향으로 돌아온 그는 은사의 생활을 시작했다.

유기의 학문과 품성은 이미 세상에 두루 알려져 절강의 행성에서 그에게 유학 부제거副提擧의 관직을 맡아달라고 요청했을 때 유기는 이를 받아들였다. 그러나 부임해서 보니 모든 관장官場이 부패되어 있었다. 성격이 곧은 유기는 불법행위에 대해 혹독한 질책을 서슴지 않았고, 그 결과 사람들의 미움을 샀다. 더 나아가 직권을 남용해 사소한 일까지 참견한다며 그를 탄핵하기에 이르렀다. 결국 그는 또다시 울분을 품고 관직에서 물러나야 했다.

1351년을 전후하여 방국진方國珍 형제가 반항과 투항을 거듭하며 온주와 대주, 경원 등지를 점령하고 수시로 상해에 출몰하여 소요를 일으키면서 연해 지역 백성들의 재난을 가중시키고 있었다. 원나라 조정의 무능한 관리들은 유기가 훌륭한 인재라는 소문에 그를 절동원수부浙東元帥府 도사都事로 임명했다.

유기는 철저한 분산 전략으로 군심을 뒤흔들어 방국진 형제의 세력을 무력화시키기로 마음먹었다. 원래 방국진은 행동이 의롭지 않아 부하들이 억지로 명령에 따를 뿐, 그를 위해 목숨을 바칠 생각은 없었다. 그러던 차에 관부에서 방국진을 처벌하되 나머지 사람들을 달리 대하겠다는 포고문이 나붙자 적지 않은 사람들이 빠져나가 방국진의 세력이 크게 약해졌다.

1358년, 세 번째 사직을 하고 청전의 집으로 돌아왔을 때, 유기의 나이는 40세가 넘어 있었다. 스무 살 갓 넘어 진사에 합격한 후, 20여 년의 관직 생활을 하는 동안 여러 차례 은거하며 언젠가 뜻을 펼쳐보겠다고 마음먹었으나 그 기회가 다한 것 같았다.

한편 곽자흥이 죽자 주원장의 세력은 급속도로 확대되었다. 그는 '성벽을 높이고 널리 양식을 비축하되 칭제를 미뤄야 한다'는 주승朱升의 충고를 받아들여 몽골인의 공격을 피하면서 신속하게 세력을 키워나갔다. 특히 그는 군대의 규율을 매우 중시하여 훌륭한 위세와 명망을 세웠고, 가는 곳마다 현지의 뛰어난 인재들을 맞아들였다. 처주를 점령한 후 주원장은 유기가 청전에 은거하고 있다는 소식을 듣고 사람을 보내 그를 맞아들였다.

유기는 일찍이 주원장의 명망을 들어온 터이지만 그에 대한 이해가 부족했고, 관직 생활에서 느꼈던 염증 때문에 주원장의 첫 번째 요청을 거절했다. 주원장은 화를 내지 않고 다시 손염孫炎을 보내 간절하고 공손한 어투의 편지를 전했다. 손염이 주원장의 웅대한 뜻과 지략에 대해 설명하며 재삼 간청하자 유기는 그제야 마음이 움직였다.

"저는 일찍이 관직을 버리고 서호에서 한가롭게 세월을 보낸

적이 있습니다. 어느 날 우연히 서북방에서 이상한 기운을 발견했
는데, 당시 저는 그것이 천자의 기운이고 10년 후에 금릉에 다시 나
타날 것이라고 예견했습니다. 지금 주씨의 대업이 흥성하면서 현
사들을 크게 예우하여 하늘과 땅이 순조롭게 조화되고 있는 것으
로 보아 장차 대성할 것이 분명합니다.”

　유기는 이런 말로 주원장의 세 번째 요청에 응했다. 유기는 주
원장을 만나 이른바 ‘시무18책時務十八策’을 제시했고 주원장은
그가 군문에 들어오기도 전에 천하의 대세를 꿰뚫어보는 불세출의
인재라 생각하고 즉시 명령을 내려 예현관禮賢館을 건립하게 하고
그를 상객으로 모셨다.

　당시 주원장은 동쪽으로 장사성, 서쪽으로 진우량과 대치하고
있었다. 양군의 세력은 주원장을 크게 압도하고 있었고 합세하여
주원장을 제압하려는 계획을 갖고 있었다. 따라서 주원장의 군대
는 사기가 충천해 있긴 하지만 동서 협공의 위험에 처해 있어 장사
성과 진우량의 공격에 지혜롭게 대처하는 것이 급선무였다. 주원
장은 마음을 비운 채 유기에게 가르침을 구했다.

　주원장이 말했다.

　“선생께선 절 버리지 말아주십시오! 좋은 생각이 있으시거든
기탄없이 말씀해주십시오. 선생의 말씀대로 따르겠습니다.”

　“공께선 금릉을 차지하고 있어 지세는 매우 유리한 편입니다.
그러나 동쪽에는 장사성이 있고 서쪽에는 진우량이 있어 여러 차
례 공격을 당한 바 있지요. 이런 상황에서 천하를 얻고자 한다면 가
장 시급한 일은 이 두 사람을 제거하는 것입니다.”

　주원장도 바로 이를 염두에 두고 있었지만 방법을 몰라 초조

했던 터라 다시 유기에게 물었다.

"어떻게 그들을 제압할 수 있겠습니까?"

"적을 방어하려면 완급의 균형을 잡아야 하고 용병에도 앞뒤 순서가 있어야 합니다. 제가 보기엔 먼저 진우량을 대적하시고, 후에 장사성을 공격하시는 것이 바람직할 것 같습니다."

"장사성은 약소하지만 진우량은 매우 강대합니다. 때문에 대부분의 장수들은 먼저 약자를 제압하여 진우량의 날개를 꺾어야 한다고 생각하고 있습니다. 게다가 먼저 약자를 공격하고 나서 강자와 대적하는 것이 병법의 상식인데 선생께선 어째서 약자를 제쳐두고 강자를 공격하라 하십니까?"

"지금의 형세로는 병법에 구애될 필요가 없습니다. 장사성은 자기를 지키는 데 만족하는 사람이라 응대한 뜻을 품고 있지 못합니다. 공이 전력을 집중하여 진우량을 공격하면 그도 금릉을 공격하는 경거망동을 하지 못할 것입니다. 게다가 진우량은 칭제한 이후로 한 순간도 금릉을 잊은 적이 없고 지금은 장강 상류를 점거하고 있는 상태라 순순히 남하할 것이 분명합니다. 그는 야심이 커서 군웅을 남김없이 모조리 쓸어버리려 하기 때문에 지금으로서는 그가 가장 큰 적수입니다. 병력을 집중하여 먼저 장사성을 공격한다면 그 틈을 이용하여 진우량이 밀고 들어올 텐데 공께선 그를 어떻게 막아내시겠습니까?"

제갈량을 방불케 하는 유기의 뛰어난 전략에 주원장은 흥분을 감추지 못했다. 결국 주원장은 유기의 책략을 그대로 실행하여 천하를 평정하고 명 왕조를 세울 수 있었다.

실제 전투에 있어서도 유기는 적지 않은 공을 세웠다. 그가 주

원장의 막하로 들어온 지 두 달쯤 되었을 때 진우량이 서수휘徐壽
輝를 앞세워 장사성과 함께 동서 협공으로 공격해왔다.

당시 적군의 막강한 병력에 비해 주원장의 군대는 상당히 약
세였고, 때문에 싸움에 임하는 장수들의 주장도 제각기 달랐다. 주
전론자가 있는가 하면 도피를 주장하는 사람도 있었고 심지어 투
항을 건의하는 사람도 있었다. 이때 유기가 단호한 태도로 말했다.

"먼저 투항과 도망을 주장하는 자들의 목을 베야만 승리를 보
장할 수 있습니다. 지금으로서는 도망친다 해도 갈 곳이 없고 투항
한다 해도 죽기는 마찬가지라 목숨을 걸고 싸우는 수밖에 없습니
다. 진우량의 세력이 강대하긴 하지만 의롭지 못한 군대이기 때문
에 사기가 높지 않은 데다가 먼길을 오느라 병사들이 몹시 지쳐 있
는 상태입니다. 따라서 군사를 매복시켜 기습공격을 가하면 틀림
없이 이길 수 있을 것입니다. 더구나 진우량은 너무 오만하고 지략
이 부족하여 무모하게 전면전의 전략을 쓸 것이 분명한 만큼 아군
의 승리는 결코 어려운 것이 아닙니다."

유기의 이런 주장은 당시의 상황에 정확하게 부합해서 주원장
과 병사들에게 필승의 신념을 불어넣기에 충분했다. 대단한 기세
로 밀고 나와 태평을 점령하여 스스로 칭제하고 국호를 한漢이라
했던 진우량은 주원장의 근거지를 공격하다가 유기의 군대에 포위
되어 꼼짝 못하다가 결국 강주로 달아나고 말았다.

강주는 물가에 건설된 도시라 성벽이 대부분 물속에 세워져
있어 수비는 쉽지만 공격이 몹시 어려웠다. 주원장이 여러 차례 공
격을 시도했지만 워낙 난공불락의 성이라 아무런 효과도 거두지
못했다.

이에 방심한 진우량은 깊은 잠에 빠져 있었다. 이때 유기는 성벽의 높이를 측량한 다음 모든 배 끝에 사다리를 만들어 어둠을 틈타 기습공격을 감행했다. 진우량은 하늘에서 신병神兵이 내려왔다고 생각하고 황급히 처자식을 데리고 배에 올라 남창으로 도망쳤다. 그 후 파양호 대전에서도 유기는 뛰어난 지략으로 주원장의 공격을 도와 진우량을 호수 한가운데서 사살함으로써 대한 정권을 무너뜨렸다.

한임아를 소명왕小明王으로 봉하는 문제에 있어서도 유기는 주원장과 생각이 달랐다. 주원장이 한임아의 봉작을 받아들인 목적은 사람들의 이목을 분산시켜 원군의 공격을 전부 한임아와 진우량 등에게 향하도록 하기 위한 것이었다. 그래야만 자신의 세력을 키울 시간을 벌 수 있다는 계산에서였다. 하지만 형세의 추이로 볼 때 한임아를 받드는 것은 백해무익한 일이었다.

1361년 정월, 주원장은 금릉 중서성에서 소명왕을 모시는 성대한 의식을 거행했지만 유기만이 꼿꼿이 서서 절을 올리지 않았다. 유기가 말했다.

"한임아가 한산동의 아들이긴 하지만 아무런 공도 세우지 못한 일개 목동에 불과하고 성씨도 조趙가 아니라 한이기 때문에 송 왕조의 후예라 할 수 없습니다. 송이 망한 지 이미 오래고 민심이 아직 돌아오지 않았는데 굳이 전대의 연호를 빌려 쓸 이유가 어디 있단 말입니까? 대장부가 제업을 이루려면 어떤 견제도 뿌리칠 수 있어야 합니다. 계속 전대의 연호를 고집하다가는 스스로 설 기회가 없을 것입니다."

주원장은 그 자리에선 아무 내색도 하지 않았지만 이미 유기의 말에 마음이 움직인 상태였다. 나중에 한임아를 구하려다 진우량에게 패할 뻔했던 주원장은 그 후로 유기의 말이라면 무조건 신임하고 따르게 되었다. 결국 주원장은 한임아를 주살하고 스스로 대명제국의 기치를 들어올렸다.

유기가 명 왕조의 개국에 세운 공은 크게 세 가지로 요약할 수 있다. 첫째, 정확한 정치적 방향을 제시하여 한임아를 죽이고 칭제를 단행함으로써 인심을 모으고 천하를 장악하게 했다. 둘째, 정확한 전략 방침을 정하여 먼저 진우량을 친 다음 장사성을 공격하여 대승을 이끌었다. 셋째, 모든 전투에서 뛰어난 지략을 발휘하여 혁혁한 무공을 세웠다. 무엇보다도 중요한 것은 개국 이후에도 그는 자신의 주장을 끝까지 관철시키며 인仁으로써 천하를 다스렸다는 점이다.

한번은 주원장이 치국과 치민의 방법을 묻자 유기는 "백성을 살리는 길은 관인寬仁에 있다."라는 말로 치국의 도리를 밝혔다. 아첨을 모르고 강직한 성품을 유지했던 그는 문신의 우두머리인 이선장의 요구나 위협에 조금도 아랑곳하지 않고 어사중승의 신분으로 이선장의 측근이자 부패 관리인 이빈李彬을 주살함으로써 조정을 뒤흔들기도 했다. 그러나 나중에 이선장의 모함을 당해낼 수 없게 되자 아예 관직을 버리고 고향으로 내려가버렸다.

호유용은 유기가 이전에 주원장의 면전에서 자신을 폄하했던 것에 앙심을 품고 있다가 승상이 되자마자 유기의 아들을 모함하면서 동시에 유기가 왕기王气의 묘를 차지했다고 무고했다.

유기는 낙향하여 차를 음미하거나 장기를 두면서 소요자락逍遙自樂하는 은둔생활을 하고 있다가 갑자기 경사로 불려와 무고의 내용에 대해 시비를 가리는 대질신문을 받게 되었다. 이때 주원장이 그를 비호하여 무사히 집으로 돌아오긴 했지만 화병이 생겨 1375년에 향년 65세로 세상을 떠나고 말았다.

　중국 역사에 있어서 영웅이나 열사, 지사와 의인들은 많았지만 기인을 찾기는 쉽지 않다. 기인은 찾는다고 찾아지는 것이 아니다. 긴 세월이 흐른 뒤에야 자연스럽게 사모하게 되는 신비한 품격을 지니고 있기 때문에 당대에는 이를 알아보기 어렵다.

위징

의義란 무엇인가? 의는 천금과 같은 것이다. 말에는 반드시 믿음이 있어야 하고 행동에는 반드시 결과가 있어야 한다言必信 行必果. 인격의 수양에 있어서 의 또는 의기義氣를 중시하는 것은 하나의 미덕임에 틀림없다. 누가 뭐라 해도 신의를 지키고 정의를 수호하는 군자가 무상함을 반복하며 이익만을 추구하는 소인배보다 낫기 때문이다.

하지만 의에도 대의와 소의가 있어서 모든 일을 소의에 맞춰 추진한다면 권력의 변화에 통달할 수 없게 되고 대의를 위해 개인적인 소의를 희생할 줄 모르게 된다.

때문에 맹자는 맹목적으로 의를 중시하는 행태에 대해 "말에 반드시 믿음이 있어야 하는 것도 아니고, 행동에 반드시 결과가 있어야 하는 것도 아니다言不必信 行不必果."라고 말했다. 물론 맹자는 사람들에게 억지 궤변을 늘어놓은 것이 아니다. 그는 대의를 위해서라면 이른바 믿음과 결과를 포기할 수도 있음을 말했던 것이다. 오늘날의 표현을 빌리자면 원칙을 지키되 구체적인 상황 분석이 전제되어야 한다는 것이다.

때문에 전통사회에서는 "훌륭한 짐승은 나무를 택해서 보금자리를 짓고 훌륭한 신하는 군주를 택해 섬긴다良禽擇木而栖 良臣擇主而事."라는 말이 선비들이 군주를 택하는 가장 보편적인 원칙이 되어왔다.

중국 역사에 있어서 이러한 예는 무수히 많았지만 그 대표적인 인물로 당나라의 명신이었던 위징만 한 인물이 없었다.

위징이 태어난 북주 정제靜帝 대상大象 2년(580)은 천하가 대란에 처해 있던 시기였다. 위징은 서향세가 출신이었고 그의 부친은 박학다식한 인물로서 수隋 왕조에서 지방관을 지낸 바 있지만 부친이 너무 일찍 세상을 떠나는 바람에 그의 가족은 어려서부터 매우 빈궁한 생활을 해야 했다.

하지만 위징은 가슴속에 언젠가 큰일을 이루고 말겠다는 웅대한 뜻을 품고 있었다. 이를 위해 그는 각고의 노력으로 독서에 힘쓰고 학문과 정치적 재능의 기초를 닦았다.

수 양제가 주색에 빠져 정사를 돌보지 않는 날이 계속되자 각지에서 영웅호걸들이 분분히 기병하여 수 왕조에 대항하기 시작했다. 위징은 먼저 원보장元寶藏의 기의군에 참여했으나 대세의 흐름을 알 수 없어 출가함으로써 일시적인 난국을 피했다.

나중에 위징의 사람됨을 잘 아는 또 다른 기의군의 수령인 이밀李密이 그를 막하로 불러들여 군중의 문서를 관장하게 했다. 이때 그의 나이 이미 38세였다.

이밀의 군중에서 위징의 지위는 그리 높지 않아 아무런 발언

권도 없었다. 당시 이밀의 와강군瓦崗軍은 세력이 막강하여 수 왕
조의 주요 양곡 창고인 하남의 낙구창과 회락창, 여양창 등을 점령
한 후 창고를 개방하여 굶주린 백성들을 구제함으로써 기의군의
전성시기를 맞았다. 이때 관군의 대장 왕세충王世充이 낙양을 지키
면서 기의군과 목숨을 건 사투를 벌이고 있었다. 위징은 기의군의
부족한 점을 냉정하게 파악하여 간언을 올렸다.

"기의군이 승리를 계속하고 있긴 하지만 잃는 것도 적지 않습
니다. 군대를 운영하는 비용도 넉넉지 않고 비축된 물자도 한계가
있지요. 따라서 지금으로서는 무모하게 공격하는 것보다 적군의
군량이 떨어져 철수할 때쯤 추격하여 무찌르는 것이 바람직할 것
같습니다."

하지만 이밀은 속전속결을 주장하며 대규모 공격에 나섰다가
왕세충의 화공에 참패하여 돌아왔다. 이 전투로 와강군의 전력은
철저하게 파괴되고 말았다. 추격을 받던 이밀의 패잔 병력은 이연
에게 투항했다. 그러나 그 대우에 불만을 품고 다시 낙양으로 돌아
가 군사를 모아 재차 기병하여 이연에 대항했지만 얼마 후 대패하
여 주살당하고 말았다.

위징은 이연의 이당李唐 정권에 희망이 있다고 판단하고 이연
을 찾아가 이밀의 군대를 받아들일 것을 요청했다. 당 왕조의 신하
가 된 위징은 나중에 이연의 동의를 얻어 군주의 예를 갖춰 이밀의
장례를 성대하게 치러주고 「당고형국공이밀묘지명唐故刑國公李密
墓志銘」이란 제문을 지어 그를 해하에서 패한 항우에 비유하며 그
의 공적과 인품을 서술했다. 문책을 두려워하지 않고 전에 섬기던
주인을 애도하는 그의 충심에 사람들이 모두 칭송했고 그가 이밀

을 배반하고 이연에게 투항한 것이 아님을 인정했다.

나중에 위징은 기의군의 수령이었던 두건덕竇建德의 권유와 협박에 못 이겨 1년 반 동안 그의 군중에 있다가 얼마 후 두건덕과 왕세충이 전부 이세민에게 패하자 다른 사람들과 함께 또다시 이연에게 귀의했다.

농민군의 대오에 들어간 것이 비록 협박에 의한 것이었다고 해도 또다시 당 왕조에 중용되기는 어려웠다. 태자 이건성은 위징이 유능하고 인품을 갖춘 인물이라는 소문을 듣고 그를 불러다 도서와 경적을 관리하는 세마洗馬라는 작은 관직을 주었다. 이 시기에 위징에겐 약간의 명성이 있긴 했지만 실제로는 아무런 역할도 하지 못했다. 단지 이건성에게 병력을 이끌고 나가 유흑달劉黑闥을 공격함으로써 군공을 세우고 몰래 호걸들과 교우하도록 건의한 것이 전부였다. 태자는 그의 건의를 받아들여 만족할 만한 성과를 거두었다.

이당 정권이 천하의 대세를 장악한 후 이세민은 '현무문 정변'을 일으켜 형인 태자 이건성과 동생인 제왕 이원길을 죽이고 자신이 스스로 태자가 되었다. 이세민도 위징이 이건성의 심복으로서 보통 인물이 아니라는 사실을 알고 그를 불러놓고 말했다.

"당신은 무엇 때문에 우리 형제 사이에 끼어들었던 것인가?"

워낙 교언영색을 모르는 위징은 사실 그대로 대답했다.

"사람에겐 누구나 주인이 있기 마련이지요. 만일 태자께서 제 말을 들었다면 오늘 같은 결과가 발생하진 않았을 것입니다. 제가 이건성에게 충성을 다한 것이 무슨 잘못이 있단 말입니까? 관중도 제 환공의 허리띠를 활로 쏘아 맞춘 적이 있지 않습니까?"

이세민은 위징의 솔직하고 일리 있는 대답을 듣고는 그의 대담한 기백에 감복하여 그를 즉시 사면하고 그를 주부主簿로 봉했다. 이로써 위징은 주인 없는 생애를 마감했다.

이세민은 황제로 즉위하자마자 위징을 간의대부로 임명했다. 위징의 명성은 신하의 의견에 겸허하고 소박한 태도로 기꺼이 귀를 기울이는 태종이 있었기에 가능했고, 또한 당 태종의 치적은 황제의 비위를 거스르면서까지 직언을 서슴지 않는 신하 위징이 있었기에 가능했다.

신하는 직언을 서슴지 않고 임금은 그 직언을 거리낌 없이 받아들이는 군신관계는 중국 역사에서 보기 드물게 아름다운 한 장을 장식한다.

간의대부는 전문적으로 황제에게 의견을 제시하는 직책으로서 아무런 권한도 없으면서 황제의 신임에 따라 막강한 권력을 발휘할 수 있는 지위였다. 당 태종이 위징을 간의대부로 임명한 것은 그의 능력을 인정하는 동시에 그의 됨됨이 자체를 존중하고 신임한다는 것을 의미했다. 그 후 위징은 상서승尚書丞으로 승급하여 태종의 일거수일투족을 수행하면서 수시로 간언을 올렸다.

국가의 주요 통치 전략으로 위징은 조세와 부역을 가볍게 하는 등 백성들의 삶을 보살필 것을 주장했다. 그는 수 왕조가 멸망한 원인을 세금 부담이 너무 크고 부역이 너무 많아 백성의 삶이 피폐해졌기 때문이라고 생각했다. 이에 따라 조세와 부역의 부담이 월등히 가벼워졌고 이는 태종의 정관치세를 이루는 기초가 되었다.

태종이 막 즉위하고 천하가 간신히 안정국면으로 접어들었지만 온갖 병폐가 여전히 백성들을 괴롭히고 있었다. 어느 날 태종이 위징에게 물었다.

"현명한 군주가 나라를 잘 다스리려면 백 년의 세월은 필요하지 않겠소?"

위징은 태종의 생각에 동의하지 않았다.

"성명聖明한 군주가 나라를 다스리는 것은 소리가, 금방 메아리가 되어 돌아오는 것과 같습니다. 1년이면 충분히 효과를 볼 수 있고 3년이면 너무 늦습니다. 그런데 백 년을 기다릴 이유가 어디 있습니까?"

상서우복야 봉덕이封德彛가 나서서 말을 받았다.

"예부터 인심은 강물과 같아서 세월이 지나면 간사해지기 마련입니다. 진秦이 가혹한 형벌을 쓰고 한漢이 패도를 이용했던 것은 인심을 교화하는 데 성공하지 못했기 때문이지요. 위징은 지금 서생의 기질로 나라를 다스리려 하는데, 결코 성공하지 못할 것입니다."

위징도 지지 않았다.

"대란이 휩쓸고 간 다음에는 나라를 다스리는 것이 오래 굶주린 사람이 먹을 것을 찾는 것처럼 아주 빨리 이루어집니다. 만일 인심이 물처럼 위에서 아래로만 흐른다면 지금 살아 있는 사람들은 오래전에 귀신이 되었을 텐데, 어떻게 치국을 얘기할 수 있겠습니까? 제도帝道를 행하면 황제가 되고 왕도를 행하면 왕이 되는 것이지요. 대업은 사람의 행하는 바에 달려 있는 것이지 백성들을 교화시킬 수 있느냐의 여부에 달려 있지 않습니다."

태종이 위징의 의견을 받아들여 적극적인 조치들을 취한 결과

3년도 채 안 돼서 대당제국은 이른바 정관치세의 태평성대를 누릴 수 있었다.

법의 집행에 있어서 위징은 정확하면서도 관대한 처리를 주장했다. 그는 진나라 때와 같은 가혹한 형벌을 반대하고 사사로운 감정에 얽매이지 않는 법률 적용을 강조했다.

한번은 태종이 노조상盧祖尙을 교주자사로 임명했는데, 노조상은 처음에는 이를 수락했다가 얼마 후 병을 핑계로 부임을 거부했다. 태종이 직접 만나 다시 권유해봤지만 받아들이지 않았다. 태종은 몹시 화가 나서 그를 당장 주살해버렸다. 나중에 태종은 자신의 처사가 너무 지나쳤다고 후회하며 모든 일을 법률에 따라 처리해야겠다고 생각했다.

이때 위징이 나서서 북제의 황제였던 고양高洋이 매사에 신중하게 자신과 상대방의 입장을 생각하고 처신했던 사례를 들어 태종을 비판했고 태종은 그의 충언에 말없이 고개를 끄덕였다.

태종이 진왕秦王으로 있을 때 부하였던 복주자사 방상수龐相壽는 태종의 위세를 믿고 부패 행위를 저질러 고소를 당했는데, 추궁 끝에 뇌물을 받은 것이 드러나 관직을 박탈당했다. 방상수가 태종에게 선처를 호소하자 태종은 옛정을 생각하여 그에게 비단 백 필을 보내고 다시는 부패 행위를 저지르지 않겠다는 약속을 받아낸 후 자사의 관직을 유지하게 했다. 위징이 이 사실을 전해듣고 태종에게 말했다.

"방상수는 엄연히 죄를 범했는데도 폐하께서는 오히려 그에게 후한 상을 내리시고 관직을 보전해주셨습니다. 이는 사사로운 정리로 법률을 깨뜨리는 행위입니다. 폐하께서 진왕으로 계실 당시의 부하들이 적지 않은데 이들이 모두 방상수처럼 범죄를 저지 른다면 그때는 어떻게 하시겠습니까? 상을 내릴 때는 소원한 사람 들을 잊지 말고 징벌을 내릴 때는 측근과 귀족들에 대한 정리를 염 두에 두지 말아야 합니다. 모든 상벌은 공정과 인정仁政을 원칙으 로 해야만 사람들을 설복시킬 수 있을 것입니다."

위징의 강경한 주장에 태종은 자신의 처사를 철회하지 않을 수 없었다.

위징은 또한 백성들의 신임을 얻기 위해선 조령모개해서는 안 된다고 역설했다. 당 왕조의 정책은 애당초 18세 이상의 남자만 병 역에 징집될 수 있도록 규정하고 있었다. 한번은 태종이 변경을 수 비할 병력을 징집하기 위해 16세 이상의 남자는 전부 징병에 응하 라는 명령을 내리려 하자 위징이 반대하고 나섰다.

당시의 규정에 따르면 황제의 명령은 조정의 대신들이 만장일 치로 서명을 해야만 효력을 발휘했다. 위징은 태종의 방침이 당조 이전의 법령과 어긋나며 백성들을 혹사시키는 조치라 판단하고 여 러 차례 서명을 거부했다. 태종이 위징에게 버럭 화를 내며 어째서 황제의 명에 서명을 거부하느냐고 다그쳤다. 위징은 차분한 어투 로 대답했다.

"연못을 말려 물고기를 잡고 수풀을 태워 사냥을 하는 것은 닭을 잡아 계란을 꺼내는 것과 같습니다. 병력은 수를 늘리는 것보 다 정예병으로 훈련시키는 것이 더 중요한 법인데 어째서 나이도 안 찬 사람들을 징병하시겠다는 말씀입니까?"

결국 태종은 위징의 의견에 따르지 않을 수 없었다. 아울러 자 신이 너무 쉽게 감정에 좌우된다는 사실을 깨닫고 대신들에게 특

조령모개朝令暮改 아침에 명령을 내리고 저녁에 다시 고친다는 뜻으로 '법령이나 명령이 자주 뒤바뀜'을 이 르는 말

별히 자신의 한쪽으로 치우친 결정을 바로잡고 조정의 제도를 올바로 이끌어줄 것을 당부했다.

태종은 이전에 없었던 새로운 제도를 제정하여 간관諫官과 사관史官들에게 정사를 논하는 회의에 참여하게 했다. 이러한 제도는 간관과 사관들로 하여금 조정에서 일어나는 일들을 적시에 알아 간언을 올림으로써 재상이나 다른 대신들이 정무를 소홀히 다루지 못하게 하는 감찰 기능의 효과를 거두었다.

또한 황제건 대신이건 간에 과실이나 부당한 행위가 있을 경우 간관이 회의석상에서 이를 지적하고 이에 대한 변론을 할 수 있도록 규정했다. 또 사관은 황제와 대신들의 상황을 정확히 이해하여 일차적인 자료에 근거하여 기거주를 작성함으로써 기본적인 감독 기능을 할 수 있었다.

위징은 이처럼 관대하고 자유로운 환경에서 간관의 직책을 수행할 수 있었고, 그가 올리는 간언의 내용은 치국과 군정에서부터 황제의 일상생활에 이르기까지 미치지 않는 곳이 없어 태종이 '정관의 치세'를 실현하는 데 결정적인 영향을 미쳤다.

인재 활용에 있어서 위징은 시대 상황에 따라 인덕과 능력을 취사선택해야 한다고 주장했다. 위징이 태종에게 말했다.

"천하가 안정되지 않았을 때는 인사의 기준에 있어서 능력을 중시하고 덕행과 행실에 대한 고려를 줄여야 하지만 천하가 완전히 평정된 이후에는 재덕을 겸비한 인재들을 중용해야 합니다."

위징이 제시한 인사의 원칙에 따라 태종은 안으로는 황실 인척의 천거를 기피하지 않았고 밖으로는 원수를 중용하는 일도 꺼리지 않았다.

기거주起居注 황제의 생활을 자세히 기록한 글

한번은 태종이 먼저 위징에게 말했다.

"관리를 임용할 때는 경솔하게 함부로 발탁해서는 안 될 것이오. 군자를 중용하면 수많은 군자들이 따라오겠지만 소인배를 중용하면 소인배들이 마구 몰려들 것이기 때문이오."

개인의 향락에 있어서도 위징은 태종의 일거수일투족을 철저하게 감독하면서 간언을 게을리하지 않았다. 한번은 태종이 남산으로 사냥을 나가려고 수레와 말을 준비했다가 이를 취소한 일이 있었다. 위징이 그 이유를 묻자 태종이 말했다.

"원래는 사냥을 나가고 싶었지만 그대에게 야단맞을 일이 두려워 포기했소."

정관 4년(630), 태종이 낙양궁을 축조하려 하자 중모현의 현승인 황보덕참皇甫德參이 이를 반대하는 상소문을 올렸는데 그 언사가 매우 격렬했다. 태종이 이에 격분하여 황보덕참을 처벌하려 하자 위징이 그를 변호하면서 자고로 상소문의 언사가 격렬하지 않으면 군주의 마음을 움직일 수 없다고 설득하여 태종의 분노를 가라앉게 했다.

그 후 하남과 섬서 일대에 폭우가 내려 큰 수해가 발생했는데도 태종은 낙양에 정산궁을 수축하려 했다. 이 소식을 들은 위징이 한 걸음에 달려와 태종에게 간언했다.

"수나라가 그렇게 빨리 망했던 것은 수 양제가 정자와 누대를 축조하는 등 대규모 공사로 백성들의 부역을 가중시켰기 때문입니다. 현재 남아 있는 궁전과 누대만 해도 다 사용하지 못할 정도로 많습니다. 수 왕조의 멸망을 생각한다면 이 누대와 궁전들을 부숴버려도 시원치 않을 것이고, 아까워서 부수지 못한다면 더 이상 짓지 않는 것이 마땅합니다. 천하를 얻을 때의 어려움을 잊고 계속 궁전을 지어 화려함과 향락을 추구한다면 수나라와 똑같은 길을 가게 될 것입니다.”

태종은 위징의 간언을 받아들여 궁전 수축을 중지하고 자재를 전부 수해 지역으로 보내 백성들의 집을 짓는 데 사용하게 했다.

정관 12년(638), 공경대신들이 태종에게 태산에 올라가 봉선대례封禪大禮를 거행할 것을 권했으나 위징 한 사람만 아직은 때가 아니라며 이에 반대했다.

태종이 위징에게 말했다.

“그렇다면 그대의 생각을 한번 말해보시오. 혹시 내 공로가 아직 부족하다는 것이오? 아니면 내 덕행이 모자란단 말이오? 그것도 아니면 나라가 태평하지 못하고 변방의 이민족들이 대당제국을 우러르지 않는다는 것이오? 나라가 두루 태평하고 온갖 좋은 징조가 가득하며 농사도 해마다 풍작을 이루는데 봉선대례를 행하지 못할 이유가 어디 있단 말이오?”

“폐하의 공로가 아무리 높다고 해도 백성들은 아직 폐하의 은덕을 느끼지 못하고 있고 폐하의 덕행이 아무리 순후하다 해도 폐하의 덕정이 아직 전국에 두루 미치지 못하고 있습니다. 전국이 안정되긴 했지만 사업을 흥성시키기 위한 자원은 부족한 상태입니다. 변방의 이민족들이 폐하의 높으신 뜻을 우러르고 있긴 하지만 조정은 그들의 요구를 만족시킬 능력이 없습니다. 좋은 일이 있을 징조가 많이 나타나긴 하지만 법은 여전히 엄격하고, 몇 년째 계속 풍작을 거두고 있긴 하지만 양곡창고는 아직 비어 있는 상태입니다. 이 모든 것이 아직은 봉선대례를 거행할 수 없는 이유이지요.

제가 사람을 비유로 들어 말씀드리겠습니다. 10년째 중병으로 누워 있다가 간신히 치료되어 피골이 상접해 있는 사람에게 쌀 한 가마니를 들고 매일 백 리 길을 걸으라고 한다면 그는 금세 쓰러질 것이 분명합니다. 수나라의 대란이 10년간이나 지속되다가 폐하께서 전국의 혼란을 바로잡으신 것이 바로 엊그제 일이라 국고가 아직 충실하지 못한데 벌써 대업이 다 이루어졌다고 만천하에 알리는 것은 적절치 못합니다. 게다가 폐하께서 친히 태산으로 행차하신다면 각국의 사절들이 모두 서둘러 먼 길을 달려와야 합니다. 지금 서쪽의 이수와 낙수 유역에서 동쪽의 태산에 이르는 길에는 도처에 산과 강은 물론이요, 늪지대와 황무지가 분포해 있고 도로 사정이 열악하여 통행이 여간 어려운 것이 아닙니다. 그런데 어찌 이민족 사절들을 대거 불러들여 우리나라의 허약한 모습을 보여주려 하십니까? 그들에게 많은 재물을 상으로 내린다 해도 그들의 기대를 만족시키기 어려울 것이고, 2년치 부역과 조세를 면제해준다 해도 백성들의 노고를 덜기 어려울 것입니다. 더구나 가는 길에 일기가 순조롭지 못해 가뭄이나 수재를 만나게 된다면 이 일에 동원된 노역자들 사이에 불만과 원성이 자자할 것이라 그때 가서 후회한다 해도 손해를 만회하기 어려울 것입니다. 어찌 이것이 소신 혼자만 폐하의 봉선대례를 막으려고 획책하는 것이겠습니까? 천하의 만백성이 모두 폐하의 은덕을 갈망하고 있다는 것을 아셔야 합니다."

태종은 위징의 간곡한 설득에 결국 봉선대례를 취소했다.

또 한번은 장안을 떠나 낙양의 현인궁에 갔을 때 일이다. 태종은 그곳에서 바친 음식과 물건들이 마음에 들지 않아 몹시 분개했다. 위징이 망설이지 않고 직간했다.

"수 양제는 한없이 향락을 추구하다가 멸망하고 말았습니다. 지금 폐하께서 바치는 물건들이 마음에 들지 않는다고 역정을 내시면 아랫사람들은 앞으로 폐하를 만족시키기 위해 봉공奉供에 최선을 다하려 들 것입니다. 그런데 봉공하는 물건에는 한계가 있지만 상인들의 사치욕은 무한한 법이지요. 이러다가는 수나라의 치욕을 되풀이하게 될 것입니다."

태종은 위징의 지적을 두려워하여 검약한 생활에 만족하게 되었다.

위징은 태종의 인격수양 문제도 매우 중시했다. 한번은 위징이 아주 겁없는 직언을 올렸다.

"윗사람들의 행실이 바르면 명령하지 않아도 저절로 이행되지만 윗사람의 행실이 바르지 못하면 명령을 내려도 복종하지 않는 법입니다."

위징은 순자의 말을 인용하면서 간언을 계속했다.

"군주는 배이고 백성은 물입니다. 물은 배를 띄우기도 하지만 배를 뒤집기도 하지요."

위징의 말에 크게 놀란 태종은 이를 마음에 새기는 동시에 태자에게도 이를 전하면서 절대 잊지 말라고 당부했다. 한번은 태종이 위징에게 어떻게 해야 명군이 될 수 있느냐고 물었다.

위징은 수조 때의 대신이었던 우세기虞世基의 이야기를 들려주었다. 우세기는 수 양제의 비위를 맞추기 위해 듣기 좋은 말만 하고 귀에 거슬리는 말은 전혀 하지 않았으며 희소식만 전하고 좋지 않은 소식은 일체 전하지 않았다. 아울러 위징은 "두루 폭넓게 들

으면 밝아지고 편벽되게 들으면 어두워진다兼聽則明 偏聽則暗."라
는 유명한 결론으로 태종의 물음에 답했다.

가장 유명한 것은 충신과 양신良臣에 관한 위징의 변론이다.
한번은 태종이 다른 대신들의 참언을 그대로 믿고 위징이 자신의
친척들을 싸잡아 비난했다고 나무랐다가 위징의 해명을 듣고서 자
신의 잘못을 깨달은 적이 있었다. 위징은 이런 기회를 놓치지 않고
태종에게 말했다.

"폐하께서는 저를 충신이 되게 하지 마시고 양신이 되게 해주
셨으면 좋겠습니다."

태종은 놀라움을 금치 못하며 되물었다.

"대체 충신과 양신이 어떻게 다르다는 게요?"

"차이가 아주 크지요. 양신은 스스로 훌륭한 명성을 누릴 뿐
아니라 군주에게도 훌륭한 위세와 명망을 가져다주어 자손만대에
이어지게 하는 데 비해 충신은 결국 미움을 받아 주살당하기 십상
이고, 군주에게는 혼군이라는 악명을 남겨주며 나라를 망치고 말
지요. 결국 충신이 얻는 것은 공허한 이름뿐입니다."

위징의 말에 크게 감동한 태종은 연신 그를 칭찬하며 비단 5백
필을 상으로 내렸다.

물론 태종도 인간이라 위징의 간언을 항상 기쁜 마음으로 받
아들인 것은 아니다. 때로는 몹시 분개했고 심지어 그를 주살하려
는 마음을 먹은 적도 있었다. 한번은 태종이 매 한 마리를 헌상받고
매우 좋아하면서 이를 팔 위에 올려놓고 놀고 있었다. 그러다가 멀
리서 위징이 다가오는 것을 본 태종은 몹시 긴장하며 위징이 이를
볼까봐 서둘러 매를 품속에 감췄다. 사실 그 모습을 이미 다 보고

있던 위징은 태종이 하찮은 노리개에 마음을 빼앗기지나 않을까 걱정하여 일부러 정무를 보고하는 척하며 시간을 끌었고 결국 매는 태종의 품속에서 질식사하고 말았다.

위징이 물러가자 태종은 재빨리 품속에서 매를 꺼냈지만 이미 죽은 뒤였다. 태종은 이 일 때문에 몹시 기분이 상했지만 아무 말도 입밖에 내지 못했다.

이런 위징이 늙어서 병으로 눕게 되자 태종은 거듭 사자를 보내 병세를 묻고 약을 보내주었으며 태자를 대동하여 직접 문병을 가기도 했다.

위징이 세상을 떠나자 태종은 조정의 9품 이상 관리들에게 전부 조문하도록 지시하고 친히 비문을 써서 비석에 새기기도 했다. 그것으로도 위징에 대한 그리움을 달랠 수 없었던 태종은 좌우 대신들에게 유명한 말을 한마디 던졌다.

"사람들은 의관을 바로 보기 위해 구리로 거울을 만들지만 옛 것을 거울로 삼으면 왕조의 교체를 볼 수 있고, 사람을 거울로 삼으면 정사의 득실을 알 수 있다. 이제 위징이 세상을 떠나고 나니 짐에겐 거울이 하나 없어진 셈이로구나!"

사람들은 "충신은 두 임금을 섬기지 않고 열녀는 두 지아비를 섬기지 않는다."라고 말한다. 이런 관점에서 본다면 위징은 절대로 충신이라 할 수 없을 것이다.

하지만 그는 천고에 길이 남을 훌륭한 양신임에 틀림이 없다. 그는 개인의 명리를 위해 황제와 조정의 비위를 맞추려 애쓰지 않았다. 그의 마음속에는 위로는 군주를 편안하게 하고 아래로는 백성들을 행복하게 해야 한다는 한 가지 원칙밖에 없었다. 그의 충성

은 누구나 행할 수 있는 '작은 충성' 이 아니라 큰 사람만이 행할
수 있는 '큰 충성' 이었다.

능력에 따라
일의 분배도 달라져야 한다

인재는 클 수는 있지만 작을 수는 없다고 한다. 이는 마치 소를 끓이는 큰 솥에 닭을 삶지 않는 것과 같다. 하지만 이는 정확한 논리가 아닌 것 같다. 어떻게 재능이란 말로 큰 능력만 포함하고 작은 능력은 배제할 수 있단 말인가?

모름지기 클 수는 있고 작을 수는 없다는 말은 논자의 도량과 성격에 따라 결정되는 것일 뿐이다.

성격이 관대하고 넉넉한 사람은 나라를 다스리기에 적합하고 아랫사람들을 대함에 있어 능동적인 작용을 발휘할 수 있으며 하나로 모아진 역량으로 자신의 사업을 성취할 수 있다. 마음이 좁고 조급한 사람은 현縣을 다스리는 데 적합하여 업무의 규모에 관계없이 치밀함을 다한다. 그러나 군과 현은 범위의 크기가 다를 뿐, 넉넉함과 조급함의 차이도 실제로는 크기의 차이에 불과하기 때문에 각자의 장단점이 있기 마련이다. 따라서 큰 군을 다스릴 수 있는 사람은 작은 현도 다스릴 수 있을 것이다. 인재마다 모두 장점과 단점이 있기 때문에 능력의 대소만 가지고 인재를 개괄하는 것은 무리가 따를 수밖에 없다.

능력은 그 사람의 자질과 성격에서 나오는데, 갖가지 자질은 나름대로의 한계를 지닌다. 사람의 능력도 제각기 다르기 때문에 정사의 분배도 이에 따라 적절하게 이뤄져야 한다.

모든 편재는 나름대로 특수한 재능을 갖고 있기 때문에 적당한 자리에 임용하면 얼마든지 활용할 수 있겠지만 나라를 다스리는 일은 절대로 맡겨선 안 된다.

그 이유는 무엇일까? 한 가지 관직을 맡는 것이 한 가지 맛으로 다섯 가지 맛을 조절하는 것이라면, 한 나라의 정사를 돌보는 것은 무미함으로 모든 맛을 조절하는 것이기 때문이다.

게다가 한 나라의 민중에게는 야만과 문명이 공존하고 저항하려는 기질과 순종하는 기질이 뒤섞여 있으며 인재들의 성격도 제각기 다르기 때문에 시행되는 조치에도 득실이 따르기 마련이다. 따라서 군주의 덕정德政은 전면적인 통치로 이뤄져야지 작은 부분에 초점을 맞춰 정사를 펴나가다가는 제대로 실제에 부합하지 못하게 된다.

각종 잡무를 처리하는 행정조치는 복잡하고 잡다한 정사에 적합하기 때문에 이를 이치가 간단한 대사에 적용한다면 큰 효과를 거두기 어려울 것이고, 책략과 권술에 치중한 정치적 조치들은 위급한 상황을 해결하는 데 적합하기 때문에 이를 태평성대에 적용한다면 백해무익할 수밖에 없을 것이다.

과실을 바로잡는 정치는 혼란하고 부패한 세도를 다스리는 데 적합하지만 퇴락하는 치세에 적용한다면 멸망을 재촉하는 효과를 가져올 것이고, 화해의 정치는 갓 세워진 국가를 안정적으로 다스리는 데 적합하지만 곧 쇠망할 국가를 다스리는 데 적용한다면 공허하고 무의미할 뿐이다.

각박한 정치는 간신들을 바로잡고 척결하는 데 적합하지만 변방 통치에 적용한다면 백성들을 잃게 될 것이고, 위무와 용맹을 중시하는 정치는 동란을 토벌하는 데 적합하지만 선량한 백성들에게 적용한다면 잔학함을 면하기 어려울 것이다.

조세와 부역의 징발에 치중하는 정치는 부유한 국가를 다스리는 데 적합하지만 가난한 백성들에게 적용한다면 백성들을 더욱 지치고 피폐하게 할 것이다.

따라서 모든 관직은 재능과 자질에 따라 부여하되 그 결정 또한 매우 신중해야 한다. 이러한 몇 가지 정치에 능한 사람들은 모두가 편재들로, 말은 하면서 행하지 못하는 바가 있을 수 있고 실행하면서도 말하지 못하는 사람도 있을 것이다.

하지만 국가의 동량지재는 말도 할 줄 알고 이를 행동으로 옮길 줄도 알아야 하기 때문에 인재들 가운데서도 가장 우수한 인재를 선별할 수 있어야 한다.

군주의 재능은 이와 다르다. 신하나 막료들의 능력은 직접 일을 처리하는 데 있지만 군주의 능력은 인재들을 잘 활용하는 데 있다. 신하나 막료의 재능이 말을 잘하는 데 있다면 군주의 재능은 남의 말을 잘 듣는 데 있고, 신하와 막료의 재능이 명령을 집행하는 데 있다면 군주의 재능은 상벌을 주재하는 데 있다.

군주와 신하는 각자 가진 능력과 재능이 다르기 때문에 군주
는 각기 다른 인재들을 지배하고 통치할 수 있는 것이다.

辨
经

5

권한과 책임의 조화가 필요하다
재능과 능력의 쓰임

사람마다 재능에 편차가 있어
직업도 청절, 법가, 술가, 지모, 변별, 기량 등 크게 여섯 가지로 나뉜다.
각각의 직업은 서로 다르면서 제각기 득실이 있다.
이러한 득실의 관계를 신중히 관찰하여 명확한 인식을 확보하면
잃는 것 없이 안정적으로 소득을 얻을 수 있다.

사마염

성인도 아첨에는 약한 법이다

수많은 영웅들이 아첨과 충성을 구별하지 못해 제업을 이루지 못하고 사라졌다

쓴소리를 받아들이기는 그만큼 어려운 일이다

하지만 사마염은 이를 받아들여 적절히 활용함으로써 위대한 황제의 명성을 누렸다

누구나 칭찬 듣기를 좋아한다. 사탕발림 같은 말을 듣기 싫어하는 사람도 있지만 사실 이는 때와 장소가 적절하지 못하기 때문일 것이다. 아첨과 눈가림은 봉건시대 관료 사회의 영원한 법보法寶이다. 적절하게 활용하기만 한다면 이 두 가지 법보는 신기한 효력을 발휘할 수 있다. 능력이 부족하거나 이 법보를 제대로 발휘하지 못한다면 남을 원망할 자격이 없다. 이와 관련하여 의미심장한 얘기가 있다.

한번은 옥황상제가 어전회의를 열고 있을 때 관공關公이 칼을 차고 문을 지키고 있었다. 관공은 긴 수염을 펄럭이면서 대단히 위엄 있는 모습으로 사람들의 경외심을 자아내고 있었다. 이때 갑자기 누군가 그에게 다가가 절을 올리자 관공이 물었다.

"그대는 대체 누군가?"

낯선 사람은 아무런 두려움 없이 대답했다.

"소인은 아첨의 화신입니다."

"무슨 일로 왔는가?"

"특별히 천상계의 신선들에게 아첨이 통하는지 안 통하는지 알아보러 왔지요."

관공이 버럭 화를 내며 말했다.

"천상계의 신선들은 인간들과 다르다. 네놈의 아첨이 통할 리 없을 테니 썩 물러가거라. 네놈이 나를 화나게 하지 않는다면 이 칼을 상으로 주마!"

아첨의 화신이 말했다.

"관공께서는 의로운 성인이시라 선계에서나 범계에서나 사모하지 않는 사람이 없으니 당연히 아첨이 통하지 않겠지요. 하지만 모든 이들이 관공과 같아서 아첨이 통하지 않는다고 누가 장담할 수 있겠습니까? 게다가 관공께서는 범계에 계실 때 조조의 목숨을 놓아주신 적도 있는데 하물며 잠시 들여보내주시는 것쯤이야 무방하지 않겠습니까?"

관공은 그의 말에 일리가 있다고 생각하여 들여보내주었다. 잠시 후 아첨의 화신이 나오자 관공이 물었다.

"그래 누가 네 아첨을 받아주더냐?"

"제 아첨을 받아주는 인물은 단 한 사람밖에 없더군요!"

관공은 기이하게 여기며 그게 누구인지 되물었다. 아첨의 화신이 빙긋이 웃으면서 대답했다.

"바로 관공이십니다!"

관공은 화들짝 놀라며 아무 말도 하지 못했다.

그렇다. 성인도 아첨에는 약한 법이다. 공자는 일찍이 '군자도 속임수에 당할 수 있다'고 지적한 바 있는데, 이를 '군자도 아첨에 당할 수 있다'는 말로 바꿔도 무방할 것이다.

그러나 정말로 그렇다면 인류에게 무슨 희망이 있겠는가? 실제로 모든 제후장상들이 아첨에 속는 것은 결코 아니다. 일부 제후나 장상들은 아첨을 배척할 뿐 아니라 이를 철저히 제거함으로써 청렴한 위엄을 과시하기도 했다. 진晉 무제武帝 사마염司馬炎이 바로 그런 인물 가운데 하나였다.

사마염은 서진 왕조의 초대 황제로, 그의 조부와 부친 대까지는 조조의 위魏 정권을 탈취하지 못하다가 그에 이르러서야 위를 대신하여 자립함으로써 70년간 지속됐던 3국 분열의 시대를 마감하고 통일의 대업을 완수할 수 있었다. 사마염이 통치한 26년 동안 진 왕조의 가장 위대한 황제로 인정받을 수 있었던 것은 그의 정직한 성격과 무관하지 않을 것이다.

진 무제 태시泰始 8년(272), 사마염은 우장군 황보요皇甫陶와 정사를 논하고 있었다. 사마염은 평소 대신들과 토론하는 것을 좋아하다 보니 일부 성격이 강직한 대신들이 너무 솔직한 말을 해서 무제를 노엽게 하는 일도 있었다. 특히 황보요는 성질이 급하고 과감하고 솔직한 것으로 유명한 대신이었다. 그는 무제와 의견 차이를 보이자 무제의 말을 가로막고 자신의 주장을 역설했고, 무제도 이에 쉽사리 물러서지 않았다. 이런 일이 있고 난 후 산기시랑 정휘鄭徽는 황보요가 마침내 황제의 미움을 샀다고 생각하고는 재빨리 표를 올려 황보요를 법대로 처단할 것을 요청하면서 황제의 비위를 맞추려 했다. 그러나 예상 밖에 무제 사마염은 정휘의 상소를 읽고 크게 화를 내며 대신들에게 말했다.

"솔직하게 진실을 말하는 것은 짐이 신하들에게 간절히 바라는 바요. 그래야만 여러 사람들의 장점을 두루 살필 수 있기 때문이

오. 짐이 가장 싫어하는 것은 듣기 좋은 거짓말만 일삼는 사람들이
오. 사탕발림으로 군주를 속이는 것보다 더 큰 죄는 없을 것이오.
군주에게는 항상 아첨하고 칭송하는 사람들 때문에 우환이 생기기
마련이지 정직한 쟁론을 펴는 대신들 때문에 나라가 어지러워졌던
예는 없었소. 자신의 권한을 벗어난 정휘의 주장은 근거 없는 잘못
된 지적으로 짐의 본의를 흐리려는 것이오!"

그리하여 정휘는 관직에서 쫓겨나고 말았다.

민주적인 감독과 검증의 장치가 없었던 봉건시대에 사마염이
보여준 자아 검증 정신과 아첨에 속지 않고 귀에 거슬리는 진언을
받아들일 줄 알았던 도량은 정말 귀중한 것이라 할 수 있다.

한번은 무제가 남교에서 제천의식을 거행했다. 무제는 기분
이 매우 좋아 대신 유의劉毅에게 말했다.

"그대는 짐을 한대의 어느 왕에게 비유할 수 있을 것 같소?"

유의가 대답했다.

"소신의 견해로는 후한의 환제桓帝나 영제靈帝에 비견할 수
있을 것 같습니다."

이 말에 주위에 있던 사람들이 모두 대경실색했다. 이 두 황제
는 한 왕조에서 가장 무도하고 무능했던 망국의 군주들로, 무제를
이들에게 비견하는 것은 어느 모로 보나 부당한 비유일 뿐 아니라
죽음을 자초하는 발언이었기 때문이다. 그러나 무제는 화를 참으
며 참을성 있게 말을 받았다.

"짐의 덕행이 비록 명군에는 미치지 못하지만 스스로 욕망을
억제하면서 정사를 잘 살피고 동오를 평정하여 천하를 통일하지
않았소? 짐을 대표적인 혼군인 환제와 영제에 비견하는 것은 좀 지

나친 것 같소!"

놀랍게도 유의는 조롱 섞인 투로 말을 계속했다.

"환제와 영제는 관직을 팔아 관고官庫를 채운 일이 있습니다만 폐하께서는 관직을 팔아 사고私庫를 채우셨지요. 이로 미루어 보건대 폐하께서는 환제나 영제에도 미치지 못하는 것 같습니다."

주위에 있던 대신들은 놀라다 못해 얼굴이 파랗게 질리고 말았다. 그러나 오히려 진 무제는 흐뭇한 얼굴로 웃으면서 말을 받았다.

"환제와 영제는 이처럼 날카로운 지적을 들은 적이 없었는데, 지금 짐에게는 두려움 없이 솔직하게 짐의 과실을 말해주는 신하가 있으니 환제나 영제보다 못하진 않은 것 같소!"

이 대목에서 장손황후가 당 태종에게 올렸던 간언을 언급하지 않을 수 없다. 한번은 태종이 궁정에서 위징의 솔직한 지적에 기분이 몹시 상했다. 위징이 사사건건 자신의 결점을 들춰내는 데 크게 격분한 태종이 장손황후에게 말했다.

"내가 위징, 그 늙은이를 진작에 죽여버렸어야 하는 건데!"

장손황후는 아무런 대꾸도 없이 곧장 안으로 들어가 조복으로 갈아입고 나와서는 웃는 낯으로 태종에게 말했다.

"군주가 현명하면 신하가 정직한 법이라고 했습니다. 위징 같은 신하가 있다는 것은 폐하께서 명군이심을 증명하는 일이지요!"

이 말에 태종은 금세 화를 풀었고 위징에게는 화가 복으로 바뀌는 계기가 되었다.

이 두 가지 사례를 비교해볼 때, 일찍이 유례 없는 성군으로 평가되고 있는 당 태종도 사마염에게는 미치지 못하는 것 같다. 태종은 지혜롭고 사리에 맞는 신하들 덕분에 정직한 간언들을 받아들일 수 있었지만 사마염은 주위 신하들의 종용이나 설득 없이도 너무 솔직하여 무례하기까지 한 간언을 기분 좋게 받아들였으니 말이다. 이는 봉건시대의 제왕들에게서 찾아보기 어려운 고귀하고 아름다운 아량이 아닐 수 없다.

하지만 인성이 아무리 선하고 한 줄기 맑은 물 같다 해도 그것을 담는 물건에 따라 형체가 달라지기 마련이다. 외부적인 제도의 구속이 없다면 맑고 깨끗한 물도 다 새어나가거나 구정물이 되어 고이기 십상이다. 도덕의 힘은 불변하지만 법제가 도덕적인 사회를 근원 없는 물이나 뿌리 없는 나무로 만든 적은 한 번도 없었다. 그렇다고 도덕의 힘을 맹신하는 것도 위험한 처사이다.

도덕은 내용이고, 민주주의와 법제는 형식이다. 이러한 내용과 형식이 조화롭게 결합되어야만 선한 인성을 발휘하고 조장할 수 있다. 이른바 민주주의와 법제만 있고 도덕이 없다면 인간은 속이 빈 조개껍데기가 되고 말 것이다. 문제는 인류 역사에 있어서 도덕으로 민주주의와 법제를 대체한 시기가 너무 길었다는 데 있다. 이러한 범도덕주의는 왕왕 군주의 권력 집중을 조장하여 부패와 부정을 유발하게 만들었다. 그렇지 않았더라면 중국 역사에 그토록 많은 혼군과 폭군, 탐관오리가 나오지 않았을 것이다. 봉건 황제들은 '국가를 자신의 가정'으로 여기면서도 책임은 자신에게 돌리지 않았기 때문에 너무나 쉽게 타락했다. 권력만 있고 책임이 주어지지 않고 민주적 감독 장치마저 없게 되면 인성의 약점이 무한히 팽창해 '식食'과 '색色'이라는 두 가지 본성만 남게 될 것이다.

소진

전통사회에서는 관리가 된다는 것과 사람의 도리를 지킨다는 것이 서로 상충되는 경우가 많았다. 정치와 도덕은 서로 모순되는 형태로 나타나는 경우가 많기 때문이다. 이를 정치적인 관점에서만 본다면 인지상정은 무시되기 마련인데 이것이 종종 거짓말쟁이의 논리로 발전하기도 한다.

전국시대의 유세가인 소진과 연왕燕王 사이의 변론은 정치와 도덕의 관계에 기준을 제시하는 사례로 오늘날까지도 중요한 의미를 지닌다.

소진이 연왕에게 말했다.

"제 생각을 있는 그대로 말씀드리겠습니다. 만일 제가 증참曾參처럼 부모에게 효도하고 미생처럼 신의를 지키며 백이처럼 청렴할 수 있다면 사람들이 아무리 절 비방하고 모함한다 해도 부끄러워하지 않을 것 같습니다. 과연 그럴 수 있을까요?"

"충분히 그럴 수 있을 것이오!"

소진이 다시 물었다.

"만일 제가 신의를 지키고 부모에게 효성스러우며 청렴결백하다면 대왕께서는 만족하시겠습니까?"

"만족하고말고요!"

"만일 대왕께서 이것으로 만족하신다면 전 대왕을 위해 일할 수 없을 것 같습니다. 증참처럼 효성스러우면 부모 곁을 떠날 수 없을 것이고, 미생처럼 신의를 지키려면 지모지략을 쓸 수 없을 것이

미생尾生 노나라의 매우 정직하고 약속을 잘 지키기로 소문난 사람. 변통할 줄 모르는 고지식한 경우에 쓰는 말

며, 백이처럼 결백하면 정사를 돌볼 수 없을 것입니다. 결국 나라에 아무런 도움도 되지 못하는 것이지요. 따라서 저는 신의를 중시하는 사람은 영달榮達하지 못하고 인의를 중시하는 군주도 다른 제후들을 누르고 패자覇者가 되지 못할 것이라고 생각합니다."

연왕은 소진의 말을 도무지 이해할 수가 없었다.

"그렇다면 신의를 중시해선 안 된다는 말이오?"

"아닙니다. 물론 신의를 지켜야 되겠지요. 사람이 신의를 중시하지 않으면 사리에 통달할 수 없고 국가가 인정을 베풀지 않으면 통치가 이뤄질 수 없을 것입니다. 신의는 몸과 마음을 갈고 닦는 수단이지 남을 위해 일을 할 수 있는 방법이 될 수는 없습니다. 신의는 옛것을 지키고 회복하기 위한 방법이지 진취적으로 발전하기 위한 방법이 못 되지요. 삼왕이 바뀌고 오패가 교체된 것은 모두 기존의 법칙과 원리를 지키는 데 맹목적이었기 때문입니다. 저는 앞을 향해 나아가기 위해 적극적으로 힘쓰는 사람이라 아무것도 할 수 없는 군주를 위해 일을 할 생각은 없습니다. 대왕께서 제 말을 받아들이지 않으신다면 차라리 동주의 집으로 돌아가 농사를 지으면 지었지 아무런 발전도 없이 대왕의 궁중에 묻혀 살고 싶진 않습니다."

연왕은 여전히 소진의 말을 이해하지 못했다.

"그렇다면 고대의 방법으로는 나라를 다스릴 수 없단 말이오?"

소진은 중언부언하지 않고 단호하게 대답했다.

"만일 그랬다면 초나라의 강토는 저수와 장수를 벗어나지 못했을 것이고, 진秦나라의 국토는 좁아터진 상우 땅을 벗어나지 못했을 것이며, 제나라의 국경은 여수를 넘지 못했을 것입니다. 또 연나라는 하옥산과 구주산을 넘지 못했을 것이며, 진晉나라는 태행산을 넘지 못했을 것입니다. 이러한 나라들이 국토를 개척할 수 있었던 것은 모두 고대의 법규를 지키지 않고 적극적이고 진취적인 정책을 폈기 때문입니다.”

소진은 또 신의의 작용에 대한 구체적인 한계를 설정했다. 그는 개인이 신의를 지키는 것은 당연한 일이지만 국가가 신의를 지켜선 안 된다고 주장했다. 또한 개인이 신의를 중시하는 것도 몸과 마음을 수행하는 데 국한되어야지 남을 위해 일을 하면서도 신의를 중시해선 안 된다고 말했다. 실제로 소진에게는 신의란 아무 쓸모 없는 것이었다. 그가 신의로써 개인적 수양을 이룰 수 있다고 한 것은 신의를 중시하지 않는 자신의 성향을 은폐하기 위한 것에 불과했다.

소진의 변론에서 우리는 도덕이 쇠하고 정의가 상실됐던 춘추 전국시대의 사회상을 확인할 수 있다. 사실 중국의 전통사회에서 정치와 도덕이 서로 모순되는 경우가 비일비재했고 관료가 된다는 것은 인간의 도리에 어긋나는 일일 경우가 많았다. 단지 통치자들이 이를 인정하려고 하지 않았을 뿐이다. 전국시대의 종횡가들은 대부분 성공을 위해서라면 수단을 가리지 않는 극단적인 공리주의자들이었다. 소진의 이처럼 거리낌없는 변론을 통해 우리는 춘추 전국시대의 사상 해방과 그의 솔직하고 대담한 언변에 경탄을 금치 못하게 된다.

소진의 동생 소대蘇代 역시 형의 이러한 관점을 그대로 계승했다. 하루는 연나라 왕이 소대에게 말했다.

"나는 거짓말하는 사람들을 가장 싫어하오."

"제가 한 가지 예를 들지요. 주나라에서는 중매쟁이를 아주 경시했습니다. 양쪽 모두에게 좋은 말만 하기 때문이지요. 남자 집에 가서는 여자가 아주 예쁘고 착하다고 말하고 여자 집에 가서는 남자가 아주 부자라고 말하거든요. 하지만 주나라에는 스스로 배우자를 구하는 관습이 없었습니다. 젊은 여자는 중매쟁이가 나서서 소개해주지 않으면 배우자를 구할 수 없었지요. 중매쟁이를 통하지 않고 스스로 여기저기 다니며 자신을 선전하다가 집안에 갇혀 영원히 시집을 못 가는 일도 있었답니다. 현지의 관습에 순순히 따르면서 자기 딸이 집안에서 늙어죽지 않게 하려면 중매쟁이에게 의존하는 수밖에 없었습니다. 나라의 사정도 마찬가지라 권술에 의존하지 않고는 제대로 나라를 세우기 어렵고, 권세에 기대지 않고는 성공하기 어려운 것입니다. 결국 그렇지 못한 사람들이 거짓말을 일삼는 것이지요."

"정말 훌륭한 말씀이오."

강도에게는 강도의 논리가 있는 것처럼 거짓말하는 사람에게도 거짓말쟁이의 논리가 있다. 소대는 거짓말을 하면서도 얼굴이 빨개지기는커녕 언사가 매우 침착하고 조리 있었다. 심지어 그는 거짓말을 위대하고 영광스러운 일로 만들었다. 때로는 수치를 모르는 것도 뛰어난 능력이 될 수 있는 것이다.

주아부

정치가들은 술책의 예술가라고도 할 수 있다 특히 군주의 말 한마디가 곧 법이 되는 봉건시대에 정치가들의 권모술수는 기득권을 지키는 것일 뿐 아니라 생존전략의 차원이기도 했다 그러나 나라를 구하는 지략이 있어도 제 목숨은 구하지 못하는 인물들이 나오기 마련인데 주아부도 그중 한 명이다

봉건 관료사회에서 성공한 정치가들은 대부분 권력을 조롱하는데 있어서 술책의 예술가였다고 할 수 있다. 사소한 실수라도 저지르는 날에는 가볍게는 목숨을 잃고 심하게는 가족이 모두 몰살당하는 분위기에서 권력을 놓치지 않으려는 그들의 술책이 얼마나 뛰어났을지 짐작할 수 있다. 따라서 성공한 봉건 관료들은 '정치가' 라기보다는 '관장의 예술가' 라 부르는 것이 훨씬 적절할 것이다.

주아부周亞夫는 병법에 통달했고 군을 통솔하는 능력이 뛰어난 명장이었지만 황제와 황실 인척들의 뜻을 헤아리지 못해 굶어죽는 비참한 최후를 맞고 말았다.

한 문제 2년(BC 162), 주아부는 조후條侯에 봉해졌고, 그보다 3년 전에는 하내 군수가 되었다. 문무를 겸비한 그는 민정과 군사 업무를 관장하는 최고 장관인 하내 군수로 부임하여 임기 동안 문무 양방으로 커다란 공적을 세웠고 개인적으로도 군정사무 각 분야에 다양한 경험을 쌓았다.

기원전 166년, 흉노의 노상老上 선우가 기병 14만을 이끌고 조나라 초관으로 쳐들어와 북지의 군위郡尉를 사살하고 곧장 감숙성 진원 동남 지역까지 밀고 내려왔다. 흉노 기병대의 정찰병들이 한의 도성인 장안에서 불과 2, 3백 리 떨어진 지점까지 잠입해 들어와 조야를 발칵 뒤집어놓기도 했다. 이런 상황에서 한 문제는 백성들을 안무하는 조치와 함께 흉노와의 화친을 추진하는 한편 적극적인 군사대응을 준비했다. 이리하여 주아부가 하내에서 관중으로 옮겨 장안을 수비하는 중요한 임무를 떠맡게 되었다.

주아부가 명장의 이름을 떨친 것은 세류에 군대를 주둔시키면서부터였다. 기원전 158년, 흉노 기병이 두 갈래로 나뉘어 한을 침략하여 태원군을 바싹 압박하면서 감천에서 장안까지 봉화가 그치지 않았다. 흉노의 남하를 저지하기 위해 문제는 중대부 영면令勉을 거기장군으로 임명하여 호구를 방어하게 하고, 소의蘇意를 장군으로 임명하여 구주를 지키게 했으며, 장무張武를 장군에 임명하여 북지를 사수하게 했다. 이와 동시에 장안의 동, 서, 북 3면에 막대한 병력을 배치하여 흉노의 기습에 대비하게 했다. 당시 장안의 군사 배치는 축자후祝滋侯 서력徐歷이 위북 극문을 지키고, 종정 유예劉禮가 패상을 방어하며, 주아부가 세류를 지키는 형세였다.

한 문제는 매우 검소하고 신중한 성품을 지닌 황제로서 중국 역사상 보기 드문 성군이었다. 국방에 신중을 기하기 위해 그는 직접 서군과 북군을 시찰했는데, 가는 곳마다 군대가 달려나와 영접했다. 문제는 이러한 행동에 대해 심히 우려하면서 이럴 때 흉노가 기습해오면 어떻게 대적하겠느냐고 질책했다. 하지만 문제가 주아부의 군대를 방문했을 때는 상황이 전혀 달랐다. 문제 일행이 세류

선우單于 흉노의 군주를 일컫는 말

안무按撫 백성들을 잘 보살피어 나라의 시책에 기꺼이 따르게 함

에 도착해보니 군사들은 모두 갑옷을 입고 날카로운 창과 활을 들고 있었다. 황제의 행렬이 군영에 다다라 영문으로 들어가려 하자 사병들이 앞을 가로막았다. 영문을 지키는 군사가 "천자의 수레가 도착했다."고 외쳤으나 영문의 출입을 책임지는 군사는 "장군의 명령을 들은 바 없기 때문에 문을 열 수 없다."고 단호하게 말했다.

잠시 후 황제의 수레가 영문에 당도했는데도 군사는 여전히 영문을 열지 않았다. 하는 수 없이 문제가 사람을 보내 주아부에게 황제의 부절을 전달하면서 "황제께서 친히 병사들을 위로하고자 한다."고 말하자 그제야 주아부는 명령을 내려 영문을 열게 했다. 영문을 지키는 군사는 황제의 수행원들에게 주아부가 누구를 막론하고 함부로 영내에 들여보내지 말 것이며, 이를 어길 경우 참수하겠다는 엄명을 내렸다고 해명했다. 황제가 영내로 들어왔는데도 주아부는 무릎을 꿇어 예를 갖추지 않고, 문제를 향해 간단히 읍을 하면서 "갑옷을 입은 상태라 엎드려 절을 올리지 못하니 군중의 예로 대신하겠다."고 말했다. 문제는 비로소 주아부의 투철한 군인정신에 감동하여 표정을 누그러뜨리면서 장수들의 노고를 치하하고 주아부에게 칭찬과 격려의 말을 아끼지 않았다.

한 문제는 주아부의 군영인 세류를 방문하고 나서 감개 어린 표정으로 말했다.

"저 사람이야말로 진정한 장군이오. 패상과 극문의 군영은 주아부의 세류에 비하면 아이들 병정놀이에 불과하지! 패상과 극문의 장군들은 기습 공격을 받을 경우 패하여 포로가 되기 십상이지만 주아부는 그 누구도 이기지 못할 것이오."

마음을 졸이고 있던 대신들은 문제가 주아부를 칭찬하자 비로

부절符節 글자를 적고 도장을 찍은 나무나 돌을 둘로 쪼개어 서로 나누어 가졌다가 뒷날에 서로 맞추어 증표로 삼던 물건

소 안도의 한숨을 내쉴 수 있었다.

사실 문제는 주아부가 국가와 군주를 위해 헌신하고 있는 줄은 알았지만 그의 태도가 지나쳐 내심 황제의 존엄에 손상을 입었다고 생각하고 있었다. 결국 자존심이 상했던 문제는 주아부를 중용할 수는 있어도 그를 좋아할 수는 없었다.

그러나 국가 대사를 고려하여 전혀 내색하지 않았고, 임종 때는 태자 유계를 불러 이렇게 말했다.

"장차 나라에 큰 어려움이 발생하거나 반란이 일어날 때는 주아부에게 중임을 맡기도록 하거라."

과연 한 경제 초년에 유비劉濞가 일찍이 오吳와 초楚 등 7국을 연합하여 반란을 일으켰다. 위기가 닥치자 경제는 문제의 유언에 따라 주아부를 태위에 임명하고 군대를 이끌고 나가 반군을 진압하게 했다. 주아부는 임무를 받자마자 두말 없이 이를 받아들였다. 경제는 반군을 평정할 장수를 구해 기쁘기도 하면서 한편으로는 주아부의 오만한 태도를 대하고 그가 어린 자신을 우습게 볼지도 모른다고 우려했다. 과연 주아부는 경제의 기대를 저버리지 않고 출병한 지 3개월 만에 오왕 유비를 살해하고 오와 초의 반군을 평정했다. 오초 반군의 주력부대가 괴멸된 데 이어 나머지 다섯 나라의 군대도 한군의 추격을 받고 대장군들이 차례로 자살하거나 주살당함으로써 7국의 난은 완전히 평정되었다.

7국의 반란을 평정하고 나서 혁혁한 무공을 세운 주아부는 사람들의 칭송을 한 몸에 받았고 경제도 그를 중용하게 되었다. 경제 전원前元 7년(BC 150), 주아부는 문관의 최고 관직인 승상이 되었다. 하지만 승상은 조금만 잘못해도 함정에 빠지거나 심지어 주살당할 수 있는 위험이 뒤따르는 자리이기도 했다. 주아부 같은 성격으로는 애당초 오래 보전하기 어려운 직책이었다.

가장 먼저 주아부를 골치 아프게 한 인물은 양왕梁王 유무劉武였다. 당시 주아부는 반란을 평정하면서 군대를 하남 일대에 배치했다. 오초 연합군은 병력을 총동원하여 양을 공격하고 있었다. 주아부는 형세를 분석해본 결과 연합군의 기세가 대단하여 정면으로 대적하기 힘들다고 판단하고 양을 연합군에게 주어 이를 공격하게 하기로 마음먹었다. 그러자 양왕은 한 경제에게 구원을 요청했고 경제는 주아부에게 양을 지원하도록 명령했다. 그러나 주아부는 명령에 불복하고 기병을 보내 오초 연합군의 보급로를 차단해버렸다. 오초 연합군은 오래 버티지 못하고 양을 포기한 채 한의 주력군에 맞서기 시작했고, 이에 주아부는 치밀한 전략으로 기선을 제압하여 연합군을 괴멸시켰다. 이리하여 반란군을 진압하긴 했지만 양나라와는 원수가 되고 말았다.

주아부는 나라를 위해 지략을 발휘할 줄만 알았지 자신을 위해 지모를 쓸 줄은 몰랐기 때문에 양왕의 원한을 사게 됐던 것이다. 때문에 양왕은 매번 조회가 있을 때마다 두태후에게 주아부에 대해 언급하면서 중상과 모함을 일삼았다. 결국 두태후는 양왕의 참언을 그대로 믿고 경제에게 주아부의 험담을 늘어놓았다.

경제 전원 4년(153), 장자 유영劉榮이 황태자가 되었으나 그 모친인 율희栗姬가 총애를 잃게 되자 태자를 폐하고 새로 왕황후의 아들인 유철劉徹을 태자로 세우게 되었다. 중국의 봉건사회에서 태자를 세우는 것은 매우 중대한 일이었다. 장래 국가사직의 운명이 상당 부분 태자의 손에 달려 있어 조금이라도 신중하지 못할 경우 국난을 초래하기 십상이었다. 게다가 장자를 폐하고 어린 아들을 태자로 세우는 것은 절대로 허용될 수 없는 일이었다.

주아부는 재상의 자리에 오르자마자 태자에게 과실도 없는 한 마음대로 태자를 폐하고 세우다가는 큰 혼란이 생길 것이라며 반대했다. 성품이 강직하고 솔직하여 권술을 모르는 주아부는 고집스럽게 경제에게 맞섰고, 경제는 태자를 폐하고 세우는 문제는 자신의 가정사인 만큼 다른 사람의 간섭을 허락하지 않겠다고 단호하게 말했다. 주아부에게는 더 이상 다른 방법이 없었다. 결국 주아부의 권고와 간언은 경제를 설복하지 못했을 뿐 아니라 오히려 황제의 분노를 유발하고 말았다. 지나치게 강경한 성격이 황제로 하여금 자신을 무시한다는 생각을 불러일으켰던 것이다.

경제 중원中元 3년(BC 147), 두태후는 경제에게 왕황후의 오빠인 왕신王信을 제후에 봉해줄 것을 요구했다. 매우 교활했던 왕황후는 갖은 방법으로 두태후의 비위를 맞추면서 환심을 사고 있었다. 외척을 제후에 봉하는 것은 전례가 없던 일이라 경제는 주아부가 동의하지 않을 것이 분명하다고 예상하고 먼저 그를 찾아갔다. 과연 주아부는 단호하게 반대하고 나섰다.

"고조 황제께서는 일찍이 여러 대신들에게 유씨가 아닌 자가 왕이 되거나 공적이 없는 자가 제후에 봉해지면 천하가 함께 이를 공격할 것이라고 피로 맹세하신 바 있습니다."

주아부는 유방의 말을 인용하여 신하들을 압도하고 나서 두려움 없이 얘기를 계속했다.

"아무런 공적도 없는 그를 제후에 봉하면 고조의 규약을 위배하는 셈이 됩니다."

경제는 주아부의 격렬한 언사에 크게 격분했지만 신하들 앞에서 내색하는 것이 불편하여 묵묵히 속으로 분을 삭이고 있었다.

주아부는 왕신을 제후에 봉하는 일을 저지하긴 했지만 이때부터 경제와의 갈등이 깊어졌고 왕신으로부터 커다란 미움을 사게 되었다. 그리하여 서로 사이가 좋았던 양왕과 왕신은 손을 잡고 주아부를 공격하기 시작했다.

이 일이 있고 얼마 지나지 않아 흉노의 여섯 부락 수장들이 투항해왔다. 경제는 몹시 기뻐하며 이들을 모두 열후列侯에 봉했다. 그 가운데 타인他人이란 자는 이전에 흉노에 투항했던 한나라 장령 노관盧官의 손자였다. 노관은 남쪽의 영토를 차지하려고 기회를 엿보다가 뜻을 이루지 못하고 죽었고 그의 아들도 한나라로 잠행했다가 병사하고 말았다. 노타인은 조부와 부친의 뜻을 이루기 위해 다른 수장들과 함께 투항한 것이었다. 주아부는 노타인을 열후에 봉해선 안 된다고 판단하고 경제에게 말했다.

"그의 조상은 한조를 배반하고 흉노에 투항했는데, 지금은 다시 흉노를 배반하고 한조에 투항해왔습니다. 그를 열후에 봉한다면 신하로서 군주에게 불충했던 책임을 어떻게 물으시겠습니까?"

이번에는 경제의 반응이 전과 달랐다. 경제는 주아부의 건의를 받아들일 수 없다고 잘라 말하고 여섯 사람을 전부 열후에 봉했다. 사실 주아부의 주장이 옳은지 그른지는 단정하기 어렵다. 관점에 따라 얼마든지 다른 결론을 내릴 수 있기 때문에 구체적인 상황에 따라 결정해야 하는 문제이다. 경제가 그의 주장을 단호하게 거절한 것도 그의 견해에 대한 반대라기보다는 그의 뜻대로 해서는 안 되겠다는 경계심이 상당히 작용한 결과였다. 주아부는 경제가 자신의 말을 들어주지 않자 상소를 올려 병을 핑계로 사직 의사를 밝혔다. 경제도 굳이 그를 말리지 않아 결국 그의 사직은 무리 없이 이뤄졌다.

그러나 사태는 여기서 끝나지 않았다. 그가 비록 황제의 미움을 사긴 했지만 적지 않은 공로와 위세와 명망이 있었기 때문에 경제는 그에 대해 마음을 놓을 수 없었다. 경제는 주아부를 불러 그가 정말로 분수를 아는 사람인지 시험해보기로 마음먹었다.

하루는 경제가 특별히 주아부를 식사에 초대했다. 주아부는 관직을 그만두긴 했지만 여전히 도성 안에 있었기 때문에 이에 곧장 응할 수 있었다. 궁중에 들어간 주아부는 혼자 앉아 있는 경제에게 다가가 배례했고, 경제는 그에게 간단히 몇 마디 건넨 다음 식사를 담당하는 주석관主席官에게 상을 차리라고 지시했다. 경제가 주아부에게 함께 식사를 하자고 하자 주아부도 사양하지 않고 순순히 접대에 응했다. 그 자리에는 경제와 주아부 두 사람뿐이었다. 약간 당혹해하던 주아부는 자기 자리에 술잔만 하나 있을 뿐 수저가 없어 푸짐하게 차려진 음식들을 먹을 수 없음을 알았다. 주아부는 이것이 경제의 장난이라고 생각하고 고개를 돌려 주석관에게 젓가락을 달라고 지시했다. 하지만 주석관은 이미 경제로부터 지시받은 바가 있어 들은 척 만 척하면서 꿈짝도 하지 않았다. 주아부가 재차 지시하려는 순간 경제가 끼어들었다.

"군주의 이만 한 성의에 만족하지 못하겠단 말이오?"

주아부는 화도 나고 부끄럽기도 했지만 경제의 심기를 건드리고 싶지 않아 바닥에 무릎을 꿇고 엎드려 사죄했다. 경제는 일어서라는 말 한마디 외에 아무 말도 하지 않았고 두 사람 사이엔 아무런 대화도 오가지 않았다.

　며칠 후 궁궐에서 사자가 찾아와 주아부에게 관아에 나가 대부對簿를 받으라는 지시를 전했다. 대부란 질의를 통해 죄의 사실 여부를 가리는 일종의 심문이었다. 주아부는 자신이 최후를 맞게 됐다는 사실은 직감했지만 도대체 무슨 죄를 범했는지 전혀 감이 잡히지 않았다. 주아부가 관아에 들어서자 심문관이 그에게 편지를 한 통 건넸는데, 그는 편지를 읽고 나서도 도무지 무슨 뜻인지 알 수 없었다. 알고 보니 주아부가 연로하여 아들에게 장례 집기 등을 준비시킨 것이 화근이었다. 그의 아들은 호상護喪에 사용하기 위해 5백 벌의 갑옷과 방패, 목재를 다량 구입했는데, 이것이 모반을 준비하고 있는 것으로 간주되었고, 인부들을 부리고 나서 돈을 주지 않은 사실을 누군가가 부풀려서 고발한 것이었다.

　주아부에게 몹시 화가 나 있던 경제는 이를 구실로 그를 당장 대리시로 넘겨 심문을 받게 하라고 지시했다. 주아부가 투옥되자 그의 아들은 자초지종을 알고서야 부친에게 자신의 행실을 사실대로 알렸다. 주아부는 아들에게 아무 말도 하지 않고 긴 탄식만 내뱉었다. 대리시 심문관이 물었다.

　"왜 모반을 획책했는가?"

　"내 아들이 사들인 물건들은 전부 장례에 쓰기 위한 것인데 어찌 모반 운운하는 것이오?"

　대리경大理卿도 할 말이 없었지만 경제가 그를 죽이기를 바라고 있었기 때문에 어떻게 해서든지 꼬투리를 잡아야 했다. 결국 대리경은 황당하고 어이없는 억지 결론을 내리고 말았다.

　"그대가 살아서 모반을 계획하지 않았다면 죽어서 모반하려

했던 것이 분명하다!"

이 말에 주아부는 더 이상 아무 말도 하지 않았다. 결국 다시 투옥된 그는 닷새 동안 음식을 거부하고 굶어죽고 말았다. 일대 명장의 안타까운 최후였다.

주아부가 간파하지 못했던 것은 국가와 군주가 별개의 것이라는 사실이다. 국가는 공적인 존재이지만 군주는 사적인 존재이다. 군주에 대한 충성이 반드시 애국인 것도 아니고 애국이 반드시 군주에 대한 충성을 의미하는 것도 아니다. 봉건사회에서는 이론상으로 국가와 군주를 하나로 간주하고, 국가를 군주 일가의 사업으로 생각하지만 실제 상황은 그렇지 않다. 예컨대 군주의 사욕을 희생시키면서 국가의 복리를 실현하려 할 경우 대부분 커다란 좌절과 함께 개인적 보복에 봉착했다. 결국 아무리 훌륭한 정책이라 하더라도 군주의 사욕을 합리화시킬 수 있을 때만 실행할 수 있었다. 정말로 군주와 국가가 동등한 존재라면 중국 역사에서 그토록 많은 왕조가 교체되지는 않았을 것이다.

조조

조조는 정치와 군사 권모술수 투쟁의 희생양이었다
이러한 조조의 비극은 그의 성격에 기인한다
오로지 충성과 국가만을 생각했지 자신의 살 길은 돌보지 않았던 것이다
그는 지나치게 자신을 과시하면서 부드럽고 완곡함을 몰랐고 접촉하는 사람은 많았으나 좋은 인연을 맺을 줄 몰랐다

조조晁錯 전한前漢의 정치가. 위나라를 세운 조조曹操와 다른 인물이다

한대에는 두 명의 젊고 유능한 대신이 있었다. 문제 때의 가의賈誼와 경제 때의 조조였다. 가의의 죽음은 능력이 뛰어난 데 반해 속이 너무 좁았기 때문이라고 전해지는데, 그럼 조조의 죽음은 어땠을까?

한 문제가 세상을 떠나자 태자 계啓가 황위를 이어받아 한 경제가 되었다. 당시 한나라는 고조 유방 이후로 분봉된 유씨 번왕藩王들의 세력이 점차 강대해지고 있었다. 소금과 해산물을 생산하고 금을 제련함으로써 재물을 축적하는 사람들이 늘어났고, 이중 몇 야심가들은 강대한 경제력을 바탕으로 점차 독립을 꿈꾸었다. 반면에 한 왕조의 중앙집권은 갈수록 약해졌다. 조조는 바로 이런 상황에서 역사의 무대에 나타났다.

조조는 뛰어난 재사로서 당시에 그가 황제에게 올린 국가 정사에 관련된 상소들은 상당한 가치를 지니고 있었다. 하지만 그는 남다른 능력을 지니고도 인정과 세속의 이치를 장악하지 못했고, 지략을 세우되 퇴로를 준비할 줄 몰랐다. 하나만 알고

둘은 몰랐던 그는 결국 패망의 길을 피하지 못했다. 그의 비극적 결말에는 그의 성격이 결정적인 작용을 했다. 그의 성격적 결함은 사회적 경험을 충분히 쌓지 못한 채 곧장 관료사회로 진입한 데에 기인한다고 할 수 있을 것이다.

경제는 위대한 업적을 세우길 원했지만 웅대한 책략을 갖추진 못한 황제로, 강경하면서도 유약한 성격의 소유자였다. 조조의 정책과 언론은 경제의 심성에 잘 부합했고 덕분에 조조는 중대부中大夫를 거쳐 내사內史로 빠르게 승급할 수 있었다. 조조의 건의와 의견은 대부분 받아들여졌고 조정의 법령제도 역시 조조의 손을 거쳐야 했다. 이리하여 조정의 대신들은 경제가 조조를 총애하고 있다는 사실을 알고 감히 그와 충돌하는 것을 원치 않게 되었다. 동시에 조조는 일부 대신들의 질시의 대상이 되었다.

재상 신도가申屠嘉는 조조 때문에 자신이 밀려났다고 생각하여 그를 제거하기로 마음먹었고, 조조 역시 그 사실을 눈치채고 있었다. 조조의 관사는 태상황 묘 뒤쪽에 있어 관사에서 큰길로 나가려면 넓은 마당을 우회해야 하지만, 담 하나만 넘으면 아주 쉽게 통행할 수 있었다. 통행의 불편을 해소하기 위해 조조는 허락도 받지 않고 자신의 관사에 출입문을 뚫어 태상황 묘의 낮은 담을 지나게 했다. 이 일을 알게 된 신도가는 즉시 상소를 올려 조조의 행동은 태상황을 우습게 여기는 것으로 불경죄에 해당하므로 법에 따라 주살하는 것이 마땅하다고 주장했다. 누군가 조조에게 달려가 이 사실을 전하자 조조는 혼비백산하고 말았다. 다급해진 그는 한밤중에 황궁으로 달려가 황제를 알현했다. 경제는 그에게 언제든지 수시로 찾아와 주장을 올려도 좋다고 허락한 바 있지만 이처럼 한

태상황太上皇 생존하는 전 황제를 높여 이르는 말

밤중에 찾아온 것은 너무나 뜻밖의 일이었다. 조조가 사정을 설명하자 경제는 문제될 것 없다면서 담장을 헐어도 좋다고 담담하게 말했다. 다음날 아침 서둘러 조회에 들어가 주장을 올린 신도가는 경제가 조조의 죄를 엄하게 다스릴 것이라고 기대했다. 그러나 뜻밖에도 경제의 태도는 너무나 평온했다.

"조조는 통행의 편의를 위해 태상황 묘의 바깥 담을 조금 허물었을 뿐이고 묘당에는 아무런 손상도 입히지 않았소. 게다가 짐에게 일찌감치 허락을 받은 일이니 승상은 이 일로 너무 마음 쓸 것 없소."

신도가는 자신의 상소가 받아들여지지 않자 분을 삭이지 못해 퇴조하자마자 피를 토하며 죽고 말았다.

경제는 어사대부 도청陶靑을 승상의 자리에 앉히고 조조를 어사대부로 임명했다. 조조가 황제로부터 미움을 사지 않고 오히려 총애를 더 받게 된 것은 그가 다른 생각은 전혀 품지 않고 오로지 황제만을 염두에 두었기 때문이다. 그러나 승급을 거듭하던 조조는 흔히 전성기를 맞은 사람들이 그러하듯 신중함을 잃기 시작했다. 젊고 혈기왕성했던 그는 자신이 하지 못할 일이 없다고 생각했고 기회가 닿는 대로 큰일을 도모하겠다는 마음으로 한편으론 인심을 장악하고 다른 한편으론 황제에게 충성을 다했다.

그리하여 그는 상소를 올려 오나라부터 손을 대기 시작하여 번지藩地를 축소시킬 것을 건의했다. 평소에 번지를 회수할 생각을 하고 있던 경제는 즉시 대신들에게 이 문제를 상의하게 했다. 조조가 제시한 의견이라 누구도 선뜻 의견을 내놓지 못했다. 이때 단한 사람 첨사 두영竇嬰만은 이를 적극 반대하고 나섰다. 두영은 두태후의 조카로 내실의 지지를 받고 있는 데다가 상당히 높은 직위에 있었기 때문에 조조를 두려워할 이유가 없었다. 결국 두영의 반대에 부딪혀 번지 회수 문제는 잠시 보류하는 수밖에 없었다. 조조는 번지 회수가 불가능하게 되자 두영을 미워하기 시작했고 얼마 후 두영은 파직되고 말았다.

알고 보니 그 내막은 이러했다. 어느 날 경제의 동생인 양왕 유무劉武가 조정을 찾아왔다. 두태후는 특별히 둘째 아들을 좋아했다. 이날 모자와 두 형제가 함께 술을 마시는 자리에서 술이 얼큰해지진 경제는 자신이 늙으면 양왕에게 황위를 물려주겠다고 말했다. 두태후는 이 말을 듣고 몹시 기뻐했고 양왕도 내색하진 않았지만 속으로 흥분을 감추지 못했다. 하지만 경제의 이 한마디는 옆에서 시중을 들고 있던 두영의 귀에도 들어가게 되었고, 두영은 즉시 달려와 '절대로 있을 수 없는 일'이라고 주장했다. 다음날 두영은 파직되었고, 두태후도 그를 문적門籍에서 제거하여 다시는 자신을 찾아오지 못하게 했다.

조조는 두영이 파직되자 또다시 번지를 회수할 것을 건의했다. 논의가 진행되었지만 아직 결론이 나지 않고 있는 상황에서 초왕 유무劉戊가 조회에 참석했다. 조조는 때를 놓치지 않고 경제에게 유무의 죄상을 들추었다. 그가 지나치게 여색을 좋아하여 부태후薄太后의 출상 기간에도 절제할 줄 모르고 음욕에 빠졌던 만큼, 법률에 따라 사형에 처함으로써 법률과 형법을 엄정히 해야 한다는 주장이었다. 유무가 예법을 존중하지 않고 연장자와 현사들을 경외하지 않으며 주색에 빠져 사람의 도리를 다하지 않아 목생穆生과 신공申公, 백생白生 등 초나라의 현사들이 그의 곁을 떠난 것은 사실이다. 부태후의 장례 기간에도 그는 황실 친척의 죽음을 애도 하기는커녕 여인들의 치마폭에 파묻혀 시간을 보냈다. 태부 위맹 韋孟 등도 자신들의 풍간이 받아들여지지 않자 모두들 그를 등지기 시작했다. 그런 상황에서 지금 조조가 그의 과실을 들춰내니 도저 히 부인할 방법이 없었다. 다행히 경제의 성품이 너그럽고 온후하 여 형벌을 가하는 대신 그의 번지인 동해군을 환수하고 그를 초나 라로 돌려보내는 것으로 마무리지었다.

조조는 초나라의 번지를 회수한 데 이어 조왕의 과실을 들춰 내 조나라의 상산군을 환수하고, 교서왕膠西王이 관직과 작위를 사고팔았다는 이유로 6현을 환수했다. 조조는 제후들이 별다르게 저항하지 않는 것을 확인하고는 계속해서 오나라의 번지를 회수할 준비를 했다.

조조가 한창 신이 나 있을 때, 백발이 성성한 노인이 문을 박 차고 들어와 다짜고짜 조조에게 고함을 질렀다.

"네놈이 정녕 죽고 싶은 모양이구나!"

조조가 자세히 살펴보니 바로 자신의 부친이었다. 조조가 황 급히 부친을 부축하여 안으로 모시자 부친이 말했다.

"나는 영천의 옛집에 살면서 그래도 편안한 여생을 보내고 있 었다. 그런데 최근에 네놈이 조정에서 정무를 주재하면서 혈육들 을 강제로 떼어놓고 번지를 마음대로 빼앗는다는 소문이 들리고 원성이 자자하다. 네놈이 대체 무슨 일을 벌이고 있는지 몰라 직접 따지러 왔다."

"번지를 회수하지 않으면 제후들이 땅을 차지하여 갈수록 강 대해집니다. 이러다간 언젠가는 한 왕실이 안정을 잃게 되지요."

이 말에 조조의 부친은 장탄식을 내뱉었다.

"유씨가 안정을 얻으면 조씨가 위험해지는 법이지! 난 이미 늙은 몸이지만 후손들에게 화가 미칠 것이 두렵구나."

조조의 부친은 이렇게 말하고 나서 곧장 자리를 떴다.

오왕 유비는 초, 조, 교서 등이 번지를 박탈당했다는 소식을 듣고는 자신들에게도 화가 미칠 것이 두려워 기병하여 모반하기로 마음먹었다. 유방은 일찍이 유비를 봉하면서 절대로 모반하지 말 것을 당부한 바 있었다. 유비는 유방의 조카로 무예가 뛰어나 혁혁한 군공을 세운 바 있지만 반골 기질이 있어 유방을 항상 불안하게 했다. 봉상을 받는 자리에서 유비가 땅에 엎드려 절을 올릴 때 유방은 그의 눈빛에서 언젠가 모반을 일으킬지도 모른다는 섬뜩한 느낌을 받았던 것이다. 그 자리에서 유방이 유비에게 말했다.

"네 표정을 보니 언젠가는 모반을 일으킬 것만 같구나!"

이 말에 유비는 등골이 오싹했다. 유방은 그의 등을 어루만지며 인자한 목소리로 말을 이었다.

"앞으로 50년 안에 동남쪽에서 반란이 일어난다면 그건 틀림없이 너의 소행일 것이다. 한 왕실의 대업을 위해 모반을 삼가는 것이 좋을 것이다."

과연 유비는 유방의 예언대로 교서왕과 초왕, 조왕과 연합하고 교동과 치천, 제남 등을 끌어들여 모반을 결행했다. 하지만 오, 초 7국의 기병이 오래가지는 못할 것이라고 판단한 오왕 유비는 공개적인 모반보다는 다른 데서 명분을 찾았다. 그것이 바로 '조조의 목을 베어 군주의 주변을 정리한다' 는 다분히 기만적이고 선동적인 구호였다. 황제에게는 아무런 잘못도 없지만 대신들을 잘못 기용하여 나라가 어지러워졌고, 7국이 함께 기병하는 것은 반란이 아니라 황제의 신변에 있는 간신들을 제거하기 위한 것이라는 의미였다. 경제는 이들의 반란을 진압할 만한 인물을 찾다가 문득 문제의 유언을 떠올리고 주아부를 태위로 임명하고 출정하게 했다.

얼마 후 두영이 구원을 요청하는 제왕의 긴급 문서를 받고 막 출병하려는 순간, 갑자기 옛 친구인 원앙袁盎이 찾아왔다. 원앙은 일찍이 오나라의 재상을 지낸 바 있는데, 조조가 어사대부가 되어 번지를 회수할 것을 건의하자 오나라 재상의 자리를 버리고 돌아와 명령을 기다리고 있던 참이었다. 조조가 원앙이 오왕으로부터 뇌물을 받고 내통했다며 그를 치죄할 것을 주장하자 경제는 원앙을 파직시켜 서인으로 강등시켰다. 이로 인해 원앙은 조조에게 원한을 품게 되었다. 원앙이 두영에게 말했다.

"7국의 반란은 오가 발기한 것이긴 하지만 실질적으로는 조조 때문에 일어난 일일세. 황상께서 내 말을 믿어주시기만 한다면 내게 반란을 진압할 묘책이 있네."

두영도 전부터 조조와 반목하고 있던 차에 원앙의 제의를 받자 적극적으로 나서지 않을 수 없었다. 원앙은 이미 서인으로 전락한 몸이라 황제를 직접 알현할 수 없고 두영을 통해서라면 황제에게 자신의 생각을 전달할 수 있을 것이라고 판단했다.

경제는 원앙에게 반란을 진압할 묘책이 있다는 소식을 듣고는 대설大雪에 땔감을 얻은 것처럼 반가워하며 당장 그를 접견했다. 그때 조조도 같은 자리에서 경제에게 군량미 조달 문제를 보고하고 있었다. 경제가 원앙에게 물었다.

"오, 초 7국의 반란을 어떤 방법으로 진압할 것인지 어서 말해보시오"

원앙은 애써 겁먹은 표정을 감추며 침착하게 대답했다.

"폐하께선 마음을 놓으십시오. 무도한 반란은 곧 진압될 것입니다."

경제는 조급한 마음에 다시 물었다.

"오왕이 동전을 주조하고 염전을 만들면서 천하의 호걸들을 불러모으고 있다는데 우리는 확실한 계략이 없어 마음대로 병력을 내보낼 수도 없는 형편이니 어찌 걱정하지 않을 수 있겠소?"

이미 경제의 심리를 파악한 원앙은 그의 호기심을 더욱 자극했다.

"오나라에 구리와 소금은 있지만 영웅호걸들은 아직 없습니다. 그저 무뢰한 도적들과 망명한 무리들이 오합지졸을 이루고 있을 뿐이지요. 이처럼 어지러운 집단을 두려워할 이유가 어디 있겠습니까?"

원앙의 대답에 경제는 조바심치며 재촉했다.

"그대가 날 찾아온 이유가 그런 쓸데없는 얘기를 하기 위한 것이었소?"

원앙은 그제야 본론을 꺼내기 시작했다.

"소신에게 반란을 평정할 묘책이 한 가지 있습니다만 절대 외부인이 들어서는 안 됩니다."

경제는 마음을 가다듬고 서둘러 주위에 있는 사람들을 물러가게 했다. 그러나 조조는 여전히 그 자리에 남아 있었다. 원앙은 조조가 있는 자리에서 자신의 계책을 얘기했다가는 조조가 변명을 늘어놓을 것이 불 보듯 뻔하고 결국 조조의 손에 죽게 될 것이라는 사실을 잘 알고 있었다. 그는 다시 한번 경제의 마음을 움직여보기로 마음먹었다.

"저의 계책은 황제 폐하 외에는 어느 누구도 들어서는 안 되는 중요한 전략입니다."

이렇게 말해놓고도 원앙의 마음은 불안하기 그지없었다. 만일 경제가 조조를 내보낼 필요가 없다고 고집을 부리면 자신의 계략도 허사로 끝나고 말 것이었다. 잠시 침묵이 흐른 뒤에 마침내 경제가 조조를 향해 입을 열었다.

"잠시 자리 좀 피해주시오!"

원앙은 이제 천재일우의 기회가 왔다고 생각하고 경제에게 자신의 생각을 털어놓기 시작했다.

"폐하께서는 반란군의 주장이 무엇인지 알고 계시는지요? 다름 아니라 '조조를 주살하여 군주의 주변을 청소한다'는 것입니다. 7국이 주고받은 서신의 내용은 폐하께서 자제들을 분봉하시어 서로 의지하면서 잘 살고 있는데 갑자기 조조가 나타나 혈육을 이간시키며 시비를 일으키고 있다는 것입니다. 그들이 서부 지역에서 병란을 일으킨 것은 간신을 제거하여 번지를 회복하기 위한 것입니다. 폐하께서 조조를 주살하시고 7국을 사면하시는 동시에 기존의 번지를 환원시키신다면 그들은 스스로 군사를 거두고 폐하 한 분을 위해 충성을 다할 것입니다."

말을 마친 원앙은 고개를 들고 말없이 경제의 표정을 살폈다. 원앙의 설명을 들은 경제는 조조가 번지를 회수하고 친정할 것을 주장하면서 7국과의 소통을 막은 것이 다른 속셈이 있기 때문이라 여기게 되었다.

"병란을 잠재울 수만 있다면 한 사람을 포기하여 천하를 보전하는 것이 당연한 처사일 것이오!"

이 한마디에 원앙은 자신의 계획이 성공했음을 알고 몹시 기뻐했다. 노련한 그는 나중 일을 생각하여 한마디 덧붙였다.

"사안이 매우 중대한 만큼 폐하께서는 이 문제를 재삼 숙고하신 후에 결행하시기 바랍니다."

경제는 더 이상 따져볼 것도 없다는 듯 당장 원앙을 태상太常으로 봉하고 비밀리에 오나라로 가서 화친을 맺으라고 지시했다.

원앙이 물러가자 조조가 다시 들어왔다. 그는 원앙이 계략이 많은 인물로서 자신을 기피한다는 것을 잘 알고 있는 터라 원앙이 제시한 계략도 자신과 무관하지 않을 거라고 생각했다. 그러나 경제의 총애를 믿어 의심치 않았던 조조는 원앙의 계책이 무엇이었는지 묻지도 않고 계속 자신의 정무를 보고했다.

조조는 경제가 원앙의 계책을 받아들일 것이라고는 생각지도 못했고, 더구나 승상 도청과 정위 장구張歐 등에게 밀지를 내려 자신을 탄핵하고 요참에 처하게 했음을 알 리가 없었다.

어느 날 밤 조조는 누군가 대문을 두드리는 소리를 들었다. 뛰어나가 문을 열고 보니 중위中尉 하나가 '어사 조조는 어서 조회에 참석하라'는 봉지를 갖고 온 것이었다. 조조가 다급한 표정으로 무슨 일이냐고 물었지만 관원은 자신도 모르는 일이라고 둘러댈 뿐이었다. 조조는 황급히 관복으로 갈아입고 중위의 수레에 올랐다. 그런데 수레는 조정으로 향하지 않고 낯선 곳으로 달려가고 있었다. 이상한 느낌에 조조는 수레의 주렴을 들추고 밖을 내다보았으나 도무지 어딘지 알 수가 없었다. 한참 궁금해하고 있는 차에 갑자기 수레가 멈추더니 "조조는 어서 수레에서 내려 봉지를 받들으라." 하는 중위의 매몰찬 호령이 떨어졌다. 수레에서 내려 주위를 둘러보니 그곳은 바로 죄수들을 처형하는 동시東市였다. 조조는 그제야 대사가 어그러졌음을 직감했다. 중위는 봉지를 읽어 내려가기 시작했다. 그러나 반쯤 읽기도 전에 조조의 허리는 이미 두 동강이가 나고 말았다. 땅바닥에 팽개쳐진 그의 몸에는 여전히 조복이 입혀져 있었다.

경제는 조조의 죄상을 낱낱이 공개하고 그의 일가족을 장안으로 끌고 갔다. 조조의 부친은 이미 몇 달 전에 독약을 먹고 자살했다. 경제는 이미 죽은 자는 어쩔 수 없지만 나머지 가족은 전부 참수하라고 명령했다. 이리하여 조조의 가족이 모두 주살되는 참변을 당했다.

조조의 일족이 주살되고 원앙이 오나라로 가서 화친을 맺었으니 7국이 군사를 거두는 것이 당연한 일이었지만 시간이 지나도 아무 소식이 들리지 않았다. 그러던 어느 날 주아부의 수하에 있는 중교위 등공鄧公이 전선에서 돌아와 경제를 알현했다. 경제가 다급하게 물었다.

"조조가 죽었다는 것은 알 테고, 대체 오초의 병력은 어떻게 되었소?"

등공은 사실대로 보고했다.

"오왕이 모반을 계획한 것은 이미 수십 년 전의 일입니다. 이번에 모반을 일으킨 것도 명목상으로는 조조를 주살하기 위한 것이라고 하지만 본의는 천하를 차지하는 데 있습니다. 어찌 일개 신하를 제거하기 위해 기병할 수 있겠습니까? 폐하께서 조조를 주살하신 후라 대신들이 전부 입을 다물고 감히 아무 말도 하지 못하는 것뿐이지요. 조조가 제후들의 번지를 줄이고자 했던 것은 한 왕실의 세력을 강화하기 위한 것이었습니다. 이제 조조가 죽고 없으니 이런 방략을 취할 도리가 없게 된 것이지요.”

경제는 말없이 고개를 떨궜다.

조조는 억울하게 죽었다. 그는 권모술수의 권력 투쟁에서 희생물이 되었던 것이다. 조조의 비극은 또한 그의 성격의 소치이기도 했다. 충성할 줄만 알았지 충성에 도리가 따라야 한다는 것을 몰랐고, 나라를 위할 줄 알았지 자신의 살 길을 도모하지 못했던 것이다. 자신을 너무 드러내면서 길을 돌아갈 줄 몰랐고 너무 많은 사람들을 적으로 만들고 좋은 인연을 맺을 줄 몰랐다. 이러한 요인들이 반란군에게는 더없이 좋은 명분과 구실이 되었고, 그들의 표적이 되었던 것이다.

또한 그가 제안한 번지 회수 조치도 제후의 세력을 근본적으로 약화시키진 못했다. 반란이 평정된 후에도 제후들의 세력을 약화시키는 문제는 여전히 남아 있었고, 오히려 한 무제가 ‘추은령推恩令 정책’을 받아들여 교묘하게 이 문제를 해결했던 것이다. 추은령이란 이른바 각 제후국의 왕이 죽더라도 번지를 황실에 반납하지 않고 적장자나 다른 자손들에게 분배하게 함으로써 황제의 은덕을 나타내는 것이다. 이런 방법을 통해 제후들은 자손들에게 정권을 물려줄 수 있어서 좋고 한 황실은 전국을 다시 통일하지 않고서도 이들의 세력을 분산시키고 약화시킬 수 있어 좋았던 것이다.

해서

해서海瑞(1514~1587)는 광동 경산 출신으로 자가 여현汝賢이고 호가 강봉剛峰이다. 회족回族인 그는 청조뿐 아니라 중국 역사 전체를 대표하는 청렴결백한 관료이다.

성품이 매우 정직했던 그는 조정의 권력 다툼에 과감히 뛰어들어 여러 차례 황제의 비위를 거스르는 말로 파직당하기도 했지만 파면과 복직을 거듭하면서 중국 역사에 길이 남는 명신이 되었다.

해서는 명 세종 가정嘉靖 연간에 과거에 합격한 뒤 남평 교유敎諭로 관직 생활을 시작하여 호부주사의 자리까지 올랐다. 세종에게 「치안소治安疏」라는 글을 올렸다가 미움을 사서 하옥당하는 위기를 맞았으나 얼마 후 세종이 서거하면서 석방되었다. 선조 융경隆慶 3년(1569)에 우검도어사가 되어 응천의 순무를 맡게 된 그는 호족세력을 견제하며 조세제도를 바로잡고 오송강吳淞江을 준설하는 등 적지 않은 공적을 세웠다. 하지만 현지의 호족과 귀족들의 미움을 사 탄핵을 당하고 관직을 잃는 어려움을 겪어야 했다. 그러다가 선조 만력萬歷 연간에 다시 경검도어사 및 남경 이부시랑으로 등용되었다. 그는 청렴한 관리로 유명했을 뿐 아니라 「역전의驛傳議」, 「걸치당사언관서乞治黨邪言官書」, 「혁모병소革募兵疏」 등 여러 분야에 걸친 방략을 저술로 남긴 뛰어난 지략가이기도 했다.

해서가 강남에서 임직하고 있을 때 도어사 언무경鄢懋卿이 전국의 소금 운송을 총괄하면서 남방을 순유하는 길에 절강에 들른 일이 있었다. 명대 전기에는 주원장의 엄중한 형법 덕분에 비리를 저지르는 관리가 극히 드물었고 관료들에 대한 관리가 비교적 안정되어 있었으나, 중후기로 들어서면서 관리들의 부정과 부패가 만연하기 시작했다. 언무경은 경사에 있으면서 따로 재물을 챙길 기회가 적었던 터라 이번 순유 길을 대대적인 횡재의 기회로 삼고 있었다. 그는 가는 곳마다 지방관리들의 접대를 받으면서 다량의 재물과 미녀를 요구하여 민원이 자자했다. 해서는 이에 분통을 터뜨리고 있던 차에 그가 자신의 관할지역에 온다는 소식을 듣고는 단단히 벼르고 있었다.

이날 언무경은 갖은 위세를 부리며 순안현에 도착했다. 관리들로부터 융숭한 대접을 받는 데 익숙해진 그는 이번에도 대단한 환영준비가 되어 있을 것으로 기대하고 있었다. 그러나 현성 부근에 당도했는데도 영접 나온 관원들의 모습은 눈에 띄지 않았다. 거참 이상하다는 생각이 드는 순간 남루한 옷에 형색이 거지와 다름없는 사람들이 다가와 인사를 하는 것이었다. 그러자 언무경이 그들을 향해 버럭 화를 내며 소리쳤다.

"그대들은 대체 뭐 하는 사람들인가?"

남루한 차림의 일행들 중 하나가 대답했다.

"소관은 해서라고 합니다. 어사대인을 모시러 나왔지요."

이 말에 언무경은 불에 기름을 끼얹은 듯 더욱 화를 냈다. 그는 거지 행색의 관리가 바로 이곳의 지현이란 사실을 잘 알면서도 짐짓 모른 척하며 되물었다.

"순안 지현은 어디 갔소? 어째서 아직 안 나오는 게요?"

해서가 고개를 들고 뚜렷한 목소리로 말했다.

"소관이 바로 순안 지현입니다. 어찌 감히 대인을 영접하지 않을 수 있겠습니까?"

언무경은 해서의 당당한 모습을 보고는 더욱 소리를 높여 질책했다.

"그대는 조정의 법도와 군율도 모르는 게요? 어째서 이처럼 남루한 행색으로 관교도 타지 않고 온 거요? 관리의 체통은 다 어디 갔단 말이오? 나를 모욕하기 위해 일부러 이러는 것이오?"

대화는 해서의 생각대로 순조롭게 이뤄지고 있었다. 그는 느리지도 않고 빠르지도 않은 어투로 대답했다.

"소관은 백성들을 다스리는 것밖에 모릅니다. 백성들이 편안하게 사는 것이 바로 관리의 체통이지요. 대인의 질책을 들으니 뭔가 크게 잘못한 것 같은데, 소관이 조정의 어떤 법도를 어겼는지 하교해주시기 바랍니다."

언무경은 그제야 이런 행동이 해서가 오래전부터 준비해온 것임을 알아차리고는 그의 실언을 유도하기 위해 일부러 말꼬리를 잡고 늘어졌다.

"순안현의 치리가 전부 그대 한 사람의 공적이란 말인가?"

"소관이 어찌 천자의 공덕을 훔치겠습니까? 저는 그저 조정에서 내려주시는 봉록을 먹으며 황제의 명을 실행할 뿐입니다. 대인께서도 아시다시피 관官은 민民을 근본으로 하지만 순안현은 땅이 작고 척박하여 백성들은 가난하고 이렇다 할 산물도 없습니다. 게다가 여러 차례 왜구가 휩쓸고 지나가면서 이미 피폐할 대로 피폐해져 있지요. 소관은 더 이상 백성들에게 누를 끼치고 싶지 않아 관원의 거복車服과 하의賀儀를 전부 감면한 것뿐이니 대인께서 넓으신 도량으로 이해해주시기 바랍니다!"

해서의 흠잡을 데 없는 대답에 언무경은 더 이상 질책할 말을 찾지 못하고 얼버무렸다.

"그대의 말에도 일리가 있구려. 하지만 나는 어명을 받들고 순시를 나온 것이니 그대의 공관에서 하룻밤 신세를 져야 할 것 같은데, 그것마저 지나친 처사라 생각하진 마시오."

"당연하지요. 소관이 이미 다 준비해두었습니다. 하지만 저희 현은 정말로 가난하여 대인께 대접할 만한 것이 없습니다. 이해해주시기 바랍니다."

말을 마치고 나서 해서는 곧바로 언무경 일행을 관아로 안내했다. 더 우스운 일은 심부름꾼도 없어 해서 자신이 심부름꾼 노릇을 하고 아내와 딸을 불러 노복의 신분으로 언무경 일행을 모시게 한 것이다. 차와 밥, 술과 고기 외에는 다른 특별한 물건이 없었으니 선물을 바치지 않은 것은 말할 것도 없었다.

해서의 이런 대응에 언무경은 그의 흠집을 조금도 찾아내지 못하고, 속으로 실망과 울분을 삭여야 했다. 그의 수행원들도 별 소득이 없자 입에서 투정이 떠나질 않았다. 다음날 아침 언무경 일행은 인사도 없이 일찍 순안현을 떠났다.

　해서는 절강성 엄주부 순안현의 지현으로 임명된 후부터 지방의 나쁜 풍습과 호문세가豪門世家들의 전횡을 엄하게 다스리기 시작했다. 순안현은 비록 가난하긴 하지만 교통의 요충지로 상인들과 조정 대신, 그리고 각급 관료 대신들의 왕래가 많았고, 이들을 접대하는 것이 역대 지현들의 가장 크고 힘든 업무 중 하나였기 때문이다. 고관이나 귀족들은 이곳에 올 때마다 교통상의 편의를 이유로 며칠씩 묵어갔고, 그럴 때마다 적지 않은 재물을 챙겼다. 때문에 순안현은 오래전부터 막대한 부담을 느끼고 있었다. 해서는 부임하자마자 이런 병폐를 과감히 개선하기로 결심한 것이었다.

　한번은 절강 총독 호종헌胡宗憲의 아들 호종선이 순안현을 지나게 되었다. 전형적인 권문세가의 자제인 그는 이곳에서 특별한 접대를 받지 못하자 일부러 말썽을 피우기 시작했다. 역참에 들자마자 대접이 융숭하지 못하고 말이 늦게 제공되었다면서 역참의 관리를 나무에 묶어놓고 호되게 두들겨팬 것이었다. 당시 주위에는 사람들이 많았지만 그의 부친의 권세가 두려워 아무도 화를 내거나 말리지 못했다.

　누군가 이 사실을 해서에게 알리자 그는 당장 달려나와 이 광경을 보았다. 당장 화풀이를 하고 싶었지만 호종선이 조정을 장악하고 있는 재상 엄숭嚴嵩과 같은 당파라는 사실 때문에 섣불리 덤벼들지 못했다. 자신이 파직되는 것은 괜찮지만 다른 지방관들이 연대처벌을 받게 될 것이 두려웠던 것이다. 지모가 뛰어난 그는 호종선의 입을 봉하면서 나쁜 풍습을 선도할 수 있는 묘책을 생각해냈다.

해서는 모여 있는 사람들을 헤치고 곧장 역참으로 들어갔다. 그리고는 호종선이 입을 열기도 전에 그를 호되게 나무랐다.

"어디서 온 녀석인데 감히 이렇게 소란을 피우는 게냐?"

옆에 서 있던 사람들이 해서에게 화가 미칠 것을 두려워하며 낮은 목소리로 그가 호종헌의 아들임을 일깨워주었다.

"헛소리 마라! 그럴 리가 있나! 이렇게 무뢰한 자가 호대인의 아들일 리가 없지. 호대인께서는 백성들을 사랑하여 정무에 힘쓰시면서 자제들을 엄격하게 교육하고 있다고 들었는데, 이런 망나니 같은 놈이 그분의 자제일 리가 없지. 못된 놈 하나가 호대인의 이름을 팔아 소란을 피운 것이 분명하다. 어서 이 놈을 묶어 끌고 가라."

해서의 불같은 호령에 옆에 서 있던 차역差役들이 하는 수 없이 명령에 따라 호종헌의 아들과 수행원들을 전부 포박하여 구금했다. 해서는 나무에 묶여 있던 역참 관리를 풀어주고 군중 앞에서 호종선이 가지고 온 여러 개의 상자들을 가리키며 말했다.

"호대인은 청렴결백한 명관으로서 순시하는 곳마다 지방관들에게 호화스런 접대를 금지했고 뇌물이나 선물 수수는 더욱 금했다. 한데 지금 이렇게 많은 상자들을 가지고 다니는 것을 보면 백성들을 착취하여 빼앗은 것이 분명하다. 그러면서도 호대인의 아들이라고 떠벌리다니! 당장 상자를 열어 진위를 가리도록 하라."

상자를 열자 과연 백은이 가득 들어 있었다. 해서는 대로하여 말했다.

"이 나쁜 놈이 정말 겁도 없구나. 감히 총독의 아들을 사칭하고 사기와 착취를 자행하다니! 이는 호대인의 깨끗한 이름에 먹칠을 하는 짓이니 이 불량배들의 소행을 호대인에게 알려 엄하게 처벌하도록 하라.”

말을 마친 해서는 호종선의 변명을 듣지도 않고 당장 끌어내호되게 매질을 하라고 명하는 한편, 이들이 부정하게 챙긴 은을 전부 국고로 회수했다.

이 일이 있고 난 직후 해서는 호종헌에게 편지를 한 통 썼다. 편지에서 그는 호종헌의 아들을 사칭하고 다니는 자가 백성들을 속여 다량의 뇌물을 받아 챙겼기에 이를 군중 앞에서 철저히 조사하여 법대로 처벌하고자 하니 지시를 바란다고 말했다.

호종헌은 편지를 받아보고 나서 난처하기 그지없었다. 해서에게 공개적으로 죄를 물을 수 없게 된 그는 이 사건을 법대로 처리하도록 허락하는 동시에 자신의 아들을 사칭한 자는 총독부에서 자신이 직접 처리하겠다고 할 수밖에 없었다. 이리하여 해서는 부당한 피해 없이 호종선을 징계하여 돌려보낼 수 있었다.

나중에 해서는 호부의 운남 주사를 맡게 되었다. 당시 운남 지역은 경사에서 아주 멀리 떨어져 있어 조정의 일로부터 완전히 벗어날 수 있었다. 하지만 해서는 운남에 임직하던 가정 45년(1566) 2월에 천하를 뒤집는 상소를 올렸다.

당시 명 세종은 20여 년째 정사를 돌보지 않고 북경의 서원에 칩거하면서 불로장생을 위한 영약靈藥을 만드는 일에 전념하고 있었다. 해서의 상소는 바로 이 문제에 관한 것이었다. 그는 상소의 불행한 결과를 예상하여 미리 자신의 관을 마련해놓고 일하는 아이들을 전부 내보냈다. 얼마 후 아내마저 보낸 그는 마침내 「치안소」를 지어 올렸다. 상소문의 언사는 매우 격렬했고 당시의 나쁜 풍습과 함께 황제의 무능을 적나라하게 지적하고 있었다. 상소문이 공개되자 조야가 동시에 '천하제일의 소문訴文'이라며 경악과 칭송의 반응을 보였다. 세종은 상소문을 읽고 대로하여 이를 내던지면서 즉시 해서를 처형할 것을 명령했다. 다행히 대신들이 나서서 말려 큰 화를 면하고 하옥당하는 것으로 수습되었다. 얼마 후 세종이 사망하자 해서는 즉시 사면되어 관직을 되찾았고, 얼마 후에는 대리승大理丞으로 승급했다.

나중에 해서는 수보首輔 장거정張居正에게 배척되었지만 장거정이 사망하자 조정에서는 또다시 그를 경사로 불러들여 복직시켰다. 이때 해서의 나이 72세의 고령으로 16년간이나 관직을 떠나 있다가 우도어사로 임명된 것이다. 그는 병으로 세상을 떠난 1587년까지 여전히 청렴한 자세로 관직을 지켰고, 죽은 뒤에도 남아 있는 재산이 없어 주위 사람들이 돈을 추렴하여 장례를 치러줄 정도였다. 상인들과 농민들이 모두 일손을 멈추고 나와 상여를 뒤따랐으며 전국에 곡소리가 가득했다. 조정에서는 그에게 '충개忠介'라는 시호를 내렸고 민간에서는 '해청천海靑天'이란 별호가 유행했다.

해서는 남다른 지혜와 용기를 지닌 인물이었다. 나라와 백성을 위하는 마음으로 권력에 아부하지 않았기 때문에 오염된 봉건 관료사회에 수용되기가 쉽지 않았다. 고대 중국의 관료사회에는 그만큼 청관이 설 자리가 없었다. 그의 말년이 비참하지 않았고, 많은 사람들이 그의 죽음을 애도할 수 있었다는 것이 그나마 다행스러운 일이다.

화신

화신和珅은 중국 역사상 최대의 부패사범이었
다. 그가 보통의 탐관오리와 다른 점은 황제의 신임
을 받았을 뿐 아니라 조정의 재정권을 장악했고 군권
과 인사권도 상당 부분 손에 쥐고 있었다는 것이다.
화신은 여러 해 동안 지속된 치밀한 경영을 통해 조정
안팎에 거대한 관계망을 구축했다. 때문에 이런 인물
을 처리하기 위해서는 매우 신중해야 하고 단호한 수
완이 필요했다. 조금이라도 미흡한 부분이 있을 경우
예측할 수 없는 화를 부르기 십상이기 때문이다.

청 가경嘉慶 원년(1796) 정월 초하루, 태화전太和
殿에서는 성대한 수수대전授受大典이 거행되었다. 고
종이 황제의 옥새를 아들인 과염顒琰에게 전수하는
의식이었다. 과염은 정식으로 즉위함으로써 인종仁
宗이 되었고 고종은 태상황이 되었다. 하지만 고종은
태상황의 직분으로 정치에 훈수를 두면서 조정의 대사를 직접 처
리하는 등 여전히 실질적인 권력을 행사했다. 그는 항상 대전에 나
와 문무백관들의 하례를 받았고 인종은 그를 보좌하는 역할에 지

나지 않았다. 그러다가 고종이 죽고 친정을 펼치게 된 인종은 즉위한 지 사흘 만에 장장 20여 년간 전권을 장악하고 있던 군기대신軍機大臣 화신을 체포하여 투옥시켰다가 쥐도 새도 모르게 제거해 버렸다.

화신은 성이 유호록鈕祜祿 씨로 만주 정홍기의 귀족이었다. 교위校尉로 관직을 처음 시작한 그는 총명하고 민첩한 데다가 외모가 출중하고 기억력이 뛰어나 매사에 일처리가 깔끔했다. 이런 장점들 덕분에 고종 건륭제乾隆帝

화신 청나라 고종 때 관료로 뇌물수수 관행의 원조로 꼽힌다

의 총애를 받게 된 그는 승급을 거듭했고 조정 내에서 겸직하는 관직이 한둘이 아니었다. 건륭 40년(1775)에서 가경 3년(1798)까지 24년 동안 그는 내무부대신과 호부상서, 병부상서, 문화전文華殿 대학사, 경사 보군통령, 군기대신 등을 지냈고, 그 가운데 몇 가지를 겸직하기도 했다. 또한 장자 풍신은덕豊紳殷德이 고종의 열 번째 딸 화효고륜和孝固倫 공주를 아내로 맞아들임으로써 황실의 인척이 되었다. 이리하여 화신은 건륭 왕조 최고의 대신으로서 조야를 마음대로 뒤흔들게 되었다.

하지만 그는 정직한 관리가 아니었다. 그는 권력을 이용하여 전횡을 일삼으면서 정사를 자기 마음대로 처리했다. 그는 각 성에 공문을 내려 주장을 올릴 때마다 군기처에 그 사본을 제출할 것을 요구하여, 목록을 사전에 살핀 후에 선별적으로 황제에게 올리곤 했다. 또한 사당을 결성하여 자기에게 영합하지 않는 사람에 대해서는 황제에게 무고하여 피해를 가했다.

화신은 청대 중엽 관리들 사이에 횡행했던 뇌물수수 관행의 원조였다. 당시 조정 안팎의 문신과 무장들 사이에 공금을 횡령하고 뇌물을 받는 기풍이 극성하면서 심한 경우 수십만에서 수백만에 달하는 은냥이 새어나갔는데, 그 흐름을 추적해보면 으레 화신에 닿아 있었다. 인종 가경 초년, 천川, 초楚, 섬陝 일대의 백련교의 봉기를 진압하는 과정에서 장수들마다 전공을 허위로 보고하여 군량을 착복했을 때도 그 배후에는 화신이 버티고 있었다. 화신 자신은 더욱 대담하게 재물을 챙겨, 관직 생활 20여 년 만에 거둬들인 재물이 백은 2억 냥에 달했다.

화신은 매사에 치밀한 계산에 따라 행동했다. 고종이 과염을 태자로 책봉할 것이라는 사실을 사전에 알게 된 화신은 저위儲位 조서가 공표되기 하루 전에 과염에게 여의를 하나 선물했다. 과염이 황위를 계승하게 된 것이 순전히 자기 덕이었음을 알리기 위한 계산된 행동이었다. 화신은 이를 빌미로 다음 황제의 총애를 독차지할 심산이었고, 이런 무언의 압력 때문에 과염은 크게 골머리를 앓아야 했다.

고종이 태상황의 신분으로 정사에 관여하는 동안 화신은 실질적으로 고종의 뜻을 결정하는 지위에 있으면서 전횡을 일삼아 조정의 문신과 무장들로부터 질시를 받았다. 심지어 곧 황위를 계승할 과염조차도 그를 두려워했다. 가경 3년(1798) 봄, 인종은 겨울에 대열 전례를 거행하겠다고 공표했다. 그러나 화신이 고종을 대신하여 이와 상반되는 명령을 내리면서 말했다.

"현재 천동의 백련교도들이 소탕되고 있긴 하지만 건예영健銳營과 화기영火器營의 관군이 철수하지 않은 상태라 금년에는 대열 의식을 거행하는 것이 적절치 못합니다."

이런 화신의 행동은 황제가 결정한 일을 태상황은 얼마든지 거부할 수 있지만, 태상황이 결정한 일을 황제는 거부할 수 없다는 기이한 관례를 남겼다. 그러나 태상황의 결정은 대부분 화신이 종용한 결과였다. 한번은 연회석상에서 화신이 태복太僕의 말을 줄일 것을 주청했다. 이는 실제로 황제의 승마와 어가 행차에 영향을 미치는 일이라 인종이 좋아할 리 없었다. 하지만 인종은 아무 말도 하지 못하고 속으로 중얼거렸다.

"앞으론 말도 제대로 타지 못하겠구나!"

인종이 태상황에게 보고를 올릴 때도 반드시 화신을 통해 전달해야 했고, 태상황과 화신 두 사람 사이에는 못할 말이 없을 정도로 긴밀한 관계가 유지됐다. 그러나 인종도 상당한 지략을 갖춘 인물이었다. 그는 화신의 행위에 대해 커다란 불만을 갖고 있었지만 겉으로는 내색하지 않고 눈에 띄게 대응하는 일도 없이 그저 화신이 하는 대로 방치하며 전혀 간섭하지 않았다. 심지어 화신을 존중하는 태도를 보이기까지 했다. 화신이 황제의 뜻을 주청할 경우에도 그는 '태상황께서 살아 계신데 내가 어찌 마음대로 할 수 있느냐' 면서 애써 자신의 주장을 아꼈다. 당시 사람들은 하나같이 화신의 전횡에 대한 인종의 지혜로운 대응을 칭송해마지 않았다.

물론 인종은 몰래 조금씩 화신의 권력을 축소시키면서 태상황

대열大閱　임금이 몸소 행하는 군대 사열

고종으로부터 어질고 효성이 지극하다는 칭찬을 받고 있었다. 가경 4년(1799) 정월 초사흘, 고종 건륭제는 마침내 병으로 세상을 떠나고 인종의 친정이 시작되었다. 바로 다음날인 정월 초나흘날, 인종은 화신과 병부상서 복장안福長安에게 주야로 영전을 지키되 절대 함부로 자리를 이탈하지 말라고 명령했다. 이리하여 운신의 자유를 박탈당한 화신은 군기대신과 구문제독九門提督의 직위를 빼앗긴 것이나 다름없었다.

이어서 인종은 명령을 내려 조정의 대신들이 하나같이 부패하여 백련교의 봉기를 진압하는 과정에서 공적을 부풀려 엄청난 군량을 착복하고 이를 양병養兵에 쓰지 않고 대신들의 사고를 채움으로써 국가 재정에 타격을 입히고 나라를 욕되게 했다고 지적하면서, 이래 가지고 어떻게 나라의 체통과 위신을 세울 수 있느냐고 다그쳤다. 아울러 각부 대신들에게 모든 부패행위를 철저히 조사할 것을 지시했다. 이러한 유지가 하달되자 급사중 왕염손王念孫 등은 황제가 화신을 징계하려는 것임을 알아차리고는 즉시 상소를 올려 화신을 탄핵하기에 이르렀다. 그리하여 인종은 화신을 파면하고 옥에 가두는 동시에 그의 스무 가지 죄상을 일일이 들춰냈다.

화신이 체포된 직후 그의 집에서는 다량의 금은과 보물이 쏟아져나왔는데, 그 액수가 당시 조정의 수년치 재정 수입에 해당하는 양이었다.

화신의 엄청난 죄상에 대해 인종은 능지의 형을 내릴 생각이었으나 여동생인 화효공주가 눈물로 호소하고 동고董誥와 유용劉墉 등의 대신들이 말리는 바람에 결국 화신에게 옥중에서 자결하도록 명령하고 그의 가산을 전부 몰수하여 종실로 귀속시키는 것으로 그쳤다.

화신이 처형되자 가깝게 지냈던 측근들은 혹시 자신도 연루되어 처형당하지나 않을까 하는 두려움에 떨었다. 일부 대신들은 자진해서 화신의 잔당을 추궁해야 한다는 상소를 올리기도 했다. 그러나 인종은 인심을 안정시키기 위해 모든 죄는 화신 한 사람에게 있다는 조서를 내려 지난 죄를 묻지 않겠다는 의지를 밝혔다.

화신을 제거하는 과정에는 별다른 저항이나 불상사가 없었지만 자칫 잘못했다가는 큰 화를 초래할 수 있는 위험이 도사리고 있었다. 당시는 민란으로 인한 전화가 그치지 않았고 여러 해에 걸친 경영을 통해 전국에 화신의 측근들이 두루 포진하고 있었기 때문에 이들을 잘못 처리했다가는 연못을 살리기 위해 물고기를 다 죽이고 숲을 살리기 위해 새를 내쫓는 상황이 벌어질 수도 있었던 것이다. 이처럼 봉건 왕조시대의 조정은 사방이 적으로 둘러싸여 있는 전장이나 다름없었다. 그속에서 소리 소문 없이 화신을 제거한 인종의 행동은 결코 쉽게 이룰 수 없는 쾌거였다.

재능과 능력이 한 곳으로
치우치지 않게 하라

모든 일에는 그 나름대로의 장점과 단점이 있다. 청렴하고 소박한 사람의 진면목은 외모에서 풍기는 분위기와 깊이 있는 덕행으로 표현되는데, 이는 기용되기 전에도 자연스럽게 겉으로 드러난다. 청렴한 사람들의 통치 원칙과 방법은 만물을 교화시키고 창달하는 것이다. 따라서 이들의 통치는 발휘되기 전부터 많은 사람들의 환영을 받고, 일단 발휘된 후에는 존경과 지지를 받는다. 이들이 이룬 업적은 악을 징벌하고 선을 권장하는 것으로서 궁극적으로는 화해와 조화를 이룬다.

　　법가의 사업은 그 근본이 법도를 제정하는 데 있고 일단 제도가 성공해야만 그 효력을 발휘할 수 있다. 법가의 치국은 처음에는 고되고 힘들지만 뒤로 갈수록 안정과 평안을 누리게 한다. 법률이 엄격하긴 하지만 모두가 민중을 위한 것이기 때문에 성공하기 전에는 사람들의 의심과 불만을 사기 쉽지만, 일단 법령이 시행되면 모든 사람이 이를 두려워하고 존중하게 된다. 법가의 목적은 법제를 제정하여 국가를 부강하고 안전하게 하는 것이지만 수많은 사람들에 의해 왜곡되어 원한을 사게 되는 폐단도 있다.

술가의 사업은 주로 총명한 기지를 통해 발휘되면서 계략과 지모가 성공을 거둔 후에야 그 효력을 나타낸다. 술가의 통치 원칙은 처음에는 겉으로 드러나지 않고 나중에 가서야 깊이 있게 드러난다. 때문에 성공하기 전에는 이를 인식하지 못하지만 일단 시행되면 모든 성군이 이를 진귀하게 여기게 된다. 술가의 목적은 모든 변화에 두루 통달하는 데 있지만 신기하고 눈에 띄지 않는 특징 때문에 때로는 완전히 가라앉아 영원히 드러나지 않을 수도 있다.

뛰어난 지혜의 사업은 정확한 예측에 그 기초를 두고 있기에 시국에 순응하되 거역하지 않는다. 따라서 지혜가 발달하기 전에도 사람들은 이를 기꺼이 받아들이고, 일단 성공을 거두면 적극적인 후원을 받게 된다. 지혜의 효능은 군주를 사려 깊게 보좌하기에 충분하지만 진취적이지 못하고 감출 줄도 모르며 명철보신의 정도를 위배할 수도 있다는 폐단이 있다.

기능을 중시하는 사업은 번거로운 사무를 처리하는 데 그 근본이 있기 때문에 그 통치의 도는 명확히 신속하게 행동으로 옮기는 것이다. 사물의 이치에 통하기 전에는 사람들이 놀라움을 감추지 못하지만 성공한 후에는 번잡한 일들을 정리하고 잘못된 현상들을 바로잡을 수 있다. 하지만 사람들을 피곤하고 번거롭게 만드는 폐단이 있다. 사업으로서의 기능은 번거로우면서도 안정되기 때문에 통치의 도에 있어서 최하의 등급이라 할 수 있다.

명철보신明哲保身　이치에 밝고 분별력이 있어 적절한 행동으로 자신을 잘 보전한다는 뜻

6

인재도 때와 사람을 잘 만나야 한다

인격을 고루 갖춘 인재 구별법

인사에는 사람 됨됨이를 아는 것만큼 어려운 것이 없다.
사람 됨됨이를 아는 것이 어려운 이유는
자신의 시각에서 남을 보기 때문이다.
그러나 덕, 법, 술 세 가지를 겸비한 사람이라면
편견 없이 정확하게 인재를 찾아낼 수 있다.

한신

한신韓信은 남몰래 고통을 참는 성격으로 잘 알려져 있다. 그가 불량배의 가랑이 사이로 기어간 일화는 익히 잘 알려진 사실이다. 한신은 회양 출신으로 어려서부터 농사도 짓지 않고 상업에도 종사하지 않았다. 집안이 가난하다 보니 먹고 입는 것이 항상 부족했고 하찮은 관직이라도 지내보려 했으나 쓸만한 재주도 없어 자리를 얻지 못했다. 결국 그는 이리저리 떠돌아다니며 남에게 빌어먹어야 했다. 그는 한동안 정장과 사이가 좋아 걸핏하면 정장 집에 가서 끼니를 해결하곤 했다. 그러나 이것도 오래되다 보니 정장의 아내가 언짢아하기 시작했다.

어느 날부터 정장의 아내는 일부러 식사시간을 앞당겨 한신이 찾아갔을 때는 이미 설거지까지 끝낸 뒤였다. 한신은 자신을 싫어한다는 사실을 알고는 다시는 정장 집을 찾아가지 않았다. 허기에 지친 그는 회양성 아래로 가서 낚시질을 해봤으나 그마저도 운이 없어 빈속으로 하루를 보내야만 했다. 그때 마침 물가로 빨래하러 나온 노부인이 한신의 처

떠돌이로 밥을 얻어먹고 남의 가랑이 사이를 기어가는 치욕을 받아넘기는 도량은 한신의 기질을 잘 대변한다. 하지만 앞에서는 죄수요 뒤에서는 왕이 되었다가 마지막에 여후에게 잡히기까지 그가 행했던 행적만으로는 그의 됨됨이를 제대로 설명할 수 없다. 배수의 전투만이 장수로서의 능력을 정확히 보여준다

량한 모습을 보고는 점심 때마다 자신의 밥을 그에게 나눠주었다. 한신은 배고픔을 참기 어려워 사양하지 않고 순순히 받아먹었고 이런 식으로 한 달이 지났다. 그러던 어느 날 한신은 감개에 젖어 노부인에게 말했다.

"언젠가 제가 출세하게 되면 이 은혜를 꼭 갚겠습니다."

그러자 노부인이 몹시 화를 내며 한신을 나무랐다.

"대장부가 스스로 살 길을 찾지 못한다고 해서 기가 죽어서야 되겠소? 키가 7척에 이목구비가 준수한 것으로 보아 왕손이나 공자의 상인데 배를 곯는 것이 너무 안타까워 밥 몇 끼 대접한 것뿐인데, 내가 무슨 보답을 바란다고 그러우!"

노부인은 말을 마치고 나서 빨랫감을 챙겨 자리를 떴다.

한신은 배고픔을 해결한 은혜를 입고 감격해마지 않았지만 이를 갚을 기회가 없었다. 더 이상 방법이 없을 정도로 가난에 몰리자 한신은 가보로 내려오는 보검을 팔기로 결심했다. 그러나 며칠이 지나도 보검을 사려는 사람이 없었다. 하루는 보검을 허리에 차고 거리를 돌아다니던 중에 우연히 백정 하나를 만났다. 백정은 한신을 골려줄 생각으로 조롱 섞인 어투로 말했다.

"자네는 덩치는 큰데 아주 연약해 보이는군! 배짱이 있다면 그 칼로 나를 찔러보게. 날 찌르지 못하면 내 가랑이 사이를 기어서 통과해야 하네."

백정은 이렇게 말하면서 팔짱을 낀 채 거리 한 가운데 주저앉았다. 한신은 백정을 한 번 훑어보고는 곧장 땅바닥에 엎드려 기어가기 시작했다. 길 가던 사람들이 모두 그를 겁쟁이라고 놀렸지만 한신은 조금도 부끄러워하지 않았다. 사실 그는 백정을 찌를 용기가 없었던 것이 아니라 큰 뜻을 품고 있는 인물이라 소인배와 사소한 시비를 벌이고 싶지 않아 스스로 치욕을 감수한 것뿐이었다. 나중에 한신은 유방을 수행하면서 전쟁에서 무수한 공을 세워 회양후淮陽侯에 봉해졌다. 마침내 출세하게 된 그는 빨래터에서 만난 노부인의 은혜에 보답할 생각은 했지만 백정을 혼내주려는 생각은 하지 않았다. 오히려 그는 백정을 찾아 하급 군관으로 임명했다.

기원전 203년 11월, 한신은 용차龍且의 목을 베고 제왕齊王 전광田廣을 주살함으로써 제나라를 평정했다. 이때 그는 이미 수십만의 병력을 보유하여 막강한 세력을 과시하고 있었다. 당시엔 한신이 초에 투항하면 한이 망하고, 한을 도우면 초가 망한다고 할 정도로 팽팽하게 삼국이 세력의 균형을 이루고 있었다. 이때 초한 전쟁이 막바지로 접어들고 있었다. 한신이 항우가 세운 제나라를 격파했을 때 제의 제후들은 제각기 자신의 영지를 지키면서 일부는 항우를 배반하고 유방에게 투항했고 일부는 유방을 내치고 항우를 따랐으며 일부는 스스로 칭제하여 무상한 공방을 거듭했다. 이때 한신은 다른 사람의 권고에 따라 유방에게 사자를 보내 자신을 제나라 땅의 임시 군왕으로 봉해줄 것을 요구했다. 마침 어려운 지경에 처해 있던 유방은 한신이 병력을 지원해줄 생각은커녕 이를 기회로 제나라 땅을 차지하려 든다고 생각하고 몹시 분개하며 사자에게 호통을 치려고 했지만 장량이 황급히 나서서 유방을 저지했다. 그리고는 유방에게 말했다.

"지금은 한신의 사자를 나무라서도 안 되고 한신을 공격해서도 안 됩니다. 한신이 폐하를 도와야만 초를 멸망시킬 수 있기 때문이지요. 만일 한신이 폐하를 배반하고 초왕을 돕는다면 폐하께서는 큰 위험에 처하시게 됩니다. 한신이 사자를 보낸 것은 폐하의 태도를 살피기 위한 것이니 흔쾌히 그를 제왕으로 봉하셔서 제나라 땅을 지키게 하고 나머지 일은 초가 망한 다음에 다시 생각하도록 하십시오."

유방은 장량의 말을 받아들여 한신의 사신을 향해 말했다.

"대장부가 임시로 왕이 될 수야 있나? 정식 왕으로 책봉하겠네!"

그리하여 이듬해 2월, 유방은 장량에게 옥새를 갖고 제나라 지역으로 가서 한신을 왕으로 봉하게 했다. 유방의 조치는 과연 실효를 거두었다. 본래 그를 배반하고 독립할까 망설이던 한신은 차마 그러지 못하고 평온해졌다. 얼마 후, 초왕 항우가 사신 무섭武涉을 보내 초나라로 귀순할 것을 권했지만 한신은 거절했다.

그러나 천하의 형세를 꿰뚫어볼 줄 알았던 책사 괴통蒯通은 한신에게 독립을 권유했다.

"처음에 난이 일어나고 군웅들이 사방에서 봉기한 것은 주로 진나라를 멸하기 위해서였습니다. 진나라가 망한 뒤에는 초나라와 한나라가 전쟁을 벌여 뭇 백성들이 곤란에 처해 있습니다. 팽성에서 군사를 일으킨 항우는 남북에서 전쟁을 벌이고 형양까지 육박하여 천하에 그 위세를 떨쳤습니다. 지금은 광무에 발이 묶여 여러 해 진전이 없는 상황입니다. 그리고 유방은 수십만 대군으로 공략을 점령하고 산과 강에 의지해 하루에도 몇 차례씩 싸움을 벌이고 있습니다. 하지만 전혀 공을 거두지 못하고 실패만 거듭하고 있지요. 제가 천하의 대세를 바라보건대 현자가 나타나지 않으면 전쟁을 멈출 길이 없습니다. 장군께서는 이 기회에 초나라, 한나라 사이에서 그 두 나라를 번갈아 도우십시오. 그러면 두 나라의 운명은 장군의 손 안에 있게 됩니다. 만약 제 계략에 따르신다면 두 나라와 함께 천하를 삼분해 정립鼎立의 형세를 이루고, 조용히 시기를 기다릴 수 있습니다. 장군은 큰 인재이십니다. 강한 제나라를 차지한 것도 모자라 10만 대군으로 연나라, 조나라 지역을 차지하고 서쪽으로 진출한 장군에게 천하의 어느 누가 복종하지 않겠습니까? 훗날 천하를 갈라 제후들에게 나눠주면 그들이 다 감복하고 앞다투어 장군께 엎드릴 테니 이것이 곧 패왕의 업적이 아니겠습니까? 하늘이 주신 것을 받지 않으면 천명을 어기는 것이라 거꾸로 벌을 받게 되고, 때가 왔는데도 행하지 않으면 그때를 이용하지 않은 것이라 화를 입는다고 합니다. 이 점을 필히 숙고하시고 좋은 기회를 놓치지 마십시오!"

한신은 그의 말을 오랫동안 음미하고서 입을 열었다.

"한나라 왕이 날 이토록 잘 대해주는데 어떻게 내 잇속만 차리고 은혜를 저버릴 수 있겠나?"

괴통은 그가 충성과 은혜에 얽매여 있음을 알고 다시 말했다.

"월越나라 대부 문중文仲은 망한 월나라를 보존하고 구천勾踐을 도와 큰 공을 세웠지만, 도리어 죽음을 당했습니다. 토사구팽은 실로 바뀌지 않는 진리입니다. 생각해보십시오. 장군의 용맹이 제왕을 놀라게 하면 흔히 위험을 자초하며, 공이 천하를 뒤덮으면 흔히 상을 받지 못한다고 합니다. 게다가 지금 장군은 초나라에 협력해도 믿음을 얻지 못하고 한나라에 협력해도 두려움을 살 형편입니다. 그렇다면 어떻게 해야 안전을 도모할 수 있겠습니까?"

한신은 그의 말이 합리적이라고 느꼈지만 쉽게 결정을 내릴 수가 없었다. 그는 즉시 괴통의 말을 끊고 말했다.

"선생은 더 이상 말하지 마시오. 내가 더 생각해보고 결정하겠소."

괴통은 한신이 마음이 흔들린 것을 확인하고 그 자리를 떴다. 괴통이 돌아간 후, 한신은 한동안 생각에 잠겼다. 그는 이전에 항우를 위해 일한 적이 있었지만 벼슬도 낭중郎中에 머물렀고 계책도 받아들여지지 않았다. 하지만 한나라에 투신해서는 유방에게 장군 직위를 얻어 수만의 군사를 거느리게 되었다.

'한나라 왕은 내게 온갖 친절을 다 베풀었고 이번에는 날 제나라 왕으로 책봉해주었다. 내가 만약 이런 은덕을 저버린다면 불길한 일을 당하게 될 것이다. 게다가 위표魏豹를 사로잡고 제, 연, 조나라를 평정해준 나를 그가 어찌 내칠 수 있을 것인가!'

그는 결국 괴통의 제안을 무시하기로 결정했다.

본래 한신이야말로 포부가 큰 인물이라고 여겼던 괴통은 조용히 며칠을 기다렸다. 그래도 아무 소식이 없자 그는 다시 한신을 찾아가 말했다.

"장군께서는 속히 결단을 내리셔야 합니다. 기회는 다시 오지 않습니다."

이미 한나라를 배신하지 않기로 결심한 한신은 다음과 같이 대답했다.

"그런 말일랑은 다시 꺼내지 마시오. 나의 공이 이토록 크고 충성으로 왕을 대하는데 왜 그가 날 저버리겠소?"

괴통은 더 이상 말해봐야 소득이 없으리란 걸 알고 입을 다물었다. 그날 이후, 괴통은 한신의 곁에 더 머물다가 혹시 화를 당할까 두려워 정신병을 가장하고 그곳을 떠난 뒤 흔적 없이 사라졌다.

한나라 10년(BC 197), 대 지역의 국상國相 진치陳豨가 모반하여 스스로를 대왕代王이라고 칭했다. 한 고조 유방은 직접 그를 정벌하기로 마음먹었다. 유방은 출병에 앞서 나라 안의 일은 여후에게 맡기고, 바깥의 일은 소하에게 맡겼다. 유방이 떠나고 얼마 후, 여후에게 회음후 한신이 진치와 내통하고 있다는 밀고가 들어왔다. 밀고에 따르면 한신과 진치가 어둠을 틈타 황궁을 포위하고 태자를 습격하려 한다는 것이다. 이때 한신은 왕에서 제후로 강등된 일로 인해 유방에게 불만이 많았다. 그의 마음속에는 점차 반역의 욕구가 짙어지고 있었다. 한나라 7년(BC 200), 유방은 척희戚姬의 아들 여의如意를 대나라 왕으로 세우고, 그가 어린 까닭에 진치를 재상으로 보내 보좌하도록 했다. 이별을 앞두고 한신이 진치의 손을 잡아당기며 하늘을 우러러 길게 탄식했다.

"자네와 내가 좋은 친구로 지낸 지 꽤 여러 해가 되었네. 지금 자네에게 할 말이 있는데 들어보려는가?"

"말씀하십시오, 장군."

"자네는 명을 받아 대나라 땅에 가게 되었네. 그곳은 강한 병사와 튼튼한 말이 많은 곳이지. 게다가 자네는 대왕의 총애가 두터운 신하이니, 큰일을 도모할 기회가 아닐 수 없네. 만약 누군가 자네를 반역자로 밀고해도 대왕은 쉽게 믿지 않을 걸세. 아마 두 번 세 번 밀고가 들어온 다음에야 군대를 움직이겠지. 그때 내가 도읍인 이곳에서 일을 벌여 자네에게 호응하면 천하를 얻는 것도 그리 어려운 일이 아닐세."

일찍이 한신이 천하의 귀재임을 알고 있던 진치는 즉시 고개를 끄덕였다.

"장군의 지시를 따르겠습니다."

진치가 군대를 일으키고 유방이 원정을 떠난 배후에는 이런 내력이 숨어 있었다. 이때 도읍에 있던 한신은 병을 핑계로 집에 틀어박혔다. 그는 한편으로는 몰래 진치와 연락을 취하고, 다른 한편으로는 가신들과 함께 궁궐을 습격하여 태자, 여후 등을 사로잡을 계획을 세웠다.

이 사실을 폭로한 사람은 한신에게 죄를 지은 한 가신의 동생이었다. 한신은 죄를 지은 가신을 가두고 날을 골라 목을 칠 작정이었는데, 이 소식을 들은 가신의 동생이 형을 구하려고 한신의 계획을 여후에게 밀고한 것이다. 여후는 두렵고 당황하여 급히 소하를 불러들여 대책을 논의했다. 소하가 계책을 올리며 말했다.

"심복 하나를 군졸로 꾸민 다음, 도읍 밖으로 나갔다가 다시 들어오게 하십시오. 그리고 폐하가 벌써 진치를 무찔렀다고 거짓 보고를 하게 하십시오. 이렇게 하면 군신들이 진짜로 믿고 조정에 와 축하를 할 겁니다. 이때 한신도 오면 그만이지만, 오지 않으면 제가 가서 그를 속인 뒤 기회를 봐서 체포하겠습니다."

여후는 좋은 계책이라 여기고 곧바로 일을 진행했다.

소하의 예상은 그대로 맞아떨어졌다. 소식이 전해지자마자 신하들이 다투어 조정에 모여들었다. 오직 한신만이 대문을 굳게 닫고 나오지 않았다. 그래서 소하는 문병을 핑계로 한신을 찾아가 몇 마디 인사를 나눈 뒤 본론을 꺼냈다.

"지금 폐하의 승전보가 도착하여 뭇 신하들이 모여 축하를 하고 있습니다. 그런데 오직 장군만 오지 않았으니 온당치 않은 일입니다. 당장 저와 함께 가서 사람들의 오해를 풀어주시지요.”

소하는 조정의 연장자이자 승상이었다. 한신은 차마 거절하지 못하고 그를 따라 입궐했다.

한신이 막 궁궐 안으로 들어서자마자 돌연 호령하는 소리가 울려퍼졌다.

“한신을 포박하라!”

말이 떨어지기 무섭게 양쪽에서 중무장한 병사 둘이 나와 한신을 포승줄로 묶었다. 한신이 크게 외쳤다.

“내가 무슨 죄를 지었기에 이러는 거요?”

여후가 노하여 꾸짖었다.

“네가 진치와 내통하여 반란을 획책한다는 편지를 네 가신에게서 받았다. 그래도 변명을 하겠느냐?”

한신은 모든 게 탄로났음을 깨닫고 입을 다물었다. 여후는 즉시 명령을 내려 그의 목을 베게 했다. 죽음을 앞두고 한신이 길게 탄식하며 말했다.

“내가 괴통의 말을 듣지 않아 한낱 아녀자에게 속았구나. 이것도 천명이 아니겠는가!”

유방은 진치의 반란을 진압한 뒤, 한신이 이미 처형되었음을 알았다. 그는 한신이 죽기 전 괴통이라는 이름을 언급했다는 말을 듣고, 바로 괴통을 찾아내 죽이게 했다.

오랫동안 사람들 사이에서 한신의 명성을 높였던 것은 배수의 전투였다.

4년을 끈 조나라와 한나라의 전쟁은 유명하면서도 기상천외한 전투들을 양산했다. 그 가운데 한신이 조나라를 평정한 전투야말로 가장 특출한 전투였다. 이 전투는 실로 인류 전쟁사에서도 대단한 의의를 갖고 있다.

한나라 3년(BC 204), 한신은 유방의 명을 받아 장이張耳와 함께 병력 수만 명을 거느리고 조나라를 침공했다. 이 소식을 접한 조왕 헐歇, 재상 진여陳餘는 한군이 지나치는 길목인 정형 입구에 20만 대군을 집결시켰다. 그들은 지형의 유리함을 이용하여 한나라와 싸울 속셈이었다. 각자의 주인을 위해 원수가 된 장이와 진여는 원래 절친한 친구 사이였기에 상대방의 성격을 훤히 파악하고 있었다.

조나라 광무군廣武君 이좌거李左車는 상당한 식견의 소유자였다. 그가 진여에게 계책을 올리며 말했다.

"한신은 황하를 건너 위왕을 포로로 삼고 하열夏說을 사로잡았다고 합니다. 그런 자가 지금 군대를 이끌고 천리 길을 달려와 공격하니, 그 서슬을 막아내기 힘들 듯합니다. 속담에 천리를 가면 군량이 떨어져 군사들 얼굴에 궁기가 돈다는 말이 있습니다. 그리고 이곳 정형의 길은 수레 두 채가 나란히 갈 수 없을 만큼 좁습니다. 한군이 오면 그들의 군량과 마초는 분명 뒤쪽에 있을 겁니다. 그러니 정예 병력 3만을 소로로 침투시켜 적 후방의 보급품을 탈취한 뒤, 지형을 이용해 적이 못 나오도록 막으십시오. 이렇게 하면 적은 앞으로 나가 싸울 수도 없고 후퇴할 수도 없으며, 군량도 전혀 없는 처지가 됩니다. 아마 열흘도 못 넘기고 패하고 말겠지요."

그러나 진여는 의로운 군대는 그런 잔꾀를 부리지 않는다는 이유로 이좌거의 계책을 받아들이지 않았다.

당시의 상황에서 그 계책은 확실히 효과적인 작전이었다. 만약 진여가 그 계책을 사용했다면 한신은 위험에 빠졌을 것이다. 한신은 나중에 진여를 격파한 뒤, 이좌거에게 공손히 병법의 가르침을 청하고 그의 건의를 수용했다. 그리고 진여가 이좌거의 계책을 묵살했다는 소식을 듣고는 한시름 놓았다.

그는 정형 입구로부터 30리 떨어진 곳에 군영을 설치하고 병력을 배치하기 시작했다. 먼저 한 장수에게 날랜 기병 2천 기를 맡긴 뒤, 기병마다 손에 깃발을 들고 밤을 틈타 정형 입구 좌우편에 숨으라고 명령하며 다음과 같이 지시했다.

"아군이 조군과 싸우다 달아날 때까지 기다려라. 놈들은 분명 아군을 뒤쫓아올 것이다. 그때 너희는 쏜살같이 놈들의 보루를 차지하고 조나라 깃발 대신 우리 한나라 깃발을 바꿔 꽂아라."

첫 지시를 내리고 한신은 군대를 움직여 곧바로 정형 입구로 들어갔다. 때는 해가 어슴푸레 떠오르는 새벽이었다. 한신은 '당장은 건량乾糧으로 허기를 채우지만 곧 조군을 격파하고 아침을 지어 먹자'는 말로 병사들의 사기를 돋우었다. 그는 또 다른 장수에게 정예 병력 1만을 주고, 저수를 건너 물을 등진 채 전열을 짜게 했다.

한신은 군사들을 배불리 먹이지도 않고, 배수진을 치게 했다. 이것은 병법에 일찍이 없던 금기사항이었다. 상식적으로 볼 때 이렇게 스스로 퇴로를 끊는 방법은 누구도 이해하기 힘들었다.

이 광경을 본 조나라의 장수들은 속으로 웃지 않을 수 없었다. 한신처럼 명성이 자자한 대장군이 어떻게 이런 진법을 쓰는지 의아해했다. 하지만 모두들 그의 용병술이 신출귀몰하다는 것을 알고 있었으므로 마음속의 의혹을 감히 드러낼 수가 없었다. 곧 날이 완전히 밝았고 한신과 장이도 저수를 건너 전투를 준비했다.

한신이 장이에게 말했다.

"지금 조군은 유리한 지형을 차지하고 있소. 만약 대장 깃발이 보이지 않으면 우리 군대가 소규모라는 걸 알아도 절대로 싸움에 응하지 않을 것이오."

그래서 그는 대장 깃발을 높이 들게 하고, 장이와 함께 군사들을 이끌고 정형관을 향해 돌진했다. 이때 진여는 한신이 직접 부대를 지휘하고 있고, 또한 그의 부대가 소규모인 것을 확인했다. 두려움이 없어진 그는 당장 성문을 열고 군사들을 데리고 나가 싸움에 응했다. 장시간에 걸친 두 나라 군사들의 싸움은 사상자가 속출했지만 쉽게 승부가 나지 않았다. 계속 싸우다가는 한군이 불리해질 것이 분명했다. 이때 한신은 적군의 심리를 이용해 그들을 유인할 계획이었다. 때가 됐음을 직감한 그는 군사들에게 깃발과 무기를 버리고 천천히 후퇴하라고 명령했다. 이에 용기백배한 조군은 도망치는 한군을 쫓아가기 시작했다.

한편 성문을 지키기 위해 남아 있던 조나라 병사들은 여기저기 널려 있는 한나라 병사들의 갑옷과 무기를 발견했다. 그들은 나중에 상을 받을 증거로 삼기 위해 다투어 그것들을 챙기기 시작했다. 곧 이어 성문 안을 수비하던 병사들도 남들이 전리품을 취하는 것을 보고 욕심이 동해 성문 밖으로 뛰쳐나왔다.

바로 이때, 한 줄기 포성이 울려퍼지면서 성문 근처에 매복하고 있던 한나라 기병들이 우르르 쏟아져나왔다. 조나라 군사들 가운데 성을 지키려고 남은 인원은 많지 않았다. 더구나 성안의 병사들까지 문을 활짝 열고 나와 있었으니 전혀 방어할 겨를이 없었다. 한나라 기병들은 혼비백산한 조나라 군사들을 신속하게 사살하고 성을 점령했다. 그리고 조나라 깃발을 뽑고 그 자리에 한나라의 깃발을 꽂았다.

그 시간, 한신과 장이는 군대를 퇴각시키고 배수진으로 돌아와 있었다. 이 광경을 본 진여는 한신이 더 이상 후퇴할 길이 없다고 여기고, 완전히 우세한 병력만으로 밀어붙일 것을 결심했다. 그는 적의 진영을 깨뜨리라고 명령했다.

이 순간 한군의 형세는 매우 위태로웠다. 앞에는 몇 배나 많은 적군이 있고, 뒤에는 시퍼런 저수가 흐르고 있었다. 한마디로 절대절명의 위기상황이었다. 조군을 격파하지 못하면 오직 죽음만이 있을 뿐이었다.

한나라 군사들이 어찌할 바를 모르고 있을 때, 한신이 훌쩍 말을 타고 적진을 향해 칼 끝을 겨누며 군사들에게 외쳤다.

"후퇴하면 죽음뿐이니, 승리해야만 살 길이 열린다. 조군의 성이 벌써 우리 수중에 떨어졌으니 적들은 크게 흔들릴 것이다."

이 말에 한군은 몸을 돌려 한신과 장이를 따라 필사적으로 돌진했다. 그들은 죽으면 죽었지 결코 후퇴하려 하지 않았다.

시간은 벌써 정오에 가까워져 있었다. 진여는 일시에 한군을 무찌르기 어렵다고 보고 군사들을 거둬들였다. 군사들이 허기가 진 기색이 역력한 데다가 이미 주도권을 잡고 있는 이상, 무리해서 싸울 필요가 없다고 여겼다. 그는 한군의 기력을 다 소진시킨 뒤에 승리를 취하려 했다. 한군은 강물을 등지고 있어 퇴로가 막혔기 때문이었다. 그래서 진여는 군사들을 정형관으로 후퇴시켜 점심을 먹게 한 뒤 다시 싸우게 할 생각이었다. 진여의 이런 계산은 그때 상황에서 더없이 합리적이었다.

그러나 조군이 퇴각하여 정형관에 다다랐을 때, 성문 위에는 한나라 깃발이 휘날리고 있었다. 자신들의 요새가 한군에게 점령당한 것을 안 조나라 군사들은 크게 마음이 흔들렸다. 이때 적의 추격이 코앞까지 다다랐고, 앞에서도 성문을 열고 한군이 쳐들어왔다. 조군은 삽시간에 전열이 흐트러져 사방으로 뿔뿔이 흩어지기 시작했다. 진여는 서둘러 이 혼란을 수습하고자 도망치는 군사 몇 명의 목을 베었지만 아무 소용이 없었다. 그는 할 수 없이 패잔병들을 데리고 저수 강변까지 후퇴했고, 그곳에서 한군에게 포위된 채 살해당하고 말았다.

이것이 바로 그 유명한 배수의 전투이다.

한신은 조군을 격파하고 진여를 살해한 직후, 곧바로 군사를 파견하여 조나라 왕을 뒤쫓게 했다. 결국 조왕 헐은 양襄나라에서 최후를 맞았고, 한신은 정형관을 넘어 계속 진군하여 순식간에 조나라를 평정했다.

배수의 전투는 병법에서 이야기하는, '사지에 떨어진 뒤에 살아난다'는 전법을 쓴 것이다. 이것은 스스로 퇴로를 끊는 전술로서 군사들의 삶의 욕망을 이용해 그들의 전투능력을 극대화시키는 장점이 있다. 그러나 이것은 대단히 위험한 전술이기도 하다. 뛰어난 지략가가 아니면 결코 사용할 수 없다. 자칫하면 군사들을 죽음에 몰아넣을 수도 있기 때문이다.

한신의 배수의 전투는 몇 가지 특징을 갖고 있다.

첫째, 그는 매우 능동적으로 이 전술을 사용했다. 결코 몰리는 상황에서 어쩔 수 없이 사용한 게 아니다. 이런 까닭에 다른 각종 전략들을 여유 있게 배치하고 배수의 전투를 열세에서 우세로 전환시킬 수 있었다. 이것이 가장 중요한 관건이다. 마속도 가정의 전투에서 바로 이 전술을 사용했지만 적에게 몰리는 상황이었으므로 무리하게 정면대결을 하고 말았다. 한신의 배수의 전투는 사실상 미리 전략을 정하고 난 후 행동으로 옮겨졌던 것이다. 오늘날 우리가 흔히 말하는 '배수진'의 의미는 한신보다는 마속 쪽에 더 가깝다.

따라서 한신의 배수의 전투는 오늘날 우리가 말하는 '배수진'이 아니라 능동적인 공략을 위한 뛰어난 지략이다.

둘째, 한신의 배수의 전투는 체계적인 전략이었다. 이 점은 적의 성을 탈취한 것과 군대를 새벽에 출격시킨 사실에서 나타난다. 한신은 적군이 정오가 되면 점심을 먹으러 성으로 돌아가리라 예상했다. 그는 아군이 정오까지만 버틴다면, 성으로 돌아간 조군이 성을 빼앗긴 걸 알고 대혼란을 일으킬 것까지 예상했다.

그런데 한신은 소수의 병력으로 적의 우세한 병력과 맞서 싸울 때 실패할 수도 있음을 몰랐을까? 역사는 이 점에 대해 언급하고 있지 않지만 우리는 당시 상황에 근거하여 분석해볼 수 있다. 조군은 한신이 배수의 진을 쳐 퇴로가 없음을 알고 있었기 때문에 전투를 서두를 필요가 없었다. 하물며 이 전투는 오전 안에 끝낼 수 있는 성질이 아니었다. 그래서 한신은 자신의 정예 병력으로 적군과 맞서 적어도 정오까지 버티는 것은 어렵지 않다고 예상했다. 이것은 곧 자신을 알고 적을 알았기에 가능한 일이었다.

셋째, 한신의 전략은 사실 위험한 도박이 아니었다. 오히려 대단히 안전한 계책이었다. 그 이유는 무엇일까? 그는 조군과의 대적보다 그들이 험준한 성을 지키며 싸움에 응하지 않을 것을 더 근심했다. 일단 그들이 성밖으로 나오자 한신은 그들과 똑같은 조건에서 싸울 수 있었다. 진여 같은 인물을 그가 두려워할 리가 없었다. 하물며 매복해놓았던 기병들이 정형관을 점령하지 못했을지라도, 이미 성밖에 나온 진여의 후방을 공략해 한신을 구출할 수 있었다. 바로 이런 치밀한 계산이 있었기 때문에 한신의 전략은 안전을 확보할 수 있었다.

넷째, 한신의 군대는 연전연승의 군대로서 사기가 충천해 있었다. 그들은 한 사람이 열 사람을 당해낼 만했다. 한신의 걱정은 오직 적이 군량 수송로를 끊어버리고 좁은 산길에서 시간을 지체하게 되는 상황이었다. 그렇게 되면 군사들의 기력이 점차 소진될 것이므로 속전속결을 노릴 수밖에 없다. 따라서 그의 근본 목적은 진여를 성밖으로 유인하는 것이었다. 그는 보통 사람이 쉽게 알아차릴 수 없는 방법으로 그 목적을 달성했다.

이상의 사실로부터 우리는 한신의 배수의 전투가 실제로는 대단히 교묘한 함정이었음을 알 수 있다. 그것은 오직 위대한 전술가만이 고안해낼 수 있는 함정이었다.

풍도

봉건시대 관료사회에서 오래 살아남기란 그야말로 고차원의 처세술 없이는 힘든 일이다
오래된 권력은 부패하기 마련이듯 풍도는 한때 관료의 모범이 되기도 했으나 이익에 따라 여러 군주를 섬기며 살아남는 노회함을 보였다
죽은 뒤 그에게는 아무런 영예도 주어지지 않았다

풍도馮道가 어떤 사람이었는지는 분명하지 않다. 하지만 그가 후한後漢의 재상으로 있으면서 쓴 『장락노자서長樂老自敍』는 매우 유명하다. 그것은 중국 봉건관료 사회의 몰염치한 선언이었기 때문이다. 이 선언에서 풍도는 자신의 이력을 낱낱이 밝히고 있다. 역대로 자신이 역임한 관직과 칭호를 득의양양하게 나열했다. 심지어 거란 정권이 자신에게 준 허위 관직까지 포함했다. 실로 대단한 실사구시 정신이 아닐 수 없다!

송대의 대문호이자 사학자, 정치가였던 구양수歐陽修는 『신오대사新五代史』에서 그를 뻔뻔하기 짝이 없는 인물이라고 비판했다.

풍도는 확실히 '오래 즐거움을 누린 노인長樂老'이었다. 중국에는 '만족을 아는 자는 항상 즐겁다'라는 말이 있는데, 풍도는 관직이 있어 오래 즐거움을 누린 자였다. 또한 '관직이 없어 한 몸 가볍고, 자식이 있어 모든 일이 만족스럽다'라는 말도 있는데, 풍도는 관직이 없으면 살 수 없고 관

직이 있어야 모든 일이 만족스러운 사람이었다.

풍도의 일생은 한 편의 '관료학'이었다. 그는 관료사회에서 늘 승승장구했던, 한 편의 살아 있는 교재였다. 그는 아마도 다른 사람에게 관료 생활의 방법을 가르치고, 자기 경험에 비춰 관료사회에서 좌절하지 않는 비결을 선전하는 데 삶의 의미를 두었을 것이다. 그 비결이란 곧 양심을 버리고 투기에 통달하는 것이다.

봉건시대의 관료사회에서 관리로 행세하는 것은 대단히 고차원의 예술이었다. 그러나 이 예술은 사실 얄팍하기 그지없었다. 관료사회에서 좌절하지 않는 비결은 다음 두 가지였다. 첫째, 시비를 가리지 말고 양심을 버린다. 둘째, 형편을 잘 살펴 유리한 쪽에 빌붙는다.

관료사회에서 살아남은 이 노인의 인생철학은 '가슴만 있으면 여자이고, 칼만 쥐고 있으면 왕이다'라는 것이었다.

물론 고대 중국의 역사에서 현명한 임금이나 재상이 없었던 것은 아니다. 정직한 관리들이 백성들을 대변했으며, 또한 적지 않은 사대부들이 국가의 안정과 사회의 발전을 위해 피를 흘렸다. 그러나 시비에 무관심하고 몰염치했으며, 누가 황제가 되든지 자리보전에만 급급했던 무리도 분명히 존재했다. 그들도 때로는 좋은 일을 할 때도 있었지만 본질적으로 그들의 인격은 너무나 비천하여 본받을 만한 것이 되지 못했다.

전통학문의 대가 전목錢穆 선생은 고대 중국사에서 가장 몰염치했던 시대로 오대五代를 꼽았다. 확실히 오대는 혼란의 시대였으며 각양각색의 인간들이 쉽게 자기 본색을 드러냈던 시대이다. 바로 그 시대에 악명 높은 '아들 황제' 석경당石敬塘이 출현했다.

하지만 우리가 주목해야 할 것은 다섯 왕조를 내리 섬기면서도 한 번도 좌절을 겪지 않은 풍도의 생애이다.

그것은 분명 중국 관료사에서 하나의 기적이었다. 『오대사五代史』의 「풍도전馮道傳」, 『신오대사』, 『자치통감資治通鑑』 등 관련 사적을 자세히 들춰보면 이 풍도라는 인물의 형상이 생생하게 눈앞에 펼쳐질 것이다.

풍도는 자字가 가도可道이며 영주 경성 출신이다. 당나라 희종僖宗 중화中和 2년(882년)에 태어났다. 먹고사는 데 지장은 없었지만 문벌을 중시하는 당시의 사회적 기풍 때문에 관리가 되기는 어려웠다. 당나라 말기는 군벌이 할거하고 전란이 빈번한 시대였다. 이때 이극용李克用이 진양 지역을 점거하여 군벌로 행세했다. 그는 지략이 뛰어난 인물이었으며 그의 아들 이존욱李存勗도 매우 유능한 인재였다. 풍도는 아마도 이런 점을 간파하고 이존욱에게 몸을 의탁하여 앞날을 기약했을 것이다. 그 전에 풍도는 먼저 고향에서 가까운 유주에서 말단 관리를 지냈다.

당시 유주의 군벌 유수광劉守光은 잔악하기로 유명했다. 살인을 다반사로 저질렀으며 부하들도 말 한마디만 잘못하면 가차없이 목을 베었다. 한번은 유수광이 역주와 정주를 공격하려는 것을 풍도가 감히 말렸다. 결국 유수광의 성미를 건드려 그는 하마터면 목숨을 잃을 뻔했지만 사람들의 호소로 옥에 갇히는 데 그쳤다.

이 일화를 보면 그때만 해도 풍도가 꽤 정직한 인물이었음을 알 수 있다. 그 후 풍도는 다른 사람의 도움으로 감옥을 탈출하여 태원으로 가 진晉의 대장군 장승업張承業에게 몸을 의탁했다. 그리고 곧 장승업의 추천으로 이존욱의 측근이 되었다. 풍도는 이때

부터 본격적인 관리의 길을 걷게
된다.

처음에 풍도는 진왕부의 서
기를 맡아 각종 정치문서와 군사
우편을 책임졌다. 얼마 후 이존욱
은 주온朱溫이 세운 후량後梁의
부패상을 보고 공격을 준비했다.
마침내 진왕 이존욱의 군대와 후
량의 군대가 황하 양편에서 대치
하여 매우 잔혹하고 격렬한 전투
가 벌어졌다. 이때 풍도는 이존욱
의 총신으로서 솔선수범하여 근
검한 생활태도를 보였다. 기록에

장종 이존욱　장승업이 병사하자 제위에
올라 후량을 멸하고 후당 왕조를 열었다

따르면 그는 군영 안에 자그마한 초가집을 짓고 침상도 없이 풀더
미 위에서 잠을 잤다고 한다. 그의 이런 태도는 당연히 바람직한 것
이었다.

풍도는 왕과 신하 사이의 갈등을 해결하는 데에도 솜씨가 있
었다. 후량의 군대를 격파했을 때, 진왕의 군대는 군량미가 매우 부
족했다. 진왕 이존욱의 수행병이 너무 많아 그들을 다 먹이기가 벅
찼기 때문이다. 대장군 곽숭도郭崇韜가 이존욱에게 말했다.

"식량이 부족합니다. 수행병을 좀 줄이실 수 없습니까?"

이존욱이 발끈하여 말했다.

"날 위해 목숨을 바치는 자들에게 밥도 못 먹이면서 어떻게
대장군 노릇을 한단 말이냐?"

곽숭도가 기가 질려 더 이상 아무 말도 못 하고 있는데 풍도가 옆에서 말을 거들었다.

"군량미가 정말로 부족하다면 곽숭도가 이렇게 말하는 것도 다 대왕을 위한 일편단심입니다!"

그의 이 한마디로 험악했던 분위기가 금방 가라앉았다.

그러나 이존욱은 후량을 멸하고 후당後唐을 세우고 나서 오직 귀족 출신만을 중시할 뿐, 풍도처럼 배경 없는 이들은 돌아보지 않았다. 이때 풍도는 관리로 있었지만 부친의 부음을 받았을 때, 걸어서 집으로 돌아갔고, 돌아가서 본 집안 형편은 궁색하기 이를 데 없었다. 그는 장종莊宗 이존욱이 피살되고 명종明宗이 즉위한 후에야 다시 조정의 부름을 받았다. 명종은 이존욱의 예를 교훈 삼아, 문재文才들을 중용해 나라를 다스리고자 했다. 풍도는 그제야 재상에 임명되어 입신하게 되었다.

재상으로 있던 7년간, 풍도는 몇 가지 훌륭한 일을 수행했다. 하루는 명종이 신하들에게 그 해의 농사가 잘되었는지를 물었다. 신하들은 대부분 듣기 좋은 소리만 떠들어댔지만 풍도는 명종에게 이야기 하나를 고해 올렸다.

"제가 진왕부에 있던 시절, 업무차 하북 중산에 간 일이 있습니다. 도중에 정형을 지나게 되었지요. 그곳이 원래 험하기로 유명한지라 무척 조심스레 말을 몰았습니다. 그런데 웬일인지 정형을 지나 평지에 이르러서 말에서 굴러떨어졌습니다. 하마터면 죽을 뻔했지요. 저는 그제야 깨달은 바가 있었습니다. 어느 곳에서나 조심해야 하며, 어느 때라도 미리 준비해야 한다는 것을 말입니다. 국가의 대사도 이에 비춰볼 수 있습니다. 오곡이 풍성하고 태평성대라고 해서 지나치게 낙관하시면 안 됩니다. 또한 부지런하고 성실하시되, 방종하거나 향락을 좇아서는 안 됩니다. 이것이 저희 신하들의 희망입니다!"

또 한번은 명종이 풍도에게 직접 물었다.

"요즘 백성들의 생활이 어떠한가?"

풍도는 이 기회에 충언을 올렸다.

"농민은 곡식이 귀해도 배를 곯고, 곡식이 흔해도 피해를 봅니다. 이것이 보편적인 이치입니다. 당나라 시인 섭이중聶夷中은 「상전가傷田家」라는 시에서 '2월에는 새 명주실을 팔고, 5월에는 햇곡식을 파네. 눈앞의 종기를 고치려다가 마음속 살을 도려내었네. 원컨대 임금의 마음이여, 반딧불로 바뀌소서. 비단방석 비추지 말고 텅빈 농가를 비추소서' 라고 했습니다."

명종은 명시라고 거듭 감탄하고 그것을 기록하게 하여 늘 낭송했다.

나중에 명종이 세상을 떠나고 그의 아들 이종후李從厚가 왕위를 이었다. 이때부터 풍도는 정직한 기풍을 잃고 자리 보전에 급급한 전형적인 관리로 돌변했다. 명종이 죽은 지 4개월이 채 안 되어 종씨인 이종가李從珂가 군사를 일으켜 왕위를 찬탈하려 했다. 이 소식을 들은 이종후는 신하들에게도 알리지 않고 부랴부랴 이모부 석경당의 군대에 몸을 맡겼다. 이튿날 아침, 조정에 나온 풍도와 다른 대신들은 왕의 자취를 찾을 길이 없었다. 그들은 그제야 이종가가 난을 일으켜 도읍으로 쳐들어온다는 소식을 접했다. 이때 풍도는 실로 상식에서 벗어난 예상 밖의 태도를 취했다. 그는 본래 명종의 은덕을 입어 미천한 처지에서 일약 재상으로 임명되었다. 원칙

대로라면 이때야말로 그가 명종의 큰 은혜에 보답해야 할 시점이
었다. 게다가 이종가의 반란은 대역무도한 죄에 속했다.

　그러나 풍도는 그런 점은 전혀 안중에 두지 않고 이종가와 이
종후를 비교했다. 이종가는 대군을 갖고 있는 데다가 성격이 고집
불통이었다. 이에 반해 이종후는 어린애에 불과하고 즉위 후 아직
도 실권을 장악하지 못하고 있었다. 게다가 성격까지 너무 온화하
고 유약했다. 한참 주판알을 퉁긴 뒤, 그는 결국 백관百官을 거느리
고 이종가를 영접하기로 결정했다. 풍도는 재상으로서 모든 관리
들 중 으뜸의 권위를 갖고 있었다. 또한 일부 관리들은 그가 직접
선발한 자들이었다. 그래서 대부분의 관리들은 그의 결정에 감히
토를 달지 않았다. 하지만 정직한 몇몇 관리들은 가만히 있지 못했
다. 제일 먼저 항의한 사람은 중서사인中書舍人 노도盧導였다.

　"천자가 엄연히 살아 계신데 신하들이 어떻게 다른 자를 황제
로 모신단 말이오? 우리는 마땅히 천자가 계신 곳에 가야만 하
오!"

　승상 이우李愚 등도 목소리를 높였다. 그러나 풍도는 대신들
에게 정세를 정확히 직시할 것을 요구하며 자신의 의견을 고집했
다. 그래서 대다수 신하들은 어쩔 수 없이 풍도를 따라 낙양 교외로
나가 이종가를 영접했다. 이렇게 해서 풍도는 구 왕조의 원로 중신
의 신분에서 다시 새 왕조의 개국공신으로 변신했지만 이종가는
그를 믿지 못했다. 이종가는 그를 중용하지 않고 지방의 관리로 전
출시켰다. 나중에 지나치다 생각하여 다시 낙양으로 불러들이긴
했지만 역시 실권이 별로 없는 한직에 임명했다.

　오래지 않아 석경당과 이종가 사이에 분쟁이 일어났다. 석경

당은 명종의 복위를 명분으로 내세워 이종가를 타도하려 했지만 군사력이 빈약하여 어려움이 많았다. 하지만 석경당도 제위 찬탈을 위해서라면 물불을 가리지 않는 인물이었다. 그는 거란에 사신을 보내 거란의 맹주 야율덕광에게 원조를 청했다. 석경당이 내건 조건은 세 가지였다. 만약 일이 성사되면 첫 번째, 거란을 섬길 것이며 두 번째, 석경당 스스로 아들이라 칭하여 야율덕광을 공경할 것이며 세 번째, 안문관 이북의 땅을 거란에 바치겠다고 제의했다. 마침 중원 진출의 야심을 품고 있던 야율덕광은 쾌히 승낙하고 추석 이후에 지원군을 보내기로 약속했다. 결국 거란의 지원으로 석경당은 이종가를 격파시키고 중국 역사상 가장 악명 높은 '아들 황제'가 되었다.

명종 시대의 복권을 호소했던 석경당은 황제가 된 후, 명종 때의 관리들을 대거 복귀시켰다. 풍도도 다시 재상에 임명되었다. 이종가를 섬긴 풍도의 과거 전력을 석경당이 어떻게 생각했는지는 알려져 있지 않다. 아마도 풍도가 이종가에게 중용되지 않았다는 이유로 죄를 묻지 않은 듯하다.

석경당이 황제가 된 뒤에 맞은 첫 번째 어려움은 야율덕광과의 약속을 지키는 것이었다. 만약 지키지 않으면 왕조 전체가 위험에 빠질 수 있었다. 그렇다고 해도 석경당이 '아들 황제'로서 거란에 황제와 황후의 존호를 바치는 것은 그야말로 치욕스러운 일이었다. 기록에 따르면 조서의 작성을 맡은 관리의 '안색이 변하고 부들부들 손을 떨었고' 끝내 '눈물을 흘렸다'고 한다. 거란에 책봉사절을 보내는 것은 더더욱 수치스럽고 위험이 따르는 일이었다. 석경당은 재상 풍도를 보내고자 했다. 재상을 보내야 더 정중해

야율덕광耶律德光 요遼나라의 태종

보이리라 여겼던 이유도 있었지만, 무엇보다 풍도가 노련했기 때문이다. 단지 그는 풍도가 거절할 것이 걱정스러웠다. 그런데 뜻밖에도 풍도가 군소리 없이 명령에 따르자 석경당은 정말 뛸 듯이 기뻐했다.

사실 풍도는 나름대로 계산이 있었다. 풍도는 자신이 야율덕광과 잘 사귀어놓아야만 석경당 아래서 온전히 자리보전을 할 수 있음을 잘 알고 있었다. '아버지 황제'만 잘 구슬리면 '아들 황제'는 문제도 아니었다. 이런 점에서 볼 때, 확실히 풍도는 부귀를 오래 누리는 데 있어서 노회한 인물이었고, 배짱과 식견을 갖춘 인물이었다.

풍도는 자신의 외교 임무를 지극히 원만하게 처리했다. 거란에 두 달 가량 머물면서 그는 몇 차례 충성도를 시험당했다. 야율덕광은 이 노인이 충성스럽고 믿을 만하다고 여기고 되돌려보내려 했다. 그런데 놀랍게도 풍도는 야율덕광에 대한 충성심을 거듭 호소하고 거란에 계속 머물고자 했다. 야율덕광은 그럴수록 그를 되돌려보낼 마음을 굳혔다. 그가 석경당 곁에서 자신을 위해 일해줄 것을 원했기 때문이다. 계속해서 돌아가길 종용하자 풍도는 그제야 마지못한 듯 짐을 꾸렸다.

거란에서 돌아온 풍도는 한마디로 전성기를 맞았다. 석경당조차 그의 비위를 맞춰야 했다. 석경당은 그에게 병권을 넘기고, 그것도 모자라 노국공魯國公의 작위를 내렸다. 자신의 시대가 끝날 때까지 석경당은 더할 나위 없이 풍도를 총애했다.

석경당의 후진後晉 정권은 겨우 10여 년 만에 국운이 기울었다. 후진 개운開運 3년에 야율덕광은 30만 대군을 이끌고 남하하여 변경汴京을 점령했다. 거란이 곧 중원을 평정하리라고 생각한 풍도는 곧바로 양등을 떠나 야율덕광에게 투신했다. 그는 야율덕광이 틀림없이 자신을 환대해줄 거라고 생각했다. 그런데 이 북방의 이민족은 중원 사람과는 사고방식이 달랐다. 풍도를 보자마자 야율덕광은 대뜸 그가 후진에 있으면서 일을 그르쳤다고 꾸짖었다. 놀란 풍도는 급히 비굴한 웃음을 지으며 조심스러운 태도를 취했다. 야율덕광이 그에게 물었다.

"너는 왜 나를 찾아왔느냐?"

"저는 병사도 없고 땅도 없는 천한 몸입니다. 어찌 감히 뵈러 오지 않을 수 있겠습니까?"

"너는 도대체 어떻게 생겨먹은 늙은이냐?"

"어리석고 멍청하고 부덕하고 쓸모없는 늙은이입니다!"

일부러 비굴하고 바보 같은 태도로 알랑대는 풍도를 보고 야율덕광은 한참 웃어댔다. 그리고 더 이상 윽박지르지 않았다.

얼마 후 야율덕광은 중원 백성들의 도탄에 빠진 생활상을 보고 풍도에게 물었다.

"어떻게 해야 천하의 백성들을 구할 수 있겠느냐?"

기회를 놓칠세라 풍도는 짐짓 진지한 표정을 짓고 말했다.

"지금은 부처님이 세상에 와도 이 땅의 재난을 구할 수 없습니다. 오직 폐하만이 구하실 수 있습니다!"

사탕발림을 좋아하는 건 인간의 본성 가운데 하나이다. 점차 풍도를 믿고 좋아하게 된 야율덕광은 그에게 요나라의 태부太傅 자리를 맡겼다. 나중에 어떤 이가 한때 거란에 저항했던 풍도의 전력을 들춰냈을 때에도 야율덕광은 극구 그를 감싸고 돌았다.

"풍도는 그럴 사람이 아니다. 결코 그런 역모를 저질렀을 리 없으니 함부로 모함하지 마라."

거란인의 잔혹한 통치가 오래 갈 수 없음을 간파한 풍도는 곧 뒷일을 궁리하기 시작했다. 그는 온갖 방법을 강구해 거란에 투항한 한족漢族 지역을 보호함으로써 정권이 바뀌었을 때 빠져나갈 구멍을 마련했다. 그의 이런 행적에 대하여 구양수 같은 문인도 '살아남은 중국인들은 풍도를 선하다 했다'고 기록했다.

백성들의 저항에 밀려 거란인들은 중원에서 물러날 수밖에 없었다. 풍도는 거란군을 따라 항주까지 철수했다가, 거란군의 패배를 틈타 줄행랑을 쳤다. 이때 석경당의 대장군 유지원劉知遠이 정권을 탈취하여 후한後漢을 세웠다. 유지원은 민심을 안정시키기 위해 여러 세력들을 회유했는데, 풍도도 한족 지역을 보호한 공로로 태사太師에 임명되었다.

오대 시대에는 정말 눈이 어지러울 정도로 정권이 자주 바뀌었다. 후한 정권도 세워진 지 겨우 4년 만에 파국을 맞았다. 곽위郭威가 반기를 들고 도읍으로 쳐들어왔기 때문이다. 풍도는 이때 다시 옛 장기를 발휘하여 신하들을 이끌고 곽위를 맞아들였다.

그런데 몇 년 후 곽위가 병으로 죽자 그의 양자 시영柴榮이 세종世宗으로 즉위했다. 그리고 당시 지방에 할거하고 있던 후한의 후예 유숭劉崇이 거란과 결탁하여 후주를 무너뜨리려 했다. 반세기 넘게 살아온 풍도의 경험에 비춰볼 때, 후주도 오래 가지 않아 다른 왕조로 바뀔 게 분명했다. 풍도는 얼마 남지 않은 생애 마지막까지 높은 관직을 누리고 싶었다. 그때 시영은 34세의 나이로 담력과 기백이 넘쳤다. 유숭과 거란의 연합군이 습격해올 때, 신하들은 황제가 바뀌고 민심이 동요하리라 여기고 가벼운 행동을 삼갔다. 그런데 시영은 극구 전투에 직접 나아가 싸우고자 했다. 사람들은 그의 의지가 굳건한 것을 보고 말리지 않았다. 오직 풍도만이 그를 조소하며 토를 달았다. 시영이 그에게 말했다.

"과거에 당 태종은 늘 친히 출전하여 전투를 지휘했네. 설마 나라고 해서 그러지 못하겠는가?"

"폐하가 당 태종인지 아닌지 잘 모르겠군요."

풍도의 대답에 시영이 다시 말했다.

"강력한 내 병력으로 유숭과 거란의 연합군을 친다면 그건 곧 산으로 계란을 누르는 격일세. 어떻게 질 수가 있겠나?"

"폐하가 산이란 말입니까?"

풍도의 알쏭달쏭한 말에 시영은 크게 기분이 상했다. 그는 넌지시 다른 사람에게 말했다.

"풍도가 나를 깔보는구나!"

사실 풍도는 시영을 깔보지 않았다. 단지 뒤이어 들어설 왕조에서도 한 자리 하기 위해, 미리 새 주인에게 의탁할 밑천을 마련하느라 그런 것이다. 그런데 누가 알았으랴. 시영은 직접 군대를 인솔하여 고평 전투에서 유숭과 거란의 연합군을 격파했다. 이 소식은 곧 풍도의 귀에 들어왔고 드디어 시영이 개선장군이 되어 돌아왔을 때, 풍도는 기름 떨어진 등불처럼 자신감을 잃었다. 아마도 그는 자신의 판단착오를 두고 상심했던 것 같다. 고평 전투에서의 시영의 승리는 결국 그의 늙은 목숨을 앗아가버렸다.

풍도는 자기 집에서 숨을 거뒀다. 죽은 뒤 그에게는 아무 영예도 주어지지 않았다. 실로 초라한 최후였다.

위연과 마속

천리마는 늘 있지만 명마를 알아보는 안목은 늘 있는 것이 아니라는 말이 있다 인재를 알아보는 것의 어려움을 뜻하는 말이다 천하통일의 제업에서 유비가 조조에게 패한 것도 인재 활용에 있어서는 조조가 한수 위였기 때문이다 천하의 제갈량도 실패한 것이 있으니 바로 인재 활용이었다

유비는 현명한 군주였고 제갈량은 현명한 재상이었다. 이 군주와 재상은 중국 민족의 문화적인 이상으로서 의심할 여지없이 영원한 가치와 매력을 갖고 있다. 그런데 이 현명한 군주와 재상이 왜 전국을 통일하고 한나라를 계승하지 못했는지는 생각해볼 만한 문제이다. 후세 사람들도 그 점이 안타까워 탄식을 감추지 못했다. 두보杜甫는 자신의 시에서 "출병이 늦어 몸이 먼저 죽었고, 늘 영웅들을 부렸으나 옷깃 흥건히 눈물 적셨네."라고 읊었다. 안타까움과 슬픔을 잠시 뒤로 하고 이성적으로 생각해보자.

제갈량이 뛰어난 인재였던 것은 틀림없는 사실이다. 제갈량을 만나기 이전에 유비는 생애의 반을 전쟁터에서 보냈지만 변변히 머물 수 있는 영토조차 확보하지 못했다. 하지만 제갈량을 만난 뒤에는 조조曹操를 격파하고 형주에 주둔했으며, 나중에는 서천을 획득하여 나라를 세웠다. 이 과정에서 제갈량의 역할은 당연히 중요했다.

그러나 제갈량은 언제나 자기 홀로 전체 판도를 지탱한 감이

있다. 관우, 장비, 조운 등은 사실 재능보다 용기가 뛰어난 장군들이었다. 이에 비해 조조는 무수한 책사와 맹장들을 부하로 거느려 선명한 대조를 이룬다.

그렇다면 제갈량은 운이 따르지 않아 조조처럼 인재를 만나지 못한 것일까? 결코 그렇지 않다. "천리마는 늘 있지만 명마를 알아볼 줄 아는 안목은 늘 있는 것이 아니다."라는 말이 있다. 제갈량은 많은 인재들이 있는데도 그들을 잘 활용하지 못했을 따름이다. 그의 가장 큰 문제는 인재의 발견과 활용이 서툰 데 있었다. 위연魏延과 마속의 일화가 이를 증명해준다.

위연은 자가 문장文長이며 의양 사람이다. 그는 삼국시대에 전투에서 용맹을 떨쳤지만, 이보다는 억울한 최후를 당한 것으로 이름을 남겼다.

위연은 장사 지역에서 투항한 무장이었다. 제갈량은 처음부터 그가 반골 기질이 있음을 알아봤지만 유비가 만류하여 그를 죽이지 않았다고 한다. 그러나 이것은 소설가의 윤색에 불과할 뿐, 실제 역사적 사실은 그렇지 않다. 위연은 유비를 따라 남북으로 원정을 다니면서 풍부한 경험을 쌓고 명장으로서의 재능을 발휘했다. 유비가 촉 지방을 정벌하기 전에 그는 군중에서 별다른 명성을 얻지 못했다. 촉을 정벌한 뒤에도 그의 직위는 아문장군牙門將軍에 불과했다.

그런데 인재 식별에 능했던 유비가 그를 썩 마음에 들어했다. 그래서 한중왕漢中王이 되자마자 파격적으로 그를 한중을 관할하는 태수 겸 장군으로 발탁했다. 당시에 한중은 중요한 군사적 요충지로서 당연히 뛰어난 명장이 그곳을 지켜야 했다. 사람들은 그 자리를 맡을 사람은 장비밖에 없다고 생각했고, 장비 자신도 그렇게 생각했다. 그런데 무명의 하급군관이 그 자리에 올랐으니 전군이 놀라 술렁대고 뒷말이 나오는 게 당연했다.

유비도 그런 상황을 모르지 않았다. 그는 위연의 위엄을 세워주기 위해 특별히 군신들을 모아놓고 그에게 한중을 지킬 자신만의 방법을 이야기하게 했다. 먼저 유비가 그에게 물었다.

"지금 그대에게 무거운 책무를 맡겼는데, 그대는 어떻게 하려고 하시오?"

"조조가 천하를 일으켜 쳐들어오면 대왕을 위해 항거할 것이며, 10만 군대로 쳐들어오면 역시 대왕을 위해 쳐부술 것입니다."

위연의 기백에 군신들이 설복당했고, 이로써 위연은 자신의 위엄을 세웠다.

위연은 말만 번드르르한 인물이었을까? 그렇지 않다! 그는 실제로 자신이 중임을 맡을 만한 능력이 있음을 보여주었다. 그는 용맹과 지략을 겸비한 인물이었다. 조조에 맞서 북쪽을 정벌한 여러 전투에서 그는 조조의 명장 장합張郃, 왕쌍王雙, 곽회 등을 죽였다. 이 세 사람은 제갈량조차 두려워하던 이들이었다.

건흥建興 8년(231), 위연은 서정대장군西征大將軍으로 승격되고 남정후南鄭侯에 봉해졌다. 이때 위연은 여러 방면에서 원숙해졌으며 독자적으로 한몫 할 수 있는 능력을 완전히 갖췄다. 그렇다면 그는 왜 끝내 자신의 재능을 발휘하지 못하고 반란을 일으켜 목숨을 잃은 것일까?

그 원인을 규명해보면 우선, 제갈량과 성격이 맞지 않았기 때문이다. 위연은 긍지가 높은 성격이었다고 한다. 즉, 그는 다소 오만하고 다른 사람을 깔보는 면이 있었다. 그런데 제갈량은 일생 동안 신중하기로 정평이 난 인물이었다. 개척 정신이 풍부하고 위험을 무릅쓰는 건의는 잘 받아들이지 않았고, 그런 건의를 하는 이들을 계속 제지했다. 위연은 매번 제갈량을 따라 원정을 다니면서 여러 번 모험적인 의견을 제시했다. 예컨대 그는 제갈량에게 병사 만 명을 내주길 청한 적이 있었다. 그는 포중에서 출발하여 진령을 따라 동진하다가 자오에서 북으로 방향을 틀어 열흘 내에 장안을 기습하고자 했다. 그런 다음, 동관에서 제갈량의 병력과 합세하겠다는 계획이었다. 위연의 이 전략은 당시 상황에서 매우 적절했다. 차근차근 공격해 나아가는 제갈량의 방법보다 훨씬 뛰어난 전략이었다. 적의 정황과 행로, 군수품 조달 등 여러 측면을 종합적으로 분석해 짠 전략이어서 성공 가능성도 매우 높았다. 설혹 실패하더라도 원정의 근본이 흔들릴 만큼 피해가 크지는 않으리라 예상했다. 무엇보다도 성공만 하면 엄청난 의미가 있는 계획이었다.

하지만 제갈량은 허락하지 않았다. 그는 자신이 '융중대隆中對'에서 이미 제기했던, 두 갈래 노선으로 중원을 협공하겠다는 구상을 잊어버린 듯했다. 이처럼 위연의 적극적인 제안은 매번 제약을 당했으니, 그가 불만을 품는 게 당연한 일이었다. 제갈량은 편견을 갖고 위연을 대했다. 이것은 그의 커다란 실수였다.

두 번째 원인은 소인배의 중상모략이었다. 이미 제갈량이 위연에 대해 선입견을 갖고 있고 그를 믿지 않는 상황이었으므로 중상모략이 쉽게 먹혀들 수밖에 없었다. 위연을 음해한 소인배는 그와 심한 갈등이 있는 자였다. 더욱 중요한 것은 그 소인배가 제갈량과 친밀한 관계였으며 나중에 대권을 손에 쥔 인물이라는 사실이

다. 이 자는 바로 양의楊儀이다. 「비의전費禕傳」 상편을 보면 위연
과 양의 두 사람이 '서로 증오하고 매번 말다툼을 벌였다' 고 적고
있다. 그리고 두 사람을 가리켜 '물과 불의 관계였다' 고 묘사한다.
서기 234년, 제갈량은 마지막 북벌을 수행하던 중 병으로 쓰러졌
다. 자신이 오래 버티지 못하리라 직감한 그는 위연을 따돌리고 몰
래 장사長史 양의, 사마司馬 비의, 호군護軍 강유 등과 철군 문제를
논의했다. 그러면서 위연을 강등시키고 강유가 그 자리를 이으며,
혹시 위연이 따르지 않을 시엔 군대를 발동시킬 것을 결정했다.

　　제갈량이 이렇게 철군을 계획하긴 했지만 위연이 양의에 불복
하고 그 지휘를 거부하리라는 것은 누구나 짐작할 수 있는 일이었
다. 제갈량이 죽은 뒤, 양의는 쉬쉬하며 장례를 미뤘고 비의는 위연
을 찾아가 의견을 물었다. 과연 위연은 다음과 같이 반응했다.

　　"승상이 죽었다 해도 내가 있지 않소. 관속들을 시켜 장을 치
르고 내가 군을 지휘하여 적을 무찌르겠소. 한 사람이 죽었다고 어
떻게 큰일을 포기할 수 있겠소? 나 위연이 어떤 사람인데 양의에게
밀려 뒷전에 선단 말이오?"

　　비의가 제갈량의 생각을 잘 설명해줬다면 위연이 지시에 따를
가능성도 꼭 없지는 않았다. 아무튼 곧 위연과 양의가 대립하면서
촉나라 군대는 한바탕 혼란에 휩싸였다.

　　전략에 있어서는 누가 옳고 그른지는 문제가 되지 않는다. 그
러나 양의는 제갈량의 시신을 확보하고 왕이 하사한 보검을 지녔
던 까닭에 그 자체로 정당성이 있었다. 이에 반해 위연은 반란군의
괴수로 몰렸다. 하지만 양의의 위연에 대한 태도와, 그가 나중에 보
인 행태를 관찰한다면 어렵지 않게 그의 사리사욕과 야심을 확인

할 수 있을 것이다.

마대馬岱가 위연의 머리를 베어 바쳤을 때, 양의는 발로 밟으며 말했다.

"어리석은 놈, 다시는 악행을 저지를 수 없겠구나."

사람의 본심은 끝까지 지켜봐야 알 수 있다. 위연을 죽여 정의로운 기개를 떨친 양의는 바로 성도로 돌아왔다. 그는 큰 공을 세운 자신이 마땅히 제갈량을 이어 정권을 잡아야 한다고 생각했다. 그러나 그는 중군사中軍師라는 높지도 낮지도 않은 관직에 임명되었다. 화가 머리끝까지 치민 양의는 후회하며 말했다.

"승상이 죽었을 때, 군대를 일으켜 위연을 따를 걸 그랬구나. 이제는 후회해도 돌이킬 수 없게 되었다."

이 말 속에서 국가에 대한 충성심을 어디 한 점이라도 찾아볼 수 있겠는가!

위연은 제갈량이 죽은 뒤, 일시적인 충동 때문에 대세를 그르쳤다. 하지만 우리는 여기에서 논공행상이나 처벌의 문제를 논하려는 게 아니다. 문제는 위연이 반란을 일으키지 않을 수도 있었으며, 그렇게 된 원인은 전적으로 제갈량의 실책이었다는 데 있다. 그는 위연을 제대로 활용하지 못했으며, 위연 역시 제갈량 밑에 있으면서 자신의 재능을 다 발휘하지 못한다고 생각했다. 인재 활용의 차원에서 제갈량은 조조에 비해 한참 뒤처졌던 것이다.

마속을 참수한 사건에서도 제갈량의 잘못된 인재 정책을 발견할 수 있다. 우리는 제갈량이 눈물을 흘리며 마속의 목을 벤 이야기에서 아끼는 부하를 죽일 수밖에 없는 상관의 안타까운 심정 속에 그가 얼마나 법 적용에 엄격했던가 하는 측면만 보곤 했다. 혹은 자신을 최대한 낮춰 반성하는 그의 정신에 감동하기도 했다. 하지만 우리는 제갈량이 마속을 죽이지 않을 수도 있지 않았을까 혹은 공을 세워 죄갚음을 하게 하거나 전투 경험을 갖춘 대장으로 육성할 수도 있지 않았을까 하는 의문을 품어볼 수도 있을 것이다.

장점을 살려주고 단점을 피하는 것, 이것은 인재 활용의 중요한 비결이다. 역사서를 보면 마속은 실제로 전투를 지휘하는 것보다 참모 역할에서 장점을 발휘했다. 제갈량은 그의 지략을 높이 평가했다. 어떨 때는 단둘이 이야기하느라 밤을 지새우기도 했다. 서기 225년, 제갈량은 대군을 일으켜 남쪽 정벌에 나섰다. 그는 마속의 건의를 채택하여 맹획孟獲을 일곱 번 사로잡고 남서 지역을 평정했다. 사실 마속의 결점을 가장 잘 알고 있었던 사람은 유비였다. 그는 임종을 앞두고 제갈량에게 간곡히 당부했다.

"마속은 과장이 심하니 크게 쓸 수 없는 인물이오. 그대는 이 점을 잘 살피시오."

당시 유비는 영안에 군대를 주둔시키고 있었다. 그는 제갈량을 불러 뒷일을 부탁하면서 특별히 마속의 문제를 거론했다. 인재 활용의 측면에서 유비의 안목이 제갈량보다 훨씬 뛰어났음을 알 수 있는 부분이다. 그러나 제갈량은 그 일을 까맣게 잊어버렸다. 만약 제갈량이 유비의 유언을 명심하여 마속을 참모로만 활용했다면, 그래서 그를 장군으로 임명하지 않았다면, 마속은 분명 자신의 장점을 살려 참모의 역할을 훌륭하게 수행했을 것이다. 하지만 제갈량은 처음 기산으로 출병하면서 위연, 오의吳懿 등 전투 경험이 풍부한 노장들을 제쳐놓고 굳이 마속을 선봉장으로 기용했다. 그는 사람들의 반대에도 아랑곳하지 않았다. 마속의 장점을 버리고 단점을 취하는 악수를 둔 것이다. 결국 촉나라 군대는 수송의 요충지인 가정을 잃고 말았다.

읍참마속의 핵심적인 문제는 다음과 같다. 마속은 처음 선봉장을 맡아 가정을 잃었다. 확실히 응분의 책임을 져야 했다. 하지만 굳이 그를 죽여야만 했을까? 실패의 원인은 마속에게만 있지 않았다. 인재 활용을 잘못한 제갈량에게도 책임이 있었다. 그 당시 한 번의 패배로 마속을 죽이는 것에 대해 많은 신하들이 찬성하지 않았다. 그를 죽일 것이냐, 공을 세우게 하여 죄갚음을 시킬 것이냐로 매우 격렬한 논쟁이 벌어졌다. 그 중에서도 장완蔣琬은 다음과 같이 말했다.

"천하를 아직 평정하지 못했는데 똑똑한 책사를 죽이는 것은 너무나 아까운 일입니다."

장완은 마속에게 다시 기회를 줄 것을 주장했다. 그때 상황에서 매우 적절한 방법이었다. 그러나 제갈량은 다시 한번 사람들의 반대를 무시하고 마속의 목을 베었다. 그가 마속을 죽이면서 눈물을 흘렸다고는 하지만, 사실 그가 눈물을 흘렸건 안 흘렸건 그것은 별개의 문제이다. 그보다 중요한 것은 10만의 군사들도 눈물을 흘렸다는 사실이다. 그들이 눈물을 흘린 이유는 마속을 존경하고 그의 죽음을 안타까워했기 때문이다.

그러면 다시 한번 생각해보자. 그런 상황에서 한 장수를 죽임으로써 군기를 엄격히 세울 수 있었을까? 또한 군사들의 마음을 다잡을 수 있었을까? 오히려 그들의 사기를 꺾지는 않았을까?

제갈량이 마속을 죽인 사건을 두고 역대로 다양한 견해가 제기되어왔다. 진晋나라 사람 습착치習鑿齒의 의견은 이러했다.

"제갈량이 천하를 통일하지 못한 건 당연한 일이었다. 촉나라는 궁벽한 지역이라 인재가 적었는데도 영웅을 죽이고 변변찮은 이들만 등용했다. 엄격한 법 적용이 인재보다 우선했으니 어떻게 대업을 이룰 수 있었겠는가? 인재를 가려 그릇에 따라 임무를 나눠주지 못했고, 선황제의 유언을 어겨 중원 땅을 잃었다. 게다가 유익한 인재를 죽인 건 더욱 그릇된 처사였다."

마속이 죽을 때 나이 겨우 38세였다. 당시 촉나라의 문무신 가운데 그는 얻기 힘든 최상급의 인재였다. 그런데 맘껏 활약할 기회 한 번 얻지 못하고 비명에 가고 말았으니 정말 애석한 일이 아닐 수 없다.

그전에 제갈량은 단 한 번도 장군의 목을 벤 적이 없었다. 아마도 마속의 죽음은 제갈량의 능력이 쇠퇴했음을 알려주는 징표인 듯하다. 확실히 그는 촉 지방을 점령하던 때의 날카로운 기풍이 많이 꺾인 상태였다. 유비가 맡긴 대업을 끝내 완성할 수 없으리라는 것은 이미 예고되었던 것 같다.

사람들 중에는 변화될 가능성이 있는 인재도 있고, 그렇지 못한 인재도 있다. 일반적으로 지식인이 전자에 속하고 무식한 사람이 후자에 속한다. 지식인은 비교적 우수한 자각능력으로 다양한 역할과 환경에 빠르게 적응한다. 물론 개개인의 천성은 쉽게 바뀌지 않지만 기민한 적응력으로 천성의 부족함을 보완할 수 있다. 반면에 무식한 사람은 타고난 성품을 고치기가 극히 어렵다. 그래도 그 중에 재능이 뛰어난 몇몇 사람은 잘만 활용하면 특출난 성과를 거두기도 한다. 마속은 유생이어서 약점을 고칠 수 있는 여지가 많았고, 위연은 지식이 짧은 무장이어서 그럴 수 있는 여지가 적었다.

그러나 그들은 본래 뛰어난 재능의 소유자였다. 제갈량이 적절히 활용하기만 했다면 그들은 큰 인재가 될 수 있었다.

강유는 제갈량이 정한 후계자였다. 그러나 장군으로서의 그의 재능은 위연보다 못했고, 책사로서의 재능은 마속에게 미치지 못했다. 훗날 촉나라의 멸망에 얽힌 사실들이 이를 증명해준다. 강유의 재능은 기껏해야 부장副將 정도에 지나지 않았다. 제갈량은 이런 사람을 국가의 기둥으로 삼아 위험을 초래하고 말았다.

제갈량은 사람이지 신이 아니었다. 현명한 사람이라도 많은 생각 끝에 한 가지 실수를 할 수 있고, 우둔한 사람이라도 역시 많은 생각 끝에 한 가지 얻는 것이 있다고 한다. 사실 제갈량의 실수는 결코 이상의 사례에만 그치는 것이 아니었다.

안영

안영룡嬰은 전국시대 제나라의 유명한 재상이다. 소박하고 겸손했던 그는 고기를 좋아하지 않았으며 첩에게 비단옷을 입히지 않았다. 정치에 있어서는 사려 깊고 과단성이 있었으며, 정책이 분명하여 백성들이 쉽게 따를 수 있었다. 게다가 학문이 깊고 언변도 거침이 없었던 그는 세상의 추이에 밝아 시대 조류에 순응할 줄 알았다. 영공靈公, 장공莊公, 경공景公 세 군주를 연이어 보좌하여 제나라의 전성기를 이뤘으니, 그는 실로 진정한 재상의 재목이었다.

나중에 장공은 뻔뻔스럽게도 대신인 최저崔杼의 처와 간통을 저지르다가 최저의 손에 죽임을 당했다. 장공이 최후를 맞은 곳은 바로 최저의 집이었다. 안영은 이 소식을 듣자마자 그 집을 찾아가 대문 앞에 섰다. 이때 그의 하인이 물었다.

"대인께서는 군주를 위해 죽으시렵니까?"

안영이 대답했다.

"나 혼자만의 군주더냐? 내가 왜 죽겠느냐?"

"그러면 도망치시렵니까?"

"내 죄가 아닌데 왜 도망치겠느냐?"

"그것도 아니면 댁으로 돌아가시렵니까?"

"군주가 이미 죽었는데 어떻게 집에 돌아갈 수 있겠느냐? 백성을 다스리는 자는 백성 위에 군림하려고만 해서는 안 되니, 국가 대업을 근본으로 삼아야 한다. 그리고 군주의 신하된 자는 먹고 살 것만 챙겨서는 안 되니, 사직을 보필하는 것을 근본으로 삼아야 한다. 따라서 군주가 사직을 위해 죽었다면 그 신하는 군주를 위해 죽어야 하고, 군주가 사직을 위해 도망쳤다면 그 신하는 군주를 위해 탈출해야 한다. 하지만 군주가 사사로운 일 때문에 죽었다면 군주의 총신이 아니고서야 누가 그를 위해 죽겠느냐? 하물며 신하가 군주를 증오하여 살해했는데 내가 왜 죽으며, 왜 도망치겠느냐? 또한 어떻게 집에 돌아갈 수 있겠느냐?"

그때 장공의 시신은 아직도 최저의 집안에 있었다. 안영은 시신을 보여달라고 요구했다. 곧 대문이 열렸고 안으로 들어온 안영에게 최저가 말했다.

"당신은 왜 죽지 않는 거요?"

"이번 사건이 일어났을 때 나는 그 자리에 없었소. 그리고 끝나고 나서도 나는 아무것도 모르고 있었소. 그런데 왜 내가 죽어야 한단 말이오? 군주를 따라 죽는 것을 고상하다고 하는 자는 결코 군주를 보전할 수 없으며, 군주와 함께 죽는 것을 덕이라 여기는 자는 결코 공을 이룰 수 없다고 들었소. 설마 내가 군주의 노예도 아닌데, 스스로 목을 매어 군주의 뒤를 따르란 말이오?"

말을 마치고서 안영은 왼쪽 소매를 걷어올리고 머리에 흰 베를 매었다. 그리고 자리에 주저앉아 다리 위에 장공의 머리를 올리고 곡을 하기 시작했다. 곡을 마친 안영은 몸을 일으켜 세 번 껑충껑충 뛴 다음 최저의 집을 빠져나왔다. 사람들은 최저가 안영을 죽일 거라고 생각했지만 뜻밖에도 최저는 그가 백성들의 존경을 받고 있으므로 놓아주어야만 민심을 얻을 수 있다고 말했다. 그래서 안영은 겨우 목숨을 건질 수 있었다.

오랫동안 군주를 지낸 제나라 경공은 초기에는 패업을 이루고자 했지만 뜻이 좌절되자 의기소침하여 생활도 문란해지고 정치도 부패에 빠졌다. 한번은 그가 안영에게 물었다.

"자네는 늘 저잣거리를 다니니 어떤 물건이 귀하고 흔한지 잘 알겠군."

안영이 대답했다.

"용踊이 귀하고 신발이 흔합니다."

용이란 발을 잘린 사람이 사용하는 의족을 가리킨다. 당시 경공이 마구 형벌을 내리는 바람에 월형을 시행하는 일이 잦았다. 안영은 이를 빌려 경공을 깨우치려 한 것이다.

또 한번은 경공이 이렇게 물었다.

"나라를 다스리는 데 있어 걱정해야 할 것이 무엇인가?"

안영의 대답은 뜻밖이었다.

"가장 걱정해야 할 것은 지신묘地神廟의 쥐입니다."

"그게 대체 무슨 소리인가?"

"지신묘는 토지신을 모시는 곳입니다. 안에 통나무로 뼈대를 세우고 바깥은 진흙을 발라 짓는 건물이지요. 그런데 그 안에 사는 쥐를 퇴치하기가 여간 성가신 일이 아닙니다. 연기를 피워 몰아내

자니 나무가 탈까 두렵고, 물을 부어 몰아내자니 장식이 훼손될까 두렵지요. 결국 쥐를 죽이지 못하는 건 그곳이 지신묘이기 때문입니다. 이런 사정은 나랏일에도 똑같이 적용됩니다. 임금 곁에 있는 간신이 바로 그런 쥐입니다. 그들은 안에서는 사람들의 이목을 어지럽혀 군주를 기만하고, 밖에서는 권세를 과시하며 백성들을 억압합니다. 그들을 몰아내지 않으면 분명 나라의 기강이 어지러워질 겁니다. 그러나 그것은 쉬운 일이 아닙니다. 그들을 심복으로 여기는 임금이 극구 제지하기 때문이지요. 따라서 그들이야말로 지신묘의 쥐 같은 존재입니다."

안영이 다시 말했다.

"어떤 술장수가 있었다고 합니다. 그는 특별히 깨끗한 그릇에 술을 담고 술집 앞에 높은 기를 세워 손님들을 끌었지요. 그런데 술이 다 쉴 때까지 아무도 술을 사러 오지 않았습니다. 술장수는 이게 무슨 까닭인지 이웃에게 물었습니다. 그 이웃은 이렇게 대답했지요. '자네 집 개가 너무 사나워서 그렇다네. 손님이 가게에 들어가려고만 하면 그놈의 개가 달려들어 물어대니 누가 무서워서 술을 사러 오겠나?' 나라에도 이런 사나운 개가 있습니다. 바로 임금 곁에서 정권을 쥐고 있는 소인배들이지요. 이들은 덕과 학문을 갖춘 선비가 임금을 도우려 하면 와락 달려들어 그를 물어버립니다. 그리고 자신들의 얼토당토않은 말을 짖어대지요. 이것이 나라의 사나운 개가 아니고 또 무엇이겠습니까? 임금 곁의 신하가 쥐이고, 정권을 쥔 소인이 개인데 임금이 어떻게 속지 않을 수 있으며, 나라가 어떻게 걱정이 없을 수 있겠습니까?"

안영은 군주에게 간하는 데 능숙한 인물이었다. 어떨 때는 하루에 세 번이나 경공의 과실을 지적한 적도 있었다. 이것이 바로 중국 역사에서 유명한 ‘일일삼과一日三過’이다.

한번은 경공이 공부公阜를 순시하다가 자신의 제나라 땅을 바라보며 탄식했다.

“아! 옛날 사람들은 영원히 죽지 않았다고 하는데 어떻게 그럴 수 있었을까?”

안영이 말했다.

“제가 듣기로는 그 옛날 조물주는 사람의 죽음을 좋은 일로 여겼다고 합니다. 인의로운 사람에게 죽음은 영원한 안식이며 불의한 사람에게 죽음은 영원한 형벌이지요. 만약 옛날 사람들이 불사의 몸이었다면 우리 제나라의 정공丁公, 태공太公은 아직도 나라를 다스리고 있을 것이며, 환공과 양공은 그 두 분을 보좌하고 있을 겁니다. 그리고 대왕은 별수없이 삿갓을 쓰고 밭이나 매고 있겠지요. 대왕은 어째서 한가하게 죽음 따위나 걱정하고 계십니까?”

이 말을 들은 경공은 단박에 성이 나서 안색이 바뀌었다.

얼마 지나지 않아 양구거梁丘据가 말 여섯 필이 끄는 마차를 타고 바람같이 달려왔다. 경공이 물었다.

“저 자는 누구인가?”

“양구거라고 합니다.”

“자네는 보지도 않고 어떻게 아는가?”

“이 찌는 여름에 저렇게 빨리 마차를 몰면 말이 죽거나 다치게 마련입니다. 양구거가 아니면 누가 그럴 수 있겠습니까?”

양구거는 당시 경공이 총애하던 신하였다. 경공은 그가 무슨 짓을 해도 죄를 묻지 않았다. 그래서 안영은 이렇게 말한 것이다.

“양구거는 나와 마음이 가장 잘 맞는 사람이네.”

“임금과 신하가 마음이 잘 맞는다는 건 임금이 달다 하면 신하는 시고, 임금이 싱겁다 하면 신하는 짠 것을 말합니다. 서로 보완하여 완전을 기하는 것이지요. 양구거는 임금이 달다 하면 자기도 달다면서 임금을 떠받들 줄만 아는 자입니다. 그런데 어째서 마음이 잘 맞는다고 하십니까?”

경공은 안영이 일부러 자신을 꼬집고 있다는 걸 깨닫고 또 한 번 안색이 변했다.

잠시 후 날이 어둑어둑해졌다. 경공은 서쪽 하늘에 혜성이 떨어지는 것을 보자 이를 불길하게 여겨 대신 백상伯常을 불러 제사를 지내게 했다. 혜성의 출현이 불러올 재난을 방지하기 위해서였다. 안영이 이를 막으며 말했다.

“안 됩니다. 이것은 하늘의 뜻입니다. 해와 달을 둘러싼 구름의 변화, 심상치 않은 비바람, 혜성의 출현 등은 모두 조물주가 불경한 자들을 경고하고 세상 사람들을 일깨우기 위해 사용하는 흉조입니다. 대왕께서 문치를 장려하고 신하들의 권고를 받아들여 덕의 정치를 널리 펴신다면 제사를 안 지내도 혜성은 자연히 사라질 겁니다. 그러나 지금 대왕께서는 음주가무만 즐기시며 조정은 돌보지 않으시고 간신배들을 가까이 하고 예의와 법을 멀리 하십니다. 게다가 현명한 선비들도 다 배척하고 계십니다. 이런 마당에 혜성을 돌아볼 겨를이 어디 있습니까? 혹시 제사로 혜성을 없애실 수 있다 하더라도 금방 새로운 혜성이 나타날 겁니다.”

경공은 너무 화가 나서 안색이 새파래졌지만 아무 말도 하지 못했다.

나중에 안영이 죽었을 때, 그 부음을 들은 경공은 등을 돌린 채 눈물을 흘리며 말했다.

"아! 예전에 내가 선생과 공부에 갔을 때 선생은 하루에 세 번씩 나의 잘못을 꾸짖었다. 이제는 누가 날 바로잡아줄 것인가?"

경공은 결점이 많은 인물이었지만 후대의 어떤 왕도 따라가기 힘든 장점을 한 가지 갖고 있었다. 그는 안영이 아무리 자극적인 방법으로 자신을 꾸짖어도 기본적으로는 그것을 받아들였다. 물론 머리끝까지 화가 치밀기도 했지만 그의 목을 베려는 마음을 결코 품지 않았다.

한번은 경공이 온종일 술을 마시다가 인사불성이 되어 삼 일 동안 자리에서 일어나지 못한 일이 있었다. 걱정이 된 안영이 경공을 찾아와 말했다.

"대왕께서는 술을 너무 많이 드셔서 쓰러지셨지요?"

경공이 부끄러워하며 말했다.

"그렇소."

"옛날 사람들은 술을 마셔도 기분이 좋아지면 바로 잔을 놓았습니다. 남자건 여자건 모여서 즐기느라 일을 손에서 놓아서는 안 됩니다. 옛날에는 남녀가 한자리에 모여 다섯 차례 이상 술잔을 돌릴 경우 처벌을 받았습니다. 임금이라면 더욱 몸을 잘 돌보고 백성들의 모범이 되어야 마땅합니다. 그래야만 밖으로는 정치에 불만을 품는 자가 적어지고, 안으로는 감히 경거망동하는 자가 적어집니다. 지금 대왕은 하루 술을 드시고 삼 일간 자리보전을 하셨으니, 밖으로는 정치를 원망하는 자가 줄을 이을 것이며 안으로는 가까운 간신들이 멋대로 수작을 부릴 것입니다. 또한 대왕의 이런 행동은 법에 따라 자신을 절제하는 이들을 멋대로 행동하게 할 것이며 포상과 칭찬을 받으려고 열심인 자들을 선행으로부터 멀어지게 할 것입니다. 대왕께서 계속 이렇게 덕을 저버리신다면 백성들이 모두 상벌을 업신여길 테니 나라의 근본이 어떻게 되겠습니까? 부디 음주를 절제하십시오."

또 한번은 경공이 노나라의 장인을 불러 신발을 만들게 한 적이 있었다. 그 신발은 황금으로 만들어졌고 겉에는 은을 박아넣었으며 진주를 꿰어 매달기도 했다. 한 자 크기인 그 신발은 대단히 아름다웠다.

음력 10월 어느 날, 경공은 그 신발을 신고 조회에 나섰다. 안영이 나타나자 경공은 몸을 일으켜 그를 맞으려 했다. 그러나 신발이 너무 무거워 걸음을 뗄 수가 없었다. 그가 안영에게 물었다.

"날씨가 꽤 춥지 않소?"

안영의 훈계가 즉시 이어졌다.

"어째서 날씨의 춥고 더움을 물으십니까? 옛 성인들은 옷을 입는 데 있어서 겨울에는 가볍고 따뜻한 것을, 여름에는 가볍고 시원한 것을 따졌습니다. 그런데 지금 대왕의 신발은 추운 날에 신으면 더 춥고 무게도 보통 무거운 게 아니어서 생활의 이치에 맞지 않습니다. 노나라의 그 장인은 춥고 더움과 가볍고 무거움도 따지지 않고 그런 신발을 만들었으니, 이것이 그의 첫 번째 죄입니다. 또한 대왕을 여러 신하들 앞에서 웃음거리로 만들었으니, 이것이 그의 두 번째 죄입니다. 마지막으로, 재물을 허투루 낭비하여 백성들의 원한을 사게 했으니, 이것이 그의 세 번째 죄입니다. 청컨대 대왕께서는 그를 잡아들여 벌을 내리십시오."

경공은 과연 그의 말이 일리가 있다고 생각했다. 그러나 그 장인을 가엽게 여겨 그를 놓아주자고 말했다. 안영이 고개를 흔들며 말했다.

"좋은 일을 한 자는 상을 주고, 나쁜 일을 한 자는 벌을 주는 것이 마땅합니다."

경공은 그의 생각을 바꿀 수 없다고 여기고 입을 다물었다.

안영은 궁궐을 나와 즉시 그 장인을 잡아오게 했다. 그리고 그를 국경까지 압송하여 다시는 제나라에 오지 못하게 했다.

그 후 경공은 그 신발을 벗어던지고 다시는 감히 신지 못했다.

경공은 환락에 탐닉한 사람이었다. 그는 사람들을 시켜 서곡이라는 큰 연못을 파게 했다. 연못은 수심이 꽤 깊었고 연못가에는 높은 누각이 세워졌다. 그 누각은 대단히 화려했다. 대들보에는 용을 새기고 기둥에는 새와 들짐승을 새겼다. 경공은 알록달록한 비단으로 만든 상의에 꽃을 수놓은 흰색 하의를 입고 그곳에 머물렀다. 그야말로 온몸이 휘황찬란했다. 그가 옥이 주렁주렁 달린 허리띠를 차고 머리카락을 푼 채로 남쪽을 향해 서 있으면 얼굴 가득 오만한 표정이 드러나 보였다. 마침 자신을 찾아온 안영에게 그가 물었다.

"선생은 옛날, 관중이 환공을 보좌하여 천하를 제패했을 때, 어떤 모습이었는지 아시오?"

안영은 고개를 든 채로 아무 대답도 하지 않았다. 경공이 다시 물었다.

"아시오 모르시오?"

"옛말에 물에 익숙한 사람만이 용과 어울릴 수 있다고 했습니다. 지금 대왕은 대들보에 용을 새기고 기둥에 새와 들짐승을 새기셨지만, 이것은 누각의 장식일 뿐입니다. 패자의 사업을 이루려는 꿈은 전혀 없지 않습니까? 대왕이 오색 옷을 입고 허리에 옥을 두르신 것도 이 누각에나 어울릴 뿐입니다. 대왕은 한 나라의 왕이며 만백성의 군주이신데, 대업은 돌보지 않고 쓸데없는 일에만 매달리고 계십니다. 그런데 무슨 패자의 사업을 입에 담으십니까?”

이 말을 듣고 경공은 부끄러운 나머지 얼른 누각을 나와 안영에게 사과했다.

“양구거와 예관裔款 두 사람이 이 누각을 다 지었다고 해서 몰래 이 옷을 한번 입어보았소. 양구거와 장난을 칠 생각이었지요. 선생의 가르침을 따라 당장 가서 옷을 갈아입겠소.”

“양구거와 예관은 대왕을 미혹하여 사악함으로 이끄는 자들입니다. 대왕도 이런 사정을 모르시진 않겠지요. 나무를 벨 때 뿌리를 제거하지 않으면 반드시 새 가지가 자라나기 마련입니다. 대왕은 어째서 그 두 사람을 축출하지 않으십니까? 앞으로도 그들의 미혹에 넘어가시렵니까?”

경공은 그만 꿀 먹은 벙어리가 되었다.

그 후 경공이 아끼던 첩인 영자嬰子가 숨을 거뒀다. 경공은 그녀의 시신을 지키며 꼬박 삼 일을 아무것도 먹지도 않고 마시지도 않았다. 신하들이 만류했지만 한사코 말을 듣지 않았다.

안영이 이 일을 알자마자 경공에게 달려가 말했다.

“제가 아는 방사와 의원이 죽은 사람을 살려낼 수 있다고 합니다.”

이 말에 귀가 번쩍 트인 경공이 몸을 일으키며 물었다.

"정말 영자를 살려낼 수 있단 말이오?"

"그들의 의술이 매우 뛰어나니 한번 맡겨보시지요. 대왕께서는 목욕재계를 하시고 옷을 갈아입으십시오. 그들이 혼을 불러오는 걸 도우셔야 하니까요."

경공이 자리를 뜨자마자 안영은 즉시 사람을 불러 시체를 염하고 입관하게 했다. 일을 마무리한 뒤, 그는 경공을 찾아가 말했다.

"의원도 영자를 살릴 수 없다는군요. 그래서 시신을 입관했습니다."

곧 경공의 얼굴색이 변하여 말했다.

"선생은 의원의 말을 빌려 내게 자리를 비키게 했소. 그런데 입관을 하면서도 내게 한마디 말도 하지 않다니, 나를 허수아비 임금으로 아는 거요?"

안영이 찬찬히 대답했다.

"죽은 사람은 다시 살릴 수 없다는 이치를 대왕께서는 모르십니까? 임금이 올바르게 처신하면 백성들이 그를 따르고, 임금이 괴팍한 짓을 하면 백성들이 거역한다는 말이 있습니다. 지금 대왕께서는 사물의 이치에서 벗어나 해괴한 행동을 하고 계십니다. 또한 평소에 대왕은 과실을 지적하는 신하는 멀리 하시고 오직 비방과 악행을 일삼는 신하만 가까이 하셨습니다. 그래서 지금 이 나라는 사악한 자들이 활개를 치고 있습니다. 선왕이신 환공은 관중을 중용하신 덕택에 패자가 되셨지만 그 후 간신 수조竪刁를 총애하여 몰락하고 말았습니다. 지금 대왕은 현명하고 유능한 인재는 경시하면서 죽은 첩에 대해서는 이토록 애통해하십니다. 옛날의 성왕聖王들도 사사로운 감정에 구애되곤 했지만, 늘 적당한 선에서 그쳤지 전체 행동에 영향을 끼치지는 않았습니다. 장사를 치를 때에도 지나치게 슬퍼하지 않았죠. 지나친 슬픔은 천성을 해치기 때문입니다. 영자는 이미 관에 들어갔으니 산 사람이 더 이상 슬퍼할 필요가 없습니다. 부디 눈물을 거두시고 건강을 돌보시길 바랍니다. 대왕께서 계속 이러시면 다른 나라의 손님들이 우리나라에 오길 부끄러워할 것이며, 우리 대신들도 이 일을 부끄럽게 여길 겁니다. 그리고 혹시라도 백성들이 대왕의 그런 행실을 추종하면 어떻게 되겠습니까? 아마도 이 나라를 온전히 지킬 수 없을 겁니다. 이런 사정을 두루 살펴 행동하시기 바랍니다."

경공이 뉘우치는 어조로 말했다.

"내가 그런 이치를 몰랐구려. 지금이라도 선생의 말을 따르리다."

안영이 한 가지 당부를 덧붙였다.

"상을 치르는 것도 이 나라의 높고 낮은 관리들과 제후국 손님들의 눈을 의식하여 검소하게 하십시오."

안영이 죽은 지 16년이 지난 어느 날이었다. 신하들을 불러 함께 술을 마시던 경공은 문득 흥이 올라 활을 손에 들었다. 그런데 그가 쏜 화살이 과녁에 맞지 않았음에도 불구하고 우레 같은 환호성이 울렸다. 그 환호성은 마치 한 사람의 입에서 나오는 것처럼 일사불란했다. 경공은 갑자기 불쾌한 표정을 지으며 한숨을 쉬었다. 활과 화살도 내동댕이쳤다.

이때 현장弦章이 다가왔다. 경공이 유감스러운 어조로 그에게 말했다.

"여보게, 안영이 죽은 뒤로는 아무도 내 잘못을 지적하는 사람이 없구려."

현장이 그를 위로했다.

"대신들은 모두 기를 쓰고 대왕의 비위를 맞추고 있습니다. 대왕이 좋아하는 옷을 따라 입고, 대왕이 즐겨 드시는 음식을 따라 먹습니다. 온몸이 투명한 자벌레가 누런 음식을 먹으면 몸이 누래지고, 녹색 음식을 먹으면 몸이 파래지는 것과 같지요."

경공이 감동하여 그에게 말했다.

"자네 말이 맞네. 나는 절대로 아첨꾼의 듣기 좋은 말을 믿지 않겠네."

그는 현장에게 물고기 50수레를 상으로 내렸다.

현장이 궁궐을 나오는데 상으로 받은 물고기 50수레가 길을 꽉 메우고 있는 것을 보았다. 그가 수레 모는 사람을 잡고 말했다.

"옛날 안영이 몇 차례나 대왕의 상을 거절한 것은 바로 대왕을 돕기 위해서였네. 그래서 단 한 번도 대왕의 잘못을 눈감아준 적이 없었지. 그런데 지금은 어떤가? 대신들은 사리사욕을 채우기 위해 필사적으로 아부를 일삼고 있네. 내가 만약 이 상을 받으면 안영의 뜻을 저버리고 아첨꾼의 욕심에 영합하는 꼴이 될 걸세."

현장은 단호하게 경공의 상을 거절했다.

안영의 기풍은 심지어 그의 마부의 아내에게까지 영향을 주었다. 안영은 제나라의 재상으로서 늘 여러 나라에 사신으로 다녔다. 외국에 나갈 때마다 그는 제나라의 위풍을 과시하기 위해 의장儀仗을 웅장하게 하고 많은 시종을 두었으며 네 마리의 말이 끄는 마차에 높은 덮개를 얹었다.

안영의 마부는 높은 마차덮개 아래 앉아 득의양양하게 채찍을 휘둘렀다. 그 표정이 꼭 소인배가 뜻을 이룬 듯했다. 그는 바깥에서 뿐 아니라 집에 돌아와서도 똑같이 그렇게 우쭐거렸다. 마부의 아내는 남편이 식견도 짧고 장래성도 없음을 알고 그를 정신 차리게 하느라 여러 번 말다툼을 벌였다. 물론 그 자신은 그렇지 않다고 생각하고 예전처럼 멋대로 행동했다. 마부의 아내는 늘 문틈으로 남편이 마차를 몰고 나가는 모습을 훔쳐봤다. 그녀는 전혀 반성하는 빛이 없는 남편에게 화가 났다. 어느 날 그녀는 집에 돌아온 남편에게 절을 하며 말했다.

"제가 못 나서 귀인을 모실 수 없으니 그냥 이 집에서 나가겠어요."

놀란 마부가 아내에게 물었다.

"나는 재상의 마부로서 무서울 게 없는 몸이오. 대체 내게 무슨 불만이 있다고 그런 말을 하는 거요?"

"안영은 키가 6척밖에 안 되고 외모도 평범하지만 제나라의 재상으로 명성이 자자합니다. 그는 항상 겸손하고 조용하며 마음속에 큰 포부를 갖고 있습니다. 그런데 당신은 키가 8척에 위풍이 당당하지만 고작 시종의 몸으로 마차나 모는 처지입니다. 그런데도 진취적이기는커녕 부끄러운 줄도 모르고 매양 목을 뻣뻣이 세우고 다닙니다. 저는 당신이 아무 희망이 없는 사람임을 알았습니다. 이제 그만 당신 곁을 떠나렵니다."

마부는 그녀의 말을 듣고 부끄럽기 짝이 없었다. 그는 자신의 행실을 고치기로 마음먹었다. 그날 이후로 마부는 마차를 몰고 나갈 때마다 애써 자신을 자제하고 겸손하게 사람들을 대하여 안영의 덕을 빛냈다. 시간이 꽤 지난 뒤에야 안영이 마부에게 어떻게 된 일인지 물었다. 마부는 사실대로 고했다. 안영은 그의 아내가 평범한 사람이 아니며 마부 역시 뜻있는 사람이라고 판단했다. 그래서 마부를 제나라의 대부로 추천했다.

경공에 대한 안영의 충고는 때와 장소를 가리지 않았다. 그런데도 늘 경공의 신임을 받았다. 처벌을 받기는커녕 천수를 누렸고 죽어서도 최고의 영예를 누렸다. 그것은 오늘날의 우리가 보아도 기적 같은 일이다. 말 한 마디 실수로 목이 달아나고 멸족의 화를 입었던 많은 신하들과 비교할 때, 그는 행운아가 아닐 수 없다.

사실 안영이 견지했던 재상의 도는 부드러움으로 강함을 제압하는 것에 지나지 않았다. 그는 그저 부드럽고 온화한 방법으로 경공의 잘못된 행실을 바로잡았을 뿐이다. 더 많은 것을 시도했다면 그는 아마도 소기의 성과를 거두지 못했을 것이다.

경공의 음주와 향락은 밤낮이 없었다. 한번은 혼자 술을 마시다가 술자리를 안영의 집으로 옮긴 적이 있었다.

경공의 시종이 안영의 집 대문을 두드리며 외쳤다.

"대왕께서 납시었소!"

안영이 관복을 차려입고 문가에 서서 물었다.

"제후들에게 무슨 변고라도 생겼습니까? 아니면 나라에 중대한 일이 생겼습니까? 그렇지 않다면 대왕께서 무슨 일로 이런 야심한 시각에 저를 찾아오셨습니까?"

경공이 대답했다.

"좋은 술에 좋은 음악이 있어 선생과 같이 즐기려고 왔다네."

"자리를 깔고 제수를 차리는 일은 다 그 전담자가 있기 마련입니다. 저는 감히 거들지 못하겠습니다."

그의 말에 일리가 있다고 느낀 경공은 곧 부하들에게 명했다.

"사마 양저司馬穰苴 대장군의 집으로 가자."

양저의 집에 와서 시종이 다시 대문을 두드렸다.

"대왕께서 납시었소!"

양저가 갑옷과 투구를 갖추고 문가로 나와 물었다.

"제후들이 군사라도 일으켰습니까? 아니면 대신 중에 누가 반란이라도 일으켰습니까? 그렇지 않다면 대왕께서 무슨 일로 이런 야심한 시각에 저를 찾아오셨습니까?"

경공이 대답했다.

"좋은 술에 좋은 음악이 있어 장군과 같이 즐기려고 왔지."

"자리를 깔고 음식을 차리는 일은 전담자가 따로 있기 마련입니다. 저는 감히 모시지 못하겠군요."

이번에도 경공은 일리 있다 여기고 다시 부하들에게 명했다.

"짐이 가장 총애하는 양구거의 집으로 가자."

양구거의 집에 와서 시종이 또 대문을 두드렸다.

"대왕께서 납시었소!"

양구거는 왼손에 거문고를, 오른손에는 피리를 들고 나타났다. 그는 노래를 부르며 경공을 맞이했다. 이를 본 경공은 단박에 흥이 나서 말했다.

"좋구나 좋아. 오늘 밤 코가 비뚤어지게 마셔보세나. 안영, 양저 이 두 대신이 없으면 누가 나를 도와 이 나라를 다스리겠나? 또한 양구거 자네가 없으면 누가 나와 함께 맘껏 놀아주겠나?"

신하의 충고를 기꺼이 수용한 군주는 후대에도 많이 있었지만 경공이 안영을 대한 것처럼 그렇게 너그러웠던 이는 거의 찾아보기 힘들다. 또한 자기 잘못을 알고 고칠 수 있었던 군주는 더욱 보기 어려웠다.

고대 중국의 관직 가운데 급사중給事中은 황제의 명령의 적절함을 심사하는 벼슬이었다. 만약 어떤 명령이 적절치 않으면 그것을 기각시키는 권한도 갖고 있었다. 송나라 고종高宗 소흥紹興 연간에 이 관직을 담당했던 왕거정王居正이라는 강직한 인물이 있었다. 한번은 황제가 태의太醫에게 특별한 상을 내린 적이 있었다. 태의 왕계선王繼先이 황제의 병을 잘 치료했기 때문이다. 고종은 그의 사위를 절강浙江의 세무관으로 선발할 것을 결정했다. 하지만 고종의 명령은 왕거정에 의해 기각되었다. 화가 머리끝까지 난 고종이 재상들을 불러들여 물었다.

"자네들은 병이 나면 의원을 불러 고치지 않나?"

"당연히 그렇습니다."

"그러면 의원에게 어떻게 사례를 하는가?"

재상들은 영문을 알 수가 없었지만 아무튼 사실대로 고했다.

"술을 주기도 하고 돈을 주기도 합니다. 비단을 줄 때도 있지요. 병의 정도와 치료의 효과에 따라 상응하는 보수를 줍니다."

고종이 이 말을 듣고 목소리를 높여 말했다.

"내가 궁중에서 부리는 의원에게 맘대로 사례도 할 수 없단 말인가? 다시 명령을 내릴 필요도 없네. 자네들이 왕거정에게 말해 원래 내 명령대로 시행하도록 하게!"

재상들은 우물쭈물 자리를 물러나 왕거정에게 달려가 그를 구슬렸다.

"황제의 뜻이 이러한데 그냥 넘어가주게나. 무슨 큰일도 아니지 않나. 제발 고집 좀 부리지 말게!"

왕거정은 가타부타 말도 없이 바로 황제를 뵙기를 청했다. 그래서 고종은 그를 불러들였고, 잔뜩 성을 내며 재상들에게 했던 말을 되풀이했다. 왕거정은 조금도 두려워하지 않고 반박했다.

"의원에게 신하가 치르는 보수와 조정이 치르는 보수가 어떻게 같을 수 있습니까? 보통 사람의 집에서는 의원이 세운 공의 크고 작음에 따라 사례를 합니다. 그러나 궁궐에서는 그래서는 안 됩니다. 왕계선 같은 자들은 자기의 보잘 것 없는 재주로 황제의 녹을 받고 관리의 명예를 누립니다. 그러나 한번 실수라도 하면 무겁게는 형벌을 받고, 가볍게는 쫓겨나게 됩니다. 혹시 치료를 잘하더라도 자기 자리만 유지할 수 있으면 그만입니다. 또한 그들에게 상으로 내리는 재물은 지금도 매우 많습니다. 그런데 거기에 덧붙여 아무 이유도 없이 관직을 내리는 것은 너무나 부당합니다! 저는 폐하의 가벼운 처사를 받아들일 수 없습니다."

고종이 크게 깨달으며 말했다.

"과연 자네 말이 맞네!"

그는 곧바로 자신의 명령을 거둬들였다. 옛 사람이 말하길 인자한 군주 옆에 정직한 신하가 있다고 했다. 이것은 틀림없는 법칙인 듯하다. 그렇다면 인자한 군주란 무엇일까? 사실 다른 사람이 의견을 말하도록 허락하고, 또한 어떤 의견을 말했다는 이유로 처벌과 주살을 일삼지 않는다면 곧 인자한 군주라고 말할 수 있다.

여몽정

기나긴 중국 역사에서 지금까지 쇠털처럼 많은 관리들이 명멸했지만 약간의 흔적이라도 역사에 남긴 이는 극소수에 불과하다. 특히 명재상의 반열에 오른 이는 봉황의 깃털이나 기린의 뿔처럼 희귀하다.

그러나 중국의 역대 명재상들을 살펴보면 한 가지 공통된 특징이 있음을 알 수 있다. 그것은 바로 강직함이다. 강직한 성격이야말로 명재상이 되어 후대에 아름다운 이름을 남기기 위한 필수불가결한 조건이다. 송나라 초기의 여몽정呂蒙正이 그런 명재상이었다.

여몽정(946~1041)은 자가 성공聖功이며 하남 사람이다. 태평흥국太平興國 2년(977)에 과거에 장원급제한 뒤 좌간의대부左諫議大夫, 참지정사參知政事 등을 거쳐 조보趙普와 함께 송나라 초기의 재상이 되었다. 송나라의 개국공신이자 원로 대신인 조보는 여몽정을 매우 높이 평가했다. 그는 한때 이부상서吏部尙書로 강등되기도 했지만 나중에 다시 재상직을 되찾았다. 물자를 아낄 것을 주장하며 나라 안을 다스리는 데 힘쓰고 이웃국가들과 좋은 관계를 유지했으나 나중에 하남부河南府로 전출되었다가 진종眞宗이 즉위하자 또 한번 재상이 되었다. 송나라 건국 이래로 세 번이나 재상이 된 인물은 조보와 여몽정 두 사람뿐이었다.

개보開寶 9년(976), 송나라 태조 조광윤趙匡胤이 갑자기 숨을 거두자 이 틈을 타 태조의 동생 조광의趙光義가 태감 왕승은王承恩의 도움과 일명 '금궤金匱의 동맹'이라는 여론의 지지에 힘입어 태종으로 즉위했다. 태종의 즉위는 전통적인 부자승계의 원칙을 어겼기 때문에 적지 않은 반론을 불러일으켰다. 태종은 민심을 구슬리고 새로운 지지세력을 얻기 위해 대대적으로 과거를 시행해 인재를 끌어모았다. 태평흥국 2년, 태종은 첫 과거에서 5백 명의 급제자를 뽑았다. 일찍이 볼 수 없었던 엄청난 숫자였다. 여몽정은 바

■ 과거시험 결과를 보기 위해 모인 유생들 한漢나라 때 처음 실시된 과거 제도는 관리들에게 높은 지식과 교양을 요구하는 철인哲人정치의 이상을 실현하는 데 큰 역할을 했다

로 이 과거에서 급제한 것이다.

자신의 특수한 처지로 인해 태종은 이때 뽑힌 관리들을 특별히 중용했다. 여몽정은 장원급제자의 신분으로 감승監丞이 된 뒤, 곧 승주의 통판通判으로 승진했고 무려 20만 냥의 상금을 받았다. 이때 그는 백성의 어려운 사정을 보면 역참驛站을 통해 곧바로 황제에게 보고할 수 있는 권리를 부여받았다. 오래지 않아 그는 재상으로 발탁되었다. 이 정도로 은덕을 입었으면 되도록 황제의 비위를 거스르지 않는 것이 인지상정이었지만 여몽정은 늘 태종의 심사를 불편하게 했다.

다음의 태종과 여몽정의 대화는 역사적으로 대단히 유명하다. 어느 해 정월 대보름날, 태종은 술자리를 마련했다. 그는 대단히 기분이 좋아 보였고 여몽정 등이 자리를 함께했다. 태종은 자신이 황제로서 모든 일을 잘 처리하고 있다고 생각했다. 그는 신하들이 추켜올려주기도 전에 먼저 자신의 공적을 떠들어댔다.

"오대 시절 민생이 파탄에 이르렀을 때, 태조께서 업진에서 군사를 일으키셨네. 당시 땅에서는 화재가 빈번했고 하늘에서는 혜성이 나타났지. 사람들은 저마다 공포에 질려 다시는 태평성대가 오지 않으리라 입을 모았다네. 그런데 짐이 직접 정사를 돌보면서부터 만사가 다 순조로워졌지 않은가. 짐은 그 모든 것이 다 하늘이 내린 복이라고 생각했네. 하지만 오늘날 나라가 안정되고 백성들이 살기 좋아져서야 알게 되었네. 나라의 평안이 하늘에 달려 있지 않고 사람에게 달려 있다는 걸 말이야."

태종의 이 말은 당시의 상황에서 완전히 틀린 것은 아니었다. 하지만 황제로서 그렇게 경솔하게 자기자랑을 하는 것은 옳지 않

았다. 태종은 신하들이 맞장구를 쳐주길 바랐지만 모두들 불편한
표정만 짓고 있을 뿐 입을 열지 않았다. 이런 난처한 분위기에서 여
몽정이 일어나 말했다.

"폐하께서 계신 이 도읍은 많은 인재들과 물자가 집중된 곳입
니다. 당연히 번화해 보일 수밖에 없습니다. 하지만 도읍 밖으로 몇
리만 나가보십시오. 추위와 굶주림으로 죽는 백성들이 허다합니
다. 많은 백성들이 제대로 배를 불리지도, 몸을 녹이지도 못하고 있
습니다. 천하는 폐하께서 말씀하시는 것처럼 그렇게 태평성대가
아닙니다. 원컨대 부디 눈길을 먼 곳까지 두십시오. 교만함과 조급
함을 경계하시고 힘써 정치를 도모하신다면 그것이 곧 천하 백성
들의 복입니다."

재미가 싹 가신 태종은 단박에 표정이 일그러져 입을 다물었
고, 여몽정은 엄숙한 기색으로 자리에 앉았다. 나중에 신하들은 모
두 그가 용감하게 바른 말을 했다고 칭찬했다.

또 한번은 태종이 북방에 사신을 파견할 일이 있어 재상에게
재능 있는 인물을 물색하라고 지시했다. 여몽정이 한 사람을 추천했
으나, 태종은 그 사람이 마음에 들지 않아 반대했다. 며칠이 지나자
태종은 다시 여몽정에게 사신 문제를 거론했다. 하지만 여몽정은 또
다시 그 사람을 추천했다. 태종은 속이 부글부글 끓었다.

'조정에 사람이 없는 것도 아닌데 왜 하필 그 자만 추천하는
것일까? 일부러 날 골리려는 수작이 아닌가?'

태종이 화난 목소리로 그를 다그쳤다.

"왜 이렇게 고집을 부리는 건가?"

"고집이 아닙니다. 폐하께서는 저의 충정을 헤아리지 못하시

는군요. 이 사람은 사신이 될 만한 능력이 충분합니다. 아무도 이 사람을 능가할 수 없습니다. 저는 폐하께 영합하여 나라에 누를 끼치고 싶지 않습니다.”

황제와 신하는 둘 다 흥분한 상태였다. 그 자리에 있던 신하들은 감히 숨조차 내쉬지 못했다. 결국 태종은 여몽정의 의견을 받아들여 그가 추천한 사람을 사신으로 파견했다. 나중에 여몽정의 생각이 옳았음이 입증됐다. 사신은 무사히 임무를 수행하여 자신의능력을 발휘했던 것이다.

여몽정은 성격도 관대하고 후덕했다. 장원급제하여 태종에게 중용된 후 승주의 통판에서 중서시랑 겸 호부상서, 감수국사監修國史 등을 거쳐 재상이 되기까지 겨우 12년밖에 걸리지 않았다. 당시 그의 나이 겨우 42세였다. 다른 신하들이 그를 질투한 것도 당연한 일이었다.

여몽정이 막 조정에 발을 디뎠을 때 한 대신이 그를 손가락질하며 말했다.

“이런 어린애도 정사에 참여한단 말인가?”

그것은 그에게 커다란 모욕이었다. 당시 그가 갖고 있던 권력을 행사한다면 충분히 응징할 수 있는 사건이었다. 그러나 여몽정은 못 들은 것처럼 그 사람 앞을 쓱 지나쳤다. 그를 존경하던 동료 하나가 이 소식을 듣고 화가 나서 그 사람이 누군지 알아내려 했다. 여몽정이 급히 그를 만류하며 말했다.

“그의 이름을 알아내면 평생토록 잊을 수 없을 것 같네. 차라리 모르는 편이 낫지.”

그는 다른 사람의 악의 어린 비방과 모함에 대해서도 태연하게 처신했다. 채주의 지주知州인 장신張紳이라는 자가 있었는데, 횡령을 했다는 여몽정의 상소로 관직을 박탈당했다. 누군가 태종에게 말했다.

"장신은 집안이 부유합니다. 절대로 횡령을 했을 리가 없습니다. 이는 틀림없이 여몽정이 사사로이 장신에게 보복한 겁니다. 여몽정이 가난할 때 장신에게 돈을 빌려달라고 한 적이 있었는데, 거절당한 일로 원한을 품은 겁니다. 지금 여몽정이 재상이 되자 복수를 하려는 것이지요."

이 말을 듣고 태종은 좋은 사람이 누명을 썼는가 싶어 조사도 하지 않고 장신을 복직시켰다. 그러나 여몽정은 태종에게 아무런 변명도 하지 않았다. 시간이 지나면 사실이 밝혀지리라 믿었기 때문이다.

순화淳化 2년(991), 여몽정이 감히 직언을 올렸다가 재상직에서 물러났을 때였다. 감찰원에서 새로 관리들을 감찰하다가 장신의 횡령 증거를 발견했고, 태종은 즉시 장신을 강주의 부사副使로 강등시켰다. 순화 4년(993), 여몽정은 다시 재상에 복직했다. 오래전에 여몽정을 오해했던 태종이 그에게 말했다.

"장신이 과연 횡령죄를 저질렀더군 그래."

태종은 여몽정이 분명 과거의 억울함을 고하고 황제의 현명함을 찬양하리라 생각했다. 그런데 여몽정은 변명도, 칭송도 하지 않고 묵묵부답이었다. 마치 아무 일도 없었다는 듯한 표정이었다.

여몽정은 어렵고 파란 많은 어린 시절을 보냈다. 연극으로 만들어져 널리 전파되기도 한 그의 이야기는 여몽정의 부친이 여러 명의 첩을 두어 본처 유씨와 사이가 벌어지는 것으로 시작된다. 결국 유씨는 아들 여몽정과 함께 여씨 집안에서 쫓겨난다. 여씨 집안을 나온 후 유씨는 재혼하지 않겠다고 맹세하고, 어렵게 생활하며 아들과 서로 의지하여 살아간다. 나중에 여몽정이 과거에 급제하여 관리의 길에 들어서자 가정형편은 전보다 훨씬 나아졌다. 그런데 그는 부친의 지난날의 소행을 따지지 않고, 같은 집에 방을 따로 두어 부모를 모셨다. 그리고 세심하게 부모를 봉양하여 새로이 한 가족이 될 수 있었다. 이 점에 대해 그때나 지금이나 그를 칭찬하지 않는 사람이 없다.

여몽정은 또한 청렴한 관리로 이름이 높았다. 황제의 두터운 신임을 받았던 그는 사실 상당한 권력을 갖고 있었다. 그래서 많은 이들이 그를 찾아와 청탁을 하곤 했다. 이런 사람들을 여몽정은 교묘하게 따돌리곤 했다. 한번은 조정의 어떤 사람이 그에게 옛날 거울을 선물했다. 그 사람은 사방 2백 리 안의 물건을 다 비추는 거울이라면서 받아주기를 청했다. 여몽정이 웃으며 말했다.

"내 얼굴이야 겨우 쟁반만 한데 2백 리를 비추는 거울이 무슨 소용이 있는가?"

그는 얼굴색 하나 안 바꾸고 승진을 부탁하려던 그 사람을 물리쳤다.

여몽정은 인재를 알아보는 눈이 있었으며 인재를 쓰는 데 있어서 '바깥에서 사람을 구하면 원수도 피하지 않고, 안에서 사람을 구하면 친한 사람도 피하지 않는다' 라는 옛 선인의 기풍을 따랐다. 그는 인재를 가리고 추천할 때 자신과 사이가 가깝고 먼 것을 따지지 않았다.

경덕 景德 2년(1005), 여몽정은 노환을 이유로 낙양에 내려가 한

가한 생활을 누렸다. 나중에 진종이 태산에 제사를 지내러 가던 길에 그의 집을 방문했다. 인재를 찾고자 했던 진종이 그에게 물었다.

"당신의 아들들 가운데 중책을 맡을 만한 이가 있소?"

"제 아들들은 다 변변치 않습니다. 지금 영주에 있는 조카 여이간呂夷簡이 재상의 재목이니 크게 쓰실 수 있을 겁니다."

진종은 여이간이란 이름을 단단히 기억해두었다. 과연 여이간은 훗날 유명한 재상이 되었다.

여몽정과 교분을 나누던 이 중에 부언富言이라는 사람이 있었다. 여몽정의 학식을 존경했던 부언은 자기 아들을 그에게 보이고 싶어했다.

"제 아들이 벌써 십여 세인지라 서원에 넣어 공부를 시키고 싶습니다."

여몽정은 쾌히 승낙하고 아들을 데려와보라고 했다. 그는 부언의 아들을 보자마자 놀라워하며 말했다.

"이 애는 장래 높은 자리에 오를 거요. 공적 또한 저를 훨씬 능가할 겁니다."

그래서 여몽정은 부언의 아들을 자신의 아들들과 함께 공부시켰다. 그 아이의 이름은 부필富弼이었다. 부필은 훗날 두 차례 재상의 자리에 올랐고 역시 송나라의 명재상으로 이름을 날렸다.

중국 역사의 다른 재상들과 비교하여 여몽정은 그리 탁월한 공적은 남기지 못했다. 상대적으로 안정된 사회 환경에서 활약했기 때문이다. 그러나 어떤 명재상도 그의 강직하고 후덕한 품격만큼은 따라가지 못했다. 여몽정은 바로 그러한 품격으로 세상에 이름을 날렸다.

여몽정은 내국공萊國公에 봉해졌으며 66세의 천수를 누렸다. 사후에는 문목文穆이라는 시호를 받았다. 사실 여몽정은 좋은 운을 타고난 사람이었다. 그가 살았던 송시대는 '사대부는 죽이지 않는다'는, 지극히 선비를 존중하던 시대였다. 만약 그가 다른 시대에 살았다면 아마도 진작에 비극적인 최후를 맞았을 것이다.

우리는 중국 역사에서 겉으로는 어리석으나 실제로는 현명했던 인재를 더 찾아볼 수 있다. 홍매洪邁는 자신의 『용재수필容齋隨筆』에서 무위의 정치를 펼쳤던 일곱 명의 재상들을 열거했는데 조참曹參, 왕도王導, 사안謝安, 방현령, 두여회, 조보, 이항李沆이 그들이다.

한나라 초기의 조참은 소하의 뒤를 이어 혜제惠帝 때 재상을 지냈다. 그는 도교의 가르침을 계속 시행하여 백성들의 편안함을 추구했다. 정치와 경제 정책의 일관성을 지키기 위해 조참은 소하가 시행했던 조치에 전혀 손을 대지 않았다. 그리고 본인은 늘 술에 절어 아무 일도 하지 않았다. 심지어 부하들이 술을 마셔도 상관하지 않았고, 혹시 일을 하다 작은 잘못을 저질러도 너그러이 덮어주었다. 부하들은 그의 덕에 감격해 마지않았다. 하지만 조정의 대신들은 자주 불만을 느꼈다. 결국 대신 하나가 혜제에게 조참의 소행을 고해바쳤다. 혜제가 그를 불러 사실을 묻자 그는 바닥에 머리를 조아려 사죄하면서 혜제에게 물었다.

"폐하께서는 자신의 현명함과 용맹함이 돌아가신 고조 폐하보다 앞선다고 생각하십니까?"

"내가 어찌 선제先帝와 비교가 되겠는가?"

조참이 다시 물었다.

"그렇다면 저의 재주가 전임 승상인 소하보다 낫습니까, 못합니까?"

혜제는 그가 왜 그런 질문을 하는지 의아해하며 대답했다.

"아무래도 소승상보다는 못하겠지."

조참은 그제야 본심을 털어놓았다.

"폐하의 말씀이 확실히 맞습니다. 옛날 고조 폐하와 소하는 천하를 평정하고 법령과 제도를 다 완비했습니다. 오늘날 폐하께서 정사를 처리하시고 신하들이 직무를 수행하는 것은 모두 전대의 제도를 따르고 있습니다. 설마 전대를 계승하는 것말고 더 나은 방책이 있단 말입니까?"

혜제는 말을 다 듣고서야 조참의 진정한 의도를 이해했다.

"승상의 뜻이 무엇인지 알았네. 돌아가 쉬도록 하게."

조참은 병으로 죽기까지 꼬박 3년 동안 재상을 지냈다. 그 기간에 한나라는 전성기를 구가했다. 그는 본래 도교에 심취했던 인물로서 무위의 정치를 주장했다. 이를 이해하려면 한나라 초기의 상황을 알아야 한다. 오랜 전란 끝에 세워진 한나라는 무엇보다도 휴식이 필요했다. 이런 까닭에 소하는 무위의 정치를 도모했고, 이어서 조참이 이를 따른 것이다. 따라서 모든 공을 조참에게 돌리는 것은 무리이다. 실제로는 유방과 소하의 밝은 지혜가 영향을 미친 것이다.

동진의 왕도(276~339) 역시 매우 똑똑한 인물이었다. 그의 성격은 당시의 명사들과 다소 비슷했다. 그는 원제元帝, 명제明帝, 성제成帝, 세 황제를 연이어 섬기면서 청정淸淨과 무위의 정치를 실천했다. 동진 시대에는 줄곧 어리석음을 선호하는 기풍이 성행했다. '관리를 지내면서도 관아의 일을 하지 않고, 일을 하면서도 일할 마음이 없는' 현상이 일어났다. 왕도는 동진의 구체적인 현실에 근거하여 이러한 책략을 구사했다. 물론 이 책략이 모든 사건과 장소에서 다 효과적이었던 것은 아니다. 하지만 어떨 때는 대단히 뛰어난 효력을 발휘했다. 당연히 이것은 특별히 훌륭한 책략은 아니었지만 왕도처럼 지혜로운 이가 아니고서는 활용할 수 없는 것이었다. 이것을 일컬어 한 사람의 마음에 운용의 묘가 있다고 한다. 만년에 그는 더욱 너무 많은 일을 처리하지 않도록 주의했다. 이 때문에 사람들이 오해할 때에는 이렇게 설명하곤 했다.

"지금 세상 사람들은 내가 하는 일이 없다고들 하지만 후세 사람들은 분명히 내 게으름이 나라에 안녕을 가져왔다고 생각할 걸세."

동진의 또 다른 재상 사안도 대단한 도량과 식견의 소유자였다. 그는 어떤 일이라도 몸소 처리한다는 원칙을 갖고 있었다. 뜻이 원대하고 성격이 화통했던 그는 여유롭고 즐겁게 나라 안의 일들을 잘 처리했다.

당나라의 재상 방현령과 두여회는 당 태종을 도와 나라를 안정시킴으로써 '정관의 치세'를 이룩했다. 하지만 그들의 공적에 관한 역사 기록은 그들이 실제로 이룬 것보다 훨씬 빈약하다. 그들은 비록 이전의 제도를 대폭 개혁하긴 했지만 언제나 인위적인 것을 지양하고 자연스러움을 중시했다.

송나라 초기의 조보는 송 태조의 재상이었다. 그는 민심을 수렴하고 관리들을 단합시키는 데 힘썼다. 특히 관리들의 과실을 신중하게 다뤘는데, 심지어 처리하지 말고 관용적인 태도로 순리대로 놔둘 것을 주장하기도 했다. 그는 사대부들이 서로 헐뜯고 고발하는 문서가 들어오면, 눈길 한 번 안 주고 준비해둔 두 개의 큰 독 속에 던져버렸다. 그리고 나중에 독이 꽉 차면 한꺼번에 불살라버렸다. 이것은 관리들 사이의 암투와 국가에 대한 위협을 막기 위한 행동이었다. 어떻게 보면 책임을 회피한 것처럼 비치지만 실제로는 국가의 안정을 이룩하고 단결하는 데 적극적인 기여를 했다.

송나라 시대의 이항도 우둔한 것 같지만 지극히 현명했던 재상이다. 그는 각종 건의들이 올라올 때마다 매번 비준을 거부하고 조상 대대로 전해져온 법을 바꾸지 말 것을 주장했다. 그는 다른 사람들에게 이렇게 말하곤 했다.

"나는 이 방법으로 나라를 섬길 거요. 그러면 족한 것 아니겠소?"

홍매가 꼽은 일곱 명의 재상들은 비록 고관으로서 생사여탈의 권력을 쥐고 있었지만 대중에게 영합한 적도, 또한 자신들의 명성을 과시한 적도 없었다. 그들은 진정 현명한 재상이었다. 당연히 그 어느 누구도 그들이 건성으로 일한 재상이었다고 비난할 수 없다.

재능과 인격을 갖춘 사람이
인재를 식별한다

청렴하고 검소한 사람은 정직함을 기준으로 하기 때문에 인재를 선택할 때도 품행이 한결같은 사람을 좋아하되, 모략을 즐겨 사용하고 변화무쌍한 사람을 싫어한다. 법도를 제정하는 사람은 올바른 도리를 기준으로 하기 때문에 공정하고 정확한 사람은 잘 식별하면서도 도량에 변화가 많은 사람은 알아보지 못한다. 권모술수를 중시하는 사람은 사고력과 모략을 기준으로 삼기 때문에 지략을 갖춘 인재를 선호하고 자신의 능력에 만족하는 사람을 내치게 된다. 재주가 비상한 사람은 변론과 자기보호를 기준으로 삼기 때문에 전략과 계책을 식별하면서도 법도의 근본을 이해하지 못한다. 지혜가 뛰어난 사람은 사물의 본질을 잘 파악하기 때문에 지략의 변화를 식별하는 데는 뛰어나지만 불변하는 법칙은 중시하지 않는다. 기능을 중시하는 사람은 공리를 기준으로 하기 때문에 공적을 이루는 데 열심인 사람을 좋아하지만 도덕적 교화의 중요성을 알지 못한다. 선악을 구분하고 품평하는 데 능한 사람은 감독하고 관찰하는 능력을 기준으로 삼기 때문에 진위를 식별하는 데 능하고 사리에 맞게 말할 줄 아는 사람에 대해 비교적 민감한 반면, 소탈하여 남과 다른 것을 추구하는 태도를 경시한다. 말재주가 뛰어난 사람은 변론과 문사를 기준으로 삼기 때문에 언사가 민첩한 사람들에게 쉽게 공감하면서 내면에 감춰진 함축적인 아름다움을 발견하지 못한다.

때문에 다른 재능을 가진 사람들은 서로 배척하고 반박하며 상대방의 장점을 인정하지 않게 되는 것이다. 같은 유형의 사람을 만나면 서로 말이 통하고 쉽게 의기투합하지만, 자신과 다른 유형의 사람을 만나면 오랜 시간을 함께 지낸다 해도 서로 이해하기가 어렵고 화목해지기가 쉽지 않다. 이런 유형의 인재들은 대부분 한 가지 소질을 갖고 있다. 두 가지 이상의 자질을 동시에 지니고 있는 사람들은 자신이 갖추고 있는 다양한 재능에 따라 여러 분야에 손을 뻗칠 수 있다. 따라서 한 가지 자질만 갖고 있는 사람들은 한 가지 유형의 장점만을 식별할 수 있고, 두 가지 자질을 갖추고 있는 사람은 두 가지 유형의 장점을 식별할 수 있다. 모든 유형의 재능을 고루 갖춘 사람만이 갖가지 인재를 두루 식별할 수 있는 것이다. 때문에 여러 가지 재능을 갖춘 인재들이야말로 나라의 기둥이라 할 수 있다.

사람의 어떤 일면을 관찰하는 데는 단 하루면 족하지만, 한 걸음 더 나아가 보다 세밀한 부분까지 관찰하는 데는 적어도 사흘의 시간이 필요하다. 어째서 사흘이 필요할까? 나라의 기둥이 되는 인재들은 세 가지 이상의 재능을 겸비하고 있기 때문에 이런 인물을 정확하게 이해하기 위해서는 적어도 사흘의 시간이 필요한 것이다. 하루는 그의 품성을 이해하고, 또 하루는 그와 법제를 논하며, 마지막 하루는 그가 가진 책략과 권술을 검증해야만 비로소 그가 가진 장점을 충분히 이해하여 의심 없이 천거할 수 있기 때문이다.

그러나 그가 겸재인지 편재인지 어떻게 판단할 것인가? 여러 가지 상이한 유형에 근거하여 다양한 사람들의 장점을 담론하여 이에 대한 정확한 평가와 정의를 내릴 줄 아는 사람은 겸재이고, 자신의 장점만 늘어놓으면서 남이 자기를 칭찬해주기를 바라면서도 남의 장점과 우수성을 이해하려 들지 않는 사람은 편재이다. 다른 사람을 이해하지 못하면 그의 말이 귀에 들어올 리 없기 때문에 의심이 생기기 마련이다. 때문에 식견이 얕은 사람이 심오한 이치를 담론하게 되면 담론이 깊어질수록 크게 갈라져 필연적으로 상호 대립할 수밖에 없고, 이것이 상호비방과 공격으로 발전하게 된다.

따라서 자신의 정직함을 주장하는 것은 남의 장점을 이해했다는 것으로 받아들여지고, 남의 말을 조용히 경청하는 것은 내면이 텅 비어 있어 아무것도 들어 있지 않다는 것으로 받아들여지며, 진지하게 열심히 토론하고 따지는 것이 겸손하지 못한 것으로 간주되고, 공손하고 예의바른 것이 미천하고 비겁한 것으로 간주되기 십상이다. 대화에서 어느 한 분야의 능력만 나타나면 폭넓은 지식과 능력이 부족한 것으로 판단되고, 옆에서 방관하면서 고개를 끄덕여 긍정하면 줏대가 없고 변화가 많은 사람으로 간주된다. 이런 상황들이 바로 편재들에게서 흔히 찾아볼 수 있는 억울한 현실이다.

편재들은 자신의 생각을 누군가가 활용하면 남들이 자신의 성취를 나눠 갖는다고 생각하고, 남이 자신의 과실을 지적하거나 의문을 제기하면 자신을 이해하지 못한다고 한탄한다. 타인의 생각이 자신과 다르면 그가 자신을 남과 비교하고 있다고 생각하고, 학식이 풍부하고 사고의 폭이 넓은 사람들을 보면 융통성이 없다고 비난한다. 말씨와 행동거지가 자신과 유사한 사람을 만나면 몹시 반가워하면서 그와 친해지려 노력하고 칭찬과 격려를 아끼지 않으면서도 생각이나 행동이 자신과 다른 사람들에게는 냉담한 태도를 보이거나 적극적으로 배척한다.

7

큰일을 할 인재는 따로 있다

인재의 옥석을 가리는 방법

영웅이란 영재와 웅재를 가리킨다.
영재는 지모지략에 치중하고 웅재는 담력과 용기에 치중한다.
그러나 뛰어난 인재들은 영재와 웅재를 두루 갖춘 사람들이다.
'영英' 만 있고 '웅雄' 이 없어서도 안 되겠지만
'영' 은 없고 '웅' 만 있어서도 큰일을 이룰 수 없다.

한신과 장량

용인술에 있어 유방에게는 확실히 남다른 데가 있었다. 개국 초기에 유방은 한신을 비롯한 여러 장수들과 함께 장군들의 능력에 관해 논했다. 유방이 한신에게 말했다.

"장군은 내가 백만 대군을 거느릴 수 있다고 생각하시오?"

한신이 망설임 없이 불가능하다고 대답하자 유방이 다시 물었다.

"그럼 10만 대군은 어떨 것 같소?"

"그것도 어렵습니다."

유방은 버럭 화를 내며 따졌다.

"그대 말대로라면 내가 어느 정도의 병력을 통솔할 수 있다는 것이오?"

"폐하께서는 1만의 병사면 족합니다."

"그럼 한 장군은 어느 정도의 병력을 이끌 수 있소?"

한신은 전혀 미안한 기색 없이 대답했다.

"제게는 병력이 얼마나 되든지 문제될 게 없습니다. 많을수록 좋지요."

유방은 노기를 풀지 않은 채 재차 따져물었다.

"그렇다면 병력을 다스릴 줄 모르는 나는 황제가 되었는데 병력을 잘 이끄는 그대는 왜 겨우 장군에 머무른 것이오?"

"그야 당연하지요. 저는 병사들을 잘 통솔하지만 폐하께서는 장군들을 잘 통솔하시니까요."

그제야 유방의 화가 풀렸다. 유방도 언젠가 군막을 치고 천 리 밖에 나가 승리할 수 있는 모책을 내는 데는 장량만 한 사람이 없고, 군량과 마초 등의 물자 공급을 보장하여 치국안민하는 데는 소하만 한 사람이 없으며 전선에 나가 적을 무찌르는 데는 한신만 한 인물이 없다고 말한 적이 있다. 한신은 병력을 통솔하는 데 뛰어난 장수였다.

중국의 역대 통치자들은 인재를 모으는 데 주력했고, 인재의 수에 따라 자신의 덕행 유무를 판단하곤 했다. 하지만 인재를 식별하는 능력은 역시 지모에 있었다. 사람을 얻는 것은 덕德에 달려 있고 사람을 알아보는 것은 지智에 달려 있다. 사람을 모을 줄만 알고 알아볼 줄 모른다면 평범한 인재에 불과하고, 사람을 알아볼 줄만 알고 모을 줄 모른다면 쓸 만한 인재는 전부 다른 사람의 차지가 되고 말 것이다. 따라서 사람을 모으는 것과 알아보는 것은 불가분의 관계에 있다고 할 수 있다.

진정한 지자智者는 맹목적인 교조에 빠지지 않고 세태에 따라 기민하게 움직일 줄 아는 사람이다. 하지만 그렇게 쉬운 일은 아니다. 어느 정도의 능력과 인식이 수반되기 때문이다. 한나라의 장량이 바로 이런 인물이었다.

초한전쟁 시기에 유방이 형양에 구금됐던 일이 있었다. 그는 지지를 얻어내기 위해 여식기酈食其에게 계책을 마련하게 했다. 계책이 나오긴 했지만 장량의 단호한 반대에 부딪히고 말았다. 그는 사회의 발전과 형세의 변화, 인사의 전환이라는 세 가지 각도에서 당시의 책략을 분석하고 확정한 것이었다. 유방이 승리할 수 있었던 것은 전적으로 장량의 분석과 예측 덕분이었다. 장량이 없었더라면 그는 항우에게 패했을 것이 분명하다.

장량은 몸이 허약해 항상 병을 달고 다녔다. 때문에 단독으로 병력을 통솔하지 못하고 항상 모사로서의 역할만 충실히 수행했다. 한 고조 3년(BC 204), 항우가 유방을 형양에 가둔 채 겹겹이 포위하자 다급해진 유방은 여식기와 초나라의 힘을 약화시킬 방법을 상의했다. 여식기가 말했다.

"과거 상의 탕왕은 하의 걸왕을 토벌하고 나서 걸왕의 후손들에게 기杞를 봉지로 떼어주었고, 주 무왕은 은 주왕을 주살하고 나서 주왕의 후손에게 송宋을 봉지로 떼어주었습니다. 지금 진 왕조가 잔학무도해져서 6국을 멸하자 6국의 후예들이 설 땅이 없어졌습니다. 만일 폐하께서 6국의 후손들을 다시 왕으로 봉하신다면 이들은 다투어 폐하의 크신 덕과 의로움을 칭송하고, 기꺼이 폐하의 신하나 처첩이 되기를 자원할 것입니다. 대덕대행이 각 제후왕들 사이에 성행하게 되면 폐하께서는 서남 지역의 패자가 되실 것이고, 초나라도 의관을 정제하고 예를 갖춰 폐하를 배알하게 될 것입니다."

유방이 말했다.

"좋은 말씀이오. 어서 가셔서 6국의 옥인을 새기고 공께서 분봉을 위해 떠나실 때 그 옥인을 가져가도록 하시오."

여식기의 건의는 합리적인 것처럼 들린다. 하지만 장량의 분석을 거치면 또 다른 깨달음을 얻게 될 것이다.

여식기가 떠나기 전에 장량이 유방을 찾아왔다. 마침 유방은 식사를 하고 있다가 장량을 보고 말했다.

"문객들 중에 한 사람이 내게 초나라의 세력을 약화시킬 수 있는 묘책을 알려주었소!"

유방은 여식기가 제시한 계책을 장량에게 자세히 설명하고 나서 물었다.

"그대의 생각은 어떻소?"

"누가 폐하께 이 따위 생각을 계책이라고 올렸습니까? 이제 폐하의 대업은 끝난 것이나 다름없습니다."

"어째서 그렇소?"

"폐하의 앞에 놓인 젓가락을 잠시 빌리겠습니다. 제가 그림을 그려서 형세를 설명해드리지요. 첫째, 과거에 상의 탕왕이 하의 걸왕을 토벌하고 나서 걸왕의 후손을 기에 봉하고, 주 무왕이 은 주왕을 주살하고 나서 주왕의 후손을 송에 봉했던 것은 이미 걸왕과 주왕이 죽은 다음의 일이었습니다. 지금 폐하께서는 항우의 죽음을 확인하셨습니까? 그렇지 않다면 이런 계략을 써서는 안 됩니다. 둘째, 주 무왕이 은나라에 가면서 기자箕子의 문 앞에 이르러 수레의 굴대를 만져 경의를 표했고 비간比干의 묘를 참배했는데, 지금 폐하께서도 그렇게 하실 수 있겠습니까? 셋째, 문왕은 주왕이 모아놓은 양곡을 전부 백성들에게 나눠주고 주왕이 세운 녹대 안에 있던 재물도 전부 가난한 백성들을 구휼하는 데 사용했는데, 지금 폐하께서도 그렇게 하실 수 있겠습니까? 무왕은 은 왕조와의 전쟁이 끝난 후, 군용 수레를 전부 일반용으로 전환하고 창과 도검을 전부 수거함으로써 다시는 전쟁을 벌이지 않겠다는 의지를 분명히 했는데, 지금 폐하께서도 그렇게 하실 수 있겠습니까? 또한 무왕은 군마와 군수품을 실어나르던 우마를 전부 들판에 풀어줌으로써 더 이상 우마가 필요 없음을 분명히 했습니다. 지금 폐하께서도 그렇게 하실 수 있겠습니까? 이 점들이 바로 여식기의 계책을 사용해서는 안 되는 이유입니다. 또한 천하를 떠돌면서 유세하는 책사들이 자신들의 조상과 부모, 그리고 오랜 친구들 곁을 떠나 폐하 한 분만을 쫓아다니는 것은 조금이라도 땅을 얻어내기 위한 것입니다. 지금 6국의 후손들을 옹립하지 않으면 공로를 세운 사람들에게 봉할 땅이 없기 때문에 책사들도 제각기 자기 나라로 돌아가 자기 가족과 나라를 위해 책략을 내게 될 텐데 그렇게 되면 누가 폐하를 도와 천하를 차지하겠습니까? 또한 초나라가 강대하지 않으면 모르겠지만 만일 초나라가 강대해져서 6국이 초에 굴복하게 되면 폐하께선 어디 가서 신하국을 자처하던 6국의 후손들을 얻으시겠습니까? 이 또한 여식기의 책략을 실행할 수 없는 이유입니다. 그래도 이 계책을 쓰신다면 폐하의 대업은 그것으로 끝입니다."

　장량의 진언에 유방은 입에 들어갔던 음식을 도로 뱉으면서 욕을 해댔다.

　"이런 제기랄, 하마터면 나의 제업이 다 망가질 뻔했구나!"

　그리곤 당장 6국의 옥인을 없애버리라고 명령했다.

　사실 장량의 간언은 지나친 면이 없지는 않다. 전반부는 그렇다 치더라도 후반부는 다소 억지 논리라 할 수 있다. 그러나 만일 장량의 말을 받아들이지 않았거나 그를 늦게 만났다면 항우를 물리치고 한 왕조를 세우는 것은 어려웠을 것이다.

장량의 정치적 예측은 대단히 정확했다. 그가 이런 진언을 올리고 나서 얼마 지나지 않아 제나라 땅을 점거하고 있던 한신이 유방에게 사자를 보내 자신을 제나라의 가왕假王으로 봉해줄 것을 요구했다. 유방은 이 요구를 듣자마자 크게 화를 내면서 한신이 자신을 지원하러 오지 않고 자신의 약점을 이용하여 제후의 영토를 얻으려 한다고 원망했다.

그러나 후에 장량의 간언을 듣고 한신을 제왕으로 봉했고, 그 결과 한신의 도움을 받아 항우의 군대를 대파할 수 있었다. 만일 여식기의 책략에 따라 제나라 후손들을 봉했다면 한신은 오래전에 유방을 배반했을 것이다.

이렇게 볼 때 한 왕조의 흥망성쇠는 상당 부분 장량이라는 뛰어난 정치적 예언자의 지모에 의존했다고 할 수 있다.

곽가

한조 말기, 조조는 중원 일대를 평정한 다음 한 걸음 더 나아가 원상袁尙과 삼군의 오환烏丸을 토벌하여 후환을 없애려 했다. 그의 수하에 있던 여러 장수들은 유표劉表가 유비를 보내 허창을 습격하여 조조를 토벌하려 들 것을 걱정했다.

그러나 조조의 모사 곽가의 생각은 이와 달랐다. 곽가가 조조에게 말했다.

"조공의 위세가 천하를 뒤흔들고 있는데도 오랑캐들은 너무 멀리 떨어져 있다는 것을 믿고 아무런 방비도 하지 않고 있습니다. 이럴 때 이들을 기습 공격하면 어렵지 않게 이길 수 있을 것입니다. 게다가 원소가 생전에 오환의 오랑캐들과 한인漢人들에게 모두 은덕을 베푼 바 있기 때문에 지금 원상 형제가 이곳에 있다는 사실이 조공께는 여간 위험한 일이 아닙니다. 지금 청천, 기주, 유주 등지는 물론 사천의 민중들도 조공의 병력이 두려워 우리에게 투항한 것이지 정말로 조공께 마음을 주고 있는 것이 아닙니다. 우리는 그들에게 은혜를 베푼 바가 전혀 없

천군을 얻기는 쉬우나 장군 하나를 얻기는 어렵다 그리고 장군보다 더 얻기 힘든 것이 모사이다 장군이 천군 위에 있다면 진정한 모사는 모든 장군 위에 있다고 할 수 있다 조조에게는 여러 모사가 있었지만 정세를 꿰뚫는 분석으로 전투 때마다 결정적인 지략을 제공한 곽가가 또 있었다

기 때문에 우리가 오환을 토벌하여 합병하고 다시 남정南征하여 유표를 친다면 원상은 오환을 지원한다는 핑계로 그들을 위해 목숨을 걸고 싸울 것입니다. 게다가 오환이 한 번 움직이면 한조의 백성들이 일시에 이에 호응하여 오환 선우에게 남침의 야심을 불러일으키게 될 것입니다. 그렇게 되면 청천과 기주는 절대로 우리 땅이 될 수 없습니다."

곽가는 잠시 멈추었다가 얘기를 계속했다.

"사실 유표는 공담가에 불과합니다. 그는 스스로 능력이 부족하다는 것을 알고서 유비를 부려먹으려고 했던 것입니다. 그러나 유비를 이용한다 해도 마음놓고 조종할 수 없기 때문에 중용하지 않았고, 이에 유비도 그를 위해 공을 세울 수 없었던 것이지요. 따라서 우리가 전군을 출동시켜 오환을 정벌하기만 하면 별로 걱정할 일이 없을 것입니다."

조조는 이 말을 듣고 충분히 일리가 있다는 결론을 내리고 군사를 거느리고 출정했다.

대군이 이현에 다다랐을 때, 곽가가 또다시 건의를 올렸다.

"속전속결을 위해선 군용물자를 이곳에 남겨두고 소수의 병력으로 군장을 가볍게 하고 주야로 내달아 기습공격을 하는 것이 좋을 것 같습니다."

조조는 이를 받아들여 경기병을 이끌고 몰래 노룡새를 건너 곧장 오환의 주둔지로 쳐들어갔다. 오환의 군대는 갑자기 조조의 대군이 몰려오는 것을 보고는 서둘러 싸움에 응했지만 결국 조조의 군대에 대패하고 말았다. 답돈蹋頓과 명왕 이하 장수들이 모조리 참수당했고, 원상과 그의 형 원희袁熙는 멀리 요동으로 도망쳐버렸다.

　곽가는 이번 전투에서 조조에게 정확한 전략을 제공했을 뿐만 아니라 그 후로도 여러 차례 결정적인 지략을 제공했다. 그는 조조를 수행하여 원소를 물리쳤고 원소가 죽은 후에는 여양에서 조조를 도와 원담袁譚, 원상 등을 토벌하면서 연전연승했다. 여러 장수들이 승세를 몰아 공격하자고 건의하자 곽가가 반대하고 나섰다.

　"원소는 생전에 이 두 아들을 가장 사랑했지만 누구를 계승자로 세울지는 결정하지 못했습니다. 곽도郭圖와 봉기逢紀가 그들의 모사 역할을 하고 있는데, 이들은 두 사람 사이에서 서로 싸우면서 이간질할 것이 분명합니다. 우리가 서둘러 공격하면 둘이 서로 힘을 합쳐 대적할 테니 잠시 공격을 미루고 차라리 형주로 남하하여 유표를 공격하는 척하면서 두 사람의 권력쟁탈을 조용히 지켜보는 것이 좋을 것 같습니다. 그들 사이에 내분이 발생했을 때 출병하여 공격하면 틀림없이 승리를 거둘 것입니다."

　조조는 그의 말에 전적으로 동의하고 군대를 몰아 남정에 나섰다. 조조의 군대가 서평에 이르렀을 때, 과연 원담과 원상은 곽가의 예견대로 기주를 차지하기 위해 서로 다투기 시작했다. 원담은 원상에게 패한 후 평원으로 철수하여 신비辛毗를 보내 조조에게 투항 의사를 밝혀왔다. 조조는 즉시 회군하여 그를 구해준 다음 다시 남피로 가서 원담을 공격함으로써 기주를 평정할 수 있었다.

　원상이 요동으로 도망치자 조조는 그를 악착같이 추격했지만 길이 너무 멀고 도처에 황무지와 모래밭이 이어져 있어 행군이 여간 고되고 힘든 게 아니었다. 이때 중병이 들어 조조를 수행할 수 없게 된 곽가가 조조에게 말했다.

"요동성에 도착하셔서 곧장 공격을 강행하시면 안 됩니다. 먼저 강공을 펼치면 요동왕과 원상이 힘을 합쳐 필사적으로 반격할 것이 분명합니다. 성 아래에 진을 치고 기다리시면 요동왕이 스스로 원상을 주살하고 투항해올 것입니다."

요동성에 도착한 조조는 그의 말대로 성 아래에 진을 치고 기다렸다. 여러 장수들은 영문을 몰라 어리둥절했지만 조조의 얼굴에는 느긋한 미소가 번졌다.

조조가 요동에서 돌아와서 보니 곽가는 이미 세상을 떠나고 없었다. 조조는 천하의 모사를 잃은 것이다. 곽가는 정말 하늘과 땅을 두루 꿰뚫는 뛰어난 지략을 갖춘 인물이었다. 당시 전국의 정세에 대한 그의 분석은 귀신도 울고 갈 정도였다. 그가 일찍 죽지만 않았더라면 조조가 천하를 평정하는 데 그렇게 긴 시간이 걸리진 않았을 것이다.

사안

> 사람의 그릇에는 크기가 있어 큰 그릇을 작은 용도에 쓸 수
> 없고 작은 그릇은 큰 용도에 쓸 수 없다
> 따라서 인재를 쓸 때는 먼저 그 사람의 그릇 크기를 살펴야
> 한다
> 그릇이 큰 인물은 위험에 직면해서도 낯빛이 변하지 않고
> 침착하게 처리하고 불리한 협상도 유리하게 이끌 줄 안다

　중국인들은 위진시대의 기풍을 선망해마지 않지만 이를 본받기는 그리 쉽지 않았다. 남조 송나라 때 유의경劉義慶이 편찬한 『세설신어世說新語』 「아량雅量」에는 위진시대 선비들의 대범하고 넓은 도량을 집중적으로 기술하고 있다. 그리고 이 부분에서 가장 특출한 사람이 바로 사안謝安이다.

　사안은 매사에 평온하고 두려움 없는 성품으로 겉으로도 놀란 표정을 짓는 일이 없었다. 한번은 친구들과 함께 바다에 배를 띄워 유람을 하고 있는데, 갑자기 광풍이 몰아치면서 집채만 한 파도가 덮쳐왔다. 배가 곧 뒤집힐 듯 이리저리 심하게 흔들리자 배에 타고 있던 사람들이 모두 사색이 되어 뱃전을 꽉 움켜잡고서 꼼짝도 못하고 있었다.

　그러나 사안은 얼굴색 하나 바뀌지 않고 태연하게 풍랑을 향해 노래를 불렀다. 뱃사공 역시 풍류를 아는 사람이라 사안이 심한 풍랑 속에서도 즐거워하는 모습을 보고는 있는 힘을 다해 계속 노를 저었다. 그러나 풍랑은 갈수록 거세졌고 뱃사공은

다른 데 신경쓸 겨를 없이 노를 젓는 데만 열중했다. 모두들 더 이상 뱃놀이를 할 수 없다는 것을 알면서도 체면 때문에 돌아가자는 말도 못하고 있었다. 이때 사안이 나서서 평소와 다름없이 태연하게 말했다.

"이런 날씨로는 배를 몰고 놀러갈 만한 데가 없을 것 같소."

뱃사공은 그제야 뱃머리를 돌려 노를 젓기 시작했다. 뭍으로 무사히 돌아온 후 사람들은 모두 큰 위험에 직면해서도 표정 하나 변하지 않는 사안의 태도에 찬탄해마지 않았고, 장차 나라의 시비를 다스리는 데는 사안만 한 인물이 없다고 여기게 되었다.

동진 영강寧康 원년(373), 간문제簡文帝 사마욱司馬昱이 세상을 떠나고 효문제 사마요司馬曜가 즉위하자 오래전부터 대권을 노리던 대사마 환온桓溫이 병력을 이동시키고 장수들을 파견하는 등 무력시위를 하면서 황권을 탈취할 기회를 엿보기 시작했다. 마침내 그는 병력을 이끌고 신정에 진주했다. 신정은 경성 건강의 근교에 성벽을 등지고 강가에 자리잡고 있는 군사와 교통의 요충지였다. 환온의 대병력이 이곳에 도착하자 자연히 조정에서는 이를 두려워했다.

당시 이부상서 사안과 시중 왕탄지王坦之는 조정의 신망을 한 몸에 받고 있었다. 왕탄지는 전에 환온의 정권탈취를 저지한 바 있기 때문에 그에 대해 적지 않은 두려움을 갖고 있었다. 일전에 간문제는 유조遺詔를 작성하게 하여 과거에 주공이 섭정했던 선례에 따라 대사마 환온에게 나라를 다스리게 하겠다고 밝히면서 한마디 덧붙였다.

"내 아들에게 황위를 잇게 하는 것이 가장 좋겠지만 그렇지 못할 경우에는 경이 그 자리를 차지해도 좋을 것이오.”

왕탄지는 조서를 읽고 나서 격분하여 간문제의 면전에서 조서를 찢어버리고 나서 말했다.

“천하는 선제와 원제의 것인데 폐하께선 어째서 사사로이 권력을 나눠주시는 겁니까?”

이 말에 생각을 바꾼 간문제는 다시 왕탄지에게 지시를 내려 “모든 국사를 대사마에게 보고하되 옛날에 제갈량과 왕도가 어린 황제를 보좌했던 선례에 따르도록 하라.”라고 조서의 내용을 고치게 했다. 이리하여 환온은 황제의 자리를 차지할 수 없었다.

이제 환온이 병력을 이끌고 진주하자 황실의 조정과 민간에는 의견이 분분했고, 특히 환온이 병력을 이끌고 온 것이 어린 황제를 폐위시키기 위한 것이 아니라 왕탄지와 사안을 주살하기 위한 것이라고 생각하는 사람들이 많았다. 이를 전해들은 왕탄지는 놀라움과 두려움에 좌불안석이었다.

하지만 사안은 달랐다. 그는 전혀 두려움이 없었고 표정도 평소와 다름없었다. 실제로 사안은 서정대장군 환온의 사마司馬로 초빙되어 간 적이 있었다. 환온은 사안의 능력을 인정했지만 그를 권력찬탈의 최대 장애물로 생각했다. 과연 이번에 환온이 진주한 것은 기회를 잡아 왕탄지와 사안을 제거하기 위한 것이었다. 얼마 후 환온은 사람을 보내 왕탄지와 사안 두 사람을 신정에서 만나보고 싶다는 제안을 해왔다.

왕탄지는 환온의 전언을 듣자마자 사안을 찾아가 대처 방안을 의논했다. 사안은 여전히 안색조차 변하지 않은 평온한 모습이었다. 살신의 화가 기다리고 있다는 사실을 전혀 모르는 표정이었다.

왕탄지가 말했다.

"환 장군이 이번에 병력을 이끌고 온 것은 길조보다 흉조가 더 많은 것 같소. 지금 우리 두 사람을 신정에서 만나고 싶다는데, 그를 만나러 갔다간 다시 돌아오지 못할 수도 있소. 이 일을 어떻게 하면 좋겠소!"

사안이 말을 받았다.

"우리는 나라의 봉록을 먹고 사는 사람들이니 나라를 위해 온 힘을 다해야 할 것이오. 진나라 황실의 존망이 우리의 대응에 달려 있는 것 같소이다!"

말을 마친 사안은 왕탄지의 손을 잡고 함께 문을 나서 곧장 신정으로 갔다. 조정의 많은 신하들이 두 사람과 동행했다.

신정에 이르자 사안 일행은 거대하면서도 엄숙한 환온의 군영을 보고는 조금씩 긴장하기 시작했다. 환온의 군영으로 들어가자 꽤나 명망 있는 대신 몇 명이 환온의 미움을 살까 두려워하며 멀리 앉아 있는 환온을 향해 땅바닥에 머리를 조아리며 절을 올렸다. 그리고 나서도 전전긍긍하는 모습이 너무나 초라하고 가련해 보였다. 왕탄지도 온몸에 진땀을 흘리고 있었다. 그는 억지로 발걸음을 떼며 간신히 환온의 면전으로 다가가 예를 올렸다. 하지만 사안은 여전히 느긋한 태도였다. 그는 편안한 걸음으로 환온에게 다가가 전혀 비굴하지 않은 태도로 입을 열었다.

"명공께선 별고 없으신지요?"

환온도 사안이 범상치 않은 인물임을 익히 들어 알고 있었지만 이처럼 태도 하나 변하지 않는 데는 놀랐다. 사안의 너무나 태연한 모습에 오히려 환온이 두려움을 느낄 지경이었다.

“아주 좋소! 자 사대인, 어서 앉으시오!”

사안은 조용히 자리에 앉았다. 이때 왕탄지와 다른 신하들은 거의 넋이 나가 부들부들 몸을 떨고 있었다. 사안이 화제를 바꿔가며 여러 가지 얘기를 늘어놓자 환온의 모사들은 그의 의중을 알 수 없어 곤혹스런 표정을 감추지 못한 반면, 사안은 좌우를 유심히 살펴 벽 뒤에 무사들이 숨어 있다는 사실을 간파해냈다. 이제 자리를 파할 시간이 되었다고 판단한 사안은 슬며시 몸을 돌려 빙긋이 웃으며 환온에게 말했다.

“사람들이 하는 얘기를 들으니 제후가 덕을 갖추고 있으면 주위 사람들이 그를 돕고 지켜주기 때문에 굳이 사방에 자신을 방어할 조치를 마련하지 않아도 된다고 합니다. 한데 명공께선 어인 일로 벽 뒤에 무사들을 숨겨두셨습니까?”

이는 환온에 대한 직접적인 풍자였다. 당황한 환온은 얼떨결에 궁색하게 둘러댔다.

“오랫동안 군중에 있다 보니 습관이 되어 그렇소. 갑자기 돌발적인 사태가 벌어질 때를 대비하는 것이지요! 사대인께서 그렇게 말씀하시니 당장 물러가게 하겠소이다.”

사안은 환온과 반나절이나 더 환담을 나누었다. 그의 편안하면서도 당당한 태도에 압도당한 환온은 끝내 그를 해치지 못했다. 반면에 왕탄지는 몸이 뻣뻣하게 굳어 한 마디 말도 못했고, 사안과 함께 건강으로 돌아왔을 때는 온몸이 땀으로 젖어 있었다.

얼마 후 환온은 중병이 들었음에도 불구하고 사자를 보내 조정에 구석을 요청했다. 반복되는 그의 재촉에 못 이겨 사안은 이부랑 원굉袁宏으로 하여금 기안을 올리게 했다. 글재주가 뛰어난 원굉이 일필휘지로 초안을 작성해 올렸으나 사안이 계속 사소한 꼬투리를 잡으며 다시 쓸 것을 요구하여 한 달이 지나도 초안이 완성되지 못했다. 글재주는 뛰어나지만 정치를 몰랐던 원굉은 이를 이상히 여겨 몰래 복야僕射 왕표지王彪之를 찾아가 원인을 물었다. 왕표지가 말했다.

"그대 같은 문재에게 사 상서尚書께서 글의 수식을 따질 이유가 어디 있겠소! 이는 환공의 병세가 갈수록 악화되고 있기 때문에 그의 목숨이 오래가지 못할 것을 알고서 고의로 기안의 비준을 미루시는 것이오."

원굉은 그제야 사안의 의도를 이해할 수 있었다. 이처럼 사안은 겉으로 드러나지 않게 시간을 버는 책략을 썼다. 결국 환온은 야심을 이루지 못한 채 세상을 떠나고 말았다.

8만의 병력으로 백만에 가까운 대군을 전투 없이 물리치고 환온의 야욕을 잠재움으로써 동진 황실의 안전을 지켰던 사안의 넓은 도량에 후대 학자들은 그저 멀리서나마 그 뒷모습을 바라볼 뿐이다.

이룬 것을 지킬 줄 아는 능력

조참

창업도 어렵지만 이를 지켜나가는 것이 더 어렵다

특히 한 나라의 개국에는 불가피하게 많은 변화가 따른다

때문에 신하들은 불안에 떨고 백성들의 마음은 지쳐 있기 마련이다

그래서 어떤 이들은 휴식을 하나의 정치기술로 채택하기도 했지만 그들의 무위의 정치는 쉽게 알아채기 어렵다

옛말에 소규조수蕭規曹隨라 하여 '옛것을 그대로 답습하고 전혀 고치지 않는다'는 말이 있다. 결코 좋은 의미는 아니다. 하지만 이 고사성어는 훨씬 더 깊은 의미를 담고 있다.

한나라 혜제惠帝 2년(BC 193), 승상 소하가 병으로 죽었다. 여후와 혜제는 고조의 유언대로 제나라 재상 조참에게 소하의 뒤를 잇게 했다.

이 일을 두고 당시 조정의 신하들 사이에 의견이 분분했다. 소하와 조참은 유방과 함께 제업을 도모했으며 똑같이 패 지방 서리 출신으로 사이가 매우 좋았다. 그런데 훗날 조참은 많은 공로를 세웠음에도 불구하고 소하보다 못한 대우를 받았다. 이런 까닭에 신하들은 두 사람 사이가 벌어졌을 거라고 추측했다. 만약 이 추측이 맞다면, 신임 승상 조참은 소하에 대한 반감 때문에 대대적인 인사이동을 단행할 게 분명했다. 그래서 승상부 안의 각급 관리들은 장래에 대한 걱정으로 마음이 뒤숭숭했던 것이다.

그런데 조참은 며칠이 지나도 업무에 있어서나 인사에 있어서 전임 승상이 하던 대로 일을 처리했다. 관리들은 그제야 마음을 놓고 일에 전념했다.

몇 달 뒤, 조참은 부하들을 거의 다 파악했다. 그는 우선 멋대로 문서를 처리하고 명예만 좇는 관리들을 죄다 쫓아냈다. 그리고 지방의 행정 관료들 가운데 충직하고 말주변이 없는 늙은 관리들을 뽑아 결원을 보충했다. 그 후로는 승상부 안에서 밤낮으로 술만 마시며 아무 일도 하지 않았다.

조참과 친한 관리 몇 명이 그의 이런 행적을 이상하게 여기고 그를 만나러 왔다. 그런데 그들은 조참을 만나기는 했지만 대뜸 그들을 술자리에 끌어들이는 바람에 본론을 꺼낼 겨를도 없었다. 조참은 몸을 가눌 수 없을 때까지 그들에게 계속 술을 들이부었다. 결국 아무도 조참의 속마음을 알아내지 못했다. 조참이 이처럼 술을 즐기자 부하들도 저마다 그를 흉내냈다. 승상부 뒤편에 있는 화원에는 항상 술을 즐기는 관리들이 눈에 띄었다. 거나하게 술기운이 돌면 그들은 춤추고 노래를 불러 그 소리가 먼 곳까지 들리곤 했다. 한번은 참다못한 두 관리가 핑계를 만들어 조참에게 함께 화원을 거닐자고 청했다. 그들은 조참이 아직 아무것도 모른다고 생각했다. 그런데 화원에 들어간 조참은 그 광경을 보고 함께 술을 마시고 노래를 부르기 시작했다. 이 광경을 본 두 관리는 너무 어이가 없어 아무 말도 하지 못했다.

한번은 불만을 느낀 대신 하나가 혜제에게 이 사실을 고해바쳤다. 당시 혜제는 궁중에 틀어박혀 조정의 일을 외면한 채 오직 술에 기대어 우울함을 달래고 여색에 빠져 세월을 보내고 있었다. 모친 여후의 소행에 깊이 절망했기 때문이다. 고조가 죽은 뒤, 여후는 경쟁자였던 척희戚姬를 참혹하게 죽이고 그녀의 아들 여의如意까지 독살했다. 아무튼 조참의 행적을 전해들은 혜제는 문득 의심이 들었다.

'승상이 어째서 나를 따라하는 건가? 혹시 내가 어리다고 해서 업신여기는 게 아닐까?'

때마침 중대부中大夫 조굴曹窟이 찾아왔다. 조굴은 조참의 아들이었다. 혜제가 조굴에게 말했다.

"자네는 집에 돌아가 부친에게 물어봐주게. 고조께서는 다른 신하들을 다 제쳐놓고 자네 부친을 시켜 어린 나를 보좌하게 했네. 그런데 지금 자네 부친은 승상의 몸으로 술만 마시고 일은 뒷전이라더군. 그렇게 해서 어떻게 천하를 다스리겠나? 하지만 내가 자네를 시켜 물어본다는 소리는 하지 말게."

조굴은 집에 돌아가 혜제가 시킨 대로 조참에게 말했다. 그런데 아들의 말이 끝나자마자 조참은 불같이 성을 내며 다짜고짜 회초리를 들었다. 그는 아들을 2백 대나 때리면서 말했다.

"천하의 일을 네가 알면 얼마나 아느냐? 어서 궁궐에 들어가 황제폐하나 잘 모시거라!"

매를 맞은 조굴은 억울할 뿐더러 전혀 납득할 수 없었다. 그는 궁궐에 들어가 혜제에게 사실대로 고했다. 그의 말을 들은 혜제는 더욱 의혹이 짙어졌다. 이튿날 혜제는 조례를 끝내고 조참을 따로 불러 물었다.

"승상은 어찌하여 아들을 때렸는가? 그가 한 말은 다 나의 생각이었네."

조참이 바닥에 머리를 조아려 사죄하면서 혜제에게 물었다.

"폐하는 돌아가신 고조 폐하보다 자신이 더 현명하고 용감하다고 생각하십니까?"

"그건 말도 안 되는 일이지."

"그렇다면 제 재주는 소하 승상과 비교하여 어떻습니까?"

혜제가 잠시 머뭇거리다가 대답했다.

"소승상보다야 못하겠지."

조참은 그제야 본심을 털어놓았다.

"폐하의 말씀이 정확합니다. 예전에 고조 폐하와 소하는 천하를 통일하고 법과 제도를 다 갖춰놓았습니다. 지금 폐하와 저희 신하들은 모두 그때 만들어진 제도를 좇아 일하고 있습니다. 설마 전대의 제도를 계승하는 것보다 더 나은 방법이 있단 말입니까?"

혜제는 비로소 조참의 속뜻을 이해했다.

"승상의 생각을 이제야 알았네. 돌아가서 푹 쉬게나."

조참은 이후에도 여전히 예전 방식대로 일을 처리했다. 한나라 초기는 백성들이 큰 난리를 치른 직후여서 모두들 안정을 원하고 있었다. 또한 나라 안에 큰 일이 없어서 백성들을 노역에 동원하는 일도 극히 적었다. 소하는 당시의 이런 사정에 맞춰 휴식과 무위를 근본으로 하는 제도를 마련했고, 조참은 이를 그대로 따라 태평성대를 구가할 수 있었다. 게다가 조참이 승상을 맡았던 당시는 여후가 전권을 휘두르고 황제가 무능했던 시절이었다. 조참의 방식은 그러한 정치적 상황에도 더없이 부합했다. 이 모든 것이 소하가 계획을 세우고 조참이 이를 충실히 따른 결과였다.

상앙, 왕안석, 광서제

옛날 중국의 개혁가들은 한결같이 말로가 좋지 않았던 것 같다. 이것은 정치적 관점에서나 인정의 관점에서나 모두 사리에 맞지 않지만 어쨌든 틀림없는 역사적 사실이다.

어째서 이런 현상이 일어났을까? 어떤 사람들은 고대 중국에서 개혁이 어려웠던 원인은 백성들이 개혁을 원하지 않았기 때문이라고 한다. 그러나 이는 초점에서 벗어난 의견이다. 고대 중국의 개혁은 특권 계급의 문제였지 백성들과는 아무 관계도 없었다. 사실상 '백성은 따라오게만 할 뿐, 알게 해서는 안 된다'는 것이 백성들에 대한 통치계급의 기본 입장이었다.

개혁은 늘 통치자에 의해 시행되었고, 통치자에 의해 저지되었다. 이러한 위로부터의 개혁은 백성들이 원하든 원하지 않든, 백성들에게 득이 되든 그렇지 않든 상관없이 집행되었다. 좋은 개혁 조치는 백성들의 환영을 받았고, 나쁜 개혁 조치는 백성들의 저항을 불러일으켰다. 그러나 백성들의 선호도는 근본적으로 통치집단의 태도에 영향을 미치기 어려웠다. 개혁은 보통 통치집단 내부의 권력 투쟁과 이권 다툼으로 인해 실패했다.

상앙은 중국 최초의 개혁가들 가운데 한 사람이다. 위나라 사람인 상앙은 위나라에서 하급관리를 지내다가 진나라에서 인재를 모집할 때 그곳으로 이주했다.

진나라는 대단히 특이한 나라였다. 북서쪽 변방에 치우쳐 있는 소국으로, 제후의 반열에도 들지 못했지만 늘 다른 나라의 인재들을 모집하여 나라를 부강하게 하는 데 활용했다. 진나라의 중대한 역사적 발전에는 항상 각국에서 모여든 인재의 활약이 있었다. 이러한 개방적인 태도와 군주의 진취적 정신이야말로 진나라가 6국을 누르고 전국을 통일하게 만든 원동력이다.

그러나 효공孝公 시대에 진나라는 그리 강대하지 못했다. 그래서 동쪽의 이웃국가인 위나라는 늘 진나라를 업신여기고 영토를 침범했다. 빠른 시일 안에 나라를 부흥시키려 했던 효공은 현명한 선비를 모집한다는 시책을 반포했다. 진나라를 강하게 만들 수 있는 이에게는 높은 관직과 토지를 상으로 주겠다고 약속했다.

형명의 학문을 선호한 상앙은 법가에 속하는 인물이었다. 상앙은 진나라를 강대국으로 만드는 방법은 오직 법가로 다스리는 수밖에 없다고 생각했고 진나라야말로 자신의 능력을 맘껏 발휘할 수 있는 곳이라고 판단했다. 그는 즉시 진나라로 달려가 효공을 알현했다. 먼저 그는 효공의 참뜻을 알기 위해 자신의 견해를 숨긴 채 이야기를 나눴다. 처음 두 번의 만남에서 상앙은 유가의 제왕의 도를 이야기했다. 그런데 효공은 내내 지루해하며 꾸벅꾸벅 졸기까지 했다. 그는 세 번째 만남에서 비로소 자신의 진짜 견해를 제시하였다. 그것은 바로 변법變法이었다. 단번에 정신을 빼앗긴 효공은 그와 꼬박 삼 일 밤낮을 이야기를 주고받았다. 효공은 당장 그를 변법의 책임자로 임명하여 일을 추진하라고 명했다.

상앙은 백성들의 신임을 얻기 위해 먼저 약간의 술수를 부렸다. 그는 도읍 남문 밖에 큰 통나무를 세우고 명령을 내렸다.

"이 통나무를 북문까지 메고 가는 사람에게는 황금 50냥을 상으로 주겠다."

그 통나무는 보통 사람의 힘으로도 쉽게 운반할 수 있는 무게였다. 따라서 황금 50냥의 상금은 지나치게 많은 액수였다. 사람들은 분명 무슨 속임수가 있으리라 생각하여 선뜻 나서지 않았다. 한참 뒤에야 어떤 경솔한 사람 하나가 상금에 눈이 어두워 통나무를 북문으로 옮겨놓았다. 그는 정말로 황금 50냥을 상금으로 받았다. 상앙은 이 일로 백성들 사이에서 크게 위신을 세웠다.

상앙은 효공 6년(BC 356)과 효공 12년(BC 352) 두 차례에 걸쳐 변법을 실행하였다. 그 내용은 아래와 같다.

1_ 호적을 정리하고 연좌제를 실시했다. 다섯 집을 '오伍', 열 집을 '십什'으로 조직하여 한 집에서 법을 어기면 다른 집에서 고발하도록 했다. 만약 고발하지 않으면 나머지 집들까지 처벌을 받았다.

2_ 전공戰功을 장려하고 민간의 분쟁을 금지하였다. 전공을 세운 자는 신분의 귀천과 직위의 고하를 막론하고 계급을 높이고 토지를 나눠주었다. 그리고 각 지역간의 분쟁을 엄금하여 이를 어

긴 자에게는 가혹한 처벌을 내렸다.

　　3_ 생산을 장려하여 농업 발전과 인구 증가를 꾀했다. 수확을 많이 올린 자에게는 상을 내렸고 그렇지 못한 자는 집을 몰수하고 관노로 삼았다.

　　4_ 형벌을 강화했다. 예를 들어 길가에 재를 뿌리면 얼굴에 문신을 새기는 벌을 가했다.

　　5_ 군현제를 실시하여 중앙에 권력을 집중시켰다.

　　6_ 토지 사유를 허락하여 황무지 개간을 장려했다.

　　7_ 도량형을 통일하여 일괄적인 관리를 가능케 함으로써 국가의 부를 가져왔다.

　　이상의 조치들 중 두 가지가 가장 중요하다. 하나는 차별 없이 전공을 장려한 조치로 인해 전력이 크게 강화되었다는 것이고 또 하나는 토지 사유를 인정함으로써 경제가 빠르게 발전했다는 것이다. 상앙이 변법을 실시한 후, 진나라는 제후국들 중 가장 강대한 국가가 되었다.

　　효공 20년(BC 340), 진나라는 상앙의 계책에 따라 위나라를 대패시키고 황하 서쪽의 옛 영토를 회복했다. 상앙은 그 공을 인정받아 상商 지역 15개 성을 다스리는 상군商君에 봉해졌다.

　　상앙의 변법은 다소 가혹한 법령을 적용하긴 했지만 기본적으로 백성들의 이익에 부합했다. 그래서 백성들은 그를 싫어하지 않았다. 상앙이 좌절하게 된 것은 전적으로 진나라 조정 내부의 알력 때문이었다. 변법 시행 초기, 많은 귀족들이 이를 반대하고 나섰다. 변법의 몇 가지 조항들이 귀족들의 이익에 손해를 끼쳤기 때문이다. 차별 없는 전공 장려와 토지 사유에 관한 조항이었다. 그러나 효공의 강력한 지지 때문에 귀족들은 감히 나서지 못했다. 그런데 효공이 죽고 혜문왕이 즉위하자 귀족들은 기다렸다는 듯 상앙이 반란을 꾸미고 있다고 모함했다. 혜문왕은 상앙을 잡아들이라는 명령을 내렸다.

상앙은 진나라 어디를 가도 몸을 숨길 곳이 없었다. 그가 정한 법에 따라 여행자는 반드시 증명서를 지참해야 했기 때문이다. 그는 할 수 없이 위나라로 도망쳤지만 위나라 사람들도 그를 죽이려 했다. 그는 천신만고 끝에 자신의 영지로 도망쳐 군대를 조직했고, 그 군대로 자신을 잡으러 온 관군에 저항했다. 하지만 끝내 수적 열세로 인해 체포되고 말았다.

상앙은 마차에 사지를 묶고 잡아당겨 찢어 죽이는 차열의 형벌을 받았다. 그 처참한 광경에 보는 이들이 모두 치를 떨었다. 상앙이 죽은 후에도 그가 만든 법은 없어지지 않았다. 진나라는 상앙의 법을 계속 활용하여 나날이 발전하였고, 백 년 후에는 드디어 천하를 통일하였다.

송나라의 왕안석王安石도 변법을 시행했는데 상앙의 변법만큼 강력하지도 않았고, 상앙만큼 좋은 결과를 얻지도 못했지만 그 의의는 훨씬 컸다.

왕안석은 신종神宗 희녕熙寧 연간에 일련의 개혁 조치인 신법新法을 추진했다. 농가의 수리 사업, 병력 감축, 부의 중앙 집중 등 여러 방면에서 개혁 조치가 시도되었다. 이 조치들은 당시 송나라 사회의 폐단을 고치기 위해 고안된 것이었다. 그 의도와 동기, 모든 것이 의심할 여지없이 훌륭했다. 비록 뜻하던 만큼의 효과는 거두지 못했지만 몇 가지 의미 있는 성과도 있었다. 그러나 문제는 조정 내부에서 터져나왔다. 신하들 사이에서 신법을 옹호하는 왕안석의 신당과 신법을 반대하는 사마광의 구당이 오랫동안 대립했던 것이다.

이 두 당파는 꽤 여러 차례 승패를 주고받았다. 한때는 신당이 득세하여 구당을 숙청하였고, 또 한때는 구당이 주도권을 잡아 신당을 탄압했다. 게다가 권세에 영합하는 소인배들이 끼어들자 신법을 둘러싼 신구 양당의 견제는 완전히 권력쟁탈전이 되고 말았다. 더욱이 신당의 장돈章惇 같은 이들은 구당을 잔혹하게 탄압하여, 많은 사람들이 유배를 당하거나 죽임을 당하기에 이르렀다. 이 지경에 이르자 신법의 진정한 이점과 폐단에 대해서는 아무도 돌아보지 않게 되었다.

신법은 실시와 폐지를 거듭하며 당파싸움의 구실이 됨으로써 본래의 의미를 상실하고 결국 완전히 폐지되었다. 이때 왕안석은 이미 관직에서 쫓겨나 은거하고 있었다. 그에게는 행운이었는지 더 이상 모진 박해를 받지 않고 천수를 누렸다.

비록 개혁은 실패로 끝나고 말았지만 그는 매우 정직하고 박식한 대신이었다. 그러나 그에 대한 후세 사람들의 평가는 실로 간담을 서늘하게 한다. 명대의 소설집『삼언三言』에 실린「요상공음한반산요拗相公飮恨半山腰」에서는 왕안석을 혹독하게 비판하고 형편

없는 사람으로 묘사했다. 다음 세대의 뛰어난 대신들도 왕안석을 좋게 평가하지 않았다. 모두 한결같이 왕안석의 신법이 송나라의 재난이었다고 평했다. 처음 시행되는 것들이 그러하듯 왕안석의 신법도 분명히 취약점이 있었다. 그렇다고 해도 모든 사람들이 그토록 입을 모아 신법을 부정하는 이유는 무엇일까? 더욱이 왕안석에게 퍼부어진 인격적인 모독은 지나칠 정도이다.

왕안석의 신법이 일으킨 당파싸움은 개혁이 실패하는 본질적인 이유를 잘 대변해준다. 그것은 바로 중국 역대의 개혁이 일반 백성들이 아닌, 특권층 내부의 권력싸움에 의해 좌절되었다는 사실이다. 중국 근대의 무술변법 역시 예외가 아니었다.

1887년, 열여섯 살의 광서제光緖帝가 전통에 따라 직접 정치에 나섰다. 이때 자희태후는 표면상 정계에서 물러나는 태도를 취했지만, 조정의 군사권은 여전히 그녀의 손아귀 안에 있었다. 이 당시는 제국주의 열강이 서로 중국을 강점하려던 중요한 시점이었다. 청나라는 일련의 치욕적인 불평등조약을 맺어야 했고 계속 밀어닥치는 제국주의 열강은 중국 전체를 집어삼킬 기세였다. 특히 청일전쟁에서의 참패는 뜻있는 지식인들을 각성시켜 중국과 세계의 정세에 눈뜨게 했다. 그들은 변법을 하지 않으면 중국이 필연적으로 패망하리라고 생각했다. 그리하여 변법을 제창하는 뜨거운 열기가 지식인들 사이에서 일어났다.

'공거상서公車上書' 운동은 '시모노세키조약'의 체결 소식을 접한 양식 있는 지식인들의 분노로 촉발되었다. 이때 강유위康有爲는 북경에 과거시험을 치러 온 선비 1천2백 명의 서명을 받아 상소를 올렸다. 법률 개혁, 수도 이전, 화의 반대 등을 주장한 이 상

무술변법戊戌變法 청나라 덕종 때 변법자강을 목표로 일어난 개혁 운동. 강유위, 양계초梁啓超 등이 중심이 되어 1898년 6월에 시작하였으나 그 해 9월에 무술정변이 일어남으로써 백 일 만에 실패로 끝났다

시모노세키조약下關條約 청일전쟁 후 1895년 청국과 일본이 시모노세키에서 체결한 강화조약

소가 곧 '공거상서'이다. 이 사건은 청 조정의 완고한 대신들을 경악하게 만들었을 뿐만 아니라 중국을 노리던 제국주의 열강에게도 크게 경계심을 불러일으켰다.

그러나 공거상서는 청 조정의 엄격한 위계질서에 부딪혀 광서제의 손에 들어가지 못했다. 이에 격분한 강유위 등은 20일 뒤, 만여 자가 넘는 장편의 상소문을 지어 우여곡절 끝에 광서제에게 전달했다. 광서제는 강유위가 제기한 수많은 견해들을 높이 평가하고 조칙을 내려 개혁 신정新政을 실시하게 했다. 그러나 이 '조칙'은 몇몇 관리를 파직하거나 목을 치는 건 가능했지만 해묵은 봉건 관료제도를 바꾸고 이른바 신정을 실시하기에는 무리였다.

강유위는 1897년에 또다시 상소를 올렸다. 그는 이 상소문에서 당시 일본 황실과 언론이 매일 중국 점령 문제를 논하고 있음을 지적했다. 그는 중국이 계속 꼼짝 않고 변법을 미룬다면 필연코 망국의 날을 맞을 거라고 주장했다. 이 상소문도 완고한 대신들에게 빼앗겨 광서제에게 보고되지 않았다. 그러나 이 글은 사회 각계에 전파되어 커다란 반향을 불러일으켰다. 신문과 잡지들이 다투어 게재했고, 광서제도 신문에서 이 글을 읽고 깊이 감동하여 즉시 강유위를 불러들였다.

이때 공친왕恭親王 혁록奕訢이 4품 이상의 관리가 아니라는 이유로 강유위와의 면담을 결사 반대했다. 광서제는 어쩔 수 없이 옹동화翁同龢, 이홍장 같은 고관들을 보내 강유위와 대담하게 했다. 그 중 광서제의 스승인 옹동화는 변법을 옹호하는 세력에 속했다. 그는 강유위의 답변을 그대로 광서제에게 보고했다. 광서제는 강유위의 이론과 태도에 다시 한번 깊은 감동을 받았다. 광서

제는 시급히 변법을 시행하려 했지만 그는 이름뿐인 황제였고 실권은 자희태후의 수중에 있었다. 신법을 추진하기 위해 그는 자희태후에게 여러 차례 권력 이양을 요구했다. 한번은 이런 말까지 한 적이 있다.

"태후께서 제게 권력을 주지 않으시면 변법도 부국강병도 불가능합니다. 전 차라리 황제를 하지 않으렵니다. 절대로 망국의 군주가 되지 않겠습니다."

당시 변법을 바라는 목소리가 최고조에 달해 있었지만 조정의 수구파 대신들과 자희태후는 '조상의 법'을 바꾸길 원치 않았다. 결국 자희태후는 상황에 떠밀려 광서제에게 실권을 넘기면서 자희태후는 엄격한 조건을 내걸고 광서제의 변법에 동의했다. 만약 실패하면 다시 황제 위에 군림할 속셈이었다.

중국의 변법가들은 대체로 순진한 면이 있었다. 광서제와 그의 심복인 양계초 등은 자희태후의 동의를 얻어내고 뛸 듯이 기뻐했다. 그들은 변법의 성공을 확신했다. 1898년 6월 11일, 광서제는 「정국시조定國是詔」를 반포했다. 이 조서는 실질적인 변법의 선언문으로, 완고한 수구파 관료들을 질책하고 변법이 곧 부국강병의 길임을 분명히 했다.

변법과 혁신에 대한 광서제의 신념과 의지가 잘 드러나 있는 「정국시조」는 자희태후를 위시한 수구세력들에게 일대 충격을 주었다. 이때부터 광서제는 연이어 조칙을 내려 개혁을 추진시켰다. 하지만 자희태후도 호락호락한 인물이 아니었다. 몰래 장병들을 훈련시켜 무력으로 개혁을 탄압할 준비를 갖추고 있었던 것이다.

광서제는 수구파 대신들의 반대를 무릅쓰고 마침내 6월 16일에 강유위를 접견해 두세 시간 동안 이야기를 나눴다. 이 접견 이후로 광서제는 변법에 대한 신념을 더욱 굳혔으며, 아울러 변법의 내용에 대해서도 일정한 깨달음을 얻었다. 그는 드디어 개혁을 단행하라는 명령을 대대적으로 반포했다.

「정국시조」의 반포로부터 변법이 철저히 진압당하기까지 백여 일 동안 광서제가 내린 조서는 모두 110여 가지에 달했다. 개혁 내용으로는 신학교 설립, 서양학문의 학습, 해외유학 장려, 과거제도 개혁, 팔고문 폐지, 언론의 활성화, 철도 부설, 각종 산업의 장려, 발명과 저술 장려, 우체국 설립, 관료 인원 축소, 법률 개정, 근대식 군대 육성, 재정 개혁, 기인의 특혜 폐지 등이 있었다. 정치, 군사, 경제, 문화 등 각 방면에서 실시된 일련의 개혁 조치들은 당연히 중국의 국력 증강에 큰 쓸모가 있었다. 그 가운데 몇 가지는 확실히 봉건 수구파의 관념과 이익을 저해하는 것이었다. 수구파는 공포와 분노에 휩싸였다. 그들은 곧바로 자희태후를 충동질해 개혁을 무산시키도록 했다.

자희태후는 개혁 자체를 부정한 수구파의 대표자로서 근본적으로 개혁에 대한 사상과 소양이 전무했다. 무엇보다 중요한 것은 그녀가 권력에서 손을 뗄 마음이 전혀 없었다는 사실이다. 만약 광서제의 개혁이 계속 심화되어 일정한 성과를 거둔다면, 그래서 조정 안팎으로 널리 민심을 얻는다면 그녀는 더 이상 정권을 쥘 수 없는 처지였다. 이런 까닭에 그녀는 광서제의 개혁이 성공하도록 두고 볼 수는 없었다. '백일유신百日維新' 과정에서 수구파 대신들은 갖은 방법으로 개혁을 방해했다. 광서제를 거듭 설득한 것 외에도 그의 조서를 아래로 전달하지 않거나, 올라오는 상소를 중간에서 차단하였다. 이에 분노한 광서제는 많은 관리들의 관직을 박탈했다.

자희태후는 한시도 경계심을 늦추지 않고 이화원頤和園에 숨어서 광서제의 일거수일투족을 감시했다. 「정국시조」가 반포되었을 때, 그녀는 연달아 세 차례의 교시를 내렸다. 웅동화의 관직을 박탈하여 광서제가 가장 믿는 심복을 제거했고, 2품 이상의 대신들은 반드시 자기를 찾아와 은혜에 감사하도록 규정하는 등 더욱 강력하게 인사권을 틀어쥐었다.

대신 여섯 명의 파면 사건이 터진 뒤로 자희태후는 한층 은밀하게 무력 진압을 준비했다. 그녀는 군권을 쥐고 있던 영록榮祿에게 군대를 움직여 북경을 포위하게 했다. 영록은 당시 청나라 최고의 정예 부대를 북경 주위에 불러들였다. 이 부대들은 천진과 장신점에 주둔했다. 이렇게 해서 자희태후는 기회가 오기만을 기다렸다.

흥미로운 것은 자희태후의 10만 대군에 견주어볼 때, 광서제의 개혁가들은 고작 선비 몇 명에 불과했다는 사실이다. '백일유신' 기간에 광서제는 담사동譚嗣同, 유광제劉光第, 양예楊銳, 임욱林旭 등에게 4품의 관직을 주고 군기처軍機處를 맡아 문서 처리를 책임지게 했다. 사람들은 이 네 사람을 '군기사경軍機四卿'이라 불렀다. 여기에 강유위, 양계초를 더해도 주요 개혁가는 겨우 여섯 명에 불과했다. 더구나 이들에게는 군대에 관한 실권이 전혀 없었다. 그저 매일 이런저런 주청을 올릴 따름이었다.

그렇다면 광서제의 역할은 무엇이었을까? 그도 매일 조서만 작성시켜 하달할 뿐, 실행 여부는 아무도 알지 못했다. 그들의 변법은 사상과 문화면에서는 엄청난 영향을 끼쳤지만 구체적인 실행에 있어서는 어린아이들의 소꿉장난과 다를 바 없었다.

광서제는 자희태후의 음모를 까맣게 몰랐다. 단지 매일 자희태후를 문안하면서 대세가 심상치 않음을 느끼고 있을 뿐이었다. 그는 몇 통의 밀서를 강유위에게 보내 상해로 건너가 신문사를 차리게 했다. 그를 피신시킨 것이다. 그리고 몰래 양예를 입궐시켜 긴급한 상황을 설명하고 방법을 강구하게 했다. 그런데 양예는 당황한 나머지 선비 특유의 순진한 면을 노출하며 말했다.

"이건 폐하의 가정사가 아닙니까. 당연히 집안 분들끼리 의논하셔야지요."

광서제는 완전히 절망하고 말았다. 초조하고 화가 치밀었지만 달리 뾰족한 수가 없었다.

하지만 포기하지 않았다. 그는 당시 북경에 머물고 있던 원세개袁世凱를 9월 16일에 불러 접견했다. 광서제가 보기에 원세개는 변법의 시행에 대해 줄곧 우호적인 입장인 듯했다. 그는 원세개 군대의 힘을 빌려 파국을 막아볼 생각이었다. 원세개와의 회담에서 광서제는 극구 그를 칭찬하면서 벼슬을 크게 높여주었다. 원세개는 처음에는 매우 놀라고 기뻤지만, 잠시 후 황제가 자신을 이용하려는 것임을 깨달았다. 그는 각 세력의 힘을 저울질해본 뒤, 천진으로 달려가 영록에게 털어놓았다. 영록은 당장 저녁 기차편으로 이화원에 당도해 자희태후에게 보고했다.

9월 21일, 자희태후는 이화원을 나와 황궁으로 돌아왔다. 그녀는 자신을 맞으러 나온 광서제를 혹독하게 꾸짖고는 황제의 명의로 두 가지 조칙을 내리게 했다. 그 내용은 바로 광서제의 퇴위와 자신의 재집권이었다. 자희태후는 광서제를 영대瀛臺에 가두고 강광인康廣仁, 양심수楊深秀, 양예, 임욱, 담사동, 유광제를 잡아들였다. 그들은 곧 북경 채소시장 입구에서 참살당했다. 역사는 이들을 '무술육군자戊戌六君子'라고 칭한다.

1898년 6월 11일, 광서제의 「정국시조」 반포로부터 9월 21일, 자희태후의 재집권까지의 103일간을 역사에서는 '백일유신'이라고 부른다. 또한 그 해가 무술년이었던 까닭에 '무술변법'이라고도 칭한다.

광서제의 변법운동이 실패로 끝난 후, 중국은 제국주의 열강의 거센 공격과 이에 반대하는 의화단운동이 불길처럼 타올랐다. 이 두 세력 사이에 끼어 꼼짝달싹 할 수 없었던 자희태후 집단은 결국 열강을 향해 선전포고를 한 뒤 북경에서 쫓겨나게 된다. 이때 광서제는 죄수나 다름없는 처지였지만 시국에 대한 인식에 있어서는 여전히 깨어 있었다. 그는 잠시 제국주의 열강을 안정시키고 국력이 증진되길 기다린 뒤, 다시 올바른 정책을 펼 수 있길 기대했다. 그러나 자희태후는 끝까지 그의 바람을 거절했다.

1900년 8월, 8개국 연합군이 북경에 다다르자 자희태후는 광서제를 데리고 북경을 탈출했다. 이 와중에 광서제가 가장 아끼는 왕비이자 지지자였던 진비珍妃가 산 채로 우물에 던져져 숨을 거뒀다. 이듬해, 서안에 있던 자희태후는 다시 광서제를 끌고 북경으로 돌아왔다. 이때의 광서제는 세상의 온갖 풍파를 다 겪고 훨씬 성숙해진 모습이었다. 그는 한시도 변법을 잊은 적이 없었고, 언제나 자희태후 사후에 다시 뜻을 펼칠 것을 소망하였다. 그러나 그는 끝내

평생토록 자신을 내리눌렀던, 자희태후라는 큰 산을 치우지 못했
다. 역사는 그에게 다시 기회를 주지 않았다.

광서제는 본래 자희태후를 죽일 생각이었지만 거꾸로 그 자신
이 우울증으로 요절하고 말았다. 그가 죽은 해는 1908년, 향년 38세
였다.

역사상 수많은 개혁가들이 거의 대부분 비슷한 운명을 맞았
다. 요컨대 중국 역사에서 개혁은 일종의 제단이었으며, 개혁가는
곧 제단에 바쳐진 희생물이었다. 이 제단은 비극적 색채가 넘쳤고
처절하고 장엄한 분위기가 되곤 했다.

병길과 황태극

병길丙吉은 한 선제 때의 승상이다. 그의 수레를 끄는 마부는 술을 너무 좋아해서 술에 취했다 하면 앞뒤 가리지 못하는 인물이었다. 한번은 술에 취해 승상의 수레에 구토를 하고 말았다. 그러자 승상부의 관리들이 그를 끌고 가 호되게 질책한 다음 쫓아버렸다. 이때 병길이 말했다.

"술에 취해 실수한 것 가지고 일을 그만둬야 한다면 누가 또 그를 받아주겠는가? 좀 참도록 하게. 겨우 수레덮개가 더럽혀진 걸 가지고 그렇게 모질게 굴 필요가 있겠나?"

마부는 계속 승상부에 남아 수레를 몰 수 있게 되었다. 이 마부는 집이 변방에 있어 그곳에서 일어나는 군사상황을 수시로 보고 듣고 있었다. 하루는 역참의 기수들이 긴급문서를 들고 뛰어가는 모습을 보았다. 마부는 이들을 황궁 입구까지 따라가 궁문을 지키는 병사에게 무슨 일인지 물었다. 들어보니 적군이 이미 운중과 대군까지 쳐들어왔다는 것이었다. 마부는 곧장 승상부로 달려가 병길에게 이 사실을 알리며 말했다.

"제가 보기에 적군이 침범한 지역의 태수와 장수들은 대부분 병들고 연로하여 병력을 이끌고 적에 맞설 능력이 없는 것 같습니다. 승상께서는 이에 대비하시는 것이 좋을 것 같습니다."

병길은 그의 말에 일리가 있다고 판단하고 인사를 담당하는 관리를 불러 변방 지역에 주둔하고 있는 관원들의 인적사항을 자세히 조사하게 했다.

얼마 후 선제는 승상과 어사대부를 불러 적군이 침범한 군현 관리들의 사정을 물었고 병길은 일일이 정확하게 답변했다. 반면에 어사대부는 황제의 갑작스런 질문에 당황하여 제대로 답변하지 못해 강등되고 말았다. 병길이 이처럼 변방의 군무에 관심을 갖고 자세한 상황을 파악해둔 것은 전적으로 마부 덕분이었다.

명대의 소설가인 풍몽룡馮夢龍은 이렇게 말한 바 있다.

"남의 작은 과실을 덮어주면 언젠가는 작은 능력으로 이에 보답하기 마련이다. 원수를 관대하게 대하면 죽어서도 보답을 받는 법이다. 사람들의 마음속에는 은인에게 감사하는 인정이 있기 때문에 이런 감정을 촉발시키기만 하면 반드시 보은하게 되는 것이다. 그러니 남의 과실을 들춰내고 원수의 결점을 찾기 좋아하는 사람들은 얼마나 어리석은가!"

청 세종 황태극은 빼어난 재능과 지략을 갖춘 인물로 한족의 인재를 대거 받아들인 명군이었다.

명 왕조의 유명한 장군 홍승주洪承疇가 청군과 싸우다가 패하여 포로가 되자 황태극은 그를 자신의 수하에 둘 생각으로 범문정范文程을 보내 투항을 권유했다. 홍승주가 똑바로 선 채 욕을 하면서 거부했지만 범문정은 마음을 가라앉히고 인내심 있게 고금을 넘나드는 이야기로 대화를 계속해 나갔다. 이때 갑자기 대들보에서 먼지가 떨어져 홍승주의 옷을 더럽히자 그는 황급히 손으로 먼지를 털어냈다. 범문정은 돌아가 이 사실을 황태극에게 알렸다.

"홍승주는 죽음을 원치 않는 것이 분명합니다. 죽음을 두려워하지 않는 사람이 어찌 옷이 더럽혀지는 것을 두려워겠습니까?"

그러자 황태극은 친히 홍승주를 찾아와 자신이 입고 있던 표범 가죽 외투를 벗어주며 말했다.

"춥지는 않으시오?"

홍승주는 넋이 나간 표정으로 한참 동안 황태극을 쳐다보다가 찬탄을 금치 못하며 말했다.

"정말 하늘이 내린 명군이십니다!"

그리고는 땅바닥에 엎드리며 투항을 받아줄 것을 간청했다. 황태극은 몹시 기뻐하며 그를 받아들여 엄청난 상급을 내리고 주연을 베풀어 위로했다. 여러 장군들이 이에 큰 불만을 품고 황태극에게 따졌다.

"폐하께서 홍승주를 대하는 것이 너무 지나치십니다!"

황태극은 오히려 그들을 나무라며 되물었다.

"우리가 수십 년 동안 비바람을 함께 맞은 것이 대체 무얼 위한 것이었소?"

"중원을 차지하기 위한 것이었지요."

장군들의 한결같은 대답에 황태극은 웃으면서 말했다.

"우리 모두 먼 길을 가는 맹인들인데 지금 간신히 훌륭한 안내자를 하나 얻었소. 그러니 기뻐하지 않을 수 있겠소?"

황태극의 얘기에 장군들은 금세 입을 다물어버렸다. 범문정은 한족의 대학자로서 학문이 깊고 견문이 넓은 인물이었다. 홍승주 역시 명조의 대신으로 계요의 군사 전략을 감독하고 있었고 학식 또한 남다른 데가 있었다. 이 두 사람은 청나라 만주족이 중원을 장악하고 통치 방략을 세우는 데 중요한 역할을 했다. 범문정 같은 지식인들이 만청 황실을 도와 방략을 정해주지 않았다면, 황태극의 말대로 '길을 안내해주는 사람'이 없었다면 청이 중원을 장악하는 것은 오랫동안 불가능했을 것이다.

정치와 전쟁은 동전의 양면과 같다. 어떤 의미에서 정치는 평화시기의 전쟁이요, 전쟁은 유혈시기의 정치라고 말할 수 있다. 때문에 정치의 일면을 병가에 대입시키기도 하는 것이다.

정치와 전쟁에 있어서 중요한 것은 사람을 알아보는 지혜이다. 모든 유형의 지혜 가운데 가장 중요한 것이 바로 사람을 알아보는 지혜이고, 백 가지 지모 가운데 가장 중요한 것이 때를 아는 것이라 할 수 있다. 이를 기초로 성패를 예측할 수 있어야 위대한 공업을 세울 수 있다. 이것이 바로 제왕이 되기 위한 가장 필수적인 조건이다.

이른바 지인知人이라는 것은 사람을 알아보고 그가 가진 능력을 이해하는 것이고, 때를 안다는 것은 세상사를 통찰하여 결단을 내릴 수 있는 것을 말한다. 또한 성패를 예측한다는 것은 사람을 알아보고 때를 아는 능력에 기초하여 군사와 정치 등 모든 분야의 발전과 변화를 예측하고, 이를 실현함으로써 가장 좋은 결과를 도출하기 위해 실천하고 노력하는 것을 말한다.

인재를 쓸 때는 먼저 그 사람의
그릇 크기를 살펴야 한다

초목 중에 눈에 띄게 아름다운 것을 '영英'이라 하고, 짐승 중에 특별히 우수한 것을 '웅雄'이라 한다. 문무의 재능이 동시에 뛰어난 사람을 '영웅'이라 일컫는 것은 재지才智가 출중한 것을 '영'이라 하고 담력이 남다른 것을 '웅'이라 한 데서 연유한다. 이 두 가지 자질이 서로 조화롭게 배합되어야만 '영웅'이 될 수 있다. '영'과 '웅' 가운데 한 가지만 지닌 사람들은 서로를 취하여 보완해야만 비로소 무언가를 이룰 수 있다.

그 이유는 무엇인가? 총명함은 '영'의 자질에 속하지만 '웅'의 담력을 얻지 못하면 그 학설과 견해가 실행될 수 없고, 담력은 '웅'의 자질에 속하지만 '영'의 지혜를 얻지 못하면 그 행위 자체가 성공할 수 없기 때문이다. 따라서 영재英才가 출중한 사람은 지혜로 기회를 찾고 총명함으로 사물의 법칙을 예견하며 '웅'의 담력을 빌려 그 주장을 행동으로 옮길 수 있어야 한다. 걸출한 웅재雄 才를 지닌 사람은 담력으로 사람들을 제압하고 용기로써 어려움을 극복하며 '영'의 지모를 빌려 성공을 거둘 수 있어야 한다. 그런 연후에야 '영'과 '웅'의 우세한 재능이 충분히 발휘될 수 있는 것 이다.

적당히 총명한 사람은 처음에는 지략으로 시작하지만 기회를 식별하지 못하여 공담에 그칠 뿐, 구체적인 성공을 거두지 못한다. 총명함이 많은 사람은 처음부터 지모로써 일을 시작하고 기회를 식별할 줄도 알지만 용기와 추진력이 모자라 행동으로 옮기지 못 한다. 때문에 일반적인 규칙에 따라 일을 처리할 줄만 알았지 새로 운 성취를 이루진 못한다. 담력은 뛰어나지만 이를 뒷받침하는 용 기가 따라주지 않으면 힘 있는 사람은 될 수 있을지 모르지만 앞서 나가면서 대중을 이끄는 사람은 되지 못한다.

담력도 있고 행동을 뒷받침해주는 용기도 갖추고 있지만 사물 을 판단하는 지혜가 부족한 사람은 선봉에 나설 수는 있지만 진정 한 지도자가 되진 못한다. 따라서 총명함은 처음부터 미래를 예지 할 수 있어야 하고 사물의 핵심을 파악할 수 있는 지혜가 뒷받침되 어야 하며 담력과 결단력이 수반되어야 한다. 그래야만 진정한 영 재라 할 수 있는데, 장량이 바로 이런 유형에 해당한다. 또 힘과 용 기가 출중하면서 사리를 분별할 수 있는 지모를 갖춰야만 진정한 웅재라 할 수 있는데, 한신이 바로 이런 유형에 해당한다.

'영'과 '웅'의 기질은 사람마다 다른 모습으로 나타나는데, 그 비중에 따라 웅재가 되기도 하고 영재가 되기도 한다. 하지만 영 재이든 웅재이든 양자 모두 편재에 지나지 않기 때문에 남의 신하

노릇밖에 하지 못한다. 영재는 재상이 되고 웅재는 장수가 되는 데 그치는 것이다. 영재와 웅재를 동시에 한 몸에 갖춰야만 유방이나 항우 같은 진정한 지도자가 될 수 있다.

하지만 모름지기 '영'의 기질이 '웅'의 기질보다 많아야 한다. '영'의 기질이 적으면 지모를 갖춘 사람들이 신변에서 떠나가기 때문이다. 항우의 '산을 뽑을 듯한 기세力拔山氣蓋世'도 시류의 영지英智에 순응하긴 했지만 다양한 의견을 받아들이지 못했고, 범증范增을 중용하지 않아 진평陳平 같은 인물들이 전부 그의 곁을 떠나버렸다. 반면에 고조 유방에게는 '영'의 기질이 많았기 때문에 군웅을 신변에 모을 수 있었고 영재들도 그의 곁을 떠나지 않았으며, 두 가지 기질의 인재들을 두루 활용하여 마침내 천하를 제패할 수 있었다.

'영'과 '웅'의 기질의 다소가 승부를 결정하는 요소가 된다. '영'만 있고 '웅'이 없으면 웅재가 복종하지 않고, '웅'만 있고 '영'이 없으면 지모 있는 사람들을 곁에 둘 수 없다. 때문에 웅재는 똑같은 웅재를 얻고 영재는 똑같은 영재를 얻게 된다. 영재와 웅재를 한 몸에 갖춰야만 천하의 영재와 웅재들을 두루 불러모을 수 있다.

이처럼 인재에 대한 다각적이고 입체적인 인식과 분석이 없이는 제대로 옥석을 가리기가 쉽지 않다. 이는 둥근 공球을 제외한 모든 물체가 보는 각도에 따라 여러 가지 형상을 나타내는 것처럼 인간의 본질이 외부로 드러나는 방법도 매우 다양하고 복잡하기 때문이다. 용인의 첫 단계인 인식과 선별의 과정이 무엇보다도 중요하다. 인식이 선별을 결정하고 선별이 활용의 결과를 결정하기 때문이다. 인재의 활용은 일회성 행위이다. 일단 사람을 잘못 선발하여 쓰게 되면 어느 정도의 대가를 치러야만 대체가 가능하고 대체하는 과정에서도 적지 않은 혼란과 손실이 발생한다. 심지어 대체가 불가능한 경우도 있다.

이러한 이치는 위에 있는 사람이 아랫사람을 선발하는 경우뿐 아니라 대중이 통치자를 선택하는 경우에도 똑같이 적용된다.

辨经

8

단점 뒤에 숨은 장점이 있다

인재 감정 시 빠지기 쉬운 오류

인재들은 세태에 따라 각기 다른 대우를 받는다.
보통 사람들은 자기보다 뛰어난 재능을 가진 사람들을 존중하지만
기인이나 출중한 선비들의 독특한 자질은 중요하게 여기지 않는다.
보통 사람의 지혜로는 자신과 비슷한 사람들 가운데
약간 뛰어난 사람은 알아보지만
인식 범위를 뛰어넘는 인물들은 알아보지 못하기 때문이다.

영웅의 신격화

'생사는 운명에 달려 있고, 부귀는 하늘에 달려 있다'는 말은 봉건시대의 미신이라고만은 할 수 없다. 중국의 정통 천도관天道觀도 어떤 의미에서는 운명의 가치를 매우 중시하기 때문이다. 이러한 운명관에 기초하여 수많은 사람들이 신비한 색채로써 인물을 꾸미고 형상화했던 것이다.

재미있는 것은 맹자가 제시했던 5백 년 주기의 역사순환 발전론이다. 『좌씨전』의 기록에 따르면 주 성왕이 상商을 멸망시킬 때, 천신에게 주 왕실의 천운을 물은 적이 있다고 한다. 그때 나온 해답이 주대는 30대까지 왕위를 이으면서 7백 년간 왕조를 유지한다는 것이었다. 이는 상고시대에 스스로 여론을 형성하는 매우 보편적인 방법이었으며, 이러한 천운天運사상은 맹자에 이르러 고도로 체계화되고 이론화되면서 후세에 커다란 영향을 미쳤다. 맹자는 일대 제왕의 흥망성쇠는 하늘이 내린 5백 년의 국운에 국한되기 때문에 이 기간이 지나면 다른 사람이 정권을 대신해야 한다고 생각했다. 이른바 '5백

『좌씨전左氏傳』 공자의 『춘추』를 노나라 좌구명 左丘明이 해석한 책

년마다 새로운 왕이 나타난다'는 말도 바로 맹자의 이런 주장에 근거한 것이다. 이러한 이론을 증명하기 위해 맹자는 일련의 역사 사실을 열거했다. 요순에서 상탕까지의 시기가 5백 년이었고 상탕에서 주 문왕까지가 5백 년이었으며, 주 문왕에서 공자에 이르는 시기 또한 5백 년이었던 것이다. 하지만 공자는 운명이 결정되어 있는 사람이 아니라서 왕이 되지 못한 대신, 그 학문이 만대에 전해지면서 이른바 '소왕'이라 불리게 되었다. 하지만 맹자의 시대에 이르러서도 주나라는 이미 7백 년의 연륜을 이으면서 여전히 왕조가 바뀌지 않았다. 이에 대해 맹자는 이렇게 해석을 내렸다.

"이는 하늘이 인간들이 평안하게 다스려지기를 원하지 않기 때문이다. 그렇지 않다면 자기 외에 또 누가 이를 책임지겠는가?"

물론 도의를 중시하는 맹자의 천도관은 어떤 의미에서 일종의 문화적 이상이라 할 수 있다. 문제는 그의 사상이 우아하고 고상한 상류층 문화의 범주에 속하기 때문에 사회적 심리로 내면화시킬 수 없다는 것이다. 오히려 이런 사상은 인사人事를 외면하고 귀신을 따르는 음양가들의 손으로 넘어가 미신으로 변질되었고, 이러한 미신은 또 종종 '과학'의 모습으로 나타나 민간 문화 범주의 보편적인 사회심리와 결합되면서 강력한 설득력을 발휘했다.

기나긴 중국 역사의 흐름 속에서는 기묘한 일들이 적지 않았다. 그리고 이 기묘한 사건들은 사람들의 마음속에서 새로운 배열과 왜곡, 해석을 거치면서 기묘한 성질이 많이 희석되었다. 음양오행陰陽五行의 관념에 따르면 병오년과 정미년은 흉년이다. 전한의 예만 들어봐도 병오년과 정미년에는 내우외환이 특히 많았음을 알 수 있다.

한 고조가 병오년(BC 195)에 세상을 떠나자 대권은 여후의 손
으로 넘어갔고, 여후는 유씨 종족에 대해 피의 숙청을 단행하여 유
씨 집안의 종묘를 거의 무너뜨렸다.

원광元光 원년(BC 134)은 정미년으로 하늘에 '치우기蚩尤旗'
라는 혜성이 나타났는데, 이 해에 태자 유거劉據가 태어났다. 또한
이 해에 한은 흉노를 정벌했는데, 이때부터 약 30년 동안 쌍방의 전
쟁이 그치질 않아 무수한 사상자를 냈다. 나중에는 진陳 황후의 무
고 사건에 연루되어 정미년에 태어난 태자 유거가 그녀의 두 아들
과 함께 피살되기도 했다.

한 소제昭帝 원평元平 원년(BC 74)도 정미년으로, 이 해에 소제
가 죽고 창읍왕昌邑王 유하劉賀가 등극했다. 그러나 유하는 품행이
음란하여 오래지 않아 폐위되고 말았다. 한 성제成帝 영시永始 2년
(BC 15)은 병오년이었고 영시 3년은 정미년이었다. 이 두 해 동안
후척인 왕씨 가문이 득세하면서 왕망이 신도후에 봉해지고 조비연
趙飛燕이 황후로 책봉되었다. 이는 한조의 기업이 왕망에게 완전히
빼앗기는 화근이 되었다.

사실 어느 해든지 환란이 빈번한 시대에는 재난이 발생할 수
있다. 단지 여러 가지 재난들이 신비화되면서 사람들이 이에 대한
사회적 원인을 찾게 되고, 그 결과 천운의 작용을 과신하게 되는 것
일 뿐이다. 문제는 이러한 사고방식이 봉건 통치 이데올로기에 이
용되어 왕권신수론의 사상적 근거를 제공했다는 것이다. 이러한
사고의 가장 부정적인 기능은 신격화이다. 신격화의 기본 방식은
제왕과 관련된 행위를 신격화하는 것과 제왕 자체를 신격화하는
두 가지 형태로 나타나는데 대부분 천인감응을 그 내용으로 한다.

정사와 야사를 불문하고 황제에 대한 신격화는 거의 모든 중국 사서에 보편적으로 존재하고 있다. 특히 대단한 위업을 이룬 황제들이나 개국황제들의 경우 더욱 그렇다. 『삼국지』의 기록에 따르면 유비는 키가 7척 5촌에 손을 내리면 무릎에 닿고 고개를 돌려 자신의 귀를 볼 수 있었는데 이것이 가장 전형적인 제왕의 외모라고 한다. 그리고 그의 집 동남쪽 담장에 뽕나무 한 그루가 자라고 있었는데 높이가 다섯 장이라 멀리서 바라보면 마치 수레덮개 같았다고 한다.

또한 『수서隋書』의 기록을 보면 수 왕조의 개국황제인 양견楊堅의 외모는 마치 용과 같았고 이마는 다섯 개의 기둥이 똑바로 늘어서 있는 듯한 형상이었으며 태어날 때부터 가슴에 '왕' 자가 새겨져 있었다고 한다. 그가 태어날 때는 방안에 자줏빛 안개가 가득했고 아기의 머리에 뿔이 나 있는 데다가 온몸에 비늘이 돋아 있어 그의 생모가 놀라서 혼절했다고 한다. 이때 마침 비구니가 집 앞을 지나가다가 황급히 뛰어들어와 양견을 품에 안고는 "장차 천하를 얻게 될 징조이니 걱정하실 필요 없습니다."라고 말했다고 한다.

『구당서』의 기록에 의하면 당 태종 이세민도 태어날 때 두 마리 용이 공중에 나타나 사흘을 떠돌다가 사라졌다고 한다.

이러한 황제의 신격화는 비교적 단순하고 소박한 심리적 요소를 지니는 것에 비해 유방의 '삼변三變' 설은 이데올로기의 성격이 농후하다. 유방의 첫 번째 변화는 신의 모습으로 이 땅에 나타났다는 것이다. 기록에 따르면 유방의 모친이 용과 사랑을 나누고 나서 그를 낳았다고 하는데, 이러한 '용모야호龍母夜號'의 전설이 그의 내력을 그럴듯하게 실증해준다. 유방이 뱀을 칼로 베고 기병한 후

장丈 어른 키에 해당하는 길이

구당서舊唐書 940년에 편찬을 시작하여 945년에 완성. 당 고조의 건국(618)에서 애제의 망국(907)까지 290년 동안의 당나라 역사를 기록하고 있다

에 한 노파가 뱀을 벤 자리에서 울고 있다는 소문을 듣고는 찾아가 그 사연을 물었더니 노파가 "내 아들은 백제白帝의 아들인데 뱀으로 변해 길을 가다가 오늘 적제赤帝의 아들이 휘두른 칼에 잘려 죽고 말았다우."라고 대답하더라는 이야기도 전해진다.

유방의 두 번째 변화는 등극 직후 장창張蒼 등 대신들의 주도하에 진秦대의 제도를 그대로 계승하고, 검정색을 숭상하여 사제四帝에게 제사 지내던 것을 흑제黑帝를 추가하여 자신이 흑제의 후예임을 자만하면서 오제五帝에게 제사를 올리도록 제도를 바꾼 것이다. 이는 충분한 조직과 예비음모를 통한 행동으로 유방이 정치 이데올로기에 의해 한층 더 신격화되는 계기가 되었다.

세 번째 변화는 유향劉向 부자가 역사의 순서를 뒤바꾼 것이었다. 이들은 이른바 '용모야호'가 바로 유방이 적제의 후예임을 예시하는 것이므로 그가 적통을 이어야 한다고 주장했다. 오행순환의 이론에 따르면 요임금이 바로 적색 제왕이었기 때문에 한 왕조는 요임금의 후예가 되어야 한다는 것이다. 이로써 유방은 적제의 아들이라는 지위를 회복함과 동시에 깡패에서 천자의 자리에 오르는 기적을 연출하게 되었다.

이처럼 동시대 사람들의 손에 의해 신이 만들어지면서 이상이 현실로 변화하는 과정에서 '신도神道'가 날조되고 '설교說教'는 농간으로 변질되고 말았다. 그리고 이러한 날조와 농간으로 인해 사람들은 점차 자아의식을 상실하고 스스로 신을 만들어내는 도구로 전락하고 말았다.

그러나 중국 민족은 실제로 매우 지혜로운 민족이다. 아무리 황당하고 우매한 일일지라도 중국인의 해석을 거치면 어느 정도의 합리성을 도출하게 된다. 이러한 중국인의 지혜 가운데 가장 중요한 것은 스스로 자기를 극복하는 것이다. 스스로 자신을 완전히 믿는다면 남의 의심을 의식할 필요가 있을까? 우리가 신을 의심하되 날조하지 않을 때, 역사는 비로소 순조롭게 발전할 것이다.

항우

초한전쟁 초기와 중기까지 유방은 항우에 비해 매우 불리한 상황이었다. 하지만 결국은 항우가 패배하고 말았다. 항우의 실패는 어느 정도 그의 성격으로 인한 비극이었다고 할 수 있다.

유방은 비록 깡패 출신이긴 하지만 한 가지 장점이 있었다. 충언을 적극적으로 받아들이면서 인재를 활용했고 대사를 도모함에 있어 어떠한 대가도 감수했다는 것이다. 반면 항우는 영웅이기는 했지만 천성적으로 지도자의 자질을 갖추지 못했다. 그의 행적을 '아녀자의 덕'으로 돌리는 이유도 바로 여기 있다. 예컨대 그는 화살에 맞아 부상당한 병사들의 상처를 앞장서서 빨아줄 줄 알았지만, 장수들에게 기분 좋게 봉상하지는 못했다. 기록에 따르면 항우는 장군을 임명하는 대인大印을 새겨놓고도 망설이며 만지작거리고 손에서 떼지 않아 손잡이가 다 닳아버렸다고 한다. 이처럼 그는 대담하게 인재를 받아들이지 못했고 주위의 인재들마저 제대로 활용하지 못했다.

영웅과 정치가는 그 생명 리듬에 있어서 서로 모순되는 경우가 많았다 항우는 영웅적 기질이 강했지만 천성적으로 지도자의 자질을 갖추지 못했던 반면 유방은 그보다 영웅적인 매력은 없었지만 정치가로서의 지략과 면모를 발휘함으로써 제업을 이룰 수 있었다

이는 자기중심적이고 우유부단하여 의심이 많았던 그의 성격과 무관하지 않다. 진평陳平은 항우의 이런 약점을 이용하여 그의 유력한 조력자들을 제거했다.

무엇보다도 진평의 이간책에 말려들어 범증范增을 잃은 것이 항우의 가장 큰 실책이었다. 사실 구체적인 상황은 천차만별이지만 이간책의 본질 자체는 변함이 없다. 그 핵심은 상대방이 의심을 품게 하여 자신의 목적을 이루는 것이다.

전한 3년(BC 204) 초, 초한 양군은 형양에서 전선을 형성하여 대치하고 있었다. 이때 항우의 병력이 형양을 포위하여 한군의 보급로를 차단해버리자 유방은 매우 위급한 지경에 처하게 되었다.

한군은 군량과 마초가 부족해서 시간이 지날수록 전선을 지키기 어려워졌다. 결국 유방은 항우에게 사자를 보내 화의를 청하면서 홍구를 경계로 형양과 성고 이동 지역은 초가 차지하고 이서 지역은 한이 차지하여 무장을 해제하자고 제의했다. 항우가 사자의 말을 듣고 화의를 수락하려 하자 범증이 말했다.

"유방은 곧 패할 지경에 처해 있습니다. 지금 이들의 땅을 취하지 않으신다면 반드시 후회하시게 될 것입니다. 대왕께서는 애당초 홍문의 연회에서 한 번 기회를 잃었는데 이번에도 유방을 멸하지 못하신다면 장차 그의 손에 멸망하고 말 것입니다."

항우는 그의 말도 일리가 있다고 판단하여 화의를 거부하고 곧장 출병하여 형양을 향해 맹공을 퍼부었다.

유방은 화의가 받아들여지지 않자 형양성 안에서 종일 전전긍긍하고 있었다. 불안에 떨던 유방이 진평에게 말했다.

"천하가 이처럼 갈가리 찢긴다면 언제 이를 다시 수복할 수 있겠소?”

“대왕께선 지금 항우를 걱정하고 계신 것이 아닙니까? 항우의 수하에 범증과 종이매鍾離昧 등 몇 명의 충신들이 있긴 하지만, 항우는 의심이 많고 고집이 세기 때문에 인사를 밝게 살피지 못하고 모든 일을 자기 마음대로 하려 하지요. 대왕께서는 거금을 들여 초나라 사람들을 매수하신 다음, 유언비어를 퍼뜨려 이간책을 쓰십시오. 그러면 항우와 그의 신하들은 서로 의심하며 뜻을 한데 모으지 못할 것입니다. 이 기회를 이용하면 초를 멸하는 것은 그리 어렵지 않을 것입니다.”

“초를 멸하고 한을 흥성케 할 수만 있다면 재물이야 아까울 게 어디 있겠소.”

유방은 즉시 명령을 내려 금 4만 근을 진평에게 주고 이간책을 꾸미게 했다. 금을 가지고 처소로 돌아온 진평은 곧장 심복인 소교小校 등 몇 명을 불러 초군 사병으로 변장시키고, 금을 주어 초의 병영으로 숨어 들어가 초왕 신변의 인물들을 매수하고 유언비어를 퍼뜨리게 했다. 며칠 후 초군 진영에서는 종리매가 군공이 많음에도 불구하고 분봉을 받지 못한 데 불만을 갖고 한과 연합하여 초를 멸하려 한다는 유언비어가 나돌기 시작했다. 이런 상황을 걱정하고 있던 항우는 유언비어가 돌자 이를 그대로 믿고, 종리매의 일거수일투족을 철저히 감시하며 만반의 방비를 다했다.

진상을 파악하기 위해 항우는 화의를 명목으로 한군의 진영으로 사자를 보내 성안의 동태를 살피게 했다. 진평은 초의 사자가 온다는 소식을 듣고는 유방과 상의하여 함정을 마련해놓고 초의 사자가 걸려들기를 기다렸다.

형양성으로 들어온 초의 사자는 곧장 한왕부로 가서 유방을 알현했다. 유방은 술에 취한 척하며 되는 대로 몇 마디 늘어놓고는 진평을 불러 사자를 데리고 나가게 했다.

진평은 초의 사자를 객관으로 데리고 가서 함께 술을 마셨다. 두 사람이 탁자를 사이에 두고 마주앉자 시종들이 미리 준비해둔 술과 푸짐한 안주를 내왔다. 진평은 유방의 부탁을 받고 대신 손님을 접대하는 것이라 무슨 영문으로 사자가 찾아왔는지도 모른다는 듯이 물었다.

"범 아부范父의 명성은 익히 들어 알고 있습니다. 혹시 그분의 책을 가져오시진 않았는지요?"

초의 사자는 잠시 어리둥절하다가 금세 말뜻을 알아차리고는 정색을 하며 말했다.

"난 초왕의 명령을 받고 화의를 위해 온 것이지 범 아부가 보내서 온 것이 아니오."

진평은 이 말에 짐짓 놀라는 척하며 말을 얼버무렸다.

"알고 보니 항왕의 사신이셨군요! 방금 한 말은 농담이었습니다."

말을 마친 진평은 몸을 일으켜 자리를 나와버렸다. 초의 사자가 막 음식을 먹으려 하는 순간 시종들이 들어와서 차려진 음식을 전부 거둬가더니 형편없이 초라한 음식을 다시 내왔다. 초의 사자는 머리끝까지 화가 나 주먹으로 탁자를 내려치고는 그 길로 곧장 주린 배를 움켜쥐고 초의 군영으로 돌아와버렸다.

영내로 돌아온 사자는 곧장 초왕을 알현하고 형양성에서의 일을 다소 과장하여 얘기했다. 특히 범증이 한왕과 내통하고 있으니 철저히 방비해야 한다고 강조했다.

　사실 이는 그리 교묘한 이간책도 아니었다. 조금만 세심하게 따져보면 진상을 쉽게 파악할 수 있는 일이었다. 하지만 성미가 급하고 의심이 많은 데다가 지혜롭지 못한 항우는 사태의 전말을 깊이 생각할 줄 몰랐다. 사자의 말에 항우가 대로하여 말했다.

　"전에도 이미 그에 관한 소문을 들은 바 있지만 오늘에야 범증이 유방과 내통하고 있었다는 것을 확실히 알게 되었구나!"

　그리고는 당장 범증을 잡아다가 죄를 물으려 했지만 대신들이 말리는 바람에 잠시 분을 참았다. 하지만 이후로 다시는 범증을 신임하지 않았다.

　범증은 항우에게 충성을 다하면서 일체 딴 마음을 갖지 않았기 때문에 이번 일에 대해서도 전혀 알 수가 없었다. 그는 항우가 화의를 위해 공격을 중지하는 것을 보고는 황급히 항우를 찾아가 공격을 늦추어선 안 된다고 주장했다. 항우가 격분하여 말했다.

　"서둘러 형양을 공격하다가는 성을 빼앗기도 전에 내 목이 먼저 집으로 돌아가게 될 것이다!"

　범증은 무턱내고 화만 내는 항우의 태도에 기가 막혀 당장 묘책이 떠오르지 않았지만 성격이 급한 항우가 누군가로부터 유언비어를 들은 것이 틀림없다고 판단하고는 경계심을 늦추지 않았다. 그는 지난 몇 년 동안 항우에게 한 마음으로 충성을 다하며 초를 도와 한을 멸하려 노력했는데 이제 와서 충언을 듣는 것은 고사하고, 자신을 의심하고 있는 데 대해 크게 마음이 상했다. 그는 더 이상 참지 못하고 항우에게 말했다.

　"이제 천하의 대세가 정해졌고 대왕께서 모든 일을 뜻대로 하시니 늙고 병든 소신은 이만 고향으로 돌아갈까 합니다."

이렇게 말하고 돌아서는 그를 항우도 붙잡지 않았다. 본영으로 돌아온 범증은 사람을 시켜 항우에게서 받은 인수를 돌려보내고 그날로 고향으로 떠났다. 초나라의 강산이 장차 유방의 손으로 넘어갈 것을 생각하니 눈물이 앞을 가렸다. 얼마 후 그는 등에 악성 부스럼이 돋기 시작했으나 의원을 찾지 못한 데다가 여로의 피로가 겹쳐 피를 쏟으며 죽고 말았다.

유방과 비교해볼 때, 항우에게는 영웅적인 기질이 훨씬 많았다. 고난을 두려워하지 않고 싸우는 그의 용맹성은 '역발산기개세'라는 명성을 얻었고 강직하고 은혜와 원한을 분명히 구분하는 성격으로 부하들을 사랑하고 도의를 중시했다. 하지만 바로 이런 성격적 특성들이 제왕의 길에 장애요소로 작용했다. 그는 유방처럼 교활하고 몰염치하며 잔인하고 음흉한 성격을 갖지 못했고 유방이 지녔던 빼어난 재능과 지략을 갖추지 못했다. 때문에 진평의 이간책에 걸려들어 훌륭한 조력자와 충신들을 잃었던 것이다.

비록 실패하긴 했지만 항우의 영웅적인 기질은 영원한 매력을 지닌 채 비극적인 영웅으로 기록되면서 오늘날까지 사람들의 가슴을 울리고 있다. 하지만 이러한 평가는 다분히 감정적인 치우침에 불과하다. 항우의 실패를 냉정하게 분석해보면 영웅이란 이상에 따라 살고 감정에 따라 행동하는 인간형임을 알 수 있다. 영웅과 정치가는 서로 상충하는 인간형인 것이다. 진정한 영웅들이 종종 아녀자의 인자함으로 표현되곤 하는데, 이것이 바로 영웅이 뭇 사람들의 마음을 움직이는 요소이기도 하면서 실패의 근원이기도 하다.

인수印綬 국가 권력의 상징으로 왕이나 재상들이 몸에 지니고 다지던 옥도장

장공

중국인들은 '사람을 다스리는 것'을 즐거움으로 여겼다. 그래서 각 왕조마다 풍부한 역사적 경험을 쌓아왔다. 야사와 전설도 대단히 많지만 이른바 왕조의 정사正史인 『24사二十四史』만 하더라도 똑똑한 사람이 평생 읽어야 할 정도의 분량이다. 그 중 어떤 부분을 들춰봐도 사람을 다스리는 일의 독특함과 심오함을 확인할 수 있다.

그 중에는 성공에 관한 역사적 경험도 적지 않지만 특히 기만적인 방법을 능숙하게 이용하여 성공한 예가 이루 헤아릴 수 없이 많다. 그런 기만술은 통치자들에게 확실한 도움을 주었으니, 그들이 명예를 조작하고 권력을 튼튼히 다질 수 있게 해주었다.

중국 역사에서 공공연히 인의와 도덕에 반대하고 기만과 사기를 숭상한 군주는 없었다. '간웅'이라 불리는 조조도 감히 황제를 칭할 엄두를 못 내고 황제를 협박하여 제후들을 좌지우지했을 따름이다. 그 역시 도덕과 여론의 힘이 두려웠던 것이다. 그러나 통치자들은 자신들의 이익을 위해 늘 부도덕하고 잔인무도한 일을 저질러왔다. 기만은 그들이 곧잘 써먹는 상투적인 수법이었고 그들은 수단방법을 가리지 않고 목적을 이뤘으면서도 동시에 나무랄 데 없는 도덕적 면모를 꾸며냈다.

가장 성공적으로 기만술을 사용한 이는 아마도 춘추시대의 정鄭나라 장공莊公일 것이다. 『춘추』는 장공에 관한 기록에서 첫 문장을 '정백이 언에서 단을 이겼다鄭伯克段於鄢'라고 씀으로써 그 사건의 사회윤리적 성격을 정의했다. 정백은 정나라 장공이며 단은 그의 친동생 태숙太叔 단段이다. 그리고 언은 지명이다. 이 문장에서 가장 심오한 글자는 '이기다'라는 뜻을 가진 '극克'이다. 본래 군주가 신하를 죽인 경우에는 '정征', '벌伐', '토討', '주誅' 같은 글자들을 쓴다. 그런데 이 '극'은 다툼의 쌍방이 평등한 관계이며 이긴 쪽이 고차원의 수단을 사용한 경우에만 쓴다. 장공은 정정당당하게 동생을 토벌했지만 실은 은밀히 함정을 파고 온갖 수단을 다해 명예를 차지했다. 이런 그의 악랄함과 거짓이 '극'이라는 한 글자에 확연히 드러난다.

『춘추』는 역사적 사실을 기록하면서 암암리에 칭찬과 비판을 가한다. 이것이 바로 '춘추필법'이다. 춘추시대는 주나라 이래로 이어져온 예악禮樂 제도가 파괴되고 전통적인 도덕이 짓밟힌 시기였다. 『춘추』의 사관은 '춘추필법'으로써 무너진 예의와 도덕을 만회하려 했던 것이다. 한편 '정백이 언에서 단을 이긴' 이 유명한 사건은 『좌씨전』에도 나온다. 『좌씨전』의 치밀하고 생생한 기록으로 이 사건은 더욱 널리 알려졌고 장공의 재능을 쉽게 분별할 수 있게 해주었다.

장공의 이름은 오생寤生이었으며, 그에게는 '단'이라는 동생이 있었다. 모친 강씨姜氏는 오생을 너무 힘들게 낳은 나머지 그를 별로 좋아하지 않았다. 이에 반해 빼어난 용모에 머리가 좋은 단을 매우 아꼈다. 강씨는 남편 무공武公 앞에서 끊임없이 둘째 아들을 칭찬하며 그가 왕위를 이어받기를 바랐다. 이처럼 오생 사이에는 커다란 벽이 있었다. 하지만 현명했던 무공은 강씨의 청을 듣지 않고 큰아들에게 왕위를 물려주었다. 오생은 즉위하여 장공이 되었고 부친의 뒤를 이어 주나라 경사卿士의 자리에 올랐다.

강씨는 편애하는 둘째 아들이 군주가 되지 못하자 마음이 편치 않았다. 그녀는 장공에게 당장 단에게 다스릴 영토를 주라고 요구했다. 무슨 속셈인지 그녀가 주라는 영토는 '제성'이었다. 장공은 '제'가 정나라에서 가장 험준한 성이며 전략적으로 매우 중요해서 부친 무왕도 절대 남에게 맡기지 말라고 했음을 상기시켰다. 강씨는 장공을 설득하지 못하자 다시 경성을 단에게 주라고 말했다. 경성도 당시 정나라에서는 꽤나 중요한 큰 성이었다. 장공은 머뭇거렸지만 강씨의 계속된 성화에 결국 동생에게 경성을 다스리도록 명했다.

단은 도읍을 떠나 영지로 가기 전에 먼저 모친 강씨를 찾아가 작별인사를 했다. 그는 아직 다른 생각을 품지 않았지만 강씨는 언젠가 두 형제 사이에 전쟁이 일어나리라는 걸 알고 있었다. 어린 차남에게 마음이 기울어져 있던 강씨는 단에게 미리 준비를 해두라고 당부했다. 그리고 장공이 경성을 내준 것도 단지 자신이 졸라서 된 일이라고 말했다.

"네가 경성을 다스리게 됐지만 이르건 늦건 분명히 무슨 일이 일어날 것이다. 그러니 우선 병사와 말을 잘 훈련시키거라. 기회가 오면 너와 내가 안팎으로 힘을 합쳐 네 형을 몰아내고 네가 왕이 되는 것이다."

단은 강씨의 말에 고개를 끄덕였다.

단은 경성 태숙太叔으로 칭해졌다. 단이 경성에 둥지를 튼 뒤부터 벌이는 일들은 장공의 신하들을 불안하게 했다. 우선 은밀하게 병사를 모집하고 말을 사들여 군대를 확충했고, 군대를 엄하게 훈련시키면서 항상 행군과 사냥을 일삼았다. 다음으로는 성벽을 높고 두텁게 쌓는 공사를 벌였다. 어느 날 대신 제중制仲이 장공에게 말했다.

"큰 성의 성벽은 도읍 성벽의 삼분의 일을 넘어서는 안 됩니다. 그리고 중간 크기 성의 성벽은 도읍 성벽의 오분의 일을 넘어서는 안 되며, 작은 성의 성벽은 십분의 일을 넘어서는 안 됩니다. 이것은 조상 대대로 전해져 내려온 규칙입니다. 그런데 지금 태숙 단은 이 규칙을 크게 초과하여 성벽을 지었습니다. 군주께서는 이를 보고도 그냥 넘기시면 안 됩니다."

장공은 그의 뜻을 잘 알면서도 다음과 같이 말했다.

"태숙은 국가를 위해 병마를 키우는 것이며, 또한 국가 방어를 위해 공사를 벌인 것이니 나무랄 필요가 없소. 게다가 모친께서 시키신 일이라는데 내가 어떻게 관여할 수 있겠소?"

대신들은 내심 장공이 마음이 넓고 성품이 후덕하다고 생각했지만 은근히 초조해하지 않을 수 없었다. 대신들은 다시 제족祭足을 장공에게 보내 설득하게 했다.

"군주의 모친은 탐욕스러운 분이니 어서 생각을 정하셔서 그분을 지방으로 보내십시오. 아울러 태숙의 세력이 더 이상 커지게 놔둬서는 안 됩니다. 그렇지 않으면 더욱 수습하기가 어려워집니다. 벌판의 들풀도 가득 자라면 베어내기 어려운데 하물며 군주의 아우는 어떻겠습니까?”

마침내 장공이 마음속의 생각을 털어놓았다.

“불의를 저지르는 자는 반드시 화를 자초하게 되오. 그러니 그대들은 안심하고 기다리시오.”

이 말은 장공의 성격을 남김없이 드러내준다.

얼마 후 태숙 단은 서쪽 변경과 북쪽 변경의 성들을 몰래 자신에게 귀속시키고, 겉으로만 장공의 통치에 따르게 했다. 이 소식을 들은 공자 여呂가 급히 장공에게 달려가 말했다.

“국가는 둘로 나뉘어져서는 안 되며, 군주가 둘이어도 안 됩니다. 앞으로 태숙을 어떻게 하시렵니까? 혹시 대왕께서 국가를 태숙에게 넘기실 생각이라면 저를 그에게 보내 시중들게 하십시오. 그의 신하가 되면 그만이니까요. 하지만 그러실 생각이 없다면 제가 당장 달려가 그를 처단하고 백성들이 두 마음을 먹지 못하도록 하겠습니다! 만약 백성들이 태숙을 따르게 되면 더욱 손을 쓰기가 어려워질 것입니다.”

장공은 침착한 어조로 여를 타일렀다.

“그렇게 마음 쓸 필요 없소. 지금 태숙 단은 스스로 자신의 무덤을 파고 있으니 말이오.”

다시 얼마 후 태숙 단은 아예 서쪽과 북쪽 변경의 성들을 자기 것으로 공표하고 계속 세력을 확대했다. 자봉子封이 놀라 장공에게 달려가 말했다.

“이제 손을 써야만 합니다. 더 이상 그가 성과 영토를 합병하게 놔둬서는 안 됩니다. 많은 인구와 넓은 땅을 갖게 되면 응당 세력이 커지는 법이고, 그때는 상대하기 어려워질 것입니다."

장공은 여전히 태연한 기색으로 말했다.

"불의를 저지른 자는 백성들의 호응을 얻을 수 없소. 인구가 늘고 땅이 많아질수록 더 빨리 망하게 될 것이오."

마침내 태숙 단은 성벽을 완성하고, 창칼 등 전쟁무기와 보병, 전차까지 갖춰 모든 준비를 마쳤다. 바로 이때 공교롭게도 장공은 주나라 황제를 만나러 가서 도읍을 비워둔 상황이었다. 강씨는 절호의 기회라고 여기고 태숙 단에게 편지를 썼다. 몰래 도읍의 성문을 열어 그를 도와주겠다는 내용이었다. 그녀는 미리 날짜까지 정해놓았다. 태숙은 모친의 편지를 받고 즉시 답장을 써보내는 한편, 보병과 전차를 다 동원하고 부하 병사들을 도읍으로 보내 거사를 치르게 했다.

사실 장공은 모든 준비를 다 갖춰놓고 있었다. 그가 황제를 만나러 낙양에 갔다는 건 거짓소문이었다. 그는 2백 대의 수레를 거느리고 몰래 길을 우회해 경성을 공략했다. 그리고 태숙의 편지를 지참한 사신이 지나가는 길에 공자 여를 매복시켰다. 여는 손쉽게 편지를 탈취하여 강씨가 받아보지 못하게 했다. 이렇게 해서 장공은 완전히 주도권을 틀어쥐었다.

태숙은 병사를 일으킨 지 이틀이 채 안 되어 경성이 함락됐다는 소식을 접했다. 경악한 그는 며칠 밤낮을 달려 되돌아갔지만, 태숙이 군주를 공격하려 했음을 알게 된 병사들이 뿔뿔이 흩어지는 바람에 병력이 반으로 줄어버렸다. 태숙은 민심이 자신에게 등을 돌리고 경성도 회복할 수 없음을 깨달았다. 그는 하는 수 없이 언이

라는 작은 성으로 달아났고, 그곳에서 패한 다음에는 공성이라는
더 작은 성으로 몸을 피했다. 마침내 더 이상 갈 곳이 없어지자 그
는 스스로 목숨을 끊었다. 장공은 동생이 자살했다는 소식을 듣자
마자 즉시 그곳으로 달려가 시신을 껴안고 통곡했다. 그는 울면서
사람들을 향해 말했다.

"내 아우가 천인공노할 죄를 저지르긴 했지만, 친형으로서 어
찌 용서하지 않을 수 있으랴!"

주변에 있던 사람들도 모두 눈물을 흘렸다. 이로써 장공은
또 한 번 민심을 얻었다. 백성들은 입을 모아 그가 좋은 형이라고
말했다.

장공은 동생의 몸에서 강씨가 보낸 편지를 찾아 읽고 불같이
화를 냈다. 그는 제족을 시켜 그 편지를 강씨에게 전한 뒤, 그녀의
거처를 성영으로 옮기게 하고 맹세했다.

"내가 황천에 가기 전까지는 절대로 모친을 만나지 않겠다."

장공은 동생을 제거하고 모친을 쫓아냄으로써 군주의 지위를
튼튼하게 다졌다. 당연히 마음이 한결 편안하고 즐거워졌다. 하지
만 당시 사람들은 인물의 도덕적 인품을 매우 중시했다. 특히 모친
과 자식간의 인륜은 더더욱 중요했다. 비록 강씨가 장공에게 이런
저런 잘못을 저지르긴 했지만 어쨌든 그녀는 장공의 모친이였다.
따라서 여론은 전적으로 장공에게 기울지 않았다. 사람들이 장공
의 처사가 불효라고 수군대자 장공은 꽤나 난감해졌다. 장공은 모
자간의 정으로 자신의 처사를 반성하는 것은 둘째치고, 손상된 명
예를 회복하고 싶었다. 하지만 죽기 전에는 모친을 보지 않겠다고
이미 맹세한 이상, 스스로 그 맹세를 깬다면 웃음거리가 되어 군주

의 위엄이 훼손당할까봐 두려웠다. 그는 이러지도 저러지도 못해 속만 태웠다.

그때 변경을 관리하는 말단관리 영고숙穎考叔이 새를 바치러 장공을 찾아왔다. 장공은 그에게 무슨 새를 가져왔느냐고 물었다.

"이 새는 부엉이라고 합니다. 별로 좋은 새가 아니지요. 낮에는 잘 보이지 않아서 주로 밤에만 활동합니다. 그리고 아비 어미가 힘들여 다 길러놓으면 그들을 잡아먹는 불효막심한 새입니다. 청컨대 이 새를 벌하소서."

장공은 그의 말 속에 뼈가 있음을 알았지만 너그러이 내버려 뒀다. 마침 식사 때가 되어서 장공은 그에게 함께 음식을 들자고 제의했다. 그런데 영고숙은 밥을 먹으면서 음식의 고기를 일일이 골라냈고, 식사를 마치고는 그것을 곱게 포장하는 것이었다. 이상하게 여긴 장공이 그 까닭을 물었다.

"저희 모친은 별의별 음식을 다 드셔보았지만 유독 군주가 하사한 음식만은 드셔본 적이 없습니다. 그래서 모친께 음식을 싸가려는 것입니다."

장공이 찬탄하여 말했다.

"남들은 다 효도할 모친이 있는데 내게는 왜 없단 말인가? 내가 비록 제후라 해도 자네 같은 평민만큼도 부모에게 효도를 할 수 없네그려."

영고숙은 일부러 답답하다는 표정을 지으며 말했다.

"태부인太夫人께서 아직 살아 계신데 어째서 효도를 할 수 없다 하십니까?"

장공은 그에게 강씨를 쫓아내고 맹세한 사연을 털어놓았다.

영고숙이 다시 말했다.

"황천에 갈 때까지 만나지 않겠다고 한 것이 꼭 죽은 다음에 만나자는 뜻은 아닙니다. 황천黃泉은 곧 저 땅 속 깊은 곳의 샘을 가리킵니다. 지하에 굴을 파서 샘에 이른다면 그곳이 바로 황천이지요. 두 분이 그 땅굴에서 상봉한다면 누가 군주를 불효자라 하겠습니까? 또 누가 맹세를 어겼다고 하겠습니까?"

장공은 과연 옳은 말이라 여기고 그의 방법을 따랐다.

영고숙은 5백 명의 병사를 시켜 신속하게 땅굴을 파고 그 안에 방을 만들었다. 그런 뒤 땅굴 한쪽으로는 강씨를, 다른 한쪽으로는 장공을 불러들여 그 방에서 만나게 했다. 모자는 서로 부둥켜안고 그간의 잘못을 용서했다. 이때부터 두 사람의 관계는 예전처럼 화목해졌다.

장공은 이제 효자의 명성까지 얻었다. 정나라 장공이 정말 도덕적인 인물이었는지는 그가 나중에 저지른 두 가지 사건을 살펴보면 분명하게 알 수 있다.

장공은 자기 일에 바쁜 나머지 오랫동안 낙읍에 가지 못했다. 그러다가 갑자기 주나라 평왕平王이 자신을 계속 경사로 등용하지 않으리라는 소식을 전해들었다. 그는 부랴부랴 낙읍으로 달려가 평왕에게 자신은 능력이 없어 자진 사퇴하겠다고 말했다. 본래 괵나라 군주에게 경사를 맡기려 했던 평왕은 대체 어떻게 말이 새나갔는지 알 수가 없었다. 난처해진 평왕은 인사를 바꿀 계획이 없었다고 한사코 둘러댔다. 하지만 그럴수록 장공은 자기 능력이 괵나라 군주보다 못하다고 말했다. 평왕은 하마터면 장공 앞에 무릎을 꿇을 뻔했다. 나중에 정말 방법이 없어진 평왕은 정 자신의 말이 미덥지 않다면 태자를 정나라에 볼모로 보내겠다고 말했다. 평왕의 신하들은 이 방법이 너무나 온당치 않다고 여겼지만, 장공이 두려운 나머지 대신 그의 아들도 볼모로 삼아 맞바꾸자고 제의했다. 장공은 이 제안을 받아들였다.

태자가 볼모가 된 것은 중국 역사상 처음 있는 일이었다. 이로 인해 주나라의 체면은 구겨질 대로 구겨졌다. 신하가 왕의 아들을 인질로 삼는 것은 대역무도한 일이니, 이것으로써 장공의 진면모를 알 수 있다. 평왕이 죽은 뒤, 태자 호狐는 낙읍으로 돌아왔지만, 원래 몸이 약한 데다 마음의 상처까지 깊어 곧 숨을 거두고 말았다. 그래서 다른 아들이 황제가 되었는데, 그가 곧 환왕桓王이다. 뜻밖에도 환왕은 강경하게 장공의 전횡에 맞섰다. 그는 즉위하자마자 장공의 경사 직위를 박탈하려 했다. 이 사실을 안 장공은 사람을 보내 주나라 황실의 밀을 베는 도발을 저질렀다.

다행히 이때는 환왕이 양보하여 전쟁이 일어나지 않았다. 몇 년 뒤, 환왕은 끝내 장공을 면직시키고 그 자리에 괵나라 군주를 앉혔다. 장공은 손을 쓸 수 없었다. 환왕은 이에 그치지 않았다. 주 왕실의 것이 아닌 12개 읍을 정나라의 4개 읍과 바꾸었다. 정나라는 고스란히 4개의 읍을 잃고 말았다. 급기야 환왕은 장공이 자신을 알현하러 오지 않는다는 이유로 진陳, 채蔡, 위衛의 군대를 몰아 정나라를 토벌하러 갔다. 이때 주나라 군대는 전통에 따라 좌군, 중군, 우군으로 진을 편성했다. 중군은 왕이 직접 인솔하는 주력군이며 좌군, 우군은 중군을 엄호하는 역할을 한다. 그런데 정나라의 자지子之는 이런 전통적 진법과는 상이한 진법을 제시했다. 그는 주력군을 좌군, 우군으로 삼고 중군을 그 뒤에 두었으며, 전투용 수레를 앞에, 보병을 뒤에 배치했다. 그는 먼저 적의 좌우 양 날개를 격파하고 중군을 포위할 생각이었다. 또한 자지는 적의 우군인 진나라 군대를 먼저 깰 것을 주장했다. 왜냐하면 당시 진나라는 내란에 휩싸여 있어서 병사들의 사기가 떨어졌기 때문이다. 전투는 완전히 자지의 예측대로 전개되었다. 진나라 군대가 패한 뒤, 좌군인 괵나라 군대도 덩달아 도망쳐버렸다. 결국 중군만 남아 겹겹이 포위되었고 정나라 장수 축담祝聃이 환왕의 어깨에 화살을 명중시킴으로써 주나라 군대는 완전히 패배했다. 축담은 달아나는 적군을 뒤쫓으려 했지만 궁지에 몰린 적을 너무 핍박할 필요가 없다고 여긴 장공이 그를 말렸다.

그날 밤, 장공은 사신을 보내 의기소침해진 환왕과 주나라 군사들을 위문했다. 그는 환왕 및 제후들과 화해하길 원했다. 이때부터 주나라 천자가 하늘의 명을 받았다는 믿음은 철저히 깨졌다. 즉, 황제의 권위가 완전히 유명무실해진 것이다.

동생의 반역을 처리한 장공의 태도에는 고차원의 술책이 숨겨져 있다. 그는 모친과 동생이 두 마음을 품고 있음을 진작부터 알고 있었다. 미리 손을 써서 제지했더라면 동생은 죽지 않을 수도 있었다. 하지만 장공은 동생을 완전히 제거하지 않으면 자신의 마음이 단 하루도 편치 않으리라는 것을 잘 알고 있었다. 왜냐하면 그의 동생은 언제든 반역을 도모할 인물이었기 때문이다. 그렇다고 해서 번번이 가혹한 조치를 취할 수도 없었다. 자칫 인자하지 못하다는 악명을 뒤집어쓸 수도 있기 때문이었다. 차라리 단번에 뿌리를 뽑을 수 있는 방법을 강구하는 편이 나았다. 그래서 장공은 한발 한발 동생을 반역의 길로 들어서게 했는데, 이 모든 것이 그의 계산이었다. 그는 이 과정에서 줄곧 인자하고 후덕한 사람으로 비쳐졌고 심지어 신하들조차 그를 위해 마음을 졸였다.

권력을 위해 형제의 정도, 모자지간의 정도 돌보지 않았다. 동생을 죽인 것도 모자라 모친을 내쫓았으니, 이것이 이른바 ‘인자仁慈’의 숨겨진 이면이다. 구체적인 실천 과정에서 장공은 속내를 숨기고 결코 드러내지 않았다. 무엇을 내보이고 싶으면 먼저 숨기고, 또한 무엇을 사로잡고 싶으면 몰래 뒤를 쫓는 책략을 사용했다. 이런 그의 음흉함은 곧 커다란 명성을 얻기 위해서였으니, 여기에는 일종의 인내의 기술이 따라야 했다.

중국 역사에서 살인은 반드시 명분이 있어야 했다. 명분 있는 살인이라면 죽는 자도 원망의 말을 못하고 제 삼자도 비방의 말을 못하는 것이 보편적인 역사의 경험이었다. 만약 그 살인자들과 희생자들을 진지하게 분석해본다면, 권력욕과 인성 사이의 잔혹한 투쟁에 아마도 경악하게 될 것이다. 어떻게 해야만 인간의 권력욕을 제한하고 정상적인 인성을 발달시킬 수 있는지는 우리가 두고 두고 생각해볼 문제이다.

관중

대의명분은 주로 인지상정과 모순될 때가 많다

심지어 대의명분을 위해 친족을 죽이는 것이 인지상정보다

더 고결할 때도 있다

그러나 이는 어디까지나 인간의 본성에 위배되는 것으로

그 배후에는 감춰진 목적과 음모가 도사리고 있기 십상이다

사람을 부릴 때는 이를 꿰뚫어 볼 줄 알아야 한다

인지상정을 어기는 것은 부자연스럽고 비도덕적인 행위이다. 그래서 어떤 사람의 인격을 가늠할 때는 인지상정에 대한 그의 태도를 살피는 것이 좋은 방법이다.

춘추전국시대의 오기吳起는 노魯나라 군주의 신임을 얻기 위해 제齊나라 사람인 자신의 처를 살해했다. 그러나 그는 노나라 사람들의 신임을 얻지 못했을 뿐 아니라 그들의 질책을 받았다.

낙양자樂羊子가 위나라 장군이 되어 중산국中山國을 토벌할 때, 그는 위나라 문후文侯에 대한 충성심을 증명하기 위해 중산국 사신 앞에서 중산국 관리로 있던 자기 아들의 살을 씹어먹었다. 문후는 그의 공로를 칭찬하기는 했지만 이때부터 그를 믿지 않았고 결국 그를 파면했다.

명나라 천순天順 시기에 도지휘都指揮 마량馬良은 황제의 총애를 받았다. 마량의 처가 죽자 황제가 그를 위로하러 갔다. 그런데 마량은 벌써 몇날며칠을 바깥 출입을 하지 않고 있었다. 황제가 그

이유를 묻자 측근이 대답했다.

"마량은 지금 혼사를 치르고 있습니다. 새로 아내를 들이는 것이지요."

황제는 매우 언짢아했다.

"제 처한테도 박정한데 어찌 내게 충성할 수 있겠는가?"

황제는 마량을 불러 곤장을 쳤고, 이때부터 그를 멀리했다.

명나라 선덕宣德 시기에 금

오위金吾衛 지사指使였던 부광傅廣은 스스로 거세를 한 뒤, 환관이 되기를 청했다. 황제가 이 말을 듣고 이상히 여겨 물었다.

"부광은 이미 3품의 고관이거늘 무얼 더 바라는 게냐? 자기 몸을 해쳐가면서 또 승진을 하겠다는 게냐?"

황제는 명을 내려 그의 죄를 다스리게 했다.

이처럼 사람을 알아보는 현명한 군주도 있었지만 그렇지 못해 화를 자초한 이도 있었다. 제나라 환공은 몇몇 간신들을 피하라는 관중의 말을 듣지 않아서 그만 그들의 손에 죽고 말았다.

춘추전국시대, 제나라 환공은 관중의 보좌를 받아 중원의 패자가 되었다. 그래서 환공은 관중에게 매우 극진했다. 나중에 관중이 병석에 누웠을 때, 환공이 그를 위문하러 가서 물었다.

"이렇게 병이 위중한데 혹시 내게 당부할 말이 없으시오?"

자신이 얼마 더 살지 못하리라 느낀 관중이 간곡하게 말했다.

"부디 역아易牙, 수조竪刁, 상지무常之巫, 위공자衛公子를 멀리 하시길 바랍니다."

환공은 관중의 유언을 이해할 수가 없었다.

"역아는 자기 아들의 고기를 삶아 날 봉양한 사람이오. 이는 아들에 대한 사랑보다 나에 대한 사랑이 더 크다는 게 아니겠소?"

"세상에 자기 아들을 사랑하지 않는 아비는 없습니다. 아들에게 그토록 잔인한 사람이 어떻게 군주에게 잘하겠습니까?"

환공이 다시 물었다.

"수조는 스스로 거세하여 날 시중든 사람이오. 이는 자기 몸보다 더 나를 아낀다는 것인데 어떻게 그를 의심할 수 있겠소?"

"세상에 자기 몸을 아끼지 않는 사람은 없습니다. 독하게 자기 몸을 훼손하는 자가 어떻게 군주에게 잘할 수 있겠습니까?"

"그러면 상지무는 어떻소? 그는 사람이 죽을 때를 예언하고 나의 지병까지 치료해줬는데 그조차 믿지 못한단 말이오?"

"태어나고 죽는 건 운명에 달렸으며 지병은 본디 신체의 약점입니다. 자기 수명도 모르고 근본을 지키지 않으면서 오직 상지무에게 기대 건강을 유지하는 건 옳지 않습니다."

"위공자 계방啓方은 날 시중든 지 15년이 되었소. 그는 부친이 죽었을 때도 날 위하여 고향에 가지 않았소. 이는 자기 부모보다 나를 더 사랑한다는 증거인데 이런 사람도 믿지 못한단 말이오?"

"세상천지에 가장 가까운 사람이 곧 부모입니다. 부모에게도 그렇게 무정한데 다른 사람에게는 어떻겠습니까?"

환공은 관중의 말에도 일리가 있다고 생각했다.

관중이 죽은 뒤 환공은 그들을 조정에서 쫓아냈다. 하지만 그 뒤부터 환공은 통 밥맛이 없고 잠도 이루지 못했다. 조정의 일을 돌볼 마음도 생기지 않았으며 병까지 도져 궁궐이 어수선해졌다. 그렇게 3년이 흐른 후 환공은 더 이상 참을 수가 없었다.

"관중의 말은 너무 지나쳤다! 그 네 사람은 이 나라에 필요한 이들이지 결코 해를 끼칠 이들이 아니다!"

환공은 즉시 그들을 다시 조정으로 불러들였다.

다음해 환공이 병이 나자 상지무는 무술巫術을 이용하여 '환공은 모년 모월 모일에 죽을 것이다'라는 헛소문을 지어 퍼뜨렸다. 이어서 역아, 수조, 상지무는 서로 결탁하여 반란을 일으켰다. 그들은 환공이 머무는 궁궐문을 막고 아무도 들어오지 못하게 했다. 또한 궁궐 밖에 3장 높이의 담을 쌓고 음식물을 일절 들여보내지 않았다. 환공을 굶겨 죽일 작정이었다.

환공은 죽음을 눈앞에 두고 눈물을 흘리며 후회했다.

인지상정을 통해 한 사람의 인격을 판단하는 것은 매우 효과적인 방법이다. 문제는 어떤 경우에는 인지상정을 어기는 행위가 설득력을 얻었다는 점이다. 아들이 부친을 고발하고 아내가 남편을 배신하는 행위가 '충성'이라는 이름으로 합리화되었던 것이다. 그리하여 호전적이지만 인격이 모자란 이들이 배출되었다.

다만 주의해야 할 점은 인지상정을 중시하는 것과 대의를 위해 천륜을 저버리는 것이 서로 모순되지 않을 경우도 있다는 사실이다. 더 나아가 대의를 위해 천륜을 외면함으로써 인지상정을 고도로 승화시킬 수도 있다. 이것은 곧 인간의 보편적인 감정을 국가, 민족, 진리의 경지로 승화시키는 경우를 말한다.

손빈과 방연

윗사람은 진짜와 가짜를 구별할 줄 알아야 한다 지독한 간사함이 충정으로 보일 수도 있고 야릇한 충정이 간사함으로 보일 수도 있다 진정한 재능과 학식을 가진 인재는 나라를 흥하게 한다 그러나 농간과 위선에 능한 자는 결국 나라를 망치고 마는 것이다

『손자병법』은 군사전문가들에게 있어 최고最高의 경전으로서 인류문명사의 기적으로 평가되고 있다. 책이 저술된 당시에도 커다란 영향을 미쳤을 뿐 아니라 오늘날에도 많은 사람들이 이 책에서 지혜를 구하고 있고 군사분야뿐만 아니라 정치와 상업, 처세 등의 영역에서도 막대한 영향을 미치고 있다. 그러다 보니 오늘날에는 중국뿐만 아니라 전세계 각국에서 『손자병법』에 대한 다양한 연구가 이루어지고 있다.

전국시대의 손빈孫臏은 『손자병법』의 저자인 손무孫武의 후손으로서 역시 뛰어난 군사가였다. 그가 지은 『손빈병법』은 비록 지금은 전해지지 않지만 『손자병법』만큼 대단한 병법서였으리라고 추측된다. 그러나 손빈은 손무만큼 운이 좋지는 않았다. 그는 보통 사람이라면 도저히 견뎌낼 수 없는 시련을 겪어야 했다. 손빈과 방연龐涓의 이야기는 중국의 남녀노소가 다 알고 있을 정도로 유명하다. 이 이야기로 손빈도 중국 역사상 대단히 유명한 인물이 되었다.

춘추전국시대는 서로 다른 두 시대를 함께 일컫는 말이다. 일반적으로 세 가문이 진晉나라를 분할한 시점을 전국시대의 시작으로 본다. 당시 진나라는 한韓, 위魏, 조趙 세 가문의 나라로 나뉘며 종말을 고했고, 그 가운데 국력이 가장 강했던 나라는 위나라였다. 위나라 혜왕惠王은 진秦나라를 본받아 상앙 같은 인재를 구해 나라를 맡기려 했다. 그래서 적지 않은 돈을 들여 현명한 선비들을 불러들였다. 방연은 그 중 한 사람으로 그는 자신을 당대의 기인이었던 귀곡자鬼谷子의 제자라고 밝혔다. 귀곡자는 종횡가縱橫家의 효시로 알려진 인물이다. 그의 저서 『귀곡자』는 군주를 설득하는 기술을 전문적으로 다루었는데, 지금까지 비교적 완전한 형태로 보존되어 있다. 『귀곡자』를 살펴보면 귀곡자가 확실히 뛰어난 인물임에 틀림없지만 그는 평생 은둔해 살면서 벼슬에 연연하지 않았다. 아무튼 방연은 자신이 귀곡자의 제자일 뿐더러 종횡가로 유명한 소진蘇秦, 장의張儀와 동문이라고 허풍을 떨었다. 이에 넘어간 혜왕은 그를 신임하게 되었다.

방연은 대장군의 지위에 올랐고, 그의 아들 방영龐英, 조카 방총龐葱, 방모龐茅가 모두 장군으로 임명되어 이른바 '방씨 군대'를 이루었다. 이들은 의외로 강력해서 잘 훈련시킨 병마로 위衛나라, 송나라, 노나라를 연이어 격파하고 복종하게 했다. 동쪽의 대국 제나라가 파견한 군대도 방연에게 패해 도주했다. 그러자 혜왕은 더욱 그를 신임했다.

방연과 동문수학한 손빈은 재능과 덕을 겸비한 드문 인재였다. 더욱이 스승 귀곡자로부터 손무의 병법 열세 편을 전수받아 지략이 한층 출중해졌다. 한번은 묵자墨子의 문하생인 금활리禽滑厘

가 귀곡자를 방문했다가 손빈을 사귀게 되었다. 그는 손빈을 하산
시켜 각국의 군주들을 도와 성을 지키고 전쟁을 줄이고자 했다. 손
빈이 그에게 말했다.

"저의 동문 방연이 벌써 하산을 했습니다. 그가 출세하면 저
를 부르러 오겠다고 했습니다."

금활리가 의아해하며 말했다.

"방연이라면 이미 위나라에서 고관을 맡고 있네. 왜 자네에게
편지를 쓰지 않았는지 모르겠군. 내가 위나라에 가서 대신 알아봐
줌세."

전쟁을 극구 반대했던 묵자는 문하에 많은 제자들을 두었다.
그들은 하나같이 기술을 지녔고 규율이 엄했다. 전쟁을 막기 위해
서라면 죽음도 피하지 않았다. 당시 묵자의 영향력은 대단히 컸다.
한번은 말만으로 강대한 초나라를 겁주어 송나라 침공을 포기하게
했다. 그래서 어느 나라를 들르든 그는 국빈 대접을 받았다. 한편
위나라에 들른 금활리는 혜왕에게 손빈과 방연의 일을 말했다. 혜
왕은 즉시 방연을 불러 왜 손빈을 부르지 않았는지를 물었다.

"손빈은 제나라 사람입니다. 우리는 지금 제나라와 적대관계
에 있는데 어떻게 그를 부르겠습니까? 만약 이곳에 온다 해도 제나
라를 먼저 생각할 겁니다. 그래서 편지를 쓰지 않았습니다."

방연의 말을 듣고 혜왕이 따져물었다.

"그렇다면 다른 나라 사람은 전혀 등용할 수 없단 말이오?"

방연은 할 수 없이 편지를 써 손빈을 오게 했다.

혜왕은 위나라에 온 손빈과 잠시 얘기를 나누자마자 그가 방
연보다 훨씬 뛰어난 인물임을 알아챘다. 그는 손빈을 부군사로 임

명하여 군사인 방연을 돕게 하려고 했다. 이 말을 듣고 방연이 급히 말했다.

"손빈은 제 손윗사람이며 재능도 훨씬 뛰어납니다. 어찌 제 밑에 둘 수 있겠습니까? 먼저 그를 객경客卿에 임명하고 나중에 공을 세우면 제 자리를 양보하겠습니다."

사실 그것은 방연의 음모였다. 손빈과의 권력 다툼을 잠시 피하고 기회를 보아 그를 제거할 심산이었다. 당시에 객경이라는 벼슬은 신하보다는 높지만 실권이 전혀 없는 자리였다. 그것도 모르고 손빈은 방연을 진실한 친구로 믿고 감격했다.

본래 방연은 손빈의 가족이 모두 제나라에 있으므로 그가 위나라에 오래 머물지 않으리라 여겼다. 그래서 슬쩍 손빈의 마음을 떠보았다.

"어째서 가족을 불러 함께 살지 않습니까?"

"내 가족은 제나라 군주에게 모두 학살당했네. 남은 몇 명도 뿔뿔이 흩어져 찾을 길이 없는데 어떻게 부를 수가 있겠나?"

방연은 눈이 휘둥그래졌다. 손빈이 위나라에 계속 머문다면 자기는 언젠가 그에게 자리를 내줘야 하는 것이다.

반 년 뒤, 제나라 사람 하나가 손빈에게 사촌형이 쓴 편지를 가져왔다. 고향으로 돌아오라는 내용이었다. 하지만 손빈은 응하지 않았다.

"저는 이미 위나라에서 객경이 되었습니다. 맘대로 움직일 수 있는 처지가 아닙니다."

그는 따로 답장을 써서 형에게 전하게 했다.

손빈의 답장은 뜻밖에 위나라 사람의 손에 넘어가 혜왕에게 바쳐졌다. 이 편지를 본 혜왕이 방연에게 물었다.

"손빈이 제나라를 잊지 못하는 듯한데 어떻게 하면 좋겠소?"

기회가 왔음을 직감한 방연이 말했다.

"그는 대단한 재능을 가진 인물입니다. 만약 제나라로 돌아간다면 위나라에 큰 재앙이 될 겁니다. 제가 먼저 그를 권유해보겠습니다. 여기에 그냥 머물겠다면 상관없지만, 그렇지 않으면 제게 처분을 맡겨주십시오. 어쨌든 그는 제가 추천한 사람이니까요."

혜왕은 그의 청을 승낙했다.

당연히 방연은 손빈에게 권유하지 않았다. 대신 그에게 이렇게 말했다.

"고향에서 편지가 왔다고 들었는데 왜 가보지 않습니까?"

"형님이 돌아오라고 하셨지만 아무래도 온당치 않은 것 같아 가지 않았네."

"고향을 떠나온 지 벌써 여러 해이고 집안과도 줄곧 연락을 못 했지 않습니까? 지금 형님이 찾으시니 돌아가서 뵙는 게 도리입니다. 가서 친지들을 뵙고 성묘도 한 다음 돌아오시지요."

혜왕이 귀향을 허락해주지 않을까 두려웠던 손빈은 방연의 권유에 매우 감격해 했다. 다음날 손빈은 혜왕을 찾아가 두 달간의 휴가를 청했다.

혜왕은 손빈의 청을 듣자마자 그가 제나라와 내통하려 한다고 단정했다. 혜왕은 즉시 손빈을 방연에게 압송해 심문하게 했다. 방연은 일부러 놀란 척하며 먼저 손빈을 풀어준 다음, 곧바로 혜왕에게 달려가 그를 용서해달라고 빌었다. 그리고 한참 후에 당황한 기색으로 돌아와 손빈에게 말했다.

"대왕이 노하여 기필코 당신을 죽이겠다고 하더군요. 제가 극구 간청하여 겨우 목숨은 부지시켜주겠다고 하셨습니다. 하지만 경형과 빈형은 피할 수 없을 것 같습니다."

손빈은 울화가 치밀었지만 자신을 위해 힘써준 방연이 무척 고마웠다.

결국 손빈은 얼굴에 죄상을 적어넣는 경형과 두 정강이뼈를 베는 빈형을 당했다. 이때부터 그는 기어다닐 수밖에 없는 장애인 신세가 되었다.

방연은 손빈의 생활을 하나부터 열까지 챙겨주었다. 그의 도움에 보답하고 싶었던 손빈은 뭔가 자신이 해줄 일이 없는지 물었다.

"손씨 가문 대대로 전해져온 열세 편의 병법이 있다고 들었습니다. 혹시 그것을 기록할 수 있으시다면 함께 연마하여 후대에 전했으면 합니다."

방연의 제의에 손빈은 잠시 망설이다가 하는 수 없이 응낙했다. 그때부터 손빈은 누운 채로 죽간에 한자 한자 글자를 새겨넣었다. 그는 그 병법을 완전히 암기하고는 있었지만 막상 쓰려고 하니 여의치가 않았다. 게다가 억울하게 형벌을 받은 분이 채 가시지 않아 하루에 겨우 십여 자를 새길 수 있을 뿐이었다.

상황이 이렇게 되자 방연은 화를 참지 못하고 성아誠兒라는 하인을 시켜 손빈을 재촉하게 했다. 성아는 손빈을 불쌍하게 여겨 그를 시중드는 사람에게 물었다.

"방군사는 왜 기를 쓰고 손선생이 빨리 병법을 쓰게 하는 거죠?"

"잘은 모르겠지만 방군사가 손선생을 살려준 건 그 병법 때문인 것 같아요. 병법을 다 쓰고 나면 손선생은 곧 죽은 목숨이지요.”

이 말을 들은 손빈은 크게 놀라 곰곰이 앞뒤 상황을 따져보았다. 그리하여 모든 사실을 깨달은 그는 고함을 내지르면서 기절해 버렸다. 사람들이 그를 흔들어 깨웠을 때 그는 미쳐 있었다.

손빈은 머리를 풀어헤치고 가슴을 두드렸다. 두 눈이 풀린 채로 물건들을 내던지고 새겨놓은 병법을 불 속에 던졌다. 또한 더러운 물건들을 마구 집어삼키기도 했다. 놀란 종들이 급히 방연에게 달려가 이 사실을 고했다.

“손선생이 미쳤습니다!”

방연이 부랴부랴 달려와서 보니, 손빈은 바닥에 엎드려 크게 웃다가 돌연 얼굴을 쳐들고 대성통곡을 했다. 방연이 그의 이름을 부르자 그는 방연을 향한 채 머리를 땅에 짓찧고는 되풀이해 외쳤다.

“귀곡 선생님, 살려주세요! 귀곡 선생님, 살려주세요!”

방연은 그가 제 정신이 아니라고 생각했지만, 혹시 고의로 미친 척하는 게 아닌가 싶어 그를 돼지우리에 가뒀다. 그 안에서도 손빈은 여전히 울다가 웃기를 반복했고, 힘이 빠지면 우리 한가운데 엎드린 채 잠이 들었다. 시간이 꽤 지난 다음에도 여전히 그런 식이었지만 방연은 마음을 놓지 않고 그를 감시하게 했다. 어느 날 밥을 나르러 온 자가 목소리를 낮춰 손빈에게 말했다.

“저는 선생께서 지금 치욕을 무릅쓰고 방군사를 속이고 있음을 잘 알고 있습니다. 이렇게 음식을 날라 오다가 기회를 봐서 선생을 구해드리겠습니다.”

그 자는 말을 마치고 뚝뚝 눈물을 떨궜다. 손빈은 영문을 모르겠다는 표정으로 말했다.

"누가 네 썩은 음식을 먹겠대? 내가 만든 게 훨씬 맛있다!"

손빈은 음식을 땅바닥에 내동댕이치고는 돼지 똥을 집어 입 안에 쑤셔넣었다.

그 자는 바로 방연에게 이 사실을 보고했다. 방연은 손빈이 형벌을 받은 뒤, 울분을 못 참고 정말 미쳐버렸다고 단정했다. 이때부터 그는 손빈 옆에 감시자만 붙여놓고 더 이상 관심을 갖지 않았다.

손빈은 낮에는 길거리에 누워 있다가 밤이 되면 돼지우리로 기어 돌아왔다. 간혹 거리의 사람들이 먹을 것을 주면 그는 껄껄 웃거나 알아들을 수 없는 소리를 혼자 지껄였다. 시간이 흐르자 위나라 도읍인 대량 사람치고 손씨 성을 가진 미치광이를 모르는 사람이 없었다. 이제 그를 의심하는 사람은 아무도 없었다. 방연도 매일 부하들의 보고를 받긴 했지만 더 이상 손빈을 자신의 경쟁상대로 보지 않았고, 그를 죽일 생각도 품지 않았다. 손빈의 이런 생활은 계속되었다.

어느 날 밤 누더기를 걸친 사람이 손빈의 곁에 와 앉았다. 잠시 후 그가 손빈의 옷을 꼭 잡고 나지막한 어조로 말했다.

"금활리일세. 나를 알아보겠나?"

깜짝 놀란 손빈이 자세히 그를 살폈다. 과연 금활리가 틀림없었다. 손빈은 철철 눈물을 흘리며 떨리는 목소리로 말했다.

"언제든 이곳에서 죽을 운명인 제가 오늘 뜻밖에도 선생을 다시 뵙는군요. 조심하셔야 합니다. 방연이 매일 사람을 시켜 절 감시하고 있어요."

"내가 벌써 자네의 억울한 사정을 제나라 왕에게 말해놓았네. 왕이 순우곤淳于髡을 사절로 보내 일을 도모하게 시켰지. 지금 순우곤이 왔고 모든 준비가 다 끝났으니 자네는 그의 수레에 숨어 제나라로 떠나게 될 걸세. 그리고 난 다른 사람을 자네로 꾸며 여기에 이틀간 있게 한 다음, 자네가 위나라를 벗어나면 도망가려고 하네.”

금활리는 손빈의 옷을 벗겨 그와 용모가 비슷한 부하에게 입히고 그 자리에 눕게 했다. 그리고 미리 준비한 수레에 손빈을 숨겼다.

이튿날 혜왕은 방연에게 제나라 사신 순우곤을 국경까지 호위하게 했다. 이틀 뒤 거리에 누워 있던 손빈이 온데간데 없이 사라졌다. 놀란 방연은 사람들을 풀어 강물 속 우물 속까지 샅샅이 뒤지게 했지만 끝내 그를 찾지 못했다. 혜왕의 질책이 두려웠던 방연은 손빈이 물에 빠져죽었다고 거짓 보고를 올렸다.

제나라에 도착한 손빈은 먼저 몇몇 사촌형들의 소재를 수소문했다. 그들의 소식을 알 길이 없음을 확인하고서야 예전에 사촌형의 편지를 가져온 자 역시 방연의 하수인이었음을 깨달았다. 그가 당한 억울한 일들은 모두 방연이 꾸며낸 음모였던 것이다.

제나라의 장군 전기田忌는 뛰어난 재능의 소유자로 인품도 정직하고 덕망이 두터웠다. 그는 손빈이 제나라에 온다는 소식을 전해듣고 직접 그를 맞아 자기 관저로 모셔왔다. 그리고 지극한 예절로 그를 대접했다. 손빈과 이야기를 나눈 뒤, 전기는 그의 재능에 탄복했으며 그와 같은 인재를 만난 것을 행운이라고 여겼다. 그는 밤낮을 가리지 않고 손빈 곁에 있으면서 가르침을 청했다.

그 당시 전기는 제나라 왕족들과 어울려 경마를 하며 돈을 걸었다. 그런데 그의 말은 힘이 부족해서 항상 돈을 잃고 말았다. 어느 날 손빈은 전기의 말이 왕족들의 말보다 한참 힘이 모자라는 것을 보고 말했다.

"내일 경주에서는 마음껏 큰 돈을 거십시오. 제가 반드시 승리하게 해드리지요."

전기는 얼른 납득이 가지 않았지만 그를 철석같이 믿고 있었기에 순순히 그 말에 따랐다.

"선생께서 그렇게 말씀하시니 당장 대왕에게 한 판에 황금 천 냥을 걸겠다고 아뢰지요."

경주가 시작되기 직전 손빈이 전기에게 말했다.

"제나라의 좋은 말은 대부분 궁궐에 있습니다. 장군의 말로는 상대하기 힘들지요. 하지만 말의 등급에 따라 차례로 왕족들과 내기를 건다면 쉽게 이길 수 있을 겁니다. 장군의 하급 말로 그들의 상급 말을 상대하고, 장군의 상급 말로 그들의 중급 말을 상대하십시오. 또한 중급 말로 하급 말에 상대하십시오. 그러면 한 판을 지더라도 두 판을 승리할 수 있을 겁니다."

드디어 경마가 끝났을 때 과연 제나라 위왕威王과 왕족들은 한 판을, 전기는 두 판을 이겼다. 그래서 전기는 황금 천 냥을 땄다. 이상하게 여긴 위왕이 그에게 승리의 비결을 물었다. 전기는 사실을 털어놓았고, 위왕은 손빈에게 감탄하지 않을 수 없었다. 전기는 이때다 싶어 손빈을 왕에게 추천했다. 이미 손빈의 재능을 확인한 위왕은 흔쾌히 그를 만나보겠다고 응했다.

이윽고 손빈이 찾아가자 위왕은 그와 함께 병법과 군사에 관해 이야기를 나눴다. 손빈은 온화한 어조로 막힘없이 위왕의 질문에 답했다. 전쟁과 국제 정세에 대한 그의 빼어난 분석은 위왕을 설복시키기에 충분했다. 위왕은 그가 천하를 제패하고 나라를 부흥시킬 인재라 여기고 그를 스승으로 삼았다. 또한 얼마 지나지 않아 그에게 군사의 직위를 맡겨 군대를 총괄하게 했다.

위나라 혜왕 17년(BC 353), 위나라는 조나라와 장기간 격전을 치른 끝에 드디어 조나라 도읍 한단을 함락시켰다. 그러나 이때의 형세는 위나라에게 불리하게 돌아가고 있었다. 진나라가 위나라 후방이 빈틈을 타 위나라의 소량을 점령했고, 또한 초나라는 위나라 남부지역을 빼앗았다. 게다가 조나라와 혈전을 치른 위나라의 군대는 크게 전력이 소모되어 군기가 문란하기 짝이 없었다. 제나라 위왕은 드디어 위나라를 칠 시기가 왔다고 여기고, 바로 대군을 일으켜 조나라를 구원할 것을 결정했다. 위왕은 손빈이 장군 전기를 도와 경마에서 황금 천 냥을 딴 일을 통해 이미 그의 재능을 알아보았고 손빈과의 대화에서도 그가 병법에 통달했을 뿐만 아니라 작전을 지휘하는 데도 일가견이 있음을 확인했던 터라 손빈을 대장군으로 임명할 계획이었다. 손빈이 이를 사양하며 말했다.

"저는 잔혹한 형벌을 받은 사람이라 대장군이 될 수 없습니다. 저 같은 사람이 대장군이 되면 적군의 웃음거리가 되고 말 겁니다. 제나라에 그렇게 인재가 없냐고 떠들겠지요. 청컨대 저 대신 전기를 대장군으로 삼아주십시오. 저는 그를 도와주는 것으로 족합니다."

위왕은 그의 의견을 받아들여 전기를 대장군으로 임명하고 손빈을 군사로 삼아 8만 명의 대군을 통솔하게 했다.

손빈은 휘장을 친 수레를 타고 출정하여 대장군 전기를 위해 전략을 짰다.

전기는 대군을 이끌고 직접 한단으로 쳐들어가 그곳의 포위를 풀 작정이었다. 손빈은 당시의 형세를 분석한 뒤 전기에게 말했다.

"적의 정면을 피해 가장 허약한 부분을 치는 편이 낫습니다. 그래서 적군을 이동시킨 뒤, 적극적인 공략으로 전환하고 기회를 잡아 승리를 거두는 겁니다."

그는 이어서 자세한 전략을 설명했다.

"난국을 풀려면 주먹을 쥐고 덤벼서는 안 되며, 싸움을 말리려는 사람은 손에 무기를 들어서는 안 됩니다. 강한 곳을 피하고 허약한 곳을 치면, 적은 곧 형세가 여의치 않아 망설이게 될 겁니다. 그러면 자연히 조나라 주변의 포위를 주도적으로 풀 수 있습니다."

전기는 그의 말이 일리가 있다고 생각하고 곰곰이 검토했다. 이에 손빈이 설명을 덧붙였다.

"지금 위나라는 조나라와 격전을 치른 뒤라 군사들이 기진맥진해 있습니다. 그리고 국외의 전투에 정예 병력을 다 내보내 국내 방비는 늙고 허약한 군사들이 전담하고 있지요. 그들 역시 피로가 극에 달해 있을 겁니다. 그러니 장군께서는 신속하게 대군을 몰아 위나라 도읍 대량을 공략하시고 교통의 요로를 장악하십시오. 그러면 위나라 군대는 조나라를 버리고 본국으로 돌아갈 것입니다. 그렇게 되면 우리 제나라는 조나라를 구원할 수 있을 뿐더러 이동하느라 더욱 지쳐 있을 위나라 군대를 손쉽게 공략할 수 있습니다. 정면으로 적군과 충돌하는 것을 피해 훨씬 손실을 줄일 수 있을 겁니다."

전기는 손빈의 계략에 따라 주력군을 이끌고 위나라의 도읍 대량으로 나아갔다. 그 소식을 들은 방연은 과연 조나라를 치느라 이미 지친 군사들을 독려하여 밤낮을 가리지 않고 대량으로 회군했다. 조나라 도읍 한단에는 방어를 위한 최소한의 군사만을 남겨 두었다. 방연의 이런 조치는 병법의 금기를 크게 어기는 것이었지만 달리 선택의 여지가 없었다. 그렇게 밤낮으로 먼 거리를 행군한다면 적에게 승리의 기회를 줄 수 있다는 것을 그도 모르는 바는 아니었다. 하지만 당시의 형세가 너무나 급박하여 어쩔 수 없었다. 다급하게 대량으로 돌아가던 방연의 군대가 계릉 부근에 이르렀다. 이때 전기와 손빈은 벌써 그곳에 정예 병력을 숨겨놓고 있었다. 오래 전투를 치르지 않아 사기가 왕성했던 제나라 군대는 지칠 대로 지친 위나라 군대를 크게 격파했다. 그리하여 위나라는 그 동안 거두었던 군사적 성공이 모두 허사로 돌아갔고, 제나라와 굴욕적인 조약을 맺어 조나라에게 한단을 반환했다.

방연은 계릉 전투에서는 운좋게 목숨을 건졌지만 10년 후의 마릉 전투에서는 죽음을 피할 수 없었다. 야심만만한 인물인 위나라 혜왕은 병력을 정돈하여 다시 강력한 군대를 양성했다. 그는 제나라 위왕이 허튼 상소에 속아 대장군 전기의 병권을 빼앗았다는 소식을 듣고, 곧바로 방연을 시켜 조나라를 치게 했다. 이때가 위나라 혜왕 28년(BC 342)이었다. 조나라는 한나라와 연합하여 대항했지만 싸우면 싸울수록 득보다는 실이 많았다. 한나라는 다급하게 제나라에 사신을 보내 구원을 요청했고, 이에 제나라 위왕은 신하들을 소집하여 대책을 상의했다.

"서둘러 한나라를 돕는 게 낫겠소, 아니면 기다렸다 돕는 게 낫겠소?"

어떤 사람은 사태를 관망하다가 어부지리를 취할 것을 주장했다. 하지만 이때 대장군 자리를 회복한 전기는 생각이 달랐다. 그는 어서 군대를 보내 한나라를 구하자는 생각이었다.

"빨리 한나라를 가서 구하지 않으면 한나라는 위나라에 굴복할 겁니다. 그렇게 되면 더욱 강대해진 위나라가 직접 우리 제나라를 위협하게 될 겁니다. 어서 한나라로 군대를 보내야 합니다."

모든 신하들이 각자 자기 의견을 고집하느라 논쟁이 끝나지 않았다. 결국 위왕은 손빈에게 의견을 물었다.

"그대는 아직 한 마디도 말하지 않았는데, 어떤 생각을 갖고 계시오?"

"위나라는 힘으로 약한 나라를 능멸합니다. 위나라의 공격을 받은 한나라는 결국 패하여 굴복하고 말 겁니다. 그렇게 되면 우리 제나라가 불리해지므로 한나라를 돕지 않을 수 없습니다. 그런데 지금 위나라와 한나라 양국은 막 싸움을 시작해서 사기가 왕성합니다. 만약 두 나라 군대가 피로하지 않은 상황에서 한나라를 구하러 간다면, 이는 곧 한나라 대신 위나라의 공격을 받아주는 것과 같습니다. 즉, 제나라 군대가 한나라 군대를 지휘하는 게 아니라 거꾸로 한나라 군대가 제나라 군대를 지휘하는 꼴이 될 겁니다. 따라서 너무 일찍 군대를 보내는 것도 적절하지 않습니다."

위왕은 손빈의 말이 매우 그럴듯하게 들렸다. 다시 손빈에게 물었다.

"그러면 어떻게 하는 게 좋겠소?"

"위나라는 스스로 강함을 과신해서 진작부터 조와 한나라를 공격할 계획이었습니다. 우리는 먼저 군대를 보내 도와주겠다고 함으로써 한나라의 요청을 들어주는 겁니다. 그러면 한나라는 우리가 도와줄 거라고 믿고 전력을 다해 위나라와 맞서 싸울 겁니다.

이렇게 해서 최대한 위나라 군대의 힘을 소진시키는 겁니다. 위나라는 한나라가 완강히 저항하는 것을 보고 역시 힘껏 맹공을 퍼붓겠지요. 이때 한나라는 틀림없이 또 우리에게 도움을 재촉하겠지요. 바로 이 시점에서 한나라와 동맹을 맺으면 한나라는 곧 우리 제나라의 종속국이 될 겁니다. 그리고 위나라 역시 한나라와 격전을 치르느라 힘이 거의 소진된 상태일 테니, 이때 비로소 군대를 보내 싸운다면 손실도 줄이고 승리를 거두기도 쉬울 겁니다. 결국 위나라를 격파하여 한나라를 구하는 목적을 이루는 것이지요. 이것이 바로 제나라가 최대의 이익과 최고의 명성을 얻는 방법입니다.”

이 말에 눈앞이 확 트이는 기분을 느낀 위왕은 당장 손빈의 의견을 받아들였다. 그는 비밀리에 사람을 보내 한나라를 지원할 것임을 한나라 사신에게 알리고 그를 본국으로 돌려보냈다. 제나라의 지지에 힘을 얻은 한나라는 필사적으로 위나라 군대에 맞서 싸웠지만 다섯 차례에 걸친 전투에서 모두 패하고 말았다. 다급해진 한나라는 즉시 제나라에 급보를 보내 제나라의 종속국이 될 의사를 밝혔다. 제나라 위왕은 비로소 군대를 일으켜 전기와 전영田嬰을 장군으로 삼고, 손빈을 군사로 삼아 한나라를 지원했다.

전기는 손빈의 계략에 따라 직접 한나라를 구하러 가지 않고 10여 년 전의 수법을 다시 사용해 대군을 이끌고 위나라 도읍 대량을 육박해 들어갔다. 이 소식을 들은 위나라 장군 방연은 다시 어쩔 수 없이 한나라 공격을 포기하고 밤낮을 달려 위나라로 회군했다.

그런데 이번에는 지난번의 상황과 다소 차이가 있었다. 위나라 군대는 아직 여력이 남아 있었고, 한나라를 막 패배시켰기 때문에 사기도 왕성했다. 이 때문에 방연은 결코 손빈을 두려워하지 않왔다. 손빈도 방연이 위나라로 회군한다는 정보를 입수했지만 섣불리 위나라 군대와 맞서려 하지 않았다. 그가 전기에게 말했다.

"위나라 군사들은 강하고 용맹하며 규율이 엄격하여 일사분란하게 움직입니다. 아무래도 우리 제나라 군대가 겁이 많다는 인식을 줘야겠습니다. 그래서 적군의 용병에 능한 자가 그것을 이용하도록 합시다. 즉 겁을 집어먹은 것처럼 꾸며서 위나라 군대를 유인하는 것이지요."

"어떻게 유인해야 합니까?"

손빈은 위나라 군사들의 자만심과 제나라 군대에 대한 경멸, 그리고 서둘러 자웅을 겨루려는 조급함을 이용하려 했다. 그는 '후퇴하며 아궁이를 줄이는' 전술을 건의했다.

"위나라 국경에 이르면, 먼저 군사들에게 10만 명분의 밥을 지을 수 있는 아궁이를 짓게 하십시오. 다음날에는 5만 명분의 밥을 지을 수 있는 아궁이를, 그 다음날에는 3만 명분의 밥을 지을 수 있는 아궁이를 짓게 하십시오. 방연이 보면 틀림없이 제나라 군사들이 겁을 먹고 태반이 도망갔다고 여길 겁니다. 결국 의기양양해서 멋도 모르고 우리를 맹렬히 뒤쫓겠지요. 우리는 이때를 이용하여 매복 공격을 펼칠 수 있습니다."

방연은 본래 위나라로 돌아가 제나라 군대와 결전을 벌일 생각이었다. 그런데 뜻밖에 제나라 군대가 동쪽으로 방향을 돌려 후퇴하는 것을 보고 즉시 군대를 몰아 추격했다. 방연은 사흘을 추격하면서 제나라 군대의 아궁이 숫자가 나날이 줄어드는 것을 보고 뛸 듯이 기뻐했다.

"본디 제나라 군사들이 겁쟁이인 건 잘 알고 있었다. 위나라 국경에 들어선 지 사흘 만에 도망간 숫자가 반이 넘는구나.”

그는 보병과 짐을 다 뒤에 남기고 빠른 수레와 기병만으로 추격하기 시작했다. 쉴 새 없이 말을 몰아 이틀 거리를 하루로 줄여가며 필사적으로 제나라 군대를 뒤쫓았다.

손빈은 방연이 저녁 무렵에 마릉에 당도하리라고 예상했다. 그가 본 마릉은 길이 좁고 지세가 험하며 양쪽에 나무들이 빽빽한 산이 솟아 있었다. 군대를 매복시키기에 안성맞춤인 지형이었다. 그는 곧장 군사들에게 나무를 베어 길을 막으라고 명령했다. 그리고 커다란 나무 한 그루를 남겨 껍질을 벗긴 다음, 그 하얀 줄기 위에 크게 ‘방연이 이 나무 아래서 죽으리라’ 는 글을 새겼다.

그는 군사 만 명을 산길 양옆에 매복시키고 명령했다.

“밤에 불빛이 보이거든 일제히 활을 쏘아라.”

그날 밤 과연 방연이 군대를 이끌고 마릉에 도착했다. 군사 하나가 방연에게 보고했다.

“통나무가 길을 막고 있어 전진하기가 어렵습니다.”

방연은 앞을 살피면서 군사들을 지휘하여 통나무를 치우게 했다. 그런데 갑자기 눈앞에 커다란 나무가 나타났다. 나무 표면에 희미하게 글씨가 새겨진 것을 발견한 방연은 얼른 불을 켜게 한 뒤, 직접 나무 아래로 가 그것을 살폈다. 붉은 불빛 아래 드러난 글씨를 본 방연은 모골이 송연해졌다. 그는 당장 군사들에게 철수를 명령했지만 이미 때는 늦었다. 산길 양옆에 숨어 있던 제나라 군사들이 일제히 활시위를 당겼고, 이에 놀란 위나라 군사들은 삽시간에 전열이 흐트러져 사방으로 달아났다. 중상을 입은 방연은 패배를 인정하고 칼을 뽑아 스스로 목숨을 끊었다. 이후 승기를 몰아 계속 적

을 추격한 제나라 군대는 위나라 태자 신申을 포로로 잡아 본국으
로 귀환했다.

　이 이야기는 중국의 전쟁사에서 대단히 유명한 사례로 매우
풍부하고 심오한 이치를 담고 있다. 우리는 이를 통해 손빈이 진짜
장군감이며, 반대로 방연은 가짜 장군감임을 알 수 있다. 손빈은 자
신과 싸워 이길 줄 알았고 냉정하고 객관적으로 마음을 유지했다.
하지만 방연은 명성과 허욕으로 마음을 어지럽혔으며 시기심과 탐
욕이 지나친 인물이었다. 그래서 정치적으로는 손빈이 방연에게
패했지만, 전쟁에서는 방연이 자신의 약점을 손빈에게 이용당해
그만 목숨을 잃고 말았다.

인재를 선별할 때
한 가지 잣대는 금물이다

인물을 품평하고 감정할 때 흔히 범하기 쉬운 일곱 가지 오류가 있다. 첫째, 명성을 살피면서 어느 한쪽에 편중되는 것이다. 둘째, 사람이나 사물을 대하면서 개인적 감정의 간섭을 받는 것이다. 셋째, 그 사람의 의지 지향을 평가하면서 사안의 크고 작음을 분별하지 못하는 것이다. 넷째, 인재의 자질을 품평하면서 조숙과 만성의 차이를 발견하지 못하는 것이다. 다섯째, 인재의 유형을 식별하면서 자신과의 동질성 혹은 차별성 때문에 정확한 판정을 내리지 못하는 것이다. 여섯째, 능력을 평가하면서 그 사람이 처한 구체적인 배경상황을 간파하지 못하는 것이다. 일곱째, 기이한 인재들을 고찰하면서 놀라운 능력을 지닌 진정한 인재와 실질적인 능력을 갖추지 못한 사이비 인재를 구별하지 못하는 것이다.

인재를 선별하여 취하는 관건은 여러 사람들의 갖가지 평가에 있는 것이 아니다. 확실한 인식이 불가능한 인재에 대해서는 자신의 이목을 믿을지언정 눈을 믿어선 안 된다. 선한 것을 좋아하고 악한 것을 미워하는 것은 인지상정이다. 하지만 때로는 실질을 똑바로 보지 못하여 좋은 것을 경시하고 나쁜 것을 칭찬할 때도 있다. 왜 그럴까? 좋지 않은 사람이라고 해도 장점이 전혀 없는 것도 아니다.

따라서 일부 좋은 점으로 상대방에게 영합하기만 하면 자연스럽게 의기투합하면서 자신의 결점을 가릴 수 있다. 또한 좋은 사람에게도 단점이 전혀 없는 것은 아니기 때문에 부족한 면으로 상대방의 장점을 대하고 훌륭한 면으로 상대방의 단점을 대하게 되면 상대방과 화합하기가 어려워져 자연히 경시당하게 된다.

때문에 천하의 수많은 인재들이 세태에 따라 각기 다른 대우를 받게 된다. 이때 보통 사람들의 경향은 자기보다 뛰어난 재능을 가진 사람들을 존중하고 기인이나 출중한 선비들의 독특한 자질을 중시하지 않는 것이다. 보통 사람의 지혜로는 자신과 비슷한 사람들 가운데 약간 뛰어난 사람은 알아보지만 자신의 인식범위를 뛰어넘는 인물들은 알아보지 못한다. 기인과 출중한 선비들은 성인의 높은 뜻을 알 수 있지만 학문과 사상의 경계에 있는 오묘한 정수를 간파하지는 못한다. 결국 인물 품평의 원리는 정해져 있는 것이 아니라 너무나 미묘하고 무궁무진한 것이다.

9

사람은 누구나 인정받고 싶어한다

인재 선발과
추천의 어려움

사람을 관찰하는 데는 '오시五視'가 있다.
평소에 무엇을 좋아하는지를 보고,
높은 자리에 있을 때 어떤 인물을 천거하는지를 보며,
부유할 때 어떤 사람들에게 자비를 베푸는지를 보고,
가난할 때 어떤 행동을 하는지를 보며,
미천할 때 재물을 어떻게 대하는지를 보는 것이다.
이중에서도 가장 어려운 것은 사람을 천거하는 일이다.

안영

무릇 남자는 자신을 알아주는 이를 위해 목숨을 바치고, 여자는 자신을 사랑해주는 이를 위해 화장을 한다. 이는 단순하지만 영원한 진리이다.

하지만 어떻게 해야 다른 사람을 알 수 있는지는 매우 어려운 문제이다. 우리는 그 사람의 덕성, 학식, 소질, 포부를 살펴봐야 하는데, 모든 사람이 다 높은 수준에 도달할 수는 없는 노릇이며 노력한다고 해서 반드시 도달할 수 있는 것도 아니다.

춘추전국시대 제나라의 안영은 대단한 학식과 실력을 지닌 인물이었다. 당시 어느 나라에도 그를 능가할 수 있는 사람이 없었다. 그런데도 그는 사람을 식별하는 일의 어려움에 대해 여러 차례 탄식했다.

제나라에 북곽소北郭騷라는 사람이 있었다. 그는 사냥그물을 짜고 짚신을 삼아 모친을 봉양했지만 항상 힘에 부쳤다. 어느 날 그는 안영을 찾아가 말했다.

"저는 선생님의 인자함과 의로움을 흠모해왔습니다. 제 모친을 봉양할 만한 것을 빌리려 합니다."

안영은 사람을 시켜 창고에서 돈과 양곡을 꺼내 그에게 내주었다. 북곽소는 돈은 사양하고 양곡만 받아갔다.

얼마 후 안영은 제왕 경공景公의 의심을 받게 되었다. 더 이상 조정에 머무를 수 없다고 느낀 그는 조정을 떠나기로 마음먹었다. 북곽소의 집 앞을 지나면서 안영은 그에게 작별 인사를 했다. 북곽소는 목욕을 하고 옷을 갈아입고는 안영에게 정중히 물었다.

"선생께서는 어디로 가시는 길입니까?"

"대왕의 의심을 받아 몸을 피하는 길이라네."

"알아서 잘하시겠지요."

북곽소는 별다른 반응을 보이지 않았다. 마차에 오른 안영은 길게 탄식하며 말했다.

"내가 도망자 신세가 된 건 당연한 일이다. 정말 나는 사람을 알아볼 줄 모르는구나! 그렇다고 누구를 원망하겠는가?"

안영이 떠나자마자 북곽소는 즉시 친구를 찾아가 말했다.

"난 일찍이 안영의 인자함과 의로움을 존경해서 그에게 어머님께 드릴 양식을 빌린 적이 있네. 제 부모를 모실 수 있게 해준 사람을 위해서라면 어떤 위험도 대신 져야 한다지. 지금 안영이 대왕께 의심을 받는다고 하니 내 생명을 걸고 옹호해드려야겠네."

북곽소는 의관을 단정히 하고 친구에게 보검과 대나무 광주리를 들게 한 뒤, 그를 앞장세워 궁궐에 갔다. 왕에게 소식을 전하는 신하에게 그가 간곡히 말했다.

"안영은 천하에 이름난 현자입니다. 지금 대왕의 의심을 받아 제나라를 떠나려 하는데, 그렇게 되면 제나라는 큰 손해를 입게 될 것입니다. 원컨대 제 머리를 베어 안영의 결백함을 밝히고자 합니다.”

이어서 그는 친구에게 말했다.

“내 머리를 베어 광주리에 담아 대왕께 올리게. 그리고 내 청을 말씀드려주게나.”

북곽소는 말을 끝내자마자 칼을 뽑아 자신의 목을 베었다.

친구는 북곽소의 목을 광주리에 담고 신하에게 말했다.

“이 사람은 북곽소라는 사람으로 나라를 위해 목숨을 바쳤습니다. 이제는 제가 이 사람을 위해 죽고자 합니다.”

그도 말을 마친 다음 칼로 자신의 목을 베었다.

이 소식을 전해듣고 크게 놀란 경공은 친히 마차를 타고 안영을 쫓아갔다. 그는 교외까지 쫓아가 겨우 안영을 따라잡고 다시 돌아오기를 청했다. 안영은 별수없이 경공과 함께 도읍으로 돌아왔다. 나중에 북곽소가 목숨을 바쳐 자신의 결백을 밝혀준 이야기를 전해듣고서 안영은 다시 탄식했다.

“나 안영이 도망자가 된 건 당연한 일이다. 나는 정말 사람을 알아보지 못했구나!”

안영이 사람을 보는 안목이 짧음을 두 차례 반성한 일은 오늘날의 관점에서 보면 겸손이나 심지어 교만으로 느껴질 수도 있다. 그러나 당시에는 진정 어린 반성으로서 깊은 이치가 담긴 것이었다. 첫 번째는 사람을 보는 자신의 눈이 밝지 못했음을 반성한 것이다. 그런 눈을 갖고 어떻게 군주를 보좌할 수 있겠는가? 두 번째는 눈이 있으되 태산을 알아보지 못했음을 반성했다. 그렇다면 더더욱 군주를 보좌할 만한 자격이 없는 것이니, 군주의 의심을 사고 도읍에서 도망치는 것도 당연하다. 결국 자신의 수양과 실력이 마땅히 갖춰야 할 경지에 다다르지 못했음을 탓했던 것이다.

앞의 예는 사람을 이해하는 일의 어려움을 설명하는 데 다소 도움이 된다. 일단 인정을 받은 사람은 당연히 죽음으로 보답하고자 할 것이다. 그런데 사람에 대한 이해보다 더 어려운 것이 사람에 대한 존중이다.

옛사람들이 말하길, 위에 요순 같은 임금이 있으면 아래에 요순 같은 백성이 있고, 사람을 쓰는 데 능하면 도척盜跖 같은 도둑도 충신이 될 수 있다고 했다. 사실 여기에서 말하려는 것은 단순히 사람 쓰는 방법만이 아니다. 옛사람들의 경험은 상당히 성숙했고 풍부했다. 진작부터 그들은 사람을 쓰고자 하면 그 사람을 존중해야 하고 그의 자존심을 세워줘야 함을 알고 있었다. 자존심이 명확치 않으면 방법을 강구해서 이를 도와줘야 하는 것도 알았다. 안영은 이를 매우 잘 이해했으니, 그는 사람을 존중하는 방법을 잘 알고 있었던 것이다.

안영이 중모라는 지방을 지나가고 있을 때였다. 그는 길가에서 쉬고 있던 남루한 옷차림의 남자를 보고 그가 군자임을 알아챘다. 안영이 그에게 물었다.

"당신은 뭐하는 사람이오? 무슨 일로 이곳에 있소?"

그 남자가 말했다.

"제 이름은 월석보越石父라고 합니다. 남의 집 하인으로 이곳 중모에서 노동을 하고 있고, 지금 일을 하러 나왔다가 막 돌아가려는 참입니다."

"왜 남의 집 하인이 되었소?"

"굶주림과 추위를 피하려고 하인이 되었지요."

"하인이 된 지 얼마나 되었소?"

"벌써 3년이 넘었군요."

안영이 그에게 제안했다.

"몸값을 치러줄 테니 나와 함께 가겠소?"

"그렇게 하겠습니다."

안영은 즉시 마차를 끌던 말 한 필을 끌러 월석보의 몸값을 치렀다. 그리고 그를 자신의 마차에 태워 제나라로 돌아왔다.

집에 도착한 안영은 월석보에게 한 마디 인사말도 없이 안으로 들어가버렸다. 이에 매우 화가 난 월석보는 안영에게 절교를 요구했다. 안영이 사람을 보내 그에게 전했다.

"과거에 나는 선생과 교분을 나눈 적이 없소. 그런데 오늘 3년이나 종살이를 한 당신을 처음 보고 자유의 몸이 되게 해주었는데 대체 무엇이 맘에 안 드는 거요? 왜 이렇게 서둘러 나와 절교하려는 거요?"

월석보가 대답했다.

"남자는 자신을 몰라주는 사람 앞에서는 허리를 굽히고, 자신을 알아주는 사람 앞에서는 허리를 꼿꼿하게 편다고 들었습니다. 따라서 군자는 자신이 은혜를 베푼 사람을 경시해서는 안 되며, 또한 자신에게 은혜를 준 사람에게 굽실거려서도 안 됩니다. 제가 3년 동안 종살이를 한 것은 절 알아주는 사람이 없었기 때문입니다. 그래서 선생께서 절 풀어주셨을 때, 선생이야말로 진정 저를 알아주신 분이라고 생각했습니다. 그런데 마차에 오른 다음, 선생은 한마디 겸손의 말씀도 안 하시더군요. 저는 그냥 잊으신 거라고 생각했습니다. 하지만 아무 인사말도 없이 들어가신 것은 절 하인으로 취급하신 것과 같습니다. 원래 비천한 하인 놈이었으니 부디 팔아 치워주시길 바랄 뿐이지요."

이 말을 전해들은 안영은 집안에서 나와 월석보와 대면했다.

"처음엔 당신의 용모만을 보았지만 이제는 당신의 속마음을 보았습니다. 자신의 언행을 반성하는 이는 다른 사람의 잘못을 끌어들이지 않고, 실질을 중시하는 이는 다른 사람의 언사를 문제삼지 않습니다. 사과드릴 터이니 부디 절 저버리지 말아주십시오."

안영은 명을 내려 주위를 깨끗이 청소하고 잔칫상을 차려 융숭하게 대접했다. 월석보는 이를 거절하며 말했다.

"공경을 다한다 해도 억지로 예의를 차릴 수는 없으며, 아무리 예의가 정중해도 상하 구분이 필요하다고 들었습니다. 선생께서 예의 바르게 저를 대해주시지만 받아들일 수가 없군요."

그러자 안영은 월석보를 상석에 앉히고 대접했다. 나중에 월석보는 대단히 유명한 인물이 되었다.

만약 안영이 요즘 사람들처럼 사람을 써먹을 때는 다가서고 그렇지 않을 때는 무시했다고 한다면 아마도 뺨을 맞았을 것이다. 이는 다른 사람의 자존심을 크게 짓밟는 행위이니, 그런 인물이었다면 안영은 제나라의 재상은커녕 한 고을의 군수 자리에도 오르지 못했을 것이다. 사람을 포용하는 도량을 가지려면 반드시 그만 한 재능과 지혜를 갖춰야만 하는 것이다.

백리해와 곽외

황제의 도를 이루는 군주는 현자를 스승으로 삼고 왕의 업을 이루는 군주는 현자를 친구로 삼으며 패자의 업을 이루는 군주는 현자를 신하로 삼는다

반면 나라를 망치는 군주는 비천한 소인배를 신하로 삼는다

곽외의 이 말이야말로 고대 중국 사회의 지식인 정책을 잘 대변한다

춘추전국시대에는 인재를 얻으면 나라가 흥하고 인재를 잃으면 나라가 망하는 현상을 흔히 볼 수 있었다. 그 대표적인 예가 진秦나라이다. 진나라는 사방 수백 리가 채 안 되는 작은 나라였지만 천하를 손에 넣었다. 모두 서로 다른 시기마다 여러 문신과 무신들이 훌륭한 정책을 내고 실천한 덕분이다.

특히 진나라의 발전에 지대한 영향을 끼친 이들이 모두 다른 나라에서 온 인재였다는 사실은 매우 의미심장하다. 법률을 개혁한 상앙, "먼 나라는 사귀고 가까운 나라는 공격해야 한다遠交近攻."라고 주장한 범휴, 군현제郡縣制의 기초를 다진 이사李斯 등은 모두 진나라 출신이 아니다.

미친 듯이 인재들을 끌어모은 이들도 많았다. 춘추전국시대의 진나라 목공穆公이 대표적인 인물이다. 진나라는 서주西周 시대에는 본래 협소한 지역이었다. 제후의 명칭도 얻지 못하다가 서주 말엽에 와서야 주나라 황제에 대한 충성을 인정받아 제후로 책봉되었으며, 이후 몇 대에 걸친 군주들의

노력으로 점차 발전하기 시작했다. 목공은 현명하고 유망한 군주였다. 그는 평생 동안 인재를 포섭하고 활용하는 데 힘썼다.

백리해百里奚는 본디 가난한 농민이었다. 집안이 너무 가난해 여러 해 떠돌아다니며 다른 길을 찾으려 했지만 관리가 될 기회를 잡지 못했다. 그 사이 아내와 자식들마저 뿔뿔이 흩어져 행방을 알지 못했다. 간신히 친구의 추천으로 우虞나라의 대부가 되었지만 얼마 지나지 않아 우나라는 진晉나라 군대에 길을 빌려주었다가 멸망했다. 이때 백리해는 우공과 함께 진나라의 포로가 되었다. 목공은 백리해의 능력을 알아보고 벼슬을 주려 했지만 그는 한사코 거절했다. 그러던 중 공자公子 집繁을 진晉나라에 보내 혼인을 요청하게 되자, 백리해가 신부 수행을 맡게 되었다. 그러나 진나라에 가고 싶지 않았던 그는 도중에 몰래 빠져나와 초楚나라로 들어갔다. 초나라 사람들은 처음에는 그가 첩자라고 생각했지만 그의 나이가 많은 것을 보고 소 키우는 일을 맡겼다. 그런데 그가 키우는 소들은 하나같이 튼실하게 무럭무럭 자라는 게 아닌가. 결국 초나라 성왕成王에게까지 그의 명성이 알려졌다.

공자 집은 늙은 종 하나가 달아난 것 따위에는 아무 신경도 쓰지 않았다. 어느 날 그는 진晉나라의 밭에서 특이한 용모의 장사를 보았다. 그 장사는 커다란 괭이 한 자루로 빠르게 땅을 파고 있었다. 집은 그가 기인이라고 판단하여 진秦나라로 데려왔는데, 이 장사가 바로 후일의 명장名將 공손지公孫枝였다. 목공은 신부 수행단의 명단을 보다가 백리해가 빠진 것을 보고 공손지에게 물었다. 공손지는 백리해가 본래 능력이 출중한데도 기회를 얻지 못한 인물이라고 말했다. 목공은 즉각 사방으로 사람을 풀어 그의 소식을 탐문했고 드디어 초나라에서 그를 찾아냈다. 목공은 의장을 갖춘 마차로 그를 데려오려 했지만 공손지가 만류하며 말했다.

"그런 식으로 종을 맞아들이면 틀림없이 초나라의 의심을 사게 될 겁니다. 그렇게 되면 백리해를 놓아줄 리 없습니다."

목공은 공손지의 의견에 따라 다섯 장의 양가죽을 주고 백리해를 바꿔왔다.

백리해를 만난 목공은 그가 일흔 살이 넘은 백발노인인 것을 알고 안 좋은 기색을 보였다. 이에 백리해가 말했다.

"대왕께서 저보고 호랑이를 때려잡으라고 한다면 그러기에 저는 너무 늙었습니다. 하지만 국가의 대사를 논하라고 한다면 저는 강태공보다 열 살이나 젊습니다."

목공은 그의 말이 일리 있다고 여기고 그와 국가의 일을 상의했다. 뜻밖에도 두 사람은 말을 하면 할수록 의기투합하여 사흘을 꼬박 이야기를 나눴다. 목공은 그에게 상국相國의 벼슬을 내리려 했지만 백리해는 자신은 그럴 사람이 못 된다며 대신 건숙蹇叔을 천거했다. 곧 공자 집이 건숙을 데려왔고, 그의 두 아들인 서걸술西乞術과 백을병白乙丙도 함께 진나라로 왔다. 목공은 건숙과도 당시의 세태를 논하였는데 이번에도 식사를 잊을 정도로 즐겁게 대화를 나눴다. 며칠 뒤 목공은 건숙을 우상右相으로, 백리해를 좌상左相으로, 그리고 서걸술과 백을병을 대부로 임명했다. 이로써 목공은 한꺼번에 다섯 명의 현명한 선비를 얻은 것이다. 이후 이 다섯 사람은 진나라를 강국으로 만드는 데 혼신의 힘을 다했다. 그 결과 진나라는 천하의 패자가 되기 위한 기틀을 다질 수 있었다.

연燕나라 소왕昭王은 황금대를 높이 쌓고 천하의 현명한 선비들을 불러들여 연나라가 부흥의 기회를 얻을 수 있게 했다.

소왕은 전란으로 황폐해질 대로 황폐해진 연나라를 되찾고 왕위를 이었다. 그는 우선 후한 예물로 재능 있는 이들을 초청하여 복수를 준비하고자 했다. 그래서 곽외郭隗를 찾아가 물었다.

"제나라는 우리 연나라의 내란을 틈타 습격을 해왔습니다. 하지만 지금 우리는 세력이 미약하여 보복할 힘이 없습니다. 현명한 인재들을 얻어 국사를 의논하고 장차 선왕의 치욕을 씻는 것이 나의 가장 큰 바람입니다. 그러자면 앞으로 어떻게 해야 하겠습니까?"

곽외가 대답했다.

"황제의 업을 이루는 군주는 현자를 스승으로 삼고, 왕의 업을 이루는 군주는 현자를 친구로 삼으며, 패자의 업을 이루는 군주는 현자를 신하로 삼습니다. 그리고 나라를 망치는 군주는 비천한 소인배를 신하로 삼습니다."

곽외의 이 말이야말로 고대 중국사회의 '지식인 정책'을 대변한다. 그가 다시 소왕에게 말했다.

"대왕께서 몸을 낮추고 현자를 모신다면 자신보다 백 배 나은 인재를 얻을 겁니다. 그리고 다른 이보다 먼저 일하고 늦게 쉬며, 다른 이에게 가르침을 청한 뒤, 깊이 생각한다면 자신보다 열 배 나은 인재를 얻을 겁니다. 또한 다른 사람처럼 열심히 일하고 평등하게 사람들을 대한다면 자신과 똑같은 재능의 인재를 얻을 겁니다. 그런데 책상에 기댄 채로 지팡이를 휘둘러 거만하게 사람들을 부린다면 겨우 시종 같은 사람만 얻게 될 것입니다. 한 가지 더 있습니다. 거칠게 사람들을 대하고 멋대로 성질이나 낸다면 고작 노예 같은 자만 구할 수 있을 뿐입니다. 이것이 바로 옛날부터 덕 있는 이를 모시고 재능 있는 이를 청할 때 유의해온 점입니다. 대왕께서 정말로 천하의 현자들을 두루 뽑아 쓰고자 하신다면 반드시 예의를 갖춰 그들을 방문하십시오. 천하 사람들이 그 일을 널리 알게 된다면 천하의 지혜로운 선비들이 속속 연나라로 몰려올 것입니다.”

“그러면 누구를 방문해야 합니까?”

곽외는 소왕에게 옛날 이야기 하나를 들려주었다.

“옛날에 금 천 냥을 주고 천리마를 사려는 왕이 있었습니다. 하지만 3년이 지나도록 사지 못했지요. 어느 날 궁궐의 시종 한 명이 그에게 아뢰었습니다. 자신에게 천 냥을 주면 꼭 천리마를 사오겠노라고 말이지요. 왕은 쾌히 승낙하고 그를 보냈습니다. 그런데 3개월 만에 돌아온 시종은 살아 있는 천리마가 아닌 죽은 천리마를 가져왔습니다. 금 5백 냥을 주고 말뼈를 사온 겁니다. 크게 노한 왕이 시종에게 ‘내가 사오라고 한 건 산 말인데, 어찌 5백 냥이나 주고 죽은 말을 사왔느냐?’ 하고 호통을 쳤습니다. 이에 시종이 자신만만하게 대답했습니다. ‘죽은 말도 기꺼이 5백 냥을 주고 사는데 하물며 산 말은 어떻겠습니까? 천하 사람들은 분명히 대왕이 정말로 좋은 말을 구한다고 생각할 겁니다. 그러니 천리마는 저절로 굴러들어오지 않겠습니까?’ 라고요. 과연 1년이 채 되지 않아 천리마 3천 필을 구할 수 있었습니다.”

곽외가 다시 소왕에게 물었다.

“지금 대왕께서 정말로 인재를 구하시고 싶다면 저를 먼저 등용하십시오. 제가 등용된다면 저보다 훨씬 능력 있는 인재들은 어떻겠습니까? 수천 리 길도 마다않고 달려올 겁니다.”

소왕은 곽외의 말을 따랐다. 황금으로 높은 누각을 짓고 곽외를 스승으로 삼았다. 과연 낙의樂毅가 위나라에서 왔고, 추연鄒衍이 제나라에서 왔으며, 극신劇辛이 조나라에서 왔다. 소왕은 힘써 그들을 모시면서 죽은 자를 애도하고 가난한 이들을 도왔으며, 백성들과 고락을 함께 나눴다.

28년 뒤, 연나라는 건실하고 부유한 나라가 되었우며 병사들도 생활이 안정되어 전쟁을 두려워하지 않았다. 소왕은 드디어 낙의를 상장군上將軍으로 파견하여 진나라, 초나라와 함께 제나라를 공격하게 했다. 제나라 군대는 무참히 패배했고 제나라 민왕閔王도 다른 나라로 몸을 피했다. 연나라 군대는 독자적으로 패잔병들을 뒤쫓아가 제나라의 도읍인 임치까지 격파했으며, 그곳의 보물들을 전부 손에 넣는 한편, 제나라의 궁궐과 종묘를 불태웠다.

연나라 소왕이 황금대를 지어 현자들을 맞아들인 고사는 미담으로 전해져 내려온다. 그가 복수의 뜻을 이루고 제나라를 거의 멸망시킨 것도 유명한 역사적 사건이다. 그런데 이 모든 것이 곽외의 한 차례 유세에서 기인했다. "황제는 스승과 함께하고, 패자는 신하와 함께하며, 망국은 노예와 함께한다."는 그의 지식인 정책도 중국 역사에 지대한 영향을 끼쳤다. 곽외는 바로 연나라의 구체적인 역사적 상황에 근거하여 의견을 제시했고, 그렇게 하여 연나라의 황금시대를 열었다.

문공

옥도 갈고 닦지 않으면 기명을 만들 수 없다

인재가 시련을 겪으면서 경험을 쌓고 지혜를 배우는 과정은 옥을 갈고 다듬는 것과 같다

시련으로 단련된 인재는 그만큼 성숙하고 남의 아픔을 돌보고 감쌀 줄 안다

진 문공은 오랜 시련 끝에 춘추시대의 패자가 될 수 있었다

맹자는 만약 하늘이 누군가에게 천하를 다스리는 대업을 맡기려 한다면 먼저 그의 정신과 육체가 고난을 겪게 해야 한다고 생각했다. 그래야만 자신의 지혜와 재능을 증진시킬 수 있다는 것이다. 이 말은 유가의 모범적인 교훈이 되었을 뿐만 아니라 사람들이 역경 속에서도 스스로를 격려하고 자기 발전을 늦추지 않게 하는 정신적 힘이 되었다. 역사적으로 보아도 어떤 성취를 이룬 사람들은 한결같이 복잡하고 힘든 시련을 경험했다. 다른 것이 있다면 그들이 각자 시련을 경험한 방식이 다소 다르다는 점이다.

춘추시대 오패五霸의 예를 들어보기로 하자. 최초의 패자인 제나라 환공은 수많은 실패를 겪은 뒤에야 관중의 충고에 따라 점차 패자의 길로 들어섰다. 진晉나라 문공文公이 시련 끝에 패자가 된 것은 더욱 전형적인 예이다. 그는 전적으로 개인적인 경험을 바탕으로 군주에 즉위했으며 성숙한 정치가가 되었다. 그의 이력은 앞서 말한 맹자의 교훈의 생생한 주석이라고 할 수 있다.

먼저 문공이 패자가 되기까지의 역정을 간단히 살펴보자.

춘추시대 오패 가운데 진나라 문공은 가장 독특한 인물이다. 그는 다사다난한 시기에 군주가 되었으며 위기 속에서 천명을 받았다. 그러나 세태에 밝고 통찰력이 뛰어났던 그는 62세에 즉위하고서도 짧은 몇 년 사이 진나라를 부강하게 했다.

문공이 신속하게 그만 한 성취를 이룰 수 있었던 것은 주로 그의 파란만장한 인생 역정에 힘입은 바 크다. 그의 성공의 가장 큰 특징은 후퇴를 전진으로 삼은 점이다. 그 첫 번째 예는 화를 피하기 위해 국외에서 19년을 떠돌아다니다 마침내 귀국하여 군주가 된 것이다. 두 번째는 초나라와 성복城濮의 전투를 치르던 중 후퇴하여 충돌을 피한 것이다. 그 결과 문공은 전투에서 승리하고 패자의 지위를 확립했다.

문공의 부친인 헌공獻公 이전에 진나라는 무려 70년에 가까운 전란을 겪었다. 문공의 조부이자 헌공의 부친인 무공武公이 마침내 진나라를 통일하고 제후의 반열에 올랐다. 헌공 역시 비교적 능력 있는 군주였다. 헌공은 여러 차례 정벌을 통해 영토를 확장시켜 진나라를 북방의 대국으로 키웠다.

진나라가 계속 순조롭게 발전했다면 헌공은 틀림없이 패자가 되었을 것이다. 그러나 그는 만년에 커다란 실수를 저질렀다. 여색에 빠져 그만 왕실에 분란을 일으킨 것이다. 이런 일은 군주들이 흔히 저지르는 폐단이지만 이후 20여 년간 진나라에 끼친 악영향은 실로 대단했다.

헌공에게는 다섯 아들이 있었다. 먼저 정실부인인 제강齊姜이 낳은 태자 신생과 융족을 멸망시키고 데려온 두 첩이 각각 낳은 중이重耳와 이오夷吾가 있었다. 또 여융을 정벌하고 나서 얻은 여희驪姬가 낳은 해제奚齊와 여희의 동생이 낳은 탁자卓子가 있었다. 야심이 컸던 여희는 먼저 국경 수비의 명목으로 태자 신생을 곡옥으로, 중이를 포로, 그리고 이오를 굴로 파견했다. 이렇게 공자들을 차례로 도읍에서 몰아내어 그들의 힘을 분산시키고 서로 돕지 못하게 했다. 그래서 헌공 곁에는 해제와 탁자만이 남았다. 이제 여희의 두 번째 목표는 공자들을 차례차례 살해하는 것이었다.

여희는 우선 태자를 해치기 위해 꿀벌의 계책을 세워 미리 자신의 머리에 벌꿀을 잔뜩 바르고 신생을 화원으로 이끌었다. 잠시 후 꿀벌들이 그녀의 머리 위로 날아오자 여희는 신생에게 벌들을 쫓아달라고 부탁하고는 자신은 이리저리 몸을 피하며 연신 비명을 질렀다. 여희의 계책에 따라 먼 곳에서 이를 보고 있던 늙은 헌공의 침침한 눈에는 그 광경이 영락없이 신생이 여희를 희롱하는 것으로 비쳤다. 헌공은 대로했고, 신생은 그의 눈밖에 나고 말았다.

한번은 신생이 제사에 썼던 고기를 관례에 따라 헌공에게 올렸다. 헌공이 이를 먹으려 하는데 여희가 만류했다. 과연 고기를 먹은 개와 어린 시녀가 죽었다.

충성스러우나 매우 나약했던 신생은 여희의 모함이 계속되자 이를 견디지 못하고 스스로 목숨을 끊었다.

신생이 죽은 뒤, 중이와 이오는 여희가 이처럼 음험하고 악랄한 것을 보고 급히 도읍을 빠져나갔다. 여희는 헌공에게 그들 역시 독살 계획에 참여했다고 고해바쳤고, 헌공은 즉시 사람을 보내 그들을 쫓아가 죽이게 했다. 중이는 쫓아온 환관이 내리친 칼에 소매를 베이는 위기를 맞았지만 겨우 뿌리치고 도망쳤다. 그는 외조모의 나라인 적狄나라로, 이오는 양梁나라로 도망쳤다.

오래지 않아 헌공이 병으로 죽고 해제가 즉위했다. 그런데 대신 이극里克과 비정邳鄭이 상을 치르던 열한 살의 해제를 죽였다. 해제를 옹립했던 대신 순식荀息은 다시 탁자를 군주로 삼았지만 이극은 그와 탁자마저 죽여버렸다. 그래서 여희의 공들인 계획은 완전히 수포로 돌아갔다. 결국 여희도 스스로 목숨을 끊었다.

헌공의 다섯 아들 가운데 세 명이 죽고 두 명이 달아나는 바람에 진나라는 주인 없는 나라가 되고 말았다.

그때 진秦나라 목공의 부인은 태자 신생의 누이동생이었다. 그녀는 부모의 나라가 멸망할까 두려워 진晉나라에 새 군주를 세워달라고 매일 남편을 졸랐다. 꾀 많은 목공은 이오와 중이 중에 누가 더 적당한지 시험하고자 했다. 그는 공자 집을 두 사람에게 보냈다. 집이 먼저 찾아간 사람은 중이였다.

"지금 진나라에는 군주가 없습니다. 서둘러 돌아가 자리를 차지하지 않는다면 이오에게 빼앗기고 말 겁니다."

집의 권유를 받고 중이가 눈물을 흘리며 말했다.

"아버지께서 돌아가셨습니다. 자식된 자로서 슬픔도 채 가시지 않았는데 어찌 돌아가신 분을 욕되게 할 수 있겠습니까?"

중이는 진나라의 호의를 거절했다. 이어서 집은 이오를 찾아갔다. 이오는 눈물 한 방울 흘리지 않고 말했다.

"저희 나라의 대신 이극과 비정이 저를 도와준다고 약속했습니다. 일이 성사되면 그들에게 각기 토지 백 무와 70무를 주기로 했지요. 진나라가 저를 도와주신다면 다섯 채의 성을 드려 사례하겠습니다."

집은 귀국하여 그간의 일을 목공에게 보고했다. 사람들은 모두 중이가 더 현명하고 덕이 있는 인물이라고 생각했다. 그래서 이오를 진晉의 군주로 삼아야만 자기 나라를 망치고 진秦나라에 득이 될 거라고 판단했다. 마침 제나라 환공도 이오를 군주로 점찍고 있었으므로 두 나라는 힘을 합쳐 군사를 파견하여 이오를 즉위시켰다. 이 사람이 바로 진나라 혜공惠公이다.

이오는 과연 간교하고도 잔인했다. 그는 먼저 이극을 죽인 뒤 다시 비정 등 10여 명의 목숨을 빼앗았다. 나라 안이 안정된 다음에는 앞으로 중이가 큰 화근이 될 거라고 생각하여, 예전에 중이를 뒤쫓았던 환관을 보내 그를 암살하도록 명했다.

중이는 적나라에서 12년을 머물렀다. 진나라에서 꽤나 재능 있는 인물들이 그를 따라 적나라에 왔다. 그중 유명한 사람을 꼽는다면 호모狐毛, 호언狐偃, 조쇠趙衰, 서신胥臣, 호사고狐射姑, 선진先軫, 개자추介子推, 전힐顚頡 등이 있다.

어느 날 호모와 호언은 본국에서 대신의 자리에 있는 부친 호돌狐突의 편지를 받았다. 편지에는 환관 발勃이 3일 안에 그곳에 도착하리라는 내용이 적혀 있었다. 이 말을 전해들은 중이는 사람들에게 서둘러 짐을 싸 도망칠 준비를 하라고 명했다. 그리고 아내인 계외季隗에게 말했다.

"만약 내가 25년이 지나도 오지 않으면 재혼하도록 하시오."

"대장부가 천하에 뜻이 있으니 어서 떠나십시오. 제 나이 벌써 스물다섯인데 25년이 지나면 할머니가 돼 있을 거예요. 그러니 그때 누가 절 데려가겠어요? 아무 염려 말고 가세요. 전 당신을 기다리고 있겠어요."

중이가 막 길을 떠나려 할 때, 갑자기 그 환관이 하루 일찍 그곳에 도착했다. 당황한 중이는 부랴부랴 달아났다. 그런데 그 와중에 짐을 관리하던 자가 물건들을 챙겨 줄행랑을 치는 바람에 중이 일행은 구걸을 하며 돌아다니는 신세가 되었다.

그들은 제나라로 가려 했지만 먼저 위나라를 지나쳐야만 했다. 그런데 위나라는 예전부터 진나라와 사이가 좋지 않았으니 중이에게 도움을 줄 리 만무했다. 위나라 군주는 성문을 닫고 중이를 들여보내지 않았다. 하는 수 없이 중이 일행은 주린 배를 움켜쥐고 성을 돌아가야만 했다. 오록五鹿이라는 지역을 지나가고 있을 때였다. 밭을 갈던 농부 몇 명이 밥을 먹고 있는 광경이 눈에 들어왔다. 중이는 호언을 시켜 밥을 좀 얻어오게 했다. 그런데 농부들은 그들이 행세깨나 하는 귀족임을 알아보고는 대접할 밥이 없다면서 대신 흙덩이를 파 호언에게 넘겼다. 일행 중 한 무사가 이를 보고 성질이 나 말채찍을 치켜들었다. 이때 호언이 급히 그를 만류하며 말했다.

"백성들이 흙을 우리에게 주는 것은 장차 우리가 진나라로 돌아가 국토를 얻으리란 걸 상징하오. 이것은 길조임에 틀림없소!"

그들은 다시 걸음을 재촉했다.

중이가 허기로 인해 현기증이 나자 개자추가 고깃국 한 사발을 얻어왔다. 중이는 앞뒤 묻지 않고 한 입에 바닥냈다. 그리고 나서야 그는 그 국이 개자추가 자기 허벅지 살을 잘라 끓인 것임을 알았다.

중이 일행이 배고픔을 참으며 제나라에 도착하자 제나라 환공이 반갑게 그들을 맞아주었다. 환공은 그들에게 수레 20대, 말 80필과 함께 살 집까지 선사했다. 게다가 자기 가문의 처녀를 중이에게 시집보내기도 했다. 그래서 그들은 제나라에 살게 되었다.

환공이 죽자 그의 다섯 아들이 왕위를 놓고 다퉜다. 그 바람에 제나라는 한바탕 혼란에 휩싸였고 급기야 패자의 지위를 잃고 초나라의 속국이 되고 말았다. 본래 제나라의 힘을 빌려 진나라로 돌아가려 했던 중이 일행은 희망이 사라졌다. 중이의 부하들은 다른 나라로 가서 방법을 강구하기로 했다. 그런데 이때 중이는 새로 맞은 부인 제강齊姜과 금실이 너무 좋아 전혀 떠날 생각이 없었다. 이에 난처해진 부하들은 사냥을 나가자고 중이를 꾀어 강제로 그를 데려가기로 했다. 마침 제강의 여종이 이 말을 훔쳐듣고 그녀에게 보고했다. 평소 중이의 사업에 관심이 많았던 제강은 오히려 적극적으로 호언 등을 찾아가 계획에 가담했다. 그녀는 일부러 중이에게 잔뜩 술을 먹인 다음, 인사불성인 그를 부하들에게 넘겼다. 잠에서 깨어난 중이는 수레에 실려 어딘가로 가고 있는 자신을 발견했다. 하지만 기왕지사라 부하들의 뜻을 따를 수밖에 없었다. 그들은 곧 조曹나라에 도착했다.

조나라 군주는 그들이 딱 하룻밤만 묵고 갈 것을 허락했으며, 무례한 태도로 그들을 조롱했다. 오직 대부 한 사람만이 중이의 부하 중에 인재가 많음을 알아보고 몰래 음식을 주고 보물을 선사했다. 언젠가 중이가 큰일을 이룰 사람임을 알아본 것이다. 중이 일행은 이어서 송나라에 도착했다. 송나라 양공은 전쟁에서 막 패한 처지임에도 중이를 환대했다. 양공은 그들 각자에게 말과 수레를 주었다. 하지만 중이의 귀국을 도울 힘은 없었다. 오래지 않아 그들은 다시 초나라로 이동했다. 초나라 성왕成王은 중이를 귀빈으로 대접했고 중이도 그를 존경하여 두 사람은 좋은 친구가 되었다. 당시 초나라의 대신 자옥子玉이 중이를 없애 후환을 제거하려 했지만 성왕의 방해 때문에 실패했다.

한번은 잔치 석상에서 성왕이 농담을 했다.

"공자께서 진나라로 돌아가신다면 내게 무엇으로 보답하겠소?"

"보석이나 비단, 미녀 따위는 넘칠 만큼 갖고 계시니 소용이 없겠지요. 또한 이 나라에는 상아나 진귀한 동물도 많습니다. 금은보화로는 대왕께 보답할 길이 없겠습니다. 따라서 제가 귀하의 복을 빌려 진나라로 돌아갈 수 있다면 언젠가 불행한 사태로 두 나라 군대가 충돌할 때, 저희 군대를 세 번 후퇴해드리겠습니다. 물론 그래도 대왕의 양해를 얻지 못한다면 할 수 없이 대전을 치러야 하겠지요."

얼마 후 진秦나라 목공이 사람을 보내 중이를 초청했다. 목공은 중이를 진晉나라로 귀국시켜 군주로 삼을 생각이었다. 본래 목공은 변변찮은 혜공을 군주로 세워 이득을 취하려 했었다. 그런데 혜공은 여러 차례 그의 은혜를 배반하는 짓을 저질렀다. 특히 즉위하자마자 얼마 안 있어 군사를 일으켜 진을 침공했던 것이다. 하지만 워낙 진나라의 병력이 막강했기에 목공은 혜공의 군대를 격파하고 혜공을 포로로 삼았다. 목공은 뒤에 그를 본국으로 돌려보냈지만 혜공의 아들 어圉를 인질로 잡고 자기 딸과 결혼하게 했다. 그러나 공자 어도 호락호락한 인물이 아니었다. 나중에 즉위할 기회를 잃을까 근심하다가 부친 혜공이 중병이 들자 몰래 진晉나라로 돌아가 군주가 되었다. 이에 노발대발한 목공은 중이를 군주로 삼기로 결정한 것이다.

목공은 예전에 어에게 시집보냈던 딸을 이번에는 중이와 혼인시켰다. 당시에는 시아버지가 며느리와 결혼하고, 아들이 계모와 결혼하는 일도 흔히 볼 수 있었으니, 큰아버지가 조카며느리와 결혼하는 것쯤은 문제가 되지 않았다. 중이 일행은 목공의 환심을 사야만 했으므로 이를 흔쾌히 받아들였다. 이때 이미 군주 노릇을 하고 있던 어는 자신의 가장 큰 적이 국외를 떠돌고 있는 중이라고 생각했다. 그는 중이의 부하들의 가족들을 시켜 그들이 3개월 안에 귀국하지 않으면 가족들을 다 처형할 거라는 편지를 쓰게 했다. 또한 그는 닥치는 대로 대신들을 학살하여 백성들의 인심을 잃었다. 이 소식에 더욱 화가 난 목공은 기회를 보아 군대를 파견하여 중이를 귀국시키기로 결정했다.

기원전 636년, 진秦나라의 대군이 진晉나라와의 국경인 황하에 당도했다.

강을 건널 때 중이는 짐을 관리하는 자가 과거 쓰던 물건들까지 배에 싣는 것을 보았다. 중이는 그것들을 강에 내던지게 했다. 호언이 이 광경을 보고 힘이 쭉 빠져 무릎을 꿇고 말했다.

"지금 공자에게는 밖으로는 진나라의 군대가 돕고 안으로는 대신들이 있으니 안심이 되는군요. 우리 늙은 신하들은 돌아갈 필요가 없을 듯합니다. 그러니 방금 버리신 헌옷과 신발처럼 이 황하에 내버리시는 편이 낫겠습니다!"

이 말에 크게 깨달은 중이는 급히 헌옷과 신발 등을 다시 건지게 하고, 대신 차고 있던 옥팔찌를 강물에 던졌다. 그는 황하의 신에 제사를 올리며 맹세했다.

"나 중이는 따뜻해도 추위를 잊지 않고, 배가 불러도 배고픔을 잊지 않겠습니다. 절대로 과거 어려움을 함께했던 신하들을 잊지 않겠습니다.”

그제야 호언 등은 중이를 따라 황하를 건넜다.

중이는 황하를 건넌 뒤 여러 채의 성을 공격했다. 공자 어가 이미 민심을 잃었고 대신들도 더 이상 저항하지 않았으므로 중이는 순조롭게 군주가 될 수 있었다. 이 사람이 바로 진나라 문공이다.

문공은 43세에 적나라로 도망쳤고, 55세에 제나라에 갔으며, 61세에는 진秦나라로 옮겨갔다. 즉위했을 때 그의 나이는 벌써 62세였다. 그는 19년간 나라 밖을 유랑했다. 안정된 생활을 누린 적도 있었지만 남의 집 울타리 아래 묵거나 비참하게 떠돌아다닌 날들이 더 많았다. 인정의 차갑고 따스함, 인생의 쓰고 단맛을 다 겪었으며 각국의 정치를 두루 살피며 재능을 단련했다. 그래서 군주의 자리에 올랐을 때, 그는 성숙한 정치가가 되어 있었다.

진나라는 20여 년의 혼란기를 거쳐 비로소 안정을 되찾았다. 헌공의 다섯 아들 가운데 오직 중이만 살아 있었고, 게다가 좋은 평판을 얻었으므로 백성들은 그의 즉위를 당연하게 받아들였다.

문공으로 즉위하고 나서 처음으로 한 일은 민심을 안정시키는 것이었다. 그는 혜공과 회공 시대의 잔당의 우두머리들을 제거했지만 그 부하들의 죄는 묻지 않았다. 다음으로 한 일은 공신들에 대한 포상이었다. 적나라에서 계외를, 제나라에서 제강을, 그리고 진秦나라에서 문영을 불러들였으며, 자신과 생사고락을 함께했던 신하들에게 상을 내렸다. 단지 허벅지 살을 베어 자신에게 먹였던 개자추만은 깜빡 잊고 빠뜨렸다. 개자추는 아무 말 없이 노모를 모시고 개산介山으로 들어가 은거했다. 그리고 세 번째로 한 일은 주나라 왕실을 안정시키는 것이었다. 그는 군대를 이끌고 적인狄人을 추적하여 왕자 대帶를 죽이고 주나라 양왕襄王을 구출했다. 이 공로로 중이는 제후들 사이에서 크게 위신을 세웠으며 천자를 등에 업고 제후들을 호령했다.

이어서 문공은 패자의 자리를 놓고 제후들과 다퉈야 했다. 그는 우선 군대의 편제를 확대하고 군과 정치를 합일시킨 제도를 실행했다. 또한 최초로 군대를 법으로 조직하는 선례를 남겼다. 초나라는 본래 진나라를 꺾고 패업을 이루고자 했다. 그런데 진나라가 오히려 많은 국가들을 흡수하자 초나라 성왕은 대장군 자옥을 시켜 진나라를 공격하게 했다. 이때 문공은 초나라 군대가 기세등등한 것을 보고 급히 자국의 군대를 세 번 후퇴하게 했다. 진나라 군사들은 이를 이해하지 못했다.

그러자 호언이 나서서 이는 문공이 초왕의 은혜를 갚기 위해 과거의 약속을 지키는 거라고 선전했다. 사실 이것은 진나라 군사들의 사기를 높이고 문공의 위엄을 세우려는 책략이었다. 아울러 군사전략적 관점에서 본다면 후퇴하는 과정에서 초나라 군사들의 힘을 빼고 그들의 예봉을 피하는 효과가 있었다. 따라서 문공의 책략은 후퇴를 전진으로 삼은 전법으로서 일거양득의 묘책이었다.

결국 초나라 군대는 크게 패했고 자옥은 처벌이 두려워 자살했다.

문공은 이 소식을 듣고 큰 짐을 덜은 듯 한숨을 내쉬었다.

"나를 방해할 자, 또 누구인가?"

이로써 진나라 문공은 패자의 지위를 확립했다.

진나라가 내란을 극복하고 번성하게 된 과정은 대단히 의미심장하다. 문공과 그의 신하들은 19년간 시련을 겪으면서 향후 패업을 이루기 위한 조건을 갖추었다. 따라서 문공이 패자가 된 것은 결코 우연이 아니었다.

또한 문공이 부드러움으로 강함을 제압하는 데 능했던 것도 매우 중요하다. 옛날부터 중국인들은 후퇴를 전진으로 삼는 처세술을 매우 중요시했다. 객관적인 조건이 마련되지 않은 상황에서 억지로 일을 추진하는 것은 경솔한 자의 행동이다. 결국 화를 자초할 뿐이다. 만약 객관적인 사실을 바탕으로 전략상의 양보를 택해 힘을 축적, 정비할 수 있는 기회로 삼을 수 있다면 나중에라도 좋은 결과를 거둘 수 있다.

부드러움으로 강함을 상대하는 목적은 이기기 위해서이며 후퇴 역시 전진을 목적으로 하는 것이다. 부드러움과 후퇴 그 자체는 도피주의와 패배주의에 불과하다. 중이는 이곳저곳을 떠돌면서도 항상 기회를 엿보며 목표를 지향했다. 초나라와의 전쟁에서 후퇴를 명령한 것은 모두 이기고 전진하기 위해서였다. 즉, 승리를 쟁취하기 위한 고도의 책략이었던 것이다.

그러나 이만 한 경지에 이르기 위해서는 맹자가 말했던, 혹독한 정신적 육체적 시련의 과정이 필요하다. 문제는 세상에서 과연 몇 사람이나 그러한 시련을 견뎌낼 수 있느냐 하는 것이다.

허물을 덮어 화를 복으로 바꾸다

맹상군

춘추전국시대의 이른바 전국 사공자四公子라 하면 제나라의 맹상군孟嘗君, 조나라의 평원군, 위나라의 신릉군, 초나라의 춘신군春申君을 가리킨다. 기록에 따르면 이 사공자의 식객이 한때 3천 명에 달했다고 한다. 누구든지 한 가지 장기만 있으면 그들의 문하에 들 수 있었으며, 식객들은 신분의 귀천과 관계없이 똑같은 대접을 받았다고 한다. 사공자는 선비를 양성하는 것으로 유명해지기도 했지만, 또한 선비를 양성함으로써 일정 정도 국가의 보전에 기여했다.

그런데 송나라의 대문호이자 정치가였던 왕안석 같은 사람은 그렇게 보지 않았다. 왕안석은 「맹상군전을 읽고讀孟嘗君傳」라는 짧은 글에서 다음과 같이 말했다.

"세상 사람들은 다 맹상군이 현명하고 능력 있는 선비를 초빙하길 잘했고 선비들도 그에게 줄줄이 귀순했다고 말한다. 그래서 나중에는 그가 선비들의 꾀를 빌려 호랑이 같은 진秦나라에서 탈출할 수 있었다고 한다. 아! 맹상군은 그저 어중이떠

중이들의 수령이었을 뿐인데 어찌 현명한 선비들을 잘 초빙한 이라고 부른단 말인가? 만약 정말로 그랬다면 제나라처럼 강대한 국가를 갖고서 진정으로 현명한 선비 한 사람을 얻어 진나라를 제압할 수 있었을 것이다. 어중이떠중이들의 무리가 무슨 필요가 있었단 말인가? 오히려 그들 무리가 맹상군의 문하를 드나들었기 때문에 진정한 선비가 찾아오지 않았다!"

왕안석은 역사상 가장 위대한 재상이라고 해도 지나침이 없는 인물이다. 그의 말은 핵심을 정확히 파고들기 때문에 역사의 정설을 뒤집기에 충분했다. 하지만 그렇게 일률적으로 논하는 것은 조금 곤란하다.

전국 사공자, 그중에서도 특히 맹상군은 칭찬할 만한 점이 많은 인물이었다. 사람을, 그리고 재능을 포용하는 그의 도량은 일반인들이 감히 본받을 수 없는 수준이었다. 한 예로 맹상군의 어느 식객이 그의 부인과 정을 통한 적이 있었다. 누군가 그것을 두고 볼 수 없어 맹상군에게 사실을 고했다.

"측근으로서 감히 공자의 부인과 정을 통하다니, 이는 너무도 의리를 저버리는 짓입니다. 당장 그를 죽여버리십시오."

맹상군의 대답은 너무나 의외였다.

"아름다운 사람을 보고 서로 좋아하는 것은 인지상정입니다. 이 일은 한쪽으로 미뤄두고 더 이야기하지 맙시다."

1년이 지나서 맹상군은 자신의 부인과 정을 통했다는 바로 그 식객을 불러 말했다.

"당신은 이곳에서 꽤 오래 머물렀습니다. 큰 벼슬은 기회가 없었고, 또 작은 벼슬은 당신이 원하지 않았지요. 위나라의 군주가 저와 좋은 친구인데, 수레와 가죽옷, 비단을 준비해줄 테니 그 예물들을 갖고 위나라에 가서 그곳 군주와 사귀어보길 바랍니다.”

결국 그 식객은 위나라로 가서 중용되었다.

나중에 제나라와 위나라는 서로 관계가 악화되었다. 위나라 군주는 천하의 제후들과 연합하여 제나라를 침공하고자 했다. 그때 맹상군의 부인과 정을 통했던 그 사람이 군주에게 말했다.

“맹상군은 제가 보잘 것 없는 사람인데도 주군께 저를 추천해주었습니다. 제가 듣기로는 언젠가 제나라, 위나라 양국의 선왕들께서 말과 양을 죽여 맹세를 한 적이 있다고 합니다. 제, 위 양국의 후계자들은 절대로 서로를 침공해서는 안 되며, 혹 침공한 자는 죽인 말과 양의 운명이 될 거라고 말입니다. 지금 위가 제후들과 연합하여 제나라를 공격한다면 곧 선왕의 맹세를 어기는 꼴이 됩니다. 게다가 맹상군을 기만하는 것이기도 합니다. 주군께서 제 충고를 들어주신다면 그만이지만, 만약 들어주시지 않는다면 이 보잘 것 없는 자는 뜨거운 피로 주군의 옷깃을 적실 것입니다.”

위나라 군주는 그의 설득과 위협 때문에 결국 제나라를 공격하지 않았다.

제나라 사람들은 나중에 이 일을 전해듣고 “맹상군은 일을 잘 처리하여 화를 복으로 바꾸는 인물이다.”라고 말했다.

초나라 장왕莊王도 도량이 큰 인물이었다. 언젠가 그는 영윤令尹 약오씨若敖氏의 반란을 진압한 뒤에 기쁜 마음으로 신하들과 함께 잔치를 벌인 적이 있었다. 많은 문신들과 무신들이 질탕하게 술을 들이켰으며 장왕은 가장 총애하는 왕비 허희許姬를 시켜 그들에게 술을 따르게 했다. 그런데 막 주흥이 무르익고 있던 중에 돌연 큰 바람이 불어와 실내의 촛불을 꺼뜨렸다. 이때 누군가 어둠을 틈타 허희의 손을 잡고 그녀를 희롱했다. 그 순간 허희는 꾀를 내 그 사람이 쓴 모자의 술을 떼어 장왕에게 넘기며 사실을 고해바쳤다. 장왕이 갑자기 큰 소리로 외쳤다.

"촛불은 천천히 켜도록 하고, 다들 많이 취했으니 의관을 다 갖출 필요가 없을 것이오. 모두 모자의 술을 떼도록 하시오!"

사람들은 영문도 모르고 제각기 술을 떼어냈다. 술자리가 파할 때까지 장왕은 물론이고 허희도 누가 무례를 저지른 인물인지 알지 못했다. 장왕이 허희에게 말했다.

"무신들은 원래 거친 사람들이오. 취기가 돈 데다가 당신 같은 미인이 눈에 보이니 누가 마음이 동하지 않겠소. 만약 그를 색출하여 죄를 물었다면 분위기를 다 망쳤을 거요."

그 날 허희를 희롱했던 사람은 나중에 전쟁터에서 장왕의 목숨을 구했다.

그런데 위의 두 사례는 서로 다른 점이 있다. 맹상군의 행동은 장왕처럼 신하를 존중하고 사랑해서라기보다는 철저한 실용주의적 입장에 서 취한 것이었다고 할 수 있다.

포숙아

능력에 따라 인물을 등용하는 것은 역대로 중국 통치자들이 표방한 인재 활용의 기준이었다. 하지만 진정으로 이 기준을 실천한 사람은 그리 많지 않았다. 오히려 정실에 따라 인물을 등용하는 것이 더 보편적이고 오랜 현상이었다. 그렇지 않았다면 수많은 왕조들이 순식간에 지고 마는 우담화優曇花처럼 그렇게 단명하지는 않았을 것이다.

사실 이는 그리 놀랄 만한 일은 아니다. 친척을 편애하고 아첨꾼을 총애하는 것은 보편적인 인간성 가운데 하나이다. 게다가 황제의 권력이 전혀 제한을 받지 않던 시대에 정실에 따라 인물을 등용하는 것은 필연적인 현상이었다.

하지만 능력에 따라 인물을 등용한다는 사상은 중국 역사에서 줄곧 명맥을 유지해왔다. 이 사상은 훌륭한 정치 이상이었을 뿐 아니라, 구체적인 정치적 실천 속에서도 많이 나타났다.

대담하게도 관중을 기용한 제나라 환공은 확실히 보통 사람을 뛰어넘는 배짱의 소유자였다. 관중은 제나라가 춘추 오패의 첫 패자가 되는 데 큰 공을 세웠을 뿐 아니라, 당시 각국의 경제와 문화 발전에 지대한 기여를 했다. 심지어 공자도 다음과 같이 그를 높이 평가했다.

"관중이 없었다면 아마 우리는 아직도 산발을 하고 천을 두른 채 야만적인 생활을 하고 있을 것이다!"

관중은 어렸을 때부터 집안이 가난하여 늘 밖에 나가 장사를 했다. 그에게는 자신을 잘 알아주는 포숙아鮑叔牙라는 친구가 있었다. 포숙아도 매우 재능 있는 인물이었지만, 관중에게 감복한 그는 항상 관중을 챙겨주었다. 한번은 포숙아와 관중이 함께 장사를 벌인 적이 있었다. 본래 포숙아의 밑천이 관중의 것보다 많았는데, 막상 장사를 끝내고 나눈 이익은 관중의 것이 더 많았다. 포숙아의 부하들이 이를 못마땅해하며 관중이 너무 재물을 탐한다고 투덜댔다. 그럴 때마다 포숙아는 극구 관중을 편들었다.

"자네들이 뭘 아는가. 관중은 재물을 탐할 사람이 아니네. 단지 집안이 너무 어렵고 노모를 모셔야 하니까 조금 더 가졌을 뿐이라네. 그는 절대로 자기만 생각하는 사람이 아닐세."

또 한번은 관중이 누군가와 싸운 적이 있는데, 그는 뒤로 물러나 움츠린 채 덤벼들지 않았다. 사람들은 이를 두고 그가 생쥐처럼 배짱이 없다는 둥 목숨에 집착하고 죽음을 두려워한다는 둥 비웃어댔다. 하지만 포숙아는 그렇게 생각하지 않았다.

"관중의 집에는 노모가 계시고 잔병치레를 하시는 데다가 돌봐드릴 사람도 없네. 관중이 어디 죽음을 두려워할 사람인가. 그저 자기가 죽으면 노모를 모실 사람이 없게 될까 두려워하는 것일세."

포숙아가 너무나 자신을 잘 이해해주는 까닭에 관중도 감격해하며 말했다.

"나를 낳아준 사람은 부모이고 나를 알아준 사람은 포숙아이다."

그런데 관중이 제나라의 상국이 된 데에는 범상치 않은 이야기가 숨어 있다. 원래 포숙아와 관중은 좋은 친구로서 서로를 이해하고 높이 평가했다. 나중에 두 사람은 각기 제나라 양공의 아들들인 소백小白과 규糾를 보좌했다. 양공이 죽은 뒤 이 두 형제는 왕위를 놓고 쟁탈전을 벌였다.

어느 날 관중이 소백을 향해 몰래 화살을 쏘았는데 소백은 운 좋게도 화살이 허리띠에 맞아 목숨을 건졌다. 마침내 소백이 환공으로 즉위하자 포숙아는 인재를 얻기 위해 노나라를 칠 것을 건의했다. 노나라로 도망친 관중을 찾으려는 계획이었다. 나중에 환공은 자신의 즉위에 큰 공을 세운 포숙아를 상국으로 삼으려 했다. 포숙아는 이를 거절하며 진심으로 말했다.

"저는 다섯 가지 점에서 관중보다 못합니다. 첫째, 백성을 온화하고 관대하게 대하며 그들을 위해 생각하는 점에서 관중보다 못합니다. 둘째, 나라를 잘 다스리고 군왕의 손으로 대권을 통일시키게 하는 데 있어 관중보다 못합니다. 셋째, 신의를 중시하여 백성의 진심 어린 존경을 받는 점에서, 넷째, 예의제도를 정해 천하 백성이 다 본받아 따르게 하는 점에서 관중보다 못합니다. 마지막으로, 친히 전쟁에 나가 진군을 독려하고 병사들의 용기를 북돋는 점에 있어서도 그보다 못합니다. 제가 관중에 비해 이토록 모자라는데 왜 저를 상국에 앉히려 하십니까? 만약 주군께서 패업을 이루려

하신다면 관중을 중용하셔야만 합니다.”

환공은 포숙아의 말을 믿고 결국 과거의 원한을 뒤로하고 관중을 중용했다. 그리하여 환공은 여러 제후들을 규합하여 천하를 바로잡아 춘추시대 오패의 으뜸이 되었다. 자신보다 더 재능 있는 이를 추천하고 벼슬을 양보한 포숙아의 이야기는 역사의 미담이 되었다.

인재를 알아보고
추천하는 일은 쉽지 않다

인재를 이해하여 그 효과를 얻는 데는 두 가지 어려움이 있다. 첫째
는 그 사람을 이해하는 어려움이고, 둘째는 이해한 후에 그를 천거
하는 어려움이다.

사람을 이해하는 일의 어려움은 어떤 것일까? 인물의 내심은
깊고도 미묘하기 때문에 그 내면세계를 정확하고 깊이 있게 파악
하는 일은 결코 쉽지 않고, 때문에 그 방법을 장악하는 것도 매우
어렵다. 사람을 이해하는 일 자체가 어려운 데다가 보통 사람들이
전면적인 관찰을 하는 것은 더욱더 어렵기 때문에 사람들은 각자
자신의 기준과 척도를 세우고 자신의 기호와 능력에 맞게 관찰하
고 취사선택하는 것이다. 어떤 사람은 외모를 관찰하고, 어떤 사람
은 행위와 동작을 관찰하며, 어떤 사람은 전체적인 표현을 중시하
고, 어떤 사람은 겉으로 나타나는 표현의 진정한 의미를 찾는 데 주

력한다. 어떤 사람은 세심한 부분의 파악을 추구하고, 어떤 사람은 과실과 착오를 찾아내는 데 주력하며, 어떤 사람은 언사와 주장을 중시하고, 어떤 사람은 일처리의 구체적인 상황을 고찰하는 데 힘쓴다. 이처럼 다양한 상황은 서로 뒤섞여 나타나고 일정한 기준이 없기 때문에 정확한 결론을 내리기가 어렵고 잘못된 결론을 내리는 경우도 많다.

사람을 천거할 때의 어려움은 어떤 것일까? 뛰어난 재능을 갖춘 인재는 능력을 갖춘 것만으로 이미 식별이 어려워진다. 게다가 진정한 인재들 가운데 어떤 사람은 일찍 세상을 떠나기도 하고, 어떤 사람은 세인의 주목을 받지 못한 채 그냥 묻혀버리기도 한다. 또 시대의 흐름을 타지 못해 세상으로부터 거부당하기도 하고, 추천해주는 이가 없어 자기 자리를 찾지 못하는 경우도 있다. 때문에 진정한 인재가 자신을 알아주는 사람을 만나 능력을 발휘할 기회를 찾는 것은 만의 하나도 되기 어렵고, 인재를 알아보는 사람이 그 인재를 기용할 만한 위치에 있기도 백의 하나가 되기 어렵다. 또한 상당한 지위와 권력을 갖고 있다 해도 추천에 성공하기는 열의 하나가 되기 어렵다. 안목이 있어 인재를 알아본다 하더라도 자신의 앞길에 장애가 될까 두려워 추천하지 못하는 경우도 비일비재하다. 따라서 인재를 알아보는 일은 각종 외부 상황과 복잡하게 얽혀 있고 인재를 변별하여 기용하는 일도 쉽지 않다. 진정으로 인재를 이해하는 사람에게는 천거의 목적을 달성하는 데 그 어려움이 있고, 인재를 이해하지 못하는 사람은 인재를 식별할 기회가 주어지지 않는다고 생각한다. 이 모든 것들이 인재를 천거하는 데 있어서의 어려움이다.

10

수신하고 겸양과 예의를 갖춘다

충돌 없이 목적을 이루는 비결

유가는 겸양을 주장했고 도가는 부쟁不爭을 주장했다.
겸양은 무력이나 완력에 의한 승리를 피하는 것이고
부쟁은 더 크고 중요한 싸움을 위해
사소한 싸움을 자제하는 것을 말한다.
그러나 가장 큰 도는 싸우지 않고 이기는 것이다.

소진과 장의

소진과 장의는 각각 합종과 연횡을 주장했다 천하를 손바닥에 올려놓고 가지고 논 것이다 그러나 이들의 주장에는 정의와 원칙이 없었다 굳이 한 가지 들자면 동서남북을 가리지 않았다는 점이다 그래서 그들의 유세는 한 시대를 풍미했으나 시대가 바뀌자 그 효용성도 사라지고 말았다

춘추전국시대의 종횡가는 학파의 명칭이 아니라 독특한 모사들의 무리였다. 그럼에도 불구하고 종횡가는 매우 중요하고 독특한 지위를 차지하고 있다. 그들에겐 그들 나름대로의 학설이 있고, 심지어 다른 학파들에 비해 뛰어난 체계와 면모를 갖추고 있다. 그러나 관건은 종횡가의 학문에 있는 것이 아니라 종횡가의 직접적이고 현실적인 효용에 있다. '한번 노하면 모든 제후들이 두려움에 떨지만, 일단 안거하면 천하가 조용해진다'는 말이 종횡가의 현실적 효용을 잘 말해준다. 종횡가의 적극적인 역사적 역할에 대해 당시 사람들은 매우 긍정적인 평가를 내린 바 있다.

예컨대 『전국책』에서는 소진蘇秦이 주장한 합종 운동에 대해 "양곡을 들이지도 않고, 병사들을 괴롭히지도 않으며, 전사 하나 죽이지 않고, 화살 하나 낭비하지 않으면서 제후들이 서로 형제처럼 친해지게 만들었다."라고 극찬했다.

다른 학파들과 비교해볼 때, 종횡가의 현실적 실천에서는 세

합종合縱 전국시대에 소진이 주장한, 6국이 동맹하여 서쪽의 진秦나라에 대항해야 한다는 일종의 공수 동맹

가지 특징을 발견할 수 있다. 첫째, 고정된 군주가 없고 둘째, 고정된 정치적 주장이 없으며 셋째, 일정한 가치 기준이 없고 세력과 이익 추구 외에 어떠한 도덕적 속박도 없는 것이다.

소진과 장의張儀는 당시는 물론 중국 역사를 통틀어 가장 위대한 종횡가였다. 전국시대 후기의 역사를 거시적으로 바라보면 당시의 국제관계가 이 두 사람의 지모와 언변에 의해 좌우되었음을 알 수 있다. 처음에는 소진의 '합종'으로, 나중에는 장의의 '연횡'으로 전국 칠웅을 마치 장기판의 장기알처럼 마음대로 가지고 놀았던 것이다. 이는 세계사에서도 유례를 찾아볼 수 없는 특수한 현상이었다. 아마도 고대 인류 역사에 있어서 가장 뛰어난 외교가는 소진과 장의라고 해도 과장이 아닐 것이다.

합종과 연횡 자체가 정의로운 것인지 아닌지는 논외로 하더라도 합종과 연횡을 제시했던 두 사람에게서는 정의감을 찾아볼 수 없다. 그들은 동시대의 장자처럼 고상하지도 못했고, 맹자처럼 이상을 위해 분투하지도 않았다. 그들의 모든 신념은 돈과 권력으로 집중되었고 다른 숭고한 이상이나 고귀한 품성 따위는 거들떠보지도 않았다. 오히려 그들은 온갖 속임수와 교활함, 잔인함과 뻔뻔스러움으로 무장하고 권력을 최고의 가치기준으로 삼았다. 남북으로 합종하거나 동서로 연횡하면서 그것이 정의이든 불의이든, 얼마나 많은 사람을 죽이고 얼마나 많은 피를 흘리든 그들은 전혀 문제삼지 않았다. 중요한 것은 오로지 권력과 부귀영화였다. 이것이 바로 종횡가가 가지고 있는 지모의 문화적 특징이다.

종횡가의 지모에도 나름대로의 논리와 체계가 있었다. 『한비자』에 나오는 몇 편의 논설 이외에 그들의 성격을 종합한 『귀곡자

鬼谷子』라는 책이 있는데, 이 책은 총 13장으로 구성되어 여러 각도에서 유세遊說의 기술을 설명한 뛰어난 저작으로 평가되고 있다. 이 책의 목차를 간단히 살펴보기만 해도 종횡가 지모의 전모를 쉽게 볼 수 있다.

이 책의 1장에서는 전국의 상황을 거시적으로 바라보고 인식할 것을 주장하고, 2장에서는 반응 즉, 현대적 의미로 말해서 정보의 포착과 활용, 그리고 세밀한 분석과 통찰을 강조한다. 3장에서는 군주의 심리를 헤아려 비위를 잘 맞추고 유세 대상자의 성격에 영합하여 상대를 설득할 수 있어야 한다고 주장한다. 이로써 상대방이 진심으로 자신을 좋아하게 만드는 것이다. 4장에서는 구체적인 유세 과정에서 허점을 적절히 메우고 임기응변으로써 자신의 변론을 완전무결하게 만드는 기술을 설명하고, 5장에서는 유세 과정에서 상대방으로 하여금 먼저 흥분하여 자신을 충분히 노출시키게 한 다음 상대방의 감정이 누그러졌을 때 그 심리의 허점을 이용하여 자신에게 순순히 복종하게 하는 기술을 제시한다. 6장에서는 유세 과정에서 본뜻의 지나친 노출을 삼가고 먼저 거역한 다음에 영합하고, 다시 거역함으로써 상대가 나에게 영합하게 만들 것을 가르친다. 7장에서는 상대방의 비위를 맞추는 데 필요한 원리를 설명하고, 8장에서는 자극과 시험을 통해 상대방의 반응을 이끌어 냄으로써 내부 사정을 이해하는 방법을 제시한다. 9장에서는 이해관계와 길흉을 재고 따지는 방법을 설명하고, 10장에서는 상대방을 설득시키는 모략을 제시하고, 11장에서는 기회를 놓치지 않고 결정을 내려 우발적인 문제를 결단력 있게 처리하는 방법을 제시한다. 12장에서는 자신의 언변과 실제상황을 일치시키는 방법을 설명하고, 마지막 13장에서는 이상의 모든 사항들을 유기적으로 소통시키는 원리를 제시한다.

종횡가의 지모는 춘추전국시대라는 특정한 국제정세의 산물로서 빠른 속도로 발전했다가 빠른 속도로 쇠퇴했다. 한대에 제국이 통일되자 종횡가의 지모는 더 이상 효용의 가치가 없어졌고, 각 조대마다 어느 정도 종횡가가 설 여지가 있긴 했지만 더 이상 발전하기는 어려웠던 것이다.

종횡가의 문화적 특성은 '할머니가 있으면 어머니도 있기 마련'이라는 무원칙적 공리의식과 유창한 언변 등으로, 이는 중국인의 민족성에도 적지 않은 영향을 미쳤다.

현대 중국의 망명시인인 베이다오北島는 자신의 시에서 "비겁함은 비겁한 자들의 통행증이요, 고상함은 고상한 사람들의 묘비명이다."라고 하여 인간성과 비극적인 역사의 간극을 의미심장하게 표현했지만 역사 또한 이러한 비극의식 속에서 뿜어져 나오는 것이다.

일반적으로 중국인의 전통적인 이상은 영웅이 되는 것이 아니라 관료가 되는 것이었다. 관료가 되어야 권력이 주어지고 권력이 있어야 재물이 따르기 때문이다. 부, 귀, 영, 화 이 네 가지는 관료가 누리는 가장 큰 혜택이다. 일단 관료가 되면 물질적인 만족뿐 아니라 뭇 사람들의 존경과 부러움을 사면서 허영심과 명예욕도 함께 만족시킬 수 있다. 게다가 도덕적으로도 사회적 인정을 받을 수 있고 가문을 빛낼 수 있다.

그러나 영웅들은 그렇지 못했다. 중국 역사에서 영웅들은 대부분 멋진 최후를 맞지 못했다. 부와 귀가 따르지 않는 것은 물론

영과 화마저 주어지지 않는 경우가 많았다. 때문에 대부분의 중국인들은 영웅이 되기보다는 관료가 되기를 원했다.

반면에 관료가 되기만 하면 그 과정에서의 수단이 어떻든, 목적이 무엇이었든 관계없이 성공한 사람으로 인정받고 여론도 그의 편에 서게 된다. 중국인들은 항상 '성패로 영웅을 논하지 말라'고 외치면서도 현실 속에서는 이를 실천하지 못했다. 때문에 중국인들은 어떤 이상이나 원칙을 위해 관료가 되려는 것이 아니라 관료가 되는 것 자체가 목적이었다. 전국시대에 남북으로 합종하여 진에 대항할 것을 주장한 소진과 동서로 연횡하여 스스로를 지킬 것을 주장했던 장의가 바로 이 분야의 대표적인 인물로 동서남북을 가리지 않고 관료가 되는 데 전력을 다하였다.

소진의 집안은 어느 정도 사회적 지위와 경제력을 지니고 있었다. 하지만 소진은 의식주가 풍족한 생활에 만족하지 못하고 사람들의 존경과 부러움을 한 몸에 차지하는 남다른 존재가 되고 싶었다. 그리하여 그는 당시의 정세에 따라 갖가지 권모술수를 연구하고 각 제후국들 사이의 관계를 면밀히 분석하여 진왕에게 유세함으로써 높은 직위를 얻기로 마음먹었다.

그는 담비 가죽으로 만든 화려하고 값비싼 옷을 입고 황금 백근을 준비해 진나라로 가서 혜왕에게 편지를 올렸다.

"대왕의 나라는 서쪽의 파, 촉, 한중에서 풍부한 물산을 제공하고 있고, 북쪽에는 호와 대 지역에서 훌륭한 말을 생산하고 있으며, 남쪽에는 무산과 검중이 병풍처럼 둘러쳐 있고, 동쪽에는 효산과 함곡관이 험준하게 버티고 있습니다. 진나라는 진실로 땅이 비옥하고 백성들의 생활도 넉넉합니다. 만 량의 전차가 있고 백만의 군사가 있는 데다가 기름진 들판이 천 리나 이어져 있고 지세는 험하면서도 아주 편리합니다. 이는 천하를 지배할 나라로서 충분한 자격을 갖고 있는 것입니다. 또한 대왕께서 현능하시고, 인구가 많은 데다가 막강한 전차와 기강이 엄격한 군대가 있어 여러 제후국들을 차지하여 온 천하를 장악하고 통치하기에 부족함이 없습니다. 청컨대 대왕께서는 제 소견을 들어주십시오.”

소진이 이처럼 거시적인 배경을 설명했지만 진왕의 반응은 냉담하기만 했다. 그때는 막 상앙을 죽인 직후인 데다가 다른 나라에서 온 유세객을 그리 탐탐치 않게 여기고 있었기 때문이다. 근본적인 이유는 아직 시기가 무르익지 않았고 소진이 한 얘기가 너무나 일반적이어서 구체적인 방법이 언급되지 않았기 때문일 것이다. 혜왕이 답장을 써서 말했다.

“짐이 듣건대 날개에 털이 부족하면 멀리 날 수 없다고 했소. 예악제도가 이루어지지 않은 상태에서는 마음대로 남을 징벌할 수 없을 것이오. 도덕적 수양이 깊고 넓지 못하면 남을 함부로 가르칠 수 없고, 정치 법령이 이치에 합당하지 않으면 마음대로 대신들을 부릴 수 없는 법이오. 지금 선생께서 천 리도 마다 않고 진나라에 와서 조정을 가르치려 하나 우리 진나라는 아직 선생의 의견을 받아들일 준비가 되어 있지 않소!”

이리하여 소진은 진왕에게서 쫓겨나고 말았다.

소진은 1년 넘게 진나라에 머물면서 10여 차례 연달아 서찰을 올려봤지만 진왕은 꿈적도 하지 않았다. 가지고 있던 돈이 다 떨어지고 입고 있던 담비 가죽 외투도 다 해어지자 소진은 하는 수 없이 집으로 돌아가기로 마음먹었다. 먼지만 흠뻑 뒤집어쓰고 집으로 돌아왔을 때 그의 행색은 말이 아니었다. 다 떨어져가는 짚신을 가죽 끈으로 동여매고 등에 책 보따리와 행랑을 맨 얼굴은 까맣게 그을려 있었고 몸도 비쩍 말라 초췌하기 그지없었다. 식구들도 그가 관직을 얻는 데 실패하고 돌아오자 거들떠보지도 않았다. 아내는 그가 돌아온 것을 보고도 베틀에서 내려오지 않았고 형수는 밥 한 그릇 내주지 않았으며 부모마저도 말을 걸지 않았다. 식구들의 냉대에 크게 자극을 받은 소진은 탄식하여 말했다.

"아내도 남편으로 여기지 않고, 형수도 시동생으로 여기지 않으며, 부모님마저도 날 자식으로 여기지 않는구나! 이는 전부 진왕 때문이다. 내 기필코 오늘의 치욕을 갚고 말겠다!"

그리하여 소진은 그날 밤부터 책을 찾기 시작했다. 집안에 있는 수십 종의 책을 전부 꺼내 늘어놓고 보니 권모지술을 전문적으로 서술한 강태공의 병서 『음부陰符』가 눈에 들어왔다. 소진은 보물을 얻은 것처럼 기뻐하며 주야로 이 책을 암송하기 시작했다. 마음속에 울분이 가득 찬 그는 잠을 쫓기 위해 머리를 대들보에 매달고 바늘로 허벅지를 찔러가며 독서에 전념하면서 스스로에게 맹세했다.

"군주들에게 유세하여 비단옷과 푸짐한 음식을 얻지 못하고 경상卿相의 지위를 차지하지 못한다면 다시는 집에 돌아오지 않겠노라!"

1년간의 고된 독서와 심리분석을 통해 여러 분야에서 능력을 크게 향상시킨 소진은 마침내 자신감에 차서 말했다.

"이번에는 군주들에게 확실하게 유세하여 기필코 내 뜻을 이루고 말리라!"

소진은 노자를 얻기 위해 형제인 소대蘇代와 소력蘇歷을 불러 『태공병법太公兵法』에 나오는 원리들에 대해 담론을 벌이면서 두 사람을 교묘하게 설득했다. 소진의 유세에 감탄한 두 형제는 많은 노잣돈을 내주었다. 이때부터 이들도 병서를 연구하기 시작해 나중에 유명한 유세객이 되었다.

소진은 이번에는 합종으로 진에 대항하기로 마음먹었다.

그는 먼저 조趙나라로 가서 조 숙후肅侯의 형제인 진양군秦陽君과 교우하려 했으나 가자마자 난관에 부딪히고 말았다. 하지만 그는 조금도 낙담하지 않고 계속 북상하여 연燕나라로 갔다. 연나라에서 1년 넘게 기다렸으나 연의 문공文公을 만나지도 못한 채 가지고 간 돈을 다 써버려 푼돈을 빌려 연명하는 처지가 되고 말았다.

하루는 문공이 문을 나서기를 기다렸다가 다가가 그 앞에 엎드려 절하며 자신을 만나줄 것을 간청했다. 문공은 그가 이전에 진왕에게 유세했던 소진이라는 말을 듣고는 그를 궁중으로 데리고 들어갔다. 마침내 기회를 얻은 소진이 자신의 생각을 펼쳤다.

"연나라는 열국 가운데 결코 큰 나라라고 할 수 없습니다. 영토는 2천5백 리에 불과하고 군사력도 겨우 병거 6백 량에 기병 6천, 그리고 보병 10만 여에 지나지 않지요. 남쪽에 있는 제나라나 서쪽에 있는 조나라는 국력이 막강한데도 해마다 전란이 끊이질 않고 있습니다. 연나라만 평온을 유지하고 있지요. 그 이유가 뭔지 아십니까? 서쪽에 조나라가 있어 강력한 진나라를 막아주고 있기 때문입니다. 일단 조가 진에 투항하기만 하면 진은 곧장 연을 치려고 할 것입니다. 대왕께서는 지금 조나라와 외교가 없고 오히려 진나라와 연맹을 맺고 있는데, 이는 결코 바람직하지 못한 책략입니다. 게

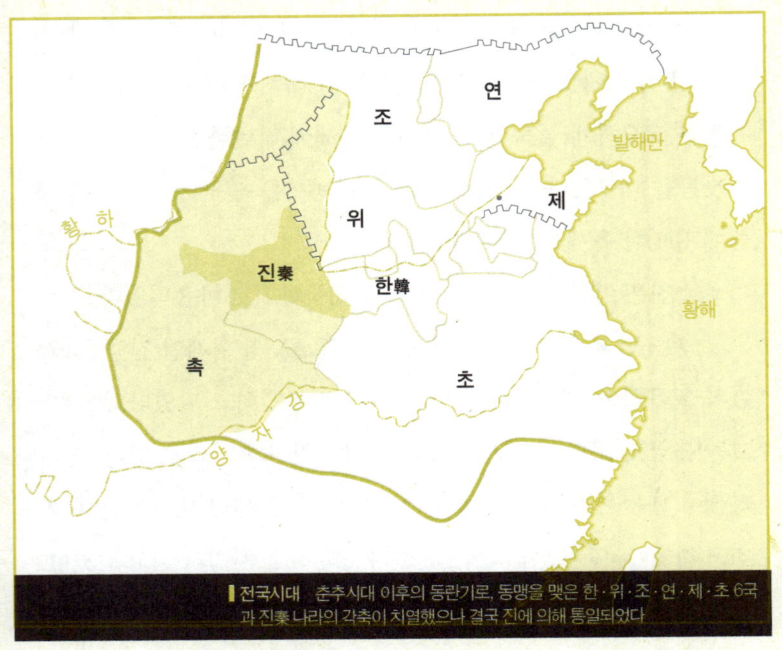

■ **전국시대** 춘추시대 이후의 동란기로, 동맹을 맺은 한·위·조·연·제·초 6국과 진秦 나라의 각축이 치열했으나 결국 진에 의해 통일되었다

다가 만일 조를 화나게 하여 조의 병마가 아침에 출병하면 저녁에 도달할 터인데 이를 어떻게 막아내실 생각이십니까? 우선 진나라와 절교하고 모두가 연합하여 진에 대항하는 것이 가장 정확하고 바람직한 전략입니다. 그래야만 열국이 모두 자국을 보전할 수 있을 것입니다.”

문공은 소진의 견해에 공감하긴 했지만 각국의 생각이 과연 일치할지 두려웠다. 이에 소진은 자신이 직접 나서서 각국을 연합시키겠다고 나섰다. 문공은 몹시 기뻐하며 그에게 수많은 거마와 황금, 그리고 시종을 하사했다. 이리하여 소진이 조나라로 가자 조의 숙후가 그를 반갑게 맞아들였다. 소진이 숙후에게 말했다.

“중원에서 가장 강대한 나라는 조입니다. 게다가 조는 한韓,

위 등과 국경을 맞대고 있어 진이 중원으로 세력을 뻗고 들어오기 위해서는 반드시 조를 공격해야 합니다. 현재 진이 조를 공격하지 못하고 있는 것은 한과 위가 방패 역할을 하고 있기 때문이지요. 하지만 진이 군비를 갖춰 한과 위를 공격하면 두 나라는 진의 공격을 저지할 만한 큰 산과 강이 없기 때문에 쉽게 무너지고 말 것입니다. 그렇게 되면 조는 가장 먼저 공격을 받게 되지요. 지금 각국이 모두 진과 외교를 맺고 영토를 떼어주고 있지만 진의 욕심은 이에 그치지 않고 대왕의 영토를 전부 집어삼키려 할 것입니다. 만일 중원의 여러 나라가 초를 끌어들여 연합하기만 한다면 땅이 진의 다섯 배나 되고 병력도 진의 열 배가 넘기 때문에 더 이상 진을 두려워할 필요가 없어집니다. 제 소견으로는 제후들을 한 자리에 모아 동맹을 맺고 6국이 힘을 합쳐 진에 대항하는 것이 가장 좋은 방법일 것 같습니다."

아직 혈기가 왕성한 청년이었던 숙후는 합종을 통해 진에 대항할 수 있다는 소진의 책략을 듣고는 기쁨을 감추지 못했다. 그는 즉시 소진에게 만 량의 마차와 천 근의 황금, 백 쌍의 옥벽玉璧과 천 필의 비단을 주면서 각국의 제후들과 동맹을 맺어달라고 부탁했다. 바로 이때 진이 위를 공격하자 위는 열 개의 성을 바치면서 화친을 청했다. 이 소식을 들은 숙후는 진이 위를 친 데 이어 조를 공격하지 않을까 하는 두려움에 안절부절못하면서 소진을 불러 이 문제를 상의했다. 소진은 전쟁 준비를 서두르는 동시에 장의로 하여금 진나라의 객경이 되어 진을 설득시켜 조를 공격하지 못하게 하기로 마음먹었다. 소진은 우선 조나라의 조야를 안정시킨 다음 다른 제후국들을 돌아다니며 유세를 시작했다.

당시의 급박한 정세 덕분에 한과 위, 제와 초 네 나라가 합종을 통해 진에 대항하는 데 순순히 동의하면서 소진의 유세는 순조롭게 진행되어 커다란 성과를 거두었다. 그는 자신이 직접 여섯 제후국의 재상이 되어 6국의 상인을 목에 걸게 되었다. 초나라에서 조나라로 돌아온 그는 위풍당당한 모습으로 전과는 전혀 달라진 위세를 과시했다.

물론 그는 자신의 위세를 마음껏 과시하면서 과거 자신에게 불손했던 사람들에게 앙갚음을 하고 싶었다. 그가 낙양을 지나게 되었을 때 부모가 직접 큰길까지 나와 그를 맞이했고 형수가 30리 밖까지 나와 길을 쓸고 땅바닥에 엎드려 절을 올렸으며, 그의 아내는 먼발치에서 곁눈질로 바라볼 뿐 제대로 고개조차 들지 못했다. 소진이 형수에게 물었다.

"형수는 이전에 나를 그렇게도 업신여기더니 어째서 지금은 날 이처럼 공경하게 대하는 거요?"

"도련님께서 막강한 권력과 지위, 그리고 엄청난 재산을 갖게 되셨기 때문이지요."

이 말에 소진은 긴 한숨을 내쉬며 말했다.

"내가 가난하고 천할 때는 부모마저도 아들 취급을 하지 않더니, 이제 재산이 많고 지위가 높아지니까 먼 친척들까지도 날 두려워하는구나! 이러니 세상을 살면서 어찌 권세와 부귀를 멀리할 수 있겠는가!"

기원전 333년, 연, 한, 제, 위, 초, 조 여섯 나라는 혈맹을 맺고 형제가 되어 서로를 도우면서 진에 대항하기로 약속했다. 아울러 소진을 종약장으로 삼고, 6국의 상인을 걸어주어 합종의 임무를 전담케 했다.

소진은 일정한 시간, 일정한 범위 내에서 어느 정도 전란의 위험을 감소시켰다는 점에 있어선 공로가 인정된다. 하지만 소진이 합종을 주창한 동기가 관직을 얻기 위한 것이었고 6국의 합종 역시 자신의 이익을 위해 여섯 나라를 이용한 일시적인 군사동맹이었다는 사실을 잊어서는 안 될 것이다.

어쨌든 소진의 활동은 화려했고 전례 없는 외교 성과를 거두었다. 하지만 그의 최후는 그리 원만하지 못했다. 이 역시 그가 한 일과 행위방식에 의해 결정된 것이었다.

진왕은 6국이 합종의 동맹을 맺었다는 소식에 놀라움을 금치 못했다. 대신 공손연은 먼저 조를 공격할 것을 주장했다. 조가 바로 합종을 발기한 나라였기 때문이다. 장의가 황급히 나서서 반대했다. 6국이 방금 합종한 상태라 힘으로 제압하는 것은 너무 무모하고 위험하다는 생각에서였다. 한 나라를 공격하면 나머지 다섯 나라가 합세할 것이고 그렇게 되면 문제가 더 심각해질 터이니 차라리 먼저 한두 나라를 설득하여 동맹에서 탈퇴하게 한 다음 나머지 나라들도 서서히 탈퇴시켜 동맹을 해체시키는 것이 더 바람직하다는 것이 장의의 책략이었다.

"먼저 위나라에서 받은 성지들 가운데 몇 개를 반환하십시오. 그러면 위나라가 감격해 마지않을 것이고 다른 나라들은 이를 부러워할 것입니다. 그런 다음에는 대왕의 따님을 연나라에 출가시켜 사돈을 맺으십시오. 그렇게 되면 6국의 합종책은 저절로 깨지고 말 것입니다."

장의의 이러한 계책은 한편으로는 진왕의 신임을 얻고, 다른

한편으로는 진이 조를 공격하지 못하게 하겠다는 소진과의 약속을
지키는 효과를 거둘 수 있었다.

진왕은 장의의 계획을 그대로 실행에 옮겼고 과연 연과 위는
진과 외교를 맺게 되었다. 성질이 급한 조왕은 즉시 소진을 보내 연
나라를 문책했다. 하지만 뜻밖에도 연왕은 그에게 제나라가 연나
라의 성지 열 개를 탈취해갔다고 하소연하면서 이를 해결할 방법
을 마련해달라고 간청하는 것이었다. 소진은 다시 제나라로 가는
수밖에 없었다. 소진이 제왕에게 말했다.

"연의 성지 열 개를 돌려주시면 연은 몹시 감격할 것이고, 연
왕도 대왕을 신임하실 것입니다. 그러면 대왕께서는 천하를 호령
하시면서 패업을 세우실 수 있게 되지요."

제왕은 원래 야심이 대단한 인물이라 종약장의 나라가 되지
못한 데 대해 억울해하던 차에 소진이 이렇게 말하자 순순히 수긍
하고 연나라의 성지를 반환했다.

연왕은 매우 기쁘긴 했지만 소진이 자신의 모친과 정을 통했
다는 이유로 그를 존중하지 않았다. 소진은 6국의 합종에 있어서
가장 중요한 것은 세력 균형이며, 힘의 균형이 깨질 경우 합종은 오
래 유지되기 어렵다는 점을 잘 알고 있었다. 그는 연왕이 자신을 냉
담하게 대하는 것을 보고는 연왕에게 말했다.

"이제 저는 연나라에 별 쓸모가 없습니다. 차라리 제나라로
가서 겉으로는 제의 신하가 되어 속으로는 연을 위해 힘을 쓰는 것
이 좋을 것 같습니다."

이는 연왕도 바라던 바라 순순히 허락했다.

제의 선왕宣王은 성정이 음란하고 사치스러운 인물이라 소진

은 이에 영합하여 널리 미녀들을 모으고 대규모 궁실을 축조했으
며, 선왕의 부친을 위해 호화롭게 장례를 치러주었다. 선왕 자신은
어리석기 그지없었지만 그의 신하인 전문田文 등은 소진의 속셈이
제나라의 재력을 소모시키고 정치를 우롱하여 나라를 망치려는 것
임을 훤히 꿰뚫어보고 있었다. 그들은 몰래 자객을 시켜 소진을 살
해하기로 마음먹었다. 자객이 비수로 소진의 배를 찔렀지만 금세
숨이 끊어지진 않았다. 소진은 비틀거리며 제왕을 찾아가 낮은 목
소리로 말했다.

"제가 죽거든 제 머리를 길거리에 걸어두십시오. 그리고 제가
다른 나라와 내통했다고 말하면 누군가 그 비밀을 알고 있는 사람
이 와서 모든 사실을 밝힐 것입니다. 그러면 절 죽인 사람을 잡을
수 있을 것입니다."

제왕은 소진이 시키는 대로 했고 그 결과 자객을 잡을 수 있
었다.

소진이 죽자 합종의 맹약은 더욱 빠른 속도로 와해되어갔다.
특히 소진이 연을 위해 제를 약화시키려 했다는 소문이 전해지자
제와 연 사이에 갈등이 증폭되었다. 이때부터 합종을 해체하고 연
횡을 이루는 것이 진의 가장 큰 외교 목표가 되었다.

진 혜왕은 즉시 장의를 재상으로 중용해 연횡의 업무를 전담
하게 했다. 장의는 원래 빈한한 집안 출신으로 소진과 함께 공부한
적이 있었다. 소진과 마찬가지로 그 역시 공명과 이익, 봉록에 목
숨을 거는 인물이었다. 벼슬길에 오르기 전에 힘들고 고달프게 떠
돌아다닌 바 있는 그는 초나라에서 말단 객경을 지내기도 했다. 한
번은 초의 영윤令尹 소양昭陽 이 집에서 화씨벽을 관상하고 있는데

갑자기 큰비가 내렸다. 갑작스런 물난리에 모두들 어쩔 줄 모르고 있는 사이에 화씨벽이 없어져버렸다. 그러자 소양의 집사 하나가 장의의 옷차림이 매우 남루한 것을 보고는 그가 화씨벽을 훔쳤다고 단정하고 목숨만 건질 정도로 심하게 매질을 했다.

얼마 후 가사인賈舍人이라 불리는 상인이 장의에게 소진이 조나라의 재상으로 있으니 그를 한번 찾아가보라고 권했다. 애써 소진을 찾아갔으나 그는 장의를 매우 오만한 태도로 대했고, 이에 자극을 받은 장의는 한 길을 가겠다고 스스로에게 다짐했다. 장의가 먹고 입을 것조차 없는 지경에 처하자 가사인은 또다시 그를 도와 진나라로 데려가서는 큰돈을 써서 그에게 진나라 객경의 자리를 마련해주었다. 가사인은 길을 떠나면서 감격에 겨워하는 장의에게 말했다.

"이 모든 것이 소 상국相國이 안배한 일이오. 나 역시 소 상국의 문객이지요. 그는 당신이 조나라에서 관직을 얻으면 그것으로 만족할 것이 걱정돼서 당신에게 냉담했던 거요. 소 상국은 자신의 능력이 당신에게 미치지 못한다고 생각하고 있소. 그래서 당신의 의지를 자극하여 진나라로 오게 만든 것이오. 소 상국은 당신이 진왕에게 가서 조를 공격하지 말라고 설득해주길 바라고 있소."

이 말을 들은 장의는 소진의 배려에 감격해 마지않았고, 이때부터 자신의 능력이 소진보다 낮다는 생각을 버리게 되었다.

장의가 진의 재상으로 임명되자 초 회왕懷王은 그가 화씨벽 때문에 겪었던 치욕을 되갚지 않을까 하는 두려움에 방비를 서두르는 동시에 먼저 강수를 두기로 마음먹었다. 그는 소진의 합종책을 좇아 6국이 연합하여 진을 공격했다. 그러나 각국의 군심이 일치하지 않은 데다가 전투력도 강하지 못해 두 차례의 공격이 모두 참패로 끝나고 말았다.

진 혜왕은 6국의 군대를 대파하긴 했지만 제와 초가 여전히 강대하기 때문에 제를 공격하려면 먼저 제와 초의 동맹을 깨뜨려야 한다고 판단했다. 그리하여 진왕은 수많은 예물과 함께 장의를 초나라로 보냈다. 장의는 먼저 막대한 보물로 초왕의 측근인 근상靳尙을 매수하고 6백 리에 달하는 상우 땅을 초나라에 헌납한 다음 교언영색으로 초왕을 설득했다. 어리석고 욕심이 많은 초왕은 마침내 장의의 요구를 받아들여 사자를 보내 제왕을 모욕하고 절교를 선언하는 동시에 진과 외교관계를 맺었다.

그러나 1년 후에 상우 땅을 접수하러 간 사람이 돌아온 후에야 장의의 말이 전부 속임수였음이 드러났다. 초왕은 대로하여 10만의 병력으로 진나라를 공격했지만 군사 강국인 진과 제의 협공을 받아 대패했고, 이때부터 기세가 크게 꺾이고 말았다.

나중에 초 회왕은 검중 땅을 주고 장의를 얻었으나 그의 술책을 당해내지 못해 도로 진나라로 돌려보내고 말았다. 초 회왕은 줄곧 속임수에 당하다가 결국 진나라에서 도망쳐 초로 돌아가는 도중에 죽고 말았다.

장의의 공로를 높이 산 진왕은 그를 무신군武信君으로 봉하고 넉넉한 재물을 주어 열국을 떠돌면서 연횡의 책략을 실행하게 했다. 장의는 먼저 제나라로 가서 선왕에게 말했다.

"초왕은 이미 진왕과 혼인을 통해 사돈이 되었고, 한과 조, 위와 연 네 나라도 모두 진에 땅을 헌납하여 우의를 다짐했습니다. 이제 대왕만 고립무원의 처지에 있으니 만일 6국이 연합하여 제를 공격한다면 대왕께선 어떻게 대처하시겠습니까?"

조나라에 가서도 장의는 무령왕武靈王에게 똑같은 말로 겁을 주었다. 조 무령왕은 뛰어난 재능과 지략을 갖춘 인물이었지만 급박해진 정세에 하는 수 없이 화친을 맺었다. 장의는 이런 식으로 연나라에 가서도 다섯 개의 성지를 헌납하겠다는 다짐을 받아냈다.

장의는 외교적 사명을 멋지게 완수했지만 진나라로 돌아와 보니 혜왕은 이미 세상을 떠나고 무왕武王이 즉위해 있었다. 무왕은 평소 장의를 별로 좋아하지 않았기 때문에 장의는 몸을 뺄 방도를 을 찾아야 했다. 장의가 무왕에게 말했다.

"제왕은 저한테 속은 것에 대해 몹시 격분하고 있습니다. 만일 제가 위나라로 간다면 제는 틀림없이 위를 공격할 것입니다. 제와 위가 싸우고 있는 틈을 타서 대왕께선 한을 치십시오. 그러면 과거 주나라의 천하는 전부 대왕의 차지가 될 것입니다."

장의의 제안에 귀가 솔깃해진 무왕은 두말 없이 그를 위나라로 보냈다.

위왕이 장의를 상국으로 맞아들이자 이 소식을 들은 제왕은 전문을 보내 각국에 이 사실을 알리고 다시 동맹하여 위를 공격하기로 결정하는 동시에 장의를 잡는 사람에게 성지 열 개를 상으로 내리겠다는 포고문을 내걸었다. 위왕은 매우 불안해했지만 장의에게는 충분한 계책이 있었다. 그는 자신의 심복인 풍희馮喜를 초나라 사람으로 변장시켜 제 선왕을 찾아가 말하게 했다.

"대왕께서 장의를 미워하신다면 그의 뜻이 순조롭게 이뤄지게 해서는 안 되겠지요. 저는 지금 진에서 오는 길인데, 장의가 진을 떠나 위로 가는 것도 계략이라 하더군요. 대왕께서 위를 공격하신다면 진이 한을 쳐서 주 왕실의 땅을 전부 차지하게 될 것입니다. 지금 정말로 위를 치신다면 또다시 장의의 계략에 걸려드는 일이 될 것입니다.”

제왕은 고개를 끄덕이며 즉시 군대를 철수시켰다.

위왕은 장의를 더욱더 신임하게 되었고 장의도 마침내 위왕을 위해 연횡의 책략을 완성해냈다. 그리고 기원전 309년, 장의는 병으로 세상을 떠났다.

군주의 뜻을 헤아려 신뢰를 지키다
소하

신하의 도리에도 여러 가지가 있다 그 가운데 중국 전통사회에서 가장 중요하게 여겨진 것은 군주보다 더 큰 권력을 갖지 않고 더 큰 공적을 자랑하지 않으며 더 많은 재능을 과시하지 않는 것이었다 소하는 공로도 한신만 못했고 지혜가 뛰어난 것도 아니었지만 군주의 뜻을 헤아려 자신을 보전할 수 있었다

천하를 경영할 만한 뛰어난 능력과 세상을 구제할 만한 지략을 지녔던 관중은 제의 환공이라는 천추에 만나기 어려운 명군을 만나 자신의 빼어난 재능을 마음껏 펼칠 수 있었다.

한 가지 중요한 점은 그가 내정권과 외교권, 특히 군권을 장악하지 못했기 때문에 유종의 미를 거둘 수 있었다는 것이다. 그렇지 않았더라면 개혁이 제대로 시행되지 못했을 것은 물론이요, 환공을 도와 제후들을 규합하고 천하를 재편성하는 일도 불가능했을 것이고 목숨조차 보전하기 어려웠을 것이다. 그런 점에서 환공도 결코 범상한 인물은 아니었다.

환공은 관중을 특별히 신뢰했다. 하루는 대신들에게 말했다.

"관중을 중부仲父로 모시려 하는데 그대들의 생각은 어떤지 모르겠소. 이 문제를 표결에 부치고자 하니 찬성하는 사람은 왼쪽으로 서고 반대하는 사람은 오른쪽에 서도록 하시오."

대신들이 모두 좌우로 자리를 잡았으나 유일하게 동곽아東郭

포만은 조당 한 가운데 섰다. 이를 이상하게 여긴 환공이 물었다.

"그대는 왜 가운데 서 있는 것이오. 내 말을 제대로 듣지 못한 모양이구려?"

"관중의 능력으로 천하의 대사를 도모할 수 있을까요?"

"물론이오."

"그의 결단력이 대사를 추진하는 데 부족함이 없습니까?"

"그렇소!"

"좋습니다. 관중의 지모가 천하를 도모하기에 족하고 그의 결단력이 대사를 추진하는 데 부족함이 없는데 지금 또 대권을 그에게 맡기고 제나라를 다스리게 한다면 폐하의 정권이 위태롭지 않겠습니까?"

이 말에 환공은 소스라치게 놀라며 동곽아에게 말했다.

"그대의 말에도 일리가 있는 것 같구려!"

결국 환공은 관중을 중부로 세우는 문제를 더 이상 거론하지 않았고 그에게 모든 대권을 넘겨주지도 않았다. 대신 습붕隰朋에게 내정을 맡기고 관중에게는 외교를 전담하게 함으로써 권력을 분산시켰다.

한나라의 개국공신이었던 소하는 유방이 사수정泗水亭 정장으로 있을 때 처음 알게 된 인물이었다. 당시 정장은 비교적 작은 소송을 처리하는 직책이라 큰일이 있을 때는 현으로 상세한 보고를 올려야 했기 때문에 현의 관리들과 잘 알고 지내는 사이였다. 소하는 패현의 관리로 유방과는 동향인 데다가 법률에 능통했기 때문에 유방은 그에게 각별히 존중과 신의를 표했고, 소하도 유방이 처리하기 힘든 일을 맡게 될 때마다 기꺼이 나서서 도와주곤 했다.

그러다 보니 두 사람의 관계는 날이 갈수록 친밀해졌다. 유방이 기병한 후 소하는 줄곧 유방을 수행했고 유방은 그의 말과 계책을 무조건 받아들였다. 초한전쟁은 물론이요 한조 개국의 중요한 정책과 방략은 거의 대부분이 소하의 머리에서 나온 것이었다. 물론 유방에게 소하를 경계하는 마음이 전혀 없었던 것은 아니지만 두 사람은 모든 일을 비교적 원만하게 처리해냈다.

초한전쟁 시기에 유방이 한중을 떠나 관동으로 가서 항우와 장장 4년에 이르는 전쟁을 벌이는 동안 소하는 한중에 남아 유방을 대신하여 본국을 지키면서 전장의 병사들에게 군량을 공급하는 일을 맡았다.

소하는 국가를 잘 다스려 오래지 않아 한중을 크게 발전시켰고 백성들은 하나같이 소하의 성실한 노력을 칭송해 마지않았다. 또한 소하는 유방의 군대에 필요한 군량을 적절한 시기에 맞춰 충분히 공급했다.

사서에는 소하의 치적을 이렇게 기록하고 있다.

"초한전쟁이 시작되자 한왕 유방은 승상 소하에게 관중을 맡겨 태자 유영을 잘 보좌하며 군현을 통치하고, 병사들의 군량을 순조롭게 징발하도록 했다. 그리고 자신은 대군을 통솔하여 항우의 군대를 토벌했다."

기원전 204년, 초한 양국의 군사는 형양과 성고 전선에서 대치했고 전투는 극도로 격렬하고 참혹했다. 하지만 이런 와중에도 유방은 수십 명의 사신을 연달아 관중으로 파견해 진심으로 소하의 노고를 치하하고 위로했다. 이에 소하는 별다른 감회가 없었으나 문객 포생鮑生이 그를 찾아와 말했다.

"지금 대왕께서는 밖에서 병력을 통솔하고 계시는데, 상황이 아주 위급하여 고충이 이만저만이 아닙니다. 그런데도 몇 번이나 사람을 보내 승상을 위로하셨습니다. 이는 승상에 대해 의심을 품고 계신 것이 분명합니다. 화를 피하려면 승상의 친족 중에서 젊고 건강한 사람을 뽑아 즉시 대왕께 전달할 군량을 호송하여 형양의 군영으로 가게 하는 것이 좋을 것 같습니다. 그러면 더 이상 대왕께서 의심을 품는 일이 없게 될 것입니다."

포생의 말에 소하는 크게 깨달은 바가 있었다. 그는 즉시 포생의 말대로 수많은 형제 조카들을 시켜 형양으로 군량을 호송하게 했다. 유방은 승상이 군량을 보내오면서 자신의 친족들을 대거 군영에 영입시켰다는 소식을 듣고는 매우 흐뭇해하며 직접 나가서 이들을 맞았다. 유방이 소하의 근황을 묻자 그들은 이구동성으로 대답했다.

"승상께서는 폐하께 천복이 내려 대업을 이루시길 바란다고 말하면서 항상 거친 벌판과 모래밭을 질주하시는 폐하의 노고를 함께 나누고 싶은 마음 간절하다고 했습니다. 아울러 지금 군영에 파견한 사람들을 폐하께서 기쁘게 받아들여주시길 바란다고 했습니다."

유방은 기쁨을 감추지 못하며 대답했다.

"승상이 나라를 위해 가정까지 버리다니 참으로 충성스럽기 그지없구나!"

말을 마친 유방은 곧장 부사에 들어가 소하 집안의 자제들을 군영에 배치하라고 명했다. 이리하여 유방이 소하에게 품었던 의심이 말끔히 해소되었다. 그 후로도 유방은 여러 차례 소하에게 의심을 품은 적이 있었지만 매번 소하의 절묘한 지모로 해결되었다.

한편 소평邵平도 식견이 매우 뛰어난 인물이었다. 진나라 때 낙릉후樂陵侯까지 지냈던 그는 진의 멸망과 함께 몰락하여 가난한 서생으로 살고 있었다. 생활이 몹시 빈궁하여 장안 동쪽 황무지에 오이를 심어 생계를 꾸렸는데, 그가 생산한 오이는 맛이 아주 달아서 사람들은 이를 낙릉과라 불렀다. 관중으로 들어온 소하는 소평이 지혜로운 인물이라는 소문을 듣고 그를 자신의 본영으로 불러들였다.

한조 10년(BC 197) 9월, 유방은 군대를 이끌고 진희陳豨를 치기 위해 북정에 나섰고 한신은 이 기회를 틈타 모반을 꾸몄다. 여후는 이런 소문을 듣고 소하의 도움을 받아 한신을 붙잡아 주살하려는 계획을 세웠다.

이런 소식을 접한 유방은 즉시 장안으로 사람을 보내 소하를 상국으로 세우고 식읍 5천 호를 가봉加俸하는 동시에 5백 명의 병력을 호위대로 하사했다. 수많은 사람들이 이 소식을 듣고 찾아와 축하인사를 건네는데 소평 한 사람만이 오히려 애석한 마음을 전하는 것이었다.

소평이 재상의 부중으로 찾아와 말했다.

"장차 공에게 큰 화가 닥칠 것입니다!"

소하가 놀라움을 금치 못하며 그 이유를 묻자 소평이 대답했다.

"황제께서는 몇 년째 계속 출정하시어 화살과 돌을 맞으며 적과 싸우는데 공께서는 위험에 맞서지 않고 도성만 지키고 계시지 않습니까? 지금 한신이 장안을 전복시키려 하고 있으니 황제께서는 또다시 공을 의심하시게 될 겁니다. 황제께서 공에게 봉작을 내리시고 호위 병력까지 보내신 것이 겉으로는 공을 총애하시는 것 같지만 실은 공을 의심하신 소치입니다. 이것이 장차 큰 화가 미칠 징조가 아니고 무엇이겠습니까?”

소평의 설명에 소하는 몹시 불안해하며 어떻게 하면 화를 면할 수 있는지 물었다. 소평이 대답했다.

“공께서는 일단 봉작을 사양하시고 오히려 사재를 털어 군량을 보내십시오. 그러면 화를 면할 수 있습니다.”

소하는 고개를 끄덕여 소평의 충고에 동의했다. 그리하여 그는 상국의 직책만 받아들이고 식읍을 반납했다. 아울러 가산을 털어 군량에 보탰다. 이런 소식을 들은 유방은 다시 한번 소하에 대한 의심을 거두었다.

한조 11년 7월, 회남왕 영포가 모반을 일으키자 유방은 또다시 병력을 이동시켜 남쪽 정벌에 나섰다. 그 사이에 여러 번 장안으로 사신을 보내 소하의 근황을 살피게 했다. 사신이 유방에게 돌아가 말했다.

“폐하께서 군무로 바쁘신 동안 장안에서는 소 상국이 백성들의 위무와 구휼에 힘쓰면서 군량 조달에 만전을 기하는 등 매사에 최선을 다하고 있는 것 같습니다.”

한 문객이 이런 사실을 전해듣고는 소하를 찾아가 말했다.

“공께서 멸족의 화를 당하게 될 날이 멀지 않은 것 같습니다.”

소하가 대경실색하며 그 이유를 묻자 문객이 대답했다.

“공께서는 직위가 재상에 이르러 최고의 공적을 세우고 있기 때문에 더 이상 올라갈 데가 없습니다. 황제께서 자주 공의 행동거지를 살피시는 것은 공께서 오랫동안 관중에 있으면서 민심을 얻고 있어 기회가 오면 기병할지도 모른다는 두려움 때문이지요. 지금 공께서 황제의 심기를 살피지 않으시고 여전히 백성을 위해 열심히 일만 하신다면 황제의 의심은 가중될 것입니다. 이처럼 계속 의심을 사다 보면 큰 화를 당할 수밖에 없지요. 제 생각으로는 공께서 강제로 백성들의 땅을 헐값에 사들이고 어진 재상으로서의 풍모를 깨뜨려 백성들 사이에 공에 대한 험담이 퍼지게 하는 것이 좋을 것 같습니다. 황제께서 그런 소식을 듣게 되면 공께서도 비로소 목숨을 보전할 수 있을 것이고 가족들에게도 별 탈이 없을 것입니다.”

소하는 문객의 생각에 그대로 따랐다. 유방이 영포의 모반을 평정하고 장안으로 돌아오는 길이었다. 수많은 백성들이 노상에서 증서를 내밀며 길을 가로막았다. 증서의 내용은 소하가 강제로 농민들의 땅을 헐값에 사들이고 있다는 것이었다. 소하가 입궁하여 유방의 수레를 보고서 황급히 배알하러 달려가자 유방은 농민들에게 받은 증서를 펼쳐 보이며 웃는 낯으로 말했다.

“일국의 상국이 이런 식으로 백성들의 땅을 가로채 이익을 챙겨서야 되겠소? 어서 백성들에게 사죄하도록 하시오!”

소하는 유방에게 자신을 크게 꾸짖을 마음이 없음을 알고는 곧장 자리에서 물러나와 백성들에게 강제로 산 땅을 원래 가격으로 되돌려주었다. 이리하여 소하에 대한 백성들의 원성은 잦아들었고, 유방은 민심을 얻으면서 명성을 떨쳤다.

한신은 대단히 용감하기만 했지 앞으로 나아갈 줄 몰랐고 끝을 아름답게 마무리하지 못했다. 반면에 소하는 공로도 한신만 못

했고 그렇다고 지혜가 뛰어난 것도 아니었지만 자신을 훌륭하게
보전할 수 있었다.

모수

모수자천毛遂自薦과 탈영이출脫穎而出이라는 고사성어에서 중요한 것은 인재의 관찰과 식별로서, 이를 통해 사람들에게 함부로 자만하지 말고 남을 경시하지 않도록 가르치고 훈계하고 있다.

진나라가 조나라의 도성인 한단을 공격하자, 조왕은 평원군을 초나라로 보내 지원을 요청하면서 합종의 동맹을 맺고 연합하여 진에 대항할 것을 설득해보기로 했다. 평원군은 용기와 지혜를 겸비한 식객 스무 명을 데리고 초나라로 가기로 마음먹었다. 평원군이 말했다.

"평화로운 담판을 통해 목표를 달성할 수 있으면 더 좋을 것이 없겠지만 그렇지 못할 경우, 초왕을 위협해서라도 수많은 군중이 지켜보는 가운데 동맹을 맺고 돌아와야 하오. 함께 갈 문무지사文武之士들을 밖에서 찾을 것이 아니라 우리 문하의 식객들 가운데서 찾아도 충분할 것이오."

그 결과 열아홉 명이 선발되었지만 나머지 한 사람을 찾지 못했다. 이때 평원군 문하의 식객들 가운데 모수라는 사람이 나서서 한 사람을 추천했는데, 바로 자기 자신이었다.

"저는 공께서 초나라로 가실 때 대동할 사람들을 문하의 식객들 가운데서 찾는다는 소식을 들었습니다. 아직 한 명이 부족하다는데 그렇다면 저를 데리고 가시지요."

평원군이 말했다.

"선생께서 우리 문하에 들어온 지 몇 년이나 됐습니까?"

"이미 3년이 넘었지요."

"능력을 갖춘 현사들은 마치 주머니에 넣은 송곳이 밖으로 튀어나오는 것처럼 겉으로 드러나기 마련입니다. 선생께서 우리 문하에 들어오신 지 3년이 넘었다지만, 신하들이 한 번도 선생을 추천한 일이 없었고 저도 선생에 대해 들어본 적이 없었던 걸로 보아 선생께는 특별한 능력이나 재주가 있는 것 같지는 않소이다!"

모수가 말을 받았다.

"그럼 지금 절 주머니에 넣어보십시오. 저는 뾰족한 부분만 아니라 몸 전체가 밖으로 삐져나올 것입니다."

평원군은 모수의 말에 공감하여 함께 데려가기로 결정했다. 나머지 열아홉 명의 식객들은 서로 눈짓을 주고받으며 모수를 비웃으면서도 아무 말도 입밖에 내지 않았다.

초나라에 도착한 모수가 열아홉 명의 식객들과 함께 담론하며 천하의 형세를 설명하기 시작하자 모두들 탄복하여 혀를 내둘렀다. 평원군은 초왕과 합종 동맹의 체결을 두고 담판을 벌이면서 각국의 이해관계를 거듭 설명했다. 아침 일찍 시작된 담판은 오후가 되어서도 결판이 나지 않았다. 열아홉 명의 식객들은 일제히 모수를 가리키며 '선생께서 나서셔야 할 것 같다'고 말했다.

그리하여 모수는 칼자루를 꽉 쥐고 살금살금 전당으로 올라가 평원군에게 말했다.

"합종을 논하는 것은 득이 아니면 실이라 간단히 결론을 맺을 수 있는 문제입니다. 아침 일찍 시작한 담판이 아직까지 결판이 나지 않는 이유가 무엇이겠습니까?"

초왕이 모수를 보고 평원군에게 말했다.

"이 사람은 대체 누구입니까?"

"저의 수행 가신입니다."

그러자 초왕은 버럭 소리를 지르며 그를 내쫓았다.

"어서 내려가지 않고 뭐 하는 게냐? 난 지금 그대 주인과 담판을 벌이고 있는 것이니 그대가 쫓아올 이유가 없다!"

모수는 칼자루를 쥔 채 초왕에게 다가가서 말했다.

"대왕께서 감히 제게 호통을 치신 것은 초나라 신하들이 많다는 것을 믿으신 까닭이겠지요. 지금 저와 대왕 사이의 거리는 채 열 걸음도 되지 않고, 이 열 걸음 이내에는 의지할 만한 초나라 사람들이 단 한 명도 없습니다. 대왕의 목숨은 제 손에 달려 있는 것이지요. 제 주인이 바로 앞에 있는데 어찌 제 주인의 체면을 고려하지 않고 호통을 치시는 겁니까? 또한 제가 듣건대 상탕商湯은 사방 70리에 이르는 지역을 기반으로 천하를 통치했고 주 문왕은 겨우 백 리밖에 안 되는 땅을 기반으로 천하 제후들을 다스렸다고 하는데, 이것이 과연 병력이 많아서 이루어진 일일까요? 이는 정세를 잘 파악하여 자신의 위력을 제대로 발휘했기 때문입니다. 진나라 장군 백기는 어린아이에 불과합니다. 그는 수만의 병력을 거느리고 초나라와 교전을 벌여 첫 번째 싸움에서는 영도와 언성을 공격했고, 두 번째 싸움에서는 이릉을 전멸시켰으며, 세 번째 싸움에서는 대왕의 선인들께 커다란 치욕을 안겨주었는데도 대왕께서는 조금도 부끄러움을 모르고 계십니다. 합종의 동맹은 초나라를 위한 것이지 조나라를 위한 것이 아닙니다. 제 주인의 면전에서 저를 질책해서는 안 될 것입니다.”

모수의 조리 있는 항변에 초왕은 금세 태도를 바꿨다.

“아, 알겠소. 선생의 말씀대로라면 저도 온 힘을 다해 합종의 동맹을 맺도록 하겠소.”

“그럼 합종 동맹이 확정된 것입니까?”

“확정되고말고요!”

이리하여 합종의 동맹을 얻어낸 모수는 주위에 있던 초왕의 신하들에게 명령조로 닭과 개, 말의 피를 받아오라고 하여 그것을 먼저 초왕의 면전에 내밀며 말했다.

“대왕께서는 피로써 맹서하여 합종의 동맹이 확정되었음을 공표하십시오. 대왕께서 먼저 이 피를 마시면 저희 주인께서도 마실 것이고, 그 다음엔 제가 마시겠습니다.”

이리하여 초나라의 조당에서 합종의 동맹이 체결되었다.

임무를 완수한 평원군은 조나라로 돌아가면서 중얼거렸다.

“내가 선발한 인재들이 수천 명에 달해 천하의 인재들을 전부 불러모았다고 생각했는데 모선생 같은 인물을 빠뜨렸었군. 모선생이 초나라에 동행한 덕분에 조나라의 지위는 구정대려九鼎大呂보다도 존귀해졌으니 모선생의 언변은 실로 백만 대군의 위세보다 더하다. 난 다시는 인재를 고르지 말아야 할 것이다.”

분쟁을 피하고 평화를 얻은 언변
조광윤

무수한 사람들이 남의 병권兵權을 탈취하여 자신의 권력을 집중시키고 공고히 했지만, 한 잔 술로 병권을 빼앗은 송나라 태조 조광윤趙匡胤(927~976, 재위 960~976)의 사례는 피 한 방울 흘리지 않고 성공하여 더욱 유명하다.

조광윤이 그렇게 할 수 있었던 것은 당시의 시대 조건과 그의 개인적 경력 덕분이다. 조광윤은 가난하고 천한 집안 출신으로 스무 살이 될 때까지는 그다지 특출난 면이 없었다. 그러다가 곽위郭威의 수하로 들어가게 되었다.

당시 상당한 병력을 보유하고 있던 후한의 명장 곽위는 스스로 칭제하여 후한 왕조를 대체할 준비를 하고 있었다. 조광윤은 대단히 용감하고 뛰어난 전략가로서의 능력을 보였고, 이를 인정받아 금군의 중급 장령으로 발탁되어 곽위를 옹립하는 과정에서도 뛰어난 능력을 발휘했다. 곽위는 장령들의 옹립으로 후주後周의 태조가 되었고 조광윤도 동서반행수東西班行首로 발탁되어 금군의 고급 군관이 됨으로써 입신의 기반을 마련했다. 후주 정권이 성립되고 얼마 후 곽위가 병사하자 양자인 시영이 황위를 계승하여 후주의 세종이 되었다. 세종은 조광윤을 금군의 최고 우두머리인 전전도점검殿前都点檢으로 발탁했다. 세종마저 병사하고 일곱 살인 아들 시종훈柴宗訓이 황위를 잇게 되면서 황후의 섭정이 시작되자 통치

송 태조 조광윤 개국 과정에서 이후까지 무혈의 전통을 남겼다

에 어려움이 적지 않았다. 이때가 바로 조광윤이 대권을 장악할 수 있는 천재일우의 기회였다.

조광윤은 후주의 세종이 병사하기 전에 치밀하게 금군의 대오를 정비했고, 세종의 위임하에 최고의 정병들을 골라 군사를 조직하고 최고의 정예군을 장악했다. 세종이 죽자 후주의 왕조에서는 그와 대권을 다툴 인물이 없었다.

이런 상황에서 조광윤은 아무런 저항도 받지 않고 진교병변을 통해 황제로 추대되었다. 이는 중국 역사상 피를 흘리지 않고 이루어진 역성혁명으로 꼽힌다. 이 같은 기적은 또 한 번 일어나게 되는데, 바로 말 한마디로 병권을 장악함으로써 왕권의 안정을 공고히 한 일이다.

조광윤이 북송의 옥좌에 앉아 인심을 규합하고, 전 왕조의 중신들을 대거 수용하여 안정된 정국을 실현하였으나, 몇 가지 난제가 있었다. 그 중 하나가 전국을 통일하는 것이었다. 어느 날 전국

통일의 책략을 마련하느라 밤새 끙끙거리며 고심하던 조광윤은 동생 조광의趙光義와 함께 조보趙普를 찾아가 의견을 구했다. 조보는 연락을 받고 황급히 달려나와 조광윤 형제가 눈 속에 서 있는 모습을 보고는 놀라움을 금치 못하며 물었다.

"밤이 깊었고 큰 눈까지 내렸는데 황상께서 어인 일로 이 시각에 절 찾아오셨습니까?"

"지금 사방이 전부 남의 땅인데 어떻게 편히 두 다리를 뻗고 잠을 잘 수 있겠소? 그대와 이 문제를 상의하러 온 것이오."

"지금 폐하의 천하는 아직 작지만 남정북벌을 통해 전국을 통일할 기회가 무르익었습니다. 폐하께선 어떤 계책을 갖고 계신지요?"

조광윤이 아리송한 표정으로 대답했다.

"먼저 태원을 수복하는 것이 어떻겠소?"

조보는 잠시 생각에 잠겼다가 이내 입을 열었다.

"태원은 남북의 중간 지점에 위치해 있기 때문에 그곳을 먼저 점령할 경우 요遼의 남하로 우환이 야기될 것입니다. 잠시 태원을 보류하여 북방의 병풍으로 삼으시고 남방의 여러 나라들을 먼저 평정하시면 태원은 저절로 폐하의 수중에 떨어지게 될 것입니다."

조광윤은 조보의 건의에 긴 한숨을 내쉬며 말을 받았다.

"내게도 그런 생각이 없었던 것은 아니지만 섣불리 결정을 내릴 수가 없었소. 그래서 그대의 의견을 듣고자 했던 것이오!"

그리하여 먼저 남쪽을 정벌하고 나서 북쪽을 평정한다는 책략이 확정되었다. 하지만 조광윤은 즉시 출병하지 않았다. 또 한 가지 중요한 문제가 남아 있었기 때문이다. 다름 아닌 금군의 지휘권과 병권의 과도한 집중이라는 두 가지 문제였다. 정변으로 황위에 오른 조광윤은 금군의 중요성을 누구보다 잘 알고 있었다. 그는 금군을 이용한 병변을 두 차례나 몸소 체험한 상태였던 것이다.

서기 961년, 조광윤은 양주 이중진李重進의 반란을 진압한 후 전전도점검이라는 직책을 맡으면서 모용연소慕容延釗라는 금군의 최고위 직책을 없애버린 바 있었다. 하지만 금군의 고위급 장령인 석수신石守信이나 왕심기王審琦, 고회덕高懷德 등이 자신을 옹립하긴 했지만 아직 자신의 심복이 된 것이 아니었고, 이들 모두 군문에 투신한 지 오래라 군정의 모든 것을 꿰뚫고 있었기 때문에 밖으로 출정을 나가는 일은 결코 마음을 놓을 수 없는 일이었다. 어느 날 조광윤이 조보에게 말했다.

"당말 이후 천하가 바뀐 지 수십 년밖에 지나지 않았지만 제왕의 성씨는 이미 여덟 번이나 바뀌었고, 전투는 여전히 그치질 않고 있소. 그러다 보니 백성들의 고통이 말이 아닌데 그 원인이 어디에 있는지 모르겠소. 짐은 하루 속히 천하의 전쟁을 종식시키고 국가의 장기적인 안정과 발전을 도모하고 싶은데 어디서부터 손을 써야 할지 모르겠단 말이오."

조보가 대답했다.

"폐하께서 이런 문제들을 염두에 두고 계신다는 것은 천하 백성들의 복이 아닐 수 없습니다. 사실 이는 그리 이해하기 어려운 문제가 아니지요. 변방 지역의 세력이 너무 커서 군주의 위세가 약하고 신하들의 권력이 크기 때문입니다. 이런 상태로 세월이 흐르다 보니 되돌리기도 어렵고 정국을 통제하기도 어려워진 것이지요. 지금도 이 문제를 해결할 만한 특별한 방법이 있는 것은 아닙니다.

그저 점차적으로 변방 지역의 세력을 약화시키고 그들의 재물과 양식의 수입을 통제하여 변방 지역의 정병을 폐하의 수하에 귀속시키는 것뿐입니다. 그렇게만 된다면 천하는 자연스럽게 안정될 것입니다.”

조광윤은 조보가 말한 치국과 변방 안정의 책략에 깊이 공감하고는 재빨리 그의 말을 가로챘다.

“더 이상 말 안 해도 될 것 같소. 내 이미 무슨 말인지 충분히 알아들었소!”

그리하여 그는 즉시 ‘한 잔 술로 병권을 빼앗을 방책’을 준비했다.

병권을 회수하는 것은 매우 민감하고 위험한 일이다. 자칫 잘못하다간 병변을 유발하거나 큰 혼란을 초래하기 십상이기 때문이다. 역사에서 이런 전례는 무수히 많았다. 조광윤은 날을 잡아 석수신과 왕심기, 고회덕 등을 궁중으로 불러들여 연회를 베풀었다. 그는 신하들과 더불어 기분 좋게 술을 마시다가 어느 정도 자리가 무르익자 시중들던 사람들을 모두 물러가게 했다. 그리고 조심스럽게 자신의 의중을 털어놓았다.

“그대들의 도움이 없이는 황제가 될 수 없을 것 같소. 난 그대들이 내게 베풀어준 은덕에 영원히 감사할 것이오. 하지만 천자가 된다는 것도 그리 편하기만 한 일이 아니오. 차라리 절도사로 지내는 것이 더 행복했을 거라는 생각이 든다오.”

석수신 등은 무슨 영문인지 몰라 그 이유를 물었다. 조광윤은 기회를 놓치지 않고 얼른 말을 이었다.

“이유는 간단하오. 장군들의 입장을 생각해봅시다. 천자가 되기를 원치 않는 사람이 누가 있겠소?"

이는 대단히 민감한 발언이었다. 만일 모반의 의도를 내비치기만 해도 구족을 멸하는 화를 당할 것이기 때문이었다. 석수신 등은 몹시 황공하고 불안한 마음에 연달아 머리를 조아리며 말했다.

"폐하께서는 무슨 까닭에 그런 생각을 다 하십니까? 이제 천명이 정해졌는데 누가 감히 부정한 야심을 품고 천자의 자리를 넘보겠습니까?"

"그대들 말이 맞소. 물론 그대들에겐 부정한 야심이 없겠지만 수하에 있는 장령들이 부귀영화를 탐하여 잘못된 생각을 가질 수도 있지 않겠소? 그리고 그대들도 일단 황포를 입었으니 황제가 되고 싶은 마음이 전혀 없지는 않을 것이오. 내가 그대들의 옹립에 힘입어 황제가 됐다는 것을 벌써 잊지는 않았을 것 아니오?"

석수신 등은 그제야 조광윤이 자신들에 대해 불안한 마음을 갖고 있다는 것을 알아차렸다. 이들은 모두 눈치가 빠르고 총명한 사람들이었다. 이들은 당시에 아무런 준비도 갖추지 않았고, 조광윤과 천하를 놓고 다투다가는 비참한 최후를 맞게 되리라는 것을 잘 알고 있었다. 가장 현명한 길은 황제에게 충성을 다해 앞길을 보장받는 것이었다. 세 사람은 황급히 땅에 엎드려 머리를 조아리며 눈물로 충성을 다짐했다.

"저희들의 어리석음을 용서하십시오. 폐하께 그런 심려가 있으신 줄은 꿈에도 몰랐습니다. 저희들을 어여삐 여기셔서 살 길을 마련해주십시오."

조광윤은 자신의 언변이 석수신 등 고위 장령들의 마음을 완전히 사로잡았다고 판단하고는 진심으로 그들에게 도움을 청하고 격려했다.

"인생은 마치 흰 망아지가 문틈으로 지나가는 것을 보는 것처럼 너무나 허무하고 무상한 것이오. 근심 없이 편안하게 즐기면서 살다가 자손들에게 부귀영화를 물려주는 것처럼 바람직한 일이 어디 있겠소? 그대들도 병권을 풀고 외방으로 나가 지방관이 되어 편히 살면 좋지 않겠소? 넉넉한 재산으로 마음껏 주연과 미색을 즐기면서 말이오. 난 그대들과 혼인을 약속하고 한 가족이 되고자 하오. 그러면 군주와 신하가 한 몸이 되어 불필요한 근심 없이 즐겁고 편안하게 살아갈 수 있지 않겠소!"

조광윤의 말에 석수신 등은 하늘에 구름이 걷히고 밝은 햇살이 쏟아지는 듯한 기분이었다. 이들은 즉시 엎드려 황은에 감사하는 절을 올렸다.

"폐하께서 저희들을 그렇게까지 생각해주시다니 정말 죽어도 은혜를 잊지 못할 것입니다!"

석수신, 고회덕, 왕심기, 장영탁張令鐸, 조언휘趙彦輝 등은 조광윤의 의지가 분명하여 절대로 피할 도리가 없는 데다가 금군 내에서의 그의 지위가 확고부동함을 깨닫고는 다음날 병을 핑계로 병권을 내놓겠다는 청원을 보내왔다. 이것이 바로 역사에 회자되는 한 잔 술로 병권을 해제한 이야기이다.

그러면 어떤 인물들로 금군 장령들의 자리를 대체하는 것이 바람직할까? 조건은 세 가지이다. 자질이 일천해야 하고, 위세와 명망이 높지 않아야 하며, 세력이 강력하지 않아야 한다는 것이다. 이 세 가지 조건에 독립적 권한을 주어 서로 견제하게 한다는 새로운 통치방식이 가미되면서 변방 지역의 병권은 조광윤의 손에 완전히 장악되었다.

이리하여 송 왕조는 변방 지역 할거 문제를 완전히 해결하고 장기적인 안정과 발전을 위한 든든한 기초를 마련했다. 이는 중국의 전통사회가 새로운 역사 단계로 발전하면서 정치적으로도 성숙해졌다는 징표였다. 이로써 황제가 군권을 완전히 장악하긴 했지만 이와 동시에 장군과 병력이 서로 조화되지 못하고 따로 노는 형국을 조성하여 모든 군사작전의 책략을 황제가 친히 제정해야 하는 폐단이 발생했다. 그 결과 병권이 지나치게 상부에 집중되다 보니 병력이 약화되는 현상이 나타나면서 나중에 송군이 요와 서하에 대항하여 접전하게 됐을 때, 싸울 때마다 지는 쓰라린 경험을 해야 했다. 이는 조광윤과 조보가 천하 안전의 책략을 상의할 때 전혀 생각지 못한 일이었다.

겸양하고 물러설 줄 아는 미덕이
인재의 이름을 남긴다

지혜로운 사람은 자만함으로써 화를 자초하지 않는다. 때문에 순은 덕행이 훌륭한 인물에게 왕위를 선양함으로써 자신의 크고 밝은 뜻을 천하에 드러냈고 상탕은 미천한 선비들을 예우하고 민첩하게 행동함으로써 명성이 날이 갈수록 두터워졌다. 이와 반대로 극지郤至는 남을 제압하려다가 비참한 최후를 맞았고 왕숙王叔은 싸움을 좋아하다가 쫓겨나고 말았다.

이처럼 겸양하고 물러설 줄 아는 미덕이 아름다운 이름을 남기는 첩경이고, 자만하여 앞으로만 나아가며 남을 능욕하는 것은 명성을 해치고 패가망신하는 지름길이라 할 수 있다. 따라서 군자의 행위는 법도를 넘어서지 않고 사상도 규범을 벗어나지 않는다. 안으로는 수신제가에 힘써 자신을 이롭게 하고 밖으로는 겸양과 예의로 경외심을 자아낸다. 때문에 원한이나 미움을 사지 않고 이름을 드높이고 만족할 만한 생활을 할 수 있다.

소인배는 그렇지 못하다. 소인배들은 자신의 재능과 공로에 지나치게 긍지를 갖고 남을 능욕하기 좋아한다. 때문에 이들이 득세하여 공로를 자만할 때는 이를 깎아내리고 해치려는 사람들이 나타나고, 이들이 실패할 때는 고소해하거나 행복해하는 사람들이 많아진다. 이들은 서로에게 양보를 요구하고 자신이 먼저 공로를 선점하려 다투기 때문에 실제로 우세를 차지하는 사람은 없고 모두가 비참한 결말을 맞게 되고 나중에 온 사람이 그들을 초월한다. 이렇게 볼 때 고집스런 싸움과 겸양은 분명 다른 길이고, 그 이해의 판단도 크게 다름을 알 수 있다.

그러나 싸움으로써 승패를 가리기 좋아하는 사람들의 생각은 다르다. 이들은 먼저 싸움에 나서는 데 민첩하여 남보다 뒤에 있는 것을 '정체'라 여기고, 예의를 갖춘 양보를 '비겁'이라 여기며, 상대방에 대한 인내를 '굴욕'으로 여기고, 남을 범하는 것을 '강인함'으로 여긴다. 때문에 이런 사람들은 격분하는 데에 용감하고 돌이켜 생각할 줄 모른다.

이들은 오만한 태도로 현자들을 대하지만 현자들은 오히려 공손한 태도로 반응한다. 적의가 생기고 시비의 원리가 혼란해지는 것은 자기 파멸의 길로 들어선 것과 다를 바 없다. 자기 파멸은 대부분 사사로운 원한에서 유래하고 이것이 점차 분쟁으로 발전한다. 그 결과 필연적으로 비방을 날조하고 사단을 만들어내게 되며 유언비어를 듣고 이를 완전히 믿지 않으면서도 적지 않은 영향을 받게 된다. 똑같은 방법으로 보복하는 것도 마찬가지이다. 결국 쌍방 모두 싸움으로 자기를 망치게 되는 것이다.

군자가 보통 사람들과 달리 뛰어난 모습을 보이는 것은 세 가지 유형으로 나눠볼 수 있다. 공로가 없으면서도 공로가 있는 것으로 자긍하는 사람이 첫 번째 부류이고, 약간의 공로가 있는 것으로 자만에 빠지는 사람들이 두 번째 부류이며, 커다란 공적이 있음에도 불구하고 자만하지 않는 사람들이 세 번째 부류이다. 또 자신에게 관대하면서 남에게 엄한 사람이 첫 번째 부류이고, 남에게 엄하게 대하면서 자기 스스로에게도 관대하지 않은 사람이 두 번째 부류이며, 남에게 관대하되 자신에게는 엄한 사람이 세 번째 부류이다.

이 세 가지 유형은 보통 사람들에게서 찾아보기 어려운 특수 현상이자 사물의 변이로, 세 번을 변한 다음에야 올바른 도리를 얻을 수 있기 때문에 보통 사람들은 이에 미치지 못한다.

사람들은 객관성의 법칙을 장악해야만 모든 일에 두루 통달할 수 있고, 그런 연후에 비로소 자신의 자리를 잡을 수 있다. 때문에 맹자는 스스로 자신을 드러내지 않고도 성인이라는 호칭을 얻었고, 관숙管叔은 재물을 양보하여 엄청난 상급을 받았다. 이것이 어찌 간사한 속임수로 기회에 영합하여 영리를 얻은 것이겠는가? 이는 순수한 덕망에 대한 자연스럽고 당연한 이치인 것이다.

군자는 자신이 손해 보는 줄 뻔히 알면서도 행하지만, 견문이 천박한 소인배는 자신의 이익을 먼저 추구한다. 그러나 군자가 손해를 보면서도 행하는 것은 오히려 이익이 되어 돌아오기 때문에 그 공덕의 아름다움도 배가되지만 자신의 이익을 먼저 추구하는 소인배는 자신의 행동이 실제로는 손해인 줄 모르기 때문에 결국에는 공로와 명예를 한꺼번에 잃게 된다.

고대의 성현들은 기꺼이 남의 발 아래 거하기를 원했으나 결국엔 남의 머리 위에 앉게 되었고, 명리를 놓고 다투지 않으면서도 높고 현묘한 경지에 도달하여 빛나는 명예를 날마다 새롭게 했던 것이다.

요堯_ 고대 중국 전설상의 성천자聖天子. 요를 이은 순舜과 더불어 '요순의 치治'라 하여, 예부터 중국에서는 가장 이상적인 천자상天子像으로 알려져왔다. 태어나면서부터 총명하여 제위에 오르자 역법曆法을 정하고, 효행으로 이름이 높았던 순을 등용하였다.

순舜_ 중국 전설상의 제왕으로 5제帝의 한 사람. 유덕한 성인으로 선양禪讓 설화의 대표적 인물이다. 당시 천자 요는 효행이 깊고 슬기로웠던 순의 평판을 듣고 등용하여 섭정하게 하였다. 요가 죽자 요의 아들 단주丹朱를 즉위시키려 하였으나 천하의 인심이 순에게 기울어 제위에 올랐다.

우禹_ 중국 전설상 하夏 왕조의 시조. 요의 치세에 대홍수가 나자 섭정인 순이 그에게 치수治水를 명했다. 13년간의 노력 끝에 사업에 성공, 천하를 9주州로 나누고 공부貢賦를 정하였다. 순이 죽은 뒤 제위를 계승하여, 나라 이름을 하夏로 고쳤다. 백성들을 위한 정치를 펴 군주제도하에서의 모범적인 군주로 손꼽힌다.

탕왕湯王_ 고대 은殷나라를 창건한 왕으로, 성탕成湯이라고도 한다. 당시 하夏 왕조의 걸왕桀王이 학정을 일삼자 대부분의 제후들이 유덕한 성탕에게 복종했다. 걸왕은 탕왕을 하대夏臺에 유폐하여 죽이려 했으나 재화와 교환하여 용서했다. 탕왕은 현상 이윤伊尹 등의 도움을 받아 걸왕을 내쫓고 국호를 상商이라 정하고, 제도와 전례를 정비하여 13년간 재위했다. 유교에서는 탕왕이 걸왕을 멸한 행위를 올바른 혁명의 군사 행동이라 부른다.

강태공姜太公_ 강상姜尙의 속칭. 주周나라 초기의 정치가이자 공신으로 일명 강자아姜子牙라고도 한다. 주나라 문왕文王의 초빙을 받아 그의 스승이 되었고, 무왕武王을 도와 은나라 주왕紂王을 멸망시켜 천하를 평정하였으며, 그 공으로 제齊나라에 봉해져 그 시조가 되었다.

안영晏嬰_ 안자라고도 알려져 있다. 제나라의 영靈, 장莊, 경景의 3대를 섬기면서 근면한 정치가로 명성이 높아 백성들의 신망이 두터웠고, 관중과 비견되는 훌륭한 재상으로 꼽힌다. 기억력이 뛰어난 독서가였으며, 합리주의적 경향이 강했다고 한다.

맹상군孟嘗君_ 전국시대 말기 '사군四君'의 한 사람. 제나라 선왕宣王의 이복동생인 아버지의 뒤를 이은 다음, 천하의 인재들을 모아 후하게 대접하여 그 명성과 실력을 과시했다. 진秦나라 소양왕昭襄王의 초빙을 받고 재상이 되었으나 의심을 받아 죽을 뻔했을 때 좀도둑질과 닭울음소리를 잘 내는 식객들의 도움으로 위기를 모면했다. 후일 제나라와 위나라의 재상을 역임하고 독립하여 제후가 되었다.

관중管仲_ 춘추시대 제나라의 재상으로, 가난했던 소년시절부터 평생토록 변함이 없었던 포숙아와의 깊은 우정이 '관포지교管鮑之交'라는 고사로 전해지고 있다. 환공桓公이 즉위할 무렵 환공의 이복동생인 규糾의 편에 섰다가 패하자 노魯나라로 망명했다. 그러나 포숙아의 추천으로 환공에게 기용되어 부국강병을 꾀하는 등 국정에 참여했다.

시황제始皇帝_ 중국 최초의 중앙집권적 통일제국인 진秦나라를 건설한 전제군주. 조趙나라의 대상인 여불위呂不韋의 공작으로 즉위한 장양왕의 아들로, 13세에 즉위했다. 기원전 238년 친정을 시작해 노애와 여불위를 제거한 후, 이사李斯 등을 등용하여 강력한 부국강병책을 추진해, 한韓·위魏·초楚·연燕·조趙·제齊 나라를 차례로 멸망시키고 천하통일의 위업을 달성했다. 통일 후 강력한 중앙집권정책을 추진하는 한편, 반란의 소지를 제거하고 사상의 통일을 위해 분서갱유焚書坑儒를 단행하는 등 가혹한 법치를 통치수단으로 내세워 백성의 고통을 가중시켰다.

유방劉邦_ 한나라의 초대 황제. 농가에서 태어났으나 가업을 돌보지 않고 협객들과 교유하다가 장년에 이르러 하급관리가 되었다. 진나라 말기에 진승·오광의 난이 일어나자 진나라 타도의 기치를 높이 들고 군사를 일으켰고, 다음해에 북상하여 항량項梁·항우의 군대와 연합 세력을 구축했다. 그 뒤 항우의 군대가 진군秦軍의 주력부대와 결전을 벌이는 사이에 항우보다 먼저 수도 함양을 함락시키고, 진왕秦王으로부터 항복을 받았다. 진나라의 가혹한 법률을 폐지하고 법삼장法三章을 약속하여 인심을 수습했다.

약 한 달 늦게 함양에 도착한 항우가 홍문에서 연회를 베풀어 죽이려 했으나 장량과 번쾌의 도움으로 위기를 면했다. 진나라가 멸망하자 항우는 서초패왕西楚覇王이라 칭하고, 유방은 항우로부터 한왕漢王에 봉해졌다. 그 뒤 4년간에 걸친 항우와의 싸움에서 소하·조참·장량·한신 등의 도움으로 항우를 대파하고 천하통일의 대업을 이뤘다. 서민 출신이었으나 성격이 대담 치밀하고 포용력이 있어, 부하를 적재적소에 활용하는 데 능숙했다.

번쾌樊噲_ 한나라 고조 유방의 공신. 원래 개고기를 파는 미천한 신분이었으나 유방이 기병하자 그를 따라 무장으로서 용맹을 떨치고 공을 세웠다. 홍문의 연회에서 항우에게 모살될 위기에 있는 유방을 구해냈다. 유방이 즉위한 뒤 좌승상左丞相·상국相國이 되었으며, 그 뒤 여러 반란을 평정했다.

장량張良_ 한나라 고조 유방의 공신으로 선견지명이 있는 책사. 한나라 명문가 출신으로, 기원전 218년 시황제를 습격했으나 실패하고, 하비성에 은신하고 있을 때 황석공黃石公으로부터 『태공병법太公兵法』을 물려받았다고 한다. 진승·오광의 난이 일어났을 때 유방의 진영에 속하였으며, 후일 홍문의 연회에서 유방을 구했다. 책략에 뛰어나 소하와 함께 한나라 개국에 힘썼으며, 그 공으로 유후留侯에 책봉되었다.

소하蕭何_ 한신·장량·조참과 함께 한나라 고조의 개국공신이다. 진나라의 하급관리로 있으면서, 유방이 관직이 없을 때부터 교유했다. 유방이 진나라를 토벌하기 위해 군사를 일으켰을 때는 모사로 활약했다. 함양에 입성하자 진나라 승상부의 도적문서圖籍文書를 입수하여 한 왕조 경영의 기초를 다졌다.

유방이 항우와 싸우러 출병했을 때 관중에 머물며 양식과 군병을 잘 보급하고 백성을 다스렸다. 유방이 즉위한 후 찬후로 봉해지고 식읍 7천 호를 하사받았으며, 그 일족 수십 명도 각각 식읍을 받았다. 뒤에 한신 등의 반란을 평정하고 최고 관직인 상국에 제수되었다. 재상 시절 진나라의 법률을 취하여 『구장률九章律』을 편찬했다.

한신韓信 한나라 초의 무장. 진나라 말, 처음에는 초나라의 항량과 항우를 섬겼으나 중용되지 않자 유방의 군대에 참가했다. 승상 소하에게 인정받아 해하의 싸움에 이르기까지 한군을 지휘하여 제국諸國을 격파함으로써 제왕齊王에 이어 초왕楚王이 되었다. 그러나 한漢제국의 권력이 확립되자 유씨劉氏 외의 다른 제왕諸王과 함께 차차 밀려나, 회음후淮陰侯로 격하되었다. 모반을 계획하다 사전에 들통나 여후呂后의 부하에게 참살당했다. 불우하던 젊은 시절에 시비를 걸어오는 시정市井 무뢰배의 가랑이 밑을 태연히 기어나갔다는 일화로 유명하다.

유안劉安 전한 시대의 학자. 한나라 고조의 손자로, 회남왕이 되어 수춘에 도읍하였다. 문학 애호가로 많은 문사와 방사方士를 식객으로 모아, 그 수가 수천에 이르렀다고 하는데, 빈객들과 함께 『회남자淮南子』를 저술했다. 사상적으로 노장을 주축으로 여러 파의 사상을 통합하려 했으며, 도가사상에 의거한 통일된 이론으로 당시 유교 중심의 이론과 대항하려 했다. 기원전 12년 무제武帝 때 반역을 기도하였다가 실패 후 자살했다.

항우項羽 진나라 말기에 유방과 천하를 놓고 다툰 무장. 진승·오광의 난으로 진나라가 혼란에 빠지자, 숙부 항량과 함께 봉기하여 회계군 태수를 참살하고 인수印綬를 빼앗은 것을 비롯하여 도처에서 진군을 무찌르고, 드디어 함곡관을 넘어 관중으로 들어갔다. 이어 앞서 들어와 있던 유방과 홍문에서 만나 이를 복속시켰으며, 진왕 자영子孾을 죽이고 도성 함양을 불사른 뒤 팽성에 도읍하여 서초西楚의 패왕霸王이라 칭하였다. 그러나 각지에 봉한 제후를 통솔하지 못해 해하에서 유방의 군대에 포위되어 자살했다.

사마천司馬遷_ 전한의 역사가로 『사기史記』를 저술했다. 사마담司馬談의 아들로, 7세 때 부친이 천문 역법과 도서를 관장하는 태사령太史令이 된 후 무릉에 거주하며 고문을 공부했다. 20세 무렵 낭중郎中의 신분으로 무제를 수행하여 강남, 산동, 하남, 하북, 요서 등을 여행했다. 이 여행에서 크게 견문을 넓혔고, 『사기』를 저술하는 데 필요한 귀중한 자료를 수집했다. 부친 사마담이 죽으면서 『사기』의 완성을 부탁하자 그 유지를 받들어 본격적으로 저술에 착수했다. 그러나 흉노의 포위 속에서 부득이 투항하지 않을 수 없었던 벗 이릉李陵 장군을 변호하다 황제의 노여움을 사서 궁형宮刑을 받았다. 남자로서는 가장 치욕스러운 궁형을 받고도 옥중에서 저술을 계속하다 황제의 신임을 회복하여 환관의 최고직인 중서령中書令이 되었다. 그리고 기원전 90년에는 마침내 『사기』를 완성했다.

왕망王莽_ 한漢나라 말기의 정치가로, 신도후新都侯로 봉해졌다가 폐후 허許씨의 심복인 왕장王長, 왕융王融 등과 황후를 다시 세우려는 음모를 진행했고, 그 결과 자신은 대사마大司馬가 되었다.
애제哀帝 때 신흥 외척의 압박을 피하여 한때 정계에서 물러났으나, 애제가 1년 만에 후사 없이 죽자 태황태후 왕씨와 쿠데타에 성공하여 대사마에 복귀했다. 9세의 평제平帝를 옹립하여 자기의 딸을 왕후로 삼고 섭정했다. 그 뒤 평제를 독살하고 2세의 유영劉嬰을 세워 섭정했다. 얼마 후 유영을 몰아내 국호를 '신新'이라 하고 황제를 칭함으로써 선양혁명에 성공했다.
왕전제와 5균6관제 등을 실시해 지방 호족들의 대토지 사유를 제한하고 자영농민의 빈민화를 막는 정책 등을 펼치는 한편, 민간 신앙과 신비주의를 교묘히 이용해 인심을 모았다. 개혁 정책을 실시했으나 유가적 이상주의에 지나지 않아 실패하고 뒤에 후한을 세운 유수의 군대에 의해 죽임을 당했다.

사마의司馬懿_ 중국 삼국시대 위나라의 권신, 서진西晉 왕조의 시조. 처음에 조조의 청으로 그의 부하가 되고, 조조의 아들 조비曹操가 위나라를 세운 뒤에는 명제明帝·제왕齊王 등 3대 황제를 섬겼다. 그동안 대도독大都督이 되어 위나라의 군사를 통솔하고 위나라와 진나라 유일의 권신이 되어, 그의 손자 사마염司馬炎 때 제위를 빼앗아 진나라를 일으키는 터전을 닦았다.

마속馬謖_ 삼국시대 촉한의 무장. 유비를 따라 촉에 들어가서는 제갈량에게 중용되었다. 유비가 임종 때 제갈량에게 "마속은 말이 사실보다 지나치니 중용하지 말라."라고 경고했음에도 그의 총애를 받아 가정의 싸움에서 선봉대장으로 임명되었다. 그 결과 마속은 크게 패했다. 제갈량은 군율에 따라 눈물을 머금고 마속의 목을 베었으며, 유족에 대해서는 종전처럼 대우했다.

조승趙勝_ 조나라 혜문왕惠文王의 동생이며, 맹상군·춘신군春申君·신릉군信陵君 등과 함께 '사군'의 한 사람으로 알려져 있다. 혜문왕·효성왕孝成王 시대에 세 차례에 걸쳐 재상이 되었으며, 현명하고 붙임성이 있어 식객 3천 명을 먹였다고 한다.

헌제獻帝_ 후한後漢 최후의 황제. 영제靈帝가 죽고 소제少帝가 즉위하였으나 불과 5개월 만에 폐위되자, 9세에 진류왕陳留王에 옹립되었다. 당시는 황건적의 난을 비롯하여 농민반란이 잇달았으며, 환관·관료·외척·지방호족의 세력다툼이 끊이지 않아, 그는 도성인 낙양과 장안 사이를 방황하였다. 뒤에 조조의 옹립을 받았지만 이미 실권은 없었고, 220년 조조의 아들 조비에게 양위함으로써 후한은 멸망했다.

조조曹操_ 삼국시대 위魏 왕조를 세운 장군. 환관의 양자의 아들인데, 황건의 난을 평정하는 공을 세우고 두각을 나타내면서 헌제를 옹립하고 종횡으로 무략武略을 발휘했다. 화북을 거의 평정하고 나서 남하를 꾀했는데, 208년 손권孫權·유비의 연합군과 적벽에서 싸워 대패했다. 같은 해 승상丞相, 213년 위공魏公, 216년 위왕魏王의 자리에 차례로 올라 정치상의 실권을 잡았으나 제위에는 오르지 않았다. 후세에 간신奸臣의 전형으로 여겨져왔지만 문학을 사랑하고 인재를 크게 등용할 줄 알아, 그의 주변에는 지략을 갖춘 모사들이 많았다.

종요鍾繇_ 삼국시대 위나라의 정치가·서가書家. 후한에서 벼슬하여 상서복야尚書僕射에 올랐으나, 조조를 도와 위나라를 세우고 조조 이후로 3대를 섬겨 중용되었다.

채옹蔡邕_ 후한의 학자·문인·서예가. 동탁에게 발탁되어 시어사侍御史, 시중侍中에서 좌중랑장左中郎將까지 승급하였으나 동탁이 죽임을 당한 후 투옥되어 옥중에서 사망했다.

주유周瑜_ 삼국시대 오나라의 명신. 조조가 화북을 평정하고 강릉에 진격해오자 오나라의 강화론자講和論者들을 누르고 촉의 제갈량과 함께 적벽에서 위군을 대파했다. 그후 유비가 형주에 세력을 확대할 것을 염려하여 사천 지방에 대한 공략 계획을 진언하였으나 실행되기 전에 병사했다.

유비劉備_ 삼국시대 촉한蜀漢의 초대 황제. 전한 경제의 황자皇子 중산정왕中山靖王의 후손으로, 일찍 아버지를 여의고 신발·돗자리를 팔아 생계를 이었다. 노식盧植에게 사사하였으나 학문을 즐겨하지 않고 호협豪俠들과 교유하는 한편, 관우·장비와 도원결의했다. 황건의 난이 일어나자 기병하여 토벌에 참가한 뒤 '삼고초려三顧草廬'의 예로 제갈량을 맞아들였다. 그의 계략으로 형주에 기반을 구축하던 중, 유표가 죽고 그의 아들 유종劉琮이 조조에게 항복하자 조조가 대군을 거느리고 형주를 공격해왔다.

손권과 동맹하여 적벽에서 조조를 대파하고 형주를 확보했다. 조조가 한중 침입을 기도하자, 촉에 들어가 유장을 항복시키고 촉을 수중에 넣었다. 그러나 형주의 소유권 싸움에서 손권에게 패하여 형주를 잃고 말았다.

한중을 공격하여 한중왕漢中王이 되어, 221년 제위에 올라 한의 정통을 계승한다는 명분으로 국호를 한漢(蜀漢)이라 하였다. 다음해 형주의 탈환과 관우의 복수를 위해 오나라를 공격하였으나, 이릉夷陵의 싸움에서 대패하여 백제성白帝城에서 병사했다.

관우關羽_ 삼국시대 촉한의 무장. 후한 말의 동란기에 탁현에서 유비를 만나, 장비와 함께 의형제를 맺고, 평생 그 의를 저버리지 않았다. 유비가 조조에게 패했을 때, 사로잡혀 귀순 종용과 함께 극진한 예우를 받았으나 기어이 유비에게 돌아갔다. 이러한 의리 때문에 소설 『삼국지연의三國志演義』에서는 충신의 전형으로 등장한다.

적벽대전 때는 수군水軍을 인솔하여 큰 공을 세우고, 유비의 익주 공략 때는 형주에 머물며 촉의 동방 방위를 맡는 등의 전과를 올렸다. 그러나 형주에서 조조와 손권의 협공에 의해 죽음을 맞았다. 송나라 이후 사람들은 관제묘關帝廟를 세워 그를 무신武神 또는 재신財神으로 모시는 등 중국 민중 신앙의 대상이 되기도 하였다.

제갈량諸葛亮_ 삼국시대 촉한의 정치가·전략가. 호족 출신이었으나 어릴 때 부친을 잃고 숙부 제갈현諸葛玄의 손에서 자랐다. 후한 말의 전란을 피해 벼슬에 나가지 않았으나 명성이 높아 와룡선생臥龍先生이라 일컬어졌다.

조조에게 쫓겨 형주에 와 있던 유비로부터 '삼고초려'로 초빙되어 군신 관계를 맺었다. 이듬해 오의 손권과 연합하여 남하하는 조조의 대군을 적벽에서 대파하고, 유비가 형주·익주를 점령하는 데 큰 공을 세웠다. 221년 한漢의 멸망을 계기로 유비가 제위에 오르자 재상이 되었다.

유비가 죽은 후에는 어린 후주後主 유선劉禪을 보필하여 재차 오와 연합, 위와 맞서 싸웠다. 생산을 장려하여 민치民治를 꾀하고, 운남으로 진출하여 개발을 도모하는 등 촉의 경영에 힘쓰다가 위의 사마의와 오장원에서 대치하던 중 병사했다.

손권孫權_ 삼국시대 오나라의 초대 황제. 200년에 형 손책孫策이 죽자 그 뒤를 이어 보좌에 올랐다. 그 후 유비와 결탁하여 조조의 대군을 적벽에서 격파함으로써 강남에서 지위를 확립했다. 그러나 형주 귀속 문제를 둘러싸고 조조와 결탁하여 유비의 용장 관우를 격파하고 형주를 공략했다. 그 결과 위·촉·오 3국의 영토가 거의 확정되었다.

221년 조조가 죽고 그의 아들 조비가 한漢나라의 제위를 찬탈하여 황제로 즉위하자 손권도 이에 맞서 황위에 올라 연호를 황무黃武라 정했다. 그 후는 대체로 촉한과 결합하여 위나라에 대항하는 한편, 각 지방의 이민족을 토벌하는 등 국내외의 경영에 힘썼다. 권모가 뛰어나고 군주로서 원숙한 경지에 이르러 많은 모사와 대장들을 거느렸다.

제갈근諸葛瑾_ 오나라 손권의 막료이며 제갈량의 형. 동생이 촉을 받들고 있기 때문에 의심을 받기도 했으나 손권의 절대적 신임을 받고, 촉에 사신으로 파견되기도 했다. 215년, 오와 촉이 형주를 둘러싸고 공방전을 되풀이하는 동안 조조가 한중에 침입하자 유비가 손권에게 강화를 제의하여 회담이 열렸는데 쌍방의 대표로 제갈량과 제갈근이 만났다. 두 사람은 공식 석상에서는 만났으나 개인적으로는 한 번도 만나지 않았다.

유표劉表_ 전한 경제의 아들. 하진의 속관이었다가 형주자사에 임명되었다. 당시 형주에는 군소 호족들이 할거하고 회남의 원술도 이곳으로의 진출을 꾀하고 있었다. 세력이 약했던 유표는 형주 출신의 호족 채모 등과 손을 잡고 호족들을 평정하는 동시에 원술의 선봉장으로 침공한 손견을 무찔러 반석의 기반을 닦았다. 10만 대군이 수비하는 형주는 중원의 전란에도 별로 영향을 받지 않고 일시적인 안정을 누렸으므로 이름난 유학자들이 난을 피해 모여들었다. 유표는 이들을 위해 학교를 세우고 경전 교정 작업 등을 하게 했다. 그러나 성격이 우유부단하여 조조, 원소의 관도전투 때 망설이고 있다가 천하 웅비의 기회를 놓쳤다. 유비가 조조에게 쫓겨 의탁해왔을 때도 쾌히 받아들였으나, 내심으로는 경계하여 중용하려 하지 않았다. 그가 죽은 후 형주는 조조에게 빼앗기고 말았다.

노숙魯肅 _ 오나라 손권의 장수. 많은 재산을 가진 호족으로, 주유가 우백의 부하를 이끌고 와서 협력을 부탁하자 저장미의 반이나 되는 3천 석을 희사했다. 이윽고 주유의 천거로 손권을 만나 천하통일의 대계를 개진함으로써 신뢰를 얻고 손권의 오른팔이 되었다. 조조가 남하했을 때는 유비와 공동 전선을 펼칠 것을 주장하고 스스로 유비를 방문하여 동맹을 맺었다. 적벽대전에서 제갈량, 주유와 함께 조조를 물리친 주역의 한 사람이다. 주유가 죽자 그의 유언에 따라 군세를 인계받고 적벽대전 후 유비와 분쟁의 씨앗이 되고 있던 형주 분할 문제를 해결하여 상수를 경계로 분할하는 데 성공했다.

이세민李世民 _ 당唐나라 제2대 황제 태종太宗. 천성이 총명하고 사려가 깊으며, 무술과 병법이 뛰어났다. 결단력과 포용력도 갖추고 있어, 소년시절부터 사람들의 신망이 두터웠다. 수나라 양제煬帝의 폭정으로 내란의 양상이 짙어지자, 수나라 타도의 뜻을 품고 태원 방면 군사령관이었던 아버지를 설득하여 기병, 장안을 점령하고 당나라를 개국하는 데 큰 역할을 했다. 그 뒤 군웅을 평정하고 전국을 통일하는 데 힘썼으며, 태자 건성建成과 동생 원길元吉을 죽이고 고조의 양위를 받아 즉위했다.
돌궐을 비롯한 사방의 이민족을 제압하고, 위징 등 명신들의 의견을 받아들여, 사심을 누르고 공정한 애민의 정치를 폄으로써 정관貞觀의 치세를 이뤘다.

두여회杜如晦 _ 당나라 초기의 재상. 대대로 북조北朝·수에서 벼슬하던 관료

집안 출신으로, 수나라 때 현위縣尉가 된 후 초야에 묻혀 있다가 당나라 태종 때 벼슬에 나갔다. 18학사의 한 사람으로 방현령의 인정을 받아 태종 즉위 후 태자 좌서자太子左庶子·병부상서兵部尙書·상서우복야尙書右僕射 등의 요직을 맡았고, 채국공蔡國公에 봉해졌다. 당의 법률제도와 인사행정을 정비하여 방현령과 더불어 정관의 치세를 구축한 명신이었다.

방현령房玄齡_ 당나라 초기의 재상. 대대로 북조를 섬기고, 18세에 수나라의 진사進士가 되었다. 당나라가 일어나자 이세민의 세력에 가담하였다. 정치에 밝고, 공평한 태도로 일관하였기 때문에 두여회와 더불어 명재상의 칭송을 받았다. 태종의 신임이 지극하여 고구려를 공격할 때는 장안에 남아 성을 지키기도 하였다.

위징魏徵_ 당나라 초기의 공신. 당 고조高祖에게 귀순하여 고조의 장자 건성의 유력한 측근이 되었다. 태자 건성이 아우 세민과의 경쟁에서 패하였으나 위징의 인격에 끌린 세민의 부름을 받아 간의대부諫議大夫 등의 요직을 역임한 후 재상으로 중용되었다.

측천무후則天武后_ 당 고종의 황후. 뛰어난 미모로 14세 때 재인才人으로 입궁하여 태종의 후궁이 되었으나 황제가 죽자 비구니가 되었다가 태종의 아들인 고종의 눈에 띄어 다시 입궐했다. 그 후 간계를 써서 황후 왕씨王氏를 모함하여 내쫓고 황후가 되었다.
수년 후 고종의 건강을 핑계 삼아 스스로 정무를 맡아보며 독재 권력을 휘두르면서 구귀족층을 배척하고 신흥관리를 등용하여 세력을 구축했다. 고종이 죽자 자신의 아들 중종中宗·예종睿宗을 차례로 즉위시키고, 그녀에 대한 반기로 난을 일으킨 이경업李敬業과 당나라의 황족 등을 무력으로 탄압했다.
690년 국호를 주周로 개칭하고 스스로 신성황제라 칭하며 중국 역사상 유일한 여성 황제로서 약 15년간 전국을 지배했다. 명신을 적절하게 등용하고 국위를

선양하는 데 힘쓰기도 했으나 악랄한 책략과 잔인한 탄압을 일삼다가 장간지張
柬之 등이 일으킨 정변에 의해 폐위되었다.

위후韋后_ 당나라 중종의 황후. 중종이 측천무후에 의해 제위를 빼앗기고 방주
에서 유배생활을 할 때, 중종과 고락을 함께했다. 705년 무후의 정권이 무너지
고 중종이 복위하자, 중종을 제치고 권신 무삼사와 내통했다. 710년 딸 안락공
주安樂公主와 공모하여 중종을 독살하고 실권을 노렸으나, 임치왕 융기隆基(뒷
날의 현종)에 의해 타도되었다. 이 사건을 '위씨韋氏의 화禍'라고 하며, 측천무
후의 사건과 함께 '무위의 화'라고 한다.

요숭姚崇_ 당나라의 명재상. 측천무후에게 발탁된 후 중종·예종과 현종 초기에
걸쳐 여러 번 재상의 자리에 올라 국정과 민생 안정에 힘을 썼다.

조광윤趙匡胤_ 오대가 분열한 뒤를 이어 송나라를 창건하고 중국 대륙을 거의
통일한 황제. 처음 후주後周의 세종世宗 밑에서 금군禁軍의 장이 되었고, 거란·
남당과의 싸움에서 공을 세워 금군의 우두머리가 되었다. 세종 사후 북한北漢
침입의 위기를 당하여 금군에 옹립되어 제위에 올랐다. 즉위 후 후주 유신의 반
란을 진압하여 화북 땅을 확보하고, 강남 및 사의 후국들을 병합했다.
안으로는 명신 조보趙普의 책략을 받아들여 무인정치를 폐하고, 황제의 독재권
강화 및 과거제도 정비 등 문치주의에 의한 중앙집권적 관료제를 확립했다. 이
러한 개혁을 실행함에 있어 점진적이고 온건한 수단을 사용했다.

주원장朱元璋_ 명나라의 초대 황제 태조. 재위 연호에 따라 홍무제라고도 한다.
호주의 빈농 출신으로, 17세에 고아가 되어 탁발승으로 지내다가 홍건적의 부장
곽자흥의 부하가 되면서 두각을 나타냈다. 원나라 강남의 거점인 남경을 점령하
고 각지의 군웅들을 모두 굴복시켜 명나라를 세웠다. 동시에 북벌군을 일으켜
원나라를 몽골로 몰아내고 통일을 완성했다. 한민족漢民族의 왕조를 회복시키

고 중앙집권적 독재체제의 확립을 꾀했으며, 조세와 부역의 징수를 공평하게 했다. 그러나 그가 꾀했던 군주독재권의 강화는 공포정치에 의해 실현되었기 때문에 만년에 고독하게 살다 병사했다.

호유용胡惟庸_ 명나라 초기의 관리로, 주원장이 반원의 기치를 내걸고 군사를 일으켰을 때 그와 행동을 같이했다. 명나라 개국 후 차차 벼슬이 높아져, 마침내 좌승상이 되어 황제의 신임을 얻으면서 권세를 마음대로 휘둘렀다. 이선장李善長과 결탁하여 일본인 및 몽골인의 호응을 얻어 반란을 일으키려 했으나, 사전에 탄로나 처형되었다. 이 사건에 연루된 자만도 3만 명에 이르렀다. 그후 중서성中書省이 폐지되고 황제의 독재체제가 한층 더 강화되었다.

황태극皇太極_ 청나라의 2대 황제 태종. 성품이 너그럽고 어질며 도량이 커서 많은 사람들로부터 신망을 받았다. 황제로 즉위한 뒤 만주인과 한인漢人의 융화를 꾀한 뒤 외정에 나섰다.
1635년 내몽골을 평정하여 대원전국大元傳國의 옥새를 얻은 것을 계기로 국호를 대청大淸이라 고쳤다. 명나라를 숭상하는 조선을 침공하였으며, 중국 본토에도 종종 침입하였으나 중국 진출의 꿈을 이루지 못한 채 죽었다. 문관文館·육부六部 설치 등 조직 정비에 힘썼고, 청나라의 기초 확립에 공적이 컸다.

증국번曾國藩_ 청나라 말기의 정치가·학자. 태평천국을 진압한 지도자이며 양무운동의 추진자이다. 주자학자이며, 문장가로도 유명하다. 1852년 예부우시랑禮部右侍郎으로 재직했다. 태평천국군이 진격해오자 황제로부터 호남을 방위하라는 명령을 받고, 농민과 병사를 의용군으로 편제하는 한편, 장강수군長江水軍을 조직하여 태평천국을 진압하였다. 황제와 만주 귀족은 한인 세력의 진출을 두려워하여 그의 활동을 제한하였으나, 청 왕조에 대한 충성을 맹세함으로써 점차 신임을 얻었다. 1860년 양강총독兩江總督에 임명되어 양자강 유역에서 태평천국군을 토벌하는 데 앞장섰다. 이홍장에게 회군淮軍을 조직하도록 하고, 영국과 프랑스 군의 원조를 받아들여 남경을 공략해 탈환에 성공했다.

양강총독 또는 일시 직예총독直隸總督으로서 구질서의 재흥에 노력하고 정치 쇄신·감세減稅, 반청적 무장집단인 염군捻軍 등 화북농민 폭동 진압, 서유럽 제국에 대한 양보·타협정책 등에 따른 '동치중흥同治中興'이라 부르는 구질서의 상대적 안정에 기여했다. 유럽의 군사기술과 무기 도입으로 군사력 강화를 제창하여 최초로 유학생을 미국에 파견하였으며, 안경에 서양 기술을 도입한 최초의 무기공장을 설립하는 등 초기 양무운동을 주도했다. 중국 최대의 애국적 사상가로 높이 평가받기도 하며, 혹평을 받기도 한다.

이홍장 李鴻章_ 청나라 말기의 정치가. 중국번의 막료로 강소순무江蘇巡撫로 발탁되어 회군을 거느리고 상해를 방위하는 등 태평천국의 난을 진압하는 데 중심 역할을 했다. 그후 회군을 배경으로 영국, 러시아 등의 지지를 받으면서 군사공업을 비롯한 각종 근대공업 건설을 추진했다. 안으로는 화북의 농민반란을 진압하고 청말의 주요 외교 문제를 거의 혼자서 장악하였는데, 이이제이以夷制夷라는 전통적 수단으로 열강들을 서로 견제시키는 한편 양보 타협 정책을 취했다.

청일전쟁에 패하여 그의 권력 기반이었던 북양해군北洋海軍과 회군을 잃고, 전권대사로서 시모노세키조약下關條約에 조인했다. 1896년 청·러밀약, 1900년 북경조약北京條約 등에서 외교적 수완을 발휘하고, 쇠퇴해가는 청나라의 국력을 강화하고 근대공업을 진흥시키기 위해 노력했다.

광서제 光緖帝_ 청나라의 11대 황제. 서태후의 전횡과 서구열강의 침입 등으로 위기에 처한 청나라의 문제를 해결하기 위해 강유위康有爲·양계초梁啓超 등의 변법자강책變法自强策을 받아들여 1898년 무술戊戌변법을 시행했다.

이 개혁은 당시의 상황에 적합한 것이었으나, 서태후를 정점으로 하는 수구파 세력의 쿠데타로 실패해 궁중에 유폐당하는 신세가 되었다.

1900년 의화단 운동이 일어나 열강의 군대가 북경에 입성하자, 서태후와 함께

서안으로 피했다. 1901년 화약이 성립되어 북경으로 귀환했지만 끝내 개혁의 뜻
을 이루지 못하고 유폐생활을 하던 중 1908년에 죽었다. 그리고 다음날 서태후
도 갑자기 죽었다.